STETÉ

CONFIDENT(E)

CHEVEUX

CONF

CINÉMA

DROITS

TIMIDITÉ

COMPLEXES

E À SOI

DEUIL

DÉSORDRE

'AMOUR

ARESSE

MST

DÉPRIME

ONE

CONTRACEPTION

CHOIX

Nelson
Kimberley

offert par Daylene
chéris. préféré.

Le Dico des filles

À Matthieu, Julien, Raphaël, Pierre-Antoine, mes enfants,
à Nelly, ma fille adoptive pendant quelques années,
et à toute leur joyeuse bande
qui a fait vivre pendant plus de 10 ans notre maison
au rythme de leurs passions et de leurs angoisses,
de leurs musiques et de leurs nuits blanches,
de leurs fous-rires et de leurs crises de nerfs...
et surtout de leur enthousiasme et de leur générosité.

ISBN : 2-2150-4370-9
« Loi n° 49-956 du 16 juillet 1949
sur les publications destinées à la jeunesse. »

Dominique Alice Rouyer

le DICO des filles

no boys !

FLEURUS

• mots doux

Remerciements...

Merci à toute l'équipe d'A Cappella
et particulièrement :

Christine, mon éditrice, qui m'a fait confiance,
Sophie qui, avec Charlotte et Claire, a ciselé le texte,
Élisabeth qui a imaginé la couverture,
Florence qui a guidé nos choix de styles et de couleurs.
Merci aussi à Virginie et à Anne.

Je voudrais aussi remercier Jacques Arènes, pour ses précieux conseils de psychologue... et de père d'adolescentes.

Kiafékoa ?

Auteur
Dominique Alice Rouyer

Illustratrice
Marianne Dupuy-Sauze

Photographie
Stylisme : Franck Schmitt / Prise de vue : Claire Curt

Édition
A Cappella création

Fabrication
Marie Guibert

Direction artistique / Conception de la couverture
Élisabeth Hebert pour A Cappella création

Conception maquette intérieure
Record

Mise en page
Le Semeur d'images — Gilles Malgonne

Infographie
Coredoc — Laurent Blondel

• avant les mots

introduction

QUAND J'AI ENTENDU PARLER pour la première fois de ce projet de livre, j'ai tout de suite eu envie de l'écrire. Pourtant, je n'étais pas tellement bien placée pour le faire, moi qui n'ai que quatre garçons ! Mais, avec quatre adolescents pas trop vilains à la maison, on voit forcément passer beaucoup de filles : des charmantes, des rigolotes, des timides, des fortes têtes, des séductrices, des romantiques, des têtes en l'air et des rêveuses... Bref, j'ai eu sous les yeux, pendant une dizaine d'années, une joyeuse bande de filles qui vous ressemblaient sans doute un peu, vous qui êtes adolescentes aujourd'hui. Je les ai toujours regardées avec beaucoup de tendresse et de sympathie. J'avais la place rêvée, celle d'une aînée qui avait déjà vécu cette période un peu difficile de l'adolescence, mais qui n'était pas leur mère. J'ai aimé les écouter, leur répondre quand elles posaient des questions sur ce qui leur arrivait, sur l'avenir, sur la vie, sans leur faire la leçon, juste en les rassurant. J'ai essayé de leur dire que ce grand chambardement qu'elles traversaient n'était pas un affreux cauchemar, une « crise » comme le disent parfois les adultes, mais un âge formidable, celui de tous les enthousiasmes et de tous les possibles. D'ailleurs, elles ont bien fini par trouver qui elles étaient et ce qu'elles attendaient de la vie, et se sont mises pour de bon à réaliser leur projet : entamer une brillante carrière d'ingénieur, faire le tour du monde, entrer à l'école du cirque, être professeur d'équitation ou se dépêcher de faire un bébé avec l'homme de leur vie.

Quand j'en revois une aujourd'hui, je suis toujours un peu émue et je pense à vous, les filles, à votre enthousiasme, à votre appétit de vivre, à vos colères, à vos révoltes, à vos questions. C'est pour cela que j'ai passé près d'un an à écrire tous ces mots, comme une longue conversation avec chacune d'entre vous. Je voudrais que ce Dico soit la grande sœur qui est là quand ça ne va plus trop fort avec les parents, quand vous vous se sentez seule et démunie face à tout ce qui vous arrive. Une grande sœur complice qui sache expliquer, mais aussi comprendre et aimer.

Une grande sœur complice, mais pas complaisante ! Je sais bien qu'à votre âge, vous pouvez être tentées par des tas de choses ; vous pouvez avoir envie de tout essayer, de prendre des risques. Mais il y a des situations où il faut savoir dire non.

Le Dico est un compagnon qui vous murmurera des choses à l'oreille pour que vous osiez voir la vie en grand, sans hésiter à avoir de l'ambition, à vous lancer à fond dans ce que vous aimez. Tout en prenant le temps de vivre ce moment formidable de votre vie dans ce qu'il a de plus beau : la vie joyeuse en bande, les grandes amitiés, les mille et une découvertes, les centaines de projets dont vous rêvez, l'amour aussi sans doute, même si ce n'est pas encore le « grand ».

Si le Dico réussit à vous adoucir la route, il aura rempli sa mission. Et quand vous n'en aurez plus besoin, s'il vous a aidée, ne le jetez pas… soyez sympa, passez-le à votre petite sœur !

Dominique Alice Rouyer

01 • ACNÉ

Le supplice du miroir

Définition

L'acné dite « juvénile » est une maladie de la peau qui apparaît à la puberté et qui se traduit par de vilains boutons (ou papules ou pustules) situés essentiellement sur le visage.

S'informer

L'acné n'est pas une maladie contagieuse. Elle apparaît autour de 13-14 ans mais les filles n'en sont pas toutes victimes ! Certaines gardent leur peau de bébé, d'autres voient fleurir quelques rares boutons sur le nez ou sur le menton, le plus souvent au moment de leurs règles, ce qui n'a rien à voir avec l'acné. Et puis il y a les malheureuses qui sont couvertes de boutons et qui voudraient casser tous les miroirs !

La faute aux hormones

D'où vient cette plaie qui annonce au monde entier votre puberté alors que vous ne tenez pas vraiment à une telle publicité ? Les coupables sont les hormones qui, par leur abondance et leur vitalité, déclenchent une production excessive de sébum (une sorte de graisse produite par les glandes sébacées). Celui-ci s'accumule sur le visage et obstrue les pores de la peau.

Pas touche !

Dans un premier temps, cela donne un « comédon » ou point noir. Parfois le comédon s'enflamme et on a droit à un beau bouton et parfois même à une pustule (bouton rouge avec tête blanche). Si on tripote ses points noirs, on a toutes les chances d'avoir un bouton ! Les boutons qu'on martyrise finissent tout de même par disparaître (pas forcément plus rapidement que si on les avait laissés vivre leur vie), mais ils peuvent laisser des cicatrices.

Boutons : la chasse est ouverte !

Si on a quelques boutons, il suffit généralement d'une bonne hygiène et d'une crème anti-acnéique pour en venir à bout. Les patchs sont aussi très efficaces. Un pharmacien peut vous conseiller. Si vous en avez sur tout le visage et que cela dure, il ne faut pas hésiter à aller voir un dermatologue. Les traitements sont longs, il faut généralement les suivre pendant toute la puberté, mais efficaces s'ils sont appliqués strictement. Ils doivent s'accompagner d'une bonne hygiène de la peau.
Attention : si vous prenez la pilule, il faut en parler avec votre gynécologue qui pourra vous prescrire une marque spécifique comme traitement complémentaire de l'acné.

Info +

Acné : le remède miracle

Pour les cas les plus graves, il existe un traitement par voie orale (des gélules à prendre tous les jours). Les résultats sont spectaculaires mais il doit être suivi au minimum pendant six mois et peut produire des effets secondaires désagréables (dessèchement de la peau et des muqueuses, sensibilité excessive au soleil, migraines). Il faut de plus s'abstenir de relations sexuelles ou prendre une contraception efficace pendant le traitement car celui-ci provoque des malformations du fœtus en cas de prise pendant la grossesse. C'est un traitement lourd qui suppose un suivi médical sérieux et doit être réservé aux cas d'acné grave.

Comprendre

C'est d'accord, vous n'aviez vraiment pas besoin de ça pour vous sentir mal dans votre peau. Si, en plus, il faut que vous supportiez d'être quasiment défigurée au moment où vous avez tellement besoin d'avoir un peu confiance en vous, décidément le monde est mal fait ! Vous dire que beaucoup de vos copines connaissent les mêmes affres ne va pas suffire à vous consoler. Mais quand même, savoir qu'on est normale et pas un phénomène de foire, c'est déjà ça, non ?

Souriez !
On vous regarde !

Ensuite, il faut bien considérer la situation avec un maximum d'objectivité. Une poignée de boutons n'a jamais caché un joli regard, ni un joli sourire. Quand vous vous regardez dans la glace, c'est sûr, vous ne voyez qu'eux. Mais quand vos copains vous regardent, ils vous voient vous, avec votre sourire, votre nez retroussé, vos bonnes joues, vos blagues et vos grimaces. Sauf bien sûr la copine jalouse qui guette l'apparition de la moindre irritation sur votre nez et qui trouverait tout et n'importe quoi pour vous critiquer ! Alors oubliez-la et oubliez vos boutons. Les autres les oublieront plus facilement. Ne les martyrisez pas trop même si parfois vous ne pouvez pas vous en empêcher, ils risquent de devenir encore plus vilains. Et patience, vous aurez le dernier mot : ils finiront bien par décrocher !

Bons plans

Comment cacher ses boutons ?

- Déposer un peu d'anti-cernes sur les boutons les plus visibles avant de mettre un fond de teint.
- Utiliser des produits de maquillage spécifiques pour les peaux à tendance acnéique : s'ils ne soignent pas, ils n'aggravent pas l'acné !

Voir aussi Apparence, Complexes, Maquillage, Puberté, Visage.

Vrai / Faux

Forcer sur le chocolat et la charcuterie favorise l'acné.
Faux. L'alimentation n'a pas grand-chose à voir avec l'acné mais il est vrai qu'une alimentation équilibrée est importante pour avoir une belle peau.

Le soleil fait disparaître l'acné.
Vrai et faux. Oui dans un premier temps, mais l'acné reprend de plus belle dès qu'on cesse de s'exposer. D'où la nécessité d'utiliser un écran total.

L'acné est héréditaire.
Vrai. Bien qu'on ne connaisse pas encore précisément les causes de l'acné, on sait qu'il a des familles « à acné ».

La pilule guérit l'acné.
Vrai et faux. Il y a des contraceptifs qui la soignent et d'autres qui l'aggravent. Il faut en parler à son gynécologue.

Avoir des rapports sexuels guérit l'acné.
Faux. Ce n'est d'ailleurs pas l'objectif.

02 • ADOPTION

Tu es de ma famille...

Définition

L'adoption, c'est l'acte légal par lequel des adultes prennent pour enfant légitime une personne dont ils ne sont pas les parents biologiques.

S'informer

Quand un homme et une femme ne parviennent pas à avoir d'enfant, ou qu'ils en ont déjà mais souhaitent accueillir un enfant abandonné, ils peuvent faire une demande d'adoption. C'est une démarche qui prend du temps. Vous connaissez peut-être des parents qui ont attendu longtemps pour adopter un enfant. Certains sont même partis à l'étranger, parce qu'on ne leur confiait pas de bébé en France.

Pourquoi c'est si long une adoption ?

D'abord, il y a des conditions : être marié depuis plus de 5 ans ou être un(e) célibataire de plus de 30 ans. Ensuite, une enquête est menée par les services sociaux : avant de confier un enfant à une famille ou une personne, c'est normal de s'assurer qu'il sera bien accueilli. Une fois que les futurs parents ont reçu l'accord (l'« agrément »), ils attendent qu'un enfant leur soit confié, et là encore ça peut prendre des années. À l'étranger, les délais d'attente sont un peu moins longs qu'en France mais les règles sont les mêmes : il faut obtenir l'agrément de la DDASS française et se plier en plus aux lois du pays d'origine de l'enfant. Personne n'achète un bébé à l'étranger : les frais qu'engagent les parents sont liés à la constitution du dossier (il faut payer l'avocat pour son travail, par exemple).

Adopter un bébé

On ne peut pas adopter un bébé à la naissance. Une maman qui souhaite abandonner son enfant dès l'accouchement a toujours deux mois pour confirmer sa décision ou changer d'avis. Pendant ce temps, le bébé est confié soit à une famille d'accueil soit à une pouponnière. Si la mère maintient sa décision d'abandon, le bébé est alors remis à une famille adoptive, et le jugement d'adoption est prononcé au bout de six mois.

Pourquoi personne ne veut des grands ?

On croit toujours que les futurs parents adoptifs ne veulent que des bébés. C'est vrai qu'ils préfèrent accueillir un enfant très jeune, pour qu'il grandisse auprès d'eux. Mais cela ne veut pas dire qu'un enfant plus âgé n'intéresse personne ! On a l'impression qu'il y a plein d'enfants dont personne ne veut dans les centres de la DDASS. En réalité, le plus souvent, ces enfants ne peuvent pas être adoptés. Un enfant est adoptable si ses parents ont donné leur consentement, s'ils sont décédés tous les deux, ou s'ils ont cessé de s'occuper de lui et qu'un jugement a considéré qu'il était abandonné. Ce n'est pas si fréquent. Beaucoup d'enfants vivent dans des centres ou des familles d'accueil parce que leurs parents ne peuvent pas s'occuper d'eux mais espèrent que leur situation va s'améliorer : ils restent en contact, en attendant de pouvoir vivre à nouveau ensemble.

Une nouvelle famille

L'adoption établit un nouveau lien entre l'enfant et sa famille adoptive : l'enfant prend le nom de famille de ses parents adoptifs, et son acte de naissance est remplacé par le texte du jugement d'adoption. Les parents biologiques n'ont plus aucun droit sur lui. Ils peuvent néanmoins faire connaître à tout moment leur identité, et accepter qu'elle soit communiquée à l'enfant, à sa majorité, s'il le demande.

Le secret de la naissance

Parfois, la mère a voulu garder l'anonymat en accouchant dans le secret : on appelle cette procédure « l'accouchement sous X ». Dans ce cas, l'enfant ne pourra jamais connaître son identité. Cette procédure admise par la France est contraire à la Convention internationale des droits de l'enfant de 1989, qui prévoit pour chacun le droit de connaître ses origines. Afin de respecter la Convention, la loi du 10 janvier 2002 aménage cette procédure, tout en essayant de préserver le droit des mères à l'anonymat.

Info +

Dans les années 1970, près de 10 000 enfants naissaient « sous X » chaque année. En 1999, 560 enfants seulement sont nés ainsi. Il y a aujourd'hui en France environ 400 000 personnes nées sous X. *Source : Secrétariat à la Famille.*

Comprendre

C'est vrai que certains enfants adoptés souffrent de leur situation. Mais beaucoup d'autres sont très heureux : ils considèrent leurs parents adoptifs comme leurs vrais parents et se sentent bien dans la famille où ils grandissent.

Des ados comme les autres...

Au moment de l'adolescence, la relation avec les parents est un peu orageuse. Beaucoup d'adolescents envoient leurs parents promener et ne sont pas toujours tendres avec eux. Quand une fille a été adoptée, elle peut même avoir envie de leur jeter à la figure qu'ils ne sont pas ses « vrais » parents. Ça ne veut pas dire pour autant qu'elle les aime moins. Comme toutes les adolescentes qui prennent leurs distances avec leurs parents (et qui rêvent presque toutes d'en avoir d'autres !), elle les malmène un peu, peut-être juste un peu plus, et c'est normal.

... en quête d'identité

Le temps passant, quand on prend confiance en soi, les relations s'apaisent. Reste qu'au moment de l'adolescence, quand une personne a été abandonnée, elle désire parfois en savoir plus : c'est naturel. Elle peut ressentir le besoin de connaître ses origines, de savoir d'où elle vient avant de se lancer pour de bon dans la grande aventure de la vie. C'est pour cela que certains enfants adoptés essaient de retrouver leurs parents biologiques, même s'il n'est pas toujours facile de se confronter à la réalité des faits et des causes d'un abandon. Beaucoup d'autres n'éprouvent pas ce besoin. Ça ne les empêche pas de grandir et de devenir des adultes parfaitement bien dans leur peau !

Voir aussi Famille, Frères et sœurs.

Info +

À 18 ans, tout enfant adopté peut demander la communication de son dossier, auprès de l'Aide sociale à l'enfance de son département de naissance ou du siège social de l'organisme privé qui a procédé à l'adoption. En principe, le dossier d'adoption comporte le nom des parents biologiques, au moins de la mère, sauf s'il est né sous X et que sa mère n'a pas levé l'anonymat par la suite. Pour se faire aider dans ces démarches, le plus simple est de rencontrer une assistante sociale. Il faut se renseigner auprès de sa mairie.

03 • ÂGE INGRAT

Ne faites pas attention, c'est l'âge ingrat !

Définition

Pas facile de définir cette expression assez vague par laquelle les adultes désignent le début de l'adolescence. Ingrat peut avoir plusieurs sens, comme le mot « grâce » dont il provient. Un physique ingrat est un physique disgracieux. Un individu ingrat est une personne qui ne sait pas remercier, « rendre grâce ».

S'informer

En entrant dans l'adolescence, on change dans sa tête et dans son corps. L'équilibre et l'épanouissement de l'enfance s'en trouvent bouleversés. On peut avoir été une fillette exubérante, spontanée et extravertie, un boute-en-train débordant de vitalité et, soudain, sentir cette belle assurance s'évanouir, chassée par l'envie de se replier sur soi.

Ras-le-bol général

Sans comprendre pourquoi, on ne prend pas toujours la vie du bon côté. Bien sûr, il y a des raisons objectives : le corps se transforme, et pas toujours comme on le voudrait. Bonjour les complexes ! Et puis ce n'est pas toujours facile de se retrouver un peu coincée entre le monde des enfants, et celui des adultes. Bref, mûrir, devenir une femme, ça absorbe pas mal d'énergie : c'est bien normal de ne pas toujours se sentir en pleine forme.

Eux, avec leurs gros sabots…

Seulement voilà, les autres, et surtout les adultes, ont une fâcheuse tendance à ne pas respecter ce temps de transformation nécessaire. Comme s'ils oubliaient qu'ils sont aussi passés par là ! Alors, au lieu de vous aider – ou au moins de vous laisser vivre – ils vous enfoncent. Oh, pas méchamment, bien sûr ! mais à coup de petites allusions ironiques, de sourires entendus. « C'est l'âge ingrat » : voilà leur nouveau refrain, alors qu'ils disaient encore il n'y a pas si longtemps : « Quelle gracieuse enfant ! »…

Merci de votre délicatesse !

Dans le meilleur des cas, les parents vous rappellent l'histoire du vilain petit canard qui devient un cygne magnifique, ou de la chenille qui se transforme en papillon, et vous assurent que ce n'est qu'un mauvais moment à passer. La chenille vous remercie de la comparaison !

Silence et amertume

On a envie de leur reprocher leur maladresse, de leur rappeler leurs propres défauts, pour montrer qu'on a des raisons d'être agacée. Mais à quoi bon ? Ils sont tellement étrangers aux problèmes qu'on vit… Du coup, au moindre sous-entendu sur

l'« âge ingrat », on hausse épaules, on lève les yeux au ciel, on sort dans le fracas d'une porte qui claque, et on va s'enfermer dans sa chambre.

○ Comprendre

Cette expression a le don de vous exaspérer et vous avez raison. C'est un cliché, une expression toute faite qui ne veut pas dire grand-chose, mais qui cache l'inquiétude et le désarroi des parents qui ne savent plus comment s'y prendre.

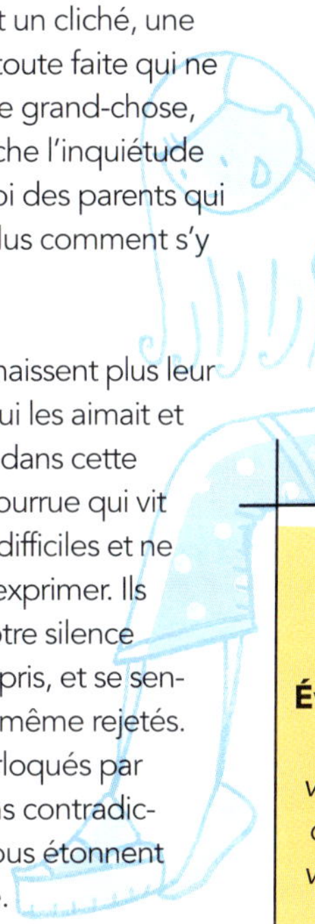

Intimidés

Ils ne reconnaissent plus leur petite fille qui les aimait et les admirait dans cette jeune fille bourrue qui vit des choses difficiles et ne sait pas les exprimer. Ils prennent votre silence pour du mépris, et se sentent parfois même rejetés. Ils sont interloqués par ces réactions contradictoires qui vous étonnent vous-même.

Pour se rassurer

Alors, les parents se protègent un peu en parlant de l' âge ingrat pour mettre un mot sur ce qui les inquiète, pour ranger tout cela dans une case bien identifiée. Ils ont l'air de se moquer de vous, de nier votre identité en vous classant dans la grande catégorie des adolescents casse-pieds. Mais, en fait, ils ont un peu peur de vous voir vous éloigner d'eux et craignent que vous les aimiez moins. Ils essaient de se dire que c'est une période normale, qu'il leur faut se résigner et attendre que « cela passe ».

Le dialogue, un bon remède

Ce n'est pas une raison pour vous mettre systématiquement en colère : cela risque de les renforcer dans leur attitude. Jouer l'indifférence peut désamorcer leur ironie, mais ne suffira pas forcément pour vous faire comprendre. Profitez plutôt de moments apaisés pour leur dire que cette expression vous blesse ; que vous souhaitez qu'ils acceptent de vous voir changer en tenant compte de vos difficultés. Rappelez-leur combien vous êtes fragile en ce moment, combien vous avez besoin de respect… même si vous êtes parfois difficile à comprendre ! Et puis, n'oubliez pas que si votre situation n'est pas très confortable, la leur n'est pas évidente non plus.

Voir aussi Complexes, Parents, Puberté, Susceptibilité.

Bons plans

Éviter la remarque vexante

• Veillez à votre apparence : visage soigné (éventuellement discrètement maquillé !), cheveux propres et coiffés, regard droit, voix claire… L'« âge ingrat », c'est aussi un cortège de clichés hétéroclites, depuis les cheveux gras jusqu'à la voix inintelligible.

• Souriez ! Un simple sourire, c'est le signe que vous répondez présente. Ça rend les parents heureux et ce n'est pas trop difficile : ça n'oblige même pas à ouvrir la bouche…

• Coupez l'herbe sous les pieds d'éventuels médisants en utilisant vous-même l'expression avec humour !

Sortir du cercle vicieux

Un mot en trop de votre mère : vous voilà claquemurée dans votre chambre…

• Prenez votre courage à deux mains pour faire le premier pas.

• Glissez-vous dans la cuisine pendant qu'elle n'y est pas pour mettre le couvert.

• Étendez la lessive en douce.

• Pensez à tout autre service (visible !) à lui rendre en catimini.

1er avantage : ça vous laisse du temps pour vous calmer hors de sa vue.

2e avantage : effet garanti. L'expression « âge ingrat » a de bonnes chances de tomber dans les oubliettes !

04 • ALCOOL

Un verre, ça va ?

S'informer

L'alcool, sans doute en avez-vous déjà bu comme la majorité de vos copains, vous avez même peut-être déjà été ivre. Mais savez-vous évaluer ce que vous consommez ?

Légère, la bière ?

Détrompez-vous ! Il y a la même quantité d'alcool dans un verre de vin, une bière, une coupe de champagne, un porto, un whisky et un pastis, car la taille et la forme des verres dans lesquels on sert ces boissons sont conçues de manière à offrir la même densité d'alcool, 10 g.

C'est ce qu'on appelle un verre standard ou une unité d'alcool. Au café, c'est facile d'évaluer votre consommation : il suffit d'additionner les unités. Chez vous ou en soirée, c'est moins évident, les verres n'étant pas adaptés. Une chose est certaine : bière et vin ne sont pas moins dangereux que le whisky.

Que se passe-t-il quand on boit ?

Contrairement aux autres aliments, l'alcool n'est pas digéré ; il va directement dans le sang et se diffuse dans tout le corps. C'est ensuite le foie qui brûle l'alcool, et c'est très long. Il met une heure à éliminer un verre, et on ne peut pas gagner de temps. Douche froide, air frais, café, rien n'y fait : il faut attendre !

Le taux d'alcoolémie, c'est quoi ?

C'est la quantité d'alcool dans le sang, exprimée en grammes par litre de sang. En France, ce taux ne doit pas dépasser 0,5 g par litre lorsque l'on conduit, soit 2 verres pour une fille et 3 pour un garçon. L'alcoolémie dépend du poids (si vous êtes mince, votre taux monte plus vite), de la durée de consommation (si vous buvez beaucoup en peu de temps, il sera plus élevé), de l'alimentation (si vous buvez à jeun, il monte plus vite). On peut évaluer l'alcoolémie en fonction de ce qu'on a bu ; mais pour la connaître précisément, on utilise un alcotest qui mesure l'alcool contenu dans l'air expiré.

Inconscience et gueule de bois

Comment vous sentez-vous quand vous avez bu ? Gaie et détendue quand c'est à petite dose. Au-delà, bonjour les dégâts ! L'alcool rend violent, il peut faire perdre conscience du danger, vous entraîner à avoir des rapports sexuels que vous auriez refusés dans votre état normal ou à toucher à la drogue. Après une « cuite », on a mal à la tête, on est dans le brouillard. L'alcool ralentit l'activité du cerveau : on perd sa vigilance et ses réflexes, et surtout on ne s'en aperçoit pas. C'est pour cela qu'il est dangereux de boire avant de prendre le volant. À long terme, les excès détruisent la santé : on risque toutes sortes de cancers du tube digestif, des maladies cardio-vasculaires, des troubles nerveux (perte de mémoire, anxiété, dépression).

Info +

L'alcool, ça commence tôt

À l'âge de 11 ans, 80 % des garçons et 70 % des filles y ont déjà goûté. L'âge moyen de la première ivresse est 15 ans et demi, pour les filles comme pour les garçons. Mais en moyenne les filles boivent moins, et moins régulièrement : 8,3 % des garçons consomment de l'alcool plus d'une fois par semaine, contre 2,8 % des filles. Sur la route, un tiers des accidents mortels est dû à l'alcool. Les jeunes qui prennent le volant après une soirée trop arrosée sont particulièrement touchés. *Source : Baromètre santé jeunes 1997-1998.*

Les adolescents qui ont déjà connu l'ivresse (% par âge et par sexe)

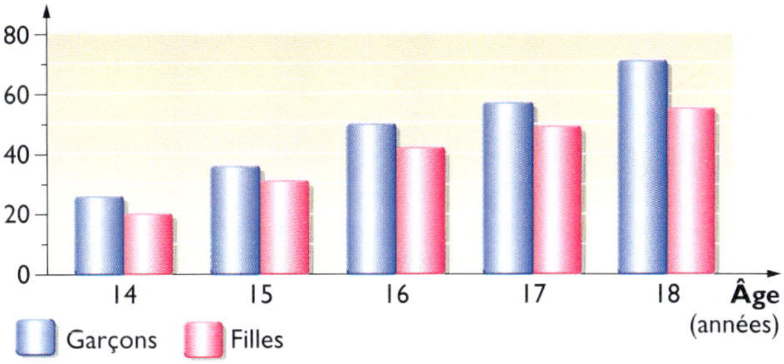

Source : Inserm, OFDT, MENRT (enquête Espad 1999), in *Les Jeunes, contours et caractères*, Insee, 2000.

Les adolescents qui sont régulièrement en état d'ivresse (% par âge et par sexe)

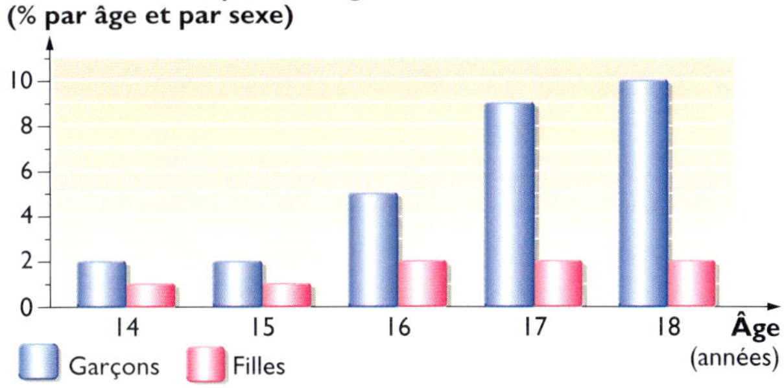

Source : Inserm, OFDT, MENRT (enquête Espad 1999), in *Les Jeunes, contours et caractères*, Insee, 2000.

Comprendre

On commence souvent à boire de l'alcool avec les copains, dans les soirées ou en boîte. On peut aussi appartenir à une famille de « bons vivants », qui aime les apéritifs et le bon vin. Boire un verre de temps en temps, ça n'a jamais tué personne. Mais attention, dans notre pays, on oublie (ou on ne veut pas savoir) qu'au-delà d'une consommation modérée, il produit les mêmes effets que toutes les drogues, même si c'est une drogue légale : il crée une accoutumance et une dépendance. Pour en ressentir les effets, il faut sans cesse augmenter les quantités consommées ; et on en vient vite à ne plus pouvoir s'en passer.

Toujours plus !

Boire un verre en famille ou entre copains, ça crée un bon moment de détente, ce n'est pas dangereux. Mais en soirée, on est parfois entraînée à boire beaucoup. Souvent ce n'est pas facile de refuser, on se sent ridicule. Parce que boire beaucoup, « tenir l'alcool », c'est censé prouver qu'on est fort, capable d'assurer ; ceux qui refusent sont pris pour des mauviettes, des « petits joueurs ». Des accidents dramatiques sont arrivés à cause de paris stupides que les victimes n'ont pas su refuser. Souvent aussi, on veut tester jusqu'où on peut aller, découvrir ses limites : c'est comme ça que l'on prend sa première « cuite ». Pas très agréable ! Mais ça ne dissuade pas toujours de recommencer ;

et on peut vite tomber dans la dépendance. Tous les jeunes qui boivent dans les soirées ne deviennent pas forcément alcooliques, mais il n'y a pas de séparation nette entre une consommation sans risque et une consommation dangereuse. Alors, prudence !

Être alcoolique, c'est quoi ?
On peut devenir alcoolique sans être jamais ivre. Une fille qui boit régulièrement plus de 4 verres d'alcool en soirée, ou plus de 14 par semaine (soit 2 par jour), sans pouvoir s'en passer, est en danger. Quand on a la sensation de consommer trop (ou quand on se l'entend dire par ses amies), quand on commence à boire seule chez soi, et même le matin, il faut agir ! Un bon test à faire, c'est d'essayer de rester une semaine sans aucun alcool. Si on craque, il est grand temps de se faire aider.

Conseils

Sachez dire non !
- Attention aux soirées : fixez-vous une limite à ne pas dépasser et vérifiez toujours ce que l'on met dans votre verre.
- Apprenez à refuser, ce n'est ni honteux ni impoli : dites « Désolée, je n'aime pas l'alcool ! » et prenez un jus de fruits.

Le volant ou la vie !
- Ne prenez jamais le volant (ni la mobylette) quand vous avez bu, même si vous vous sentez bien.
- N'acceptez jamais de monter avec un conducteur qui a bu, même s'il assure être en forme.
- Et empêchez-le de prendre le volant, quitte à confisquer ses clés de voiture. Question de vie ou de mort !

Voir aussi Drogues, Tabac.

Vrai / Faux

Mélangé à du jus de fruits ou du Coca, l'alcool est moins fort.
Faux. Le volume d'alcool reste le même.

L'alcool réchauffe.
Faux. On a d'abord une sensation de chaleur parce que le rythme cardiaque s'accélère, mais cette réaction fait baisser la température du corps.

L'alcool stimule l'activité du cerveau.
Faux. Il excite mais ralentit l'activité du cerveau et émousse les réflexes.

Plus on est mince, plus les effets sont forts.
Vrai. Le taux d'alcoolémie ne dépend pas seulement de la quantité consommée mais aussi du poids du consommateur.

Les femmes sont plus sensibles que les hommes à l'alcool.
Vrai. Aussi bien pour les risques immédiats que pour les risques à long terme.

Il vaut mieux ne pas boire à jeun.
Vrai. Si on boit sans manger, l'alcool passe d'un coup dans le sang et les effets sont plus forts.

Il y a des trucs radicaux pour dégriser plus vite.
Faux. Ni le café (même salé !), ni l'air frais, ni la douche ne font baisser l'alcoolémie.

Allez, les filles !

Définition

L'ambition, c'est le désir de réussir, de faire de grandes choses, de devenir quelqu'un de bien. De donner le meilleur de soi-même.

S'informer

L'ambitieux, dans beaucoup d'esprits, c'est le sale type par excellence. Celui qui fait passer ses intérêts avant tout : avant l'amitié, la générosité, même l'amour. Il a les dents longues ; on dit même qu'elles « raient le parquet » ! Pour atteindre ses buts, il est prêt à tricher avec la loi et la morale. Bref, l'ambitieux est franchement détestable. On aimerait se mettre en travers de sa route pour l'empêcher d'aller plus loin en écrasant tout le monde… mais on a trop peur de se faire mordre à son tour !

Tout ça, c'est une caricature

Avoir de l'ambition, au bon sens du terme, ce n'est pas un défaut. Au contraire, c'est une très belle qualité.

L'ambition, la vraie

Alors, l'ambition, la vraie, c'est quoi au juste ? C'est une exigence à l'égard de soi-même. C'est cette voix qui vous pousse à devenir meilleure, à faire des choix, même s'ils ne sont pas faciles, en fonction des priorités que vous vous êtes données. Elle vous dit d'aller toujours plus loin dans vos possibilités. D'apprendre vos cours d'histoire pour devenir l'archéologue que vous rêvez d'être. De travailler les maths ou la biologie, parce que vous voudriez faire des études de médecine. D'approfondir vos lectures pour pouvoir plus tard être écrivain à votre tour. De faire vos gammes tous les soirs, même quand vous n'en pouvez plus, parce que vous voulez entrer au Conservatoire et devenir une pianiste de renom.

Allez les filles !

L'ambition, ce n'est pas réservé aux garçons, même si beaucoup de filles ont peur d'être mal jugées si elles sont ambitieuses : « C'est une tueuse ! » dit-on souvent d'une fille qui veut réussir. C'est encore une caricature de l'ambition. Rien n'oblige une fille à faire comme tout le monde ou à se contenter de peu pour être « féminine » et plaire aux garçons.

Comprendre

Vous avez de la chance : l'adolescence, c'est LE moment d'être ambitieuse, d'oser voir grand… quitte à voir un peu trop grand ! De prendre au sérieux tous les projets d'avenir qui vous font rêver. Même s'ils sont de taille « XXL » alors que vous vous sentez encore plutôt « XXS » !

Je n'y arriverai jamais !

Quelquefois, vous êtes découragée. Un contrôle de maths désastreux, et vous voyez déjà les portes de la faculté de médecine se fermer devant vous… Un enchaînement raté, et vous voilà prête à faire une croix sur le sport de haut niveau qui vous a toujours fascinée…

Mais si, courage !

Pourtant, quand vous êtes très motivée, vous vous accrochez. C'est ça, être ambitieuse. C'est se remettre toujours d'aplomb après un échec, parce que même une chute peut faire avancer. Et c'est pour ça que l'ambition n'est pas réservée aux génies à qui tout réussit sans effort particulier : l'ambition, c'est une force qui vous fait travailler patiemment, sans baisser les bras, pour réussir votre vie, pour devenir une personne accomplie.

Une femme d'exception

L'ambition, c'est tout cela et c'est encore bien plus : c'est une voix qui vous bouscule pour vous propulser en avant ; c'est un regard intérieur qui voit loin devant vous. Elle vous dit que vous pouvez devenir quelqu'un d'extraordinaire, quelqu'un d'exceptionnel : bref, ne pas être comme les autres ! Comment ? De mille façons, selon votre personnalité : choisir un métier qui vous passionne et tout faire pour y exceller, développer un don artistique, et aussi fonder une famille merveilleuse ou être une personne aux qualités humaines hors du commun.

Faire des choix

Dans tous les cas, réussir sa vie, c'est la choisir, et pour choisir, il faut avoir des critères, des valeurs. Et souvent, il faut savoir sacrifier ses envies immédiates, les satisfactions faciles, le plaisir de l'instant parce qu'on voit plus loin, parce qu'on a un beau projet pour l'avenir. Allez, les filles !

Voir aussi Choix, Études, Orientation.

Info +

Il y a une forme particulière de l'ambition : c'est la vocation. Dans « vocation », il y a le mot « voix ». C'est un appel pressant à choisir telle ou telle forme de vie. Cet appel est mystérieux, inexplicable : il est tellement fort qu'on a l'impression qu'il ne vient pas de l'intérieur de nous-même, mais de l'extérieur. C'est une ambition hors du commun qui peut mener à faire des choses incroyables. Tout quitter pour mener une vie à l'opposé de ce que l'on aurait apparement dû vivre, par exemple. C'est le cas des vocations humanitaires et des vocations religieuses. C'est ainsi que Mère Teresa a choisi de vivre au service des plus pauvres, et c'est ce qui l'a rendue si heureuse et si exceptionnelle.

AMITIÉ • 06

Sur la même longueur d'ondes

Définition

Le mot vient du latin *amicitia* qui veut dire amitié mais aussi union, alliance conclue entre deux personnes qui se choisissent. L'amitié, c'est un sentiment d'affection spontanée, une forme d'amour sans caractère sexuel. Un lien réciproque, fait de respect et de confiance.

S'informer

Il y a les copines. Ce sont celles que vous voyez tous les jours sans vraiment le faire exprès, juste parce que vous avez les mêmes activités.
Et puis il y a les amies. On compte en général ses amies sur les doigts d'une main.

C'est quoi, cette perle rare ?

L'amitié ? un vrai iceberg : tout dans la profondeur. La surface est visible, chacun sait que vous êtes amie avec une telle… mais personne d'autre que vous deux ne devinera jamais l'ampleur réelle de votre relation ! Entre vous, il y a tous ces secrets, ces confidences, ces joies, et parfois ces heures difficiles, qui n'appartiennent qu'à vous. C'est la « partie immergée » de votre amitié. Celle qui compte. Et c'est tellement dense, tellement profond comme relation, que vous ne pouvez pas la vivre avec toutes vos copines.

Ça arrive comment ?

Une rencontre d'amitié, ça peut être comme un coup de foudre. Tout d'un coup on se sent bien ensemble, on ose se dire beaucoup de choses. Mais on peut aussi devenir amies progressivement en se côtoyant, en apprenant à se découvrir, à se faire confiance. L'amitié, c'est comme l'amour : pas de modèle unique, pas d'histoire toute faite !

La partie immergée de l'iceberg !

Comme tout ce qui n'est pas superficiel, l'amitié, c'est exigeant. On a des droits et des devoirs à l'égard de ses amies même si on ne pense pas souvent dans ces termes un peu rébarbatifs ! On peut les résumer par un mot, le mot-clé de l'amitié : « délicatesse ».
Être délicate avec une amie, c'est garder ses secrets quand elle vous les confie… mais aussi respecter son choix de ne pas vous en faire part. C'est savoir deviner sa tristesse, ou encore changer de conversation quand on sent qu'un sujet la gêne. C'est prendre sa défense, ne pas mettre en doute sa parole, connaître ses qualités et ses défauts et ne pas la condamner, même quand elle a eu tort.

Lui dire ses quatre vérités !

Vous ne la condamnez pas… mais vous êtes aussi capable de lui dire franchement ce qu'il en est quand vous n'êtes pas d'accord. Savoir dire délicatement à une amie qu'on trouve son attitude décevante et qu'elle vaut mieux que ça, c'est l'un des devoirs les plus difficiles de l'amitié. Mais c'est aussi l'un des aspects les plus beaux de la relation !
Peut-être avez-vous déjà eu l'occasion de remercier une amie qui vous « remontait les bretelles ». Sur le coup, le reproche est amer à avaler… mais très vite on est reconnaissante, et la confiance grimpe en flèche !

Info +

Amie avec un garçon, c'est possible ?
Oui, mais pas si facile que ça. Souvent, l'un des deux tombe amoureux. Il faut avoir beaucoup d'honnêteté avec soi-même et avec l'autre, et surtout ne pas être ambiguë : ne pas jouer la séductrice, éviter les gestes trop tendres… Mais quand on réussit à rester amis, c'est une formidable occasion d'échange !

Comprendre

L'amitié est l'une des plus belles aventures de l'adolescence. C'est souvent là que se nouent des amitiés pour la vie.

Je te donne toutes mes différences…
Vous vous sentez proche de vos amies parce que vous avez plein de choses en commun… mais vous ne vous ressemblez pas forcément. Parfois, vous êtes très différentes, voire carrément dissemblables !
Normal : l'amitié, ce n'est pas un dialogue entre deux clones. C'est une rencontre entre deux caractères qui s'enrichissent mutuellement.

Du piment dans l'amitié
Ce n'est pas non plus un étalage de beaux sentiments un peu mièvres. On ne passe pas son temps à se faire de gentils compliments et à s'admirer l'une l'autre. Au contraire, il y a parfois des confrontations, des sujets explosifs, des tensions et des colères : c'est normal, et excellent pour la santé de votre amitié ! L'essentiel, c'est de savoir calmer le jeu après une dispute. N'hésitez pas à faire le premier pas : une véritable amitié le vaut bien, non ?

Rien de rien, je ne regrette rien
Certaines n'osent pas se faire des amies, par timidité, par peur de ne pas être acceptées, ou d'être déçues. C'est vrai qu'en amitié, comme en amour, on risque de souffrir. Une amie peut vous trahir, vous abandonner. En plus, au moment de l'adolescence, vous vous éloignez parfois de vos amies d'enfance, parce que vous évoluez différemment, que vous n'avez plus rien à vous dire. Ce sont des moments difficiles, parce que vous vous croyiez très proches. Mais il ne faut pas vous en vouloir, ni en vouloir à l'autre. Confiance : la vie vous donnera de vivre d'autres amitiés plus solides, plus réfléchies. Et même si elle doit se terminer, une amitié restera toujours un moment privilégié où l'on a beaucoup donné, beaucoup reçu, beaucoup grandi.

Voir aussi Bande, Confidente, Copains, Solitude.

Conseils

Le piège des amitiés malsaines

Il y a des filles exclusives et manipulatrices dont il vaut mieux s'écarter. Si vous sentez, même confusément, qu'une « amie » vous fait plus de mal que de bien parce qu'elle est trop possessive ou qu'elle cherche à vous saper le moral, faites attention ! Une « amie » dominatrice peut vous faire beaucoup souffrir en jouant avec vos sentiments ou votre histoire personnelle. Et c'est difficile de résister parce qu'en amitié comme en amour, on est aveugle…

Les limites de l'amitié

- *Vos amies n'ont pas le droit de vous demander de faire n'importe quoi : acte dangereux ou illégal, silence complice sur quelque chose que vous réprouvez (usage de drogue, par exemple).*
- *Il y a des secrets trop graves pour être tus : ceux qui mettent la vie en danger. Vous serez une véritable amie si vous brisez le silence et que vous parlez avec des adultes des problèmes de vos amies (idées de suicide, anorexie ou boulimie, grossesse, usage de drogue…). C'est le seul moyen de les aider vraiment.*

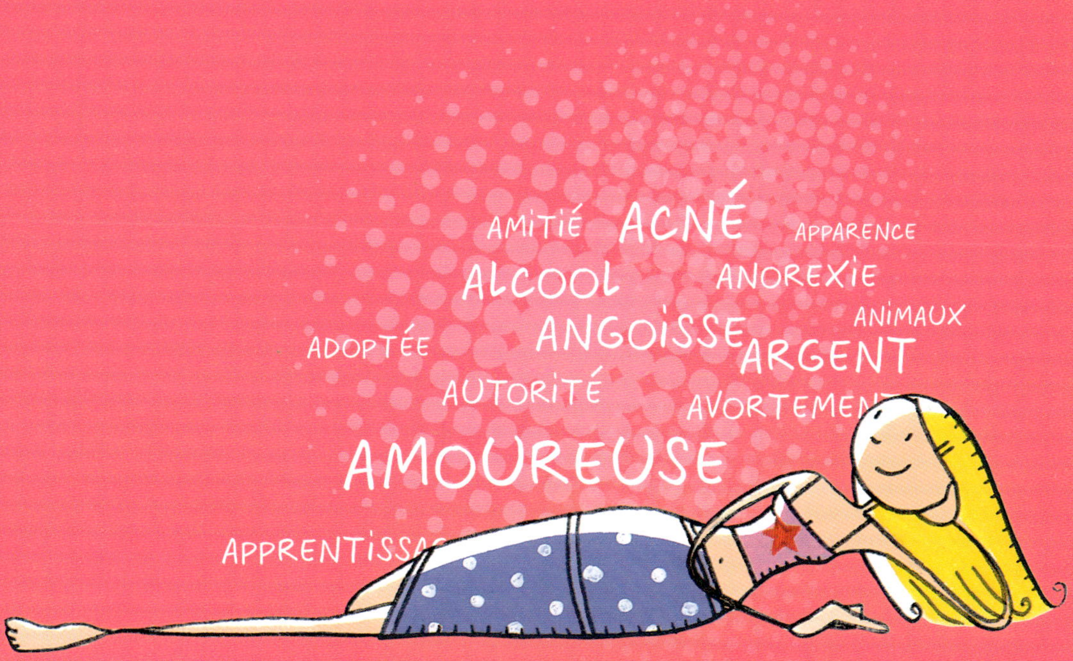
AMITIÉ
ACNÉ
APPARENCE
ALCOOL
ANOREXIE
ANIMAUX
ADOPTÉE
ANGOISSE
ARGENT
AUTORITÉ
AMOUREUSE

07 • AMOUR

La mesure d'aimer, c'est d'aimer sans mesure...

Définition

L'amour avec un grand A, on en rêve toutes, on l'attend, on l'espère, on a peur aussi de ne jamais le rencontrer, mais on est bien en peine de le définir.

S'informer

Un dernier baiser passionné et la lumière se rallume, laissant les deux héros roucouler jusqu'à leurs vieux jours… bref, se marier et avoir beaucoup d'enfants. Dans la salle du cinéma, c'est la catastrophe : pris de court, tout le monde toussote, enfile rapidement son manteau pour cacher son émotion et sort très vite, un peu gêné d'avoir la gorge serrée et les yeux humides à cause d'une simple histoire d'amour.

Recherche âme sœur désespérément

Mais pourquoi diable ces films nous font-ils autant d'effet ? Parce qu'on aimerait tant être aimée comme ça, comme une héroïne de cinéma ou de roman. Parce qu'être aimée, c'est un besoin vital, aussi indispensable que l'air qu'on respire. Et même si l'on est aimée depuis toujours par ses parents, par sa famille, ça n'a rien à voir : l'amour, le vrai, c'est celui que l'on vivra avec une personne unique, exceptionnelle. Quelqu'un que l'on est bien en peine de décrire mais que l'on attend… avec plus ou moins de patience ! Quelqu'un qui reconnaîtra en nous celle qu'il attend lui aussi depuis toujours. Qui sera ému, touché, séduit par notre personnalité, ce que nous sommes vraiment, et qui tout à coup se dira : c'est Elle, et pas une autre.

Et si je passais à côté ?

On sait bien que l'amour, c'est encore plus fort, plus grand que ces amourettes qui nous ont déjà fait battre le cœur, chantonner sans trop savoir pourquoi, ou pleurer parce que tout était fini. Seulement voilà, comment le reconnaître ? Comment faire la différence entre les simples coups de cœur et l'histoire qui nous conduira au vrai grand amour ?
À priori, les symptômes sont les mêmes : on campe près du téléphone, on vole plus qu'on ne court au rendez-vous tant attendu, le rose aux joues et le cœur prêt à exploser de joie. Et puis voilà : au lieu de s'essouffler, l'histoire continue, toujours plus belle, plus forte qu'au premier jour.

Et un beau jour on s'aperçoit, l'un et l'autre, que l'on vit bien plus qu'une amourette. Bref, pas d'inquiétude : quand ça arrive, on ne risque pas de passer à côté !

Anne, ma sœur Anne, ne vois-tu rien venir ?

Quant à savoir quand et comment cela va vous arriver, personne ne peut vous le prédire. Toutes les hypothèses, même les plus rocambolesques, sont possibles. Ce sera peut-être avec quelqu'un que vous connaissez déjà : un garçon de votre classe que vous aurez ignoré pendant des années, votre vieil ami d'enfance ou même votre pire ennemi, vous savez, ce pauvre crétin que vous détestez cordialement (si, si, c'est déjà arrivé). Ou alors avec un garçon que vous ne connaissez pas encore : l'ami d'un ami d'un ami, un futur copain de fac, un garçon croisé vingt fois sans le savoir avant que la vingt et unième soit la bonne… Quand ? Dans un an, qui sait ? Plus probablement à 20 ans, à 25 ans, comme la majorité des gens. Peut-être encore plus tard…

Info +

Le coup de foudre, ça existe ?

Quelquefois, le grand amour arrive sans crier gare : on se regarde, c'est comme si on se reconnaissait, on ne peut plus se passer l'un de l'autre. Un peu comme une rencontre miraculeuse. Mais le plus souvent, ça prend du temps : on ne se remarque pas tout de suite, puis on prend goût à la présence de l'autre. Il devient de plus en plus important, on se rend compte qu'on ne peut plus vivre sans lui.

Comprendre

C'est vrai : s'entendre dire que le grand amour viendra, quand on a 15 ans et que l'on se sent tragiquement seule, ça peut être parfaitement exaspérant. D'abord, il y a toujours ce vieux doute qui s'insinue dans votre tête : « Et si je ne le rencontrais jamais ? De toute façon, je ne plais jamais à ceux qui me plaisent ! »

J'suis trop moche !

Les garçons qui vous attirent sont parfois totalement dépourvus de sensibilité… la preuve : ils préfèrent des minettes superficielles au trésor que vous êtes et qu'ils sont incapables de voir. De là à vous persuader que c'est parce que vous êtes nulle, il n'y a qu'un pas ! Pourtant, regardez autour de vous : les couples ne sont pas formés de gens à la beauté parfaite, au charme ravageur et à l'intelligence hors du commun. Ce sont des gens ordinaires qui, pourtant, se trouvent mutuellement extraordinaires.

Des défauts si craquants

Pourquoi ? Parce que ce qui fait fondre, ce sont tous les petits défauts, toutes les faiblesses que l'on découvre chez l'autre, et qui le rendent unique. C'est peut-être votre timidité qui fera craquer ce grand gaillard que vous n'osez pas approcher. C'est parce que vous êtes toute petite qu'un autre aura envie de vous prendre dans ses bras. Ou bien parce que vous êtes pleine de complexes qu'un garçon aura envie de vous dire que vous êtes merveilleuse et de vous donner confiance en vous.

Le bonheur, on y prend goût…

Vous saurez que vous vivez le grand amour le jour où vous vous rendrez compte de quelque chose d'extraordinaire : depuis que vous êtes avec ce garçon, vous n'êtes plus la même. Vous serez en fait devenue vraiment vous-même. Par quel miracle ? Tout simplement parce qu'en étant tendrement aimée, on apprend à s'aimer soi-même, et on devient une personne accomplie : heureuse de vivre, bien dans sa peau, capable d'aimer l'élu avec constance et générosité…

… pourvu que ça dure !

Quand ce jour merveilleux viendra, vous aurez certainement peur que tout cela ne dure pas : on croit tellement que les histoires d'amour finissent toujours mal. Beaucoup s'imaginent que l'on reçoit une sorte de réserve d'amour quand on rencontre quelqu'un. On l'aime très fort au début et puis, à force de puiser dans la réserve miracle, l'amour diminue au fil du temps, il s'use jusqu'à disparaître complètement. Alors, on conseille de s'économiser : « Laisse-toi désirer », « N'en fais pas trop. » Comme si l'amour était un combat !

Bonne nouvelle, les filles

Pourtant, ils ont tout faux ! La bonne nouvelle, c'est que l'amour, ça ne s'use pas du tout avec le temps. L'amour, ça s'use quand on ne s'en sert pas. Plus vous aimerez, plus vous aurez envie d'aimer. Alors, quand le moment sera venu, pas d'économie : donnez-vous sans compter. C'est quand on commence à compter, à vouloir vivre une relation « donnant, donnant » que l'amour fait ses valises ! Vous ne déciderez pas de la personne que vous allez aimer. Par contre, c'est vous et vous seule qui choisirez de continuer à l'aimer, de faire grandir cet amour… et ça, ce n'est pas possible de le faire à l'économie.

Voir aussi Chagrin d'amour, Mariage, Passion.

Conseils

Pas de précipitation

Ne vous précipitez pas dans les bras du premier venu. Ne gâchez pas les émotions, les expériences des premières fois, avec un garçon que vous n'aimez pas vraiment. L'amour n'est pas un jeu. Vous pouvez vous rendre incapable d'aimer vraiment, de vivre un grand amour, à force d'avoir joué à l'amour.

En attendant le grand jour…

Allez au cinéma, lisez des romans d'amour, ces histoires où l'amour rime avec toujours, où l'on tient plus à l'autre qu'à sa propre vie. Il y a des romans éternels comme l'amour lui-même : en les lisant, on vibre avec les héros. On ressent comme eux cet amour total, passionné, magnifique qui transforme leur vie. Autant en emporte le vent, Le Docteur Jivago, Jane Eyre, Le Lys dans la vallée *sont de ceux-là.*

Personne n'a appelé ?

Définition

Être amoureuse, c'est éprouver des sentiments tendres et passionnés pour quelqu'un. On ne sait pas encore si ça va être profond et durable ou léger et éphémère. Ça peut devenir de l'amour ou s'évaporer comme un joli rêve.

S'informer

Il y a plein de façons de tomber amoureuse, du coup de foudre au sentiment inconscient qui se glisse dans votre cœur et y fait son nid.

Premiers symptômes

Qu'est-ce qui fait qu'un beau jour on se déclare amoureuse ? Difficile à dire, il n'y a pas de symptôme comme pour la rougeole ou la grippe. Simplement des signes discrets la première fois, mais qui ne trompent plus quand on en a fait l'expérience. Souvent, les copines sont là pour vous les faire remarquer !

Diagnostic confirmé

Si vous pensez de plus en plus à un tel, si vous avez toujours envie d'être avec lui, si votre cœur bat à son passage, si son sourire vous laisse rêveuse, si vous campez près du téléphone en espérant qu'il va appeler, si vous avez soudain envie de rire ou de pleurer sans raison, ne cherchez plus, vous êtes sûrement atteinte !

Une bonne maladie...

Profitez-en ! Être amoureuse, c'est génial, on se découvre pleine d'énergie et de ressources insoupçonnées. Et si on n'ose pas encore se déclarer à l'heureux élu, c'est un secret agréable à garder au fond de son cœur, en attendant le moment propice !

... mais gare à la bulle de savon !

Attention, votre prince charmant a certainement des qualités qui crèvent les yeux... et des défauts que vous ne voyez pas. Forcément, puisque vous êtes devenue aveugle ! Alors, prenez le temps de rêver, même si vous savez bien qu'une véritable relation amoureuse, c'est un peu plus compliqué que votre rêve. C'est surtout bien plus intéressant, parce que cela se vit à deux. Cela dit, vous avez le temps de musarder sur les chemins des découvertes amoureuses.

Tous craquants !

Essayez quand même de ne pas craquer à tout bout de champ, dès qu'un joli garçon vous sourit. Apprenez à distinguer le vrai sentiment du coup de cœur, sinon vous risquez de vous user les nerfs et de passer pour un « cœur d'artichaut » !

Info +

Peut-on aimer deux garçons à la fois ?

Il y a plein d'histoires, comme le beau film *Jules et Jim*, qui racontent l'amour d'une fille pour deux garçons (et l'inverse). Ce n'est pas facile à vivre, mais cela arrive, surtout au moment de l'adolescence

normal de tâtonner, de se tromper, de ne pas bien comprendre ce qu'on ressent, et d'être impatiente de tout vivre.

C'est parti… pour la vie ?

Quant à savoir combien de temps va durer une relation amoureuse, c'est une question inutile, personne n'en sait rien ! Cela dépend de ce que vous souhaitez, de l'énergie que vous y mettez, mais aussi de lui, de ce qu'il attend de votre relation. Alors, en attendant de savoir si c'est le grand amour, ne brûlez pas les étapes. Ne vous jetez pas à sa tête… ni dans son lit. Ne lui mettez pas la pression, laissez-lui le temps de découvrir ses sentiments : les garçons ont parfois plus de mal à les reconnaître, il faut apprendre à être patiente !

Cap sur l'inconnu !

Être amoureuse, c'est le prélude à un amour vrai, si on choisit ensemble de construire une relation plus profonde, plus durable. Ce n'est pas forcément pour tout de suite… Patience, vous avez tant de choses à découvrir en attendant !

Voir aussi Amour, Désir, Râteau, Sortir avec.

quand on ne sait pas encore bien ce qu'on veut. Souvent on n'aime pas les deux de la même façon, l'un attire par son charme, l'autre par son intelligence. C'est en tout cas une situation dont il ne faut pas abuser sous peine de souffrir et de faire souffrir.

Comprendre

Être amoureuse à l'adolescence, ça n'a rien à voir avec votre amoureux de maternelle à qui vous faisiez des bisous. C'est une autre histoire, pleine d'émotions inconnues, d'inquiétudes et d'interrogations. Tout est mélangé, tendresse, attrait érotique, besoin de séduire, romantisme.

Je m'y perds…

On découvre un monde nouveau et merveilleux : il faudra du temps et sans doute plusieurs rencontres pour l'explorer. Alors c'est

Bons plans

Comment lui faire comprendre ?

D'abord, regardez-le et parlez-lui ! Ça a l'air très évident, mais il y a plein de filles qui restent pétrifiées dans leur coin, n'osant pas approcher ni même regarder celui qui leur plaît.

Premier avantage : il saura que vous existez.

Deuxième avantage : vous apprendrez à le connaître, ça vous évitera bien des illusions !

Et si je me faisais un film ?

Parfois, on est tellement amoureuse qu'on prend le moindre geste ou le moindre regard pour une preuve d'amour. En gros, on se fait son cinéma ! Pour ne pas tomber de haut, il faut parfois regarder les choses en face. Difficile, bien sûr ; c'est tellement agréable de vivre dans un joli rêve ! Osez quand même demander à une amie ce qu'elle voit, elle. Elle saura vous dire si vous vous faites des idées !

Je stresse, j'angoisse, j'ai les boules...

Définition

L'angoisse, c'est une peur intense dont on ne connaît pas l'objet. Les symptômes sont d'ailleurs ceux de la peur : difficulté à respirer, palpitations, vertiges, nausées, maux de ventre, insomnies.

S'informer

Vous avez peut-être déjà eu des bouffées d'angoisse, ces petites crises aiguës mais courtes qui vous serrent le cœur ou vous nouent le ventre, à la veille d'une interro ou parce que vous aviez fait quelque chose dont vous redoutiez les conséquences.
Pas très agréable !
Mais quand c'est un malaise permanent, vague et diffus, qui dure des jours voire des semaines, c'est encore plus difficile à vivre. D'autant qu'on n'en prend pas tout de suite conscience ! Certaines filles sont angoissées, sans même s'en rendre compte : elles ne comprennent pas pourquoi elles ont si mal au ventre, vont consulter et, tout à coup, le médecin leur demande ce qui peut bien les angoisser à ce point.

Coup de flippe

Peur de ne pas réussir une interro, peur d'être mal jugée quand on arrive dans une nouvelle école, impression de ne pas être à la hauteur, ou encore parce que l'on vit dans un climat de violence ou de conflits : la vie de tous les jours offre bien des sources de stress. Normalement, on réagit plutôt bien : une bonne poussée d'adrénaline, on s'adapte et ça passe.

C'est l'angoisse !

Mais quand la tension est trop forte, quand on est particulièrement fragile ou sensible, ça peut vite devenir l'horreur. Transpiration, palpitations, rougeur ou pâleur, difficulté à se concentrer, perte de ses moyens : on ne contrôle plus rien, on est vraiment mal. Bref, c'est l'angoisse.

Comprendre

L'angoisse, c'est assez fréquent pendant l'adolescence. On est souvent beaucoup plus fragile à ce moment-là de la vie. On a plein de doutes, d'incertitudes sur soi-même, sur les autres ou sur l'avenir.

Mon corps, un cauchemar

Votre corps change et peut vous paraître bizarre, étranger, comme si ce n'était plus vraiment le vôtre. Et quand on se trouve trop petite ou trop grande, qu'on n'aime pas certaines parties de son corps (ses seins, ses fesses, son nez), c'est parfois très angoissant : on voudrait se fondre dans le moule d'un corps parfait pour être aimée, ou au moins acceptée, et on se retrouve seule, face à ses limites, à ses imperfections.

Trop dur, trop haut, trop loin

Mais vous pouvez aussi être angoissée parce que vous ne savez pas ce que l'avenir vous réserve et que vous vous sentez impuissante.
On vous demande de choisir ce que vous ferez plus tard, alors que vous ne le savez pas toujours, que rien ne vous attire ou que ce vous aimeriez faire vous paraît inaccessible. Vous avez l'impression qu'on exige beaucoup de vous, alors que vous vous trouvez nulle, et pas à la hauteur de ce que les autres attendent de vous.

Maux de famille

Vous pouvez aussi être angoissée parce que vous vivez des choses difficiles dans votre famille, parce que vous êtes en conflit avec vos parents tout en continuant à les aimer, ou encore parce qu'eux-mêmes ne s'entendent pas bien et que vous en souffrez. La perte de quelqu'un que vous aimiez, une amie qui déménage peuvent également susciter votre angoisse ou l'augmenter.

Je broie du noir, pourquoi ?

L'angoisse, ça peut aussi venir de choses douloureuses qui se sont passées quand on était petite, dont on ne se souvient pas mais qu'on a mal digérées. Elles continuent à faire mal, justement lorsqu'on est plus fragile, comme au moment de l'adolescence.

Le silence ? mauvais réflexe !

Pour toutes ces raisons, si vous êtes perpétuellement angoissée, il faut demander à voir un médecin ou un psychologue, qui pourra faire quelque chose. Il ne faut pas rester seule avec une angoisse chronique qui paralyse, ni se laisser martyriser par les maux physiques qui l'accompagnent. D'autant plus que cela isole terriblement : on a tendance à se replier sur soi alors qu'il faudrait en parler, se décharger un peu de ce fardeau, et surtout se faire aider.

Voir aussi Déprime, Mal de ventre.

Bons plans

Faut que ça sorte !

- *Pour aller mieux, il faut faire sortir toutes les petites tensions qui, accumulées, peuvent vous nouer le ventre.*
- *Les activités physiques permettent de les canaliser : sports de combat ou de détente, mais aussi jogging, piscine, soirées de danse endiablées, etc.*
- *Le chant est aussi un excellent moyen pour évacuer le stress : il oblige à bien respirer, à bien se tenir, à sortir ce que l'on a dans le ventre, justement !*

Chouchoutez-vous !

Si vous supportez mal le stress, ménagez-vous des moments de solitude, où vous pouvez vous retrouver, vous ressourcer : moments de rêveries au calme, bain moussant, balade en solitaire, musique douce… À vous de trouver ce qui vous fait plaisir.

Y'a que lui qui m'aime !

S'informer

On sait très vite si l'on apprécie la compagnie de nos amis à plumes ou à poils. Il y a ceux qui aiment les animaux et ne craignent pas les poils qu'ils mettent partout, les odeurs qu'ils répandent, les saletés qu'ils peuvent faire… et ceux qui préfèrent les animaux en peluche, dans les zoos ou, à l'extrême rigueur, chez les autres !

Complice de vos quatre cents coups

C'est vrai aussi que, dès l'enfance, un animal est un compagnon de jeu merveilleux, beaucoup plus intéressant que les poupées et les ours en peluche. C'est aussi un être particulier à aimer, et qui aime sans conditions, que l'on soit sage ou que l'on fasse des bêtises. Qui ne demande jamais d'obéir, de plier sa serviette ou de ranger sa chambre !

Toi, au moins, tu piges !

C'est un confident, à qui on avoue même ce qu'on ne dirait pas à sa meilleure amie. C'est celui qui vous comprend quand vous vous sentez incomprise du monde entier, qui sait quand vous êtes triste et vient se frotter contre vous, qui vous accueille en sautant de joie à votre retour de classe. Et, surtout, c'est le bonheur d'avoir un être tout à soi, à aimer, à câliner, toujours prêt à jouer, fidèle et tendre.

Quelle responsabilité…

Mais un animal n'est pas un objet. Si vous décidez d'en adopter un, vous prenez une responsabilité, celle de lui assurer une vie heureuse en le traitant bien. Ça suppose de satisfaire ses besoins : le nourrir, le promener si c'est un chien, changer la litière si c'est un chat, ou nettoyer la cage pour les oiseaux, hamsters et autres petits rongeurs. Le faire vacciner, le conduire chez le vétérinaire quand il est malade. L'emmener quand vous partez en vacances, ou vous débrouiller pour le faire garder.

… et ce n'est pas fini !

C'est un engagement qui va durer longtemps, souvent bien au-delà de votre adolescence. Si vous adoptez un animal pour la première fois, c'est important de bien mesurer que vous signez pour un paquet d'années !

Info +

Du déjà vu au farfelu

En France, on bat le record du nombre d'animaux domestiques : près de 42 millions, dont une majorité de chiens et de chats. Il naît en France plus de chiots que de bébés ! Mais il existe beaucoup d'autres animaux domestiques. Les classiques : poissons, oiseaux, tortues, qui ne sont peut-être pas les plus

affectueux. Les rongeurs en tout genre, hamsters, lapins, etc., qui ont l'avantage de vivre en cage et posent moins de problèmes en cas de voyage ou de vacances. Et d'autres plus exotiques : reptiles (il y en a qui aiment), singes, lionceaux, léopards, etc. Ceux-là sont moins faciles à acclimater et risquent de devenir dangereux en grandissant et, pour certains, de vous mettre hors la loi.

Comprendre

Vous en rêvez et vos parents ne veulent rien savoir ? Essayer d'abord de comprendre leurs réticences.

Qu'est-ce qu'on va faire dans cette galère ?

Peut-être ne vous font-ils pas vraiment confiance pour prendre en charge votre animal, le nourrir, nettoyer ses saletés, le promener, l'emmener chez le vétérinaire ? Peut-être craignent-ils les dégâts qu'il pourrait faire dans la maison ? Sans doute pensent-ils aussi à sa garde pendant les vacances, et au risque de devoir le garder quand vous quitterez définitivement la maison familiale. Ou tout simplement ils n'ont pas un amour particulier pour les animaux… du moins ceux qui seraient appelés à vivre dans leur salon !

Tu te rends pas compte du prix…

Le refus de vos parents peut aussi venir de raisons financières. Il faut savoir que la nourriture d'un chien coûte entre 300 et 900 € par an suivant sa taille, celle d'un chat autour de 300 € ; le tatouage obligatoire entre 30 et 75 € ; la visite chez le vétérinaire autour de 38 €. Sans compter les vaccinations. Si donc vous tenez vraiment à avoir votre chien ou votre chat, vous pouvez proposer une contribution… à la mesure de vos moyens.

Fin des négociations

Vos parents ont l'air mieux disposés ? Parlez-en à fond avec eux, pour que les responsabilités soient vraiment claires. Ils acceptent ? À vous de respecter le contrat, ce sera votre manière de les remercier ! En cas de refus catégorique, faites contre mauvaise fortune bon cœur : libre à vous de constituer une véritable ménagerie… quand vous aurez quitté le toit familial et que vous serez chez vous !

Bon plan

Envie d'être vétérinaire ?

Le diplôme d'État de docteur vétérinaire se prépare dans les quatre écoles nationales de Maisons-Alfort, Lyon, Toulouse et Nantes. On y entre par un concours qui se prépare en un an après un bac S ou STL. Les places sont très disputées. Mais on peut aussi entrer sur concours en 2e année d'école, après un DEUG de sciences de la vie, un BTSA, un BTS ou un DUT. Les études durent 4 ans et donnent le diplôme d'études fondamentales vétérinaires. Vous pouvez ensuite vous spécialiser ou faire une thèse.

Quand manger fait mal...

Définition

Anorexie et boulimie sont deux troubles du comportement alimentaire. Anorexie veut dire « perte d'appétit ». L'anorexie mentale se caractérise par un refus de s'alimenter qui révèle un problème psychologique complexe.
La boulimie se traduit par des crises où un besoin irrépressible de manger incite à se gaver de nourriture pour apaiser une angoisse. Une adolescente peut passer alternativement par des phases d'anorexie et de boulimie.

S'informer

L'anorexie mentale, une véritable maladie

Ses symptômes : des restrictions alimentaires de plus en plus importantes, une grande perte de poids, un arrêt des règles (ou aménorrhée), une excessive activité physique et intellectuelle et un refus de la réalité. Refus de voir sa maigreur : la jeune fille continue à se trouver grosse. Refus de reconnaître qu'elle va mal : elle prétend qu'on s'inquiète de sa santé sans raison. Refus de son corps : elle privilégie l'esprit et se plonge souvent avec une énergie farouche dans le travail.

La vie en danger

Ce comportement menace gravement la santé et peut laisser des séquelles presque irréversibles : décalcification osseuse (les os deviennent très fragiles), baisse de la fécondité, faiblesses cardiaques… Surtout, il révèle une difficulté particulière à vivre son adolescence.

Comment la soigne-t-on ?

Il faut donc à la fois un suivi médical, pour éviter des troubles physiques graves, et une prise en charge psychologique. Le but est d'aider la jeune fille à comprendre pourquoi elle réagit ainsi, en cherchant les causes dans son caractère, son histoire et ses difficultés (avec les adultes, notamment). Pour cela, on préconise souvent (mais pas toujours) une séparation momentanée d'avec sa famille : une équipe de médecins et de psychologues prend alors soin d'elle dans un hôpital. La guérison est parfois longue, car il ne suffit pas de regagner du poids. Il faut apprendre à affronter ses problèmes.

La boulimie, manger à s'en rendre malade

La boulimie est souvent moins visible : les boulimiques sont rarement grosses. Pour étouffer leurs idées noires, elles peuvent avaler des quantités effarantes de nourriture (jusqu'à 10 000 calories) puis se font vomir. Elles absorbent diurétiques et laxatifs et se soumettent à des régimes draconiens pouvant aller jusqu'à l'anorexie, ainsi qu'à une pratique sportive intensive. Cela leur évite de grossir. C'est aussi une manière de se punir d'un comportement dont elles ont honte.

Le corps malmené

Ces crises provoquent parfois des malaises dus à l'excès de nourriture : nausées, douleurs abdominales. Les vomissements volontaires à répétition peuvent aussi endommager l'œsophage, l'estomac ou les reins.

Comment la soigner ?

L'aide des amies ou de la famille ne suffit pas : il faut un suivi médical et psychologique. La guérison est difficile et souvent fragile car il s'agit de se réconcilier avec soi-même et d'apprendre à vivre avec ses angoisses et ses faiblesses.

Info +

L'anorexie mentale touche essentiellement les filles (90 % des anorexiques sont des filles) entre 12 et 20 ans. Seulement 50 % des formes graves d'anorexie guérissent. Dans 5 % des cas, l'anorexie conduit à la mort. La boulimie atteint aussi principalement les filles (15 filles pour 1 garçon).

Comprendre

L'anorexie et la boulimie traduisent souvent des angoisses liées au chambardement de l'adolescence. Les relations avec les parents changent, on se bat pour obtenir plus de liberté, et cette guerre d'indépendance fait mal parce que, malgré tout, on aime toujours sa famille.

Que font-ils de leurs idéaux ?

On découvre le monde des adultes, et on s'aperçoit avec déception qu'ils salissent souvent les belles valeurs enseignées aux enfants. On se retrouve dans une société qui est loin de l'idéal rêvé. Peur de rater sa vie, de ne pas être à la hauteur… toutes les filles passent par là. Mais certaines réagissent plus violemment que d'autres, sans qu'on sache vraiment pourquoi.

Mon corps, ce boulet

Et puis il y a le corps qui se transforme ; on ne le reconnaît plus, souvent on le trouve laid. Toutes les adolescentes s'étonnent devant leurs nouvelles formes. Mais l'anorexique, elle, refuse carré-

Conseils

Comment ne pas tomber dans le piège ?

• Ne vous comparez pas sans cesse aux filles des magazines : elles sont souvent trop maigres et malmènent leur corps pour se plier aux diktats de la mode. Enfin, sachez que beaucoup de photos sont retouchées (pour gommer les rondeurs des hanches jugées excessives, par exemple).

• Vous voulez mincir ? Consultez un médecin. Il prescrit un régime équilibré, raisonnable, et il aide à le suivre. Évitez le cercle vicieux : régime tellement strict qu'on craque, on se bourre d'aliments interdits, puis on reprend un régime encore plus strict pour craquer à nouveau.

• Surtout, pas de honte si vous sentez un jour que vous ne maîtrisez plus votre comportement alimentaire : c'est courant, beaucoup de filles rencontrent ce problème et s'en sortent. À condition de ne pas rester seule. Parlez-en à une personne de confiance qui saura vous orienter vers une aide professionnelle.

Comment aider une amie en détresse ?

• Quand on a une amie anorexique, c'est important de l'entourer de son amitié, mais en faisant bien attention à ne pas entrer dans sa logique.

• Une amie vous dira rarement qu'elle est boulimique ; si elle vous fait cette confidence, il faut l'encourager de toutes vos forces à se faire aider par un médecin ou un psychologue.

• Anorexie et boulimie sont des problèmes trop graves pour être réglés entre amies : vous devez absolument en parler à un adulte (parents, infirmière scolaire...). N'hésitez pas, parler, c'est peut-être sauver une vie.

ment son corps : elle est prête à mettre sa vie en danger pour mater cet objet encombrant. Elle ne veut pas se soumettre comme les autres aux contraintes physiques. Pour elle, les besoins matériels, la nourriture mais aussi les désirs sexuels, sont impurs et il faut s'en libérer.

Jamais comme elle

Elle peut aussi exprimer un refus de devenir comme sa mère si elle vit en conflit avec elle. Ou refuser la société jugée matérialiste : elle voudrait un monde plus beau, plus pur.

J'me dégoûte !

La boulimique vit aussi une grande détresse. Ce qui la distingue de l'anorexique, c'est sa culpabilité : l'absorption de nourriture, généralement solitaire, crée un dégoût de soi dont elle ne peut pas parler. Elle vit avec cette honte secrète, alors que l'anorexique est plutôt fière de contrôler sa faim et son corps. Dans 50 % des cas, la boulimie s'accompagne d'un état dépressif.

Voir aussi Apparence, Complexes, Poids, Régime, Repas.

12 • appareil dentaire

Un sourire pour la vie

S'informer

On peut avoir eu de jolies petites dents de lait bien alignées pendant son enfance et se retrouver avec un sourire moins réussi quand on a ses dents définitives.

C'est l'anarchie complète !

Incisives trop grandes ou trop espacées qui prennent toute la place, dents qui se chevauchent ou se casent comme elles peuvent, dents du haut ou du bas qui avancent (pour les accros du pouce !) : tout ça ne fait pas un sourire de star ! En plus, cela peut causer des déséquilibres entre les deux mâchoires et une mauvaise mastication : c'est très mauvais pour la santé des dents et peut rendre difficile la digestion des aliments.

Faut redresser tout ça...

Autant de bonnes raisons pour consulter un orthodontiste, dont le métier est de remettre les dents dans la bonne position (*orthos*, en grec, veut dire droit). Malheureusement, le miracle passe par le port d'un de ces vilains appareils qui vous font le sourire agressif et vous effraient sans doute un peu.

Appareil dentaire, version light

Les appareils les plus simples, qui peuvent être prescrits dès l'âge de 8 ans, sont constitués d'un faux palais en métal et en résine sur lequel s'articule un fil de fer qui passe devant les dents. Ils servent à élargir le palais pour que toutes les dents trouvent une place. Ils sont en général amovibles : on peut les enlever pour manger. Ils sont très discrets, et pas très coûteux.

... les grands moyens

L'autre catégorie, ce sont des appareils fixes qu'on pose pour une durée d'environ deux ans, les fameuses bagues qui vous font le sourire carnassier. On pose des supports sur les molaires du fond avec un ciment spécial. Sur ces supports, on fixe un petit tube. On colle des petits rectangles de métal ou de céramique sur les autres dents (le métal est plus visible que la céramique, mais plus solide et donc préférable pour les sportives !). Un ou plusieurs fils métalliques s'emboîtent dans ces rectangles, et viennent se fixer dans les tubes sur les molaires. Il suffit ensuite de serrer ou desserrer le fil, pour rapprocher ou éloigner les dents. On peut porter cet appareil dès l'âge de 10-11 ans, le plus souvent vers 12-13 ans. Et le garder jusqu'à l'âge de 15-16 ans : cela dépend des cas et du degré de perfection qu'on attend.

Moi, la nuit, j'ai des moustaches...

Il y a des appareils encore plus laids, qui se portent heureusement seulement la nuit, et qu'on appelle couramment des « moustaches ». Ils sont composés de deux tiges métalliques qui sortent de la bouche et sont reliées à des élastiques prenant appui sur la nuque. Ces « moustaches » sont destinées à empêcher les molaires de bouger quand elles supportent un appareil à plaquettes.

Comprendre

C'est vrai qu'un appareil dentaire, c'est contraignant et pas très esthétique. Avec tous les autres petits cadeaux de la puberté (l'acné, les petites rondeurs superflues), vous êtes gâtée…

Compagnes d'infortune

Ce n'est quand même pas une raison pour rester sous la couette pendant deux ans ! D'abord, l'appareil ne cache pas les jolies fossettes qui font votre charme lorsque vous souriez, et encore moins la jolie couleur de vos yeux. Ensuite, vous n'êtes pas seule : deux adolescentes sur trois portent un appareil dentaire. Dans votre classe, plus d'une copine partage votre situation.

Plus on attend, plus c'est pénible…

Si c'est assez fréquent de porter un appareil dentaire à 13-14 ans, ça l'est beaucoup moins à 20 ou 30 ans. Imaginez-vous à un entretien d'embauche ou rencontrant l'homme de votre vie avec un sourire barbelé. Alors, autant le faire maintenant et vous débarrasser de ce petit problème au plus vite !

… et plus c'est cher !

En plus, à partir de 16 ans, la Sécurité sociale ne rembourse plus les appareils dentaires. Et ça coûte très cher ! Plus de 2 890 € pour un traitement qui dure environ 2 ans. C'est encore plus coûteux (jusqu'à 7 600 €) si l'on veut des bagues transparentes en céramique, et ça arrive souvent parce qu'un sourire carnassier, c'est encore plus difficile à supporter à 20 ou 30 ans qu'à 13-14 ans… Bref, autant de bonnes raisons d'écouter votre maman et d'aller chez l'orthodontiste !

Il se fait vite discret !

Convaincue ? Allez, courage, ce n'est qu'un mauvais moment à passer. Et puis, vous verrez : vous allez vite vous y habituer… et sourire à la vie. Au début, ça tire un peu sur les dents, on passe sans arrêt la langue dessus, on ne sait pas comment ouvrir la bouche. Mais au bout de trois jours c'est fini, il fait partie de vous. Et puis, il faut bien le dire : un appareil dentaire, ça n'a jamais empêché d'avoir un petit copain, ni même de l'embrasser !

Récompense : le gros lot !

Des petites contraintes pour un grand avenir auquel vous avez le droit de rêver : un sourire parfait. Et ça compte tellement un beau sourire, ça ouvre les portes des cœurs et de la vie.

Voir aussi Apparence, Complexes.

Bons plans

Faites ce qu'on vous dit !

- *Respectez à la lettre les recommandations de l'orthodontiste. C'est le meilleur moyen d'abréger la corvée ! Si vous n'en faites qu'à votre tête, vous risquez même d'être obligée de recommencer le traitement…*
- *Même si l'appareillage est discret, ce n'est pas une raison pour l'oublier. Brossage régulier des dents, au moins deux fois par jour et, attention, pas d'aliments durs ou collants (caramels, chewing-gums, etc.).*

13 • apparence

Faut-il se fier aux apparences ?

Définition

Votre apparence, c'est votre écorce, ce que les gens voient tout de suite de vous. C'est le premier message que vous donnez aux autres et qui oriente, parfois bien malgré vous, leurs impressions et leur jugement.

S'informer

L'apparence, ce n'est évidemment pas ce que vous êtes profondément, même si cela dit quelque chose de vous. Si vous arrivez quelque part le cheveu gras, la mine défaite et le T-shirt douteux, vous ne ferez pas vraiment la même impression que si vous avez le sourire, le cheveu et l'œil brillants, et un pantalon propre.

Plusieurs looks à mon arc !

Ça ne veut pas dire qu'il faut toujours avoir la même apparence, bien sûr. Il y a des jours où l'on fait moins d'efforts que d'autres. Vous n'allez peut-être pas passer trois heures chaque matin pour vous préparer à aller en cours. Il y a même des jours où vous avez envie de sauter dans le premier jean venu (surtout quand vous n'avez pas entendu le réveil !). Par contre, vous n'aimez pas vous rendre à une soirée dans n'importe quelle tenue. Qu'est-ce qu'on pourrait bien penser de vous ?

Une étiquette sociale

Eh oui, tout le problème de l'apparence est là : qu'est-ce qu'on va bien pouvoir penser de vous en vous regardant ? Ce que vous portez, mais encore la façon dont vous vous tenez, oriente le jugement des autres sur ce que vous êtes, ce que vous faites et même sur votre origine sociale. C'est aussi ce qui se passe dans le monde du travail. Imaginez par exemple qu'un patron se présente en jean et baskets au bureau. La nouvelle standardiste pourrait très bien le prendre pour un livreur, et être mortifiée en apprenant la vérité. L'apparence d'une personne, ça rend aux autres le service de pouvoir la situer, et éviter ainsi bien des impairs.

J'vais quand même faire un effort…

Aujourd'hui, les conventions sont plus souples, on est plus libre de choisir son look, parce que les codes sociaux évoluent. Mais ils ne disparaissent pas complètement. La preuve : vous soignez votre tenue quand vous arrivez dans un nouveau lycée ; vous le ferez pour un entretien d'embauche ou quand vous rencontrerez la famille de votre amoureux pour la première fois.

Cool oui, crade non !

Et même si vous refusez d'être jugée sur votre apparence, ce n'est pas une raison pour la négliger. Une apparence agréable, c'est aussi une marque de respect pour les autres. La première règle, c'est la propreté. Attention aux détails qui tuent : ongles noirs, cheveux gras, dents mal brossées, chaussures poussiéreuses, etc.

Comprendre

C'est vrai que les gens valent souvent bien plus qu'ils n'en ont l'air, qu'il faut savoir dépasser sa première impression et ne pas se fier aux seules apparences. Parfois même, ça vaut le coup d'essayer de comprendre pourquoi certaines personnes se donnent un style qui nous dérange.

Dégage !

Par exemple, les apparences peuvent être une manière de mettre une barrière entre soi et les autres. Certaines filles s'en servent pour exprimer leur mal être, leur ras-le-bol ou leur agressivité : cheveux mal peignés, vêtements fripés, maquillage outré, comme si elles voulaient écarter tous ceux qui ne s'intéressent qu'à l'apparence.

Un petit effort, s'il vous plaît

Pas facile de deviner quelqu'un sous ses apparences ! Avouez-le : vous vous laissez encore prendre au piège. Comme tout le monde, vous êtes spontanément attirée par la copine agréable à regarder, bien habillée, bien maquillée… quitte à vous apercevoir par la suite qu'elle est superficielle et égoïste ! Vous mettez peut-être plus de temps à apprécier celle qui a un cœur d'or et plein de points communs avec vous, tout simplement parce qu'elle est mal habillée, qu'elle a des boutons, des lunettes ou quelques kilos en trop.

L'habit ne fait pas le moine

Certaines filles sont même cruelles avec celles qui ne portent pas de marques, elles s'en moquent, elles vont jusqu'à les exclure. Sans même se demander pourquoi elles n'en ont pas : parce que c'est cher, parce que leurs parents ne veulent pas dépenser trop pour les vêtements, ou simplement parce qu'elles ont de la personnalité et ne se sentent pas forcées de faire comme tout le monde ?

Patience

C'est vrai que c'est une preuve de caractère de garder sa liberté face au regard des autres, de ne pas se sentir obligée de porter les marques à la mode pour se faire bien voir. Mais le regard des autres est parfois difficile à soutenir, surtout quand on a déjà l'impression d'être nulle et moche, ce qui arrive souvent à votre âge ! Soyez patiente : en grandissant, on devient plus indulgent envers soi-même et envers les autres. On voit bien que la plupart des gens ne sont ni des canons de beauté, ni des gravures de mode : pourtant, on les trouve séduisants quand même ! On apprend à s'aimer soi-même ; du coup, on est plus tendre avec les autres…

Conseils

À l'aise en toutes circonstances

Pour être à l'aise partout, il faut savoir adapter sa tenue.
- N'en faites pas trop pour aller en classe : tenue simple !
- Pas de grand décolleté ni de nombril à l'air pour une cérémonie à l'église.
- Pas de maquillage de star pour une fête de famille.
- Pour la soirée avec les copains… à vous de voir !

J'ressemble à rien !

Vous avez l'impression de ne pas avoir de style ? Vous regardez avec envie la copine qui réussit comme par magie à se distinguer de tout le monde ?
- N'essayez pas de la copier. Vous n'êtes pas un clone et ce qui lui va si bien ne vous ira pas forcément !
- Demandez à une amie de quoi vous avez l'air avec ce nouveau type de pantalon ou de pull, cette coiffure, ce collier.
- Surtout, ne vous torturez pas l'esprit ! Un style se définit peu à peu, à mesure que la personnalité se construit. Un jour, vous serez toute surprise d'entendre un compliment admiratif sur ce style dont vous vous croyez dépourvue !

Voir aussi Complexes, Coquetterie, Mode, Poids.

14 • APPRENTISSAGE

J'veux travailler tout d'suite !

Définition

L'apprentissage, c'est une manière de poursuivre sa formation et de préparer un diplôme tout en travaillant dans une entreprise et en gagnant un salaire.

S'informer

C'est à 16 ans (fin de la scolarité obligatoire) qu'on peut entreprendre cette formation, ou à 15 ans si on a terminé le premier cycle de l'enseignement secondaire (fin de 3e).

Une croix sur les études ?

Depuis une quinzaine d'années, l'apprentissage a beaucoup évolué. Avant, il préparait surtout à un diplôme, le certificat d'aptitude professionnelle (CAP) dans les filières de l'artisanat, du commerce, des bâtiments-travaux-publics, et de tous les métiers manuels. Il formait aussi à la vente, à la comptabilité, à la coiffure, à l'hôtellerie, etc. Mais pas aux carrières médicales et paramédicales, ni aux carrières sanitaires et sociales, ni à celles de la fonction publique, ni aux professions libérales. Ce cursus obligeait à renoncer aux études universitaires.

L'embarras du choix !

Maintenant, l'éventail est bien plus large. Un apprenti peut préparer tous les diplômes technologiques et professionnels du secondaire, les CAP, BEP (brevet d'études professionnelles), BT (brevet de technicien), BTM (brevet techniques des métiers), les bacs professionnels. Les diplômes du supérieur aussi : BTS (brevet de technicien supérieur), DUT (diplôme universitaire de technologie). Certains DESS (diplôme d'études supérieures spécialisées) et même des formations en écoles d'ingénieur sont accessibles à l'issue d'une formation professionnelle supérieure (après le bac). Un contrat d'apprentissage dure en général 2 ans pour un diplôme du secondaire et 3 ans pour le supérieur. On peut enchaîner plusieurs contrats.

L'abstrait, très peu pour moi !

Si les études longues et théoriques vous ennuient ou vous semblent trop difficiles, si vous avez envie d'entrer dans la vie active ou besoin d'un salaire assez vite, pensez à l'apprentissage.

Contraintes : regardez-les en face…

Mais pesez le pour et le contre ! Un contrat d'apprentissage, c'est un travail de tous les jours, avec en plus des temps de formation, des devoirs à la maison, et seulement 5 semaines de congés par an. Vérifiez aussi que le métier que vous choisissez correspond à vos goûts et à vos compétences, et qu'il offre des débouchés (informez-vous auprès de l'ONISEP).

Décidée ?

Il faut alors effectuer une pré-inscription dans un centre de formation pour apprentis (CFA). Vous trouverez la liste des CFA de votre région auprès des services académiques de l'Inspection de l'apprentissage, du Conseil régional, des chambres consulaires (chambres de commerce, d'industrie, des métiers, d'agriculture). Il est bon de s'y prendre tôt (au printemps pour la rentrée suivante) pour trouver de la place dans le CFA donnant la formation que vous souhaitez.

À vous de jouer !

À vous, ensuite, de trouver l'entreprise qui vous prendra comme apprentie. Le CFA ne confirme votre inscription que lorsque vous avez trouvé une embauche ! Mais il vous aide en fournissant souvent une liste d'employeurs. Sinon, vous pouvez faire appel à des gens que vous connaissez, aller à l'ANPE, répondre aux annonces, et envoyer des candidatures spontanées aux entreprises qui vous intéressent. Leurs adresses sont disponibles dans les pages jaunes, ou dans des annuaires spécialisés à consulter en bibliothèque, comme le Kompass.

À moi la vraie vie !

Une fois votre employeur trouvé, vous signez un contrat qui vous assure un salaire compris entre 25 % et 78 % du SMIC, selon votre âge et l'année d'apprentissage. Dans l'entreprise, vous êtes suivie par un maître qui vous transmet son savoir-faire. Au CFA, un formateur vous accompagne dans votre formation théorique et pratique. Celle-ci compte au moins 400 heures (environ une semaine par mois).

Info +

Combien sont-ils ?

Actuellement, environ 370 000 jeunes sont formés dans l'année en contrat d'apprentissage. *Source : Céreq (centre d'études et de recherche sur les qualifications), mai 2001.*

Comprendre

Vous envisagez un CAP ou un BEP, et alors ? Il n'y a pas de honte ! Ce n'est pas parce qu'on est mal à l'aise dans un parcours classique au lycée qu'on est nulle ou bête. L'essentiel, c'est de bien choisir son métier, en prenant le temps de s'informer et de réfléchir.

Pas de quoi rougir !

C'est vrai que l'apprentissage a mauvaise réputation. On considère souvent qu'il est fait pour les élèves incapables de suivre au lycée. C'est faux, puisqu'il donne accès à des formations supérieures. Il y a même des métiers d'art ou d'artisanat accessibles uniquement par cette voie. Certains élèves, qui pourraient réussir brillamment dans le cursus dit classique, choisissent ces filières-là parce qu'ils ont une véritable passion dont ils veulent faire leur métier : les chefs des plus grands restaurants, les coiffeurs des célébrités, les plus prestigieux couturiers sont passés par l'apprentissage.

Contente... et payée !

Si vous arrivez à faire le bon choix, vous serez certainement bien plus heureuse que certaines copines qui vont traîner encore pendant trois ans au lycée sans conviction, pas sûres d'avoir leur bac et sans projet pour la suite. Et puis, l'expérience en entreprise sera un atout quand vous chercherez un emploi : à diplôme égal, les anciens apprentis trouvent plus facilement du travail que les étudiants classiques.

Voir aussi Baccalauréat, Échec scolaire, Études, Orientation, Redoublement.

Conseils

• Si possible, faites d'abord une classe de seconde générale, pour engranger un peu plus de formation générale et vous donner le temps et les moyens de choisir votre futur métier.

• Rien n'empêche de reprendre des études à la fin du contrat d'apprentissage. Après un CAP, on peut faire une première et une terminale professionnelle et passer un bac pro. Même chose après un BEP : on peut suivre une première dite « d'adaptation », une terminale, passer un bac technologique ou un brevet de technicien, et poursuivre des études supérieures.

ARGENT DE POCHE • 15

T'as pas dix euros ?

Définition

L'argent de poche, c'est de l'argent à soi, dont on n'a pas à rendre compte. D'où vient-il ? De ce que donnent les parents, de ce qu'on gagne en faisant des petits boulots (baby-sitting ou autres), ou encore des cadeaux « exceptionnels » : ceux des grands-parents, ceux des parrains et marraines…

S'informer

Beaucoup d'entre vous ont sans doute de l'argent de poche. Encore faut-il savoir ce qu'on entend par là.

Mes p'tits plaisirs, avec mes p'tits sous !

Si vous êtes nourrie, logée, vêtue, vos études prises en charge par vos parents et qu'en plus ils vous paient des activités (musique, danse, sport, etc.), l'argent de poche sert pour vos « plus » : cafés, sorties, cadeaux… C'est le moyen d'acheter le petit pull sympa que votre mère estime superflu mais qui vous fait pâlir d'envie !

Promis, je gère !

Si au contraire vos parents vous chargent d'acheter vos vêtements, vos fournitures scolaires et de financer vos activités extra-scolaires, c'est un vrai budget à gérer.

Et gérer son budget, même s'il est encore modeste, c'est apprendre à être responsable : ça vous sera utile toute votre vie.

D'accord, mais comment ?

Il faut commencer par prévoir les dépenses qui reviennent tous les mois : les transports, par exemple. Ensuite viennent les dépenses importantes et nécessaires : manteau, paire de chaussures.

Le reste, c'est pour les loisirs. Là, des choix s'imposent : si vous prévoyez un concert, vous ne pourrez peut-être pas acheter deux CD, plus le pull que vous avez repéré ! Si vous faites chaque mois un budget, vous serez vite capable d'évaluer vos besoins, et de faire des économies pour une plus grosse dépense : voyage, chaîne hi-fi, deux-roues, etc.

Hors budget ? On remonte ses manches !

Vos parents ne vous donnent pas d'argent de poche, vous estimez ne pas en avoir assez (pour un gros projet qui vous tient à cœur, notamment)… Vous pouvez faire des petits boulots pour en gagner. Sachez toutefois que, légalement, vous n'avez pas le droit de travailler si vous n'avez pas 16 ans. Avant cet âge, vous avez heureusement plein de cordes à votre arc : baby-sitting, cours particuliers à des enfants, ou même petits travaux pour vos parents. Votre mère se plaint du bric-à-brac qui envahit le grenier ? Proposez-lui de débarrasser tout ça moyennant un peu d'argent ! Sinon, plus classique, les heures de repassage ou de ménage peuvent alimenter votre caisse. Parents et grands-parents sont souvent heureux de donner un coup de pouce aux courageux jeunes gens qui financent un projet sympa à la sueur de leur front !

Info +

À titre d'information, une étude indiquait en 2000 une moyenne de 16,5 € d'argent de poche par mois pour les 11-14 ans, et de 30 € pour les 15-17 ans.

Source : Consojunior 2000-Secodip.

Bon plan

Ouvrir son premier compte en banque

À 16 ans, vous pouvez ouvrir un compte et avoir un chéquier et une carte de paiement, avec la caution de vos parents. Si vos dépenses dérapent, attention ! En cas de découvert, même modéré, la banque prélèvera sur votre compte des « agios », un pourcentage de ce que vous devez. Toutes les banques ont des produits à peu près équivalents. Vous pouvez essayer celle de vos parents. C'est plus facile pour eux quand ils font des virements de leur compte au vôtre. S'ils sont bien considérés par leur banquier, celui-ci aura un à priori positif à votre égard. Mais vous pouvez aussi choisir votre banque, par esprit d'indépendance !

Comprendre

L'argent de poche, on le dépense comme on veut, sans avoir à en parler à ses parents. C'est un moyen de ne plus être tout à fait dépendante.

Pas dans le ruisseau !

Ce n'est pas une raison pour le gaspiller. Si c'est vous qui le gagnez, ou si vos parents ont des difficultés financières, vous savez faire attention. Reste que certaines sont plus dépensières que d'autres… Même si vos parents n'ont pas de problème d'argent, ils n'ont pas à renflouer systématiquement votre tirelire ! De toute façon, soyez lucide : ils ne seront pas toujours là pour combler vos découverts. Si vous voulez qu'on vous prenne au sérieux, il vaut mieux vous montrer responsable.

Discrétion…

L'argent ne vaut que par ce qu'il peut apporter, et s'il ne fait pas le bonheur vous savez bien qu'il peut y contribuer. Attention à ne pas l'étaler, si vous en avez beaucoup, devant celles qui sont moins chanceuses que vous. Mais ce n'est pas non plus un sujet tabou, il n'y a pas de mal à en parler entre copines, à partager vos expériences et vos difficultés.

Pour toi, M'man, ce sera gratis !

C'est bien de gagner son argent de poche en aidant ses parents. Mais il faut aussi savoir faire des choses gratuitement. On peut accepter un peu d'argent pour un gros travail ; mais attention à ne pas toujours compter. Garder sa petite sœur, aider sa mère à faire les courses au supermarché ou à ranger le linge sont des services qu'on se rend normalement dans une famille.

Pour les cadeaux de Noël

L'argent de poche sert à se faire plaisir à soi, mais rend heureux aussi parce qu'il permet de faire des cadeaux aux copines, à la famille. Ce serait dommage d'avoir oublié d'en garder pour l'anniversaire de sa mère ou pour les cadeaux de Noël !

Conseils

Spécial dépensières

- Toujours attendre (au moins une journée) avant de céder à une envie.
- N'acheter que lorsqu'on a l'argent : pas d'emprunt aux copines, pas d'avance demandée aux parents sur l'argent de poche des mois à venir.
- Éviter de se faire mal : prévoir d'autres activités que le lèche-vitrines le samedi !

Test

Êtes-vous dépensière ?

- *Vous vous précipitez pour faire du shopping le jour même où vous recevez votre argent de poche.*
- *Vous êtes incapable d'attendre 2 jours les soldes avant d'acheter ce qui vous fait envie.*
- *Quand vous faites un cadeau, vous ne regardez pas le prix.*
- *Vous dépensez votre argent de poche avant même de l'avoir reçu.*
- *Vous êtes toujours à court d'argent.*
- *Vous avez l'impression que l'argent vous brûle les doigts.*
- *Vous préférez dépenser votre argent plutôt que le garder.*
- *Vous aimez bien vous offrir des gadgets inutiles mais qui vous amusent.*

Si vous vous retrouvez dans plus de 5 de ces affirmations, pas de doute : vous êtes dépensière ! Apprenez à faire un peu attention, sinon cela vous jouera des tours !

Si vous ne vous retrouvez dans aucune de ces affirmations, attention ! N'oubliez pas que l'argent, c'est fait pour en profiter et en faire profiter les autres.

Entre les deux, vous êtes très raisonnable !

16 • AUTORITÉ

Je fais ce que je veux, quand je veux !

Définition

L'autorité, c'est la capacité et le droit de commander, de prendre des décisions et de se faire obéir sans utiliser la contrainte physique ou la violence.

S'informer

L'autorité est souvent considérée comme quelque chose de négatif, qui écrase les gens. C'est pourtant tout le contraire : l'autorité bien comprise est un service qu'on rend aux autres parce qu'on en a la mission : mission d'éducation, de protection, etc. Cette mission donne le droit de se faire obéir… au risque de ne pas être apprécié. C'est arrivé plus d'une fois à vos parents, vos profs ou votre proviseur !

L'autorité des parents

L'autorité que vos parents ont sur vous est définie dans le Code civil. Elle consiste à vous « protéger dans [votre] sécurité, [votre] santé et [votre] moralité. Ils ont à [votre] égard droit et devoir de garde, de surveillance et d'éducation ». Ils gardent cette mission jusqu'à votre majorité. Autrement dit, vos parents exercent leur autorité pour votre bien, pour vous guider dans la vie jusqu'à ce que vous soyez capable de vous débrouiller seule !

Le proviseur

Lui aussi tient son autorité d'une mission. Celle d'organiser la vie du lycée de manière à ce que tout le monde puisse y faire ce pour quoi il est là : pour les élèves se former et se préparer à la vie professionnelle, pour les professeurs enseigner. À lui de faire appliquer les règles obligeant chacun à respecter les droits des autres.

La police

Même chose, elle a une mission. Elle est là pour faire appliquer les lois, instaurées démocratiquement, en empêchant les uns de nuire aux autres. C'est dans ce but qu'elle a autorité pour arrêter un voleur de mobylette, un garçon qui agresse une fille dans la rue, etc.

L'autorité, c'est le contraire de la dictature !

Ceux qui ont une autorité doivent rendre compte de leurs actes, ils ont des obligations. C'est tout le contraire de la dictature, où le chef peut prendre n'importe quelle décision arbitraire, simplement parce qu'il est le plus fort. Vos parents n'ont pas le droit de prendre leur autorité comme prétexte pour vous maltraiter. Le proviseur n'a pas le droit de punir arbitrairement les élèves qui ne lui plaisent pas. La police doit justifier l'arrestation d'une personne ou la relâcher.

On l'a ou on ne l'a pas !

Mais l'autorité est aussi une qualité. Il y a des gens qui en ont, et d'autres pas : on parle d'autorité « naturelle ». Dans une bande par exemple, il y a toujours un chef, celui auquel tous les membres reconnaissent le droit de « commander » parce qu'il a une valeur particulière. Il y a des profs qu'on ne chahute jamais, et qui pourtant ne sont pas très sévères : ils sont tellement passionnants qu'on les écoute et qu'on les respecte. Ça montre que l'autorité est aussi une affaire de caractère, de contacts humains. Ce n'est pas tout d'en être investi par la loi. Pour l'exercer, il faut être respecté, écouté, admiré.

Comprendre

Avouez-le : au moment de l'adolescence, on a souvent envie d'envoyer promener l'autorité. On se sent mûre, on veut être libre. Bien sûr, les conseils sont toujours les bienvenus lorsqu'on hésite sur ce qu'on doit faire. Mais on ne voit pas pourquoi on obéirait toujours, alors que l'on n'est pas forcément d'accord ! Et c'est bien ! C'est en exerçant son esprit critique, en affirmant ses opinions que l'on construit son identité.

Déboussolée ?

Mais c'est aussi en trouvant des limites à ses désirs qu'on grandit. Quand on peut tout faire, tout avoir sans rencontrer d'opposition, on perd le nord et on se demande pourquoi, après tout, on a fait telle chose plutôt qu'une autre. Regardez comment ça se passe en cours. Si l'un de vos profs manque de fermeté, vous en profitez pour chahuter ; mais au fond vous savez bien que vous y perdez parce que vous n'apprendrez rien. Pire : vous êtes la première à mépriser le prof qui laisse tout passer pour se faire bien voir.

Oups ! Mes parents démissionnent...

Quand vos parents, épuisés par votre contestation, battent en retraite, vous êtes contente d'avoir gagné, mais vous vous trouvez devant un autre problème. À vous désormais de savoir ce qu'il faut faire ; vous ne pouvez plus compter sur personne pour vous éviter les erreurs. Au contraire, quand ils vous interdisent de sortir le soir en mobylette parce qu'ils ont peur d'un accident, ça vous énerve, mais ça vous montre qu'ils se soucient de vous, que vous pouvez compter sur eux. Et ça vous évitera peut-être de faire connaissance avec les ambulanciers du SAMU !

Autorité outrepassée, danger !

L'autorité a des limites : quand on les dépasse, elle n'est plus légitime. Il y a mille manières d'abuser de son autorité : punir ou interdire tout et tout le temps, jouer sur la peur de la sanction pour obtenir la soumission, faire du chantage pour amener à la délation... C'est alors qu'il faut réagir. Aucune autorité ne doit vous contraindre à faire une chose que vous savez dangereuse, mauvaise, illégale ou immorale. Le reste du temps, n'oubliez pas cette chose surprenante : autorité = service. Et quand vous avez envie de ruer dans les brancards, souvenez-vous que ce n'est pas facile non plus, pour ceux qui ont autorité sur vous... de vous rendre ce service !

Conseils

Mes parents abusent !

En êtes-vous sûre ? Pitié pour vos parents, qui ont la lourde charge de continuer à exercer leur autorité au moment où vous avez envie de secouer tous les jougs ! S'ils prétendent tout contrôler, c'est la bagarre permanente ; si au contraire ils se retirent du jeu, vous leur reprocherez de ne pas s'intéresser à vous. Ne l'oubliez pas, ils ne sont pas parfaits, ils font des erreurs comme tout le monde et ne savent pas toujours le reconnaître, de peur de perdre... leur autorité ! Ne leur refusez pas votre indulgence. L'important, après un clash, c'est d'en parler ensemble pour remettre les pendules à l'heure.

Mon prof abuse de son autorité...

Il n'y a pas de raison de se laisser faire ! Mais attention : soyez sûre de votre fait avant d'en parler. La sanction qu'il vous a infligée, l'ordre qu'il vous a donné, sont-ils vraiment arbitraires ? Si oui, parlez-en... à celui qui a autorité sur lui : le proviseur, et à vos parents.

Voir aussi Confiance, Loi, Maltraitance, Responsabilité, Révolte, Sanction.

17 • AVORTEMENT

Le choix d'une vie

Définition

Un avortement, c'est l'expulsion spontanée (fausse couche) ou provoquée d'un embryon, voire d'un fœtus, hors de l'utérus avant qu'il ne soit viable. Durant sa vie dans l'utérus, le futur bébé est appelé « embryon » jusqu'à 12 semaines, puis « fœtus » jusqu'à sa naissance.

S'informer

Aujourd'hui, la loi française permet aux femmes d'interrompre leur grossesse. Cette interruption volontaire de grossesse (IVG) est prise en charge par la Sécurité sociale. La loi exige que l'intervention soit pratiquée par un médecin, dans un établissement hospitalier, avant la fin de la douzième semaine de grossesse (soit 14 semaines après le début des dernières règles).

Jusqu'en 2001, le consentement d'un parent ou de la personne exerçant l'autorité parentale était exigé, en plus du consentement de la jeune fille. Depuis que la loi a été aménagée, l'autorisation parentale n'est plus réclamée pour une mineure.

Rencontrer un médecin

La loi impose plusieurs démarches successives, avec des délais à respecter. D'abord, la grossesse doit être confirmée par un médecin. C'est souvent à ce médecin que la femme expose son intention d'interrompre sa grossesse, mais il n'est pas obligé de traiter cette demande d'IVG, si, en conscience, il réprouve cet acte. Il faut alors s'adresser à un autre médecin. Celui qui accepte de prendre en compte cette demande doit donner à la femme des informations sur les différentes méthodes d'IVG, et lui indiquer les adresses des lieux où elle se pratique.

Réfléchir avant de prendre sa décision

La loi prévoit ensuite un délai de réflexion obligatoire : une semaine pendant laquelle la femme a un entretien dans un établissement agréé (consultation ou conseil familial, centre de planification ou service social, etc.). Le médecin consulté fournit en général des adresses. Cet entretien est destiné à aider la femme à réfléchir, en lui donnant un certain nombre d'informations, aussi bien sur l'IVG qu'elle envisage que sur les aides possibles en cas de poursuite de la grossesse. Il lui faut ensuite retourner voir le médecin, au minimum 2 jours après, munie d'une attestation de l'entretien, et confirmer par écrit sa décision d'avoir recours à une interruption de grossesse. Le médecin établit alors un certificat destiné au centre qui pratiquera l'intervention.

Le RU 486

Deux méthodes d'IVG sont actuellement pratiquées. La méthode médicamenteuse est pratiquée jusqu'à la fin de la cinquième semaine de grossesse (soit 7 semaines après le début des dernières règles). Elle consiste à absorber un médicament, appelé couramment RU 486, qui bloque l'action des hormones nécessaires à la grossesse, provoque des contractions de l'utérus et l'expulsion de l'embryon. La prise des médicaments se fait en deux fois à deux jours d'intervalle dans un établissement hospitalier ; il faut rester hospitalisée quelques heures la deuxième fois.

L'opération

La méthode instrumentale se fait sous anesthésie locale ou générale, par aspiration de l'embryon à l'extérieur de l'utérus. En général, la femme quitte l'hôpital quelques heures après l'opération. Les risques médicaux de l'IVG sont limités. Si elle est pratiquée dans de bonnes conditions, il n'y aura, la plupart du temps, pas de séquelle sur la fécondité. Mais il faut savoir qu'une intervention, même bénigne, n'est jamais sans risque et que des avortements à répétition augmentent considérablement les risques de fausses couches.

L'après IVG

Le médecin informe la femme des différentes méthodes contraceptives : le but est qu'elle n'ait plus jamais recours à l'IVG, qui ne doit en aucun cas être considérée comme une méthode contraceptive. Puis la femme se retrouve seule. Si un avortement blesse rarement le corps de manière irréversible, il ne faut pas sous-estimer les blessures du cœur, les « séquelles psychologiques » dont parlent les médecins. Les femmes savent bien ce qui se passe quand une interruption de grossesse est pratiquée. Elles savent qu'elles ont mis un terme à une vie, et, en même temps, elles sentent que donner la vie est l'un des plus forts désirs humains. C'est la pleine conscience de ce qui est arrivé qui fait souffrir beaucoup de femmes, et qui conduit même certaines à la dépression. Sans aller jusque-là, la plupart d'entre elles penseront toute leur vie à cet enfant qui n'est pas né, et à l'âge qu'il aurait pu avoir.

Répartition de l'ensemble des IVG par âge (en %)

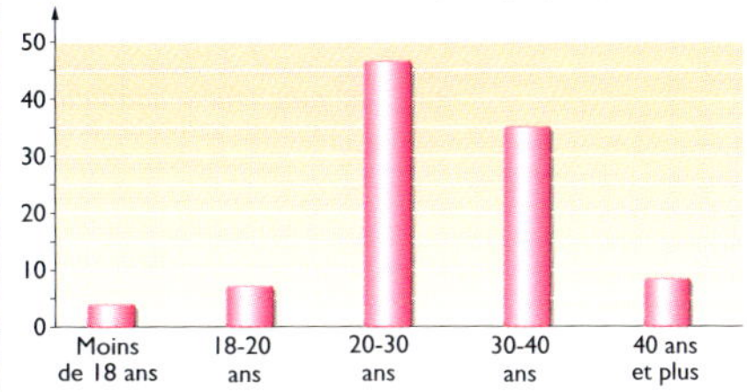

Source : ministère de l'Emploi et de la Solidarité, Insee.

Nombre d' IVG pour 100 conceptions (en %)

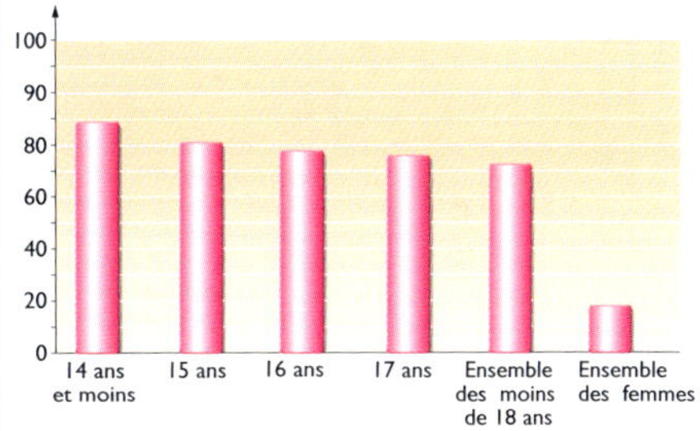

Source : ministère de l'Emploi et de la Solidarité, Insee, 2001.

Comprendre

Quelles que soient les raisons pour lesquelles une femme prend cette décision, interrompre une grossesse n'est jamais un acte anodin. C'est toujours une décision difficile et douloureuse. Même quand une femme pense ne pas pouvoir accueillir un enfant, elle souffre de devoir renoncer à cette promesse de vie. C'est une situation d'échec. Échec parce qu'elle n'a pas su éviter une grossesse qu'elle ne désirait pas, parfois échec d'une relation, quand le père refuse d'assumer sa paternité et qu'elle se retrouve seule face à sa grossesse, à l'angoisse de sa situation et à une décision difficile à prendre.

Une loi pour répondre à des situations de détresse

En France, la loi autorise le recours à l'avortement. Cela n'a pas toujours été le cas et ce n'est pas le cas partout. Elle le fait parce qu'elle considère que la société doit prendre en compte les situations de détresse comme celle que peut vivre une femme ou une jeune fille qui se retrouve enceinte sans l'avoir désiré et qui se sent incapable d'assumer sa grossesse. Avant l'existence de cette loi, certaines femmes avortaient clandestinement, dans des conditions physiques et psychologiques épouvantables qui mettaient en danger leur santé, voire leur vie. Cette loi permet aux avortements de se dérouler dans des conditions convenables et préserve ainsi la vie des femmes.

C'est légal, ce n'est pas forcément moral

Si la loi permet cet acte, elle ne le rend par pour autant juste ou moral. L'avortement demeure un acte grave qui pose des questions sur la valeur que l'on donne à la vie humaine, à l'accueil de l'autre et à la responsabilité.

Une réflexion sur la vie humaine

On peut comprendre l'utilité de cette loi tout en réprouvant l'avortement parce qu'il porte atteinte à la vie humaine. Relativiser, par le biais de l'avortement, la nécessité de respecter la vie humaine ouvre la porte à toutes les remises en cause possibles. C'est pourquoi cette loi ne dispense pas d'une réflexion sur le sens de cet acte.

Les autorités morales et les grandes familles religieuses ont leur mot à dire dans cette affaire, parce que c'est leur rôle d'énoncer des principes destinés à guider l'action humaine. Toutes sont en général très attachées au principe du respect de la vie humaine. Pour les croyants, la vie humaine est considérée comme le plus précieux des dons de Dieu. Nul ne peut en disposer. C'est pourquoi les chrétiens notamment, condamnent très rigoureusement le recours à l'avortement. C'est d'ailleurs un principe qui ne concerne pas uniquement l'enfant à naître mais toute personne humaine, qu'elle soit lourdement handicapée, gravement malade, ou tout simplement très âgée.

Un choix selon sa conscience

Bien sûr, vous pouvez penser que ça, c'est le principe mais que, dans la vraie vie, il y a des accidents et des détresses qui bousculent et qui font mal. C'est vrai. Mais les principes sont justement là pour éclairer les choix, même les plus douloureux, même les plus difficiles, que les événements de la vie obligent à faire. C'est justement dans ces cas-là qu'il faut juger selon sa conscience, après avoir mûrement réfléchi.

Dans le cas précis de l'avortement, c'est important de ne pas rester seule face à cette question, d'en parler, de se faire aider dans sa réflexion et dans sa décision. En particulier, si on appartient à une religion, on peut en parler avec une personne responsable, écouter ses conseils afin de décider en conscience.

L'acte, ce n'est pas la personne

C'est vrai que l'avortement est un acte grave. Mais on peut condamner l'acte sans condamner la personne qui en a pris la responsabilité. Le recours à l'avortement est toujours une blessure qui met longtemps à cicatriser. Les femmes qui y ont recours mettront plus de temps à guérir dans leur cœur que dans leur corps. Elles disent souvent qu'elles ont du mal à « se pardonner ». Heureusement, cela ne veut pas dire qu'elles ne pourront pas, par la suite, accueillir avec bonheur un enfant et être de bonnes mères.

Voir aussi Contraception, Grossesse précoce.

Conseil

Attention aux mots qui blessent

L'avortement est parfois un sujet de débat extrêmement violent : les mots fusent, la tension monte et la condamnation arrive, implacable, d'un côté comme de l'autre. Attention à ce que vous pourriez dire devant des personnes qui ont vécu, de près ou de loin, cette situation (cela arrive plus souvent qu'on ne le croit). Il est facile de parler de l'avortement avec vigueur et passion, de le condamner comme le plus monstrueux des crimes ou au contraire de le réduire à un acte médical sans conséquence, quand on n'y a pas été confrontée.

BABY-SITTING • 18

Premier job !

S'informer

Vous vous sentez à l'aise avec les enfants, vous voulez gagner un peu d'argent ? Dès 14 ou 15 ans, vous pouvez vous lancer dans l'aventure du baby-sitting. Au début, évitez peut-être de garder les nourrissons, car c'est un peu « technique » si vous n'avez pas encore d'expérience.

Ce soir, je suis de garde !

Il y a plusieurs sortes de baby-sitting. Le plus courant, c'est la garde occasionnelle le soir, pour permettre aux parents de sortir ; ça peut comprendre le bain et le repas à donner ou seulement la surveillance des enfants qui dorment déjà. En général, si vous n'êtes pas chez des voisins, on doit vous raccompagner chez vous à la fin de la soirée, ou vous offrir un taxi. On peut aussi vous demander de faire du baby-sitting l'après-midi, pour le shopping de la maman, un goûter d'anniversaire ou un mariage.

Baby-sitter longue durée

Il y a des parents qui prennent quelqu'un pour aller chercher les enfants à l'école, leur faire faire des devoirs et les garder jusqu'à leur retour du travail. C'est un engagement plus contraignant, car il faut être disponible tous les jours et pour plusieurs mois ! C'est important pour des parents de compter sur une personne de confiance, qui connaît bien leur enfant. Dans ce cas, ils peuvent même faire appel à vous le temps d'un week-end ou pendant les vacances scolaires.

Trouver des « clients »

Tentée ? Lancez-vous dans une recherche d'emploi… La première de votre vie, sans doute ! Le plus simple, c'est de faire le tour de vos relations : voisins, amis de vos parents… Vous pouvez aussi mettre des petites annonces chez le boulanger, au supermarché de votre quartier ou encore à l'école.

Surfez… avec prudence !

Il existe sur Internet des sites bien faits qui reçoivent les demandes et les offres, et mettent en relation parents et baby-sitters. Dans ce cas, soyez prudente tant que vous ne connaissez pas votre « employeur ». Laissez ses coordonnées à vos parents quand vous partez faire une garde. N'hésitez pas à les appeler en cas de problème (tant que vous êtes mineure, ils sont responsables de vous et de vos actes). Signalez ensuite ce problème à l'organisme qui vous a fourni l'adresse.

Info +

Combien demander ?
Entendez-vous toujours sur le prix avant de vous engager. Les tarifs sont variables : de 4,5 € à 6 € de l'heure, un peu plus élevés à Paris qu'en province. Ils dépendent du service rendu. Garder des enfants dans la journée en les faisant déjeuner, travailler et jouer, ça demande plus de travail que les garder la nuit. Il est légitime d'être mieux payée ! Même chose si on garde plusieurs enfants de familles différentes. Pour la garde en soirée, les tarifs augmentent après minuit.

Comprendre

Vous avez de la chance : le baby-sitting, c'est pour vous, les filles ! Les parents s'adressent davantage à vous qu'à vos copains, sans doute parce qu'ils pensent que vous êtes plus douées pour vous occuper de leurs enfants. Cela dit, les garçons peuvent aussi être appréciés. Alors, n'hésitez pas à recommander un ami quand vous n'êtes pas libre : lui aussi sera sûrement content de gagner un peu d'argent…

Les p'tits bouts, j'adore !
Bien sûr, il ne s'agit pas seulement de gagner de l'argent. Il faut aimer s'occuper d'enfants, sinon le baby-sitting peut vite devenir un enfer (pour vous et pour eux) ! Pensez aussi à la fréquence et à la durée des gardes : à vous de choisir le type d'engagement que vous êtes prête à assumer en fonction de votre âge, du temps dont vous disposez et de vos envies.

Ne vous laissez pas vampiriser !
Il faut préserver du temps pour faire vos devoirs et vous détendre. Si vous gardez des enfants le soir et qu'ils dorment bien, ça peut vous permettre de travailler. Mais attention au manque de sommeil ! Et réfléchissez avant

de renoncer à la musique ou au sport pour le baby-sitting. Bref, n'en faites pas trop ! Associez-vous éventuellement avec 2 ou 3 copines, pour garder des soirées libres sans être obligée de dire non aux clients fidèles. En téléphonant à l'une d'entre vous, ils sont sûrs d'avoir quelqu'un ; et vous, vous êtes sûre d'éviter l'overdose de baby-sitting !

Dites-moi tout !

Garder des enfants, c'est une grande responsabilité : n'hésitez pas à bien vous faire expliquer ce qu'on attend de vous, quitte à prendre des notes. Posez plein de questions aux parents sur les habitudes de leurs enfants : ce qu'ils mangent, à quelle heure ils doivent se coucher, s'ils ont un doudou, etc. Profitez-en aussi pour apprendre comment on change un bébé, ce qu'on fait quand il pleure. Découvrez le plaisir de raconter des histoires. Demandez des conseils à votre mère… ça pourra vous servir plus tard !

Savoir-vivre

- Ne dévalisez pas le réfrigérateur. Si on vous a permis de vous servir dedans, ça ne sous-entend pas qu'il faut le vider !
- N'utilisez pas les appareils de la famille (téléphone, télévision, ordinateur) sans en avoir demandé l'autorisation. N'oubliez pas que la plupart des gens reçoivent une facture téléphonique détaillée…
- Ne plantez pas les enfants devant la télévision pour avoir la paix : c'est vous que les parents paient, pas la télé !
- Soyez discrète : n'ouvrez pas les placards, les tiroirs ; ne touchez pas aux produits de beauté de la maman, n'essayez pas ses affaires. (D'ailleurs, une maîtresse de maison sent ces choses-là, même si vous remettez tout en place !)

Voir aussi Argent de poche.

Bons plans

Les réflexes sécurité avec un petit enfant

• Tenez-le bien quand il est sur la table à langer.
• Attachez-le quand il est dans sa chaise haute ou sa poussette.
• Tâtez l'eau du bain avant de l'y plonger. Faites-vous couler quelques gouttes de lait sur le dos de la main avant de lui donner son biberon.
• Tournez les poignées de casseroles vers l'intérieur de la plaque chauffante. Ne laissez pas de récipients pleins de liquide chaud, ni d'objets coupants, au bord de la table.
• Fermez le placard des produits d'entretien.
• Ne le laissez pas jouer au soleil sans chapeau.
• Gare aux fenêtres, balcons et escaliers !
• Attention en fermant les portes : n'y coincez pas un petit doigt.
• Si vous n'entendez plus de bruit, méfiance : les grosses bêtises se trament souvent en silence !
• Faites-vous une liste de numéros utiles : portables des parents, voisins, médecin de famille, pompiers, SAMU, police, centre antipoison.

B

19 • BACCALAURÉAT

Passe ton bac d'abord !

Définition

On dit pompeusement « baccalauréat », vos grands-parents disent sans doute « bachot », mais tout le monde parle familièrement du « bac » pour désigner ce rite de passage typiquement français, cet examen qui a la double fonction de couronner les études secondaires et d'ouvrir les portes des études supérieures.

S'informer

Il y a trois grandes catégories de bacs : les bacs généraux, technologiques et professionnels. Les trois bacs généraux, littéraire (L), économique et social (ES), scientifique (S) sont destinés à la poursuite d'études supérieures générales (classes préparatoires, DEUG).

Mon truc, c'est la techno

Les bacs technologiques sont au nombre de huit : sciences et technologies industrielles (STI), sciences et technologies tertiaires (STT), sciences et technologies de laboratoire (STL), sciences médico-sociales (SMS), sciences et technologies de l'agriculture et de l'environnement (STAE), sciences et technologies du produit agroalimentaire (STPA), hôtellerie, et technique de la musique et de la danse (TMD). Ils permettent d'entamer des études technologiques (DUT, BTS).

Bac pro, à moi la vie active !

Les bacs professionnels préparent directement à l'entrée dans la vie active. On les passe souvent après un CAP (certificat d'aptitude professionnelle) ou un BEP (brevet d'études professionnelles). Ils donnent accès à de nombreuses filières : alimentation, travaux publics, hôtellerie, électricité mais aussi métiers d'art, métiers de la sécurité, du vêtement, de l'horlogerie, etc.

Ouah ! Une mention, moi ?

Tous les candidats au bac passent une série d'épreuves obligatoires, le « 1er groupe d'épreuves ». Ceux qui obtiennent une moyenne égale ou supérieure à 10/20 sont admis. On peut avoir une mention : « assez bien » entre 12 et 14, « bien » entre 14 et 16, « très bien » au-dessus. Puisque cela existe, ce serait dommage de vous contenter de la moyenne ! Une mention, c'est un beau « plus » sur un CV… et sur le blason de votre fierté personnelle !

J'ai eu chaud !

Ceux qui ont une moyenne inférieure à 8/20 sont recalés. Ceux qui obtiennent entre 8 et 10 doivent passer une seconde série d'épreuves, le « rattrapage ». Ils choisissent deux matières (en principe, on prend celles où on a eu de mauvaises notes et où on pense pouvoir faire mieux). Le coefficient reste le même ; c'est la meilleure note qui est retenue pour la moyenne générale. Si celle-ci est de

10/20 ou plus, le candidat est admis. Pour le bac professionnel, il faut la moyenne à l'ensemble des épreuves et la moyenne aux épreuves professionnelles.

Bac français, premier saut d'obstacle

Pour les bacs généraux et technologiques, la première étape est le bac de français, qu'on passe en fin de première. Il y a un écrit et un oral. On peut le retenter en terminale si on n'est pas content de ses notes, mais attention, ce sont automatiquement les notes de terminale qui compteront.

Info +

Le bac a presque deux siècles : il est né en 1808. Il a d'abord été un examen uniquement oral. Pendant près d'un siècle (1874-1964), il se passait en deux parties, l'une en fin de première et l'autre en terminale. C'est en 1924 qu'on a instauré un bac pour les filles. Le bac technologique est beaucoup plus jeune : il date de 1968. C'est en 1985 qu'est né le petit dernier, le bac professionnel.

Comprendre

Ça vous angoisse ? Rien de plus normal. Le bac, c'est bien plus qu'un examen ; c'est l'entrée dans le monde des adultes, la formule magique qui donne le droit de commencer la vraie vie. Regardez votre grande sœur ou celle de votre copine : dès qu'elle a su qu'elle était reçue, elle n'a plus été tout à fait de votre monde. Ça y est, elle en a fini avec tout ça, elle parle avec assurance, elle ne pense plus qu'à l'avenir, elle se sent des ailes. Elle va pouvoir réaliser ses rêves.

Dans les starting-blocks...

Vous l'enviez et vous vous sentez toute petite devant l'obstacle. Pourtant, ce n'est pas la mer à boire. Il suffit de considérer cela comme une épreuve sportive et de s'y préparer avec soin en prenant un bon départ.

Bons plans

Révisions : la stratégie

- Préparez-vous dès la rentrée en commençant à faire des fiches de tous vos cours, que vous réviserez régulièrement.
- Entreprenez vos révisions dès les vacances de printemps. Faites-vous un planning découpé en semaines, en avançant toutes les matières à la fois. Gardez une semaine à la fin par sécurité, au cas où vous auriez pris du retard.
- Entraînez-vous : faites des exercices, traitez des sujets. Utilisez les annales des années précédentes, les sites Internet, et travaillez à plusieurs.

Voir aussi Apprentissage, Devoirs, Échec scolaire, Études, Orientation, Redoublement.

Conseils

Quand le corps va, tout va

Préparez-vous par une bonne hygiène de vie.

• Dormez : les révisions de nuit sont inefficaces. En plus, vous assimilez en dormant ce que vous avez appris dans la journée : faites travailler votre sommeil ! Évitez les somnifères, sous peine d'être KO le lendemain. Préférez un bon bain et une tisane.

• Mangez : 3 ou 4 repas par jour, avec des menus équilibrés.

• Ne vous dopez pas. Mieux vaut presser deux oranges et croquer quelques carrés de chocolat pour les vitamines et le magnésium plutôt que de prendre des gélules... moins savoureuses !

• Aérez-vous, faites du sport : vous travaillerez mieux si vous vous accordez des moments de détente. Courez, nagez, allez vous promener avec vos copines... sans en profiter pour réciter vos dernières révisions !

Jour J - 1

• Le dernier jour, ne travaillez pas. Si vous avez l'impression de ne plus rien savoir, c'est normal ! Ça vous reviendra au bon moment.

• Amusez-vous, faites du shopping, allez au cinéma.

• Préparez bien vos affaires : stylo avec cartouche de rechange, calculatrice, convocation et pièce d'identité.

• Couchez-vous tôt et rêvez à... après.

B

20 • LA BANDE

Les copains d'abord !

Définition

Quand un groupe de copains, mixte ou non, est particulièrement soudé, on l'appelle une bande. La bande se définit par des codes : on parle le même langage, on a les mêmes goûts musicaux ou vestimentaires.

S'informer

Dans votre groupe d'amis, c'est l'entente parfaite. Goûts, activités, projets, vous avez un tas de choses en commun. Vous aimez vous retrouver tous les jours, voire plusieurs fois par jour, en semaine comme en week-end. Cinéma ou shopping, café ou patinoire, bahut ou loisirs, vous vivez tout ça ensemble ! Jamais blasée, vous en redemandez sans cesse… la preuve : vous partez même en vacances avec eux.

Familiers dans la famille

Vos parents le connaissent bien, ce groupe d'inséparables qu'ils appellent votre « joyeuse bande ». Ce sont toujours les mêmes têtes qui défilent à la maison. Et même si vous n'invitez pas souvent vos amis chez vous, vous aimez en parler. Toute la famille connaît leurs prénoms, leurs voix (vive le téléphone !), leurs caractères, leurs projets d'avenir. Votre mère vous demande parfois des nouvelles de Mélanie, qui a des relations un peu tendues avec ses parents, ou encore de Marie, qu'elle a particulièrement remarquée (facile : c'est le boute-en-train de l'équipe).

Ça bouge dans la bande !

Un groupe d'amis, ça évolue. Il y a le « noyau dur » de la bande, les piliers du groupe, ceux qui sont de tous les rendez-vous. Et puis ceux que vous voyez moins souvent, qui vont et viennent, mais qui sont quand même fidèles. Il y a ceux qui partent pour cause de déménagement (moment difficile, surtout s'ils faisaient partie des piliers !) ; et ceux qui arrivent, les nouveaux qui font bouger la bande parce qu'ils ont d'autres habitudes et plein d'idées toutes neuves.

La bonne humeur au rendez-vous

Avec eux tous, vous vous sentez naturelle et détendue. Pas besoin de grands discours ni de bluff pour montrer votre personnalité. Ils vous comprennent à demi-mot, et vice-versa. Du coup, votre bande, c'est un lieu où la bonne humeur règne en permanence. Un vrai micro-climat ! Il peut vous arriver d'être d'humeur massacrante en famille : votre agressivité commence à fondre dès que vous partez retrouver vos amis… et lorsque vous arrivez au rendez-vous, miracle : la bonne humeur y est aussi !

La caravane passe

Avoir un groupe d'amis, c'est un formidable moyen de vous affirmer. Seule, vous seriez sûrement plus fragile, plus sensible aux critiques des autres. Du jour où vous vous êtes sentie intégrée, votre confiance en vous a grimpé en flèche. Normal :

quand on est bien entourée, les regards extérieurs, même malveillants, ne nous désarçonnent pas facilement. Comme dit le proverbe, les chiens aboient, la caravane passe !

Comprendre

La bande, c'est un peu comme une autre famille, celle que l'on se choisit, celle qui permet de prendre un peu de distance vis-à-vis de ses parents, même si on les aime beaucoup ! Avec ses amis, on est bien, on partage tout, des inquiétudes aux fous rires. Le ciel peut bien nous tomber sur la tête, les parents être agaçants, les frères et sœurs insupportables, les profs pénibles et la vie pas toujours drôle : tant qu'il y a la bande, il y a de l'espoir. On fait front en se serrant les coudes. Un pour tous, tous pour un !

Gare au moule !

On forme une bande parce qu'on se ressemble sur certains points. Le risque, c'est de se sentir obligés d'être toujours « pareils », de faire comme tous les autres, de peur d'être exclue. Chacun a sa personnalité, son histoire : ce serait dommage de gommer les différences, de tomber dans le conformisme et l'uniformité !

Savoir dire non

Si on est trop dépendante de la bande, on peut même finir par marcher sur certaines de ses convictions, pour éviter les heurts. Et être amenée à faire des choses avec lesquelles on n'est pas d'accord. Ce n'est pas grave quand il s'agit juste d'aller voir un film dont on n'a pas follement envie. Ça le devient si l'on est poussée à commettre des actes que l'on réprouve : se droguer ou voler par exemple.

Les différences vous rendront libre

Attitude vitale : se sentir libre de faire ce que l'on aime, ce que l'on croit juste, même quand ce n'est pas conforme aux critères de la bande. Si ce n'est pas possible sans se faire exclure, c'est peut-être qu'elle est sur la mauvaise pente et qu'il faut trouver un groupe de copains plus ouvert, capable de respecter les différences. C'est la condition pour que les années « bande » deviennent une formidable époque de la vie, dont on se souviendra toujours.

Bon plan

Évitez l'inertie !

Problème fréquent dans un groupe : la prise de décision. À la question : « Qu'est-ce qu'on fait demain ? », personne ne se sent obligé de répondre. Du coup, on décide de s'appeler au dernier moment… et comme il est difficile de s'organiser à plusieurs au téléphone, ça se termine par une journée où l'on tourne en rond. Alors, vive les initiatives ! Organisez un pique-nique, en répartissant la nourriture à apporter. Prévoyez une balade, avec un itinéraire que personne ne connaît. Proposez d'aller vous défouler à la piscine. Renseignez-vous à l'avance sur les séances de cinéma. Tout le monde vous remerciera d'avoir des idées !

Voir aussi Amitié, Identité, Liberté, Solitude.

21 • BEAU-PÈRE/BELLE-MÈRE

D'abord, t'es pas mon père !

S'informer

Autrefois, on mourait souvent jeune. Il y avait donc beaucoup de familles recomposées : veufs et veuves se remariaient, les orphelins étant pris en charge par leur beau-parent. Rappelez-vous Cendrillon ou Blanche-Neige ! Elles avaient une belle-mère, appelée leur marâtre ; et comme celle-ci n'était guère sympathique, vous en avez conclu que c'était un terme péjoratif. Mais pas du tout ! Marâtre veut simplement dire « seconde femme », en latin. Preuve que le remariage ne date pas d'aujourd'hui !

Aujourd'hui, le divorce

De nos jours, les décès prématurés sont heureusement rares. Mais le phénomène des familles recomposées est plus actuel que jamais, à cause du divorce : on se sépare beaucoup plus souvent, et chaque conjoint reforme un autre couple, avec ou sans mariage. Comme la mère a la garde des enfants dans la plupart des cas, c'est plutôt un beau-père qu'ils reçoivent pour la vie quotidienne. Mais bien sûr, leur père peut aussi leur donner une belle-mère.

Info +

En France, 1 mariage sur 3 environ se termine par un divorce (1 sur 2 à Paris). Plus d'un million d'enfants vivent avec un beau-parent, selon le rapport sur la situation démographique de la France en 1999.

Comprendre

Le divorce des parents, quel que soit l'âge qu'on a, c'est

déjà difficile à vivre. L'arrivée d'un beau-père ou d'une belle-mère, ça arrange rarement les choses. On n'est pas dans de bonnes dispositions pour accueillir celui ou celle qui fait d'abord figure d'intrus, même si le divorce ne date pas de la veille. On a pris l'habitude de vivre seul avec chacun des parents, en trouvant un équilibre ; ce nouveau bouleversement dans la vie de la famille, ça ravive la blessure ancienne. Et c'est encore plus difficile si le nouveau venu arrive avec des enfants.

Une place usurpée

Bien sûr, ce n'est pas évident pour lui non plus. Mais on lui en veut quand même de cette irruption. Il (ou elle) entre dans l'histoire familiale sans demander l'avis des enfants, avec sa propre histoire, ses habitudes, ses manières de vivre qui peuvent très bien ne pas leur plaire. Difficile pour eux d'oublier qu'il prend la place de l'autre parent, le vrai, celui qu'ils auraient bien voulu garder auprès d'eux.

Pour qui se prend-il ?

Se pose très vite la question délicate de l'autorité. Comment va-t-on accepter que ce beau-parent, même s'il est discret et bienveillant, se mêle de l'éducation qu'on reçoit ? Ou seulement qu'il ose intervenir dans les questions toutes bêtes de la vie quotidienne ? Au moment de l'adolescence, c'est un problème particulièrement épineux. Pas facile, alors qu'on est justement en pleine révolution dans sa tête et qu'on a une envie folle de liberté et d'autonomie, de tolérer les remarques d'un « étranger » !

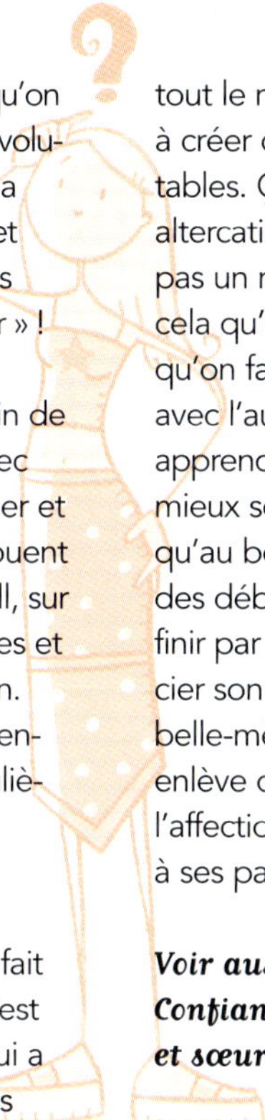

Sans ménagements

C'est l'âge où on a besoin de prendre ses distances avec ses parents, pour s'affirmer et trouver son identité. Ils jouent le rôle d'un punching-ball, sur lequel on exerce ses forces et son envie de contestation. Le beau-parent risque d'encaisser des coups particulièrement rudes : c'est forcément la cible idéale !

De la lutte à l'estime

Mais voilà : désormais, il fait partie de la maison. Et c'est votre père, votre mère qui a décidé de lui en ouvrir les portes. Dans ces conditions, tout le monde a intérêt à créer des rapports acceptables. Ça n'interdit pas les altercations ! Le conflit n'est pas un mal : c'est comme cela qu'on s'apprivoise, qu'on fait connaissance avec l'autre… et aussi qu'on apprend à se connaître mieux soi-même. Si bien qu'au bout du compte, après des débuts difficiles, on peut finir par respecter et apprécier son beau-père ou sa belle-mère. Sans que cela enlève quoi que ce soit à l'affection qu'on porte à ses parents naturels.

Voir aussi Autorité, Confiance, Divorce, Frères et sœurs, Mère, Père.

Conseils

Quelle attitude adopter ?

• Mettez toutes les chances de votre côté : même si c'est difficile, essayez d'accueillir le nouveau venu de manière neutre, pour vous donner le temps de le découvrir.

• Comme au moment du divorce, évitez de vous mêler des affaires de vos parents : en particulier, de ce que votre père peut penser de votre beau-père, ou votre mère de votre belle-mère. Ce qui compte, c'est la relation que vous allez établir vous-même.

• Ne vous braquez pas sur les questions d'autorité : quand un problème se pose, essayez de le dire sans agressivité, et de mettre les choses au point avec votre parent et votre beau-parent.

• Ne négligez pas le côté positif de la situation : ça peut être une chance d'avoir près de vous un adulte qui n'est pas censé vous éduquer, et avec lequel vous pouvez nouer une relation de confiance différente d'une relation filiale.

B 22 • BÉNÉVOLAT

Qu'est-ce que je peux faire ?

Définition

Le bénévole, en latin, c'est celui qui « veut du bien », qui agit par générosité et souci des autres, sans attendre de retour. Faire du bénévolat, c'est accepter un travail gratuit dans le but de rendre service.

S'informer

Il y a en France quantité d'associations qui mènent des actions d'aide, aussi bien sur le territoire national que dans les pays pauvres.

Aide à toutes les détresses

Les secteurs dans lesquels elles interviennent sont aussi nombreux que les besoins : éducation et formation ; aide aux handicapés, aux malades, aux chômeurs, aux enfants, aux immigrés ; défense des droits de l'homme et lutte contre le racisme ; protection de l'environnement ; soutien à des projets de développement ; secours lors de guerres ou de catastrophes naturelles.

On cherche des volontaires...

Certaines associations emploient des centaines de salariés et des milliers de bénévoles, et gèrent des dizaines de millions d'euros. D'autres, toutes petites, agissent localement, uniquement grâce aux bénévoles. Quelle que soit leur taille, elles sont financées par des dons, et aussi parfois par des subventions publiques. Elles ont besoin de gens pour les aider à collecter de l'argent ou des biens en nature : nourriture, vêtements, médicaments.

Je peux donner un coup de main ?

Il y a bien des façons de rendre service, selon votre âge, vos goûts, vos compétences et votre emploi du temps. Vous pouvez collecter de la nourriture à la sortie des supermarchés avec la Banque alimentaire, préparer des paniers repas avec les Restos du cœur, trier vêtements et couvertures avec le Secours catholique, participer à la campagne Téléthon dans votre ville, etc.

Et si on refuse mon aide ?

Les associations humanitaires « embauchent » rarement des adolescents. Elles préfèrent des personnes plus expérimentées ou d'apparence plus « sérieuse ». Si vous êtes très motivée, ne vous découragez pas devant un refus : votre persévérance et votre assiduité sauront convaincre.

Les terres lointaines, c'est pour plus tard !

Vous rêvez d'aventures dans des pays lointains ? Ne soyez pas trop impatiente. Aucune association ne vous enverra au bout du monde, étant donné votre âge. Pour l'heure, on vous proposera plutôt de faire du soutien scolaire dans votre quartier… Mais vous verrez : c'est formidable aussi !

Info +

Le saviez-vous ?

Le bénévolat ne concerne pas uniquement l'aide à des personnes en difficulté. Certaines missions d'utilité publique sont remplies par des bénévoles. Par exemple, les conseillers municipaux travaillent gratuitement pour rendre service à la collectivité.

Comprendre

On peut faire du bénévolat par humanité, parce que l'on considère que tout le monde a droit à une vie décente ; on reconnaît dans les autres des frères avec lesquels il est juste de partager. Les croyants des grandes religions vont encore plus loin : lorsqu'ils font du bénévolat, c'est dans l'idée qu'il est très grave d'abandonner les hommes à leur détresse, parce qu'ils ont tous une valeur sacrée.

Donner… et recevoir

Mais le bénévolat, ce n'est pas seulement donner. C'est aussi recevoir un sourire, découvrir des gens qui vivent autrement, prendre conscience de leurs difficultés, admirer leur courage. Grâce à eux, on apprend beaucoup sur soi-même… et parfois on se sent très petite devant eux. Ça aide à devenir moins impatient, moins râleur, plus généreux !

Y'a d'la joie dans le bénévolat !

Quand on mène une action régulière, on s'aperçoit que les gens démunis ont plus de ressources qu'on ne le croit, et qu'en les aidant on peut leur donner le coup de pouce qui va leur permettre de redémarrer. C'est important de se sentir utile : ça fait partie des joies du bénévolat. Sans compter le plaisir et la convivialité qu'on peut trouver entre bénévoles travaillant ensemble.

Non au flou artistique

Accepter d'être bénévole, c'est prendre un engagement sérieux, une vraie responsabilité. Un bénévole ne travaille pas seulement quand ça lui chante ; il doit respecter les horaires auxquels il s'est engagé… et ne pas tout laisser tomber du jour au lendemain. Mais ce n'est pas non plus un esclave, dont l'association pourrait abuser. Avant de commencer, il faut donc bien définir ce qu'on est prêt à faire. À chacun de savoir doser bonne volonté et réalisme !

Bon plan

Le scoutisme, ou apprendre à être bénévole

Dès l'âge de 8 ans, on peut s'engager dans le scoutisme. Il existe des mouvements laïcs ou religieux (catholiques, protestants, juifs, musulmans), mixtes ou non. On y apprend à assumer des responsabilités, et à avoir le souci des autres. Toutes sortes d'activités de loisirs et d'entraide sont proposées : camps de vacances ou rencontres avec des jeunes d'autres pays, mais aussi collecte de fonds pour des grandes organisations comme la Croix-Rouge, promotion de la lutte anti-tabac et anti-drogue, défense de la nature, visites aux personnes âgées, aux enfants hospitalisés, etc.

Voir aussi Égalité, Fraternité.

Savoir-vivre

Un bénévole a des droits

- *Le droit de choisir ce qu'il veut faire et pour combien de temps.*
- *Le droit de dire non de temps en temps pour préserver son temps libre.*
- *Le droit d'être assuré par l'association pendant ses activités.*

… et des devoirs.

- *Le devoir de tenir son engagement jusqu'au bout.*
- *Le devoir de respecter les principes de l'association avec laquelle il travaille.*
- *Le devoir de se former si nécessaire pour mieux remplir sa tâche… sans oublier le devoir de rester humble !*

B 23 • Bonheur

Est-il dans le pré ?

Définition

Le bonheur, c'est le fait d'être heureux. Mais encore ? Difficile de dire à quoi il ressemble ! On le veut tous, mais personne ne voit la même chose sous ce mot, puisque chacun y met ce dont il rêve.

S'informer

Que faut-il pour être heureux ? Amour, gloire et beauté, dit le titre d'une série ! Argent aussi, sans doute : on dit qu'il ne fait pas le bonheur, mais lorsqu'on en manque, on est malheureux ! Santé bien sûr, cette santé qui fait partie des vœux annuels. Et encore tout ce qui va avec la réussite : talent, pouvoir, reconnaissance des autres. Mais combien de personnes qui ont tout cela sont en réalité bien malheureuses !

À recette mystérieuse, ingrédients mystérieux

Faites un test. Quelles sont les trois choses qui vous semblent indispensables au bonheur ? Imaginez qu'une bonne fée vous les offre : est-ce que cela vous suffirait ?

Nuages dans le ciel bleu

Même quand on est très heureuse, il y a souvent une ombre au tableau. Ne serait-ce que la peur de perdre ce bonheur ! On le voudrait éternel… mais on n'arrive pas à étouffer cette petite voix intérieure, qui murmure parfois que tout cela est bien fragile. Sans parler de la mauvaise conscience que donne le bonheur, cette chance folle qui tient souvent au hasard. On se sent coupable d'être heureuse alors que tant de gens souffrent dans le monde, de la faim, du manque d'amour et de toutes sortes de catastrophes.

Des points d'interrogation

Même quand on ne vit pas de situation tragique, est-on forcément heureuse ? Le bonheur, n'est-ce que l'absence de malheurs ? Sûrement pas, car on peut être bien portante, riche, aimée, célèbre, et se sentir très malheureuse ! Et l'on peut vivre modestement, malade même, et rayonner. Alors, qu'est-ce que ce bonheur qu'on cherche si fort : un idéal inaccessible, un mirage ?

Ce n'est pas un rêve

Qu'est-ce que le bonheur ? Pour en avoir une idée, commencez par savourer intensément tous les moments heureux qui vous sont donnés. Parce qu'« être heureuse », c'est d'abord une disposition à accueillir l'instant, une confiance dans la vie. Concrètement, ça peut être les fous rires avec les copines, le match de volley où vous vous donnez à fond, le concert où vous êtes des milliers à vibrer d'émotion ensemble, la joie des parents quand ils sont fiers de vous…

Ce puzzle aux mille pièces

Le bonheur, c'est un peu comme un puzzle : chaque fois qu'on pose un morceau, on devine un peu mieux ce que cela pourrait représenter. Et la grande merveille de ce puzzle, c'est qu'il est différent pour chacun. Votre bonheur n'est pas fait des mêmes événements, visages ou histoires que celui de vos copines.

Comprendre

D'un côté les rêves de bonheur que chantent les médias, de l'autre le monde plein de malheurs et d'injustices… Difficile de trouver son chemin dans tout cela ! Comment savoir où est le bonheur pour nous ? Comment vivre bien, pour être heureuse ?

Plus tard, je serai…

Vous avez peut-être l'impression d'être au grand tournant de votre vie. C'est vrai que vous êtes à l'âge où vous avez votre avenir entre les mains, sans trop savoir encore qu'en faire. Pas étonnant que vous ayez peur à l'idée de choisir ; de vous engager dans des études pour lesquelles vous ne seriez pas faite, dans une histoire d'amour malheureuse… bref, de rater votre vie !

Le bonheur au présent

Bien sûr, préparer l'avenir, c'est vous donner des chances d'être heureuse. Mais l'erreur serait de vous gâcher la vie en ne pensant qu'à ce « plus tard » mystérieux. De croire que le bonheur est un rêve au futur, un parcours d'obstacles, une question d'objets à conquérir ou d'étapes à parcourir. Parce que le bonheur, ce n'est pas pour plus tard, c'est déjà pour maintenant. En ce moment, vous vivez peut-être des choses un peu difficiles, mais vous êtes aussi à l'âge des plus grands bonheurs. L'âge des premières fois : premières réussites, premiers défis relevés, premières grandes émotions partagées. L'âge des envies sans limites, des projets un peu fous, de l'énergie et de la générosité sans bornes !

Le bonheur, c'est les autres

Regardez bien, souvent, le bonheur est tout près de nous. Avec ceux que nous aimons et qui nous aiment, ceux qui nous apprennent des choses sur nous-même et sur la vie, et même avec ceux qui nous empoisonnent l'existence ! Il est en nous et avec les autres. Bref, le bonheur, c'est une drôle d'histoire, pas facile à écrire. Mais passionnante. Comme la vie.

Info +

Pourvu que ça dure !

Le vrai bonheur, on ne devrait pas avoir peur qu'il finisse et, ça, bien sûr, c'est impossible. À vue humaine, c'est certain, tout a une fin, mais du côté de Dieu ? C'est justement l'espérance que portent les grandes religions, c'est la promesse que Dieu fait à l'humanité : un bonheur qui n'aura pas de fin, un bonheur parfait qui se prolongera au-delà de la vie terrestre, dans l'éternité. Cela ne veut pas dire qu'il faut se contenter d'espérer, et se résigner à souffrir en attendant ! Au contraire, les religions affirment que croire au bonheur éternel, c'est se rendre capable d'être heureux dès aujourd'hui. Parce que le reflet du bonheur promis éclaire la vie de tous les jours et donne envie de tout faire pour être heureux et rendre les autres heureux.

Voir Ambition, Amour, Identité, Liberté.

Bons plans

On dit qu'il y a des gens doués pour le bonheur et d'autres non. Sévère, mais pas tout à fait faux ! Alors, comment être « douée » pour le bonheur ?

- *Apprendre à regarder le bon côté des choses : voir le verre à moitié plein et pas à moitié vide ! C'est chercher à développer ses qualités au lieu de se lamenter sur ses défauts, par exemple.*
- *Se dire qu'on est partie prenante de son bonheur, et qu'on ne va pas subir les choses : c'est s'efforcer d'être pleine d'énergie tous les jours.*
- *Avoir une attitude positive vis-à-vis des autres : se réjouir de leur bonheur, de leur intelligence, de leur beauté, de leurs qualités, c'est un peu en bénéficier… plutôt que d'en prendre ombrage !*

B 24 • BONNE HUMEUR

Pour voir la vie en rose

Définition

L'humeur, c'est la disposition d'esprit dans laquelle on est. Elle peut être permanente : il y a des tempéraments gais, d'autres mélancoliques ou colériques. Elle peut aussi être passagère : il y a des jours avec, et des jours sans !

S'informer

Dans les bons jours, on se sent bien, on a le pas léger, la voix gaie, le sourire aux lèvres. La vie est belle ! On se sent en paix avec soi-même, prête à faire profiter la terre entière du rayon de soleil qu'on a dans le cœur.

Douche froide

Parfois, avec ou sans raison, le soleil se voile, les nuages s'accumulent. Gare à celui qui croise notre chemin, il risque de prendre une douche froide ! À moins d'être traité avec un royal mépris. Souvent, on ne sait même pas pourquoi on lui inflige ça. On s'en veut un peu, surtout s'il n'a rien fait ! Mais, manque de chance pour lui, plus on s'en veut, plus on le malmène. Après tout, il n'avait qu'à ne pas se trouver au mauvais endroit, au mauvais moment.

Sympa, naturelle… moi !

Quand on est de mauvaise humeur, on a l'impression détestable de changer de personnalité.
Plus on est odieuse, plus on se trouve insupportable et plus on devient odieuse : c'est le cercle vicieux.
Il n'y a pas à dire, la bonne humeur, c'est quand même ce qu'il y a de plus confortable, pour soi comme pour son entourage. C'est vraiment l'humeur dans laquelle on se reconnaît, celle où on est sympa, détendue, naturelle, énergique aussi.
Bref, où on est soi-même.

Comprendre

Au moment de l'adolescence, la bonne humeur est souvent aux abonnés absents. La vie paraît compliquée, l'avenir angoissant, il y a des jours où on est persuadée qu'on « n'y arrivera pas ».
Par-dessus le marché, le monde des adultes n'est pas toujours à la hauteur, et ça non plus, ça ne met pas en joie ! Pourquoi les parents nous rebattent-ils les oreilles à longueur de journée avec ce qu'on a à faire, ou avec notre caractère, alors qu'ils ne comprennent rien à nos problèmes ? Bref, on ne compte plus les raisons de se lever du pied gauche… et de le faire savoir bruyamment.

Je ne suis pas une bonne poire, moi !

En plus, beaucoup de gens imaginent que pour se faire respecter dans la vie, il faut avoir un caractère bien trempé, un sale caractère, quoi ! De là à penser que la bonne humeur est une preuve de faiblesse, il n'y a qu'un pas. Alors, râler, ronchonner, lancer des remarques assassines qui clouent les autres sur place peut devenir une

mauvaise habitude, et un piège dans lequel on a vite fait de s'enfermer.

Une fatalité ?

Pourtant, certaines filles résistent bien. Elles ne sont pas épargnées par l'énervement, elles peuvent parfois être cassantes (nul n'est parfait) mais elles savent faire bonne figure, et garder le sourire la plupart du temps. Elles sont d'ailleurs les premières à en bénéficier : elles rayonnent, elles ont plein d'amis, du succès, tout simplement.

Une preuve de caractère

Si elles rayonnent autant, c'est bien parce qu'elles ont du caractère, voire même un sacré tempérament. Parce qu'elles sont capables de refuser de se plier à la mode des visages fermés, des soi-disant « sacrés caractères », des râleuses en tout genre. Alors, allez-y : montrez que vous n'êtes pas n'importe qui, que vous pouvez contrôler votre humeur et rester zen. Avec un peu d'entraînement, la bonne humeur, ça s'attrape, ça s'installe et ça reste ! Si vous faites cet effort, vous serez contente de vous… et il n'y aura plus grand-chose pour vous mettre de mauvaise humeur.

Voir Bouder, Colère, Zen.

Savoir-vivre

Contrôlez-vous

• La bonne humeur, c'est une preuve de maîtrise de soi mais c'est aussi un signe de respect pour les autres. Vous n'avez pas le droit de les tyranniser avec vos accès d'exaspération : la plupart du temps, ils n'y sont pour rien.

• Les jours de mauvaise humeur, contrôlez votre façon de parler. Si c'est au-dessus de vos forces, évitez le contact avec les autres tant que vous restez prête à mordre plutôt qu'à sourire !

25 • BOUDER

Définition

Bouder est une attitude délibérée, destinée à manifester son mécontentement en prenant un air maussade et en se repliant sur soi. En gros, bouder, c'est « faire la gueule » avec persévérance !

S'informer

Quand on a un désaccord avec une amie, ses parents, ses frères et sœurs, qu'on se sent maltraitée ou blessée par leur attitude, il y a deux manières de réagir : ou bien on éclate et on se met en colère, ou bien on se replie sur soi et on boude. Rien à voir avec le coup de blues ou la déprime, qui vous tombent dessus sans crier gare et que vous subissez. La bouderie, c'est un choix, une stratégie.

Tu m'agaces, j'te parle plus !

Bouder, c'est « punir » l'autre ou les autres. C'est manifester son mépris et se mettre hors d'atteinte ; refuser de poursuivre l'échange avec son interlocuteur parce que celui-ci paraît injuste, de mauvaise foi ou inaccessible aux arguments qu'on avance.

On coupe court à toute explication en se drapant dans sa dignité. Sourcils froncés, lèvres pincées, mine renfrognée, porte qui claque, silence intraitable… le boudeur dispose d'un arsenal d'armes redoutables. Son interlocuteur peut bien essayer de l'amadouer : il est vite découragé devant ce mur blindé !

Comprendre

Il y a des gens qui sont boudeurs (surtout des filles) et d'autres qui sont colériques. C'est un trait de caractère qu'on hérite souvent de sa famille : il y a des familles où l'on crie et des familles où l'on boude.

Il va s'excuser, oui ou non ?

Bouder, c'est parfois la seule stratégie que l'on trouve pour se protéger d'un conflit, quand on est trop sensible à la violence des mots ou de la situation. Mais c'est aussi un acte de violence, puisqu'il interrompt toute relation, tout dialogue. C'est un moyen de pression, une espèce de chantage : je boude en espérant que l'autre viendra me chercher et me demander pardon.

La sortie, c'est par où ?

On ne peut pas toujours s'empêcher de bouder, c'est une question de caractère. Quand on est boudeuse, on ne se refait pas, il faut s'accepter avec ce (petit) handicap… et lutter contre, pour éviter d'empoisonner tout le monde ! En plus, il est assez facile de se barricader dans la bouderie ; mais pour en sortir, c'est une autre paire de manches. Et si celui ou

celle que l'on boude use du même procédé, cela peut durer très longtemps : les raisons de la bouderie finissent même par tomber aux oubliettes ! Pourtant, il faudra bien que l'un des deux boudeurs cède…

Prendre le taureau par les cornes

Alors, plutôt que de se retrancher derrière les fils barbelés d'une bouderie vengeresse, mieux vaut essayer systématiquement de résoudre la crise. D'autant plus que la bouderie, c'est souvent une tempête dans un verre d'eau : on monte en épingle un problème qui ne le mérite pas. Ressassé, il prend des proportions démesurées. La moindre parole un peu maladroite finit par être versée au dossier des affronts impardonnables ! Se braquer pour des petits riens, c'est quand même dommage. Les semaines sont trop courtes pour qu'on gâche des journées entières à ruminer derrière une porte obstinément fermée !

Voir aussi Bonne humeur, Colère, Pardon, Susceptibilité.

Bons plans

Pour ne pas s'en faire une montagne

- *Le secret pour éviter d'entrer dans la spirale de la bouderie : prenez du recul.*
- *Forcez-vous à ne pas ruminer. À ne pas interpréter, déformer ce qu'on vous dit.*
- *Faites travailler vos mains. Cuisine, dessin, musique, bricolage… n'importe quoi, du moment que cela vous force à vous concentrer sur un objet plutôt que sur l'ignominie de votre interlocuteur !*

Comment faire sortir une copine de sa coquille ?

- *N'essayez pas trop l'humour, et évitez surtout la moquerie : les boudeurs sont susceptibles. En essayant de la dérider, vous risquez d'obtenir l'effet inverse !*
- *Vous n'y êtes pour rien ? Proposez-lui de parler de ce qui l'a blessée. Si elle peut exprimer son exaspération, même violemment et de façon injuste, elle arrêtera de la ruminer.*
- *Vous êtes la cause de sa bouderie ? Si vous avez réellement tort, demandez-lui pardon. Sinon, ne vous jetez pas à ses pieds : vous n'êtes pas obligée de céder à ce moyen de pression ! Attendez tranquillement qu'elle sorte de sa tour d'ivoire. Vous parlerez de vos problèmes quand elle aura retrouvé sa langue.*

B 26 • BREVET

Bienvenue dans le monde des exam's !

Définition

Celui qu'on appelait le BEPC (Brevet d'études du premier cycle) est devenu le « brevet des collèges », ou « brevet » tout court. C'est un examen national qu'on passe en fin de 3e. Il existe une série « collège », une série « technologique » et une série « professionnelle ».

S'informer

Le brevet, c'est ce qui vous fera découvrir comment se passe un examen. D'abord, vous allez recevoir une convocation par la poste. Elle vous indiquera le lieu où se dérouleront les épreuves : on passe rarement un examen dans son propre établissement. Le jour de l'examen, la liste des candidats sera affichée à l'entrée de chaque salle. Vous présenterez votre convocation et votre carte d'identité pour rejoindre votre place ; dans la salle, votre nom sera inscrit sur la table que vous devez occuper.

Une copie masquée

Vous trouverez à votre place des copies d'examen. Vous y écrirez votre nom dans le coin droit. Une fois le cache collé, la correction sera anonyme. Vous aurez également droit à des feuilles de brouillon de couleurs différentes d'une table à l'autre, pour permettre au surveillant de repérer facilement celui qui tricherait en les passant à son voisin.

Pas de pitié pour les grugeurs !

L'usage d'une calculatrice ou de documents n'est autorisé que si c'est indiqué sur votre convocation. Attention ! quand on triche lors d'un examen, on encourt une lourde sanction : 5 ans d'interdiction de passer un quelconque examen (y compris le permis de conduire).

Objectif : la moyenne

Vous avez trois épreuves au brevet : français, mathématiques et histoire-géographie. Toutes ont un coefficient 2. On fait aussi une moyenne avec les notes obtenues en 4e et 3e dans toutes les matières. Il faut que la moyenne de l'ensemble soit d'au moins 10 pour être reçue. Si vous redoublez, ce sont les notes de l'année de redoublement qui sont prises en compte.

d'essai pour le bac. Le brevet vous apprend à réviser, à gérer votre stress. C'est l'occasion de faire l'expérience de nouvelles émotions : attendre les résultats, et laisser éclater sa joie et sa fierté de savoir qu'on est admise.

Vous en verrez d'autres !

Si vous faites des études, vous connaîtrez d'autres moments comme celui-là, et sans doute aussi des moments moins gais, quand vous serez recalée.

Mais la première fois a un goût spécial, celui de la nouveauté ! Ça fait grandir, on n'est plus tout à fait pareille après.

J'suis plus une collégienne !

Et puis, c'est la fin de vos années collège. Vous entrez dans une autre période de votre vie, celle qui va faire de vous une adulte. C'est passionnant. Ça se fête bien sûr, avec vos copains et copines ; d'autant que c'est peut-être votre dernière aventure ensemble, si vous ne prenez pas tous les mêmes orientations pour l'année suivante.

Info +

Le brevet n'est pas une barrière, mais...

On n'a pas besoin du brevet pour entrer en seconde, et inversement on peut être reçue et redoubler quand même : c'est le conseil de classe qui décide du passage. Mais le brevet peut vous être demandé pour vous inscrire à certains concours de la fonction publique ou pour certains emplois, si vous n'avez pas le bac. Et puis, c'est un peu la honte de ne pas l'avoir alors que 75 % des élèves l'obtiennent.

Comprendre

Premier examen ! C'est votre baptême du feu, votre coup

Voir aussi Baccalauréat, Devoirs, Études, Orientation.

Conseils

Avant le jour J

- *L'important, pour vous préparer, c'est d'abord de bien apprendre vos cours toute l'année.*
- *Faites-vous un planning de révisions à partir des vacances de printemps. Le gros morceau pour la mémoire, c'est l'histoire et la géographie : répartissez vos révisions chapitre par chapitre jusqu'à la dernière semaine avant l'examen.*
- *Pour le français et les maths, c'est l'entraînement qui compte : prenez des annales, faites des exercices de maths et des sujets de français, et étudiez à fond les corrigés.*

Le jour J...

- *Au moment de partir passer les épreuves, vérifiez (plutôt deux fois qu'une) que vous avez votre carte d'identité et votre convocation. Quand on est stressée, on est parfois distraite...*
- *En arrivant devant l'établissement, ne vous laissez pas impressionner par les autres candidats qui parlent de leurs révisions. Qui sait s'ils ne bluffent pas pour se rassurer ?*

27 • CAFÉ

Tu viens prendre un pot ?

Définition
L'établissement appelé « café » doit son nom à la boisson qu'on y déguste, car les deux sont apparus en France la même année. C'est en 1654 qu'a été introduit dans le port de Marseille le café, produit venu d'Orient ; le premier café a ouvert aussitôt dans cette ville. Paris a dû attendre jusqu'en 1659 !

S'informer
En principe, le café, c'est pour les grands. La loi interdit aux moins de 16 ans d'entrer dans un café qui sert de l'alcool (article 85 du code des débits de boissons). De toute façon, tant que vous n'avez pas cet âge, on n'a pas le droit de vous vendre ni de vous offrir des boissons alcoolisées, que ce soit dans un café, un restaurant ou un supermarché (article 80). Entre 16 et 18 ans, vous avez le droit d'acheter ou de consommer du vin, de la bière ou du cidre, c'est tout : pas d'apéritifs ni d'alcools forts, de cocktails ou de champagne. Dans la pratique, les serveurs vous demanderont rarement votre carte d'identité pour vérifier votre âge avant de prendre votre commande !

Comprendre
Une fois qu'on est assez « vieux » pour y entrer, le café devient synonyme de liberté. On s'y rend à la sortie des cours, ou entre deux cours : c'est plus drôle que la salle de permanence ! La bande s'y réunit pour se raconter le week-end ou organiser les prochaines sorties. On y finit parfois des devoirs en vitesse, on y prépare un exposé avec une copine. Il y a aussi le café plus intime, à l'écart du lycée et des indiscrets, qu'on a

choisi pour retrouver sa meilleure amie ou son amoureux.

Refaire le monde

Le café, c'est le lieu du rêve, où l'on peut discuter de tout, imaginer un monde meilleur, ou celui qu'on fera quand on sera adulte. On échange des secrets, on se console de ses échecs scolaires ou de ses chagrins d'amour. Espoirs, désirs, projets et soucis, tout y passe : les langues se délient, on se sent en confiance, et on repart le cœur plus léger, après avoir partagé ce moment de chaleur et d'amitié.

Mademoiselle est une habituée !

Très vite, on connaît les serveurs, on bavarde avec eux, on a sa place « réservée » au fond. Le café, c'est un autre chez vous, loin des parents ; c'est un lieu où l'on vous considère comme une grande, où l'on se soucie de vous. « Ça n'a pas l'air d'aller », s'inquiète affectueusement votre serveur attitré quand vous faites une apparition la mine défaite après un contrôle raté ou une dispute avec votre meilleure amie.

Une bonne école !

Vos parents n'aiment peut-être pas que vous soyez trop souvent au café. Bien sûr, il ne faut pas oublier que vous avez aussi des devoirs à faire. Mais le café, ce n'est pas seulement du temps perdu. On y apprend la vie, l'amitié, quelquefois un peu de maths ou de physique. On discute du sujet de français ou du dernier pull qu'on a acheté, on se passionne pour la coupe Davis ou les JO, on parle cinéma, politique ou même religion.

Souvenir, souvenir…

Quand vous aurez grandi et que vous serez partie vers d'autres cieux, vous n'oublierez jamais le café de vos années lycée, vous serez toujours émue en passant devant. Et vous essuierez une petite larme si un jour une ancienne copine vous apprend qu'il a fermé !

○ *Savoir-vivre*

Le pourboire

En France, le service est compris dans la note (ce qui n'est pas toujours le cas à l'étranger). Mais il est courtois de laisser de temps en temps un petit plus au serveur, surtout si vous le voyez souvent, qu'il est sympa et qu'il vous laisse traîner des heures derrière un verre vide ! Le pourboire est plus ou moins important selon la note (entre 5 et 10 % du montant de l'addition). En tout cas, il est inutile de vexer le serveur, mieux vaut ne rien laisser plutôt qu'un pourboire ridicule !

Voir Alcool, Bande, Confidente.

Bons plans

Pour ne pas avoir l'air cruche en passant commande

Voici quelques noms de boissons à connaître :

- *Toutes les sortes de cafés : café allongé (plutôt parisien, servi avec un peu d'eau chaude), noisette (café servi avec un petit pot de lait à côté), expresso (un café très serré), café frappé (expresso sucré servi sur des glaçons).*
- *Les boissons sans alcool : les diabolos (limonade et sirop), les cocktails comme l'Indien (Orangina et grenadine).*
- *Ne confondez pas le jus d'orange (en bouteille) et l'orange pressée (jus de fruits frais), plus chère mais bien meilleure !*
- *Les boissons légèrement alcoolisées (à consommer avec beaucoup de modération, les filles !) : le panaché (moitié bière, moitié limonade. Demandez un panaché « bien blanc », il y aura plus de limonade et il sera fait maison), le Monaco (bière, limonade, sirop de grenadine), le Twist (bière et sirop de citron).*

Bowling
JEAN
61

Drogue quand même !

Définition

Le cannabis est une plante cultivée depuis très longtemps en Orient, où l'on utilise ses fibres pour faire des cordages et des tissus (c'est le chanvre indien), et sa résine pour calmer la douleur. Il a été introduit en Europe au XIXe siècle par les soldats de Napoléon.

S'informer

Le cannabis se présente sous trois formes.
- L'herbe ou marijuana (feuilles, tiges et fleurs séchées).
- La résine ou haschich (qu'on appelle aussi « shit ») : ce sont des plaques compressées ou des barrettes vertes, jaunes ou brunes qui contiennent souvent d'autres produits plus ou moins toxiques (henné, cirage, paraffine).
- L'huile, plus concentrée et plus rare.

L'herbe, le haschich et l'huile se fument généralement mélangés avec du tabac (sous forme de cigarette roulée qu'on appelle souvent « joint »). L'huile peut aussi être utilisée pour la préparation de gâteaux.

Je plane…

Le cannabis contient un principe actif (le tétrahydrocannabinol) qui agit directement sur le cerveau. Il produit un sentiment de détente, d'apaisement et même d'euphorie, et une légère somnolence. À fortes doses, il perturbe la perception du temps et de l'espace, brouille la mémoire immédiate, et plonge dans une sorte de léthargie. Il est donc dangereux de conduire une voiture, une mobylette et même de prendre son vélo après avoir fumé un joint.

Les yeux rouges et la gorge sèche

Les effets physiques du cannabis ? Une accélération du pouls, une diminution de la salivation et un gonflement des vaisseaux sanguins (d'où les yeux rouges des fumeurs). Comme le cannabis est presque toujours consommé avec du tabac, les principaux risques pour la santé sont les mêmes que ceux de la cigarette : affections respiratoires, cardiaques et cancers. Par ailleurs, le foie est mis à rude épreuve pour éliminer cette substance toxique.

La dépendance au cannabis

En général, les experts sont d'accord pour dire que l'usage de cannabis ne crée pas, au sens strict, de dépendance physique, mais qu'une consommation régulière entraîne une dépendance psychique. L'usage de cannabis entraîne des difficultés de concentration qui nuisent au travail scolaire, un repli sur soi et des troubles psychologiques qui peuvent aller de la simple anxiété au sentiment de persécution, jusqu'au dédoublement de la personnalité.

Les conséquences

Le cannabis est souvent un moyen d'esquiver les difficultés, en se maintenant dans une douce léthargie. Il est particulièrement dangereux quand on en consomme non seulement pendant les fêtes entre copains (consommation festive), mais aussi seule, pour se détendre et fuir un monde qui semble angoissant ou ennuyeux. Les conséquences sont alors dramatiques : arrêt des études parce qu'on ne parvient plus à se concentrer et qu'on n'a plus la volonté de les suivre, comportement asocial (on croit être la seule à comprendre le sens du monde), fuite de la réalité, dépression.

Fumer du cannabis, c'est interdit par la loi

Le cannabis fait partie des substances psychoactives interdites en France par la loi du 31 décembre 1970. Depuis des années, un débat se poursuit sur la dépénalisation, c'est-à-dire la suppression des sanctions pour usage de cannabis (c'est différent de la légalisation, qui en autoriserait la vente). Le simple usage de cannabis est actuellement passible d'une peine d'emprisonnement pouvant aller jusqu'à un an et d'une amende (jusqu'à 3 800 €).

Info +

Dépénalisation : les enjeux du débat

Les partisans de la dépénalisation plaident que le cannabis est une drogue douce. Ils soulignent que le tabac et surtout l'alcool, deux drogues parfaitement légales, sont plus toxiques et créent une plus forte dépendance. Les adversaires de la dépénalisation craignent que cette mesure incite à la consommation d'une drogue qui est potentiellement dangereuse. On peut rétorquer aux premiers que la comparaison avec le tabac a ses limites. Le tabac est certes une drogue aussi toxique que le cannabis, mais il ne fait pas perdre le contact avec la réalité. Quant à la comparaison avec l'alcool : il vaudrait mieux maîtriser et réduire la consommation d'alcool plutôt qu'aggraver les choses en autorisant la consommation de cannabis. Aux seconds, on peut répondre que la dépénalisation aurait au moins l'avantage d'éviter aux jeunes fumeurs le contact avec des dealers, qui risquent de les faire passer à des drogues encore plus dangereuses. Certains soulignent aussi que maintenir des lois qui ne sont pas respectées contribue au mépris de la loi en général. Dans les pays de l'Union européenne, l'application des lois contre le cannabis tend à s'assouplir pour les simples usagers. Sept pays ont déjà choisi la dépénalisation, avec des résultats différents : aux Pays-Bas, la consommation a tendance à diminuer, en particulier chez les plus jeunes, alors qu'elle augmente en Espagne.

Comprendre

Le cannabis, c'est sans doute la première offre de drogue que l'on vous fera. Dans les soirées, au lycée, dans les bandes de copains, on voit couramment circuler un joint. C'est parfois difficile de résister à la tentation d'essayer. Les « bonnes » raisons ne manquent pas : curiosité, attrait pour ce qui est interdit, ou tout simplement peur de passer pour une fille coincée et de se faire exclure.

C'est vraiment dangereux ?

Inutile de vous mentir : ce n'est pas parce qu'on tire une fois sur un joint qu'on devient toxicomane, ni même parce qu'on fume occasionnellement en soirée. Mais ce n'est pas simplement la peur de finir avec une seringue dans le bras qui doit vous faire réfléchir et vous dissuader de fumer du cannabis !

Soirées canapé
Évidemment, si vous avez envie de passer vos soirées ou vos après-midis avachie dans un canapé, les yeux rouges, la bouche pâteuse et les idées courtes, vous auriez tort de vous priver de ce grand moment de socialisation. Fumer du cannabis en groupe, c'est prouvé, ça aide à communiquer, ça soude : comme on n'arrive pas à aligner trois idées, les conversations sont rarement percutantes. Et même si tous les fumeurs de cannabis n'en sont pas là, il faut bien le dire : on s'ennuie un peu avec eux, parce qu'ils ont du mal à se bouger et qu'ils préfèrent parler des effets de leur shit plutôt que faire des choses plus passionnantes.

Rentrez en résistance
Ce programme ne vous tente pas ? Vous n'avez pas envie de faire comme tout le monde ? Vous avez bien raison. Rien ne vous oblige à suivre la masse des adolescents qui fument occasionnellement voire régulièrement du shit. D'abord, vous valez mieux que ça. Avez-vous envie de vivre les plus beaux moments de votre vie derrière un nuage de fumée ? Vous qui réclamez à cor et à cri (vous avez raison !) des relations authentiques, vous qui condamnez le mensonge, l'hypocrisie, soyez lucide : le cannabis est une drogue qui déforme la perception de la réalité, qui empêche d'avoir de vraies relations avec les autres. Quand on fume du cannabis, on n'est pas dans son état normal : c'est un peu comme si on regardait ses amis, ses proches et tous les événements qui surviennent derrière une vitre déformante. Difficile dans ces conditions de les apprécier pour ce qu'ils sont vraiment…

○ Conseil

Ami en danger
Les garçons sont souvent plus touchés par le cannabis que les filles. Vous sentez qu'un ami perd pied et fume de plus en plus, surtout seul ? Ne le laissez pas faire, sous prétexte qu'il est grand et que fumer un joint n'a jamais tué personne. Dites-lui que cela vous inquiète, essayez de le faire réagir, proposez-lui des sorties, d'autres centres d'intérêt. Dites-lui que la vie est trop courte pour la vivre à moitié. Et parlez-en à un adulte de confiance, qui pourra vous conseiller et vous aider à le sortir de cette impasse.

Voir aussi Alcool, Drogue, Tabac.

Bons plans

Spécial timides
On vous passe un joint en soirée, et vous ne savez pas comment le refuser sans avoir l'air ridicule ou coincé ? Passez-le à votre voisin, sans commentaire, l'air détaché et sûr de vous. Si on vous questionne, n'ayez pas honte de ne pas faire comme les autres, au contraire : soyez-en fière !

Spécial curieuses
Ça vous tente ? Regardez donc votre copain Jérémie, d'ordinaire si marrant : qu'il est beau, les yeux rouges et l'air niais ! En plus, ça fait une heure qu'il bloque devant la pile de CD parce que, choisir un disque, c'est devenu un enjeu crucial pour la suite de son existence. Enfin, ne le regardez pas trop quand même, le cannabis, ça rend suffisamment paranoïaque comme ça !

29 • CARESSE

Les gestes de l'amour

Définition

Caresse vient du mot italien *carezzare* qui signifie chérir, c'est-à-dire aimer avec tendresse. Une caresse, c'est un geste empreint de douceur ou de passion, de sensualité ou d'affection.

S'informer

Depuis la naissance, on a reçu et donné des milliers de caresses, parce que la tendresse, l'affection et l'amour ne se disent pas qu'avec des mots ; parce que nous sommes des êtres de chair et que nous avons physiquement besoin de nous sentir accueillis, reconnus, aimés.

Besoin de toi

Au moment de l'adolescence, on ressent violemment ce besoin de caresses. On découvre le désir : désir de toucher l'autre, d'exprimer ses sentiments par des gestes qui ne sont plus ceux de l'enfance. Les désirs sont souvent très forts à cet âge-là, plus forts sans doute qu'ils ne le seront jamais ; et on ne sait pas trop quoi faire de ces émotions violentes qui nous traversent.

Je me sens bizarre…

On croit que le désir, c'est l'affaire des garçons parce qu'il est plus visible et plus explicite chez eux. Mais les filles ressentent aussi des désirs qui provoquent des sensations physiques : cœur battant, mains moites, gorge serrée, chair de poule et sensations plus intenses au niveau des zones érogènes.

Pur esprit ?

On voudrait parler seulement de sentiment amoureux, mais on sait bien que lorsqu'un garçon nous plaît il y a aussi tout cela qui nous chavire. Les caresses expriment ce désir de rencontrer l'autre, de communiquer et de communier, de traduire les vibrations de son cœur et de son corps.

Comprendre

Les caresses, c'est le langage du corps ; elles nous viennent naturellement au bout des doigts ou des lèvres. Tout notre corps est concerné et il y a mille façons de caresser. Chaque corps a son propre langage, sa sensibilité, sa manière de réagir ou de désirer. En même temps, on est souvent timide et maladroite et c'est pour cela que c'est très émouvant.

S'il te plaît… apprivoise-moi

Même quand on est plus âgée et qu'on commence à faire l'amour, les caresses restent un moment important de la découverte de l'autre, un moment à ne pas bâcler parce qu'il prépare et invite à l'acte sexuel.

Elles ont le don un peu miraculeux d'apaiser le premier désir – désir de se toucher, d'entrer en contact –, et en même temps de susciter et d'approfondir celui d'une union plus totale.

Attends...

Une femme, encore plus qu'un homme, a besoin de caresses pour se sentir prête à faire l'amour et les hommes n'y prennent pas toujours garde. C'est à la femme de faire comprendre qu'elle a besoin de ce temps d'apprivoisement et de mise en confiance, qu'elle a envie de douceur et de tendresse et pas seulement de la passion parfois un peu brutale du désir masculin. Ces caresses qui précèdent l'acte sexuel, on les appelle couramment des préliminaires, un mot pas très joli pour parler de ce moment de complicité et de plaisir partagé.

Conseils

Surtout ne pas se forcer !

Il y a des caresses qui nous viennent naturellement : on se sent bien dans sa tête et dans son cœur. D'autres gestes, plus intimes ou inhabituels, peuvent au contraire choquer. L'important, c'est de ne pas se forcer. Toute caresse est belle quand on a aimé la donner ou la recevoir. Cela devient laid ou sale quand on se sent forcée ou qu'on n'ose pas refuser.

Du respect avant toute chose !

On peut avoir envie de caresses sans forcément vouloir aller plus loin. L'important, c'est de le savoir et de le dire, mais aussi de ne pas laisser le garçon s'embarquer trop loin dans le désir pour dire stop au dernier moment. Un garçon ne fonctionne pas comme une fille et il ne comprendra pas forcément que vous passiez des heures à vous laisser cajoler sur un lit si ce n'est pas pour avoir une relation sexuelle. Bref : c'est important de vous faire respecter, mais aussi de faire attention à l'autre !

Voir aussi Désir, Plaisir, Premier baiser, Sexe, Sortir avec.

30 • CHAGRIN D'AMOUR

Quand l'histoire finit mal…

S'informer

On l'aime toujours et il ne nous aime plus. Il l'a dit, c'est fini, et ça fait très mal.

Le cœur en écharpe

Un chagrin d'amour, ça remue de fond en comble, on ne sait plus où on en est. Au milieu des larmes et de la désolation, on ne cesse de s'interroger : pourquoi cette rupture ? Qu'est-ce qu'on a fait pour mériter ça ? On se dit : « S'il ne m'aime plus, c'est que je n'étais pas assez bien pour lui. » On en vient même à se demander si un garçon pourra vraiment nous aimer un jour ! Bref, on se sent vaguement coupable, sans intérêt, sans valeur, et surtout très malheureuse.

Le monde, ce vaste vide

Et ce manque qui emplit le cœur, ce sentiment d'abandon, de solitude, comme si plus personne n'existait sauf celui qui justement ne veut plus de nous. « Un seul être vous manque, et tout est dépeuplé ! » écrivait le poète Lamartine. Il a très bien exprimé ce qu'on a tant de mal à démêler dans son cœur : ce mélange de larmes, de rage, de honte et de souvenirs douloureux, tous ces bons moments vécus ensemble qui reviennent sans cesse à l'esprit, tous ces rêves auxquels on croyait si fort et qui s'écroulent, ne laissant que des regrets.

Comprendre

Bien sûr, quand on vit dans la tourmente et la souffrance d'un vrai chagrin d'amour, ça ne console pas de savoir que cette expérience douloureuse arrive à beaucoup d'autres : qu'importe le reste du monde quand on a le sentiment que sa vie s'est arrêtée ? Pourtant, il faudra bien un jour faire le premier pas pour vous en sortir, même si vous n'en avez pas envie tout de suite.

Souffrir, c'est encore aimer

S'enfermer dans sa douleur, la ressasser en se rappelant tous les moments heureux, parcourir sans se lasser les moindres détails de cette belle histoire qui finit mal, c'est encore aimer, même si cet amour se meurt de ne plus être partagé. Alors, il va falloir en faire le deuil et, pour cela, cesser de se torturer : pleurez, pleurez autant que vous le voulez, mais ne restez pas seule. Parlez-en avec votre meilleure amie, changez-vous les idées avec vos copines ; il y en a sûrement qui ont vécu cela et qui peuvent vous guider sur le chemin de la guérison. Parce que, oui, on guérit d'un chagrin d'amour, ça prend du temps mais ça finit par venir.

Un cœur plus grand pour un plus grand amour

Reste à surmonter le désir de ne plus jamais revivre une telle histoire, de ne plus

Conseil

Et tous ces objets, qu'est-ce que je vais en faire ?

Lettres, photos, cadeaux… vous êtes partagée entre l'envie de tout jeter, voire de tout brûler rageusement, et celle de vous bercer de souvenirs en les gardant près de vous. Mieux vaut les mettre de côté, loin des yeux et des mains, et faire un tri plus tard, quand vous serez apaisée : il est bon de prendre vos distances pour l'instant, mais vous pourriez regretter un jour de n'avoir rien gardé du tout.

Voir aussi Amour, Amoureuse.

jamais aimer parce qu'on ne veut plus souffrir. Pourtant, il ne faut pas regretter d'avoir vécu cette histoire, d'avoir beaucoup aimé, beaucoup donné. Ce chagrin d'amour, qui vous a tant amoindrie, vous fait grandir aussi : il vous rend plus mûre, plus forte… Quand votre cœur ne sera plus aussi meurtri, il pourra à nouveau battre pour un autre, pour celui qui en pansera les dernières plaies. Alors, osons le dire, même si vous ne voulez pas l'entendre pour le moment : ce chagrin d'amour, ce n'est pas la fin de tout, c'est aussi ce qui vous prépare à une nouvelle histoire d'amour.

En attendant

Évitez d'errer comme une âme en peine sur les lieux où vous avez vécu vos plus belles heures. Mieux vaut accepter que ce soit du passé, et vous donner les moyens d'oublier. Laissez faire le temps, faites-en un allié. Laissez-le s'écouler comme vos larmes : il vous aidera peu à peu à être en paix avec vous-même, et avec votre histoire. Et surtout ne vous jetez pas, par dépit ou tristesse, sur le premier venu ! Ce serait dommage d'être encore plus blessée et de croire encore moins à l'amour.

Conseil

Les mots qui font plus de mal que de bien

Lorsqu'une amie traverse un vrai chagrin d'amour, l'important, c'est de l'écouter, de passer du temps avec elle et d'essayer de lui changer les idées. Mais il faut le faire avec beaucoup de délicatesse, ce qui n'est pas toujours facile parce qu'on ne mesure pas toujours sa souffrance. Surtout, ne prenez pas ce chagrin d'amour à la légère. N'essayez pas la manière forte qui consisterait à l'écœurer de celui qu'elle aime en le dévalorisant : ne lui dressez pas la liste de ses défauts, de ses bassesses ou de ses trahisons envers elle. Elle n'est pas prête à l'entendre puisqu'elle l'aime encore ! Ça ne peut que la faire souffrir davantage.

31 • CHAMBRE À SOI

Frappez avant d'entrer !

Définition

Dans la maison, votre chambre est un territoire sur lequel vous régnez en maître, contrairement aux autres pièces que vous partagez avec toute la famille.

S'informer

Une chambre rien qu'à vous, vous pouvez l'installer et la décorer à votre guise, avec des photos ou des textes, des plantes ou des fleurs et même, il faut bien le dire, avec votre joyeux bazar qui peut aller de la moquette porte-manteau au lit artistiquement défait. Bref, votre chambre est le reflet de votre personnalité : romantique ou délurée, déco minimaliste ou bric-à-brac pittoresque, lumières tamisées ou spots multicolores, musique douce ou techno. Là, personne ne choisit à votre place, personne n'entre sans votre permission, et personne (ou presque !) n'exige que vous rangiez. La plus petite mansarde sous les toits devient ainsi votre empire !

Reine d'un demi-royaume

C'est vrai qu'être obligée de partager sa chambre avec une (ou plusieurs) sœur(s), ce n'est pas toujours très drôle, même si l'entente est bonne, et qu'il y a souvent de franches parties de rigolades ! Une chambre à deux, c'est forcément moins intime qu'une chambre à soi, et il y a des moments où l'on ressent une énorme envie de solitude. Sans compter que l'on n'a pas toujours le même âge, ni les mêmes préoccupations, ni les mêmes goûts que sa colocataire !

Bons plans

Spécial chambre partagée

- Faites-vous votre petit coin bien à vous, tout le monde en a besoin : installez votre armoire ou vos étagères de façon à délimiter votre territoire, ou mettez une tenture, un voilage (moins étouffant et tout aussi efficace !) ou un paravent entre les deux espaces. Personnalisez-le avec des lumières (spots ou petites lampes) ou une couleur particulière (tissu sur le mur, par exemple).
- Respectez votre sœur, elle vous respectera : mettez un casque si vous voulez écouter de la musique et qu'elle a besoin de calme, ne touchez pas à ses affaires, laissez-lui le droit d'être seule de temps en temps quand c'est nécessaire. Entendez-vous sur le rangement : ce qui vous paraît inacceptable ne l'est pas forcément pour elle, et inversement. Si vous faites attention l'une à l'autre, la cohabitation sera plus douce !

Comprendre

C'est une chance d'avoir une chambre à soi, et quand on n'en a pas, on en rêve ! C'est le refuge, l'antre, l'igloo, l'oasis ou le bunker où vous pouvez fuir le monde quand il est trop dur, vous détendre loin des autres, et même crier, pleurer, taper des pieds et des poings… pour reprendre votre calme. C'est aussi le lieu où vous travaillez, où vous repensez à ce que vous avez vécu dans la journée, où vous bâtissez vos projets d'avenir.

Tous les rêves sont permis

C'est là encore que vous rêvez, que vous avez toutes les audaces. C'est là que vous écrivez vos espoirs les plus fous dans votre journal, que vous dessinez, que vous lisez, bref que vous vous occupez de vous ! Dans votre chambre, vous pouvez vous retrouver seule, rentrer en vous-même, faire le point sans fard et sans bluff.
À d'autres moments, votre chambre devient le salon où vous recevez vos amies et leurs confidences, où vous riez de bon cœur de vous-même – et plus souvent des autres ! –, loin des oreilles indiscrètes.

Respect !

Votre chambre, c'est un peu votre maison, en attendant d'en avoir une pour de vrai. Vous êtes en droit d'exiger que votre intimité soit respectée, qu'on frappe avant d'entrer, qu'on n'y pénètre pas en votre absence et que votre mère ne l'occupe pas régulièrement sous prétexte de ranger.

Gare à l'excès « Robinson » !

N'oubliez jamais, cependant, que vous n'habitez pas une île déserte au milieu du Pacifique, mais l'une des pièces de la maison familiale. Vos parents ont le droit d'être reçus chez vous de temps à autre ! Et celui de refuser que votre petit royaume devienne une sorte d'antichambre de la poubelle, sous prétexte de souveraineté et de liberté absolue.

Savoir en sortir

Votre chambre ne doit pas non plus être le moyen de rester toujours invisible. Barricadez-vous dedans lorsque vous en avez besoin. Mais sachez aussi en sortir pour partager la vie familiale… ou en ouvrir la porte à tel ou tel membre de la famille, pour bavarder au calme loin du brouhaha de la maison. On peut goûter dans sa chambre sans oublier que les repas de famille existent, et ne sont pas seulement une corvée mise au point pour faire perdre du temps. On peut lire dans sa chambre, mais aussi ailleurs ; écouter seule de la musique, ou la partager avec ses frères et sœurs dans le salon ; méditer pensivement dans sa chambre et, soudain, aller prendre part à la conversation passionnée dont on capte des bribes venant de la cuisine !

Bons plans

Faites respecter votre intimité

- Inscrivez sur la porte : « Frappez avant d'entrer. »
- Trouvez-vous un coin secret, placard, boîte, table de nuit, qui ferme à clé.
- Quand vous voulez être seule, accrochez sur votre porte une pancarte « Ne pas déranger ». Mais si vous voulez que ce soit respecté, n'en abusez pas : il doit y avoir des moments où on peut oser vous demander une entrevue !
- Le respect, c'est réciproque : si vous respectez le coin secret des autres, ils respecteront le vôtre.

Voir aussi Désordre, Frères et sœurs, Journal intime, Solitude.

Savoir-vivre

Attention à vos « voisins » : votre planète fait partie d'une galaxie habitée !

- *Veillez à ne pas mettre la musique trop fort ou trop tard.*
- *Assurez un minimum de nettoyage, pour éviter que de mauvaises odeurs se propagent ou que de charmantes petites bêtes envahissent le salon.*
- *Éteignez les lumières et la musique quand vous partez.*

32 • CHASTETÉ

La vraie liberté sexuelle ?

Définition

Le mot chaste vient du latin *castus* qui veut dire pur. La chasteté, qu'on confond souvent avec l'abstinence (qui consiste à s'abstenir de relations sexuelles), est un terme un peu désuet qui fait parfois sourire et qui exaspère souvent, parce qu'il y a beaucoup d'idées reçues sur cette façon de vivre.

S'informer

D'abord, contrairement aux idées reçues, la chasteté, ce n'est pas le refus de la sexualité. Beaucoup de personnes imaginent qu'être chaste, c'est refuser de faire l'amour, d'embrasser quelqu'un ou même de montrer 1 cm^2 de genou, tout simplement parce que l'on est coincée, qu'on a peur des autres ou que l'on trouve la sexualité dégoûtante ou honteuse.

On n'est pas des moines !

Pire encore, ils imaginent que la chasteté est une punition infligée aux vieilles filles trop laides pour être aimées ou un choix bizarre réservé aux moines enfermés dans leurs monastères. Pas étonnant si ce mot vous fait sourire ou vous exaspère !

Une façon de voir la vie

Pourtant, ce n'est pas du tout cela. La chasteté est un état d'esprit, une façon de vivre dans le respect de soi-même et des autres, dans tous les domaines de la vie, et en particulier celui de la sexualité. Cela ne veut pas forcément dire s'abstenir de toute activité ou relation sexuelles !

D'accord, mais concrètement ?

Concrètement, cela veut dire qu'on ne considère pas son corps comme un objet ou un instrument ou celui de l'autre comme une chose ou une propriété. Cela veut dire qu'on ne recherche pas son seul plaisir, mais qu'on fait attention à l'autre et à son épanouissement. Cela veut dire aussi qu'on ne considère pas le corps comme un objet encombrant, sale ou un peu honteux, qu'il faut traiter avec mépris ! Enfin, cela implique qu'on n'ait pas peur de l'autre sexe : ne pas considérer les garçons comme des êtres un peu dangereux qu'il vaut mieux éviter, mais apprécier leur compagnie parce qu'ils ont plein de choses à apporter aux filles et que les filles aussi ont beaucoup à leur donner.

Quel programme !

Dans sa façon de s'habiller, de se tenir, de parler avec les autres, de vivre sa sexualité, une fille chaste a le souci de se respecter elle-même et surtout de faire attention aux personnes qu'elle rencontre : ça veut dire qu'elle respecte leur cheminement et surtout qu'elle ne cherche pas à avoir tout, tout de suite !

Un programme ambitieux

C'est sans doute un peu impressionnant de découvrir combien la chasteté peut être quelque chose d'exigeant... Ça l'est pour tout le monde, pas seulement pour celui ou celle qui commence sa vie sexuelle ! En fait, c'est même un projet pour la vie, un projet qui ressemble fort à l'amour : s'aimer et aimer les autres.

Info +

Et les baisers ?

Il y a les baisers « trophée de chasse », les baisers « pari de salle de permanence »... vous savez bien que ces baisers-là n'ont rien à voir avec ceux des amoureux, qui sont de vrais gestes d'amour. Vous savez bien, au fond de vous, ceux qui sont chastes et ceux qui ne le sont pas...

Comprendre

La chasteté, c'est tout le contraire de ce qu'on voit tous les jours dans nos sociétés qui se vantent d'être « libérées ». C'est le contraire de toutes les publicités qui font du corps de la femme (et de celui de l'homme, de plus en plus) un objet de consommation exposé aux regards de tous.

Après la « libération sexuelle »...

La chasteté, c'est le contraire de ce qu'on a appelé le « mouvement de libération sexuelle » qui a laissé croire que non seulement tout est permis mais surtout que tout est normal, que toute expérience est profitable et que, dès l'instant où on y trouve du plaisir, tout est bien. Au point que beaucoup ont cru que la véritable liberté, le véritable bonheur, c'était d'avoir des relations sexuelles très jeune, d'avoir une multitude de partenaires ou de faire l'amour chaque fois qu'on en avait envie, uniquement pour se faire plaisir.

... la vraie liberté !

Aujourd'hui, on commence à se rendre compte que ces comportements peuvent faire plus de mal que de bien et que la liberté, ce n'est pas du tout cela. Croire que tous ses désirs, tous ses fantasmes doivent être assouvis, c'est en devenir esclave. Pour être vraiment libre, il faut pouvoir être capable de maîtriser ses désirs, quand on sent que cela va contre son bonheur ou celui des autres.

Comment faire ?

Par exemple, ne pas commencer trop tôt à avoir des relations sexuelles, même si on est curieuse de savoir comment cela se passe ou qu'on en a envie, et attendre de vivre une véritable relation d'amour. En un mot, être chaste, c'est mettre la relation avant le sexe, c'est mettre l'amour d'une personne avant le plaisir, et ça, c'est vrai dans toutes les circonstances de la vie.

Info +

Chaste dans sa tête

La chasteté, ce n'est pas seulement respecter son corps et celui de l'autre. C'est aussi respecter son cœur, son esprit... Ne pas raconter à tort et à travers ses moindres états d'âme, sans pudeur. Accepter de ne pas tout savoir de l'autre : il y a toujours une part de mystère à laquelle on n'a pas accès et c'est ce qui rend si beau l'amour ou l'amitié !

Voir aussi Caresse, Plaisir, Pornographie, Sexe, Sortir avec.

Conseils

• Il y a des livres, des journaux, des films qui donnent une image fausse et dégradante de la sexualité de l'homme et de la femme. Être chaste, c'est refuser de consommer ce genre de produit parce qu'on croit que l'être humain vaut mieux que ça.

• Être chaste, c'est décider de ne pas faire l'amour si c'est juste pour faire plaisir à son copain ou pour faire une expérience.

• Être chaste, c'est aussi ne pas jouer avec le désir des autres par une attitude ou une apparence provocante.

33 • CHEVEUX

Ne vous arrachez pas les cheveux !

S'informer

Bouclés ou raides, fins ou épais, gras ou secs, mous ou drus… Il y a toutes sortes de cheveux. Mais ils ont tous la même nature : ils sont faits, comme les ongles, d'une protéine appelée kératine. Quant à leur couleur, elle dépend de quelques grains de mélanine. Il y a deux sortes de mélanine dans toutes les chevelures : selon leurs proportions, ça donne toutes les nuances de brun, de blond ou de roux.

Du fil à retordre

Parure naturelle, oui… Mais parure tracassante, avec ses défauts trop visibles. Entre les pellicules, les pointes fourchues, les cheveux gras, cassants ou ternes, il y a parfois de quoi regretter le temps où l'on portait des perruques !

Hécatombe sur la brosse

Sans parler du spectre de la calvitie. Ces poignées de cheveux victimes de la brosse jour après jour, c'est atterrant ! Rassurez-vous : c'est normal que 50 à 100 cheveux restent chaque jour sur le tapis. Ça fait partie du cycle des cheveux : ceux qui tombent sont remplacés. Il y a des moments où la chute s'accentue. Une femme perd des cheveux en période de modifications hormonales : puberté, grossesse, ménopause. Et puis, il y a les chutes saisonnières. Vos cheveux tombent davantage en automne ? C'est normal. Au printemps et en été, le soleil stimule la sécrétion des hormones qui font pousser les cheveux. Aux premiers froids, vous avez la même réaction que les arbres… sans vous dégarnir autant qu'eux !

Info +

Le cheveu en chiffres

- Une chevelure moyenne contient 120 000 cheveux.
- Un cheveu pousse de 1,5 cm par mois.
- Une personne produit 16 km de cheveux par an.
- Un cheveu mouillé peut s'allonger de 50 %.
- 15,2 % des femmes sont blond clair… dont 5,8 % naturellement.
- 58 % d'entre elles se colorent les cheveux (contre 2 % des hommes).

Comprendre

« J'ai des cheveux affreux. » Vous pensez ? Pourtant, vous êtes outrée quand votre meilleure amie dit la même chose ! Vous enviez justement ses cheveux souples, éclatants, faciles à coiffer. Elle a trop de chance… et elle ose se plaindre !

Jamais satisfaite !

On est rarement contente de ses cheveux. Sont-ils raides, on les voudrait bouclés. Bruns, on rêve d'être blonde. Il faut apprendre à faire avec ceux que vous avez ! Ça ne veut pas dire que vous devez vous résigner s'ils ont des défauts particuliers. Tous les coiffeurs vous le diront : il n'y a pas de problème, il n'y a que des solutions. Les cheveux, c'est comme le reste du corps. Pour être beaux, ils n'attendent qu'un effort de votre part. Il faut bien les traiter, et tirer parti de leur nature pour les mettre en valeur.

Ne les affamez pas !

Le traitement commence à table ! Quand on a des cheveux maladifs ou des ongles qui se portent mal, avant de courir à la pharmacie, il faut d'abord réviser ses menus. Certaines filles font des régimes à tort et à travers. Leurs cheveux sont les premiers à en faire les frais.

L'âge où ils souffrent
Vous mangez équilibré, et malgré tout vos cheveux sont fatigués ? Procurez-vous des produits fortifiants. Mais sachez que, malheureusement, vous n'êtes pas à l'âge idéal pour vos cheveux. Transformations hormonales qui provoquent leur chute, excès de sébum qui les rendent gras… Là aussi, les coiffeurs le disent : les cheveux d'une adolescente ne sont pas encore ses cheveux de femme. Alors, patience !

○ Bon plan

Les aliments qu'aiment vos cheveux
- Protéines, soufre, zinc, fer, vitamines B : voilà ce dont les cheveux ont besoin. Deux aliments les contiennent tous à la fois : les lentilles et les œufs.
- Sinon, vous les trouverez dans les poissons, viandes, laitages, céréales, fruits et légumes, etc. : bref, dans tout ce qui compose un menu équilibré.

○ Conseils

Les secrets d'un shampoing réussi
D'abord, choisir un bon shampoing adapté à sa nature de cheveux. Attention aux idées reçues : ce n'est parce que vous avez les cheveux ternes qu'ils sont forcément gras ! Pour savoir, demandez à un coiffeur : il faut lui montrer ses cheveux au moins 2 jours après un shampoing, sinon il ne peut rien voir ! Ils sont effectivement gras ? Utilisez un shampoing qui absorbe l'excès de sébum (shampoing à l'argile, en particulier). Secs ? Misez sur une crème nourrissante, un concentré en vitamines et lipides. Fins ? Optez pour des produits à base de protéines de blé et d'avoine pour les rendre plus épais. Des pellicules ? Utilisez un shampoing antipelliculaire doux qui assainit le cuir chevelu. Enfin, faites un bon rinçage (il faut sentir ses cheveux crisser sous les doigts) : mal rincés, les cheveux sont toujours ternes.

Voir aussi Coiffure.

Vrai/Faux

Les cheveux poussent indéfiniment.
Faux. Un cheveu pousse de 1 à 1,5 cm par mois mais a une durée de vie limitée. C'est pour cela que vos cheveux dépassent rarement une certaine longueur, malgré vos efforts !

La calvitie, c'est un problème d'homme.
Vrai. La perte de cheveux est due à l'action d'hormones mâles, les androgènes, sur les follicules pileux. Or les œstrogènes, hormones femelles très nombreuses chez la femme, combattent l'effet des androgènes.

Les cheveux, c'est fragile.
Faux. Un cheveu peut supporter un poids de 100 g. Théoriquement, une chevelure moyenne pourrait porter 12 t ! Mais le cuir chevelu aurait du mal à résister…

Un shampoing quotidien abîme et graisse les cheveux.
Faux. Il vaut mieux laver ses cheveux tous les jours avec un shampoing très doux plutôt que de laisser son cuir chevelu étouffer sous l'excès de sébum.

34 • CHOCOLAT

Ne résistez pas !

S'informer

Le chocolat provient du fruit du cacaoyer, qu'on broie pour obtenir une pâte.
Il existe différentes variétés selon les pays producteurs (Brésil, Venezuela, Côte d'Ivoire, Madagascar…). Chacune a un goût particulier, amer ou suave, doux ou épicé, que les connaisseurs savent reconnaître.

J'adore, mais ma ligne…
Le chocolat fait notre bonheur… et notre désespoir ! On adore ça, mais la balance un peu moins. Surtout si on est du genre à ne jamais caler avant la fin de la tablette ! Pourtant le chocolat n'a pas que des défauts, au contraire. C'est un aliment très énergétique (environ 550 calories pour 100 g), mais sa richesse en magnésium (295 mg pour 100 g) en fait une arme anti-fatigue. Il contient de la phényléthylamine, qui a un effet euphorisant et relaxant (à fortes doses !). Enfin, la théobromine est un formidable dopant spécial révisions. Ces qualités valent surtout pour le chocolat noir… le seul d'ailleurs que les vrais amateurs apprécient !

Et ses défauts ?
Mais non, le chocolat n'est pas responsable de l'acné, même si celles qui sont concernées par le problème font bien de ne pas en abuser ! Il peut, très rarement, provoquer des allergies… mais plus souvent des indigestions !

Comprendre

Le chocolat est une affaire de filles, rares sont celles qui ne l'aiment pas. Des scrupules vis-à-vis de ce péché mignon ? C'est le meilleur remède contre le stress ou la déprime, la meilleure source d'énergie : cessez de culpabiliser ! Mais il est vrai qu'il n'arrange pas les problèmes de poids. Alors, il faut composer. Un chagrin, un coup de stress de force 8 ? n'hésitez pas à engloutir une tablette. En essayant de vous contenter d'un carré de chocolat noir les jours de beau temps et de bonne humeur !

Info +

Pour les fans du chocolat
Tous les ans à la Toussaint se tient à Paris un Salon du Chocolat !

Bon plan

Le fondant au chocolat

*270 g de chocolat,
200 g de sucre, 200 g de beurre mou, 120 g de farine,
120 g de poudre d'amandes,
2 pincées de sel,
2 cuillerées à café de levure.*

- *Allumer le four sur « 5 ». Beurrer le moule et verser un peu de farine sur le fond et les parois.*
- *Faire fondre le chocolat. Battre les œufs entiers avec le sucre. Ajouter le beurre au chocolat chaud.*
- *Mélanger ensemble la farine, la poudre d'amandes, le sel et la levure, et ajouter aux œufs en mélangeant bien.*
- *Verser le tout dans le moule et mettre environ 30 min au four sans ouvrir.*
- *Sortir du four et faire refroidir avant de démouler. Il faudra sans doute plusieurs essais avant d'obtenir le fondant parfait, car la durée de cuisson dépend du four. Pour tester la cuisson, enfoncez la pointe d'un couteau dans le gâteau en train de cuire : elle doit ressortir recouverte de chocolat moelleux. Liquide, c'est trop tôt ; sec, c'est trop tard !*

35 • CHOIX

C'est mon choix !

Définition

Choisir. Opter. Préférer. Élire. Privilégier. Trancher. Prendre parti. Décider. Refuser. Rejeter. Désavouer. Renier. S'opposer. En un mot… ça ne vous est pas égal !

S'informer

Il y a toute une gamme de choix, des plus légers aux plus graves, des choix quotidiens aux choix exceptionnels. Quand vous étalez votre garde-robe sur le lit et que, décidément, vous ne savez pas quoi mettre aujourd'hui, vous êtes en face d'un choix important certes, mais non crucial. Votre décision n'engage que quelques heures de votre existence ! C'est une autre paire de manches lorsqu'il faut choisir une orientation et déterminer ainsi votre avenir.

Des choix éprouvants

À l'extrémité de la gamme, il y a les choix qu'on appelle les « cas de conscience », les plus difficiles, parce que leurs conséquences touchent d'autres personnes que soi-même. Décider si l'on doit dénoncer des amis qui consomment voire trafiquent de la drogue, par exemple. D'un côté, la fidélité à ses amis, la peur de leur attirer une sanction, la révolte devant la délation. De l'autre… l'amitié, la conviction d'agir pour leur bien en rompant le silence, la révolte devant la drogue et ses ravages.

Le cœur écartelé

Le grand problème des cas de conscience, c'est qu'on choisit rarement entre le bien et le mal : ce serait facile. Le bien et le mal sont mélangés, ils sont des deux côtés à la fois. C'est ce qui fait que l'on choisit parfois la mort dans l'âme. On peut même avoir besoin d'aide pour sortir du dilemme.

Complexe !

Un choix important doit tenir compte de beaucoup de choses : de la réalité, de nos capacités, de notre manière de voir la vie et l'avenir. Dans tous les cas, un « bon » choix demande un grand respect des autres et de soi-même. Il vaut mieux aussi avoir le sens des responsabilités, et parfois une bonne dose de courage et de volonté ! Bref, c'est exigeant. Mais heureusement qu'on peut faire des choix : ça prouve qu'on est libre, libre de prendre des décisions sans se les voir imposer.

Comprendre

Se décider, c'est renoncer à quelque chose. Il y a ce qu'on choisit… et ce qu'on élimine ! Or l'idée de se fermer des portes, de se restreindre, ne sourit à personne.

Choisir, ça libère

Et pourtant, vous aimez choisir. Pourquoi ? Parce que ça rend libre. À petite échelle, une fois que vous vous êtes décidée entre votre pull vert et votre pull beige, ça vous libère l'esprit : vous n'avez plus à y penser de la journée. À grande échelle, lorsque vous avez choisi une orientation scolaire, ça vous permet d'avancer dans vos études, de vous donner à fond, débarrassée des matières que vous n'aimiez pas trop. Vous y voyez plus clair.

Direction ?

Lorsque vous faites un grand choix, c'est comme si vous étiez à un carrefour entre plusieurs allées. Vous vous engagez dans celui des chemins qui vous paraît le plus beau. Et c'est ça, l'aventure, la vraie vie. À faire du surplace au carrefour, vous vous lasseriez vite du paysage !

Il n'y a pas qu'un seul carrefour !

Ce chemin n'était pas le meilleur ? Pas de panique : au prochain carrefour, vous bifurquerez pour orienter votre vie différemment. Un choix ne vous enferme jamais dans une voie étroite entre deux hauts murs : il vous ouvre l'avenir et toutes ses possibilités.

Rebondir, c'est s'enrichir

Par exemple, vous avez peut-être peur de devoir un jour choisir vos études. Peur d'être indécise ou mal renseignée, d'opter pour une formation qui ne vous plairait pas ? Interrogez les nombreuses personnes qui ont suivi successivement des études différentes ! Toutes vous diront que leurs changements d'orientation ont été bénéfiques, parce qu'ils se complétaient et s'enrichissaient.

Et LE choix sans retour ?

Bien sûr, il y a les choix qu'on fait une fois pour toutes, et qui, du coup, peuvent paraître redoutables. L'idée de choisir un garçon un jour et de lui dire : « Je veux passer toute ma vie avec toi », ça vous donne peut-être un vertige à vous couper le souffle ! Vous pensez à tous les autres garçons auxquels vous renoncerez pour toujours.

Comme des plumes sur une balance

Sauf que, le jour venu, vous ne penserez plus dans ces termes. Quand on aime quelqu'un au point de s'engager pour la vie, on ne perd rien parce que, de toute façon, les autres ne nous intéressent plus. Ce jour-là, vous pourrez mettre tous les garçons du monde sur un plateau de balance et l'« élu » sur l'autre plateau : tous contre un, ils ne feront pas le poids !

Un temps pour ne pas choisir

Cela dit, il y a des domaines où il vaut mieux ne pas choisir trop tôt : l'amour en est un. On n'est pas obligée de se jeter dans les bras d'un garçon à 15 ans. On peut choisir… d'attendre, parce qu'il y a un temps pour se préparer aux grandes décisions. Ne pas respecter ce temps, c'est s'exposer à des catastrophes. C'est s'enfermer au lieu de se libérer. Les gens aiment dire que les orientations professionnelles arrivent trop tôt, à un moment où l'on n'a pas encore les moyens de faire le bon choix. Mais croyez-vous qu'il est plus facile de choisir le grand amour de sa vie à 15 ans que de choisir un métier ?

Savoir-vivre

Ne choisissez pas à la place des autres !

- Gardez en tête la règle n° 1 : chacun doit être libre de choisir pour lui-même.
- Une amie vous demande votre avis sur une décision à prendre ? Vous pouvez la conseiller, mais non choisir à sa place, même si vous avez une opinion très claire.

Voir aussi Amour, Bonheur, Courage, Liberté, Patience, Responsabilité;

Bon plan

Non au « Ça m'est égal »

Refusez d'employer cette expression commode. Jean bleu ou brun ? Jus d'orange ou jus de pomme ? Soirée chez Maud ou Florence ? Variété française ou jazz ? Entraînez-vous à répondre du tac au tac aux petites questions qu'on vous pose. Même et surtout quand ça vous est vraiment égal : faites travailler votre rapidité de jugement !

36 • CINÉMA

On s'fait une toile ?

Définition

« Cinéma », c'est le raccourci de « cinématographe ». Au début, le mot désignait l'appareil servant à projeter un film, à « écrire le mouvement » (en grec, *kinêma* signifie « mouvement » et *graphein* « écrire »). Par extension, cette abréviation célèbre désigne la salle de projection, mais aussi l'art du cinéma.

S'informer

Le cinéma, c'est sans doute l'une des premières sorties que les parents vous ont autorisée à faire seule. Vous y allez en général avec votre groupe d'amis. Le plus difficile, c'est toujours de se mettre d'accord sur le film ! C'est peut-être aussi la première sortie en tête-à-tête qu'il vous proposera. C'est là que, dans le noir, il osera peut-être vous embrasser pour la première fois. Aller au ciné avec son amoureux, ce n'est pas uniquement pour voir le film. Mais bien sûr, ce n'est pas le seul intérêt du cinéma !

Accro du 7e art

Si on se passionne pour le cinéma, on est « cinéphile ». On ne se contente pas des derniers films sortis ; on va voir les anciens, ceux qui ont fait l'histoire du cinéma. Elle n'est pas très longue, d'ailleurs, cette histoire. C'est seulement en 1895 que deux Lyonnais, les frères Lumière, ont mis au point leur premier film et déposé le brevet du cinématographe. C'était du cinéma muet. Il a fallu attendre 1926 pour le premier film sonore, et 1928 pour le premier film totalement parlant.

Que la couleur soit !

Ensuite, il y a eu la couleur : le premier film français tourné entièrement en couleurs (*Le Mariage de Ramuntchko*) date de 1946. Les innovations techniques ne s'arrêtent pas là. Le premier film à avoir utilisé le son Dolby, vous le connaissez peut-être ? C'est *Orange mécanique* de Stanley Kubrick. On dit que c'est un « film culte », c'est-à-dire un film qui a suscité l'enthousiasme de toute une génération.

Ceux qui font vibrer les cœurs

Certains grands classiques sont éternels : *La Ruée vers l'or* de Chaplin, *Autant en emporte le vent*, ou *Casablanca*. Vos grands-mères ont adoré *Les 400 Coups* de Truffaut ou *Pierrot le fou* de Godard ; vos mères étaient sous le charme des films de Woody Allen (*Manhattan*) ou de Claude Sautet (*Les Choses de la vie*). *Le Cercle des poètes disparus*, *Le Grand bleu*, *La Guerre des étoiles* ou *Alien* ont fait craquer vos grandes sœurs. Quel sera votre film culte ? *Titanic*, *Les Visiteurs*, *Jurassic Park*, *Le Fabuleux Destin d'Amélie Poulain* ou *Le Journal de Bridget Jones* ?

Info +

Pourquoi le « 7e art » ?

Traditionnellement, on dénombrait six « beaux-arts », classés en deux ensembles : arts plastiques (architecture, peinture, sculpture) et arts rythmiques (musique, danse, poésie). Le cinéma n'entrait dans aucune de ces catégories ; pourtant, il méritait bien d'être ajouté à la liste ! On l'a donc baptisé « 7e art ».

Comprendre

Le cinéma, ça nous prend tout entier. On rit, on pleure, on frissonne, la musique nous transporte ; surtout, on y croit. On bascule dans l'histoire. Bien sûr, à partir d'un certain âge, on ne fait plus comme les enfants, qui crient pour prévenir le héros que son ennemi arrive ! Mais c'est tout comme, on vibre, c'est magique. Rien à voir avec la télé et son petit écran, qu'on peut regarder du coin de l'œil en grignotant.

Complètement ailleurs !

Il suffit d'examiner les gens à la sortie d'une salle de cinéma. Ils ont les yeux rouges d'avoir pleuré, ou au contraire le sourire aux lèvres si le film était drôle, mais dans tous les cas ils ont du mal à reprendre pied dans la réalité. Comme s'ils revenaient d'un long voyage, d'une autre planète.

Ces stars qui nous envoûtent

Et puis il y a tous ces acteurs qui font rêver, dont on est un peu amoureuse… parfois beaucoup ! Ils sont beaux, jeunes, célèbres et tellement « craquants ». Les femmes aussi sont impressionnantes. On voudrait leur ressembler, être aussi belle, aussi parfaite. On les imagine heureuses, et on envie la chance qu'elles ont de faire du cinéma.

L'amour hors d'atteinte ?

Mais le cinéma n'est pas la réalité. L'amour, le vrai, celui qu'on ne vit pas devant les caméras ni sous les projecteurs, n'est pas toujours un rêve. Il demande des efforts. Il n'est pas réservé non plus, heureusement, aux canons de beauté. Tout le monde peut le vivre ; et s'il est souvent moins mélodramatique, plus « ordinaire », il reste toujours une aventure incroyable !

Sentiments déchaînés, danger ?

Le cinéma aime nous montrer des choses très violentes. Est-il vrai qu'il peut inciter à des actes de violence ceux qui sont fragiles, influençables ou mal dans leur peau ? C'est un débat, tout le monde n'est pas d'accord

Savoir-vivre

Le plaisir de regarder un film ensemble suppose d'observer quelques règles élémentaires :

- Ne pas donner sans cesse des coups de pied dans le dossier devant soi.
- Ne pas jeter son cornet de pop corn par terre.
- Ne pas bavarder pendant le film.
- Éteindre son portable.
- Rester discrète dans ses effusions avec son amoureux.
- Ignorer pudiquement celles de sa copine.

Voir aussi Amour, Fan, Héros, Rêve.

sur la réponse. Mais quelle que soit l'opinion de chacun à ce sujet, on peut s'interroger sur l'intérêt de certains films qui se complaisent dans la violence.

Bons plans

Le métier vous tente ?
Il existe des écoles qui préparent aux divers métiers du cinéma. Attention : il y a beaucoup d'appelés, et peu d'élus !

- Envie d'être comédienne ? De nombreux cours préparent au prestigieux Conservatoire national supérieur d'art dramatique : renseignez-vous dans votre ville (en allant voir la mairie ou les théâtres).
- Envie de passer derrière la caméra ? Il existe une École supérieure d'études cinématographiques, à Paris… mais aussi une multitude d'excellentes écoles, en province ou à l'étranger. Renseignez-vous sur Internet ou au CIO de votre école pour avoir une liste exhaustive des formations aux différents métiers du cinéma.

Bon plan

Spécial soirée ciné entre amis

Impératif : choisissez le film avant de vous retrouver, sinon vous risquez de ne pas vous mettre d'accord, de rater toutes les séances et de passer une soirée très déprimante ! Demandez à chacun de choisir 2 films, de se renseigner sur la salle qui les diffuse et sur les horaires, puis entendez-vous. Enfin, certaines salles proposent des cartes utilisables à plusieurs : c'est idéal pour bénéficier d'un tarif réduit, même le samedi soir !

Coup de blues ? Vite, chez le coiffeur !

S'informer

Il y a des jours où, quand vous vous regardez dans la glace, vous avez envie de retourner vous coucher ? Rassurez-vous, toutes les filles sont comme ça, et ça ne change pas avec l'âge ! Ce qui change quand on vieillit, c'est qu'on trouve plus facilement les moyens de remédier à ces petits coups de blues. Un des remèdes miracles, c'est le petit tour chez le coiffeur qui est là pour vous faire belle, mais aussi vous dorloter en vous racontant plein d'histoires complètement futiles : de quoi vous remonter le moral en deux temps trois mouvements !

Une nouvelle tête, oui mais comment ?

Mais pour que ça marche, il faut bien réfléchir à ce que vous voulez et au type de coiffure qui vous ira le mieux. Vous avez les cheveux très raides ou très frisés ? On peut friser les cheveux raides, mais à la longue ça les casse et ça les abîme. Quant à défriser ses boucles, c'est rarement réussi et en plus les frisettes reviennent en courant avec la pluie. Mieux vaut chercher une coiffure qui tienne compte de la nature de vos cheveux et de la forme de votre visage.

La géométrie appliquée aux cheveux !

Vous avez un visage ovale ou triangulaire ? Petite veinarde : vous pouvez pratiquement tout vous permettre.
Un visage rond ? Surtout, pas de coupe trop courte sous peine de ressembler à… une boule ! Optez pour un carré qui allonge ou une frange raide. Les visages longs sont desservis par les cheveux longs et raides : préférez une coupe courte et dynamique. Adoucissez un visage carré par une frange légère et une coupe dégradée.

Teintures : la fête des couleurs…

Votre coupe vous convient mais vous avez besoin de changement ? Vous pouvez essayer de mettre un peu de couleurs dans tout ça. Mais prudence ! Une coloration abîme les cheveux et puis, certaines couleurs sont franchement vulgaires ! Préférez des shampoings qui donnent juste des reflets et s'atténuent au bout de quelques semaines. Ces produits sont sans danger pour les cheveux. Pour devenir blonde ou rousse quand on est châtaine ou brune, il faut une vraie couleur avec ammoniaque et produits oxydants qui assèchent le cheveu. Le résultat est permanent. Pour l'éliminer, il faut attendre que les cheveux repoussent, et qu'on puisse les couper. Mieux vaut donc y réfléchir à deux fois, avant d'être obligée de porter un foulard pendant deux mois parce que le blond platine vous donne un air de Marilyn de supermarché !

Bon plan

Coiffure d'un soir

Pour un soir, vous pouvez maquiller vos cheveux sans risque : il existe toutes sortes de produits en spray qui permettent de colorer des mèches, de poser des paillettes ou des gels pour se sculpter une coiffure. Un shampoing suffit pour les enlever.

Comprendre

Le plus joli des visages est gâté par des cheveux ternes, cassants, mal coupés, ou tirés en arrière sans grâce et attachés avec un élastique. Mais souvent, on ne sait pas trop quoi faire de ses cheveux. Vous avez peut-être depuis longtemps les cheveux longs : ce n'est pas facile de renoncer à sa chevelure de petite fille. Ou au contraire, parce que votre mère vous a coiffé à la garçonne depuis votre plus tendre enfance, vous rêvez de longs cheveux lisses, mais c'est difficile aussi : il faut attendre que cela pousse et supporter d'avoir une tête d'épouvantail pendant 2 ou 3 mois !

Jolie aussi, mais autrement !

Quoi qu'il en soit, maintenant, vous êtes assez grande pour choisir votre coiffure. À vous de vous prendre en main ! Vous pouvez feuilleter des magazines pour vous donner des idées mais il ne faut pas trop rêver : vous n'aurez jamais exactement la même tête que le mannequin dont la coiffure vous plaît. Parce que vous n'avez pas le même visage, la même façon de vous tenir, et parce que vous n'aurez pas forcément le temps, l'envie et le coup de main pour vous faire un brushing tous les matins !

À votre avis, qu'est-ce qu'il me faut ?

Si vous ne savez pas trop quoi choisir, demandez à un coiffeur qui saura vous conseiller en fonction de votre visage, de votre type de cheveux, de votre habileté à vous coiffer et de votre mode de vie : si vous êtes une grande sportive, une nageuse par exemple, mieux vaut choisir une coiffure qui vous permettra d'être impeccable même en piquant une tête dans la piscine trois fois par semaine.

Ne vous arrachez pas les cheveux !

Enfin, peut-être faudra-t-il deux ou trois essais avant de trouver votre bonheur. La coupe que vous aurez choisie ne sera pas forcément celle qui vous conviendra le mieux. Pas de panique : les cheveux, ça repousse ! Acceptez aussi les difficultés liées à votre âge : vos cheveux sont en train de changer et la permanente dont vous rêviez peut devenir un raté magistral. Ne désespérez pas ! Ne prenez pas le coiffeur en grippe, ni vos cheveux en horreur. Attendez la fin des transformations physiques qui vous font encore le cheveu triste et prenez un nouveau rendez-vous chez le coiffeur. Succès garanti !

Bons plans

Trouver le coiffeur de ses rêves

- Ne changez pas tout le temps de coiffeur : comment voulez-vous qu'il vous connaisse du premier coup ?
- Forcez-vous à lui dire ce que vous n'aimez pas, plutôt que d'opiner du chef en n'en pensant pas moins. Vous avez le droit d'avoir des idées qui ne sont pas les siennes, quitte à être un peu ferme au début.
- Optez quand vous le pouvez pour les chaînes de coiffeurs, pas très chères. Leur clientèle est plus jeune, donc leurs coupes plus modernes ! Mais demandez à avoir toujours le même coiffeur.
- Entretenez de bonnes relations avec lui : écoutez-le avec délice vous raconter tout et n'importe quoi, riez avec lui, vous avez bien le droit de vous laisser aller à la futilité de temps à autre !

Et puis, un bon coiffeur, c'est aussi quelqu'un qui prend plaisir à vous coiffer… parce que vous êtes une cliente sympathique.

Voir aussi Cheveux.

Quand la moutarde vous monte au nez

Définition

La colère, c'est une émotion violente qui nous fait sortir de nous-même parce qu'on se sent soudain agressée, offensée ou frustrée. Dans ce cas, plus de conduite ni de mots rationnels : c'est le corps qui parle et qui nous entraîne, parfois bien malgré nous, à des paroles et même à des gestes violents.

S'informer

La colère ne met personne à son avantage. Que l'on soit rouge et vociférante ou blême et la voix cassante, que l'on explose en mouvements violents et incontrôlés ou que l'on soit au contraire d'un calme effrayant de froideur, on est rarement très séduisante !

J'explose !

Quand la moutarde nous monte au nez, c'est tout notre corps qui parle : le cœur se met à battre plus vite, la bouche devient sèche, on vire au rouge ou au blanc. C'est le fameux « coup de sang » : les vaisseaux sanguins se dilatent ou se contractent. Quand le sang afflue, on le sent bouillonner dans nos tempes et on prend une belle couleur tomate. Quand il reflue, on est d'une blancheur cadavérique.

Indice 9 sur l'échelle de Richter

Et ce n'est pas tout ! La colère s'accompagne aussi d'une hypertonicité musculaire : tremblements, mouvements violents et incontrôlés. Derrière ces réactions visibles, il y en a d'autres, hormonales et chimiques, en particulier la sécrétion d'adrénaline qui peut même provoquer des troubles gastriques et digestifs (le fameux mal de ventre après que l'on s'est mis dans tous ses états).

Toutes sortes de tempêtes

Les petits enfants « explosent » en hurlements, en gesticulations désordonnées. L'adulte, lui, a plus ou moins intégré certains codes sociaux : il essaie de se maîtriser ! Comment ? Tout dépend de son caractère. Il peut faire une colère « froide », sans cris, en canalisant toute son émotion dans la violence des mots ou des décisions. Ou encore une colère « rentrée », en manifestant sa froideur par le silence, ce qui lui permet de sauver la face, de ne pas perdre le contrôle de lui-même au vu et au su de tous. D'autres, au contraire, auront bien du mal à se maîtriser. Comme de petits enfants, ils deviendront rouges et s'en prendront physiquement aux objets, voire aux personnes.

Coléreux et flegmatiques

Il y a des caractères plus ou moins coléreux. Cela dépend de la nature et de l'histoire personnelle de chacun. Les gens qui ont vécu dans leur enfance des situations engendrant l'anxiété, par exemple, ont plus de risque que d'autres d'être coléreux. La colère, c'est aussi une question de culture, même s'il ne faut pas généraliser. On ne se met pas en colère de la même façon dans toutes les sociétés : les Anglais sont connus pour leur flegme, les Méditerranéens pour leur exubérance.

Comprendre

Coléreux ou pas, on a tous des moments de crise où on entre dans une colère noire. On a tous des raisons pour ça ; pourtant, on ne passe pas à l'acte à chaque fois. Un jour on prend les choses avec calme, un autre jour on explose, sans savoir pourquoi on réagit si différemment d'une fois à l'autre.

Sans crier gare

Le problème, c'est que la colère n'est pas rationnelle ! Elle saisit par surprise, sans laisser le temps ni les moyens de réfléchir. On se sent attaquée, blessée, incapable de satisfaire un désir, un projet auquel on tenait ; la tension monte, on ne réfléchit plus. Souvent, d'ailleurs, lorsque l'émotion retombe, on s'aperçoit qu'on aurait pu éviter cette colère, que le problème pouvait se résoudre autrement.

Le temps de la révolte

En ce moment, vous avez peut-être souvent envie de vous mettre en colère : contre ceux qui vous jugent sans même chercher à vous comprendre, contre vous-même quand vous ne vous trouvez pas à la hauteur, contre un monde plein d'hypocrisie et de compromissions.

Ce sont toutes de bonnes colères, qui peuvent vous stimuler pour devenir quelqu'un de bien. Mais il y en a de moins belles, quand vous vous en prenez à ceux qui ne le méritent pas, ou que vous devenez blessante.

Comprendre pour contrôler

La colère fait souvent appel à des sentiments inconscients, réveillés par une situation de crise : orgueil, peur de ne pas être respectée ou aimée, peur d'être trahie, sentiment d'injustice, d'impuissance aussi. On ne se sent pas le pouvoir de changer les choses, de franchir l'obstacle qui s'oppose à son désir ; et la colère devient une espèce de fuite devant cette incapacité à adopter la conduite appropriée. On ne maîtrise plus rien, et on ne se maîtrise plus soi-même.

De quel bois je me chauffe ?

Mais la colère n'est pas toujours un échec. Devant de graves injustice, il y a des colères légitimes qui donnent le courage de changer les choses.

Il est aussi parfois nécessaire de « piquer un coup de gueule » pour se faire respecter, montrer qu'on ne se laissera pas marcher sur les pieds. Il faut un juste milieu dans l'art de se mettre ou pas en colère !

Savoir-vivre

- Évitez absolument les paroles blessantes ou injustes, les attaques personnelles : sous le coup de la colère, on dit parfois des choses atroces qu'on ne pense pas et sur lesquelles il est très difficile de revenir.
- Il y a des lieux ou des circonstances où on se défend d'exprimer sa colère contre quelqu'un : enterrement, mariage, église, repas de famille pour l'anniversaire de sa grand-mère, etc.
- Enfin, après une colère, il faut savoir se calmer… et demander pardon.

Voir aussi Patience, Zen.

Conseil

Pour calmer une colère

Votre interlocuteur s'est mis à crier, coupant court à toute discussion ? Si c'est possible, essayez de le faire revenir au calme en baissant peu à peu la voix au fur et à mesure de vos réponses.

J'suis trop moche !

Définition

On dit qu'on a des complexes quand on n'est pas satisfaite de ce qu'on est, de sa personnalité ou de son physique.

S'informer

Il y a celles qui sont complexées parce qu'elles ont un grand nez, pas assez ou trop de poitrine, parce qu'elles se trouvent trop grosses ou trop maigres. Il y a aussi celles qui se croient moins intelligentes que leurs copines, moins drôles, moins séduisantes. On appelle ça des complexes d'infériorité, parce qu'ils conduisent à se trouver toujours moins bien que les autres. Certaines ont le défaut inverse et jugent que toutes leurs copines (sauf une ou deux amies peut-être) sont nulles, ou en tout cas moins bien qu'elles. Ça s'appelle un complexe de supériorité, et ce n'est pas forcément plus facile à vivre.

Ils ne voient que ça !

Il y a beaucoup de degrés dans les complexes. Une fille peut être consciente d'avoir des petits défauts, s'en plaindre parfois, sans que ça l'empêche de vivre, d'être spontanée et naturelle.

À défauts égaux, une autre réagira beaucoup plus mal. Un passant dont le regard s'attarde sur son visage, et la voilà le cœur en déroute : une fois de plus la preuve est faite qu'on ne voit d'elle que ses oreilles décollées. Un groupe de garçons attroupés sur le trottoir où elle comptait passer, et elle traversera pour les éviter de peur qu'ils ne se moquent de son menton trop pointu !

Paralysée par la timidité

Un sourire discret du prof pendant son exposé, et elle perd ses moyens : c'est sûr, ce qu'elle dit est ridicule, comme d'habitude.

Elle se croit stupide, tout ça parce qu'elle est un peu mal à l'aise à l'oral. Et la voilà paralysée par la timidité, rougissante et bafouillante, alors que le prof souriait peut-être en constatant ses progrès !

Comprendre

Au moment de l'adolescence, il y a plein de bonnes raisons d'être angoissée à propos de son apparence : acné, petites rondeurs superflues, lunettes, appareil dentaire, on les accumule ! On ne se sent pas bien dans son corps ; il y a des jours où on aurait franchement envie de devenir transparente.

Intellectuellement, pas brillant non plus !

Et s'il n'y avait que le physique ! Mais il y a tout le reste. L'impression de ne pas avoir assez de connaissances ou de mémoire, celle encore plus douloureuse de manquer de personnalité ou de projets d'avenir, d'être tragiquement dépourvue de goût, de s'exprimer trop mal en public (« Parlez plus fort et articulez », serinent les profs sur tous les tons)…

Pas vrai ! Toi aussi ? ! ?
Pourtant, regardez autour de vous et faites un petit sondage auprès de vos copines. Chacune d'elles se juge durement… même celles que vous enviez et avec qui vous échangeriez immédiatement corps et esprit ! Tout le monde a des complexes parce que personne n'est parfait, ni physiquement ni intellectuellement.

Vivre aves ses défauts
Eh oui ! il va falloir apprendre à vivre avec votre grand nez, votre poitrine un peu trop généreuse ou toute petite, avec vos bonnes fesses ou vos cheveux trop fins, avec votre timidité et votre peur de parler devant les autres. Bien sûr, il y a des choses plus ou moins importantes, plus ou moins faciles à accepter, et puis certaines qui peuvent être transformées.

Complexée pour toujours ?
Non ! Quand vous aurez grandi, que votre silhouette sera plus équilibrée, que vous n'aurez plus d'acné et que vous aurez trouvé une jolie coiffure, vous prendrez de l'assurance. Alors vos petits défauts, ceux qu'on ne peut pas modifier, auront moins d'importance à vos yeux.

Vive la confiance en soi
Quand on prend confiance en soi, on supporte mieux ses imperfections. Très souvent, elles s'arrangent ; sinon, on apprend à les masquer avec un peu d'habileté. Et puis, il faut le dire : contrairement à ce qu'on croit dur comme fer, elles sautent rarement aux yeux. Parce que les complexes, c'est souvent dans la tête ! Et vos copines seraient bien surprises de savoir que vous avez honte de votre nez ou que vous vous trouvez « énorme ».

À l'abordage !
Cela dit, même dans la tête, ça fait quelquefois suffisamment mal pour qu'il soit nécessaire de faire quelque chose. Dans certains cas, ça peut effectivement se traiter. Vous avez une poitrine qui vous encombre, vous n'osez pas vous mettre en maillot de bain, et vous vous cachez hiver comme été sous de grands pulls ? Il faut peut-être envisager, à la fin de l'adolescence, d'avoir recours à la chirurgie esthétique. Même chose pour des oreilles décollées.

Comme tout le monde
Quelquefois, on ne s'en sort pas toute seule ; les défauts deviennent des obsessions qui vous empoisonnent la vie. Si vous passez votre temps à vous désespérer devant le miroir, si vous n'osez plus vous mettre en maillot de bain devant vos copains ni même sortir en jupe, c'est peut-être l'aide d'un psychologue dont vous avez besoin, pour dédramatiser et découvrir que vous êtes bien comme tout le monde, avec vos défauts, vos qualités…
et vos complexes !

Voir aussi Apparence, Timidité.

Test

Êtes-vous complexée ?
Répondez par oui ou non aux affirmations suivantes :

1. On vous a déjà fait remarquer votre tendance à vous tenir voûtée, le cou rentré dans les épaules.
2. Lorsque vous passez devant un miroir, vous évitez soigneusement d'y jeter un coup d'œil.
3. Le matin, au moment de vous habiller, ce sont toujours de grands pulls informes qui vous tombent sous la main.
4. Vous examinez toutes les filles que vous croisez dans la rue pour comparer vos fesses, votre poitrine, votre nez.
5. Une invitation à la piscine vous met au supplice (il va falloir vous mettre en maillot de bain).
6. Vous avez définitivement renoncé à vous maquiller, parce que ça ne sert à rien.
7. Un gros bouton sur le nez, et vous renoncez à une soirée pour rester chez vous.
8. Vos copines sont toutes plus belles et intelligentes que vous.
9. Les mannequins ignorent ce que c'est qu'un complexe.
10. Si quelqu'un vous dit que vous êtes jolie, c'est forcément un menteur ou un flatteur.

Moins de 5 oui.
Vous êtes comme tout le monde, vos complexes ne vous empêchent pas de vivre.
Plus de 6 oui.
Apprenez à dédramatiser !
9 à 10 oui.
Il faut vous faire aider, vous ne pouvez pas continuer à vous empoisonner la vie.

Dans les Préliminaires
745. Prononçons
consulter son dictionnaire.

40 • CONFIANCE

Fais-moi confiance, j'suis plus un bébé !

Définition

La confiance, c'est un sentiment de sécurité qu'on éprouve à l'égard de quelqu'un : on sait que cette personne est honnête, qu'elle ne cherche pas à nous tromper ni à nous faire du mal. On peut se fier à elle.

S'informer

La confiance, c'est un tabouret à trois pieds. Ces pieds portent chacun un nom : respect, honnêteté, vérité. En d'autres termes, pour pouvoir nouer une relation de confiance avec une personne, il faut qu'elle vous respecte, que vous soyez sûre de son honnêteté, de sa franchise et de sa bienveillance à votre égard. Et vice-versa ! Parce que la confiance, c'est forcément une histoire réciproque : chacun doit se montrer digne de la confiance de l'autre.

Un tabouret à toute épreuve !

Quand vous êtes sûre de ces trois pieds, vous pouvez vous asseoir sans vous poser de questions : la confiance est un siège aussi solide que confortable ! En revanche, si un seul des pieds flanche un peu… gare à la chute ! La précaution élémentaire, avant d'accorder votre confiance à quelqu'un, c'est donc de vérifier que les trois pieds existent bien et qu'ils sont solides, pour éviter de vous retrouver par terre.

La confiance, c'est la liberté

En famille, vous avez besoin de vous fier à vos parents, frères et sœurs. Et besoin de savoir qu'ils se fient à vous. Vous aimez aussi pouvoir faire confiance à vos amies, à vos professeurs. Un jour, il sera essentiel de donner votre confiance au jeune homme avec qui vous choisirez de construire un grand amour, et essentiel de recevoir la sienne. Plus tard aussi, vous apprécierez de vous sentir en confiance avec les personnes avec qui vous travaillez. La confiance, c'est la liberté, c'est la vie !

Comprendre

La confiance fait avancer celui qui la reçoit comme celui qui la donne, et vous avez raison de réclamer cette confiance à vos parents. Il faut qu'ils vous l'accordent pour que vous puissiez prendre des responsabilités et faire vos preuves.

Promis, j'assure

Mais parfois, vous vous sentez prise dans un cercle vicieux. Vous réclamez leur confiance et ils exigent que vous fassiez vos preuves d'abord. Bien sûr, la confiance se mérite ; mais il est vrai que s'ils refusent de croire en vous au départ, vous aurez du mal à montrer que vous en êtes digne. C'est pour cela que la confiance doit s'établir progressivement et mutuellement : il faut que vous les aidiez à vous faire confiance, comme eux doivent vous aider à prendre des responsabilités et à les assumer jusqu'au bout.

Mais comment ?
Très concrètement, en faisant toujours ce que vous dites. Passez des contrats avec eux. Dites que vous rentrerez à minuit, et faites-le. Dites que vous rapporterez du pain, et faites-le. Dites que vous emmenez votre petit frère essayer ses patins neufs, et faites-le. Dites que vous gérerez sérieusement votre argent de poche, et faites-le. Si vous remplissez vos petits et grands contrats, vous gagnerez vite plein de points dans la confiance de vos parents !

Un cercle vertueux
Tout cela revient à leur montrer que les pieds « honnêteté » et « vérité » du tabouret tiennent bon ; et si, en prime, vos parents sont sûrs de votre respect, ils n'hésiteront plus à s'asseoir ! Ils vous laisseront libre de vos loisirs, ils vous donneront plus volontiers la permission de sortir, ils ne mettront jamais en doute votre parole…

Des actes, pas des paroles
Et vous, comment pouvez-vous être sûre que vous n'accordez pas votre confiance à une personne qui ne la mérite pas ? Faites-lui faire ses preuves aussi. Voyez si elle vous respecte (le respect, c'est une attitude qu'on sent assez rapidement). Mais surtout, quand elle vous dit quelque chose, vérifiez qu'elle le fait vraiment. Demandez des actes, et pas seulement des mots.
Les grandes promesses, les serments étincelants, c'est facile à faire et c'est souvent sans suite. Il y a des gens particulièrement doués pour vous payer de mots en estimant que ça suffit largement !

Prudence, pas méfiance !
C'est important de réfléchir, d'être prudente avant d'accorder sa confiance. Mais attention : ne tombez pas non plus dans l'excès inverse, en vous méfiant de tout et de tout le monde ! Sinon, vous allez perdre confiance en ce qu'il y a de plus beau, la vie !

Info +

Et la confiance en soi ?
C'est une forme particulière et indispensable de la confiance. Comment avoir confiance en les autres, croire qu'ils nous aiment et veulent notre bien quand on n'a pas une grande estime de soi ? Il vous arrive sûrement de douter de vos propres qualités ; de vous croire incapable de telle ou telle chose. C'est assez normal à votre âge et vous verrez, le temps arrange bien ce petit handicap. Le temps… et les autres ! C'est grâce à vos amis, votre famille, tous ceux qui vous aiment et qui sont convaincus que vous êtes une fille « extra » que vous allez finir par le croire et le devenir pleinement. Alors, confiance !

Voir aussi Choix, Confidente, Fidélité, Responsabilité.

Bons plans

Le baby-sitting, une garantie de confiance

Le baby-sitting est un moyen hors pair de montrer que vous êtes digne de confiance. Si vos premières gardes se passent bien, que vous êtes appréciée par les enfants et leurs parents, vous risquez de crouler sous les demandes : effet boule de neige ! Et vos parents seront édifiés de voir qu'on s'arrache leur fille !

Entretenir la confiance avec ses copains

- *Sachez garder un secret.*
- *Ne critiquez pas une copine derrière son dos. Les gens qui s'abstiennent de médisances sont toujours les plus respectés et on leur fait spontanément confiance !*

41 • CONFIDENT(E)

Une oreille qui vous veut du bien

Définition

Un confident, c'est une personne de confiance à qui vous pouvez dire ce que vous avez sur le cœur, parler de vos peines, de vos joies, ou encore demander conseil. C'est souvent votre meilleure amie, mais ce peut être aussi une sœur, une cousine aînée, un adulte proche.

S'informer

Il y a des histoires, des états d'âme, des réflexions, des incertitudes que vous n'avez pas envie de crier sur les toits. Ce peut être des choses joyeuses ou tristes ; en tout cas elles sont trop grandes, trop importantes pour être racontées à tout le monde. Et pourtant vous avez besoin d'en parler. Vous ne pouvez pas les garder dans votre cœur, ou sur le cœur. Ou encore vous avez besoin d'échanger avec une personne de confiance avant de prendre une décision.

Je peux te parler ?

Alors, vous invitez quelqu'un dans votre jardin secret, pour lui montrer ces choses qui font votre joie ou votre chagrin. Pour lui demander conseil. Ou tout simplement pour être écoutée, approuvée, soutenue. Ce quelqu'un, c'est un confident, ou plus souvent une confidente.

Être une confidente, ça se mérite

Quand vous nouez des relations de confiance avec quelqu'un au point de lui parler à cœur ouvert, ce n'est pas par hasard. Cette personne, cette amie, cette sœur, n'a pas gagné dans une pochette surprise un ticket l'autorisant à recevoir vos secrets ! Elle a des qualités qui vous disposent à lui faire des confidences.

Silence garanti

Sa discrétion, d'abord. Elle peut être bavarde, voire joliment pipelette, mais vous savez qu'elle gardera vos pensées secrètes plus jalousement que si c'étaient les siennes.
Vous savez aussi qu'elle n'est pas curieuse. Elle ne fera jamais le siège de votre jardin secret dans un char d'assaut ! Son but n'est pas de vous extorquer vos confidences. Quand elles vous viennent aux lèvres, elle est là pour les entendre. C'est tout.

Toute petite pour vous écouter

Votre confidente est attentive. Elle ne rapporte pas tout à elle (« Ton histoire me rappelle la mienne… ») : elle ne prend pas toute la place, et essaie même de se faire petite, parce qu'elle estime être là pour vous rendre service, et non pour s'écouter elle-même avec complaisance. En un mot, elle est désintéressée ! Elle sait aussi qu'elle n'est pas là pour vous juger, pour choisir à votre place. Une fille dont les expressions préférées sont « Il faut » et « Y a qu'à » fera peut-être un jour un commandant parfait.
En attendant, elle fait une bien piètre confidente !

De tout cœur avec vous

Être attentive, c'est encore plus : c'est savoir partager les sentiments des autres. Sans faire semblant, sincèrement. C'est extrêmement difficile. En fait, ce n'est possible que grâce à une très grande sensibilité. Une personne qui y arrive mérite la médaille d'or de la confidente !

Archives compromettantes portées disparues

Ce qui caractérise une confidente, c'est aussi sa mémoire très bizarre. À la fois longue (que penseriez-vous d'elle si elle oubliait le lendemain ce que vous lui avez dit la veille ?) et singulièrement courte. Les secrets qui vous gênent, qui pourraient vous faire du tort par la suite, ont l'air de s'effacer comme par magie de son esprit ! Ils disparaissent dans son propre jardin secret, et vous pouvez être sûre qu'elle ne vous les ressortira jamais.

J'ai tout le temps !

Sa notion du temps est au moins aussi étrange que sa drôle de mémoire. Quand il s'agit de vous, son agenda est élastique. Elle ne compte pas les moments passés en votre compagnie. Que vous alliez très bien ou très mal, dès que vous avez quelque chose d'essentiel à lui apprendre, son forfait de téléphone donne l'impression d'être illimité. Sans parler des heures qu'elle consacre à lire vos romans fleuves, et à y répondre !

Toutes ces qualités...

D'autres qualités ? Oui ! Son bon sens. Ce n'est pas un étourneau… en tout cas, ça vaut mieux si vous attendez des conseils judicieux. Sa façon de vous changer les idées si vous broyez du noir, subtilement, mine de rien. Et que dire du « suivi » délicat dont vous êtes l'objet ? Quand vous allez mal, on peut dire qu'elle ne fait pas la morte. Certaines copines vous laissent tomber parce qu'elles ne vous aiment qu'au top de votre forme : votre confidente est plus proche, plus à l'écoute que jamais.

... je ne les aurai jamais !

Cette liste de qualités vous fait peur ? Vous n'osez pas rêver d'être vous-même une bonne confidente, s'il faut répondre à toutes ces exigences ? Ne craignez rien, vous l'êtes sûrement déjà, si vous savez être une oreille qui écoute, passionnément, généreusement. Devenir une vraie confidente ne suppose pas de se montrer parfaite, au contraire : ça ferait peur ! Ça suppose seulement d'avoir un cœur assez vaste pour y loger petits et grands secrets.

Voir Amitié, Fidélité, Secrets.

Conseil

Pour ne pas être une confidente étouffante

Quand on reçoit les confidences d'une amie qui ne va pas bien, on peut être tentée de l'accabler de conseils, sermons, comparaisons, directives en tout genre. Une confidente n'est pas à la place de la personne qui lui parle, ni à la place de sa mère. Recevoir des secrets, c'est un grand honneur. Ça veut dire qu'on nous fait confiance et qu'on nous aime. Ça ne veut en aucun cas dire qu'on est supérieure ! Soyons d'autant plus humble que les soucis de notre amie sont grands. Une fille qui va mal est fragile. Elle a besoin d'être traitée avec précaution. Piétiner son jardin secret en pays conquis, avec les gros sabots d'une moralisatrice, c'est le meilleur moyen de ne pas l'aider du tout.

42 • CONSCIENCE

On a tous un petit Jiminy Cricket dans la tête...

Définition

Même si elle ne se promène pas à côté de vous comme le petit Jiminy Cricket qui poursuit Pinocchio pour l'empêcher de faire des bêtises, la conscience, ça existe ! C'est une petite voix intérieure qui se permet de donner son avis sur ce que vous devriez faire, qui prétend connaître le bien et le mal, et vous incite à choisir le bien.

S'informer

On a tous cette petite bête-là dans la tête, et on ne peut pas s'en débarrasser facilement, même quand elle dérange. D'où vient-elle ? Certains pensent qu'on l'a en soi depuis toujours, d'autres qu'elle vient de l'éducation qu'on a reçue. Ce qui est sûr, c'est que nous avons appris à reconnaître ce qui était bien, dans des choses très concrètes (être polie, se tenir correctement à table) ou plus profondes (ne pas mentir, respecter les autres). On a intégré tout ça, et c'est devenu cette drôle de petite voix qui se mêle de tout et veut intervenir dans tous les choix qu'on fait. Parfois discrète, parfois bruyante, selon notre envie de l'écouter ou de la faire taire.

Libérez Jiminy !

Cette petite voix a pris de la place aussi parce qu'on l'a bien voulu. Question de caractère : quand on tient à réfléchir à ce qu'on fait, à trouver des moyens de juger, on l'invite à se faire entendre. Évidemment, si on fonce, si on agit sans réfléchir, parce qu'on croit tout savoir, le pauvre Jiminy n'a plus qu'à se taire dans son coin !

Comprendre

Vous avez sans doute déjà fait l'expérience de cette voix intérieure qui pèse dans un sens quand vous vous interrogez. Elle ne vous empêche pas de faire ce que vous voulez, au contraire : elle est là pour vous faire réfléchir, pour trouver des solutions. C'est un guide qui vous aide à faire bon usage de votre liberté, une sorte de gouvernail : il est là pour vous aider à vous diriger, mais le pilote, c'est vous !

Une boussole pour les grands choix

C'est justement parce que vous êtes libre que vous avez besoin d'une conscience ; sans elle, vous auriez vite des problèmes d'orientation ! La conscience, c'est ce qui aide à faire des choix, petits et grands. Plus ils sont grands, plus vous avez besoin d'elle.

Pas de recette

La conscience ne dit jamais des choses toutes faites. Ce n'est pas un mode d'emploi qu'il suffit de suivre pour que ça marche. C'est plutôt un dialogue intérieur. Elle est là pour rappeler quelques principes simples : à chacun de les appliquer dans des situations qui sont souvent beaucoup plus complexes.

Bien sûr, Jiminy !

Quelquefois, la question est vite réglée : votre conscience a parlé, vous l'avez écoutée, tout va bien, vous pouvez avoir « bonne conscience ». Vous trouvez un portefeuille bourré de billets dans la rue. « Ça ne t'appartient pas », dit votre conscience ; et vous êtes bien d'accord ! Vous le rapportez à l'adresse indiquée dans le portefeuille, sans même compter l'argent.

La ferme, sale criquet !

Mais ça peut se passer autrement. Vous savez très bien ce que vous devez faire ; seulement, vous n'en avez pas envie. Ces billets sont tentants ! Rien n'empêche de se servir avant de glisser le portefeuille dans la boîte aux lettres de son propriétaire. Ni vu ni connu ! « Ça ne t'appartient pas », chuchote votre conscience… mais ce serait trop bête de ne pas en profiter ! Vous avez bien envie de la faire taire.

La vengeance de Jiminy

En général, elle ne se laisse pas faire. Ces billets pèsent lourd dans la poche, on traîne avec eux une sorte de malaise. On a honte, l'envie de dépenser cet argent disparaît, et, même si on le fait, il reste un mauvais souvenir de cette affaire : on n'est pas fière de soi. Ça, c'est la conscience qui se venge d'avoir été bâillonnée ; elle rend la vie dure, elle prive du plaisir de cet argent mal acquis. On a « mauvaise conscience. »

Où est-elle donc passée ?

Souvent, c'est beaucoup moins simple. Il n'y a pas le bien d'un côté et le mal de l'autre ; c'est plus mélangé, on ne sait pas trop comment s'y retrouver. Là, justement, silence radio ! La conscience, si maligne d'habitude, hésite, ne sait pas trop choisir.

Voyons, Jiminy, décide-moi !

Vous avez été témoin d'un vol au lycée, mais c'est quelqu'un que vous connaissez bien, et vous savez qu'il a une vie difficile : faut-il le dénoncer ?
Une amie proche a dit à ses parents qu'elle passait la nuit chez vous alors qu'elle est chez son amoureux et, pas de chance, ses parents appellent à la maison. Faut-il trahir votre amie, ou trahir ses parents en leur mentant ?

Demander conseil

Difficile de démêler ça toute seule, même quand vous voulez sincèrement bien faire. Vous pouvez être prise entre deux maux, faire mal à l'un ou à l'autre, mentir à l'un ou à l'autre, et vous sentir piégée. Dans ces cas-là, c'est bien d'en parler. Bien sûr, personne ne peut remplacer cette voix intérieure que vous voudriez entendre plus clairement. Mais les avis extérieurs peuvent vous aider à l'entendre. Il faudra parfois vous contenter de faire le mieux possible… ou le moins mal. C'est ça, la vraie conscience.

Quand Jiminy démissionne

En tout cas, une chose est sûre : mieux vaut accepter le dialogue avec sa conscience, et s'entraîner à tendre l'oreille, même quand elle parle sans prendre de gants ! Si vous la faites taire systématiquement, parce que c'est plus facile et que ça permet de faire ce que vous voulez, il ne faut pas vous étonner de perdre vos repères et de faire n'importe quoi.
Tricher en classe, par exemple, peut arriver. Mais si vous n'écoutez pas les reproches de votre conscience, cela deviendra une habitude, et c'est dangereux. D'abord, vous ne saurez jamais ce que vous valez vraiment, et puis vous risquerez de vous laisser entraîner à tricher toujours, même ailleurs qu'en classe et de ne plus pouvoir vous arrêter.

Conseil

Au boulot, Jiminy !

Une conscience, ça s'entretient. Bien nourrie, vitaminée, entraînée, c'est une athlète de la réflexion. Anémiée, famélique, sa voix est si faible qu'on n'y prête pas garde. Comment l'entretenir ? D'abord, en la faisant travailler régulièrement. Ensuite, en la nourrissant. Comment ? C'est tout simple : en essayant de ressembler à ceux que vous admirez, qui font des choses bien, qui sont exigeants, dans la vie bien sûr et même dans les livres. Vous trouvez ça « moralo » ? Et alors, vous voulez être une fille bien oui ou non ? À vous de choisir, parlez-en avec Jiminy !

43 • CONTRACEPTION

Un bébé ? Pas maintenant !

Définition

La contraception, c'est l'ensemble des moyens qui empêchent un rapport sexuel de provoquer une grossesse, en rendant impossible la rencontre de l'ovule et d'un spermatozoïde.

S'informer

Il existe différentes méthodes contraceptives, plus ou moins efficaces, plus ou moins faciles à utiliser.

La pilule, efficacité maximum !

Il existe une trentaine de marques de pilules qui fonctionnent toutes sur le même principe : elles empêchent l'ovulation. Pas d'ovule, pas de grossesse possible. Prise convenablement (tous les jours, à la même heure), la pilule est efficace à presque 100 %. (Pour plus d'informations, voir Pilule.)

Le stérilet : pas pour les jeunes filles !

C'est un petit objet en plastique ou en cuivre que le médecin place dans l'utérus. Il empêche l'implantation (les médecins disent la nidation) de l'ovule fécondé (qu'on appelle œuf) en gênant le développement de la muqueuse de l'utérus : l'œuf ne peut s'accrocher aux parois de l'utérus, il ne peut donc pas se développer et finit par mourir et par être expulsé avec le reste de la muqueuse utérine (les règles). Le stérilet n'est donc pas à proprement parler une méthode contraceptive puisqu'il provoque un avortement précoce. Il est rarement prescrit à une jeune fille. Pourquoi ? Il peut faire saigner l'utérus et provoquer des infections entraînant la stérilité : les médecins préfèrent préserver la fécondité d'une jeune fille qui souhaite avoir des enfants plus tard.

Le diaphragme : pas facile !

C'est une rondelle de latex qu'il faut placer profondément dans le vagin pour obstruer l'entrée de l'utérus. Son but est d'empêcher un spermatozoïde de rencontrer l'ovule. Il doit être posé avant un rapport sexuel, gardé quelques heures après et s'accompagner d'une crème spermicide (qui tue les spermatozoïdes). C'est une méthode un peu difficile à utiliser, surtout pour une jeune fille qui ne connaît pas encore très bien son corps. On l'appelle parfois « préservatif féminin », mais contrairement au préservatif « masculin », il ne protège pas des maladies sexuellement transmissibles.

Les spermicides : moyennement sûrs !

Ce sont des crèmes, tampons ou ovules (sorte de gros suppositoires) à introduire dans le vagin avant un rapport sexuel. Ils contiennent des substances chimiques qui tuent les spermatozoïdes. Ils sont beaucoup moins fiables que la pilule ou le stérilet et doivent être utilisés associés à un autre moyen de contraception, par exemple le diaphragme.

Méthodes « naturelles » : compliqué !

Ces méthodes sont dites « naturelles » parce qu'elles ne reposent ni sur un traitement médical ni sur l'utilisation d'objets contraceptifs, comme le préservatif. Elles consistent à s'abstenir de tout rapport sexuel au moment de l'ovulation (et même un peu avant, puisque les spermatozoïdes vivent jusqu'à cinq jours). Elles supposent donc d'être capable de connaître de façon certaine le moment de l'ovulation, en observant les signes physiques qui accompagnent l'ovulation, en particulier l'augmentation de la température de la femme. Leur faiblesse ? difficile de déterminer avec précision la date d'ovulation, surtout pour une jeune fille qui peut avoir pendant plusieurs années des cycles irréguliers. Ces méthodes « naturelles » s'adressent aux couples adultes et stables qui désirent fonder une famille en espaçant les naissances. Elles supposent que l'on soit ouvert à l'accueil d'un enfant, si on a commis une erreur d'observation.

Retrait : ne jamais s'y fier !

Le retrait du garçon (sortir le pénis du vagin avant l'éjaculation) suppose une maîtrise qu'un adolescent n'a pas forcément. D'autre part, la pénétration sans éjaculation peut être fécondante : une fois en érection, le pénis du garçon laisse s'écouler un liquide lubrifiant qui va faciliter la pénétration. Ce liquide peut contenir des spermatozoïdes, donc entraîner une grossesse. Par ailleurs, une éjaculation hors du vagin mais près de la vulve peut aussi être fécondante : le corps de la fille produit aussi un liquide lubrifiant sous l'effet du désir puis du plaisir, dans le but de faciliter le parcours des spermatozoïdes dans le vagin. C'est d'ailleurs pour toutes ces raisons que des câlins un peu coquins peuvent être fécondants, même s'il n'y a pas eu de pénétration vaginale.

Le préservatif, ça préserve

C'est un étui en latex qui se place sur le pénis en érection. Il faut apprendre à bien le placer ; la fille peut le faire. Le garçon doit se retirer aussitôt après l'éjaculation. Bien évidemment, il faut en changer à chaque rapport. C'est la seule méthode qui protège des maladies sexuellement transmissibles et du Sida, mais il n'est pas fiable à 100 %. (Pour plus d'informations, voir Préservatif.)

Fiabilité des différentes méthodes

MÉTHODE	Taux d'échec observé
Spermicides	21-30 %
Méthodes dites naturelles	19-20 %
Retrait	18-24 %
Diaphragme	18 %
Préservatif	12-16 %
Stérilet	4-6 %
Pilule	3-6 %

Source : Centres de planification familiale, 2001

Pour comprendre ce tableau, il faut savoir que les femmes qui ont une activité sexuelle régulière et qui ne prennent aucune contraception ont entre 85 et 89 % de chance de devenir enceintes, au cours d'une année. Ces chiffres montrent bien que, dans la réalité, aucune méthode n'est fiable à 100 %, bien que toutes ces méthodes soient réputées totalement fiables dans des conditions idéales, c'est-à-dire quasiment de laboratoire. Le problème, c'est que la sexualité des êtres humains ne se déroule pas dans un laboratoire. Il faut compter avec l'oubli, la négligence, la maladresse et surtout le désir d'enfant qui est à la fois puissant et secret. C'est pourquoi un homme et une femme qui ont un rapport sexuel, même protégé, doivent savoir que ce n'est pas un acte anodin et que, même si c'est un chiffre derrière une virgule dans un pourcentage, la possibilité d'une grossesse est toujours là. Faire l'amour n'est pas un acte banal. Faire l'amour, ça porte en soi le risque et la chance de faire un enfant.

Info +

En cas d'urgence

Si vous avez eu un rapport sexuel et que vous avez peur d'être enceinte, vous pouvez peut-être éviter une grossesse en prenant la « pilule du lendemain », dans les 72 heures après le rapport sexuel.

Depuis une loi de novembre 2000, les mineures peuvent l'obtenir sans en informer leurs parents. L'infirmière du lycée peut l'administrer à une élève en s'assurant qu'elle sera ensuite suivie médicalement et psychologiquement. Pour être efficace, cette pilule contient une dose très élevée d'hormones qui, en cas de grossesse, provoque un avortement précoce. Cette pilule n'est pas une méthode contraceptive. Elle est réservée aux cas d'urgence : elle peut échouer et on n'a pas assez de recul pour en connaître les effets à long terme.

Info +

Ce que dit la loi

C'est la loi Neuwirth de 1967 qui autorise en France l'utilisation de contraceptifs chimiques. Depuis 1974, une deuxième loi permet aux mineures d'utiliser des contraceptifs sans l'autorisation de leurs parents. Elles peuvent bénéficier d'une consultation anonyme et gratuite dans un centre de planification familiale. La plupart des contraceptifs oraux, le stérilet et le diaphragme sont remboursés par la Sécurité sociale.

Comprendre

Être responsable

Utiliser une méthode contraceptive efficace est une question de responsabilité quand on a décidé d'avoir des rapports sexuels sans pouvoir ou vouloir assumer une grossesse. D'abord, gardez toujours à l'esprit les cas tragiques des filles qui tombent enceintes dès le premier rapport sexuel. Ensuite, ne jouez pas à vous faire peur en ayant un rapport sexuel sans contraception. On peut être « chanceuse » une ou deux fois : on a 2, 3 voire 8 jours de retard et on est infiniment soulagée quand les règles arrivent enfin. Mais souvent ça se termine mal la troisième ou la quatrième fois. C'est un jeu dangereux qui finit malheureusement souvent par un avortement.

Une affaire de filles ?

Les garçons devraient se sentir tout autant concernés que les filles, car il s'agit aussi de leur responsabilité. Mais il faut bien dire qu'en cas d'échec de la contraception, c'est toujours vous, les filles, qui en supporterez les conséquences : très concrètement, c'est vous qui devrez assumer une grossesse accidentelle. Bien sûr, cela ne veut pas dire qu'il est inutile d'en parler avec votre copain : le choix d'un mode de contraception le concerne tout autant que vous, et même si la méthode choisie ne repose pas sur ses épaules (c'est le cas de la pilule, notamment), il doit vous accompagner : comprendre comment cela fonctionne, se soucier de l'efficacité de la contraception et de votre santé. La contraception, c'est mieux quand on la vit à deux.

Conseils

Les démarches possibles

Beaucoup d'entre vous se tourneront naturellement vers leur mère. Mais si vous ne pouvez pas en parler avec elle, parlez-en avec un adulte en qui vous avez confiance et qui pourra vous expliquer comment vous y prendre et vous donner des adresses.

- Consultez votre médecin généraliste ou prenez rendez-vous avec un gynécologue, celui de votre mère (il est tenu au secret professionnel) ou celui d'une amie.
- Adressez-vous à un centre de planification familiale, à un dispensaire municipal, à certains hôpitaux.

Mauvais plans

Ce qui ne marche pas

Une bonne douche, même intime, ne suffit pas. Pas plus que les bains chauds, les doigts croisés ou l'ail au-dessus du lit. N'oubliez pas que les cycles de fécondité d'une adolescente sont souvent irréguliers et qu'un rien (émotion, stress, changement de climat) peut les dérégler : aucune période n'est sans risque (pas même les règles). Enfin, ne sous-estimez pas votre fécondité. Elle est deux fois plus importante que celle d'une femme de 35 ans !

Voir aussi Avortement, Fécondité, Grossesse précoce, Gynécologue, MST, Pilule, Premier rapport sexuel, Préservatif, Règles.

COQUETTERIE
CONTRACEPTION
CONFIANCE
CHAGRIN D'AMOUR
CINÉMA
CARESSE
CHASTETÉ
COPAINS
COMPLEXES
CONFIDENTE
CONSCIENCE
CAFÉ
CHEVEUX
COLÈRE

44 • COPAINS

Salut les copains !

Définition

Littéralement, les copains, ce sont ceux qui mangent le même pain. Copain vient de deux mots latins, qu'on retrouve aussi dans « compagnon » : *cum* qui veut dire « avec », et *panis* qui veut dire « pain ». C'est un mot apparu au milieu du XIXe siècle, un vieux mot que des générations d'adolescents continuent de faire vivre.

S'informer

Il y a ceux que vous connaissez depuis toujours, qui font partie des meubles à tel point que vous ne pourriez pas imaginer la vie sans eux. Il y a ceux qui passent dans votre existence pour en ressortir aussitôt, et dont vous avez vite fait d'oublier le nom. Regardez vos anciennes photos de classe : si vous n'avez pas pris la précaution d'identifier tous vos camarades au dos du carton, bon courage pour remettre un nom sur certaines têtes !

À la même enseigne

Les copains, ce sont ceux que vous retrouvez tous les matins au collège ou au lycée. Mêmes profs, mêmes devoirs, même bus scolaire, mêmes chahuts, mêmes fous rires (et parfois, mêmes heures de colle)… vous ne manquez pas d'expériences communes ! Il y a aussi vos copains d'ailleurs : ceux du dessin, du solfège ou de la danse, et encore vos copains de vacances. Ils se rencontrent rarement les uns les autres, parce que vous ne mélangez pas trop les différents groupes.

Sans plus

Les copains, c'est une appellation un peu indifférenciée : parmi ceux que vous nommez ainsi, il y a les amis… et les autres. Une amie est une copine, mais pas vice-versa ! Une copine, c'est une fille avec qui vous êtes contente de bavarder quelques minutes pendant l'intercours. Vous ne l'appelez pas le soir : vous réservez ça à vos amies ! Sauf si vous avez des informations à lui demander sur un devoir. Une copine, c'est une fille à qui vous enverrez une carte postale pendant vos vacances : « Il fait beau, je pense à toi, bises ! » Une amie… vous l'emmenez en vacances !

Sans eux, vide et solitude

Alors, les copains ne comptent pas vraiment ? Bien sûr que si. Êtes-vous déjà entrée dans votre établissement scolaire en dehors des périodes de cours, le soir ou pendant les vacances ? Si ça ne vous est jamais arrivé, c'est facile de vous figurer l'état des lieux. La cour déserte, les couloirs vides, les salles de classes mortes, le réfectoire tristement silencieux, le gymnase inanimé, le CDI abandonné… bref, un univers singulièrement inhospitalier qui vous fait froid dans le dos, et que vous avez hâte de quitter.

Rien que leur présence
Qu'est-ce qui manque, au juste ? Des visages, des éclats de voix, tout un sympathique brouhaha de conversations mélangées, des rires qui fusent… en un mot, les copains. Sans eux, la vie au bahut serait à l'image de l'établissement désert : oppressante et glaciale ! Et vous seriez désespérément seule avec le professeur principal, sur une merveilleuse photo de classe de fin d'année. Vous imaginez ? Charmant tableau de famille !

○ Comprendre

Vos copains de classe animent votre vie quotidienne sans le vouloir. De même que les copains que vous retrouvez chaque été dans la même colonie ou sur les mêmes plages animent vos vacances, naturellement, sans vraiment se poser de questions. C'est ce qui caractérise les rapports entre copains : on ne se pose pas trop de questions, on ne se « prend pas la tête ». Fidélité, confidences, échanges profonds, grandes émotions et grandes disputes, tout cela appartient au registre de l'amitié, et dépasse largement l'univers des copains.

Copains de tous les horizons
On peut collectionner un bric-à-brac de copains un peu hétéroclites qu'on apprécie justement pour leur diversité, sans que ça aille très loin. C'est excellent pour l'ouverture d'esprit. C'est encore meilleur pour la confiance en soi : cela montre que les gens vous apprécient de l'extérieur sans vous connaître bien, et donc que vous n'avez pas une apparence franchement repoussante ! Et ça, c'est très bon pour le moral !

○ Bons plans

Pour se faire des copains facilement :
- Souriez !
- Soyez généreuse, sachez prêter vos affaires.
- Vous assurez en classe ? Expliquez le cours de maths à celui qui n'a pas compris.
- Sport, musique, danse, ciné : acceptez ou organisez des activités où vous rencontrerez des gens qui ont les mêmes goûts que vous.
- Soyez accueillante : invitez des copains chez vous pour regarder un film ou réviser une interro.
- Ne vous croyez pas obligée de tout faire comme les copains quand vous n'êtes pas d'accord (fumer, se moquer des autres, exclure celui qui est timide, moche ou pas bien habillé, tricher, etc.). Savoir dire non, c'est encore une manière de s'affirmer… et de se faire des copains.

Voir aussi Bande, Solitude.

Savoir-vivre

N'en demandez pas trop !
• On ne demande pas trop aux simples copains. Quelquefois, ça peut les mettre dans des situations gênantes : ne demandez pas un petit boulot au père d'une lointaine copine, par exemple.
• La réciproque est vraie : attention aux « copains » qui ont un peu tendance à prendre les autres pour des pigeons, qui croient que tout leur est dû. On a le droit, par exemple, de ne pas prêter son devoir de français à la copine paresseuse qui voudrait s'en inspirer !

À votre bon cœur !
Ce n'est pas parce que les copains ne sont pas des amis qu'il faut les traiter comme quantité négligeable ! Vous n'aimeriez pas que l'on vous blesse, faites donc de même ! Évitez les remarques acerbes, juste faites pour amuser la galerie. Évitez aussi les promesses que vous savez pertinemment ne pas tenir : les longs serments d'amitié éternelle aux copines de vacances à qui vous n'écrirez jamais, par exemple.

45 • COQUETTERIE

Joli miroir, dis-moi qui est la plus belle !

Définition

Non, la coquetterie n'est pas réservée aux filles ! La preuve : « coqueter », c'est ce que fait le coq vaniteux au milieu du poulailler, pour se faire admirer par les poules !

S'informer

Il y a toutes sortes de coquetteries, de la plus raisonnable (et même recommandée !) à la plus excessive. Vous faites des efforts pour vous présenter sous votre meilleur jour, en portant une tenue dans laquelle vous êtes à l'aise et qui vous va bien ? Il vous arrive de vous maquiller légèrement pour être jolie même quand vous êtes fatiguée ? Ça, c'est de la saine coquetterie qui montre simplement que vous faites attention à votre apparence, que vous tenez à être soignée, agréable à regarder. C'est une preuve de respect pour vous-même, mais aussi pour les autres !

Coquetterie, mode d'emploi

La coquetterie, le respect de vous-même, passe par plein de petits gestes, des plus quotidiens (les soins corporels de votre toilette du matin, le choix de vos vêtements et éventuellement de vos bijoux), aux plus exceptionnels (les après-midi de shopping où vous allez à la chasse aux vêtements, la séance chez le coiffeur pour changer de tête, le choix d'un nouveau parfum).

La manie de minauder

Être coquette, ce n'est donc pas un mal. Mais si vous l'êtes trop, attention ! Si votre coquetterie devient un goût sans limites de la séduction, qui vous conduit à vous préoccuper uniquement de votre apparence, des vêtements que vous portez ou à jouer de votre charme pour monopoliser l'attention des autres… danger ! D'abord, vous risquez de vous enfermer dans le piège des apparences : vous serez peut-être considérée comme la fille la plus tendance du lycée, vous aurez sans doute plein de gens autour de vous, mais ce ne sera pas pour ce que vous êtes vraiment. Sans compter qu'il y aura toujours des esprits chagrins pour guetter la faute de goût, le bouton sur le nez ou la mine chiffonnée que vous aurez forcément un jour ! Ce serait dommage d'angoisser tous les matins devant votre penderie, parce que vous aurez peur de ne pas être à la hauteur de l'image que vous vous êtes donnée !

Quel clown !

En plus, l'excès de coquetterie, c'est souvent la meilleure manière de tomber de tout son long dans le ridicule ! Il vous est peut-être arrivé de sourire en voyant débarquer une fille ravissante dans une tenue parfaitement… inadaptée aux circonstances. Assurée de grelotter pendant tout le week-end dans une maison de campagne mal chauffée, parce qu'elle n'aura emporté que des jolis petits hauts, et aucun pull vraiment chaud !

Comprendre

La coquetterie, rien de plus naturel. Regardez votre petite sœur, ou celle de votre copine : sa joie quand on lui donne des vêtements neufs, quand vous lui proposez de la coiffer, quand elle a le droit d'essayer le rouge à lèvres de votre mère… À votre âge, le penchant s'est accentué ! Et c'est un excellent penchant. Il permet d'apprivoiser ce nouveau corps qui se dessine, votre corps de femme. Il est un peu déconcertant, il va encore changer, mais vous vous sentez mieux dedans en le chouchoutant, en le rendant agréable à regarder.

Ni superflu ni superficiel

Prendre soin de soi, entretenir son corps pour qu'il reste longtemps beau et bien portant, ce n'est pas du luxe ! C'est le moyen d'être bien dans sa peau : il est plus facile d'aimer son image, même imparfaite, lorsqu'on a tout fait pour l'embellir !

Le regard des autres

Quand on n'est pas très sûre de soi, qu'on craint de ne pas être acceptée à cause de ses défauts, ou tout simplement lorsqu'on veut retenir l'attention, la coquetterie est une manière de mettre toutes les chances de son côté. Mais ça ne doit pas devenir un esclavage. Avoir son apparence pour idée fixe, ça n'aide pas vraiment à se sentir bien dans son corps. Être malade à l'idée de sortir de chez soi sans maquillage, prendre au tragique une tache sur un pantalon, ce n'est plus de la coquetterie, c'est de l'obsession !

Bougez, riez, vivez !

Bref, la coquetterie ne doit pas vous empêcher d'être vous-même, avec vos fous rires qui mettent votre maquillage en péril, et votre vivacité qui vous fait oublier de présenter votre meilleur profil. La coquetterie, c'est bien tant que ça ne vous rend pas prisonnière de votre image au point de gâcher votre joie de vivre. Cette joie fait le charme d'un visage, d'un sourire, d'un regard, au moins autant qu'un maquillage savant…
et elle coûte moins cher !

Savoir-vivre

Le minimum vital :

- Gratifier son entourage d'une odeur agréable (sans l'asphyxier par un parfum entêtant !)
- Avoir les cheveux, les ongles et les dents propres.
- Cirer ses chaussures, recoudre ses boutons.
- Assortir vêtements, couleurs et bijoux.
- Éviter les collants filés, les lacets cassés, les vêtements tachés… sans faire un drame quand ça vous arrive dans la journée et que vous ne pouvez pas vous changer immédiatement !

Voir aussi Apparence, Mode.

Test

Êtes-vous coquette ? Répondez par oui ou non aux phrases suivantes :

1. Votre trousse de maquillage ne quitte pas votre sac.
2. Un miroir ou une vitrine dans la rue, c'est l'occasion de vous regarder au passage.
3. À la maison, vous détenez le record du temps quotidien passé dans la salle de bains.
4. Vous frémissez à l'idée d'être vue mal coiffée.
5. Le temps de la récré, ça sert à se remaquiller dans les toilettes.
6. Votre hantise, c'est de ne pas sentir bon.
7. Se changer plusieurs fois par jour, c'est essentiel.
8. Porter la même tenue deux soirées de suite, c'est réservé aux filles qui ne savent pas s'habiller.
9. Le gros de votre argent de poche est consacré à vous faire belle.
10. La fille qui ne se maquille pas, et qui va tous les jours en classe en jean et T-shirt, n'a rien compris à la vie : elle est nulle.

Moins de 5 oui. Un peu de coquetterie vous ferait sans doute du bien !
5 à 7 oui. Vous êtes coquette sans rien perdre de votre spontanéité.
8 oui ou plus. Attention, ça devient une obsession !

46 • COURAGE

Prenez votre courage à deux mains !

Définition

Le courage, c'est la force de caractère qui fait qu'on ne recule pas devant le danger, qu'on est prêt à s'engager au risque de prendre des coups. Au sens physique, ou au sens moral !

S'informer

Agir avec audace pour défendre ce en quoi on croit. Résister pour ne pas trahir ses valeurs. Entreprendre des choses difficiles pour atteindre un but qu'on croit bon. Le courage, c'est tout cela ! Plus largement, c'est tout le contraire de la paresse : la volonté de se bouger, l'ardeur au travail, l'envie de bien faire les choses, jusqu'au bout, sans faiblir. Pourquoi ? Parce qu'on a envie de réussir sa vie, de ne pas la vivre à moitié, de devenir quelqu'un de bien. Bref, d'être à la hauteur de ses ambitions les plus folles et les plus nobles !

Courage, l'amour en actes

« Courage » vient de « cœur ». Autrefois, c'était d'ailleurs le même mot : « Rodrigue, as-tu du cœur ? » écrit Corneille dans *Le Cid* pour parler du courage de son héros. Cette origine n'est pas un hasard : le courage, c'est d'abord une question de générosité, et même d'amour. C'est parce qu'on se passionne pour une chose ou pour des gens qu'on est prêt à prendre des risques.

Sans peur et sans reproche ?

Le courage, ça s'apprend : on peut se raisonner, s'entraîner à dompter ses craintes, à oser. On croit souvent que les gens courageux n'ont pas peur : rien de plus faux ! Le courage, c'est maîtriser sa peur et faire face malgré elle.

Du plomb dans la cervelle

Mais attention : le courage, ce n'est pas la témérité ! Ce n'est pas jouer avec sa vie comme si elle ne valait rien. Le vrai courageux, c'est celui qui évalue les risques, les compare aux enjeux, et réfléchit pour faire un choix sérieux. Un guide de montagne sait qu'il prend des risques. Mais il fait tout pour réussir son ascension sans accident. Si le temps se gâte, son courage ne consiste pas à s'entêter, mais à faire demi-tour, quitte à décevoir ses clients !

Comprendre

Le courage physique devant un danger, on n'en a pas besoin tous les jours ; c'est le courage des temps exceptionnels, celui des personnages de fiction. Heureusement, tout le monde n'est pas appelé à vivre des situations extrêmes !

L'étoffe d'un héros ?

Nul ne sait vraiment ce qu'il ferait devant le danger. À y réfléchir calmement, bien à l'abri, on peut se sentir des ailes, se prendre pour un héros, ou au contraire se croire lâche et imaginer qu'on ne saurait pas faire face. Tant qu'on n'est pas au pied du mur, on ne peut que faire des suppositions. On a tous des lâchetés et des accès de courage, et il n'y a pas de honte à cela.

À leur place…
C'est justement une bonne raison pour ne pas juger trop vite l'attitude des autres. Quand on entend à la radio qu'une fille s'est fait agresser dans un train et qu'aucun passager n'a bronché, on est scandalisée ; mais aurait-on eu le courage de s'interposer ? Quand on critique tous les Français qui n'ont pas osé s'engager dans la Résistance durant la Seconde Guerre mondiale, on est un peu fanfaronne, parce qu'on ne sait pas ce que c'est de mettre sa vie en danger pour défendre son pays.

Cœurs de lion
Pourtant, dans le monde, les exemples de courage ne manquent pas. On peut penser aux gens qui choisissent un métier exposé pour sauver des vies ou encore à certains journalistes, qui risquent gros en allant sur les champs de bataille. Il y a des actes de courage moins spectaculaires, mais tout aussi authentiques. C'est ce grand malade qui réussit à sourire et à plaisanter pour remonter le moral de sa famille, c'est cette personne qui défend ses idées alors que tout le monde s'y oppose et qu'il serait beaucoup plus facile de se taire ; c'est encore ce bénévole qui continue à quêter pour les plus démunis sous une pluie battante. Tous ces gestes donnent envie d'être meilleure, de se dépasser, de se passionner à son tour pour les autres et pour la vie.

Écouter son cœur
Le courage, c'est parfois prendre un risque, même si on a peur, parce que l'enjeu est essentiel. Le sauveteur qui se jette à l'eau parce qu'un enfant se noie ne pèse pas le pour et le contre. Il faut aussi un grand courage pour combattre une injustice et une souffrance, toutes petites aux yeux du monde, mais immenses pour celle qui les subit. C'est, par exemple, défendre la fille qui est toujours attaquée, toujours raillée par le reste de la classe, alors que ce n'est même pas une amie.

Un courage sans paillettes
Ce courage n'est pas celui des causes glorieuses, c'est celui de la vie quotidienne, celui des petites choses. C'est ne pas tomber dans la facilité, ne pas faire comme tout le monde, ne pas tricher en classe quand personne ne se gêne, se dénoncer quand on a commis une faute, s'engager dans une action bénévole en sacrifiant du temps qu'on aurait pu passer avec ses amies. Modeste ? Oui, mais quel bon début !

Ça commence aujourd'hui
Et puis, il faut le reconnaître, le courage des moments exceptionnels est parfois plus facile que celui de faire simplement ce qu'on a à faire, sans beaucoup de gloire ni de récompense, juste parce qu'on pense que c'est son devoir. Ça demande de la persévérance quand les jours sont gris et qu'on a envie de tout envoyer promener ou de tout remettre à demain. Alors ? Courage !

Vrai/faux

Qui dit « courageux » dit « incapable de faiblir ».
Faux. Même les héros ne sont pas courageux tous les jours.

Être courageux, c'est ne jamais remettre une action au lendemain.
Faux. Retarder le moment d'agir, ce n'est pas forcément de la lâcheté. Ce peut être se donner des priorités, ou simplement s'accorder un répit pour faire mieux ensuite.

On n'a pas tous besoin de courage de la même manière.
Vrai. Ce qu'une copine fait sans même y penser peut vous demander beaucoup de courage.

Si on veut, on peut.
Vrai la plupart du temps ! Le courage, c'est d'abord une question de motivation. Quand on veut vraiment quelque chose, on ne craint pas de prendre des risques.

47 • CRITIQUES

« Elle fait rien que critiquer… »

Définition

Le terme critique vient d'un mot grec qui veut dire juger. La critique, c'est effectivement un jugement, et pas forcément défavorable, comme on le croit souvent : un critique littéraire, dont le métier est de juger les livres, peut faire une excellente « critique » !

S'informer

Critiquer, ce n'est pas seulement dire du mal de quelqu'un, même si c'est la première idée qui vous vient à l'esprit quand vous entendez le mot « critique » ! D'abord, ce n'est pas forcément négatif. Quand on vous demande ce que vous avez pensé d'un film, d'un livre ou encore du dernier album que vous avez écouté, vous faites une critique : vous dites ce qui vous a plu, si cela vaut le coup de le voir, de le lire ou de l'acheter. Ce peut être une critique très mesurée : vous pesez le pour, le contre. Ou passionnée : vous avez « a-do-ré » ou, au contraire, vous détestez !

Esprit critique, es-tu là ?

Être capable de juger une œuvre selon des critères précis et pas seulement par des réactions épidermiques, c'est important. Cela s'appelle avoir un « esprit critique ». Cela ne concerne pas uniquement les films, les livres ou la musique. C'est toute votre vie qui est concernée : exercer votre esprit critique, c'est refuser de croire tout et n'importe quoi ; c'est prendre une saine distance par rapport à ce que vous voyez, ce que vous entendez. C'est refuser de penser comme tout le monde, et être capable de dire si vous approuvez ou non un acte ou une idée, en fonction des valeurs auxquelles vous adhérez.

Comprendre

En ce moment, vous formez votre esprit critique. Plus question de tout accepter, de tout prendre pour argent comptant : vous n'êtes plus une petite fille ! Tout passe aux rayons X de votre jugement : ce que vos parents disent, ce que vos profs enseignent, ce que les médias affirment. Avouez-le : vous avez même tendance à tout critiquer dans tous les sens ! C'est normal : vous développez votre sens du jugement, et vous prenez du recul par rapport à plein de choses.

Moi, je pense…

À table, en famille, alors que vous étiez silencieuse il y a quelque temps encore quand vos parents discutaient politique ou débat de société, vous commencez à mettre votre grain de sel ! Pas d'accord avec vos copains ? Vous découvrez l'art de défendre vos idées, vous en exposez les raisons, vous développez des arguments. Vous formez ainsi vos premières opinions. Bref, l'esprit critique, c'est enthousiasmant !

Critique qui construit, critique qui détruit

Seulement voilà. Il faut bien le dire : quand cela concerne

une personne, vous exercez rarement votre esprit critique de manière constructive… Vous êtes même tentée de l'exercer de manière destructrice ! Comment ? En prenant les autres pour cible de cet esprit critique, tout neuf, et plutôt féroce !

Artillerie lourde

Alors, parfois, sans forcément vouloir faire de mal à ceux que vous visez, vous vous en donnez à cœur joie. Tout le monde y passe : les parents, les profs, mais aussi les copines, avec leurs vêtements ringards ou leur attitude « débile ». Sans compter les gens que vous voyez à la télé, hommes politiques, artistes, etc. C'est tellement grisant de faire rire les autres par la seule force d'une pique bien envoyée… et les filles sont particulièrement championnes à ce jeu-là ! Humour, ironie, raillerie : l'arsenal est impressionnant, et souvent impitoyable parce que les moyens les plus fins pour tourner les gens en dérision sont toujours les plus cruels.

Danger, c'est gratuit !

Parfois, on se laisse aussi aller à critiquer tout et n'importe quoi, et surtout n'importe qui. Parce qu'on a entendu des ragots sur une personne. Parce qu'on est un peu jalouse. Ou tout simplement parce que sa tête ne nous revient pas. Généralement, on se soucie peu du mal qu'on peut faire en cassant du sucre sur le dos des gens. Pourtant, les dégâts peuvent être sérieux, parfois irréparables. Certaines filles se retrouvent isolées, deviennent des têtes de turc alors qu'elles n'ont rien fait de mal, tout simplement parce qu'elles sont moins jolies ou plus timides que d'autres et qu'il est facile de se moquer d'elles. Elles mettent des années à reprendre confiance en elles, et parfois n'y arrivent jamais.

Dur de se taire !

Il faut du courage pour ne pas céder à ce goût de la critique systématique, qui devient presque un jeu entre copines. Difficile, quand une ou deux amies commencent à critiquer quelqu'un, de ne pas rentrer dans la danse à son tour !

Une bonne dose de courage !

Refuser de tomber dans le piège de la critique facile, chercher à défendre ceux qu'on attaque injustement, c'est faire preuve de beaucoup plus de caractère que de passer son temps à « casser » tout le monde ! Alors, mieux vaut fermer vos oreilles aux calomnies, garder votre langue des malveillances… et employer plutôt votre sens critique à vous ouvrir l'esprit !

Info +

Critique = révolte ?

La critique, c'est aussi pour certaines filles une manière de s'opposer à tout, en bloc, pour manifester qu'elles existent et qu'elles ne veulent plus être traitées comme des enfants à qui l'on dicte leur conduite. Alors, sans même réfléchir ou croire vraiment à ce qu'elles clament, elles prennent le contre-pied de ce que les gens pensent, critiquent justement ce qu'ils trouvent bien, histoire d'affirmer leur différence. Cela peut arriver même à des filles très intelligentes. Le danger, c'est de se contenter de tout critiquer… sans jamais rien proposer de constructif !

Voir aussi Ragots, Susceptibilité.

Conseils

Assoiffée de justice ? Refusez la critique facile !

- *La critique, c'est un peu lâche. Parler derrière le dos des gens, c'est faire un procès sans que l'accusé, absent, puisse se défendre.*
- *La critique, c'est caricatural. On ne voit que les défauts de l'accusé, on oublie ses qualités… or il en a, comme tout le monde.*
- *La critique, c'est injuste. On se permet de tout dire sur l'accusé, mais on n'admettrait pas la réciproque !*

48 • DÉLÉGUÉE DE CLASSE

Ils m'ont fait confiance !

Définition

Les délégués sont les élèves chargés, pour l'année scolaire, de représenter leur classe auprès des profs, pendant le conseil de classe, qui se réunit chaque trimestre, et au cours des éventuels conseils de discipline.

S'informer

À chaque rentrée et dans chaque classe, au collège comme au lycée, les élèves doivent élire deux délégués. Tous les élèves peuvent être candidats. C'est généralement le prof principal qui organise l'élection. Il recueille les noms des différents candidats et organise un vote à bulletin secret.

Trait d'union

Les délégués sont le trait d'union entre les profs et les élèves. Ils transmettent les informations entendues dans les réunions avec les enseignants. Si un élève rencontre un problème particulier, ils peuvent demander un entretien avec le prof concerné. Lors du conseil de classe, ils donnent leur point de vue sur la vie de la classe, sur les difficultés que rencontrent les élèves dans leur travail. Ils sont chargés de défendre les élèves et d'éclairer les profs dans leurs décisions. Lors d'un conseil de discipline, il leur revient de plaider la cause de l'élève : ils ont le même âge, parfois les mêmes soucis et sont peut-être plus à même que des adultes d'expliquer pourquoi un élève a commis un acte ou adopté une attitude qui peut être sanctionnée.

Vie scolaire, un rôle à jouer

L'ensemble des délégués d'un établissement se retrouve dans la conférence des délégués de classe. Celle-ci peut-être réunie par le proviseur pour donner son avis sur toutes les questions concernant la vie scolaire. Pour exercer leurs responsabilités, les représentants des élèves peuvent être aidés par les conseillers principaux d'éducation. Il existe aussi des stages de formation, utiles surtout pour les représentants au conseil d'administration ou au conseil de la vie lycéenne.

Comprendre

L'élection des délégués, c'est le moyen d'apprendre ce que veut dire être citoyenne et faire fonctionner la démocratie. Si vous êtes élue vous-même, c'est la première responsabilité importante que vous prendrez dans votre établissement scolaire. Cette mission que les élèves vous confient vous confère des devoirs. Il s'agit d'être

digne de la confiance qu'ils ont placée en vous et de vous faire respecter des profs.

Les ingrédients de la confiance

Pour cela, il n'y a pas de secret : il faut être une élève sérieuse, posée, capable d'écouter à la fois les élèves et les profs. Ça veut dire être attentive à la vie de la classe, aux soucis de chaque élève ; savoir prendre des décisions, parler en public… et accepter de prendre un peu de temps sur ses loisirs pour cela. Tout le monde n'a pas l'envie ou les capacités de le faire. Il faut aimer ça et persévérer toute l'année ! Quand on se présente pour être déléguée, c'est qu'on est prête à tenir son engagement jusqu'au bout.

Qui m'aime me suive

On n'est pas candidate pour se faire élire « Miss 3e 2 ». Le vote n'est pas un applaudimètre pour savoir si on est populaire dans la classe. C'est un service qu'on accepte de rendre aux autres ! C'est pour cela qu'être déléguée n'est pas réservé aux *top models* de la classe, et qu'on peut se présenter même si on est timide. Et si le plus beau garçon de la classe réclame vos suffrages en même temps qu'une fille discrète, réfléchissez avant de vous prononcer pour le charmeur. Il s'agit de voter utile !

En campagne !

Quand le professeur demande des candidats, si ça vous chante, lancez-vous. N'ayez pas peur de passer pour une orgueilleuse, ni de subir une « défaite » : si vous voulez vous occuper des autres, il faut y aller ! Si vous n'êtes pas élue, il n'y a aucune honte. Ça ne vous empêchera pas de trouver d'autres moyens de rendre service dans votre classe.

Savoir-faire

Le savoir-vivre du délégué :

- Savoir écouter les autres.
- Savoir prendre la parole.
- Savoir se faire respecter par les profs et par les élèves.
- Avoir le souci de faire participer tout le monde à la vie de la classe.
- Avoir des idées, des propositions pour améliorer la vie quotidienne des élèves.
- Rester modeste : le délégué est un élève comme les autres !

Bons plans

Quelques pistes pour voter :

• Ne votez pas forcément pour votre copine, si vous pensez qu'il y a un meilleur candidat. Ne votez pas forcément comme elle non plus !

• Commencez déjà par éliminer ceux qui n'ont aucune idée intéressante pour la vie de la classe, qui se présentent pour le seul plaisir d'être élu, les girouettes qui changent toujours d'avis, ceux qui s'écrasent devant les profs ou au contraire ceux qui parlent à tort et à travers (ils pourraient desservir les élèves).

• Le vote est personnel et secret : vous n'êtes pas obligée de dire pour qui vous avez voté.

D 49 • DÉPRIME

J'ai le blues...

Définition

Comme « dépression », le mot « déprime » vient du latin *depressio*, qui veut dire « enfoncement ». Et, en effet, entre tristesse, pessimisme et dégoût de la vie ; fatigue, insomnies et perte d'appétit ou de volonté, la personne qui déprime s'enfonce dans le mal de vivre, comme dans des sables mouvants !

S'informer

Cafard, bourdon, blues, spleen, déprime : il y a plein de mots pour dire qu'on broie du noir… plus ou moins noir.

Quand le soleil se lève mal

Le coup de cafard, c'est cette tristesse qui surgit un beau matin sans raison : le lever est difficile, on n'a envie de rien, et surtout pas d'aller en cours. Parfois, ça passe dès qu'on voit les copines ou qu'on a quelque chose d'agréable à faire. Mais ça peut durer jusqu'au soir ; on s'endort avec le cœur serré, en espérant que « ça ira mieux demain », et souvent c'est le cas.

Lassitude et écœurement

La déprime, c'est plus profond. On l'appelle aussi le spleen. Ce mot anglais a fait fortune grâce à Baudelaire qui dans un poème évoque « le ciel bas et lourd [qui] pèse comme un couvercle sur l'esprit gémissant ». La déprime, c'est une vaste grisaille qui ternit la vie. On n'a goût à rien, même aux choses qu'on adore d'habitude. On pleure pour un oui ou pour un non, on a peur sans savoir pourquoi, on se trouve affreuse, nulle et bête. On n'a qu'une envie, une seule : s'enfermer dans sa coquille.

Dissiper les nuages

C'est un état à prendre au sérieux parce que si la déprime s'installe durablement, elle peut finir en dépression. La dépression, c'est une véritable maladie et ça se soigne. Il y a des professionnels, psychiatres ou psychologues, qui se sont spécialisés dans le traitement de cette maladie. Ils peuvent prescrire des médicaments dans les cas les plus graves.

Comment la reconnaître ?

C'est à sa durée qu'on reconnaît une véritable dépression ; on peut faire des « microdéprimes » qui lui ressemblent, mais ne durent que quelques jours. C'est un mal-être qui peut aller jusqu'à des idées suicidaires, parce qu'on lâche prise au point d'avoir envie de mourir. Beaucoup d'adolescentes se plaignent d'être déprimées mais moins de 10 % d'entre elles – un peu plus que les garçons – font une vraie dépression nerveuse.

D'où vient-elle ?

C'est un peu mystérieux. Certains parlent d'un dysfonctionnement du système nerveux qui pourrait être héréditaire ; d'autres l'attribuent à des choses mal vécues pendant l'enfance, qui restent dans l'inconscient et qui continuent à faire souffrir.

Comprendre

Des petites déprimes, on en traverse souvent à votre âge (et même plus tard !). Elles ne sont pas très graves mais très difficiles à vivre sur le moment. Une déception amoureuse et vous voilà désespérée, persuadée que personne ne vous aimera jamais, que vous finirez votre vie toute seule. Une note calamiteuse alors que vous aviez travaillé, et vous imaginez que vous êtes nulle et incapable de réussir.

Mort au cafard !
Pourtant, même si vous êtes réellement très malheureuse sur le coup, vous arrivez à reprendre le dessus au bout de quelques jours : la vie continue, vous vous reprenez à espérer plein de choses. Bref, vous avez pris cette sale bête (le cafard) entre le pouce et l'index pour le balancer par-dessus votre épaule, et vous voilà de nouveau pleine d'appétit pour la vie !

Quand le cafard arrive à l'improviste
Mais parfois, le cafard s'installe sans que vous sachiez trop pourquoi, et c'est plus difficile de le chasser. Certaines d'entre vous étaient des petites filles très gaies, pleines d'entrain, et ne comprennent pas elles-mêmes pourquoi elles sont devenues si sombres.

Pas de panique, c'est normal !
D'abord, ce n'est pas facile de devenir une adulte : votre corps change, pas forcément comme vous le voudriez ; vous avez envie de devenir indépendante, mais en même temps vous avez besoin de la reconnaissance de vos parents, vous avez peur de les décevoir. Sans oublier que vous êtes à l'âge des grands rêves et qu'il y a parfois de quoi vous sentir impuissante, pleine de rage ou de désespoir, quand vous croyez n'être pas à la hauteur ou incomprise.

Les nerfs à fleur de peau
Du coup, vous êtes parfois triste, angoissée, sensible à l'excès. Mais ça ne veut pas dire pour autant que vous allez faire une dépression ! Cela montre seulement que vous êtes fragile, et que ces grandes transformations ne peuvent pas se faire facilement, sans larmes et sans douleur. À votre âge, on change souvent d'humeur ; on passe vite du blues à l'euphorie (et inversement). Les coups de cafard à répétition ne sont pas forcément graves.

À l'aide !
En revanche, si vous sentez que vous vous enfoncez dans un état durable de tristesse et d'inertie, il devient nécessaire d'appeler des adultes à la rescousse. Vos parents (mais c'est souvent difficile), un ami plus âgé que vous ou un médecin avec qui vous avez un bon contact. Autant vous faire aider vite : il n'y a pas de honte à avoir. Ne craignez pas de passer pour la fille qui s'écoute. L'important, c'est de tout faire pour que cela s'arrange : vous avez tant de belles choses à vivre !

Conseils

Pour aider une amie qui déprime :
- Simple coup de cafard ? Changez-lui les idées (cinéma, balade, shopping, etc.) et secouez-la un peu.
- Si c'est une vraie dépression, prudence ! Incitez-la à en parler à un adulte. Revenez à la charge jusqu'à ce qu'elle se décide à se soigner. Et restez présente, même si elle n'est pas très drôle ! Elle va avoir besoin d'être entourée. La dépression, ça se soigne, mais ça prend beaucoup de temps.

Bons plans

- Soignez votre look : se faire belle, porter des couleurs vives, sentir qu'on peut être aimée, autant d'antidotes efficaces contre les idées noires !
- Faites-vous plaisir, au moins une fois par jour. Pensez à tout ce qui sera agréable dans la semaine et le mois qui viennent (le bon film qui passe tel jour à la télé, la soirée de Mélanie, les vacances qui arrivent).
- Ne vous regardez pas trop le nombril : c'est le meilleur moyen de croire qu'on est la plus malheureuse du monde !

D 50 • DÉSIR

Quand le corps s'emballe...

Définition

Le désir est une émotion violente et spontanée qui attire vers une autre personne.

S'informer

Le désir s'exprime par une multitude de sensations physiques, des plus discrètes au plus violentes. Ce peut être un doux fourmillement tout le long du corps, une impression un peu bizarre au creux du ventre (parfois même un coup subit) quand on est en présence d'une personne attirante, ou tout simplement le rouge qui monte aux joues ! Et puis, il y a les expressions plus violentes et manifestes du désir sexuel.

Des manifestations parfois très gênantes

Pour l'homme, c'est très visible. Le pénis augmente de volume et se durcit ; on appelle ça une érection. Si c'est plus discret chez la femme, c'est pourtant très réel : la pointe des seins se dresse, tout le sexe devient sensible et humide, le clitoris se durcit, les lèvres gonflent, le vagin se détend et s'ouvre, comme dans l'attente d'un rapport sexuel.

Ces émotions qu'on voudrait taire

Au moment de l'adolescence, ces sensations jusqu'alors inconnues peuvent être très impressionnantes, même si elles ne se manifestent pas tous les quatre matins ! Certaines filles se sentent gênées, et même honteuses de ces réactions qu'elles ne maîtrisent et ne comprennent pas toujours.

Je suis amoureuse, je crois...

C'est pour cela que beaucoup de filles ont du mal à reconnaître dans leur « coup de cœur » une forme de désir ! Pourtant, il ne faut pas s'y tromper : dans l'attirance soudaine qu'on ressent pour un garçon, entrent tout autant en jeu les battements du cœur (on n'est pas des bêtes !) que l'émotion des sens (parce qu'on n'est pas seulement de purs esprits !).

Comprendre

C'est vrai que, pendant longtemps, le désir a été nié ou caché comme quelque chose de malsain. Pourtant, c'est quelque chose de très naturel, qui pousse l'être humain vers la vie et vers les autres ; cela n'a rien de sale ni de honteux. Simplement, il faut apprendre à vivre avec ces émotions inouïes sans qu'elles vous mènent par le bout du nez !

Attention à la confusion des genres !

Le danger est de confondre désir et amour. Il vous est peut-être déjà arrivé d'être attirée par un garçon que vous connaissiez à peine (ou que vous aviez simplement croisé !) : ce n'étaient ni ses qualités, ni son intelligence qui vous attiraient, vous n'aviez pas encore eu le temps de les découvrir ! Simplement, sans trop savoir pourquoi, il vous plaisait. Ça ne voulait pas forcément dire que vous l'aimiez, encore moins qu'il fallait vous jeter dans ses bras tout de suite ! Le désir, c'est le langage du corps. L'amour, c'est une autre histoire, où le cœur et l'intelligence entrent aussi en jeu.

Les flèches et le don de soi

Il y a longtemps, les Grecs avaient déjà compris que l'amour se nourrit et s'enrichit aussi bien du désir que du sentiment amoureux. Ils avaient d'ailleurs deux figures pour symboliser l'amour. Éros (devenu Cupidon en latin) et Agapé. Éros, c'est l'amour-désir. On le représente sous les traits d'un petit dieu espiègle qui lance des flèches pour allumer le désir chez les gens ! Agapé, c'est l'amour-tendresse. C'est l'amour généreux, celui du cœur, qui se centre sur l'autre et non sur soi-même, qui cherche à donner avant de recevoir.

Jamais l'un sans l'autre

Attention : l'un n'exclut pas l'autre. Au contraire ! Les deux sont essentiels. Le désir, c'est important. C'est ce qui pousse une fille et un garçon l'un vers l'autre pour se découvrir et construire une relation plus réfléchie, où ils apprennent à se connaître et à s'aimer.

Marions Éros et Agapé !

Au cœur même du plus beau et du plus grand des amours, le désir continue à faire son œuvre. L'amour, ce n'est pas un sentiment désincarné, qui serait devenu beau et pur parce qu'il n'y a plus de désir ! Un garçon et une fille, un homme et une femme qui s'aiment vraiment ont envie et besoin de se toucher, de s'embrasser, de se caresser, ils ont envie de ne faire plus qu'un. Bref : le grand amour, c'est Éros et Agapé qui s'associent, c'est le cœur et le corps qui ne font qu'un. Et cet amour-là, c'est le bonheur !

Agapé, ce grand timide

Mais attention, si l'on se contente de satisfaire le désir de son corps, on a toutes les chances d'oublier en chemin celui de son cœur : parce qu'il est plus discret, moins évident, moins immédiat et sans doute moins facile à comprendre et à combler. C'est aussi pour cela que le plaisir du cœur rend vraiment heureux et qu'il n'est pas éphémère comme celui du corps…

Du calme, Éros !

De bonnes raisons pour ne pas laisser Éros prendre toute la place. Le désir c'est bien, c'est bon, c'est comme la sève qui monte au printemps dans les arbres, c'est la vie. Mais c'est une pulsion telle-cela risque de tout balayer. L'important, c'est de ne pas tomber dans le panneau et de comprendre que tout ce que vous ressentez n'est pas forcément de l'amour !

On reprend ses esprits !

À votre âge, c'est normal de tomber amoureuse, et même d'être troublée par des désirs dont vous ne soupçonniez pas l'existence il y a quelques mois encore ! Cela ne veut pas dire que vous n'avez qu'à vous y soumettre. Vous avez toujours le pouvoir de vous donner le temps de reprendre vos esprits ! Après tout, si c'est vraiment l'amour, vous aurez bien l'occasion de vous en apercevoir !

Voir aussi Amour, Amoureuse, Caresse, Chasteté, Plaisir, Premier rapport sexuel, Sexualité, Sexe.

Conseils

Ne vous laissez pas emmener où votre cœur ne veut pas aller !

- *Ne faites pas partie des filles qui regrettent d'être allées plus loin que ce que leur cœur et leur esprit voulaient… Il y a des situations qui peuvent en piéger plus d'une !*
- *N'oubliez pas que sous l'emprise de l'alcool (ou de la drogue), on n'est plus maîtresse de soi. Attention aux soirées bien arrosées qui finissent en tête-à-tête…*
- *Inutile de tester vos limites ou celles du garçon en passant des heures sur un lit… Allez au cinéma, promenez-vous, bref… sortez de votre chambre.*

D 51 • DÉSIR D'ENFANT

Le temps du désir

S'informer

Le désir d'enfant vient souvent bien plus tôt que l'âge d'en avoir. Sans doute parce que beaucoup de filles en rêvent depuis longtemps, depuis qu'elles jouent à la maman avec leurs poupées.

La fécondité, ce miracle

À la puberté, une fille découvre brusquement que son corps devient capable d'accueillir un bébé ; cette réalité peut la troubler et la faire rêver. Elle peut être pressée de connaître cette aventure à peine croyable, pressée aussi de savoir si son corps fonctionne bien et sera capable de porter un bébé.

Rêves d'amour parfait

Chez certaines, c'est au moment où elles prennent leurs distances avec leur mère que ce désir devient très fort. Cette relation intense dont elles sont en train de se dégager, elles aimeraient la retrouver d'une autre manière, la reproduire. Étrange ? Pas tant que ça ! Parce que, malgré tout, elles voient peut-être la relation d'une mère avec son bébé comme la relation idéale, le parfait amour, où chacune des deux personnes a tellement besoin de l'autre qu'elles ne font qu'un.

En avoir un rien qu'à soi

D'ailleurs, on se voit mère sans trop réfléchir à ce que cela veut dire, ni à quoi cela engage. C'est plutôt un désir de bébé, parce qu'on se sent attirée et émue par les tout petits enfants. On a envie de les serrer dans ses bras, de pouponner, de jouer avec eux, d'en avoir un tout à soi.

Comprendre

Le désir d'enfant, c'est normal quand on sent que son corps se prépare à devenir un corps de femme. Mais c'est un désir encore vague, qu'on ne sait pas bien formuler, et qu'on entretient dans ses rêves. Parce qu'à 14 ou 15 ans, on a beau être physiquement capable d'avoir un enfant, on n'est pas prête du tout à l'accueillir.

Bien plus qu'une poupée

Un enfant, ce n'est pas seulement un bébé qui sourit en gazouillant, ou un petit bonhomme à qui on peut raconter des histoires. C'est un être qui a besoin d'être protégé, nourri, éduqué. Quand on devient mère, on en prend la responsabilité pour toujours. C'est une responsabilité magnifique, mais bien trop grave pour être assumée dès votre âge. Vous sentez bien qu'il vous faut encore mûrir, apprendre à vous connaître plus profondément.

Les choses dans l'ordre

Et puis, au risque de vous décevoir, les filles, un bébé, ça se fait à deux ! En d'autres termes, avant d'envisager d'avoir un enfant, il faut d'abord trouver le père ! Ça implique d'aimer et d'être aimée. En plus, les garçons de votre âge sont, comme vous physiquement capables

d'avoir des enfants… mais ils sont encore moins prêts que vous à se lancer dans un travail d'éducation !

Un amour solide… et le rêve deviendra réalité

C'est pour ces raisons que le désir d'enfant doit rester un désir, sans se transformer en une grossesse qui viendrait trop tôt dans l'histoire d'une jeune fille. Il faut le laisser grandir tranquillement en soi, tout en continuant à grandir soi-même. Le vrai désir d'enfant se révèle une fois qu'on a une relation heureuse avec un garçon responsable, une relation tellement forte qu'on décide de s'y engager pour la vie. Parce que c'est ce bonheur qui donne envie de fonder une famille.

Une étape à ne pas brûler !

À ce moment-là, on a vraiment les moyens d'accueillir un enfant (et même plusieurs) non pas comme des jouets, non pas pour son plaisir personnel, mais par amour : pour leur bien à eux, pour partager et faire grandir le bonheur qu'on a reçu. Mais ce n'est pas pour aujourd'hui, ni même pour demain.

Vivez votre liberté !

D'ailleurs, pour l'instant, vous avez envie de vivre votre vie, de profiter de votre liberté et de votre insouciance. Et c'est normal ! C'est même essentiel. Ce sont les années que vous êtes en train de vivre qui vous forment, qui vous donnent votre personnalité. Ce sont ces années qui feront de vous une adulte solide, prête à transmettre un jour à vos enfants tout ce en quoi vous croyez.

Bons plans

En attendant…

Vous pouvez exprimer votre affection pour les enfants en vous occupant de ceux… des autres ! Il y a mille manières de le faire :

- Le baby-sitting, bien sûr.
- Le soutien scolaire. Aider des petits à apprendre l'art des additions et des multiplications, ou à vaincre les sorcelleries de l'orthographe, c'est déjà un excellent moyen de devenir pédagogue !
- À partir de 17 ans, vous pouvez devenir animatrice en suivant pendant les vacances une formation qui donne un diplôme, le BAFA. Il permet de faire des colonies de vacances ou de travailler dans des centres de loisirs. Adressez-vous à la Direction de la jeunesse et des sports de votre département (vous trouverez facilement son adresse sur Internet). Elle vous fournira un formulaire de demande d'inscription aux épreuves du BAFA. Ensuite, elle vous donnera une liste des organismes qui peuvent vous préparer au diplôme.

Voir aussi Grossesse précoce, Mère.

Info +

Le désir d'enfant est très répandu, mais toutes les filles ne le ressentent pas. Ce n'est pas parce qu'on reste complètement indifférente devant un bébé qu'on n'est pas normale, qu'on doit s'inquiéter ou craindre d'être plus tard une mauvaise mère. Rien à voir !

52 • DÉSORDRE

Range ta chambre !

Définition

Le désordre, c'est le manque d'ordre. Évident ? la difficulté, c'est que tout le monde n'a pas la même définition de l'ordre. Par exemple, la vôtre n'a rien à voir avec celle de votre mère, qui vous demande de ranger alors que vous ne voyez vraiment pas où est le problème !

S'informer

Le désordre est souvent l'un des principaux sujets de conflits avec ses parents. Le problème, c'est que ranger, ça prend des heures ; en plus, on n'est pas sûre que cela serve à quelque chose, étant donné qu'il faut toujours recommencer. Sans compter qu'on s'y retrouve généralement très bien dans son aimable fouillis. On a presque l'impression qu'on perdrait ses repères si on se mettait en tête de ranger avec un zèle excessif !

Quand les objets vous jouent des tours

Pourtant, il n'est pas certain qu'un « ordre » trop fantaisiste ne fasse pas perdre du temps, de l'énergie et… du calme. Rien de plus pénible que de ne pas remettre la main sur son livre de géographie quand on est en retard. Ou de ne dénicher qu'une seule chaussette au moment de s'habiller. Quant au disque qu'on a emprunté à une copine et qu'on ne retrouve pas, quelle excuse inventer pour qu'elle ne s'impatiente pas ? Comment porter ce joli petit haut tout froissé parce qu'il était roulé en boule sur la chaise qui sert de penderie improvisée ?

Asphyxie !

Le désordre, c'est aussi cette odeur écœurante qu'on détecte soudain en entrant dans sa chambre. D'où peut-elle provenir ? On cherche… et on tombe, effarée, sur la brique de lait entamée qui traîne depuis trois jours sous le bureau. Quand ce n'est pas le parfum qui se dégage de la cage du hamster, ou le fumet du linge sale, qui ne se décide pas à migrer tout seul vers le panier de la salle de bains.

L'aspirateur, mission impossible

Bref, le désordre n'a pas que des avantages. Sans compter que ce n'est pas très gentil de laisser un tel capharnaüm à celle qui va faire le ménage. À moins évidemment de

prendre tout en charge soi-même dans sa chambre, du sol au plafond en passant par les carreaux… mais y tient-on vraiment ?

Comprendre

On ne sait pas pourquoi, mais à 13, 14 ou 15 ans, le désordre a tendance à prendre des proportions inégalées ! Chez certaines, il est naturel : on n'a jamais su vivre sans lui… et on ne sait pas si on réussira à apprendre. Ce qui est surprenant, c'est qu'il s'installe même chez celles qui avaient pourtant pris l'habitude de ranger leur chambre et de porter leur linge au sale.

Au-dessus de tout ça ?

Comme si on voulait dire que maintenant on est libre, que toutes ces contraintes sont bonnes pour les petites. Le désordre devient une déclaration d'indépendance à l'intention des parents : « Laissez-moi tranquille avec ces chaussettes qui traînent ou ce verre de jus d'orange qui moisit sur la table de nuit, il y a des choses nettement plus importantes ! »

Un minimum vital

C'est vrai que désormais vous n'êtes plus une enfant et que vous êtes responsable de vos affaires. Et c'est vrai qu'il y a des activités plus palpitantes que plier, déplacer, trier, classer, jeter. Même vos parents sont sûrement d'accord sur ce point. Ce qu'ils essaient de dire lorsqu'ils réclament une séance de rangement, c'est qu'il est bon de cultiver un peu d'ordre. Évidemment, il n'est pas question que votre chambre ressemble à celle d'un moine ou d'un militaire. Il est simplement préférable qu'on y voie clair et qu'on y respire bien. C'est une question d'hygiène physique et mentale.

Ordonnée, pas maniaque !

D'où la nécessité, parfois, de retrousser vos manches et de prendre de grandes résolutions pour déblayer votre champ de bataille. Mais attention dans le domaine du rangement, la perfection ne fait pas le bonheur ! Ça peut même être le signe qu'on ne va pas très bien quand on ne supporte pas un grain de poussière, qu'on range tout soir et matin et qu'on crie lorsqu'un visiteur distrait a osé déplacer un livre sur les rayons de l'étagère. Alors, joyeux désordre, mais pas trop quand même !

Voir aussi Chambre à soi.

Bons plans

Trucs et astuces

- *Remettez chaque chose à sa place après usage. Le désordre s'accumule moins vite !*
- *Que chaque objet ait une place définie dans votre chambre. Cela évite d'avoir à déloger une chose pour en ranger une autre.*
- *Si vous avez la flemme de ranger dans l'armoire les vêtements que vous avez essayés et qui ne sont pas sales, rien de tel qu'un grand portemanteau.*
- *On n'a rien inventé de mieux que le réfrigérateur pour les denrées périssables…*
- *Le lit fait, c'est plus sympa quand on rentre énervée par une longue journée de classe. Pas de mauvaise foi : il suffit de rabattre la couette.*
- *Faites-vous un plan de bataille : évacuation régulière du linge sale, petite remise en ordre le mercredi, grands moyens le samedi. Mais que cela ne vous empêche pas de faire la grasse matinée !*

Pour les désordonnées impénitentes

Un seul conseil : préservez au moins les documents importants (papiers d'identité, carnet de santé, convocations aux examens, diplômes éventuels, billets de train, etc.). Une grande boîte suffira à vous éviter bien des sueurs froides (le matin du brevet ou du bac, par exemple…).

53 • DEUIL
Je ne peux pas vivre sans lui...

◦ Définition
Le deuil, ça veut dire deux choses : la perte d'une personne aimée, et le temps qui suit son décès, période douloureuse où il faut apprendre à vivre sans elle.

◦ S'informer
Toutes les civilisations ont inventé des rites pour aider à surmonter la mort d'une personne aimée et atténuer la souffrance de ses proches. Dans beaucoup de sociétés, on observe un temps de deuil d'une durée déterminée, avec un costume particulier et un retrait de la vie sociale (pas de sorties, pas de fêtes, voire dans certaines sociétés une vraie coupure d'avec le monde).

Discret mais douloureux
Jusqu'à la Première Guerre mondiale, en France, on distinguait des périodes dans le deuil : le grand deuil au début, où on s'habillait tout en noir, puis le petit deuil suivi du demi-deuil, qui imposaient une liste de couleurs et de vêtements autorisés. Aujourd'hui, ces manifestations extérieures ont disparu, même si on évite toujours de porter des couleurs vives à un enterrement. Mais, si les signes extérieurs ont disparu, le deuil reste une période plus ou moins longue où il faut s'efforcer d'accepter la mort de la personne aimée ; et l'absence de rites traditionnels ne facilite pas forcément ce passage douloureux.

◦ Comprendre
La mort d'un être aimé, père, mère, frère, sœur, ami ou grand-parent, est toujours un choc violent, une rupture dans la vie : il y aura désormais un avant et un après. C'est vrai même si une maladie grave laissait prévoir cette mort depuis longtemps.

Le temps des larmes
D'abord, on ne veut pas y croire, ça paraît incompréhensible. Ensuite, on est submergée par la douleur. On pleure, on a mal, souvent même physiquement, parce que le corps aussi refuse cette séparation. Tout paraît pénible et difficile, même des choses quotidiennes comme s'habiller, manger, dormir. Comme si le fil de la vie était rompu aussi pour ceux qui restent.

Le refus du départ
On a tendance à se replier sur soi. À vouloir oublier la réalité pour revenir au temps où la personne aimée était encore là. À ressasser tout ce qu'on a vécu avec elle, comme si c'était un moyen de lui redonner vie. On la fait exister en soi pour oublier qu'elle n'est plus là, qu'elle ne le sera plus jamais. C'est parfois si fort qu'on peut se laisser aller à croire qu'elle est partie en voyage, qu'elle reviendra un jour.

Ces regrets venus trop tard
Pourtant, du temps où elle était là, l'entente n'était pas parfaite. Disputes, critiques,

colères injustes, bouderies, on a eu bien des occasions de mal se conduire. Mais justement, la mort empêche désormais d'effacer ça ; et on peut se sentir malheureuse de ne pas avoir été plus délicate, de ne pas lui avoir demandé pardon quand il le fallait. Ce sentiment s'ajoute à une autre culpabilité plus inconsciente, celle de jouir encore de la vie alors que l'autre en est privé.

Le travail de deuil

Il faut du temps pour trouver la force de renoncer au défunt ; pour accepter de lui garder son amour tout en retrouvant l'amour de la vie. On y arrive par une lente transformation intérieure appelée « travail de deuil », qui n'est pas un effort conscient. Lâcher doucement la main de celle ou celui qui est parti, apprendre à marcher seule pour revenir dans le monde des vivants, c'est ça, le travail de deuil.

Un pilier en moins

Au moment de l'adolescence, c'est une épreuve particulièrement difficile. Parce que c'est l'âge où vous êtes en train de vous lancer dans la vie, un âge crucial où vous avez particulièrement besoin d'être soutenue. Lorsqu'une fille perd soudain quelqu'un de proche, elle a l'impression d'être injustement privée d'un appui fiable. En plus, elle est déjà elle-même dans une sorte de travail de deuil, parce qu'elle est en train de renoncer à son enfance. Alors, elle peut avoir l'impression que tout lâche en même temps, avant d'avoir eu le temps de prendre des forces pour se débrouiller seule avec les difficultés de la vie.

Dire et pleurer l'absence

L'important, c'est de pouvoir parler. Évoquer la personne disparue avec ceux qui l'ont connue, partager les souvenirs, les moments de bonheur et la douleur de la séparation. Mais parfois, on n'ose pas parler avec des gens trop proches : on a tous tellement mal ! Il est bon alors de trouver une personne qui a un peu plus de recul ; quelqu'un qu'on aime, qui est plus fort pour écouter, devant qui on peut se laisser aller à pleurer. Quelqu'un aussi qui peut ouvrir la voie de l'avenir, dire que la vie n'est pas finie.

Vivre, ce n'est pas oublier

Et surtout, il ne faut pas croire qu'accepter la mort d'une personne aimée, c'est la trahir. Ça n'empêche pas de garder dans son cœur tout ce qu'on a vécu avec elle, cette histoire qui nous a fait grandir, cette relation qui a tellement contribué à faire de nous ce qu'on est aujourd'hui. En réapprenant à vivre, à rire, à faire des projets, à aimer aussi, on fait vivre le trésor que nous a laissé celui ou celle qui est parti.

Voir aussi Mort, Suicide.

Conseils

- *Se donner du temps, se donner le droit de pleurer, d'avoir mal et même d'être malade.*
- *Parler de lui ou d'elle, dire ce qu'on ressent.*
- *On peut aussi lui écrire une lettre d'adieu.*
- *Aider à préparer une belle cérémonie d'adieu, où chacun pourra dire sa douleur et son amour avec des objets, de la musique, des poèmes.*
- *Se faire un coin dans sa chambre avec quelques objets symbolisant le défunt et accepter peu à peu l'absence.*
- *Aller se recueillir au cimetière, en posant un bouquet de fleurs sur sa tombe, signe qu'on ne l'oublie pas.*
- *Si on est croyante, prier et essayer de mieux comprendre ce que sa religion dit de l'espérance après la mort.*

J'veux une mobylette !

Définition

Les deux-roues, c'est une dénomination très vaste : ça va de la patinette à la moto !

S'informer

La loi n'impose pas les mêmes contraintes aux utilisateurs des différents deux-roues : les précautions obligatoires dépendent bien sûr des risques encourus.

Deux poids, deux mesures

Pour le vélo, pas d'obligation légale de permis, de casque, ni d'assurance. Cela dit, il n'est pas ridicule de porter un casque, ni inutile d'envisager une assurance spécifique : à partir du moment où l'on circule sur la chaussée, on peut être victime ou cause d'un accident. En 2000, 35 jeunes de moins de 15 ans sont morts à vélo… On peut conduire une mobylette ou un scooter dès l'âge de 14 ans. À deux conditions : que ce soit une cylindrée inférieure à 50 cm^3 et qu'on soit titulaire du brevet de sécurité routière. Et, bien sûr, casque et assurance sont obligatoires.

Brevet de sécurité routière

Ce brevet se compose d'une partie théorique et d'une partie pratique. La partie théorique, c'est l'attestation scolaire de sécurité routière. Tous les élèves de 5e doivent la passer. Elle permet de s'assurer que les jeunes connaissent les règles générales de sécurité routière. Elle vérifie aussi leur capacité à analyser les dangers qu'ils peuvent rencontrer en circulant sur la voie publique, qu'ils soient à pied ou en deux-roues. Cette attestation est délivrée par l'Éducation nationale. Ensuite, pour avoir son brevet, il faut passer la partie pratique, à savoir trois heures de circulation sous le contrôle d'un accompagnateur agréé. À partir de 16 ans, on peut conduire un deux-roues de plus de 50 cm^3 et de moins de 125 cm^3. Pour les plus grosses cylindrées, il faut passer un permis moto.

Info +

Le coût d'un deux-roues

Ce n'est pas donné ! Pour une cylindrée de moins de 50 cm^3, il faut compter entre 1 200 et 2 000 €. Plus 300 à 1 000 euros pour l'assurance et 120 à 150 € pour le casque, absolument obligatoire. Sans compter l'essence (2,5 litres pour 100 km), l'huile, les réparations… et les contraventions. Jusqu'à 135 € si on a « oublié » son casque, 135 € pour des pneus lisses ou sous-gonflés, 68 € si on roule de nuit les feux éteints (et même de jour pour les gros cylindres).

Comprendre

Le deux-roues, c'est la liberté, le rêve… et quelquefois le sujet de conflit par excellence avec les parents.

Bottes de sept lieues, version moderne
C'est vrai que la mobylette ou le scooter, ça change la vie. Vous pouvez aller voir vos copines à tout moment sans dépendre de la bonne volonté de vos parents. Plus besoin non plus de supplier qu'on vous véhicule pour aller faire du shopping ou vous rendre au cours de danse, sans compter la joie d'épater la galerie des copains et des copines !

Premier coup de starter
C'est aussi le signe qu'on a confiance en vous, puisqu'on vous permet de vous lancer dans la jungle de la circulation routière. C'est un premier pas vers le monde adulte, c'est le début de votre indépendance. Vous vous souviendrez longtemps de votre première mobylette, du moment où les parents ont cédé, inquiets et pleins de bonne volonté, et de la famille réunie pour vous regarder démarrer votre rutilant deux-roues…

La carrosserie, c'est vous
Toute à votre joie et à votre insouciance, vous n'avez peut-être pas vraiment conscience du bien-fondé de l'inquiétude de vos parents. Pourtant, les accidents de deux-roues sont l'une des causes principales de mortalité chez les jeunes. N'oubliez pas que vous êtes bien moins protégée sur un scooter ou une mobylette que dans une voiture : logique, en cas de choc, c'est vous qui tenez lieu de carrosserie ! C'est donc normal que vos parents se fassent du souci. Chaque fois qu'ils ne vous verront pas rentrer à l'heure prévue, ils ne pourront pas s'empêcher d'y penser. Il est certain que vous risquez de leur faire de belles frayeurs.

Allô, j'arrive !
Alors, la meilleure façon de les remercier de leur confiance, c'est d'être prudente : portez toujours votre casque, ne conduisez jamais après avoir bu ou si vous êtes fatiguée, ne roulez pas trop vite, respectez bien le code de la route. Et soyez sympa : passez un petit coup de fil à vos parents chaque fois que vous pensez être en retard…

Info +

Les accidents
En 2000, 886 motocyclistes ont été tués. Les jeunes sont surreprésentés dans ces accidents mortels : 40 % des morts avaient moins de 24 ans.

Conseils

Le casque, votre bouclier
- Le casque, c'est vital. Et pas n'importe quel casque ! Si 95 % des cyclomotoristes le portent, on constate que 50 % des blessures graves touchent quand même la tête. Pourquoi ? Parce que certains accidentés portaient des casques non homologués (c'est-à-dire non soumis aux normes élémentaires de sécurité).
- Pour être efficace, un casque doit être correctement attaché : ne l'enfilez pas à la va-vite !

Voir aussi Confiance, Parents, Permis de conduire, Responsabilité.

Bons plans

Quand vous prenez la route

- *Vérifiez les pneus, les freins, la chaîne, le niveau d'huile. Assurez-vous que votre phare fonctionne.*
- *En cas de pluie, doublez vos distances de sécurité, roulez moins vite. N'oubliez pas que les autres véhicules ont, comme vous, plus de mal à freiner. Attention aux bandes blanches de signalisation (passages piétons, lignes de marquage), aux plaques d'égouts, rails de tram, etc. : l'eau les transforme en patinoire !*
- *Dès qu'il fait mauvais, pensez à mettre vos affaires précieuses dans un sac plastique. Ça vous évitera d'avoir recours aux services du fer à repasser pour remettre en forme vos papiers trempés !*

DEVOIR • 55

C'est ton devoir !

Définition

Le devoir, c'est ce qu'on doit faire au nom de la loi ou de la morale. Ne soupirez pas ! Ce n'est pas une corvée gratuite, faite uniquement pour embêter le monde ! Au contraire, le devoir est fait pour être heureuse et rendre les autres heureux.

S'informer

Le mot « devoir », qu'il ait un S ou non, n'est pas très agréable à entendre. Vous imaginez un tas de corvées (sois polie, dis bonjour à la dame, range ta chambre, aide ta petite sœur à faire… ses devoirs) inventées par vos parents ou d'autres esprits chagrins pour brider votre précieuse liberté, votre appétit de bonheur.

Perdu !

Pourtant, faire son devoir, ce n'est pas renoncer à tout cela, au contraire !
Les devoirs imposés par la société, par exemple, sont justement faits pour contribuer à votre bonheur.

Comment ça ?

Depuis que les hommes sont apparus sur la terre, ils ont appris à vivre en société. Pour se protéger, pour manger à leur faim, pour s'épanouir, ils ont très vite compris qu'ils devaient vivre ensemble : leur bonheur et leur sécurité en dépendaient. Sans sécurité et bonheur, la liberté n'aurait plus de sens ! C'est pour cela que, peu à peu, des lois ont été édictées qui donnent des droits et des devoirs pour permettre de bien vivre ensemble.

Je veux faire ce que je veux !

Quand votre mère vous demande de mettre la table, de faire vos devoirs, de ne pas laisser traîner vos affaires partout dans la maison, elle vous impose un devoir, c'est sûr. C'est normal : la famille est une mini-société qui doit permettre à tous ses membres de bien vivre ensemble.
De même, plus tard, quand vous paierez vos impôts, l'État se chargera en échange de mettre à votre disposition des services pour vous faciliter la vie et la rendre plus agréable : faire des routes, ramasser les poubelles, etc.

On ne m'a pas demandé mon avis !

Pour le moment, vous avez peut-être l'impression de vivre dans un monde qui n'écoute pas vos désirs et ne vous demande pas votre avis.

Vous aimeriez bien, de temps en temps, faire bouger les choses et supprimer purement et simplement certaines obligations ! Ça tombe bien : à 18 ans, vous avez un autre devoir… celui de voter !
Vous devez donner votre avis sur la façon dont vous voulez que la société soit organisée. Pourquoi ? Parce qu'elle doit contribuer à votre bonheur, et à celui des autres. Eh oui !
Les devoirs, même ceux qui vous cassent les pieds, sont fondés avant tout sur un devoir qui les dépasse : celui d'essayer d'être heureuse.

Comprendre

Vous savez bien qu'il y a des choses que vous devez faire : travailler en classe, aider votre mère, etc. Mais voilà :

vous avez envie de regarder la télévision au lieu de travailler, envie d'arriver dans la cuisine comme une inspectrice des travaux finis. Vous avez même parfois d'excellentes raisons : « J'apprends plein de choses à la télévision, bien plus utiles que ces formules de maths ! » ou encore : « Pas de raison que ce soit toujours moi qui aide maman, on est cinq à la maison ! » Pourquoi vous demander de faire le contraire de la spontanéité, du plaisir, de la vie ?

Heureux, ensemble !

Faire chacun son devoir, c'est garantir la liberté de tous. Quand on a compris cela, ça donne une autre dimension au devoir. Pourquoi travailler, aider sa mère, rendre service à son frère ou prendre soin de quelqu'un qui ne va pas bien ? Parce qu'il y a derrière cela des valeurs comme le refus de l'égoïsme, le souci des autres, le sens du partage, tout ce qui permet de vivre harmonieusement ensemble.
Et derrière ces valeurs, une idée qui aide à retrousser ses manches : toute personne a droit au bonheur, à la liberté, à la dignité de la vie.

Jusqu'à l'héroïsme

Ces valeurs créent même parfois des obligations exceptionnelles, une sorte de devoir supérieur qu'on se sent appelée à remplir, simplement par humanité. Vous pensez peut-être aux grands cas de résistance héroïque à l'oppression, et vous avez raison. Mais il y a aussi beaucoup de personnes capables, au nom du devoir, de choses qui sont tout aussi héroïques et belles mais ne font pas grand bruit. Ce peut être ce vieux monsieur qui continue d'aimer et de s'occuper de sa femme qui a perdu la tête et ne le reconnaît même plus, parce qu'elle est atteinte de la maladie d'Alzheimer.
Ou encore ces familles qui s'occupent tous les jours d'un enfant handicapé.

Devoir de conscience

Ces gens-là accomplissent un devoir qui va bien au-delà de la loi. En pareille situation, personne ne sera là pour vous dire ce qu'il faudra faire ou ne pas faire. Comment saurez-vous alors quel sera votre devoir quand personne ne vous l'énoncera en toutes lettres ? Suivez le guide, écoutez votre conscience ! C'est elle qui vous dit ce qui est vraiment bien pour vous et pour les autres. Écouter la voix de votre conscience est le premier de vos devoirs. Vous verrez vite qu'elle n'est pas là pour vous empêcher de faire ce que vous voulez, mais bien pour vous aider à devenir une fille intelligente, épanouie et… heureuse !

Pour votre bien !

Quand vos parents, ou d'autres personnes, vous disent : « Tu dois faire ceci ou cela », demandez honnêtement à votre conscience ce qu'elle en pense. Normalement, l'intérêt de vos parents est de vous permettre d'être heureuse : à priori, s'ils vous imposent des choses, c'est pour votre bien. Faites-leur confiance et si vraiment votre conscience n'est pas d'accord, parlez-en avec eux !

Voir aussi Conscience, Droits, Liberté, Valeurs.

Info +

Le plus grand de vos devoirs

Pour être heureuse, il faut vous y mettre dès maintenant, en préparant votre avenir, dans tous les domaines :

- *Celui de l'esprit, des études : travailler maintenant, c'est avoir la possibilité de choisir plus tard un métier qui vous plaira vraiment.*
- *Celui du cœur : avoir de vrais amis maintenant, c'est l'espoir de partager avec eux plein de grands moments de votre vie à venir ; ne pas se jeter dans les bras du premier venu, c'est vous donner toutes les chances de reconnaître le grand amour lorsqu'il se présentera.*
- *Et puis celui de votre corps : si vous vous en moquez, vous pourriez regretter un jour de l'avoir malmené… Ça passe aussi bien par une hygiène quotidienne et une bonne alimentation, que par un refus de ce qui est dangereux (alcool, tabac, drogues, relations sexuelles non protégées).*

As-tu fait tes devoirs ?

S'informer

Pas moyen d'y couper : les devoirs, ça revient tous les jours ! Face à cette réalité implacable, il y a deux solutions. Le prendre avec philosophie, et s'organiser pour que ça ne vous empoisonne pas l'existence. Ou choisir la politique de l'autruche, mais bonjour les nuits blanches ou les dimanches soirs déprimants !

Un temps pour souffler

Certaines filles préfèrent s'y mettre dès la sortie des cours, pour avoir fini plus vite. Mais vous avez peut-être besoin d'un petit temps de décompression, si votre journée a été longue. Goûter devant la télé, coup de fil à une amie, pot au café avec vos copains : l'important, c'est de vous changer les idées. Une heure suffit largement : après, vous n'aurez plus le courage de vous y remettre !

Les spécialistes de la dernière minute

Vous préférez peut-être travailler après le dîner. Vous n'avez d'ailleurs pas forcément le choix, pour peu que l'entraînement de sport tombe à la sortie des cours ! Mais il vaut mieux éviter quand vous avez beaucoup de travail, à moins que vous n'aimiez mettre votre réveil à 6 h du matin pour boucler un devoir…

Double agenda
Le mieux, c'est de vous faire une organisation sur la semaine, une sorte d'emploi du temps bis qui indique quel jour vous ferez votre devoir de maths, vous réviserez l'anglais, etc., en y intégrant vos autres activités. Un emploi du temps souple, bien sûr, à moduler en cas d'événement important (la sortie à ne pas manquer !).

Courage !
Reste bien sûr à s'y mettre. Le cadre de travail est essentiel : on travaille mal dans le bruit et le désordre. Mieux vaut vous enfermer dans votre chambre, au calme, vous installer devant un bureau rangé et bien éclairé. Faites des piles de livres, cours et feuilles. Première pile, le travail urgent pour demain, deuxième, pour après-demain, troisième, éventuellement, les devoirs à avancer pour la semaine prochaine.

La carotte et le bâton
Pour ne pas musarder, fixez-vous une durée à ne pas dépasser. Ça évite d'être mobilisée toute la soirée. Vous pouvez aussi morceler votre temps de travail : une heure pour les maths, puis une courte pause (le temps de votre *single* préféré). Ça motive pour attaquer la suite !

Musique ou silence ?
Travailler en musique, pourquoi pas ? Certaines finissent par ne plus l'entendre et s'aperçoivent qu'elles ont besoin d'une pause quand elles y font de nouveau attention. D'autres ont besoin de silence pour se concentrer. À vous de trouver votre méthode.

SOS devoirs-amitié, j'écoute !
Les amies, c'est parfois très efficace pour se motiver : on n'ose pas lever le nez quand on voit les autres concentrés ! Essayez donc de travailler ensemble… mais cela oblige à une grande discipline pour ne pas partir sur un autre sujet ! Même exigence pour les coups de fil « SOS » pour terminer un devoir : difficile parfois de ne pas dévier sur les histoires de l'une ou de l'autre !

Info +

Mémoire visuelle, mémoire auditive
On n'a pas toutes la même mémoire. Les unes ont une mémoire visuelle : elles se rappellent la page où est écrit le cours. D'autres ont une mémoire auditive : pour se souvenir, elles entendent dans leur tête la voix du professeur. Vous avez une mémoire visuelle ? Prenez des notes, faites des fiches que vous reverrez mentalement en interro. Une mémoire auditive ? Répétez tout haut vos leçons pour vous souvenir de la musique des mots le moment venu.

Comprendre

D'accord : il y a des soirs où c'est franchement un crève-cœur de faire vos devoirs quand vous avez envie de rêvasser, de passer du temps à parler de tout et de rien avec une amie, ou de regarder la télé. De quoi regarder de travers les bonnes âmes qui ont la fâcheuse idée de vous dire que les études, c'est le bon temps, alors qu'elles ont leurs soirées et leur week-end libres, sans l'angoisse de l'interro du lendemain !

Un temps pour tout

Seulement, voilà, elles sont aussi passées par là, elles ont d'autres soucis et surtout beaucoup moins de vacances que vous ! Et puis, qui vous dit qu'elles ne regrettent pas sincèrement ce temps passé à apprendre, à se cultiver, à former leur intelligence et forger leur esprit critique ?

Musclez votre cerveau !

Les devoirs, ça ne sert pas seulement à passer de classe en classe, à décrocher le bac et à obtenir des diplômes. Ça sert aussi à devenir quelqu'un de plus intelligent, à engranger des connaissances que vous n'aurez plus le temps d'acquérir quand vous travaillerez. C'est pour cela que faire vos devoirs, c'est votre « travail » et la rémunération, c'est une intelligence plus performante, des connaissances plus grandes (et la conscience tranquille !).

Au boulot !

Alors, haut les cœurs, il faut y aller ! Détrompez-vous : ce n'est pas toujours ennuyeux. Vous allez même découvrir des tas de choses passionnantes. N'hésitez pas, quand un sujet vous plaît, à aller plus loin que ce que l'on vous demande : cherchez des informations complémentaires, lisez un livre sur le sujet. Mais même si une matière vous rase, il faut, au minimum, assimiler chaque cours. Sinon, vous allez patauger au cours suivant… ou, pire, l'année suivante. Ce serait dommage de redoubler une année par simple paresse. Alors courage !

Voir aussi Baccalauréat, BEPC, Échec scolaire, Études, Orientation.

Bons plans

Spécial bosseuses de dernière minute

On a beau vous dire de vous y prendre à l'avance, rien n'y fait et vous galérez toujours à apprendre des tonnes de leçons la veille des contrôles importants. Sans forcément apprendre à l'avance, il y a des petits trucs pas fatigants qui font la différence (utiles du collège à la fac !) :

- *Soyez attentive en cours : la moitié du travail est faite (surtout si votre mémoire est auditive). Cela implique de ne jamais sécher ou buller, et de ne pas se contenter de photocopier les cours des autres. En plus, bien prendre ses notes, c'est rentabiliser le temps passé en classe !*
- *Le soir, reprenez vos notes. Soulignez les titres, encadrez ce qui est important. Relisez les une ou deux fois attentivement. Cela vous prendra 10 min. maximum pour chaque cours et la veille du jour J, tout rentrera bien plus vite.*

57 • DIEU

Tu crois en Dieu, toi ?

Définition

Dieu, c'est un mot qui existe dans toutes les langues, mais il a des significations différentes suivant les cultures et les religions. Et surtout suivant la manière dont on l'écrit !

S'informer

Les dieux avec un D minuscule, ce sont des puissances qui sont supposées intervenir sur la destinée des hommes. Pensez aux dieux et aux déesses des Grecs et des Romains ! Ils n'avaient pas toujours bon caractère ; alors, pour se les concilier et recevoir d'eux des bienfaits, il fallait leur offrir des sacrifices. Actuellement, plus personne ne croit aux dieux grecs ou romains, mais certains peuples, en Afrique par exemple, invoquent ce type de dieux, pour avoir de bonnes récoltes, ou pour guérir les malades.

L'Unique

Écrire Dieu avec un D majuscule, c'est radicalement différent. C'est parler d'un Dieu unique, créateur de toute chose, tout-puissant, infini et éternel. Contrairement aux dieux multiples, qu'on peut facilement se figurer parce qu'ils ressemblent à des hommes, avec chacun leur beauté, leur laideur, leurs qualités et leurs défauts, Dieu est difficilement représentable ! Pourquoi ? Parce qu'on a un esprit limité, et que tous ces « grands » mots, tout-puissant, infini, éternel, parfait, ça nous dépasse.

Mais qui donc est Dieu ?

C'est la question impressionnante à laquelle essaient de répondre les trois religions « monothéistes » (qui croient en un seul Dieu). Ces religions, dans l'ordre où elles sont apparues, sont le judaïsme, le christianisme et l'islam. Pour ces trois religions, Dieu est le créateur de l'univers et de l'homme ; il est extérieur au monde (on dit qu'il est « transcendant »). Il n'est pas quelque chose, une puissance, une force ; il est quelqu'un, quelqu'un qui se fait connaître aux hommes (on dit qu'il se « révèle »), et qui donne des moyens d'entrer en relation avec lui. Pour le christianisme, Dieu lui-même, en la personne de son Fils Jésus-Christ, s'est fait homme et a partagé notre destinée.

Sa Parole dans des livres

Cette révélation que Dieu fait de lui-même, cette parole de Dieu, chacune de ces trois religions la retrouve dans des écrits différents. Les juifs lisent la Torah, qui est une partie de la Bible ;

les chrétiens se réfèrent aussi à la Bible, mais surtout aux évangiles qui racontent l'histoire de Jésus-Christ, qu'ils reconnaissent comme le Fils de Dieu. Les musulmans ont reçu de Dieu le Coran par l'intermédiaire de son prophète Mahomet.

Info +

Quelques définitions

Un athée, c'est quelqu'un qui ne croit pas en Dieu. Pour lui, c'est une pure invention des hommes : la vie humaine est apparue par hasard sur la terre, et l'homme disparaît totalement après sa mort. Un agnostique ne veut pas se prononcer : peut-être que Dieu existe, peut-être pas ! Pour lui, la question mérite d'être posée, mais on ne peut pas y répondre avec certitude. Un croyant, c'est quelqu'un qui a la conviction intime que Dieu existe, même si on ne peut pas le prouver rationnellement.

Comprendre

Croyez-vous en Dieu ? Vous vous posez peut-être la question, vos copines vous la posent ou se la posent. Cette question veut dire plusieurs choses. Pour y répondre, vous pouvez vous demander si Dieu existe. Mais cette question est abstraite. Personne ne peut y donner une réponse certaine ! Depuis toujours, les hommes cherchent des preuves de l'existence de Dieu. Mais le mystère de Dieu reste entier.

Concrètement, qu'est-ce que ça change ?

Ce qui compte pour vous, c'est plutôt de vous poser cette question : « Si je crois en Dieu, qu'est-ce que ça change dans ma vie ? » Parce que croire, ça a deux sens. D'abord, penser que c'est vrai ; ensuite et surtout, faire confiance. « Je crois en toi », vous dit votre mère, parce qu'elle vous aime et qu'elle a confiance en vous.

On n'est pas là par hasard

Croire en Dieu, c'est cela ! C'est choisir de faire confiance à ceux qui parlent de Dieu, aujourd'hui et depuis le début de l'histoire. Et surtout, c'est avoir envie de le connaître et de l'aimer. Cette foi change toute l'existence, parce qu'elle lui donne un sens. Quand on est croyante, on pense qu'on n'est pas venue sur terre par le plus grand des hasards, mais qu'on a été voulue, créée par Dieu. On n'est pas un être vivant perdu dans l'immensité de l'univers, une sorte d'algue pensante qui habite la banlieue de la Voie lactée, comme ça, sans raison !

Chercher, sans se lasser

Les croyants appartiennent à différentes religions, mais tous ont en commun le désir de rencontrer Celui qui les a créés, et la volonté de le chercher. Être croyant, c'est l'aventure de toute une vie, parce qu'on n'a jamais fini de chercher Dieu. Le croyant ne possède pas un savoir, même s'il fait référence à des écrits sacrés. Il doit lui-même faire son chemin, construire sa relation avec Dieu. Sans cesse, il doute, et il n'a jamais de réponses certaines et définitives à ses questions.

Un jour, je verrai Dieu

Être croyant demande beaucoup de courage et d'humilité ! Mais ceux qui se lancent dans cette voie orientent toute leur vie vers une immense espérance : connaître Dieu, le rencontrer.

Son visage dans chacun des hommes

Pour les chrétiens par exemple, Dieu propose son amour à tous les hommes et leur demande d'y répondre. Comment ? En l'aimant, et en s'aimant les uns les autres comme il les aime. Le message a l'air simple ? Simple oui, mais sûrement pas facile ! Il est en réalité extrêmement exigeant… puisqu'il s'agit d'aimer même ses ennemis ! Pour le chrétien, le chemin vers Dieu passe par l'amour de tous les hommes, parce que Dieu n'a pas peint son portrait dans les nuages, mais le dessine sur le visage des hommes et des femmes de la terre.

Voir aussi Foi, Prière, Religion.

D 58 • DIMANCHE BLUES

Devine qui vient déjeuner !

Définition

Le mot dimanche vient du latin *dies Domini* qui signifie « jour du Seigneur », en référence au jour de la résurrection du Christ. Dans les pays de tradition chrétienne comme la France, le dimanche est resté le jour de repos hebdomadaire… même si tout le monde n'est pas chrétien et que de plus en plus de gens travaillent le dimanche !

S'informer

Vous consacrez probablement le samedi à vos amis et à vos activités extra-scolaires : musique, sport, etc. Mais le dimanche, c'est sacré : même si ça vous traverse parfois l'esprit, vous auriez du mal à prévoir une grande sortie avec des copains ce jour-là. Pourquoi ?

Parce que le dimanche, c'est un peu réservé à la famille. C'est le jour où tout le monde se retrouve après une semaine où chacun a vécu sa propre vie, entre école, récrés et devoirs pour les petits, bahut, copains et interros pour les plus grands, boulot, courses et gestion de la maisonnée pour les parents.

Déjeuner de famille et balade en forêt

Pour beaucoup d'entre vous, le rythme du dimanche est immuable. Détente, sport, bon repas, promenade ou activités en famille. Bref, un jour un peu exceptionnel qui rompt avec la monotonie de la semaine ! Un jour dont on espère plein de bonnes choses, et d'abord du repos et de la détente.

Comprendre

Le dimanche, c'est censé être le jour le plus sympa de la semaine. Seulement, voilà… ces derniers temps, ce n'est pas toujours le cas pour vous !

Laissez-moi dormir !

D'abord, vous n'avez plus forcément le même rythme que le reste de la famille. Le dimanche matin, c'est souvent le seul moment de la semaine où vous pouvez dormir. Alors la veille, vous en profitez : sortie avec les copains, ou tout simplement veillée tardive devant la télé, lecture, musique… Bref, vous éteignez la lumière tard le soir, ou tôt le matin. Normal dans ces conditions de bouder le repas familial à l'heure où, dans le meilleur des cas, vous venez de finir le petit déjeuner !

La corvée de la semaine

Et puis la famille, il faut bien le dire, est parfois un peu trop envahissante à votre goût. Vous rêvez d'une journée tranquille pour vous remettre de la soirée de la veille. Une journée sans contrainte, pour une fois dans la semaine. Et voilà que votre mère a invité le ban et l'arrière-ban à déjeuner !

On est dimanche, fais un effort !

Du coup, vos parents souhaitent que vous soyez

correctement habillée, pour faire plaisir à vos grands-parents, alors que vous avez envie de traîner en pyjama ou en jogging. Votre grand-mère est d'humeur bavarde : elle a plein de questions à vous poser sur ce que vous faites en classe, un sujet que vous avez justement envie d'oublier.
Bref, c'est le malaise !

Demain lundi

Mais le pire est encore à venir. Parce que le pire du dimanche, ce n'est pas le déjeuner de famille, c'est la déprime du soir à l'idée que le week-end se termine et qu'il va falloir recommencer une semaine de classe avec tout un tas de tracas… à commencer par le réveil qui sonne le lundi matin ! C'est ça, le dimanche blues.

C'est cette maudite impression que le soleil se couche plus tôt que les autres jours de la semaine. Que la nuit est plus obscure, que les rues sont désertes et sinistres. L'ombre du lundi matin plane sur la ville !

Sur le pouce

À la maison, le dîner est vite expédié et moyennement chaleureux. Personne n'a vraiment d'appétit, et d'ailleurs ça tombe bien, parce que le repas est simple : après le déjeuner de famille où elle s'est démenée, la maîtresse de maison se repose.
On dîne à la va-vite, chacun a la tête ailleurs, préoccupé par la semaine qui s'annonce. C'est souvent le moment où les devoirs oubliés se rappellent à votre bon souvenir !

Le meilleur des antidotes

Le marasme du dimanche soir, c'est souvent parce qu'on a l'impression d'avoir mal utilisé son week-end. Alors, pour l'éviter, rien de tel que d'avoir derrière vous une journée réussie.
Le dimanche blues, ça se combat dès le matin ! Gardez-vous d'hiberner toute la journée, de vous lever en traînant les pieds, de pousser de gros soupirs à l'idée de voir la famille. Si vos parents désirent votre compagnie le dimanche, c'est parce qu'ils vous aiment et veulent profiter de vous. Imaginez qu'ils soient toujours enfermés dans leur chambre quand vous voulez les voir : vous seriez malheureuse, et furieuse !

Famille, je vous aime !

Alors, faites un tout petit effort. Et vous verrez, si vous êtes souriante malgré votre mine un peu chiffonnée de lendemain de soirée, tout le monde vous trouvera adorable… et aura envie de vous chouchouter.
Le week-end est trop court pour qu'on en passe la moitié à traîner et à grogner !

Bons plans

Repas dominical : réchauffez l'ambiance !

De temps à autre, proposez de remplacer le sacro-saint déjeuner par un brunch, sorte de grand petit déjeuner où on mêle sucré et salé. Les parents seront heureux de vous avoir à table, et ça vous dispensera d'enchaîner deux repas sans pause ou d'ingurgiter une choucroute en guise de petit déjeuner !

Armez-vous contre le dimanche blues

- *Ne gardez pas tous vos devoirs pour le dimanche soir !*
- *Proposez une soirée télé ou vidéo avec un plateau repas pour toute la famille.*
- *Organisez un goûter-dîner avec crêpes, gaufres, etc.*
- *Faites la liste de vos projets pour dimanche prochain.*

D 59 • DIVORCE

J'ai deux familles...

○ Définition

Le divorce, c'est la dissolution du mariage civil, qui se fait par un jugement. En France, la loi qui en règle les modalités date de 1975.

○ S'informer

La loi française prévoit deux sortes de divorce.

Le divorce par consentement mutuel

Il est prononcé quand les deux époux sont d'accord pour se séparer. Ils choisissent un avocat (ils peuvent choisir le même) et proposent au juge une convention qui règle la garde des enfants et les problèmes d'argent.

Le divorce pour rupture irrémédiable de la vie commune

Il est possible quand les époux vivent séparés depuis au moins 6 ans. L'un d'eux peut aussi le demander quand l'autre est atteint d'une maladie mentale grave. Dans ce cas, même divorcé, il continue à lui devoir assistance.

Une longue procédure

Une procédure par consentement mutuel dure au moins 6 mois ; c'est souvent beaucoup plus long, entre 12 et 18 mois, quand les époux ont des sujets de désaccord (garde des enfants, argent…).

Et les enfants ?

En général, les deux parents gardent l'autorité parentale, même si la garde est attribuée à l'un (la mère dans 85 % des cas), tandis que l'autre a un droit de visite (souvent un week-end sur deux et la moitié des vacances scolaires). Pour éviter une trop grande séparation, 10 % des parents choisissent la garde alternée : les enfants vivent tantôt chez l'un, tantôt chez l'autre (une semaine sur deux par exemple).

Leur mot à dire

Le juge peut consulter les enfants avant de prendre une décision sur leur lieu de vie. S'il ne le fait pas, ils peuvent demander à être entendus. À quel âge ? « Dès qu'ils sont capables de discernement », précise l'article 12 de la Convention internationale des droits de l'enfant. En pratique, seuls les adolescents ont recours à cette possibilité. L'entretien a lieu sans les parents, à huis clos (c'est-à-dire en privé). L'enfant peut demander l'appui d'une personne de son choix, et même d'un avocat, qu'il n'a pas à payer.

○ Info +

Ce que les religions disent du divorce

Le mariage est béni par toutes les religions, qui souhaitent aux époux bonheur et fécondité. Mais la plupart d'entre elles considèrent le mariage comme une décision purement humaine entre deux personnes qui se choisissent. Elles admettent donc que l'un ou l'autre des époux, ou les deux, souhaite rompre l'union. Un cas particulier : le catholicisme. Pour l'Église catholique, le mariage n'est pas seulement un engagement humain. L'amour que les époux se portent est le signe de l'amour de Dieu pour les hommes. Dieu s'engage lui-même dans le mariage : les hommes ne peuvent pas défaire ce que Dieu a fait. Aussi les époux restent-ils mariés devant Dieu, même s'ils sont divorcés devant le juge.

Comprendre

Un divorce, c'est toujours douloureux. Pour les adultes, c'est l'aveu d'un échec, la fin d'un amour. On s'était cru capables de s'aimer pour toujours, et puis ça a raté. Quant aux enfants, ils gardent souvent au fond d'eux-mêmes la nostalgie d'une famille unie.

Ce divorce inscrit dans le rythme quotidien

Garde alternée, visites régulières au parent chez qui ils n'habitent pas, le rythme de la vie des enfants est marqué par le divorce. Bien sûr, on s'habitue à cette nouvelle situation. N'empêche : les allées et venues entre les deux parents, ce n'est pas naturel, et sans cesse on est amené à faire mémoire du divorce, même s'il est très ancien.

Ma faute ?

Il arrive que les enfants éprouvent un sentiment de culpabilité : si le couple de mes parents n'a pas marché, c'est peut-être de ma faute ? On dit souvent que les enfants sont le ciment d'un couple : un enfant qui voit ses parents divorcer peut se demander, même inconsciemment, s'il n'est pas responsable de cette crise. Bien sûr, la réponse est non. Un enfant peut créer des tensions entre ses parents sur la manière de l'éduquer, mais jamais il ne les mènera devant le juge.

Pas d'amour heureux ?

Il y a aussi les divorces qui surviennent alors que les enfants sont déjà adolescents. Ce n'est pas la même chose parce qu'on est moins dépendant de ses parents pour la vie quotidienne, mais c'est aussi douloureux que lorsqu'on est enfant. Ça fait mal, ça chamboule, ça fait surgir des tonnes de questions sans réponses. C'est donc vrai, que l'amour peut ne pas durer toute la vie ? Alors, à quoi bon se lancer soi-même ? À l'âge où l'on se pose de grandes questions sur ce qu'on va faire de sa vie, il faut avouer qu'un divorce n'est pas très encourageant.

Le divorce n'est pas une fatalité

Pourtant, aucun divorce ne doit faire désespérer de l'amour. Bien sûr, c'est affreux de voir tous ces couples séparés. Mais les statistiques ne veulent rien dire pour votre vie personnelle. Concrètement, ce n'est pas parce que les chiffres montrent que 1 couple sur 3 divorce que vous avez vous-même 1 « chance » sur 3 de divorcer un jour !

Voir Amour, Beau-Père/Belle-Mère, Mariage, Mère, Père.

Conseils

Un père à mi-temps

Si vos parents sont divorcés et que vous vivez, comme la plupart des enfants dans ce cas, chez votre mère, ce n'est peut-être pas évident de communiquer avec un père que vous ne voyez pas souvent. Pour un père divorcé, les week-ends avec une petite fille, c'est facile : entre le zoo, les glaces et le patin à roulettes, il y a plein de choses à faire ! Mais quand elle grandit, il est souvent désemparé devant une jeune fille qu'il ne comprend pas toujours, d'autant plus qu'il n'a pas la mère de la demoiselle comme décodeur ! Si c'est votre cas, soyez indulgente avec lui. Patiente, aussi : quand vous aurez 18 ou 20 ans, vous aurez certainement une relation beaucoup plus simple et complice avec lui.

60 • DROGUE

La drogue, c'est l'enfer !

Définition

Les scientifiques regroupent sous le nom de drogues différentes substances dites « psychoactives », c'est-à-dire qui modifient le fonctionnement du cerveau et la personnalité. Ces substances créent une accoutumance et une dépendance, à la fois physiques et psychologiques.

S'informer

Ce que dit la loi

La loi du 31 décembre 1970 punit la production, la détention et l'usage de stupéfiants (cannabis, cocaïne, crack, ecstasy, LSD, héroïne…) par des sanctions allant de 76 à 76 000 € d'amende et de 1 à 20 ans de prison.

Ce que dit la science

Drogue dure ou douce, la science ne sait pas ce que cela veut dire. Les scientifiques définissent trois grandes catégories de drogues, en fonction de leur action sur le système nerveux : les dépresseurs, les perturbateurs et les stimulants.

Les dépresseurs du système nerveux

Les effets immédiats

Les dépresseurs peuvent être des produits autorisés par la loi mais détournés de leur usage (certains médicaments par exemple) ou des produits interdits comme l'opium ou l'héroïne. Ces drogues ralentissent l'activité du cerveau et produisent, dans un premier temps, un sentiment de bien-être, d'apaisement pouvant aller jusqu'à l'euphorie. Dans le cas précis de l'héroïne, on appelle « flash » le sentiment intense de plaisir que les toxicomanes ressentent lors de la première prise et qu'ils cherchent à retrouver à tout prix, en augmentant et en rapprochant les doses, au risque d'en mourir (c'est l'overdose, un excès de produit que le corps ne peut pas supporter et qui provoque une crise cardiaque).

Les conséquences

Quand la dépendance physique s'installe, et dans le cas de l'héroïne cela peut être dès la première prise, la personne souffre du manque dès que les effets du produit se sont dissipés : son corps réclame la drogue, son esprit est obsédé, son énergie mobilisée par la recherche du produit. Dans le cas de l'opium et de l'héroïne, les crises de manque sont insupportables : crises d'angoisse, crampes abdominales provoquant vomissements et diarrhées, vertiges, tremblements, sueurs froides, hallucinations…

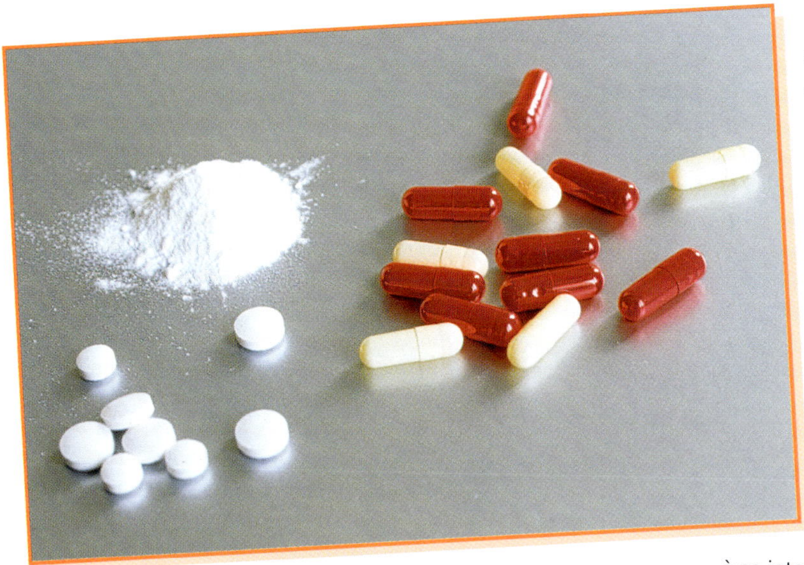

consécutifs à la prise d'acide, ont aussi été recensés : le cerveau des victimes avait été en quelque sorte « carbonisé » par l'acide.

Le « bad trip »

Le LSD peut provoquer des hallucinations très dangereuses : le « voyage psychédélique » a parfois entraîné des personnes à se jeter par la fenêtre (non par désespoir mais parce qu'elles pensaient pouvoir voler !). D'autres ont éprouvé des crises d'angoisse avec des bouffées délirantes aux conséquences tout aussi dramatiques (boire de l'eau de Javel pour tuer les vers imaginaires qui rongeaient leur ventre, par exemple). Ce que les initiés nomment le « *bad trip* » a parfois des conséquences mortelles. Il ne faut pas oublier non plus le « retour d'acide » : les molécules d'acide peuvent rester inactives dans le cerveau pendant six mois et se mettre à agir à n'importe quel moment… Imaginez ce qui peut se passer quand ce « retour d'acide » arrive au volant d'une voiture…

L'ecstasy

Enfin, l'ecstasy, qui agit à la fois comme hallucinogène et comme stimulant, est aussi

La dépendance psychologique elle aussi est très forte. Un ancien toxicomane garde souvent le souvenir du plaisir que lui donnait la drogue. Par ailleurs, le mal-être qui l'avait amené à se droguer n'a pas disparu et c'est souvent cela qui est le plus difficile à surmonter.

Les perturbateurs du système nerveux

Les médecins classent dans cette catégorie diverses substances interdites par la loi comme le cannabis, les champignons hallucinogènes, le LSD (encore appelé acide) et l'ecstasy. Il faut y ajouter les colles et les solvants.

Les effets

On appelle ces drogues « hallucinogènes », car leur action sur le cerveau modifie la perception de la réalité, au point de provoquer des hallucinations (modification des perceptions, de la notion du temps et de l'espace, distorsion des images et des couleurs, confusion entre les images et les sons). C'est la perte de la notion du temps dans l'ivresse cannabique, ou encore le « voyage psychédélique » du LSD.

Les conséquences

Les conséquences de la prise de certaines substances hallucinogènes (LSD ou acide, ecstasy) peuvent être dramatiques dès la première prise. Cela n'a rien à voir avec la prétendue « qualité » du produit. Ces drogues peuvent causer des lésions irréversibles au cerveau, entraînant des accidents psychiatriques extrêmement graves, comme la schizophrénie, sans que l'on sache pourquoi cela arrive à une personne et pas à une autre. Des cas de maladie d'Alzheimer précoce (25 ans),

• TABLEAU DES PRINCIPALES DROGUES

Produits	***Catégorie***	***Composition, présentation***	***Effets immédiats***	***Effets indésirables, dangers***
CANNABIS	Perturbateur du système nerveux central.	Issu d'une plante : le chanvre indien. Se présente sous 3 formes : l'herbe ou marijuana, le haschich ou shit en barrettes, l'huile (peu répandue).	Détente, relaxation, euphorie. Modification de la perception du temps. Parfois sentiment de persécution, anxiété.	Ralentissement des réflexes, pertes de mémoire, difficultés de concentration. Dépendance physique faible. Risque de dépendance psychologique.
COCAÏNE	Stimulant du système nerveux central.	Extraite d'une plante : le coca. Se présente sous forme d'une poudre blanche. Généralement inhalée, elle peut s'injecter. Souvent mélangée à d'autres produits.	Excitation intense, disparition de la sensation de fatigue, coupe-faim ; puis crampes musculaires, état d'épuisement, frissons, dépression.	Détérioration des cloisons nasales, accidents cardiaques, overdose, accidents psychiatriques. Dépendance psychique forte.
CRACK	Stimulant du système nerveux central.	Mélange de cocaïne, de bicarbonate de soude et d'ammoniaque. Se présente sous forme de petits cailloux dont on inhale la fumée après les avoir chauffés.	Excitation, effets plus intenses que la cocaïne, car arrive plus vite au cerveau. Puis hallucinations, comportements violents, états suicidaires.	Graves altérations des voies respiratoires, arrêts respiratoires ou cardiaques, dommages neurologiques. Dépendance physique et psychique très forte.
ECSTASY	Perturbateur du système nerveux central.	Substance chimique souvent mélangée à des amphétamines, de la caféine, de l'amidon ou de la lessive. Se présente sous forme de comprimés colorés ornés d'un motif.	Stimulation, résistance à la fatigue et au sommeil, exacerbation des sensations, délires. Puis, les jours suivants, épuisement et grosse déprime.	Troubles cardiaques, toxicité au niveau du foie, dégradation des cellules nerveuses, troubles psychiques sévères et durables. Dépendance psychique grave.
LSD (encore appelé acide)	Perturbateur du système nerveux central.	Substance provenant d'un champignon hallucinatoire : l'ergot du seigle. Se présente sous forme de buvard, de « micropointe » (comme une mine de crayon) ou de liquide.	Modifications sensorielles, hallucinations, fous rires, délires. Puis angoisses, crises de panique, bouffées délirantes, risque de « *bad trip* ».	Accidents psychiatriques graves et durables, parfois dès la première prise.
HÉROÏNE	Dépresseur du système nerveux central.	Substance naturelle issue du pavot. Se présente sous forme de poudre blanche ou brune. S'injecte, peut également être sniffée.	Sensation immédiate d'extase qu'on appelle « flash », puis sensation d'euphorie et somnolence. Parfois nausées et vertiges.	Contamination par les seringues usagées : Sida, hépatites. Overdose. Dépendance physique et psychique forte.

très dangereuse : en supprimant la sensation de fatigue ou de malaise, cette drogue a conduit des jeunes consommateurs de *rave party* à la mort. Les victimes dansaient depuis des heures sans manger ni boire parce qu'elles n'en ressentaient pas le besoin : elles souffraient pourtant d'une déshydratation intense faisant monter leur température corporelle à plus de 43° C.

Les stimulants du système nerveux

Les effets

Ce sont des drogues qui suppriment la sensation de fatigue et de faim et, dans un premier temps, stimulent l'activité intellectuelle. C'est le cas des amphétamines (notamment des coupe-faim), de la cocaïne et du crack. À l'exception du crack (très peu cher et extrêmement dangereux) qui fait des ravages dans les milieux défavorisés, ces drogues sont plus souvent utilisées dans les milieux aisés, artistiques ou intellectuels : ceux qui les consomment recherchent leur effet stimulant immédiat, pour être plus performants, plus brillants.

Les conséquences

Quand les effets des amphétamines ou de la cocaïne sont dissipés, les consommateurs entrent dans une phase de dépression. Ils sont épuisés et ont l'impression de ne plus réussir à penser. La multiplication des prises peut entraîner des crises de tachycardie (le cœur se met à battre trop vite) et des accidents cardiaques. Les conséquences du crack sont autrement tragiques. Ce produit, élaboré à partir de la cocaïne retraitée de façon chimique, tire son nom du craquement sonore qu'il produit en chauffant (c'est une drogue que l'on fume). Ses effets sont bien plus intenses que ceux de la cocaïne : excitation euphorique, sentiment de puissance, hallucinations. Une à trois prises suffisent pour être dépendant. Les drogués sont fréquemment pris de délires paranoïaques extrêmement violents et agressifs. Le surdosage, inévitable car l'accoutumance est forte et rapide, entraîne souvent la mort par crise cardiaque.

Info +

Dépendance, accoutumance

La dépendance, c'est le fait de ne plus pouvoir se passer de la drogue. Quand on n'en a pas, on est en état de manque. L'accoutumance, c'est le fait d'être obligé de prendre de plus en plus de drogue pour obtenir le même effet. Parce que le corps s'habitue à la drogue, il lui en faut de plus en plus.

Comprendre

Même si l'adolescence est un moment de la vie où l'on a particulièrement envie d'exercer sa liberté, de faire des expériences nouvelles, de tester ses limites et, pour certaines, de braver des interdits, il y a une expérience à éviter absolument, celle de la drogue.

La drogue, c'est vraiment l'enfer !

Vous êtes effrayée par les effets du crack ou de l'héroïne ? Vous avez raison. Sous leur emprise, on vit une véritable descente en enfer. Une journée de consommation d'héroïne, c'est au moins 150 voire 300 €. Et pas de répit possible. Pour trouver cet argent, pour ne pas être en manque, les drogués sont prêts à tout : se prostituer, ou commettre des agressions.

Toutes dangereuses !

Mais il n'y a pas seulement l'héroïne ou le crack qui sont dangereux. Toutes les drogues le sont. Ce n'est pas parce que l'acide ou l'ecstasy se présentent sous la forme de jolies pilules colorées proposées un soir de fête qu'elles sont moins destructrices qu'une seringue remplie d'héroïne ou qu'une pipe de crack.

Roulette russe, attention !
Acide et ecstasy sont à la mode dans certains milieux branchés qui refusent d'en voir les vrais dangers. Pourtant, elles peuvent produire des effets irréversibles dès la première prise. Si on vous en propose un jour, n'hésitez pas : dites toujours non ! Il n'y a pas de « bon » ou de « mauvais » acide qui tienne. Vous ne pouvez pas savoir si vous ferez partie ou non des malchanceux qui ont eu le cerveau bouilli, fondu, dès la première prise. Inutile de faire le test…

Tu vas voir, c'est super…
Forte de ces bons conseils, ne vous tourmentez pas : le piège de la drogue ne se refermera pas à votre insu. Même si vous avez des soucis, même si vous vous sentez fragile, vous pouvez toujours résister à la drogue. N'acceptez jamais ce qu'un « ami » sympa pourrait vous donner pour vous détendre ou vous éclater. C'est toujours le début de la galère. La drogue ne résout jamais les problèmes, elle les aggrave.

La vie en rose
Et puis, si vous décidez de réussir votre vie, d'avoir des projets d'avenir, des amis bien choisis, vous n'aurez pas besoin de poudre blanche ou de pilules colorées pour voir la vie en rose. Vous n'aurez pas besoin de stimulants, de calmants ou d'hallucinogènes pour changer la réalité… parce que cette réalité, vous l'aimerez. Ce sera la vraie vie, la vôtre, celle que vous êtes en train de construire.

Bons plans

Pour ne pas tomber dans le piège
- Dire non, dire non, dire non…
- Dans les soirées, se méfier des boissons que l'on ne sert pas devant vous : un acide dissous dans un verre de Coca, ça ne se sent pas. Certaines personnes font cela pour s'amuser, pour pouvoir abuser sexuellement d'une fille. Pour les dealers, c'est un excellent moyen de se faire une nouvelle clientèle.

Conseil

À lire
Deux témoignages (véridiques et effrayants) de jeunes filles droguées :
- *Moi, Christiane F, 13 ans, droguée, prostituée*, Folio
- *L'Herbe bleue, Journal intime d'une jeune droguée*, Presses Pocket.

Conseil

Ami en danger
Un drogué est un malade. Il est dangereux pour lui-même, et pour les autres. Il a besoin d'un médecin pour guérir. Le seul geste d'amitié que vous pouvez risquer, c'est d'en parler avec un adulte compétent : infirmier, médecin, chef d'établissement. N'hésitez pas, parler, c'est peut-être sauver une vie.

Voir aussi Alcool, Cannabis, Tabac.

Vrai/Faux

On peut mourir à cause du manque.
Faux. Le manque fait atrocement souffrir, mais il ne tue pas. Les médecins donnent des produits de substitution aux drogués pour que le sevrage se fasse en douceur.

Les chances de guérison d'un drogué sont inférieures à celles d'un malade du cancer.
Vrai. Hélas… 10 à 30 % seulement des drogués guérissent définitivement.

61 • DROIT

C'est mon droit...

S'informer

Les droits fondamentaux des hommes et des femmes ont été inscrits dans les lois au cours de l'histoire. La France a joué un rôle particulier dans ce processus, en rédigeant en 1789 la Déclaration des droits de l'homme et du citoyen, qui a inspiré beaucoup de pays.

Les droits à l'échelle du monde
Après la Seconde Guerre mondiale, l'Organisation des Nations unies (ONU) a repris les principes de la Déclaration des droits de l'homme de 1789 pour élaborer une Charte internationale des droits de l'homme, proclamée le 10 décembre 1948. Quels sont ces droits ? Droit à la vie et à la liberté, droit de vivre dans des conditions décentes, ou encore de ne pas être inquiété pour ses opinions politiques et religieuses. On y trouve aussi l'interdiction de la torture et des traitements dégradants.

Des progrès, des lacunes
Depuis 1948, plus de 170 pays ont signé la Charte de l'ONU. Hélas, les violations des droits de l'homme restent nombreuses dans le monde.

Même les enfants ?
En 1989, la communauté internationale a essayé de définir les droits des enfants. Ratifiée par 191 pays, la Convention internationale des droits de l'enfant définit des règles visant à les protéger : droit d'être nourris et logés décemment, droit à l'éducation, droit de ne pas travailler trop jeunes, de vivre avec leurs parents, de ne pas subir de mauvais traitements, etc.

Définition

Un droit est une faculté de faire ou de dire quelque chose, de disposer d'une chose, ou d'exiger quelque chose de quelqu'un. Cette faculté est garantie par la loi.

Comprendre

Avant 18 ans, on ne jouit pas encore de tous les droits d'un adulte… mais on n'en a pas non plus tous les devoirs ! C'est à l'âge de la majorité qu'on les reçoit : droit de vote, mais aussi droit de passer son permis, d'agir sans le consentement ses parents, etc. Mais à votre âge déjà, vous avez pas mal de droits, petits et grands.

Les droits, on aime ça !
Quand on vous dit : « Tu as le droit de… », vous êtes plutôt contente, et vous vous empressez (légitimement !) d'en profiter. Le droit de sortir jusqu'à minuit, le droit de donner votre avis sur un tas de choses, le droit de chevaucher un scooter, le droit de ne pas faire un exercice facultatif… Avoir des droits, c'est sympa ! On regretterait seulement de ne pas en avoir davantage !

Gratuits ou payants ?
Pourtant, les droits ne sont pas gratuits. Ils ne tombent pas du ciel. Vous ne les avez pas reçus comme ça ; vous n'êtes pas l'heureuse gagnante d'une tombola des droits ! Mais, direz-vous, je ne les ai jamais achetés. Ils me sont donnés, c'est justement cela qui est appréciable… Alors, comment ça, pas gratuits ?

Ça se paie en devoirs, pas en euros !
Eh, oui ! Il se trouve qu'en échange de ces droits vous donnez une contrepartie. Pas en espèces sonnantes et trébuchantes, bien sûr. Sauf quand il s'agit d'acheter le droit d'entrer à la piscine, ou au cinéma : là, c'est une question d'argent. Pour tous les autres droits… c'est une question de devoirs. Par exemple, le droit de sortir tard le soir implique le devoir de respecter l'heure de retour convenue, et aussi celui d'être prudente pendant la soirée, pour justifier la confiance que l'on vous fait.

Comme une récompense
Il ne faudrait pas que cette idée de devoirs fasse planer une ombre sur les droits que vous êtes tellement contente d'avoir ! Parce qu'un droit, ça se savoure ; il faut en profiter, s'en réjouir, bien l'utiliser. Mais c'est vrai qu'on en profite mieux lorsqu'on a fait son devoir !

Voir Devoir, Liberté, Responsabilité.

Bon plan

Votre municipalité vous donne la parole !
Dans de nombreuses communes, il existe des conseils municipaux de jeunes qui donnent leur avis sur plein de sujets : terrains de sports, loisirs, mais aussi solidarité entre les habitants, transports, sécurité routière, etc. C'est l'occasion d'élire des représentants, de contrôler ce qu'ils font, d'apprendre à débattre, à prendre des décisions… et de se familiariser avec le fonctionnement de la démocratie. Ce système existe peut-être chez vous ! Renseignez-vous auprès de l'Association nationale des conseils municipaux d'enfants et de jeunes (Anacej) : voir la liste des numéros utiles en fin d'ouvrage.

62 • ÉCHEC SCOLAIRE

Ne jetez pas l'éponge !

S'informer

À votre âge, on a beaucoup de choses nouvelles à vivre. Les rêves, les désirs, les envies, les relations avec les parents, tout change… sans oublier les nouveautés dans le travail scolaire : nouvelles matières, nouvelles méthodes, nouvelles exigences des professeurs, etc. Bref, de quoi baisser les bras, quelquefois ! Il est fréquent de connaître un passage à vide où les résultats (et la quantité de travail) sont à la baisse.

Défaillance passagère

Tant que cela ne dure pas plus de trois mois, c'est sans gravité ; cela laisse le temps et les moyens de se reprendre. On appelle ça pudiquement une « difficulté scolaire », et il suffit de relever ses manches pour s'en tirer. Un redoublement n'est pas forcément non plus une situation d'échec, s'il est suffisamment bien vécu, et employé pour se remettre en selle.

Gros retard

On parle vraiment d'échec scolaire lorsqu'un élève a plus de 2 ans de retard par rapport à l'âge « normal » de sa classe, et qu'il est, à nouveau, mal parti pour s'en sortir. Mais même dans ce cas, il ne faut surtout pas jeter l'éponge ! L'important, c'est de chercher les raisons qui ont créé cette impasse, pour trouver une autre voie. Il y en a sûrement une !

Info +

France, l'échec scolaire en chiffres

- À l'entrée en 6e, 5 à 10 % des élèves ont de grandes difficultés en lecture, écriture et calcul. *Source : Éducation nationale, 1996.*
- 6,5 % des jeunes qui se sont présentés en 2000-2001 aux journées d'appel de préparation à la défense (JAPD) avaient en lecture de graves difficultés pouvant déboucher sur de l'illettrisme. Ces difficultés concernaient 4 % des filles et 8,4 % des garçons. Parmi ces jeunes, 20,8 % n'étaient pas allés au-delà du collège, et 11,8 % avaient un niveau BEP ou CAP. *Source : évaluation conjointe de l'Éducation nationale, du Service national et de l'université Paris-V, le Monde, 23 octobre 2001.*
- 4 % des adultes sont en situation d'illettrisme. *Source : INSEE, 1996.*

Comprendre

L'échec scolaire rend malheureuse. On se sent diminuée, on est persuadée qu'on ne vaut rien. Pourtant, cela ne signifie pas que l'on est une incapable. Les résultats scolaires ne jugent qu'un certain type de compétences. On peut très bien ne pas avoir encore acquis ces compétences ou en avoir développé d'autres qui ne sont pas reconnues par le système scolaire. Avoir de mauvais résultats ne veut, en aucun cas, dire qu'on est bête.

En parler, vite

Tout le monde a des points forts et des points faibles. Tout le monde a une vraie valeur, une intelligence qui ne tient pas seulement bulletins scolaires. Le tout, c'est de découvrir pour quelles raisons on « bloque ». Pour cela, une seule solution : oser en parler sans honte. Et le plus rapidement possible, parce que ce n'est pas la peine de traîner dans une situation douloureuse où on perd son temps. Trop souvent, le sujet reste tabou ; du coup, le retard s'accumule, et ça devient encore plus difficile de redécoller.

Les raisons d'un échec

Il peut y avoir des tas de raisons à un échec. Chez certaines, c'est parce qu'elles n'écoutent pas assez en classe ; du coup, elles n'ont pas tous les éléments pour bien comprendre et suivre les cours. D'autres ne travaillent pas assez chez elles, pas assez profondément ; d'autres encore n'ont pas de mémoire, ou n'arrivent pas à se concentrer. Sans parler de celles qui vivent des choses douloureuses avec leurs amis (chagrin d'amour, amitié déçue) ou dans leur famille (inquiétude pour un frère ou une sœur, mésentente des parents, deuil, etc.). Ces soucis les empêchent de mettre toute leur énergie dans le travail.

Des causes plus anciennes

Il y a encore les difficultés spécifiques qui n'ont pas été repérées en primaire. Problème de vue, d'audition, ou encore dyslexie : cette difficulté à apprendre et à bien lire, si elle n'a pas été traitée pendant l'école primaire, peut handicaper toute une scolarité. Certaines filles ont tout simplement besoin de plus de temps pour assimiler les connaissances : il faut les laisser avancer à leur rythme, sans vouloir à tout prix les laisser avec leur classe d'âge.

Pas bête du tout !

L'important, c'est de chercher honnêtement d'où cela peut venir, avec soi-même, avec ses parents. Il peut être utile aussi de faire un bilan de ses capacités avec un spécialiste. On sera étonnée de se découvrir des compétences insoupçonnées, une manière particulière de réfléchir et d'apprendre, des atouts à valoriser. Et encore plus stupéfaite d'apprendre que l'échec scolaire, ça arrive aussi aux surdoués !

Voir aussi Orientation, Redoublement.

Conseils

SOS Papa-Maman

Si vous avez de grosses difficultés scolaires, vous croyez sans doute que vos parents sont mécontents, et vous n'osez pas aborder le sujet avec eux. En fait, ils sont surtout inquiets. Ils savent que votre avenir dépend de vos études : alors, ils s'affolent à la moindre baisse de résultats, parce qu'ils vous aiment et rêvent pour vous d'une vie réussie.

Commencez par faire le point seule. Comment avez-vous besoin qu'on vous aide ? Ensuite, essayez d'en parler franchement avec vos parents. Mais ne les laissez pas crier tout de suite à l'échec scolaire. Si vous vous croyez capable de remonter la pente, expliquez-leur que c'est une difficulté passagère. Que vous avez besoin de soutien dans une matière, d'une aide pour apprendre à mieux organiser votre travail. En parler avec eux, c'est déjà beaucoup. Ça dédramatise, ça aide à comprendre les problèmes et à trouver les bonnes solutions. Et puis, ne l'oubliez pas, ils sont là pour vous aider !

63 • ÉCOLOGIE

Marée noire, bombe atomique et vache folle

Définition

L'écologie a pris son essor au XIXe siècle. Le mot a été créé par un botaniste allemand, Ernst Haeckel, en 1866. Il est formé de deux mots grecs, *oïkos* qui veut dire maison et *logos* qui veut dire science. De sorte que l'écologie, littéralement, c'est la « science de l'habitat », l'étude des êtres vivants dans leur milieu.

S'informer

L'écologie aujourd'hui est bien plus qu'une science ; c'est toute une vision du monde, un débat passionné. En étudiant les modifications du milieu naturel, la science a entraîné une prise de conscience : l'homme s'est rendu compte que, par ses activités économiques, il pouvait aire des dégâts. De là, il a été conduit à prendre position pour ou contre ces actions. L'écologie est aussi devenue la doctrine politique de ceux qui pensent que l'homme va trop loin dans l'exploitation de la nature.

Boulimie de ressources

L'homme agit sur le monde et le transforme. Mais aujourd'hui, alors que la terre est habitée par plus de 6 milliards d'êtres humains, on assiste à une augmentation sans précédent des besoins en terres cultivables, en matières premières, en énergie. Les hommes se concentrent dans des villes géantes, créant toutes sortes de pollutions dangereuses pour l'environnement et pour eux-mêmes.

Sonnettes d'alarme

Des accidents comme l'explosion de la centrale nucléaire de Tchernobyl, des marées noires à répétition, une agriculture intensive entraînant des risques graves pour l'homme ont favorisé le développement d'une conscience écologique. On sait maintenant que les ressources de notre planète ne sont pas inépuisables ; qu'on doit les économiser, et aider à leur renouvellement. Les hommes cherchent un mode de vie plus respectueux de la nature, afin de la préserver pour les générations futures. C'est ce qu'a exprimé la conférence de l'ONU à Rio en 1992, en élaborant une Charte de la Terre qui propose des idées en vue d'un développement durable.

Les écolos au créneau

La protection de ces ressources vitales est devenue l'objet d'un engagement politique. Les partis écologistes se sont multipliés.

Comprendre

Effet de serre, pollution de l'air, pluies acides, etc., on a tous compris que notre terre était fragile. Ce globe bleu perdu dans l'univers est notre maison, nous n'en avons pas d'autre ; il faut en prendre soin si on veut assurer un avenir à l'humanité.

Des trésors à mieux gérer

On a compris aussi que l'environnement est un problème planétaire, qu'on ne peut pas se protéger seul dans son coin, ni même à l'échelle d'un pays. Reste qu'on ne pourra pas résoudre ce problème sans réviser sérieusement nos modes de vie, pour partager mieux les ressources entre tous les hommes.

Ça veut dire apprendre à ne pas gaspiller, dans nos pays riches qui produisent des montagnes de déchets.

Ça signifie aussi trouver des énergies renouvelables.

Ou encore aider les pays les plus pauvres à se développer moins mal que nous, en polluant moins.

Tous concernés !

Mais l'écologie, ce n'est pas seulement l'affaire des responsables politiques ; cela concerne chacun dans sa manière de vivre.

Il y a de nombreux gestes simples, à la portée de tous, qui contribuent à lutter contre la pollution ou le gaspillage.

La nature au-dessus de tout ?

Mais, attention ! Tout cela ne doit pas nous conduire à idolâtrer la nature. C'est bien de défendre les animaux en voie de disparition, à condition de ne pas oublier ces millions d'enfants qui auraient besoin qu'on plaide leur cause parce qu'ils n'ont ni nourriture ni médicaments. C'est important de défendre des méthodes naturelles pour se nourrir ou se soigner, mais sans nier qu'un vaccin ou un antibiotique peut sauver beaucoup de gens.

La planète n'est pas un musée !

Autrement dit, l'écologie ne doit pas vous faire oublier que l'homme passe avant la nature, et que la Terre n'est pas un musée dans lequel il serait tout juste toléré ! Bien sûr, il ne doit pas la saccager, chasser la baleine ou l'éléphant jusqu'à ce qu'il n'en reste plus, polluer l'air et les rivières, user les sols ou détruire les forêts.

C'est l'intérêt de l'homme de protéger intelligemment la terre pour mieux y vivre aujourd'hui et pour que notre merveilleuse planète soit accueillante pour les générations futures.

Pour une écologie moderne

L'écologie est un projet moderne qui pousse à inventer et à privilégier de nouvelles méthodes de développement, pour vivre mieux en préservant les ressources de la planète. Pour autant, ce n'est pas très sérieux de croire que tout était mieux dans le passé, parce que c'était plus naturel ! C'est quand même mieux d'avoir de l'eau courante pour prendre sa douche, que d'aller la chercher au puits, non ? C'est encore mieux de ne pas mourir parce qu'on a pu aller très vite à l'hôpital, grâce aux nombreuses routes de France… même si elles ont délogé nos amies les bêtes ! L'espérance de vie de « l'homme des cavernes » était de 25 années.

Notre espérance de vie atteindra bientôt 80 ans…

Voir aussi Politique.

Savoir-vivre

Être écolo, ce n'est pas seulement plaider la cause de la forêt amazonienne ! C'est avant tout :

- *Ne pas laisser de détritus sur la plage ou en montagne.*
- *Ne pas jeter son mégot ou son chewing gum sur le trottoir.*
- *Ne pas laisser couler l'eau indéfiniment pendant qu'on se brosse les dents.*
- *Éteindre les lumières (et la radio !) quand on quitte une pièce.*
- *Ne pas mettre ses piles à la poubelle, mais les porter dans les conteneurs prévus pour leur recyclage.*

64 • ÉGALITÉ

Elle en a plus que moi !

Définition

« Tous les hommes sont égaux, mais certains sont plus égaux que d'autres », disait Coluche. Une boutade qui montre combien l'égalité est complexe !

S'informer

« Tous les hommes naissent et demeurent libres et égaux en droits », proclame l'article Ier de la Déclaration des droits de l'homme. Cela veut dire que tous, indépendamment des différences physiques, intellectuelles et sociales, ont la même valeur et méritent le même respect.

L'idée qui a changé le monde

L'égalité est une idée très ancienne, et pourtant extrêmement fragile, toujours remise en cause dans les faits. Elle nous vient du début de notre ère, lorsque le christianisme a affirmé que tous les hommes étaient frères, également aimés de Dieu. C'était d'une audace révolutionnaire. Les peuples de l'Antiquité avaient une conception très hiérarchique du monde : chacun devait rester à sa place, l'esclave et l'étranger n'ayant pas les droits des citoyens. Les premiers chrétiens ont été persécutés parce qu'ils parlaient d'égalité et la mettaient en pratique.

Des progrès à faire

Malheureusement, c'est une idée qui a été souvent trahie, en particulier dans des sociétés qui ont instauré des privilèges. C'est pourtant cette idée qui a inspiré la Déclaration des droits de l'homme de 1789. Aujourd'hui admise dans les sociétés démocratiques, elle a encore de sérieux progrès à faire dans beaucoup de pays.

Dans les faits…

Des inégalités, vous en côtoyez tous les jours. Votre copine Sophie a des parents bien plus riches que les vôtres ; la famille d'Anne a souvent du mal à joindre les deux bouts. On naît beau ou laid, intelligent ou pas, dans un pays où la vie est plus ou moins facile, dans une famille heureuse ou déchirée. Bref, tout le monde n'a pas les mêmes atouts au départ. Et les différences se creusent au cours de la vie, selon l'éducation qu'on reçoit et les événements qui peuvent survenir (accidents, handicaps, etc.).

Comprendre

Comme tout le monde, il vous arrive de râler parce que d'autres ont plus de chance que vous. L'égalité des droits, vous l'avez devant la loi. Mais il y a toujours des choses qui vous manquent, alors que d'autres les ont. Vous n'avez peut-être pas assez d'argent pour partir en voyage à l'étranger, alors que certaines filles peuvent se le permettre. D'autre part, parmi vos amies, il y en a qui en ont encore moins que vous, et ça vous révolte aussi.

Juste et généreuse

L'égalité est une idée juste et généreuse. Juste, parce qu'elle rappelle que tous les hommes ont les mêmes droits : droit de penser et d'agir librement, de pouvoir se nourrir, se loger, élever des enfants, se cultiver, se distraire, etc. Généreuse, parce qu'elle se soucie de ceux qui n'ont pas ces droits.

Communisme, l'égalité par la force

Le communisme a rêvé d'une société où l'égalité serait parfaite. Mais il a voulu l'imposer à tous par la violence en s'emparant des biens des plus riches pour les donner aux défavorisés : il a manqué son but et fait des millions de morts.

Libéralisme, l'égalité impossible

Le libéralisme pense au contraire qu'on ne peut pas abolir toutes les inégalités économiques et sociales, parce qu'elles sont causées par les inégalités naturelles. Pour les libéraux, la société doit donner à tous la liberté de s'enrichir. Le meilleur gagnera beaucoup plus que les autres, mais comme les richesses créées seront très importantes, tout le monde aura sa part. Sauf que les inégalités sont là dès la naissance ; et même s'ils sont très intelligents, ceux qui n'ont pas les moyens de faire des études, ou de les faire dans de bonnes conditions, n'ont pas les mêmes chances de réussir que ceux qui n'ont pas de souci d'argent.

L'égalité sans compétition ?

Alors ? Il n'y a pas de solution miracle. Simplement un juste milieu à trouver. Ne rien faire pour favoriser l'égalité, c'est maintenir les inégalités de naissance. L'imposer coûte que coûte, c'est prendre le risque de tuer tout dynamisme, toute créativité. À quoi bon se donner du mal pour développer ses talents, si on n'en tire aucun bénéfice ? Imaginez qu'aux jeux olympiques, on décide de donner des médailles à tous les sportifs : cela n'aurait plus de sens.

À chances égales

La compétition est une bonne chose, parce qu'elle oblige chacun à donner le meilleur de soi-même. Mais elle n'est juste que si tous les athlètes ont eu les mêmes moyens de se former et s'entraîner et si même le dernier reçoit de quoi vivre dignement.

Info +

Égalité = tous pareils ?

C'est important de vouloir que tout le monde ait les mêmes droits et les mêmes chances pour réussir sa vie. Mais attention ! Ça ne veut pas dire que tout le monde doit être pareil. Concrètement, ça veut dire que vous avez le droit d'avoir des idées, des goûts différents de ceux des autres, et même des ambitions plus hautes. Vous avez aussi le droit de réussir mieux que vos amies, sans vous sentir coupable : tout le monde a le droit d'être exceptionnel !

Voir aussi Fraternité, Justice, Liberté.

Conseils

Pour promouvoir l'égalité à votre échelle :

- *N'entrez jamais dans la logique du racisme, de la xénophobie, de tous ces discours qui affirment que certains sont supérieurs à d'autres.*
- *L'inégalité se compense par le partage. Invitez la copine qui n'a pas d'ordinateur à utiliser le vôtre, emmenez en vacances l'amie qui ne peut pas partir, etc.*
- *Vous avez parfois l'impression de n'avoir pas reçu autant que d'autres ? C'est la vie ! Cultivez ce que vous avez de mieux, sans vous lamenter sur vos défauts et vos faiblesses !*
- *L'inégalité crée aussi la complémentarité et la solidarité. Si l'une de vos copines a un don exceptionnel pour le piano, par exemple, quel bonheur pour elle de vous en faire profiter, et pour vous de l'écouter ! Alors, au lieu de se jalouser les unes les autres, réjouissons-nous des inégalités qui nous permettent de donner et de recevoir !*

65 • ÉGOÏSME

Et moi, et moi, et moi...

Définition

Égoïsme vient du latin *ego*, qui veut dire « moi ». C'est une attitude qui consiste à penser d'abord à soi. À faire passer systématiquement ses désirs, son plaisir, son intérêt avant ceux des autres.

S'informer

« L'égoïste fait de son propre bonheur la loi de ceux qui l'entourent », dit le philosophe Alain. C'est vrai : quand on est égoïste, on part du principe que les autres sont là pour nous rendre service (un service à sens unique, bien sûr !).

On aime beaucoup telle fille… parce qu'elle est bonne en maths et que c'est pratique de se faire aider dans ses devoirs.
On ne s'adresse à ses parents d'un ton aimable… que lorsqu'on a un projet de vacances en tête, et qu'il faut bien trouver des sponsors pour le financer ! Dans les conversations, on ne parle que de soi, sans écouter ce que les interlocuteurs ont à dire. Bref, les autres sont intéressants… lorsqu'ils sont utiles !

Affreusement visible… chez les autres !

L'égoïsme, c'est quelque chose qu'on remarque très rarement chez soi. Alors que chez les autres, ça saute immédiatement aux yeux ! Quand on a un comportement égoïste envers quelqu'un, on imagine lui demander un « service » ; quand les autres osent avoir le même comportement, on les accuse de nous « exploiter » ! Pourtant, des réflexes d'égoïste, on en a tous.

T'es sympa, depuis que t'as un graveur !

Il vous est peut-être déjà arrivé, par exemple, de vous intéresser subitement à un camarade de classe à qui vous n'aviez jamais pensé, tout ça parce que vous venez d'apprendre qu'il a un graveur et qu'il pourrait bien vous copier quelques CD ? Ou alors d'aller au cinéma avec les copains en imposant le film (même avec finesse), sans vous préoccuper de ce que les autres aimeraient voir… Ce sont encore des formes d'égoïsme.

Comprendre

L'égoïsme, c'est normal. C'est humain. Chacun est à sa place et pas à celle des autres : une évidence qui ne vous apprend rien, sans doute ! On a tous envie de réussir sa vie, de trouver le bonheur : quoi de plus légitime ? Et quand on pense à tous les coups de pouce que les autres peuvent nous donner… c'est tentant de les utiliser un peu. En oubliant qu'ils ont aussi leurs rêves de bonheur, leur sensibilité, leur histoire. Et le droit de ne pas être traités comme des instruments.

Le langage de la peur

Mais l'égoïsme, c'est souvent aussi une façon d'exprimer ses peurs : peur de manquer de quelque chose, peur du monde, de la vie qui paraît difficile, des autres qui sont différents et parfois égoïstes eux aussi ; peur de ne pas être soi-même si on leur cède, de ne plus être respectée. C'est cette espèce de sentiment d'insécurité qui provoque un repli sur soi et des réactions égoïstes. On se fabrique une carapace, on cherche à se donner la première place, pour se sentir plus sûre de soi.

Contre l'égoïsme, un remède très humain

L'égoïsme, ça arrive à tout le monde. Mais heureusement, il y a quelque chose d'autre qui arrive à tout le monde, qui est aussi très humain et qui sauve de l'égoïsme : c'est son contraire, la générosité. On a toutes et tous une aspiration au partage, une envie de faire attention aux autres, de les aider.

Quand la générosité se laisse intimider

La générosité se manifeste peut-être moins spontanément que l'égoïsme. Elle se laisse souvent intimider ou étouffer par de bons raisonnements… égoïstes. Qu'est-ce qu'on va penser de moi si je suis trop gentille ? Qu'est-ce qui va me rester pour acheter le pull de mes rêves, si je donne de l'argent à cette femme qui me tend la main ? Pourquoi est-ce que j'aiderais ma sœur à faire ses devoirs, alors que j'ai envie de regarder la télé ?

Le plaisir d'aimer

Pourtant, il y a des moments où on n'écoute que son cœur. Et vous savez par expérience que non seulement on ne les regrette jamais, mais que ce sont toujours d'excellents souvenirs. Parce qu'on est fière. Fière de s'être comportée comme quelqu'un de bien, qui écoute les autres, qui se met à leur place, qui les aime pour de vrai. Fière d'être sortie de sa coquille, de ses petites préoccupations personnelles. Heureuse aussi de recevoir des remerciements, de constater qu'on a vraiment fait plaisir à quelqu'un, qu'on lui a réellement rendu service.

Engagez le combat !

Alors ? Alors, l'essentiel, c'est de cultiver votre générosité, pour qu'elle intimide à son tour vos tendances égoïstes. Vous êtes assoiffée de justice, de partage, de fraternité ? L'individualisme vous scandalise ? Battez-vous au quotidien… y compris avec vous-même : « Tu n'as pas honte de ne penser qu'à toi ? Tu oses encore te regarder dans la glace après avoir refusé un service si simple ? » Que votre générosité naturelle soit un peu agressive vis-à-vis de votre égoïsme, pour qu'ils luttent tous les deux… et que la meilleure gagne !

Voir Amitié, Gentillesse, Narcissisme.

Bons plans

Pour ne pas vivre en égoïste

• Toujours prendre le temps avant de refuser un service : la première réaction peut être vive, et on le regrette après !

• Il n'y a pas uniquement l'argent qui se partage. Ce n'est pas parce que vous ne pouvez pas inviter une copine à boire un café que vous êtes égoïste : votre temps, votre bonne humeur, vos compétences sont encore bien plus riches !

• De temps en temps, faites un petit exercice : mettez-vous à la place de chaque personne que vous rencontrez. Prof, copine, voisin. Imaginez ce qui lui ferait plaisir et faites-le !

• Faites-en l'expérience : on préfère toujours recevoir que donner, mais on a presque toujours plus de joie à donner qu'à recevoir.

66 • ENGUEULADE

Prise de tête !

Définition

On pourrait dire « dispute », mais ça n'exprimerait pas aussi bien les cris, voire les injures, qui retentissent dans le mot « engueulade » (plus familier, mais tout à fait autorisé : on le trouve dans le dictionnaire !) L'engueulade, c'est le *clash* qui fait du bruit, qui énerve, qui fait même pleurer. Qui mobilise parfois la famille entière, quand tout le monde s'en mêle.

S'informer

Les sujets de conflits ne manquent pas lorsqu'on vit sur un même territoire et qu'on utilise les mêmes objets. Surtout quand on grandit et qu'on a chacun ses exigences et ses habitudes. Il y a le frère qui ne rince jamais sa baignoire, la petite sœur qui fouille toujours dans votre tiroir ou votre sac. Il y a (encore) le frère qui prend un malin plaisir à rester sur Internet alors que vous avez un besoin urgent du téléphone.

Ces sujets qui fâchent

Avec les parents, c'est autre chose. Le genre de votre mère, c'est plutôt de vous demander de mettre le couvert alors qu'elle sait très bien que c'est l'heure de votre feuilleton préféré à la télé. Quant à votre père, il a le chic pour s'informer de votre note au dernier contrôle de maths en plein milieu du repas. Sans parler des désaccords politiques qui l'opposent à votre frère aîné : ça vire à l'engueulade un soir sur deux. Car le pire, c'est quand ça se répète régulièrement, comme si on ne pouvait pas l'empêcher. De sorte que vous avez peut-être l'impression qu'à la maison, « ça gueule tout le temps ».

Au secours, les parents s'engueulent !

Dans un couple, c'est normal qu'on ne soit pas toujours d'accord, et que cela produise des conflits. D'autant qu'élever des enfants ensemble, c'est tout un programme, et un beau sujet de controverses. Quand on est la cause d'une crise entre ses parents, on se sent malheureuse, et souvent coupable. Mais on perçoit bien si, sous l'engueulade, il y a de l'amour, ou si la situation est plus grave. De manière générale, c'est vrai pour tous les membres de la famille : comme on les connaît par cœur (ou presque !), on décode assez bien l'affection contenue dans l'éruption volcanique !

Comprendre

On pourrait croire qu'il y a les familles où l'on s'entend bien et celles où l'on

s'engueule. Mais c'est plus compliqué que cela.
Il y a des familles où on ne s'engueule pas parce qu'on ne se parle pas beaucoup : chacun vit sa vie dans son coin, et on ne dit rien quand ça ne va pas.
Inversement, quand on s'engueule en famille, ce n'est pas forcément parce qu'on ne s'entend pas ou qu'on ne s'aime pas.

Partager, c'est parfois enrager !

Simplement, vivre ensemble, c'est toujours difficile : il faut partager l'espace, partager le temps.
On n'a pas tous le même rythme ni les mêmes envies au même moment.
Et c'est particulièrement vrai en famille, parce qu'on ne s'est pas choisis, mais qu'on a une longue histoire ensemble, des liens souvent très forts, et plein de sujets de conflits.

Vase qui déborde ne casse pas

Quand les choses ne vont pas, il vaut mieux s'en parler. Pas forcément en explosant ! Mais il y a des familles où on est très « soupe au lait ». On a de la voix et de la personnalité, si bien que les conflits donnent lieu à de belles engueulades.
Ce n'est pas forcément une mauvaise chose, si on sait éviter la violence, physique bien sûr, et même simplement certains mots qui blessent pour longtemps.

Le problème, c'est quand cela devient une habitude, un rite, et qu'on ne sait plus se parler autrement qu'en criant.
Si vous croyez que c'est vraiment ce qui se passe chez vous, parlez-en à une personne extérieure : même si cela n'arrange pas tout, ça aide de se décharger de ce genre de tension !

Nota bene

Les bonnes engueulades font souvent les bons souvenirs… quand on s'aime.

Voir aussi Colère, Repas, Violence.

Conseils

Éviter ou dédramatiser les engueulades

• Elles ont souvent lieu au cours des repas, parce c'est là que la famille se retrouve, qu'on a parfois à se dire des choses qui fâchent, ou que tout le monde veut parler en même temps. On peut y penser à l'avance, et ne pas aborder les sujets difficiles à table !

• On gagne parfois à rire au milieu d'une engueulade : l'humour décrispe et permet ensuite de reprendre les choses plus calmement.

• Attention aux mots qui font mal : dans le feu de l'action, on peut dire des tas d'horreur que l'on ne pense pas vraiment. Seulement voilà, les mots sont sortis, et on les oublie difficilement ! Quand la pression monte, respirez à fond, et pensez à « l'après-engueulade ». Et interrogez-vous : voulez-vous vraiment faire mal, là, maintenant, avec ces mots-là ?

67 • ENNUI

J'sais pas quoi faire !

Définition

Malheureusement, il est sans doute inutile de vous définir ce qu'est l'ennui. Parce que, comme tout le monde, vous connaissez cette charmante sensation, vous en faites l'expérience… le moins souvent possible, espérons-le !

S'informer

Il y a plusieurs façons de s'ennuyer. Soit on tourne en rond parce qu'on n'a rien à faire. Soit on en a assez de faire toujours la même chose. Soit on ne voit pas le but de ce qu'on est en train de faire. On mordille son stylo en pensant : « Mais à quoi ça va me servir de démontrer que ces deux droites sont parallèles, alors que ça crève les yeux ! »

Quelle que soit la cause de l'ennui, les symptômes sont les mêmes : une impression de vide, de lassitude, et même parfois de désespoir !

Rien à faire, j'peux rien faire !

Une drôle de faiblesse physique, aussi ! Le livre que vous teniez vous tombe des mains, les objets qui jonchent le sol de votre chambre vous semblent si lourds que vous ne pouvez pas vous résoudre à les ramasser, l'activité sympa que vous avez un temps imaginée vous épuise avant même de l'avoir commencée.

Envie de rien…

La seule chose que vous parvenez à faire, c'est de vous traîner en gémissant d'ennui comme une malheureuse, de votre chambre au salon, en passant par la cuisine, en espérant qu'un miracle vous sorte de cette torpeur. Mais rien à faire, le temps n'avance pas plus vite. Pire, devant votre air abattu, votre mère vous prend en pitié et tente de vous occuper… en vous faisant étendre le linge (« Puisque tu t'ennuies, viens donc m'aider ! »).

Disparu, volatilisé !

Heureusement, s'il vous arrive de vous ennuyer ferme, vous n'êtes pas non plus totalement au bord du désespoir : le lendemain d'un jour d'ennui, vous pouvez être de nouveau pleine d'énergie, dès que vous revoyez vos copains de classe. Bref, l'ennui, c'est bien ennuyeux, mais fort heureusement ça n'a rien à voir avec la déprime !

Comprendre

Quand on est pleine de vie, de désirs et de projets, on aimerait que les journées filent comme un TGV. Or voilà, il arrive que votre vie soit plutôt comme un tortillard-qui-s'arrête-à-toutes-les-gares ! Sans parler des moments où il freine carrément en rase campagne. Et on en est réduite à se morfondre devant un paysage désespérément immobile. Rien à faire en attendant que ça reparte !

Condamnée à attendre

À votre âge, les grands rêves se bousculent dans votre tête. Projets d'avenir, rêves d'amour, désir de réussir sa vie… Ce sont des rêves immenses, que vous avez parfois du mal à caser dans les limites de votre vie quotidienne ! Les cours, la routine familiale, même les loisirs, se répètent et se ressemblent. Tout cela vous paraît parfois

de toute activité palpitante, peuvent aussi avoir des avantages : celui de vous faire réfléchir à des choses auxquelles vous ne prendriez pas le temps de penser si vous viviez à cent à l'heure !

Voir aussi Lecture, Solitude.

petit, trop familier et ne colle pas avec vos rêves. Et vous voilà condamnée à attendre l'avenir, en poussant de temps à autre un gros soupir d'ennui.

C'est toujours la même chose !

« L'ennui naquit un jour de l'uniformité » a écrit le poète La Motte-Houdar. Autrement dit, quand on fait toujours la même chose, même si on aime, ça finit par devenir monotone. Alors, c'est normal d'être parfois sans volonté devant la routine de la vie quotidienne ; d'être effleurée de temps en temps par l'idée que les journées manquent de sel, de piment, de poivre, enfin d'un on-ne-sait-quoi qui les rendrait moins fades et plus palpitantes !

À mort, le temps !

C'est normal aussi d'avoir envie de ne rien faire, d'avoir l'impression qu'il vous reste seulement à tuer le temps, parce que vous ne voyez pas ce que vous pourriez faire de vos dix doigts ni surtout des heures qu'il reste jusqu'au dîner ! S'ennuyer, laisser les minutes passer sans rien faire, c'est aussi un moyen d'apprivoiser ce fichu temps qui passe à une vitesse prodigieuse selon vos parents, et à celle d'un escargot selon vous. Même si vous trouvez ça pénible, l'ennui, c'est très fréquent et bien normal à votre âge !

L'ennui ne fait pas de mal...

Et puis, ces temps de battement où vous ne savez pas trop quoi faire ne sont pas forcément mauvais ; parce que l'ennui, c'est un moment de vagabondage intérieur qui apprend l'attente et la patience. Les longues journées d'ennui contre lesquelles vous ne pouvez rien, parce que vous êtes coincée à des kilomètres

Conseil

Spécial filles-qui-s'ennuient-souvent

Vous faites peut-être partie de celles qui s'ennuient régulièrement, le week-end, le mercredi, ou pendant les vacances scolaires. Pour peu que vos parents soient contre la télévision... vous pouvez passer des soirées ou des journées à mourir d'ennui et de solitude ! Profitez-en. Profitez de ce temps qui s'écoule lentement, pour réfléchir, pour lire, pour forger votre personnalité. Lisez des romans, mais aussi du théâtre, de la poésie. Écrivez si vous en avez envie. Et ne soyez pas désespérée, même si c'est vrai que cela n'est pas très drôle à vivre sur le moment. C'est l'ennui que l'on tue à grand renfort de livres et de méditation qui fait les personnalités intéressantes !

68 • ÉTUDES

Les clés du métier

Définition

Jusqu'à 16 ans, on parle de scolarité. C'est même la scolarité obligatoire. Après, la loi n'oblige plus les parents à envoyer leurs chères têtes blondes à l'école. Continuer à aller en classe ou s'engager dans une formation au-delà de 16 ans, c'est donc, au sens strict, faire des études.

S'informer

On peut choisir des études courtes et opter dès la fin du collège pour une voie professionnelle (CAP ou BEP), quitte à rattraper ensuite une voie plus longue vers un bac professionnel ou même, si on a de très bons résultats, un bac technologique.

Solution fac ou prépa

En revanche, si on veut faire des études supérieures, on doit entrer au lycée pour passer un bac général ou technologique. Avec un bac général, on peut aller à l'université ou choisir une classe préparatoire, pour tenter les concours des grandes écoles d'ingénieurs ou de commerce, des instituts d'études politiques (IEP dit « sciences po ») ou des écoles normales supérieures. Cette préparation se fait dans certains lycées où l'on est admis sur dossier : il faut de très bons résultats scolaires. Si on ne réussit pas de concours, on peut toujours bifurquer vers l'université.

Université : un monde à elle seule...

Les universités prennent en priorité les élèves qui viennent d'obtenir le bac. Les autres sont pris sur dossier. On y prépare d'abord un Deug (diplôme d'études universitaires générales) : c'est le 1er cycle. Le 2nd cycle comprend la licence, puis la maîtrise. On peut ensuite faire un 3e cycle (un DEA, diplôme d'études approfondies, puis une thèse, travail de recherche en trois ans minimum !). Ces 3e cycles permettent de se spécialiser, pour faire de la recherche. Ce sont souvent des études à rallonge : on dit souvent en plaisantant de quelqu'un qui se lance dans une thèse que c'est un « éternel étudiant » !

... avec ses concours

Avec une licence (obtenue au bout de 3 ans d'université), on peut entrer, sur dossier et/ou sur concours, dans un institut universitaire de formation des maîtres (IUFM) pour préparer deux concours : l'un pour devenir institutrice, l'autre, le Capes (certificat d'aptitudes à l'enseignement secondaire) pour devenir professeur en collège ou en lycée. Avec une maîtrise, on peut préparer le concours le plus difficile, celui de l'agrégation, destiné à recruter les professeurs de lycée.

... et ses filières technologiques

Mais l'université s'ouvre de plus en plus aux filières technologiques en proposant des Deust (diplôme universitaire de sciences et techniques) ou des MST (maîtrise de sciences et techniques) ainsi que des MSG (maîtrise de sciences de gestion).

Fac de médecine : accrochez-vous

On peut aussi choisir la fac de médecine, sachant qu'un

concours en fin de 1re année opère une sélection très rigoureuse. Toutefois, si on échoue, on peut se réorienter vers des études scientifiques ou paramédicales.

Abrégeons !

Si, après un bac général ou technologique, on préfère un cycle plus court, on peut opter pour un brevet de technicien supérieur (BTS), un diplôme universitaire de technologie (DUT) ou un diplôme d'école spécialisée (paramédical, social, juridique, artistique, etc.). Les BTS se préparent dans des lycées qui recrutent sur dossier. Les DUT se font dans les instituts universitaires de technologie (IUT), qui recrutent aussi sur dossier, avec souvent des entretiens et/ou des tests écrits.

Info +

Le total général des étudiants est passé de 1,18 million à 2,13 millions entre 1980 et 2000 : il a presque doublé. *Source :* Repères et références statistiques, *MEN-Édition, 2000.*

Comprendre

Quand on vous demande ce que vous voulez faire plus tard, vous êtes sans doute bien en peine de le dire, comme beaucoup de filles de votre âge ! Vous avez peut-être une vague idée, mais en même temps tout cela vous semble bien lointain. C'est normal, et vous n'avez pas d'inquiétude à avoir : si vous pensez aller jusqu'au bac, vous avez encore du temps pour vous décider.

Plus tard, je serai...

Une fois en terminale, c'est sûr, il faudra vous décider. Mais là encore, pas de panique. Faire des études dans un domaine ne débouche pas sur un seul métier ! Évidemment, quand on fait des études de médecine, c'est pour devenir médecin (mais il y a encore à faire le choix des spécialités !). Si vous choisissez de faire des lettres, du droit, des mathématiques, des langues étrangères, vous optez pour une formation générale. C'est au fil des études que vous allez découvrir quel métier vous voulez faire.

Une bonne tête pour un bon métier

Comment ? Tout simplement en laissant les études former votre esprit, l'entraîner pour qu'il soit capable de bien penser, de bien analyser, de bien décider. Un esprit bien formé peut convenir à des tas de métiers ! Après, c'est une question de goût, de pratique bien sûr, de rencontres aussi. Il y a souvent un déclic quand on rencontre des gens qui exercent des métiers passionnants : ils vous donnent envie de faire comme eux, et c'est le bonheur quand on s'aperçoit qu'on peut y arriver à partir des études que l'on a faites !

Le temps des grandes découvertes

« Les études, c'est le bon temps ! » De quoi faire enrager les étudiants à la veille des examens ! Pourtant, vos aînés ont raison. Étudier, c'est vraiment une chance pour vous. Et c'est vraiment le bon temps, pas uniquement celui de l'insouciance ! Dans les années qui viennent, vous allez vous intéresser à l'histoire, à la littérature, à l'économie, découvrir les mystères du corps humain ou des pays lointains... Une manière d'apprendre à connaître le monde qui vous entoure, ceux qui ont vécu avant vous et qui l'ont façonné, avec leurs idées, leurs façons de vivre, leurs combats aussi.

Apprendre, le sel de la vie

Vous aurez sûrement envie d'en savoir plus, dans tel ou tel domaine. C'est le secret des études : la soif d'apprendre, de comprendre le monde pour s'y sentir bien et mieux y vivre. Alors, profitez bien de ces années fabuleuses où l'on ne vous demande qu'une chose : apprendre. Après, vous aurez moins de temps... moins de mémoire aussi !

Voir aussi Apprentissage, Baccalauréat, Lycée, Orientation.

69 • FAMILLE

Ah, la famille...

cette famille que la vie vous a donnée et qui vous a donné la vie ; c'est elle qui est responsable de vous.

Définition

Au sens strict, la famille est formée par les parents et les enfants : c'est la famille « nucléaire ». Au sens large, ce sont aussi les cousins, oncles et tantes, grands-parents… et jusqu'aux aïeux lointains, si abstraits !

S'informer

Sa famille, on ne la choisit pas et pourtant, il y en a de toutes sortes ! Regardez autour de vous. Autant de copines, autant de familles. Il y a les copines dont les parents vivent toujours ensemble. Celles dont les parents sont divorcés et qui vivent avec des demi-frères et demi-sœurs, en famille « recomposée ». Les filles uniques ou entourées d'une famille nombreuse. Celles qui ont des frères et sœurs adoptifs…

Histoires de familles

Le rapport avec la famille élargie varie aussi selon les circonstances. Vous pouvez être très proche de vos grands-parents, oncles, tantes et cousins ou les considérer comme des étrangers, parce que vous habitez loin d'eux ou que la vie a distendu les liens.

Des racines pour la vie

Quel que soit le schéma, vous avez une famille qui vous a donné un nom, une origine, des racines même si vous les connaissez peu ou pas. Un jour vous partirez pour fonder votre propre famille ! En attendant, jusqu'à 18 ans, âge de la majorité, vous dépendez de cette famille que la vie vous a donnée et qui vous a donné la vie ; c'est elle qui est responsable de vous.

Comprendre

Encombrante, la famille ! C'est ce qu'on se dit plus ou moins souvent à votre âge. Il vous arrive peut-être de penser : « Si j'avais eu le choix, j'aurais atterri ailleurs ! » Chez telle ou telle copine, où tout le monde a l'air trop sympa.

Grrrrrrr… m'énervent…

Et pourtant, faites un petit sondage : parmi vos amies, laquelle ne reproche rien à sa famille ? Il y a fort à parier que certaines, avec qui vous échangeriez bien votre place, envient votre sort ! Il est normal d'éprouver de l'agacement. Vous n'êtes plus à l'âge où vos parents vous semblaient sans défaut. Et une vie de famille sans disputes et prises de bec multiples, ça n'existe pas !

Solidaire des siens

Mais au fond, vous tenez à votre famille. La preuve : vous n'aimeriez pas l'entendre critiquer par des étrangers. Ça, c'est un droit dont vous vous réservez l'exclusivité ! Parce que vous vous sentez solidaire d'elle. Solidaire de vos frères et sœurs quand ils sont attaqués à l'école, de vos parents qui se donnent du mal, même s'ils sont parfois maladroits.

Un bagage qu'on n'oubliera jamais

Votre famille, c'est le lieu où vous avez appris à aimer, à être aimée, à vivre ensemble, à vous battre, à pardonner et à vous réconcilier, à donner et à recevoir. Vous y avez appris à distinguer le bien du mal, vous y avez découvert le respect des autres. Bref, vous devez à votre famille beaucoup de ce que vous êtes : c'est avec ce bagage que vous partirez bientôt sous d'autres cieux.

Quand la famille fait mal

Il arrive malheureusement que la famille ne soit pas ce qu'elle devrait être, un lieu d'amour et de sécurité affective. Qu'elle soit déchirée par les conflits, la violence, les souffrances. Dans ces cas difficiles, la seule chose qu'on puisse faire, c'est essayer de se trouver une sorte de « deuxième » famille qu'on apprécie particulièrement, où on pourra bavarder avec la mère, chahuter avec les frères et sœurs, partir en vacances avec eux. C'est précieux, même si cela ne remplace jamais la vraie famille.

Familles recomposées, le bonheur possible

Quand les parents se séparent, la famille « éclate » : c'est difficile à vivre, on a l'impression de dire adieu au bonheur familial et à la douceur de vivre. Pourtant, on peut recréer une atmosphère chaleureuse dans une famille recomposée, si chacun y met du sien. On peut même parfois y rencontrer le frère ou la sœur qu'on n'avait pas et dont on a rêvé.

Savoir-vivre

Pour rendre la vie plus belle

Ah, ces mots magiques qu'on prodigue à ses amis et qu'on oublie curieusement à la maison ! Simples, comme « bonjour », « s'il te plaît », « merci » ; plus difficiles, comme « pardon », « j'ai eu tort » ; plus secrets, comme « je t'aime »… À remettre d'urgence en service si nécessaire !

Voir aussi Beau-père/belle-mère, Divorce, Engueulade, Frères et sœurs, Parents.

Conseils

Pour que ça roule

C'est bête à dire, mais l'esprit de famille et la bonne entente à la maison tiennent aussi à des petites choses matérielles. Pour faire bon ménage les uns avec les autres, un secret : le partage des tâches. Que ce ne soient pas toujours les mêmes (ou la même !) qui s'y collent !

- *L'éponge et les produits d'entretien ne sont pas la propriété exclusive de la maîtresse de maison. Elle ne vous en voudra sûrement pas si vous vous en servez !*
- *C'est une bonne idée de se renseigner sur l'endroit où se trouve caché l'aspirateur. N'ayez pas peur de sortir ce monstre rugissant de son placard, de temps en temps !*
- *Ne partez pas du principe que c'est toujours au tour des autres de promener le chien ou de nettoyer la litière du chat.*

70 • FAN

Je l'ââââââaime.......

Définition

Fan est l'abréviation du mot anglais *fanatic*. Une fan est une admiratrice passionnée d'un personnage célèbre : chanteur, acteur, sportif, *top model*, etc. Mais on peut aussi être fan de cinéma, de rollers ou d'une série TV.

S'informer

Être fan, c'est une « maladie » visiblement plus répandue chez les filles que chez les garçons… à moins que ces messieurs ne le fassent moins voir ! N'empêche : collectionner religieusement photos, autographes, tickets de concert, s'habiller comme son idole, rêver de lui ressembler, ce sont des particularités plutôt féminines.

Plus ou moins atteintes

Il y a des degrés dans le « fanatisme » ! On peut écouter en boucle les disques de son idole, acheter tous ses albums, voire afficher un poster géant dans sa chambre ou collectionner photos et articles sur lui… et rester lucide, c'est-à-dire ne pas en faire son dieu et ne pas vivre uniquement pour lui. Il y a des cas plus graves : celles qui hurlent le nom de leur idole dans les concerts, le poursuivent à la sortie ou s'évanouissent quand il apparaît. Bref, des demi-folles qui vouent un vrai culte à leur star et en font une sorte de religion.

Comprendre

Des fans, ça fait longtemps qu'il y en a : les premiers clubs datent de 1920. Mais à l'époque, leurs « stars » étaient uniquement les vedettes d'Hollywood. Les chanteurs et les sportifs n'étaient pas encore hissés au rang de demi-dieux. Ils se sont bien rattrapés depuis ! En revanche – franchement, on se demande pourquoi –, certaines catégories de gens célèbres comme les savants, les philosophes ou les hommes politiques ont rarement leurs fans !

Irrésistiblement parfait

Quand on est fan, même si on n'ose pas se l'avouer ou le dire aux autres, on est un peu amoureuse : on imagine avec délices vivre au côté de l'homme idéal, paré de toutes les qualités, exempt de tout défaut. L'acteur est tel qu'il est dans ses films : beau, courageux, drôle, tendre ; le chanteur tel qu'il se raconte dans ses chansons, passionné, voire torturé (d'amour pour nous, véritables bourreaux des cœurs). Mais surtout, cet homme-là est une perle : il est toujours d'humeur égale, il ne laisse pas traîner ses chaussettes sales et surtout, il a toujours un sourire impeccable et l'haleine fraîche (même le matin au réveil).

Sous votre charme

Là-dessus, on se fait des films. On échafaude une rencontre miraculeuse. Un beau jour, dans des circonstances plus ou moins rocambolesques, notre idole nous croise, elle est séduite, c'est le coup de foudre, l'amour fou : on devient la reine de son cœur ou l'inspiratrice de ses chansons.

Douces bulles de savon

Bien sûr, vous savez vous aussi que ces belles histoires sont des songes qui traversent l'esprit avec la légèreté des bulles de savon.

Mais c'est si bon ! Un peu de rêve et d'évasion, ça ne fait pas de mal dans ce monde de brutes !

Amoureuses ensemble

Évidemment, le problème, c'est les autres. Quelles autres ? Eh bien, les folles, celles qui se font des films en imaginant que « votre » homme s'intéressera un jour à de pauvres hystériques comme elles. Tout juste bonnes à vous donner des informations, et à vous assurer, lors des apparitions publiques de l'élu, qu'il est vraiment « géniaaaal ». Certaines peuvent même être très sympa, et on peut former un petit groupe qui a ses rites, ses manies, ses secrets.

Les pieds sur terre

Rien de mal à cela… si vous êtes capable de garder un peu de distance, de sourire de vous-même ! D'accord, vos acteurs ou chanteurs fétiches sont craquants, mais ils ont leurs défauts, comme tout le monde ! Et puis, il faut bien le dire : il y a peu de chances qu'ils s'intéressent un jour à vous, même si vous organisez toute votre vie autour d'eux !

Voir aussi Héros, Musique.

Test

Quelle fan êtes-vous ?

Répondez par oui ou non aux 10 affirmations suivantes :

1. Vous feuilletez les journaux pour découper chaque article qui parle de lui.
2. Son dernier album est à peine sorti que vous vous précipitez pour l'acheter.
3. Vous lui écrivez régulièrement.
4. En concert, vous déployez toute une stratégie pour vous faufiler jusqu'au premier rang, dans l'espoir de le toucher.
5. Vous êtes capable de l'attendre des heures dans le froid à la sortie du spectacle.
6. Vous collectionnez des objets fétiches : le programme du concert qu'il a touché, le verre dans lequel il a bu, etc.
7. Vous enviez les élu(e)s qui composent son entourage.
8. Vous faites partie de son fan club officiel.
9. Vous aimez l'imiter, en vous habillant comme lui, en adoptant ses mimiques irrésistibles.
10. Votre rêve le plus fou est de l'épouser.

Moins de 5 oui : être fan n'est pas trop dans votre caractère.
De 5 à 8 oui : vous êtes une vraie fan, mais vous gardez les pieds sur terre.
Plus de 8 oui : vous vivez dans un rêve, attention au réveil !

FRÈRE
FAMILLE
FUGUE FÊTE FILLE
FRATERNITÉ

FATIGUE • 71

Je suis morte !

S'informer

Il y a plusieurs sortes de fatigue. D'abord, il y a la fatigue physique ou psychique qui résulte d'un gros effort : performance sportive, longue journée de cours, dissertation. Il suffit de se détendre, de prendre un peu de repos, de passer une bonne nuit, pour la chasser et retrouver son énergie.

Elle ne vous lâche plus

Et puis il y a la fatigue « chronique ». Celle qui est là dès le réveil. On ouvre l'œil… pour le refermer aussitôt, parce qu'on est sans force et qu'on n'a pas envie de se lever. Cette fatigue-là dure toute la journée : c'est une sorte de lassitude générale autant physique que mentale. Ses causes ? Une mauvaise hygiène de vie, une période de croissance, une maladie ou le mal de vivre, voire la dépression.

Un peu de théâtre

Et puis, il y a une fatigue très spéciale. C'est la fatigue dite « pipeau ». Vous savez, celle que vous exagérez, dont vous vous plaignez devant les autres pour avoir la paix. Qui surgit, comme par hasard, juste au moment de faire vos devoirs, ou de mettre le couvert. Bref, toujours à un instant exaltant.

Comme par miracle

D'ailleurs, il suffit qu'une copine appelle à ce moment précis pour vous proposer un pot au café du coin, et hop ! tout d'un coup, vous êtes regonflée à bloc, pleine d'énergie : un vrai miracle ! Ce genre de fatigue se traite comme l'ennui : changez d'activité pour la dissiper, ou, si vous n'avez pas le choix, essayez de vous prendre en main, de vous forcer un peu, pour la surmonter et faire ce que vous avez à faire.

Comprendre

C'est normal de se sentir souvent fatiguée à votre âge : la forte croissance et les transformations physiques nécessitent de lourdes dépenses d'énergie ; ajoutez à cela le rythme scolaire, avec ses longues journées de cours et ses devoirs du soir. Pour certaines, une alimentation déséquilibrée, parce qu'elles ont peur de grossir ou qu'elles n'aiment pas les menus de la cantine. Bref, mille et une raisons d'être « crevée », voire « morte ».

Fatigue, le symptôme d'un malaise

Il y a aussi toutes les causes qui tiennent à ce que certaines peuvent avoir dans la tête : angoisse, peur de l'avenir, insomnies, tristesse, ennui, tout ce mal-être qui pèse sur l'esprit et qu'on ne sait pas trop bien exprimer. On appelle cela de la fatigue, mais c'est plutôt une envie de ne rien faire, le sentiment de ne pas pouvoir surmonter toutes ces difficultés. Si cela s'accompagne de maux de tête, de courbatures, d'un manque d'appétit, d'une irritabilité permanente, il vaut mieux voir un médecin, pour se faire prescrire des vitamines ou se faire orienter vers une aide psychologique.

Le meilleur remontant

La fatigue ne se combat pas seulement à coups de vitamines. Il y a des moyens très naturels de lutter contre ; ce sont ceux qu'il faut essayer en premier. Écoutez un peu ce que dit votre maman, pour une fois : dormez bien, mangez mieux ! Un solide petit déjeuner, par exemple, est le meilleur moyen de lutter contre la fatigue de la fin de matinée.

Carburant niveau réserve !

L'important est d'être attentif aux messages de son corps, de ne pas trop tirer sur la corde. Même en pleine santé, il a des limites à respecter, sous peine de tomber vraiment malade. Mais ça ne veut pas dire se dorloter à l'excès. Rester avachie sur un canapé toute la journée en séchant les cours, ce n'est pas forcément reposant, et peut même fatiguer davantage en donnant des idées noires !

Savoir perdre du temps... à dormir !

Enfin, n'oubliez pas une chose qui peut paraître évidente, mais qu'on a vite fait d'oublier lorsqu'on est pleine de vie, d'activités et de projets. C'est formidable d'avoir envie de vous donner à fond dans tout ce que vous faites. Seulement voilà : les journées ne sont pas extensibles. Elles comptent 24 heures ; 8 d'entre elles doivent impérativement être consacrées à dormir !

Voir aussi Sommeil.

Bons plans

Pour garder la forme

• Mangez équilibré. Privilégiez les aliments qui donnent de l'énergie et n'hésitez pas à varier les plaisirs ! Pensez aux fruits secs, riches en minéraux ; au boudin noir, à teneur inégalée en fer pour lutter contre l'anémie ; aux asperges, pleines de vitamines.

• Si cela ne suffit pas, envisagez une cure de magnésium (prescrite par un médecin et remboursée par la Sécurité sociale) ou de vitamines (en vente libre). Mais n'abusez pas de ces béquilles chimiques, et préférez toujours l'équilibre alimentaire ! Quand on se dope aux vitamines, on gomme les signes de la fatigue, mais pas la fatigue elle-même.

• Pour bien dormir, évitez les excitants (café, alcool, tabac). Gardez une certaine régularité dans vos horaires de sommeil. Et ne prenez pas de somnifères ! Ils font dormir d'un sommeil lourd, sans rêves ; or les rêves vous aident à récupérer de votre fatigue psychique.

• Si vous aimez le sport, privilégiez la natation, la marche, le vélo. Ils sont excellents pour lutter contre le stress. Mais pas de sport après 21 h : ça excite au lieu d'endormir.

Le rendez-vous de la vie

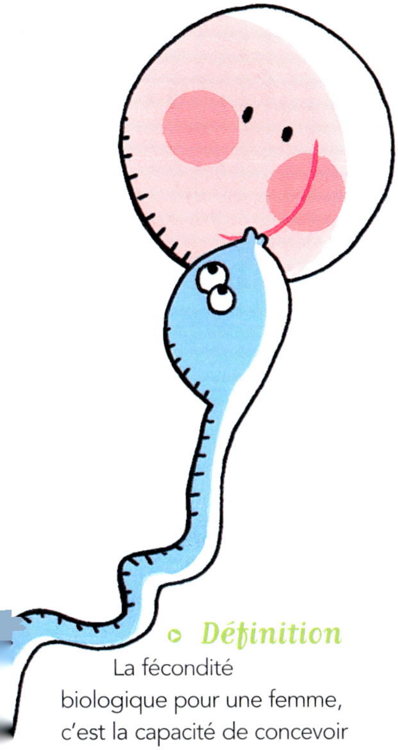

Définition

La fécondité biologique pour une femme, c'est la capacité de concevoir un enfant, de le porter, de le mettre au monde, de donner la vie. Mais elle peut aussi avoir une fécondité d'un autre ordre : intellectuelle, spirituelle, artistique ou affective, par l'amour qu'elle donne aux autres.

S'informer

Dès la naissance, le corps d'une petite fille dispose de tous les « outils » nécessaires à la conception d'un enfant. À la puberté, sous l'effet des hormones, ce corps devient capable de les faire fonctionner. La venue des premières règles inaugure le premier cycle menstruel (on l'appelle ainsi parce qu'il dure environ un mois). Une jeune fille qui vient d'avoir ses premières règles peut donc se retrouver enceinte si elle a des rapports sexuels. On dit alors qu'elle est fécondable, et cela jusqu'à l'arrêt définitif de ses règles (c'est la ménopause) qui survient ordinairement vers l'âge de 50 ans (parfois plus tôt, parfois plus tard).

Le cycle menstruel

Le cycle menstruel de la femme dure environ 28 jours (il peut être plus court ou plus long) et il se reproduit tous les mois. Chaque mois, un ovule mûrit au sein d'un des deux ovaires féminins. Sous l'effet des hormones, à peu près au milieu du cycle, vers le 14e jour, l'ovaire expulse cet ovule dans la trompe de Fallope : c'est ce qu'on appelle l'ovulation.

Que fait l'ovule ? il attend !

Dans la trompe, l'ovule va attendre environ trois jours une fécondation, tandis que le corps se prépare à l'éventualité d'une grossesse : il produit certaines hormones qui favorisent l'accueil du futur bébé, la paroi intérieure de l'utérus s'épaissit pour permettre au futur œuf de s'installer. S'il n'y a pas fécondation (aucun spermatozoïde ne pénètre l'ovule), l'ovule meurt. Le corps enregistre qu'il n'y a pas de grossesse qui commence (il produit de moins en moins d'hormones) et le cycle se termine : c'est l'arrivée des règles. La muqueuse utérine se détache avec un peu de sang.

Quand le spermatozoïde rencontre l'ovule…

Après un rapport sexuel, les dizaines de millions de spermatozoïdes contenus dans le sperme de l'homme progressent dans le vagin de la femme jusqu'à l'entrée de la trompe de Fallope, dans le but d'une heureuse rencontre. Certains sont très résistants et peuvent attendre jusqu'à 5 jours avant de mourir. Et il suffit qu'un seul spermatozoïde pénètre l'ovule pour qu'il y ait fécondation.

Itinéraire d'un ovule fécondé

À partir de ce moment-là, cet ovule fécondé, qu'on appelle

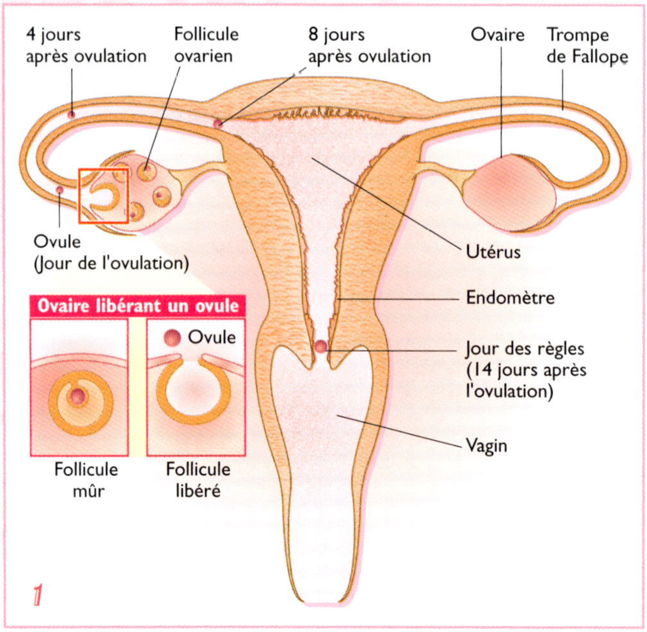

de spermatozoïde et seront expulsés lors des règles, soit parce que la femme n'aura pas eu de rapport sexuel pendant la période de l'ovulation, soit parce que la rencontre entre l'ovule et un spermatozoïde n'aura pas eu lieu.

Heureux hasard

Cette rencontre ne se produit pas à chaque fois : même si l'homme et la femme ont un corps qui fonctionne bien, il demeure une part de hasard qui fait que « ça ne marche pas » à chaque fois. C'est le mystère de la vie que l'on ne maîtrise jamais tout à fait. Les médecins disent toujours aux couples qui désirent un enfant d'être patients (au moins un an) et de ne pas s'affoler trop vite.

Une part de hasard, oui mais...

C'est vrai que ça ne marche pas toujours à chaque fois...

désormais œuf, commence à se diviser pour produire les cellules nécessaires à la fabrication d'un embryon. Il reste encore deux jours dans la trompe de Fallope puis descend dans l'utérus où il va pouvoir s'accrocher : on appelle cela la nidation. À ce moment-là, la femme ne sait pas encore que la grossesse a commencé. L'absence de ses règles sera le premier signe qui lui fera savoir qu'elle est enceinte. C'est le début de neuf longs mois d'attente.

Comprendre

Entre ses premières et ses dernières règles, une femme ovule environ 400 fois. La grande majorité de ces ovules ne rencontreront pas

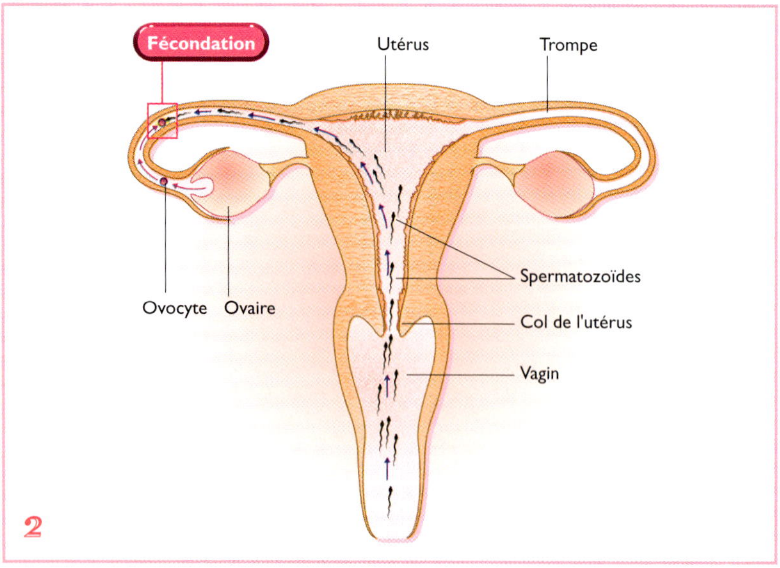

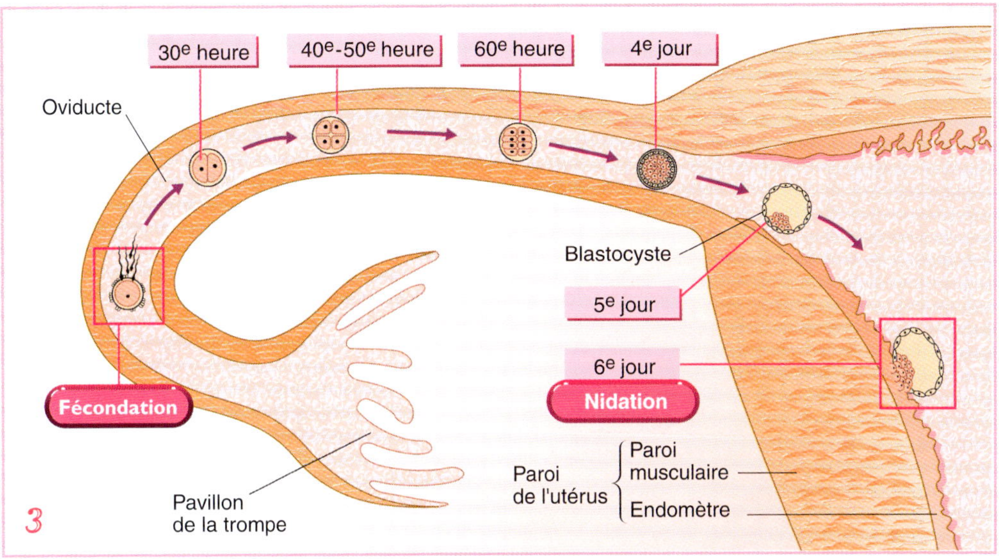

Mais à chaque fois, cela peut marcher ! Il y a toujours une possibilité de grossesse quand il y a un rapport sexuel : faire l'amour porte en soi le risque et la chance de faire un enfant. Et plus on est jeune, plus c'est vrai ! La période de plus grande fertilité de la femme se situe entre 15 et 25 ans. Après, la fertilité décline : à la naissance, une petite fille possède entre 500 000 et 1 000 000 d'ovules. Pendant l'enfance un grand nombre d'ovules disparaissent et une adolescente n'en a plus qu'environ 400 000. Seuls 400 arriveront à maturité, les autres dégénèrent tout au long de la vie de la femme.

Conseil

Attention aux variations des ovulations

L'ovulation peut avoir lieu avant le 14e jour, ou bien après ! Cela dépend de la longueur du cycle de chaque femme, mais aussi de bien d'autres facteurs : une grosse émotion, par exemple, peut provoquer l'ovulation. Il est très difficile de déterminer avec précision des cycles réguliers. Ne vous fiez jamais à la date présumée de votre ovulation comme méthode de contraception.

Voir aussi Règles, Gynécologue, Contraception, Premier rapport sexuel.

Vrai/Faux

Dès la puberté une jeune fille est fécondable.
Vrai. On peut être enceinte dès les premières règles et dès le premier rapport sexuel.

Les règles empêchent la fécondation.
Faux. Un rapport sexuel pendant les règles peut être fécondant car l'ovulation peut se produire tout au début du cycle et les spermatozoïdes vivent pendant 5 jours.

Des règles très irrégulières empêchent d'être fertile.
Faux. Elles rendent difficile de prévoir la date d'ovulation mais du moment qu'il y a ovulation, la fécondation est possible.

73 • FÊTE

C'est la fête ce soir !

S'informer

Une fête, ça s'organise, sinon ça peut être un raté magistral. Vous avez décidé d'en faire une chez vous ? Vous avez la bénédiction parentale ? Parfait. Maintenant, au boulot !

Top chrono, c'est parti !

Avant toute chose : choisir LA date. Attention aux périodes de contrôles scolaires ! Mieux vaut trouver un soir où tout le monde sera détendu. Si votre anniversaire tombe mal : fêtez-le en avance… ou en retard.

Où, mais où ?

Autre question essentielle à régler au préalable : vous mettre d'accord avec vos parents si vous souhaitez faire la fête chez eux (voir le bon plan « spécial négociation avec les parents »). Si c'est non, il faut trouver un autre lieu : vous pouvez essayer d'organiser la fête avec une copine, et la faire chez elle, si ses parents sont d'accord. Louer une salle, ce n'est pas franchement dans votre budget, à priori… Après, il y a toujours des bons plans à trouver : une salle des fêtes si vous connaissez bien le maire, un réfectoire de cantine si vous avez une tante professeur, bien vue dans son établissement.

Les invit'…

Question cruciale. Qui inviter ? Ratisser large pour qu'il y ait plein de monde et que la fête soit grandiose, ou seulement les proches pour être sûre de l'ambiance, quitte à ce qu'elle soit intimiste ? À vous de voir, bien sûr. En général, il faut compter 30 % de refus… un peu compensés par les « incrustes » de dernière minute (le cousin du copain du copain de votre cousine).

Soirée à thème ou déguisée ?

Trouver une idée pour la soirée, et le préciser dans l'invitation, ça motive tout le monde. Une soirée déguisée peut être très sympa ; en plus, ça permet d'être originale, même excentrique ! Mais ça ne plaît pas à tout le monde, et des personnes peuvent refuser votre invitation parce qu'ils ne savent pas comment se déguiser. Le plus simple, c'est une soirée à « thème » : il suffit juste d'un détail sur la tenue pour être dans le ton. Soirée « noir et blanc », soirée « brillante », soirée du « détail insolite »… à vous de trouver votre bonheur.

E-mail ou bristol ?

Comment lancer les invitations ? Au choix, par cartons d'invitation (très officiel, mais cher), téléphone (rapide, mais pas toujours efficace), ou même par mail.

L'important, c'est de le faire au minimum un mois avant la date prévue. Demandez de répondre une semaine avant la date : le temps de calculer ce que vous devrez acheter.

Check-list obligatoire !

Mieux vaut établir un budget et une liste avant de vous lancer ! Cela vous permettra aussi d'être raisonnable sur le nombre d'invités. Pour la boisson, prévoir au minimum 1 l par personne (jus de fruits, sodas, etc.), plus s'il fait chaud et que c'est une soirée de gros danseurs. Pour le solide, prévoir 15 canapés par personne ou une quiche pour 4. Les salades, c'est sympa mais elles restent souvent à peine entamées : les gens préfèrent souvent picorer plutôt que prendre une assiette. *Idem* pour le dessert : un gâteau pour 4. Pensez à des saladiers de bonbons, toujours très appréciés.

Participation ?

Si vous avez beaucoup d'invités, vous pouvez prévoir une participation. Le plus élégant, et le plus efficace, c'est la participation en nature : une bouteille pour les garçons, un gâteau ou une quiche pour les filles. En plus, votre buffet sera sympa !

La déco

Tout est permis, mais attention aux règles minimum de sécurité. Les bougies et autres lampions sont à éviter… sauf si vous avez envie d'un *after* avec les pompiers ! Pour les tables, le plus pratique, et le moins stressant, c'est quand même les nappes et assiettes en papier, gobelets et couverts en plastiques, qui existent dans une large gamme de couleurs. Prévoyez des grands sacs poubelles (100 litres) bien solides pour tout jeter après.

La sono

Pensez-y à l'avance, sinon vous allez passer une soirée déprimante ! Vous n'avez sans doute pas les moyens de vous offrir un disc-jockey, mais vous avez certainement un copain ou un grand frère qui peut le faire. Passez avec lui en revue le matériel : a-t-il ce qu'il faut ou seulement une chaîne (faut-il alors prévoir une table de mixage) ? Combien de prises électriques faut-il ? A-t-il assez de disques ? Certains « pros » de l'ordinateur ont un logiciel extra qui permet de programmer toute une soirée. Ça évite les blancs entre 2 disques ! Au pire, si vous n'avez personne pour se sacrifier, vous pouvez enregistrer des cassettes… mais ça tue la spontanéité.

Et les voisins ?

Prévenez-les que vous allez faire du bruit, par un petit mot dans l'entrée ou l'ascenseur, ou en allant les voir personnellement, si possible quelques jours avant les hostilités. Sinon, la police pourra débarquer pour tapage nocturne le jour J : les voisins ont le droit de se plaindre, surtout à partir de 22 h. Et puis, vous leur devez bien ça : ils vont profiter de la fête sans y être invités…

Quand le salon change de tête

Le jour J, trouvez de l'aide pour déplacer les meubles : il faut faire de la place pour danser, et aussi pour installer le buffet et la sono.

Une heure avant

Occupez-vous de vous ! Tant pis si le buffet n'est pas tout à fait décoré comme vous le vouliez. Prenez le temps d'une bonne douche, pour vous détendre et vous faire belle… Les premiers copains arrivés vous aideront bien à tout terminer !

Pour un lendemain sans déprime

Après la fête, il faut ranger. Mobilisez quelques bons amis. Le but du jeu, c'est de rendre la pièce encore plus propre et belle qu'avant (pour remercier ceux qui vous l'ont prêtée, et avoir une chance que ça se reproduise !). Faites le maximum avant de vous coucher. Sinon, le réveil risque d'être difficile…

○ Comprendre

La fête, il n'y a pas d'âge pour ça. Petite fille, vous rêviez avec délices des goûters d'anniversaire où les mamans déployaient des trésors d'imagination. Aujourd'hui c'est vous (et vos copains) qui organisez des soirées. Une vie sans fête, pour vous, ce serait l'horreur ! Pourquoi ? Parce que faire la fête, c'est rompre avec le quotidien. C'est retrouver ses amis, partager ce qu'on aime, l'ambiance, la chaleur, la joie… Bref, c'est un « extra » dans l'ordinaire !

Extra ou excès ?

« La fête est un excès permis » disait Freud. C'est vrai qu'on s'autorise des choses qu'on ne fait pas tous les jours. Mais il faut savoir se fixer des limites. Ne vous gâchez pas la fête en vous mettant dans un état second où vous ne seriez plus vous-même. Pas besoin de ça pour apprécier une soirée ! L'amour de la fête est quelque chose de naturel, qui se passe parfaitement de substances artificielles (ça peut même tout gâcher : voir les mauvais plans).

Le cœur battant

La fête, c'est aussi souvent un moment où on tombe amoureuse, un lieu propice à la tendresse et aux effusions. Là aussi, il est important de savoir se fixer des limites. Sinon, cela peut vous emmener plus loin que vous ne l'auriez souhaité.

Fête réussie : le secret

Enfin, pour bien profiter de la fête, occupez-vous plus des autres que de vous-même. Une fête, ce n'est pas un concours de beauté. Tant pis si vous n'êtes pas la plus jolie, la plus tendance ou le centre de la fête ce soir ! L'important, c'est d'être pétillante, d'entraîner les autres pour que tous passent un bon moment. Même les timides ou les filles un peu complexées peuvent passer une soirée géniale, si tout le monde y met du sien !

Mauvais plans

Ce qui gâche une fête

- La chaleur qui tue l'ambiance. Coupez le chauffage l'hiver : 30 personnes qui dansent dans une pièce, ça chauffe !
- Les copains qui vomissent sur la moquette parce qu'ils ont trop bu. Pour éviter cette galère, limitez l'alcool. S'il y en a quand même, et que ça commence à dégénérer, n'hésitez pas à faire disparaître les bouteilles (placard fermé à clef… ou cuvette des toilettes !). Gardez les alcooliques de service à dormir, plutôt que de les laisser prendre la route.
- Les dégradations en tous genres : cachez bibelots, objets précieux, fermez les pièces sensibles (notamment la chambre de vos parents…). Si vous avez un très beau parquet, demandez aux filles de ne pas venir en talons. Pour les taches sur la moquette, une seule solution : frotter avec vos petits bras musclés et du savon de Marseille.
- La drogue : « Dehors ! », c'est le seul mot à dire à ceux qui voudraient « s'éclater » un peu plus.
- Les « amoureux » qui ne savent pas se tenir. Même chose : ils n'ont pas à faire n'importe quoi chez vous (et surtout pas dans la chambre de vos parents…).
- Les « incrustes » de dernière minute. Si ce sont des types sympas, des vrais copains des copains, ça va. Mais parfois, ça peut dégénérer : les gens entendent de la musique et veulent se joindre à la fête. Prévoyez votre service d'ordre perso : grand frère, cousin ou copain un peu costaud.

Voir aussi Alcool, Cannabis, Drogue, Sortie, Maquillage, Parents, Responsabilité.

Bons plans

Spécial « négociation avec les parents »

Une fête à la maison inquiète tous les parents. Pour qu'ils vous fassent confiance, il n'y a pas 36 solutions.

- *Expliquez-leur ce que vous avez prévu : combien d'invités, qui sont-ils, comment c'est organisé, ce que vous ferez, combien de temps ça va durer.*
- *Fixez avec eux l'heure à laquelle ils partiront (vont-ils être là à l'arrivée des invités ?) et l'heure à laquelle ils reviendront (avant ou après la fin ?).*
- *S'ils ont l'excellente idée de partir avant et de revenir après, promettez-leur que la maison sera impeccable à leur retour. Et tenez vos promesses !*

74 • FIDÉLITÉ

C'est possible !

quand on pense à la fidélité, on pense à l'engagement que deux personnes prennent l'une à l'égard de l'autre. Quel engagement prennent-elles ? Principalement celui de s'aimer, de s'aimer longtemps, si possible, pour toujours. Et pas de s'aimer comme des amis ou comme des frères et sœurs, non, de s'aimer vraiment d'amour, d'un amour « amoureux », un amour qui préfère l'autre pour toujours. Cela suppose une relation spéciale, exclusive.

Le cœur et le corps

Cette exclusivité concerne toute la personne. Avec celui qu'on aime fidèlement, on partage tout ce qui est important, on lui ouvre son cœur, on lui fait entièrement confiance, on lui dit la vérité, et bien sûr, il est le seul avec qui on a des relations physiques intimes. Cela signifie que le tromper, ce n'est pas seulement avoir des relations sexuelles avec un autre, cela peut simplement être le regard intéressé que vous jetez à un autre garçon alors que vous êtes avec votre amoureux.

Impossible ?

Beaucoup de gens pensent que la fidélité est impossible. Ils disent que l'amour ne se commande pas et qu'on ne peut pas aimer quelqu'un fidèlement toute une vie. Ils ont raison sur un point, l'amour ne se commande pas. Vous aurez beau décider d'aimer quelqu'un de toutes vos forces, s'il n'y a pas le déclic amoureux, le petit plus ou le grand choc qui vient sans crier gare, ça ne marchera pas. En revanche, ils ont tort car, lorsqu'on aime quelqu'un et que cet amour est partagé, on peut décider de tout faire pour que ça dure longtemps, que cela soit de plus en plus beau, de plus en plus fort, et ça marche, parce que l'amour ne s'use que lorsqu'on ne s'en sert pas. Si tous les matins on décide de vivre un jour d'amour ensemble,

Définition

À l'origine du mot fidélité, il y a le mot latin *fides* qui donne aussi confiance et foi. Et, en effet, parler de fidélité, c'est aussi parler de la confiance et des valeurs auxquelles on croit.

Comprendre

On parle parfois de la fidélité à soi-même, à ses idées, mais la plupart du temps, cet amour que l'on partage, au lieu de diminuer grandit. Évidemment, il faut y croire, et retrousser ses manches tous les matins. C'est d'autant plus difficile que toute la pub, les romans, le cinéma et les chansons nous serinent que « les histoires d'amour finissent mal en général… ». Peut-être, mais vous pouvez faire le pari que votre histoire à vous sera particulière, exceptionnelle. Pour cela, bien sûr, il faudra trouver le garçon qui voudra partager cette aventure avec vous ! Pour l'instant, c'est peut-être un peu tôt.

En attendant, vous pouvez déjà vous exercer.

Dans les petites choses

Les petites choses préparent déjà les grandes. Apprenez à ne pas être une girouette. Quand vous faites une promesse, tenez-la ! Quand une amie ne va pas bien, même si elle est un peu « pénible », soutenez-la d'une amitié fidèle. Et si vous êtes amoureuse d'un garçon, ne cherchez pas à accrocher le regard d'un autre, même pour vous rassurer et vous sentir plus mignonne.

Voir aussi Amitié, Amour, Mariage.

Info +

Comment rester fidèle alors qu'on change ?

Vous êtes à un âge où l'on change beaucoup, et vous craignez sans doute que la fidélité soit une sorte d'immobilité. On se choisit, et puis on fait tout ce qu'on peut pour ne rien changer, pour rester les mêmes qu'au premier jour.

Et cela, vous sentez bien que c'est impossible. Alors, rester fidèle en changeant, est-ce possible ? Non seulement c'est possible, mais c'est justement cela qui est intéressant, et même passionnant. La fidélité devient une véritable aventure à deux. On décide de changer ensemble, l'un avec l'autre. Ensemble, on fait des projets de vie professionnelle, ensemble, on devient des jeunes parents, ensemble, on deviendra des grands-parents, ensemble, on aura des rides qui raconteront notre histoire, avec ses bonheurs et ses chagrins. Regardez autour de vous, il y a sûrement des gens qui s'aiment depuis des dizaines d'années. Regardez-les bien, ne sont-ils pas beaux ? Eh bien, vous, choisissez la fidélité non pas parce que c'est facile, mais parce que c'est beau.

F 75 • FILLE/GARÇON

Vive la différence !

S'informer

Dès la conception, on est fille ou garçon : tout se joue à la rencontre de l'ovule et du spermatozoïde !

Ce chromosome dont tout dépend

Dans le noyau de chaque cellule sexuelle (ovule et spermatozoïde) on trouve 23 corpuscules, les « chromosomes » ; 22 sont identiques dans les deux cellules. C'est le 23e, le chromosome sexuel, qui fait la différence. Dans tous les ovules, c'est le même chromosome : on l'appelle X. Dans les spermatozoïdes, c'est soit un X, soit un Y. Si l'ovule est fécondé par un spermatozoïde porteur du chromosome X, l'œuf fécondé est une fille (XX) ; si le spermatozoïde est porteur d'un chromosome Y, c'est un garçon (XY). Mais cela ne se voit pas encore. C'est au début du 3e mois de grossesse que les organes sexuels se différencient.

Garçon ou fille, de plus en plus

Ces différences sexuelles se traduisent par des différences physiques qui vont surtout se développer

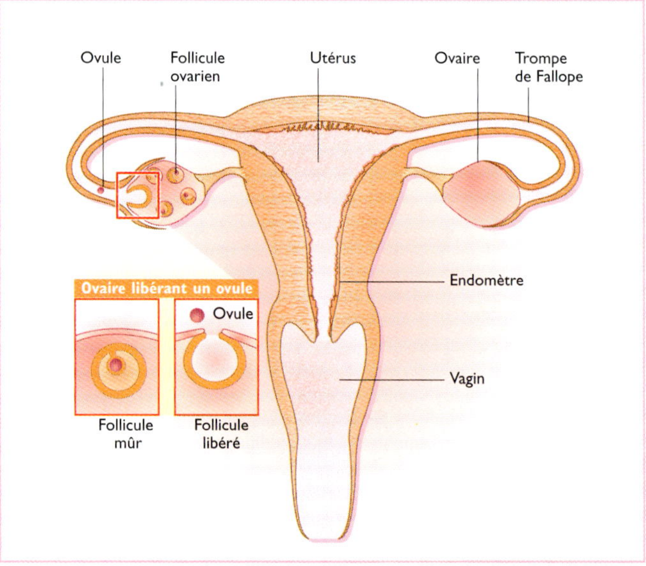

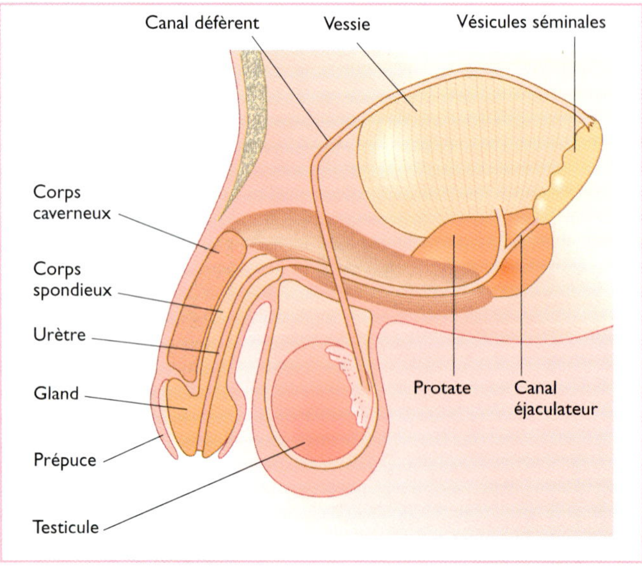

au cours de l'adolescence. Pour les filles, c'est la formation des seins, les hanches qui s'arrondissent, l'arrivée des règles. Pour les garçons, c'est l'apparition des poils sur le visage, le développement des épaules, la mue de la voix, les premières éjaculations.

LA différence majeure

Les hommes sont en général plus forts en raison de leur puissance musculaire. Mais la différence physique radicale, c'est que seules les filles pourront être enceintes !

Et dans la tête, c'est différent ?

À ces différences physiques, on a l'habitude d'associer des différences psychiques. On attribue aux filles une intelligence concrète, aux garçons une plus grande capacité à l'abstraction. On parle d'intuition et de finesse pour les filles, de clarté et de concision pour les garçons. Les femmes auraient un don pour l'analyse, les hommes une capacité de synthèse.

Faut que je te raconte...

On peut facilement remarquer que les filles s'expriment davantage que les garçons sur ce qu'elles sont et ce qu'elles vivent. Elles parlent entre elles de leurs sentiments, alors que les garçons partagent plutôt projets et actions. Elles sont capables de faire plusieurs choses à la fois, alors que les garçons, dit-on, préfèrent se consacrer à une seule tâche.

Info +

- Il naît en moyenne 104 à 106 garçons pour 100 filles, mais il meurt un peu plus de garçons dans leur première année. Il reste toutefois

un petit excédent d'hommes à l'âge adulte.
- Les femmes vivent plus longtemps que les hommes : 82,3 ans d'espérance de vie contre 74,9 ans pour ces messieurs. Pourquoi ? Les hommes meurent davantage d'accidents, de maladies liées à l'alcool et au tabac. La différence tend à diminuer : aujourd'hui, les femmes travaillent, fument, boivent, subissent le même stress... et continuent à s'occuper du ménage et des enfants.

Comprendre

« Fille » et « garçon » : deux « cases » où l'on essaie de faire rentrer tout le monde. Vous êtes une fille, vous devez être comme ci, et les garçons comme ça. Gare aux rebelles ! Un garçon est un peu trop sensible ? C'est une « fillette » ou une « femmelette ». Une fille un peu trop directe et énergique ? On a vite fait de dire qu'elle est « garçon manqué », voire « hommasse » !

Des milliards de caractères

Deux cases pour ranger des milliards de caractères, avec leurs nuances et leurs richesses particulières ! Classement hâtif... On ne voit pas pourquoi un garçon n'aurait pas le droit d'être tendre, de pleurer quand il est triste. On ne voit pas non plus pourquoi une fille devrait s'interdire d'avoir envie de réussir sa vie professionnelle, d'avoir un sacré tempérament ou de l'énergie à revendre.

Égaux, pas pareils !

Mais il ne faut pas non plus tomber dans l'excès inverse. Sous prétexte de détruire les caricatures, certains en arrivent à vouloir ranger tout le monde dans la même case. On est tous égaux, donc, on serait censés être tous pareils. Mais non ! Une fille, ce n'est pas un garçon, et vice versa : quel intérêt de mettre tout le monde au même format ?

Vive les différences

Le secret, c'est de ne surtout pas penser les différences en termes de supériorité et d'infériorité. Les différences, c'est génial, c'est une source de richesses et de surprises. Autant en profiter au maximum, sans s'affronter comme si on avait un territoire à défendre, sans non plus s'imiter les uns les autres.

Être une fille ? La chance !

Alors, les filles, soyez fières d'être des filles. Vous avez de la chance ! D'ailleurs, si vous n'existiez pas, les garçons seraient les premiers à vouloir vous inventer ! Savez-vous ce que raconte le début de la Bible ? Que l'homme était malheureux tout seul avec les bêtes et les plantes, et que Dieu, prenant pitié de lui, a créé la femme pour que le monde devienne vraiment un paradis !

Jusqu'au bout des ongles

Sens pratique et fantaisie, délicatesse et courage, énergie et séduction... avec ce cocktail détonnant, les filles donnent plein de couleurs à la vie. N'hésitez pas à être vraiment fille, jusqu'au bout des ongles. Aimez-vous comme vous êtes, et ayez la volonté de devenir encore mieux. Développez vos qualités de fille tous azimuts. Sans complexes. Sans à priori. Parce qu'être une fille, c'est le bonheur.

Voir aussi Garçons, Mixité, Sexualité.

Conseils

Soyez fille !

- *On peut être féminine en pantalon ou en jupe, cheveux longs ou courts. Ce qui compte : se sentir bien !*
- *Avec les garçons, restez fille, sans en enlever ou en ajouter : vous n'êtes pas obligée de jouer les garçons manqués... ni les allumeuses. Ne tombez pas dans les idées toutes faites sur eux. Regardez vos frères, cousins, amis. Vous serez moins démunie le jour où il faudra comprendre votre amoureux !*
- *Vous réclamez le droit d'avoir des goûts attribués aux garçons ? Ne vous moquez pas de l'inverse : ils ont le droit d'aimer le shopping, et de passer 3 heures sous la douche (même votre frère) !*

76 • FOI

Est-ce que tu as la foi ?

S'informer

Avoir la foi, c'est croire en Dieu non seulement dans le sens où l'on croit que Dieu existe, mais dans le sens où cette croyance influence tout ou partie de son comportement. Pour celui ou celle qui a la foi, Dieu a une importance particulière.

Une question de confiance

Foi et confiance viennent du même mot latin, *fides* ; et les deux mots sont quasiment synonymes. Avoir la foi, finalement, c'est faire confiance à Dieu. Cela suppose que Dieu ne soit pas seulement une idée, mais quelqu'un. C'est pourquoi la question de la foi concerne principalement les trois grandes religions monothéistes (qui croient en un seul Dieu) : le judaïsme, le christianisme et l'islam.

Une question de religion

Bien sûr, on peut dire que l'on croit en Dieu et refuser d'appartenir à une grande famille religieuse ; mais, en fait, la façon d'exprimer sa foi, de la vivre, n'est jamais totalement inventée ; elle est reçue d'autres croyants (souvent notre famille) ; elle est transmise dans le cadre d'une religion.

Et Dieu, dans tout cela ?

Pourtant, les croyants témoignent tous de la même expérience : leur foi ne vient pas d'eux-mêmes, ni de leur famille, ni de leur religion. Elle vient de Dieu lui-même. C'est une chose qui semble très mystérieuse et même très énervante aux incroyants : si c'est Dieu qui donne la foi, pourquoi y a-t-il des gens qui l'ont et d'autres pas ?

Libre réponse

Pour les croyants, l'homme répond librement à une proposition de Dieu. Ce qui fait la différence, ce n'est pas Dieu, c'est l'homme. Cette réponse, disent-ils, est une réponse de toute la personne, avec son cœur et son intelligence, ses émotions et sa raison. On ne peut pas croire comme par magie sans rien comprendre, on ne peut pas non plus attendre de tout comprendre pour croire.

Un pas dans le vide

Certains croyants emploient une jolie image qui revient à la question de la confiance. Décider de croire, c'est oser faire un pas dans le vide pour découvrir que ce sont les mains de Dieu qui nous soutiennent.

Comprendre

Est-ce que la foi se perd comme un parapluie ? Eh bien, si on s'en sert comme d'un parapluie, sûrement. Vous avez certainement remarqué que vous perdez votre parapluie quand vous êtes entrée dans un endroit alors qu'il pleuvait, et que vous en ressortez quand la pluie a cessé. Si votre foi ne sert que les jours de mauvais temps, quand ça va mal et que vous avez quelque chose à demander à Dieu, il est probable que vous allez la laisser à l'abandon dans un coin : le jour où vous en aurez besoin, vous direz que vous l'avez perdue. À tout prendre, il vaudrait mieux que la foi soit comme un téléphone portable : on l'a toujours sur soi, et il permet de rester en relation. Et sans doute avez-vous remarqué qu'on perd moins son téléphone que son parapluie.

Au fait, la foi, ça sert à quoi ?

À rien ! C'est vrai : la foi ne donne aucun pouvoir magique, elle ne simplifie pas l'existence, elle n'aplatit pas les obstacles. Elle ne rend pas plus aimables les croyants que ceux qui n'ont pas la foi : parce qu'eux aussi essaient d'être des gens « bien » et, dans cet effort-là, tout le monde est à égalité. Mais la foi donne confiance : on a déjà dit que les deux mots se ressemblaient ! Un croyant, c'est quelqu'un qui est convaincu qu'il n'est pas là par hasard. Il croit que Dieu s'intéresse à lui, et que sa vie a un but. Et ça lui donne une bonne dose de courage et d'espoir.

Savoir-vivre

Respect mutuel

Quand on est croyante, on doit respecter ceux qui ne le sont pas ; la réciproque est vraie. Si vous n'êtes pas croyante, attention à ne pas blesser ceux de vos amis ou camarades de classe qui le sont. Avoir la foi, c'est comme être amoureux : on est passionné, mais aussi un peu fragile et susceptible. Vous n'auriez pas idée de critiquer devant une amie le garçon qu'elle aime, parce que vous savez que ça lui ferait mal. Ayez la même délicatesse à l'égard des croyants !

Voir aussi Dieu, Religion.

Conseils

Comment parler de la foi ?

On a souvent peur de parler de sa foi : on croit qu'on va se rendre ridicule, ou choquer ceux qui ne la partagent pas. L'important, c'est de :

- *Ne pas vouloir convaincre à tout prix.*
- *Respecter ceux qui ont une foi différente… ou pas de foi du tout.*
- *Ne pas vouloir toujours en parler, parce qu'on risque d'exaspérer les autres.*
- *Ne pas confondre parler de sa foi et donner des leçons : faites ce qui vous semble être juste et laissez les autres cheminer à leur rythme.*
- *Mais ce n'est pas non plus un sujet tabou ! On peut en parler entre amies, même si on n'est pas toutes croyantes.*

77 • FRATERNITÉ

Je l'aime comme un frère...

Définition

Au sens propre, la fraternité est le lien qui unit les frères et sœurs. Plus largement, on parle de fraternité dans tous les groupes humains qui vivent des choses fortes ensemble.

S'informer

Les filles, vous ne parlez peut-être pas beaucoup de fraternité, sans doute parce que ce n'est pas votre mot à vous ; à première vue, c'est plutôt un mot de garçons. C'est vrai : on aurait pu dire « sororité », après tout. Mais, comme souvent, le masculin l'a emporté sur le féminin !

Liberté, Égalité...

Et pourtant, c'est un mot que vous connaissez bien. Un mot appris presque au biberon... en tout cas, dans vos premiers cours d'éducation civique. Dès que vous avez eu l'âge de comprendre que la devise de la France était « Liberté, Égalité, Fraternité » ! Qu'est-ce qu'il implique, ce grand mot, familier mais parfois un peu abstrait ?

J'ai pas choisi !

Eh, bien ! d'abord, le fait qu'on n'a pas choisi. Vos frères et sœurs, vous les avez reçus, pas choisis : pour la fraternité au sens large, c'est pareil. Cela signifie que tous les hommes sont frères, qu'ils s'entendent ou non entre eux.

Sur un pied d'égalité

La fraternité implique aussi et surtout une relation d'égal(e) à égal(e). Il y a aussi une idée de justice dans la fraternité : dans une famille, tous les enfants doivent être traités équitablement.

Je t'aime un peu, beaucoup...

Enfin, entre frères et sœurs, il y a généralement de l'affection, de la solidarité, de l'entraide. Bien sûr, cela n'exclut pas les engueulades, la jalousie, parfois l'agressivité. Mais l'idée de fraternité évoque plutôt une relation heureuse entre frères et sœurs !

Tous dans le même bateau

La fraternité n'est pas une idée neuve. L'humanité a toujours rêvé d'une fraternité universelle entre les hommes et entre les peuples, qui les préserverait de la violence et de la guerre et qui ferait régner l'égalité et la justice.

Croyants, non-croyants, même combat
Les grandes familles religieuses prêchent toutes la fraternité entre les hommes. Le christianisme est la première religion à l'avoir proclamée avec force ; parce que le Christ a dit que Dieu est un Père qui aime les hommes comme ses enfants, et qu'ainsi ils sont tous frères. Mais il existe bien sûr une version laïque de la fraternité. La Révolution française l'a introduite dans sa devise ; et de nombreux penseurs, surtout au XIXe siècle, ont tenté de réfléchir sur cet idéal, et de le concrétiser.

Comprendre

La fraternité, c'est le respect de l'autre « côté cœur ». Cela va plus loin que le respect que l'on doit à tous les hommes : la fraternité implique qu'on les aime et qu'on ait envie de partager. Et cela va encore bien plus loin ! C'est l'espoir que les hommes finiront par cesser de se battre entre eux, et partageront les biens pour que tous puissent vivre heureux.

Doux rêveurs ?
Bref, c'est un peu le rêve d'un paradis. À première vue, ça semble irréalisable. Mais qui sait ? C'est un désir fort, qui peut donner envie d'agir pour rapprocher la réalité de ce rêve. Oui, agir : parce que la fraternité n'est pas une émotion sentimentale, un souhait à l'eau de rose. C'est plutôt un acte volontaire : on reconnaît la valeur des autres, et on le montre.

La fraternité à fleur de peau
Cela ne veut pas dire qu'on ne ressent pas parfois la fraternité comme une émotion ! Ceux qui ont vécu un grand événement, comme la libération de Paris, la chute du mur de Berlin, la fin de l'Apartheid en Afrique du sud – comme la victoire des Bleus lors de la coupe du monde de 1998 ! –, disent qu'ils ont vibré ensemble, et qu'ils ont ressenti dans ces instants la réalité de la fraternité humaine.

Voir aussi Bénévolat, Égalité, Liberté, Paix, Solidarité.

Bons plans

• Faire du bénévolat, pour rendre plus concret l'idéal de fraternité (voir la liste des numéros utiles en fin d'ouvrage).

• Suivre l'actualité (journaux, radio, télévision). Si on considère les hommes comme des « frères », il est normal de prendre régulièrement de leurs nouvelles. La fraternité devient tout de suite moins abstraite !

F 78 • FRÈRES ET SŒURS

Maman, il m'embête...

S'informer

Fille unique ou pas, aînée, petite dernière ou autre : vous avez une position bien à vous dans votre fratrie (l'ensemble de vos frères et sœurs). Certaines ont aussi des demi-frères et demi-sœurs, nés d'une autre union. Le regard que vous portez sur vos frères et sœurs dépend de tout cela. Quand on est seule, on rêve souvent des frères et sœurs qu'on n'a pas, et avec lesquels on aurait aimé tout partager. Mais quand on est plusieurs, on sait bien que le partage n'est pas toujours facile !

Une école de vie

La fratrie, c'est une société en miniature, avec ses leaders et ses timides, ses « grandes gueules » et ses sournois, ses batailles de polochons et ses coups de pieds sous la table. On y apprend à vivre en groupe, à se défendre, et à s'aimer aussi. On partage les mêmes histoires, les mêmes habitudes, et pourtant on est souvent très différents.

Quand ils vous font tourner en bourrique

Il y a des schémas communs à beaucoup de fratries. Par exemple, les relations entre garçons et filles : pas tristes ! Ce sont les filles qui squattent la salle de bains à temps plein et reprochent aux garçons (à juste titre ?) de ne pas se laver. Ce sont les garçons qui filent en douce devant la table à débarrasser et hurlent quand ces demoiselles monopolisent le téléphone. Quant au petit frère pot de colle qui se mêle de tout et ne sait pas tenir sa langue, on l'aime, mais il y a des jours où on en ferait volontiers cadeau à une autre famille !

On se dispute, on s'adore

Entre frères et sœurs, c'est la complicité. Parfois aussi la rivalité. Chacun voudrait être le préféré de ses parents. Il peut même y avoir le chouchou de service, qui en profite pour « cafter » et risque de faire l'unanimité contre lui. À ce train-là, les étincelles sont inévitables ! Elles n'empêchent pas la fratrie d'être fortement soudée. On se bagarre volontiers à la maison, mais au dehors c'est l'union sacrée : gare au camarade qui toucherait à un cheveu du petit frère.

Info +

La taille moyenne actuelle des familles est de 2,23 enfants par famille, contre 3,5 enfants il y a 30 ans.
Source : Insee, 1999.

Comprendre

L'important, dans une fratrie, c'est de trouver sa place et de la vivre bien. Vous êtes l'aînée ? Vous vous sentez la plus forte et la plus mûre. Vous êtes la première à arriver à l'âge où on veut sortir le soir, avoir une mobylette, l'âge où on tombe amoureuse, etc. Bref, vous « essuyez les plâtres » pour les suivants.

Pouce pour le numéro 1

Les parents ont vite fait de vous donner des responsabilités, et vous en êtes fière. Mais quand c'est trop, vous avez le droit de le leur dire. Parce que c'est essentiel de garder du temps pour être soi-même et vivre sa vie.

difficultés avec les vôtres, tous les espoirs sont permis. Le grand frère odieux d'aujourd'hui peut devenir demain votre protecteur adoré. Vous avez peut-être une sœur qui vous donne des complexes parce que vous pensez qu'elle est mieux que vous : un jour, vous découvrirez en elle une amie… qui ne se croit pas du tout supérieure ! Et le petit frère encombrant peut finir par devenir un grand confident. Au fil du temps, les années d'écart semblent moins grandes !

Des « vieux » devant soi
Si vous êtes la dernière, les autres vous tirent en avant. Opinions politiques du grand frère, études de la sœur qui n'habite plus à la maison, premier métier, mariage, vous êtes témoin des préoccupations de gens plus âgés ! Quelquefois, vous aimeriez peut-être qu'on vous laisse vivre votre vie de collégienne ou lycéenne… sans vous prendre systématiquement pour la « petite ». N'empêche : c'est enrichissant d'avoir des « vieux » devant soi.

Juste (au) milieu
Enfin, il y a celles qui sont placées entre des grands et des petits. C'est une bonne position, confortable et amusante, avec des aînés pour vous tracer la route, et des petits à pouponner ! Certaines peuvent avoir du mal à s'affirmer : il leur faut attendre que les aînés soient partis de la maison pour inventer une nouvelle relation avec les parents.

Ennemis un jour, amis toujours
Ce qu'il faut bien se dire, c'est que les relations entre frères et sœurs changent avec le temps. Si vous avez des

Info +

Spécial demi !
Enfants des beaux-parents ou véritables demi-frères, vous vivez peut-être avec des demi-frères et demi-sœurs. Autant faire son possible pour s'accepter mutuellement : essayer de dialoguer pour mieux se connaître et, pourquoi pas, avoir des relations amicales. Le plus difficile, souvent, c'est l'enfant qui peut naître d'un remariage récent. Vous n'étiez pas forcément préparée à voir arriver un bébé à la maison. Il bouscule les habitudes, mobilise tout le monde. Mais il peut aussi être une chance merveilleuse à l'âge où on a souvent envie de dorloter un bébé. Si vous n'êtes pas prête, gardez vos distances, et faites comprendre sans agressivité à vos parents que pouponner n'est pas votre tasse de thé. Si vous adorez les bébés, profitez de cette petite sœur (ou frère) inattendue, qui pourrait bien rester dans votre cœur toute la vie.

Voir aussi Engueulade, Famille, Parents.

Savoir-vivre

Entre frères et sœurs

- *On se serre les coudes.*
- *On ne cafte pas (sauf problème gravissime : drogue, etc.), même quand les autres le font. Si vous gardez un secret qui pourrait mettre l'un de vos frères et sœurs dans une situation délicate, soyez sûre que ce ne sera pas oublié… et qu'il vous rendra un jour la pareille !*
- *On ne pique pas les affaires des autres en douce.*
- *On a le droit de taquiner, mais on s'arrête avant la crise de nerfs.*
- *On ne lésine pas sur l'emploi de certains mots : « s'il te plaît », « merci », « ça va ? » et surtout « pardon ».*
- *On évite d'être rancunier.*
- *On répond présent en cas de déprime.*

79 • FUGUE

De toute façon, personne ne me regrettera !

Définition

Faire une fugue, c'est s'enfuir de son domicile (le mot fugue vient du latin *fuga*, qui signifie fuite). Tout d'un coup, on claque la porte. Rester une minute de plus dans cette maison, avec ces gens, c'est impossible.

S'informer

Certaines filles partent quelquefois sur un coup de tête, pour un mot en trop, une remarque qui fait déborder le vase. D'autres partent après l'avoir longtemps prémédité. Mais, dans tous les cas, leur fugue est une fuite. Elles s'échappent de la maison, et surtout des problèmes qu'elles y rencontrent et qui semblent impossibles à résoudre.

La gamme des fugues

Il y a les petites et les grandes fugues. Partir pour l'après-midi sans dire où l'on va, passer la nuit chez une copine sans que les parents sachent où l'on est, c'est faire une petite fugue. La grande fugue, c'est quand on part plusieurs jours sans donner de nouvelles, sans même savoir si on a envie de revenir un jour.

Ciao !

Certaines pourraient penser que faire une fugue, c'est répondre à l'appel impérieux de la liberté, à l'envie de vivre une formidable expérience. Mais, même si les adolescents ont souvent le goût de l'aventure, ils ne partent pas tous un beau matin avec un sac sur le dos. Heureusement, parce qu'une fugue peut avoir des conséquences tragiques.

Rose, la liberté ?

Une fugue est toujours très difficile à vivre pour la personne qui fugue. Partir de chez soi quand on a votre âge, c'est compliqué et dangereux. Il faut trouver où dormir, comment manger, se laver. C'est aussi un grand moment de vulnérabilité, où l'on risque de faire des mauvaises rencontres. Souvenez-vous de ces visages d'ados disparus, placardés un peu partout par des parents inquiets. Faire une vraie fugue, sans point de chute, c'est prendre le risque de ne jamais revenir du tout.

Info +

Quand la fugue finit mal

En 2000, 34 500 mineurs ont fugué en France. 800 n'ont jamais été retrouvés : ils ont probablement été victimes de réseaux pédophiles ou d'autres entreprises crimelles. *Source : ministère de la Justice, 2001.*

Comprendre

Il y a plein de raisons différentes pour lesquelles une fille décide un bon matin de claquer la porte…
La plupart du temps, elle ne se sent pas comprise, pas aimée, pas à sa place dans sa famille. C'est une manière d'attirer l'attention de ses parents sur ses difficultés. Peut-être parce qu'elle ne sait pas se faire entendre autrement. C'est vrai qu'il y a des moments où les parents peuvent avoir de gros soucis

et oublier que leurs enfants, même grands, ont encore besoin d'eux.

SOS j'existe !

La fugue est alors l'ultime bouteille à la mer pour savoir si on compte à leurs yeux. Est-ce qu'ils vont lancer des recherches, se faire du souci, avoir de la peine ? Est-ce qu'ils vont enfin comprendre qu'il y a un gros malaise ? Est-ce qu'ils vont réagir, au lieu de continuer à faire comme si de rien n'était ?

Grosse bêtise

Il y a aussi des cas, plus rares, où celle qui fugue rencontre un problème grave qu'elle n'ose pas affronter, et dont elle ne veut pas parler avec ses parents, parce qu'elle a peur de leur réaction. Renvoi de l'école, grossesse précoce, acte de délinquance : ce sont parfois ces raisons-là qui poussent une fille à partir, comme si la fuite pouvait tout régler.

Terrible pour les parents

Une fugue est difficile à vivre pour tout le monde. Pour les parents, c'est un coup terrible. Il y a l'inquiétude, mais aussi la douleur de ne pas avoir réussi à comprendre leur fille, même s'ils sentaient bien qu'il y avait un malaise, et qu'ils l'aiment profondément. Mais comment prévoir un tel drame ?

Mauvais plan

Quels que soient les problèmes qui en sont la cause, une fugue est loin d'être la bonne solution. Bien sûr, c'est parfois la seule réponse que l'on trouve à son malaise, mais c'est un acte désespéré. Il faut tout faire pour ne pas en arriver là.

Comment ?

En parlant de ce qui ne va pas. À ses parents, bien sûr, qui sont capables de répondre présents dans les moments les plus graves. Si ce n'est pas possible, à une amie, à d'autres adultes qui pourront trouver des solutions, même à des problèmes que l'on croit inextricables.
La fuite ne résout jamais les problèmes, elle les multiplie.

Voir Maltraitance, Parents, Pédophilie, Révolte.

Conseils

Pour éviter d'en arriver là

• Quand vous vous êtes fâchée avec vos parents, ne vous couchez jamais sans avoir essayé de vous expliquer.

• Si le dialogue devient trop difficile, faites intervenir une personne qui a votre confiance et celle de vos parents.

• Si vous n'arrivez pas à parler, écrivez : cela permet de dire les choses calmement, et vous avez plus de chances d'être écoutée jusqu'au bout.

• Si malgré tout cela, vous partez en claquant la porte, réfugiez-vous chez une amie. Vous pourrez même vous donner le temps de réfléchir avant d'appeler vos parents (ou les faire appeler, si c'est trop douloureux).

Mais surtout, ne partez pas dans la nature ! Si le retour est difficile, vous pouvez vous faire accompagner par une personne en qui vous avez confiance (adulte, de préférence).

Quand une amie parle de fugue

• Parler de fugue, même si elle n'a jamais lieu, c'est quand même le signe qu'il y a un problème : faites-la parler, essayez de comprendre ce qui ne va pas pour demander conseil à un adulte.

• Rappelez-lui que c'est dangereux. Dites-lui aussi qu'elle peut compter sur vous, quoi qu'il arrive. Parlez-en avec vos parents. Si jamais elle part sur un coup de tête, il faut qu'elle sache qu'elle pourra trouver refuge chez vous.

RENSEIGNEMENTS 12
RÉCLAMATIONS 13
TÉLÉGRAPHE 14
POLICE-SECOURS 17
POMPIERS 18
INTER ET RÉGIONAL
(VOIR ANNUAIRE)

Ne pensent-ils qu'à ça ?

S'informer

Il n'y a pas seulement les filles qui sont bouleversées par les transformations de l'adolescence. Pour les garçons aussi, c'est le grand chambardement.

Du petit prince au grand escogriffe

Le petit copain charmant et potelé de l'école primaire devient un grand échalas. Grands pieds, grand nez (chez un garçon, ça grandit parfois plus vite que le reste du corps), il se trouve trop maigre et rêve de beaux pectoraux. Comme chez les filles, les poils envahissent le paysage, mais lui, en plus, il gagne une barbe et des moustaches, et découvre le feu du rasoir. Sa voix passe des aigus les plus extrêmes aux graves les plus mâles, pour la plus grande joie de ses copines.

La puberté des garçons

Les transformations les plus importantes sont les moins visibles. Testicules et pénis augmentent de volume. Contrairement aux filles qui possèdent leur capital d'ovules dès la naissance, la production de spermatozoïdes commence à la puberté des garçons. Comme la fille qui a eu ses règles, le garçon devient alors capable d'être père.

Des situations gênantes

Surtout, il découvre le nouveau fonctionnement de son corps. Sous l'influence de l'hormone mâle qu'on appelle testostérone, il a de nombreuses érections, souvent la nuit ; elles peuvent se terminer par une éjaculation (expulsion de sperme). Ces érections sont généralement spontanées et parfois fort embarrassantes.

Info +

L'érection, c'est quoi ?

Quand vous rougissez d'émotion ou de confusion, le sang vous monte aux joues. C'est le même phénomène qui se joue lors de l'érection du sexe masculin. Sous le coup de l'émotion et du désir, un fort afflux de sang gonfle certaines muqueuses. C'est vrai pour les muqueuses intimes des filles (les lèvres du sexe), et plus vrai encore pour le pénis du garçon qui est constitué d'un corps caverneux (des sortes de grosses éponges) qui se gorge de sang et se durcit. Ce phénomène s'appelle la turgescence. Le pénis du garçon passe alors d'une longueur de quelques centimètres (5 à 11 en moyenne) à une longueur de 10 à 20 centimètres.

Comprendre

Toutes ces nouveautés ne sont pas faciles à vivre pour les garçons de votre âge, même s'ils en parlent rarement (et surtout pas à vous, les filles !) et « friment » devant leurs copains.
Pour leur défense, il faut savoir qu'on leur a souvent mis dans la tête, dès leur plus jeune âge, qu'un garçon doit toujours être fort et « assurer ».

Faut que je sois un homme !

Alors, ils se demandent s'ils vont être à la hauteur et se posent plein de questions : est-ce qu'il faut avoir un grand pénis pour être un homme et plaire aux filles ? Est-ce que je vais pouvoir avoir une érection au bon moment ? Est-ce que je vais savoir me maîtriser et ne pas éjaculer trop vite ? En plus, alors que chez les filles on a longtemps valorisé la virginité, pour les garçons, c'est plutôt l'expérience qui est bien vue ; et ils se sentent souvent démunis et fragiles face à tout ce qu'on attend d'eux.

Le masque du gros dur

Mais oui, mesdemoiselles, les garçons ont souvent peur de vous… et d'eux-mêmes ! Peur de ne pas savoir s'y prendre, et peut-être aussi d'être pris pour des mauviettes s'ils n'assurent pas avec les filles. Alors, pour se donner du courage, ou simplement une contenance, certains jouent les gros durs et sont brutaux, agressifs ou grivois. C'est leur manière d'évacuer leurs angoisses et les tensions qu'ils subissent.

Des êtres primaires ?

Vous trouvez sans doute que beaucoup d'entre eux ne pensent qu'à « ça », et qu'en plus ils en parlent de façon vulgaire. Qu'ils ne sont ni romantiques ni cultivés. Peut-être même que vous êtes encore plus sévère et que vous n'hésitez

pas à dire qu'ils sont tous « débiles » ? C'est vrai que certains peuvent donner cette impression. Mais c'est parce qu'ils sont d'abord et avant tout préoccupés par ces transformations physiques et qu'ils ne savent pas bien comment faire.

L'amitié, y a que ça de vrai !

C'est peut-être d'ailleurs ces préoccupations fortes qui les démobilisent un peu à l'égard de tout ce qui est intellectuel. À votre âge, les garçons s'intéressent souvent moins aux études que les filles, ils lisent moins et se passionnent plutôt pour le sport ou les copains. L'amitié est d'ailleurs très importante pour eux, à tel point qu'ils peuvent préférer une vraie amitié de garçons aux relations amoureuses avec les filles. Ces filles dont ils méprisent souvent les bavardages, les « chichis » et les « pleurnicheries ».

Gros dur au cœur tendre

Bref, il faudra du temps pour vous comprendre mutuellement. Mais ne croyez pas qu'ils sont tous des brutes épaisses, ces garçons que vous trouvez grossiers et bêtes. Comme vous, ils rêvent de rencontrer l'âme sœur, d'être appréciés et aimés. Mais, même quand ils sont amoureux, ils restent différents des filles : timides ou « frimeurs », gauches ou arrogants. C'est en partie pour ces défauts qui vous font souvent craquer que vous les aimez quand même ! Et puis, que ferait-on d'un monde sans garçons ?

Info +

La vie amoureuse des garçons

La première fois, 60 % des garçons font l'amour par attirance et seulement 38 % par amour. Et souvent, il s'agit d'une relation de courte durée (1 mois, voire moins) alors que, pour les filles, une première relation dure souvent 6 mois ou plus ; et que la plupart d'entre elles font l'amour parce qu'elles sont amoureuses.
Ces chiffres ne veulent pas dire que les garçons sont tous des obsédés qui n'ont pas de cœur. Ils montrent surtout qu'ils ont parfois du mal à résister à la pression extérieure qui les poussent à être des « hommes virils qui assurent » et qu'il leur arrive d'avoir des relations sexuelles plus tôt qu'ils ne le voudraient vraiment. C'est justement à vous, mesdemoiselles, de leur apprendre qu'ils n'ont pas besoin de jouer les gros durs ou les tombeurs pour vous plaire… et devenir des hommes.

Voir aussi Fille/Garçon, Mixité, Sortir avec.

Conseils

Décodez les réactions de votre amoureux

- *S'il regarde les filles quand il se promène avec vous, ce n'est pas forcément parce qu'il ne vous aime plus ou qu'il vous trouve moins bien, c'est une habitude, c'est naturel et d'ailleurs il n'y voit aucun mal.*
- *S'il ne vous téléphone pas dès que son match est fini et qu'il va boire un pot avec ses copains pendant que vous vous morfondez, ce n'est pas parce que vous n'avez pas d'importance à ses yeux. Il ne peut penser qu'à une seule chose à la fois et ne se doute pas un seul instant que vous êtes au désespoir.*
- *S'il ne remarque pas tout de suite votre robe ou votre nouvelle coiffure, ce n'est pas parce qu'il ne vous regarde pas, c'est parce qu'il vous trouve toujours belle.*
- *S'il ne vous dit pas « je t'aime » toutes les 3 minutes, ce n'est pas parce qu'il vous aime moins, c'est parce qu'il vous l'a déjà dit et qu'il pense que cela suffit.*
- *S'il est sombre et ne vous dit pas pourquoi, ce n'est pas parce qu'il n'a pas confiance en vous, mais parce qu'il veut régler son problème tout seul comme un homme.*

81 • GENTILLESSE

T'es un amour !

S'informer

La gentillesse, c'est un cocktail plein de saveur, à base de bonté et de générosité : un cocktail qui pourrait s'appeler « goût des autres ». On a le souci d'autrui, souvent dans les petites choses ; on est attentive à ce qu'ils vivent, on cherche à leur rendre la vie plus facile.

Tout une attitude

Bien sûr, être gentille, c'est être serviable, prête à donner des coups de main : services de tous les jours à la maison ou en classe ou services « exceptionnels », pour dépanner une personne malade par exemple. Mais c'est plus encore, c'est tout une attitude qui consiste à savoir écouter, se mettre à la place des gens.

La politesse du cœur

La gentillesse peut tout simplement passer par la politesse : dire bonjour, merci, s'inquiéter de la santé de sa voisine, saluer son facteur quand on passe devant lui, demander à la boulangère des nouvelles de sa fille, remercier la caissière qui pèse les fruits, s'excuser si on a bousculé quelqu'un dans le bus. Ce ne sont pas des formules creuses de politesse. C'est le signe que vous êtes ouverte aux autres, que vous ne passez pas sans les voir, en ne pensant qu'à vos affaires et à vos soucis.

Discrète mais efficace

La gentillesse est sœur de la délicatesse. Elle ne fait pas de bruit, mais elle change la vie, elle lui donne des couleurs. Sans compter qu'elle dispose bien les gens à votre égard. Rien de tel pour mettre de l'huile dans les rouages !

Comprendre

Quand on dit d'une fille « elle est bien gentille », ce n'est pas un compliment. Cela sous-entend qu'elle n'est pas très maligne et qu'on peut abuser de sa gentillesse pour obtenir des services sans qu'elle se plaigne.

Gentillesse rime avec finesse

Pourtant on peut être gentille sans être naïve ou bête ; et être renfrognée ou égoïste, ce n'est pas franchement un signe d'intelligence ! Votre gentillesse peut même s'accompagner de finesse, pour détecter ceux qui auraient envie d'abuser de vos bonnes dispositions. À ceux-là vous pouvez dire (gentiment) de ne pas confondre gentille et « bonne poire ». Histoire de leur montrer que la bonne volonté se respecte !

Question d'entraînement

Hélas, personne ne tombe en naissant dans la marmite de la gentillesse. Et exercer cette jolie faculté demande parfois d'énormes efforts, même quand on a bon caractère ! Heureusement, ça s'apprend, comme la bonne humeur : c'est un exercice du cœur et de l'esprit. Et à voir les sourires que vous déclenchez sur le visage de ceux qui bénéficient de votre gentillesse, une chose est sûre : ça vaut le coup !

Info +

Devinez ce que répondent les filles quand on leur demande ce qui les attire le plus chez un garçon ? La gentillesse pour 83 % d'entre elles. Les garçons mettent en premier la beauté (89 %) et en deuxième… la gentillesse (72 %).
Source : sondage L'Express/Sciences et Vie Junior, *janvier 2001.*

Voir aussi Bonne humeur.

Grand-Père, Mamie, Bon-Papa, Mémé, Grand-Maman...

S'informer

Autrefois, les gens mouraient plus jeunes. Du coup, on n'avait souvent pas beaucoup le temps de connaître ses grands-parents ; en tout cas, pas tous. Aujourd'hui, on a toutes les chances de connaître ses grands-parents, et même ses arrière-grands-parents. En revanche, on habite souvent plus loin de chez eux qu'autrefois, et il arrive qu'on les voie moins souvent que lorsque l'on vivait dans la même ville ou la même région.

Ces « vieux » si jeunes

Mais surtout, les grands-parents ont changé. Ce n'est plus la grand-mère qui tricote au coin du feu ou le grand-père qui bouquine en fumant sa pipe. Ils ont rajeuni ! Certains ont encore une activité professionnelle, même la grand-mère ; ils n'ont plus forcément les cheveux blancs (ou ils les colorent), et ils ont plein d'activités. Ils font du sport, voyagent aux quatre coins du monde, s'investissent dans des tas d'associations. Bref, ils ont une vie souvent très occupée : même quand ils sont à la retraite, ils n'ont pas le temps de s'ennuyer !

Info +

Quelques chiffres

- Selon le recensement de 1999, il y a 12,6 millions de grands-parents en France, dont 2 millions sont aussi arrière-grands-parents.
- Parmi eux, 12,4 millions vivent à la maison, et 200 000 dans une institution.
- À 56 ans, 1 personne sur 2 a des petits-enfants.
- À 70 ans, 4 personnes sur 5 ont des petits-enfants.
- En moyenne, les hommes ont leur premier petit-enfant à 52 ans et demi, et les femmes à 50 ans.
- Les grands-parents ont 4 petits-enfants en moyenne.
- Aujourd'hui, 41 % des enfants ont, à la naissance, leurs 4 grands-parents vivants, contre 5 % au XVIIIe siècle. *Source : Insee.*

Comprendre

Les grands-parents actuels sont souvent affairés et dynamiques ; mais ça ne veut pas dire qu'ils ne s'intéressent plus à leurs petits-enfants. Ils jouent toujours un rôle important pour leur raconter l'histoire de la famille. N'hésitez pas à questionner vos grands-mères pour savoir comment étaient votre mère et votre père quand ils étaient petits, pour entendre des anecdotes savoureuses sur leur enfance.

Grands-parents, une mémoire vivante

Ce sont les grands-parents aussi qui peuvent vous parler des racines de la famille, de sa région d'origine, que vous ne connaissez peut-être pas bien. Ils sont la mémoire de la famille. Prenez le temps de les écouter : ils savent des choses que personne d'autre ne pourra vous dire quand ils ne seront plus là.

Merveilleux confidents

Mais surtout, ce sont souvent de merveilleux confidents. D'abord parce qu'ils ont du temps pour vous écouter, mais aussi parce qu'ils n'ont pas le même souci d'éducation que vos parents. Ils ne sont pas là pour vous dire ce que vous devez faire, ils n'ont pas besoin d'avoir la même autorité. En plus, ils ne vivent pas en permanence avec vous : quand vous vous mettez toute la maison à dos en piquant une crise de mauvaise humeur, eux n'en savent rien.

Parfaite à leurs yeux

Ils vous voient avec les yeux de l'amour sans condition, avec bienveillance et confiance. Vous êtes leur petite-fille ; alors, ils ne doutent pas une minute que vous soyez la plus belle, la meilleure en classe et la plus douée en musique. Ça fait du bien, un regard qui accueille sans jugement, et même avec admiration. Surtout les jours où on ne déborde pas de confiance en soi, ce qui peut arriver !

Le bonheur à l'état brut

Ils peuvent aussi être les complices pleins d'humour et d'indulgence de vos rêves, de vos projets. Bref, ils vous aiment, et ils laissent les soucis à leurs enfants, vos parents. Vous leur offrez l'occasion qu'ils n'ont pas eue avec vos parents : celle de pouvoir aimer sans se poser de questions, sans se demander s'ils font bien, s'ils ont raison de vous interdire ceci ou de vous priver de cela.

Les grands-parents, c'est le bonheur à l'état brut : de l'amour, de la disponibilité, et le plaisir des loisirs partagés.

Savoir-vivre

- Les grands-parents ont sans doute du temps pour vous. Mais ils ont aussi leur vie personnelle, qu'il faut respecter. Ne les accablez pas de demandes en tous genres sous prétexte qu'« ils n'ont que ça à faire ».
- Même s'ils ne sont pas très vieux, n'oubliez pas qu'ils sont d'une autre génération que vos parents, avec d'autres habitudes. En matière de nourriture, de langage ou de vêtements, faites un petit effort pour ne pas les braquer (évitez le jean déchiré, traduisez le verlan et les abréviations !).
- Quand ils ont des idées « vieux jeu », ne cherchez pas à les réformer. Il est trop tard pour les faire changer de point de vue sur la vie. Vous risquez de passer pour une redresseuse de tort sans grande expérience ! Et ne levez pas les yeux au ciel en les écoutant…
- L'affection, ça s'entretient. Passez les voir régulièrement ; écrivez-leur si vous habitez loin, ou quand vous partez en vacances… et pas uniquement avant Noël pour vous rappeler à leur bon (et généreux) souvenir.
- Vous considérez qu'il est normal qu'ils vous fassent des cadeaux ? Pensez à leur en faire aussi !

Voir aussi Identité, Famille, Parents.

GROSSESSE PRÉCOCE • 83

Ça n'arrive pas qu'aux autres !

S'informer

Être enceinte à l'adolescence arrive plus souvent qu'on ne le croit. Soit qu'on n'ait pas utilisé de moyen contraceptif, soit qu'il y ait eu un « raté » parce qu'aucun contraceptif n'est sûr à 100 %.

Les risques médicaux

Chez une adolescente, la grossesse présente des risques médicaux spécifiques. Une jeune fille de 14 ans, dont le corps n'a pas fini de grandir, n'est pas vraiment prête à attendre un enfant. Des complications comme l'hypertension (une tension trop élevée) chez la mère peuvent survenir plus fréquemment. Le risque d'accouchement prématuré ou difficile est également plus grand. Enfin, le bébé d'une adolescente est souvent plus petit et donc plus fragile. Cependant, un bon suivi médical de la grossesse peut prévenir la plupart de ces risques. Attention, ce qui est dangereux à 14 ans ne l'est pas à 18. Bien au contraire, une grossesse à 18 ans présente bien moins de risques qu'à 35 ans.

Un drame humain

Les principaux problèmes posés par une grossesse précoce ne sont pas d'ordre médical. Quand on n'a ni l'argent, ni le temps, ni la maturité nécessaire pour élever un enfant, quand on ne l'a pas vraiment voulu, quand on se retrouve seule face à ce problème, la grossesse est vécue comme une catastrophe. Au point que certaines filles refusent même de reconnaître qu'elles sont enceintes, et parfois leur entourage ne s'aperçoit de rien jusqu'aux tout derniers mois. Pourtant, pour des raisons de santé, il est important de savoir rapidement, si l'on est enceinte ou non.

Comment savoir si on est enceinte ?

En surveillant son cycle menstruel, de façon à s'inquiéter rapidement d'un retard de règles. Si on a eu des relations sexuelles depuis ses dernières règles, même si on utilise un moyen contraceptif, il convient de vérifier si ce retard ne signifie pas le début d'une grossesse.

Quel test faire ?

Les tests de grossesse vendus en pharmacie peuvent être faits dès le premier jour de retard des règles. Ils mesurent le taux d'hormones (signe d'une grossesse) contenues dans les urines. S'ils sont de plus en plus performants, ils ne sont pas fiables à 100 % : ils peuvent donner un résultat négatif alors qu'on est enceinte. En revanche, il n'y a pas d'erreur en cas de résultat positif. Ces tests coûtent environ 15 €.

Une prise de sang

En cas de doute, il vaut mieux consulter un médecin qui prescrira une analyse de sang dans un laboratoire afin de mesurer le taux d'hormones. Cette analyse coûte environ 20 €, elle est remboursée par la Sécurité sociale. Ce médecin pourra par la suite donner tous les renseignements nécessaires en cas de grossesse, ou prescrire une contraception efficace si l'on a seulement eu une grosse frayeur !

Test positif...

Dans le cas d'un résultat positif, et même si cela n'est pas évident parce qu'on ne ressent rien encore, il y a un embryon qui se développe, et qui deviendra un bébé... Il ne faut pas rester seule avec un si lourd secret. Si on a trop peur d'en parler à ses parents, on peut se tourner vers un adulte en qui on a confiance : confident(e), infirmière ou assistante sociale du collège ou du lycée, médecin ami, etc. Mais les parents, même s'ils sont bouleversés par la nouvelle, sont sans doute les mieux placés pour aider à réfléchir, à prendre puis à assumer une décision.

SOS Papa-Maman

Les parents sont là pour aider leurs enfants. Même si on a une peur panique de leur réaction, même si on craint de leur faire du mal ou de les décevoir, il faut toujours garder à l'esprit qu'ils aiment et aimeront toujours leurs enfants, quoi qu'il arrive. Passée la première réaction qui peut être un peu dure, ils sauront certainement écouter, consoler, conseiller pour trouver la meilleure solution.

Info +

Trop d'adolescentes concernées

Près de 10 000 adolescentes de 15 à 18 ans sont enceintes chaque année en France. Chaque année, 2 % des bébés qui naissent en France ont une mère adolescente (entre 12 et 18 ans). En 1999, pour 5 grossesses adolescentes, on compte 3 interruptions volontaires de grossesse et 2 naissances.
Source : La Croix, *21 février 2001.*

Comprendre

Pourquoi cela arrive-t-il ? Il y a bien sûr les cas douloureux et terribles des grossesses qui sont le résultat d'une relation forcée, c'est-à-dire d'un viol. Il y a aussi les « accidents », malgré une contraception que l'on croyait efficace (un préservatif qui craque, une pilule oubliée...).

Quand l'inconscient parle

Mais une grossesse accidentelle peut être aussi le résultat d'un désir d'enfant inconscient ou inavoué. On a voulu vérifier que son corps fonctionne bien ; on avait envie de quelqu'un à aimer qui soit tout à soi ; on aime un garçon et on a voulu le forcer à s'engager ; on ressent un vide dans sa vie et on croit qu'un enfant à élever va le combler ; on veut se prouver ou prouver à ses parents qu'on est adulte. Toutes ces raisons ne sont jamais si clairement exprimées et elles

Nombre d' IVG pour 100 conceptions (en %)

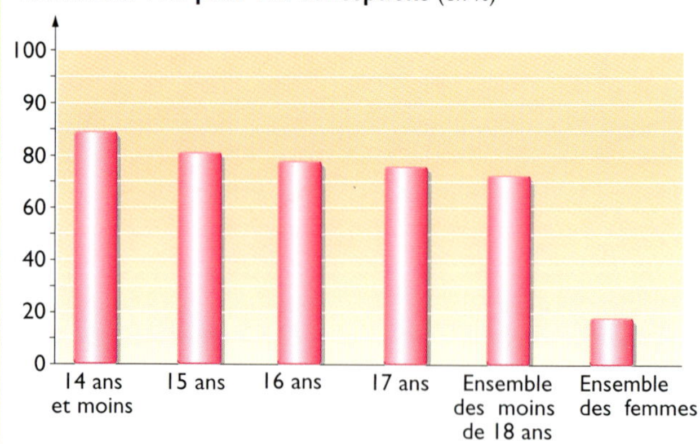

Source : ministère de l'Emploi et de la Solidarité, Insee, 2001.

sont souvent entremêlées. De toute façon, le désir d'enfant reste un sentiment un peu mystérieux qu'on n'expliquera jamais tout à fait.

Ça n'arrive qu'aux autres !
Vrai, si vous n'avez pas de relations sexuelles. Mais attention ! la plupart des adolescentes oublient que la conséquence la plus naturelle d'un rapport sexuel, c'est une grossesse : c'est d'ailleurs en grande partie fait pour ça !

Que faire ?
Dans tous les cas, c'est toujours à la jeune fille enceinte de décider. Mais pour cela, elle doit se donner les moyens de réfléchir le plus sereinement possible avec l'aide et l'amour de son entourage : les parents qui sont les premiers à pouvoir l'aider, les personnes en qui elle a confiance, le père de l'enfant quand cela est possible.

Le garder, et l'élever ?
La jeune fille peut choisir de mener cette grossesse à terme, c'est-à-dire très concrètement de mettre un bébé au monde. C'est un choix pour lequel elle aura besoin du soutien de ses parents ou, à défaut, d'autres adultes. Choisir d'élever son enfant malgré les difficultés que cela présente quand on est très jeune et sans moyens matériels est un engagement difficile à prendre, un engagement de longue durée, qui transforme toute une vie mais qui n'est pas impossible à tenir si l'on est bien entourée.

Le garder et le confier ?
La jeune fille peut aussi ne pas vouloir recourir à l'avortement ou ne pas le pouvoir (il est trop tard), tout en se disant qu'elle est trop jeune pour élever un enfant. Dans ce cas, elle peut confier le bébé à l'adoption dès sa naissance. Ce n'est pas forcément une décision qui sera facile à tenir quand on sentira son bébé grandir en soi et qu'on le découvrira à la naissance. Cela demande beaucoup de courage.

Ne pas le garder ?
Si, après avoir examiné toutes les solutions possibles, la jeune fille décide de ne pas mener à terme cette grossesse, il lui faudra recourir à l'avortement. C'est une décision grave et forcément douloureuse : même quand on ne se sent pas capable d'élever un enfant, on a au fond de soi un désir de vie. La loi française autorise l'IVG (interruption volontaire de grossesse) jusqu'à 12 semaines de grossesse (c'est-à-dire 14 semaines après le début des dernières règles).

Jamais de solution toute faite
Tout choix implique des responsabilités, et personne ne peut les assumer à la place de la personne concernée. Il faut donc prendre le temps de mûrir sa décision pour être certaine de son choix. L'important, c'est de pouvoir en parler avec des personnes responsables, des personnes de confiance, pour bien mesurer ce que l'on veut au fond de soi, ce dont on est capable, pour faire le bon choix.

Voir aussi Adoption, Avortement, Contraception, Désir d'enfant, Gynécologue, Fécondité, Pilule, Premier rapport sexuel, Règles.

Conseils

Le mieux, ce serait quand même de ne pas se mettre dans cette situation !

• Même si le conseil vous semble un peu ringard, le risque de grossesse précoce est l'une des raisons pour lesquelles il n'est peut-être pas judicieux d'avoir des rapports sexuels trop jeune. Ce n'est pas la même chose d'attendre un bébé à 14 ans qu'à 18 ou 20 ans.

• Sinon, prenez une contraception efficace : la plus sûre, c'est la pilule (associée au préservatif qui protège des maladies sexuellement transmissibles).

• Ne jouez pas avec le feu : qui dit rapport sexuel dit possibilité de grossesse, et cela dès le premier rapport. Ne croyez pas non plus qu'il y a des périodes du cycle où on ne risque rien, comme celle des règles par exemple.

• Surtout ne faites pas partie des 80 % de filles qui ont leur première relation sexuelle sans contraception !

84 • GYNÉCOLOGUE

La première visite

Définition

Un gynécologue est un médecin spécialiste des maladies de la femme, et de tout ce qui concerne sa sexualité.

S'informer

Il y a mille bonnes raisons d'aller voir un gynécologue au moment de l'adolescence.

Règles douloureuses ou tardives
Vous pouvez lui rendre visite pour parler de vos règles, si elles sont irrégulières, douloureuses ou trop abondantes par exemple, ou si vous ne les avez pas encore et que vous vous demandez si c'est normal.
Premiers rapports sexuels
Certaines filles ont leur première visite quand elles commencent à avoir des rapports sexuels, pour savoir si tout se passe normalement, comprendre leurs éventuelles difficultés, savoir ce qu'est le plaisir, s'informer sur le Sida et les maladies sexuellement transmissibles (MST). Mais vous pouvez voir un gynécologue même si vous n'avez pas encore eu de rapport sexuel, pour savoir si tout va bien et vous faire expliquer comment votre corps fonctionne.
Première contraception
Quand une fille sait qu'elle va bientôt commencer à avoir des rapports sexuels, c'est vraiment le moment pour elle d'aller faire cette première visite, pour se faire prescrire sa première contraception, même si un médecin généraliste peut aussi le faire.
Petits problèmes de filles
Enfin, un gynécologue est plus à même qu'un généraliste de trouver une solution aux problèmes particuliers comme les pertes vaginales, les inflammations de l'appareil génital, les douleurs entre les règles, les abcès au sein, etc.
Courage !
Le tout, c'est de se décider à effectuer cette première visite, qui fait toujours un peu peur. Pour vous rassurer, dites-vous que le gynécologue a une grande habitude de cette première rencontre, et qu'il saura trouver les mots pour vous mettre à l'aise.
Les questions qu'il pose
Il va d'abord chercher à vous connaître mieux sur le plan médical, en vous posant des questions : la date de vos premières règles (d'où l'intérêt de le noter sur votre carnet de santé), celle des dernières, comment elles se passent, si elles sont irrégulières, douloureuses. Il voudra aussi savoir les maladies que vous avez déjà eues, éventuellement les interventions chirurgicales. Il vous pèsera, vous mesurera, prendra votre tension, et examinera vos seins pour

détecter d'éventuels kystes ou anomalies.

Cet examen impressionnant

Ce que vous craignez le plus, c'est le fameux examen gynécologique dont vous avez peut-être entendu parler. Sachez qu'il n'est pas obligatoire si vous êtes encore vierge et que vous venez juste pour une visite de contrôle ou une première contraception. Mais il peut se faire sans déchirer l'hymen, s'il est nécessaire que le médecin vous examine. Cet examen, un peu impressionnant la première fois, se passe d'autant mieux qu'on essaie d'être décontractée et de ne pas trop s'en « faire une montagne ».

Le déroulement

Après s'être dévêtue (on peut garder son haut, mais il faut retirer sa culotte), on s'allonge sur une table d'examen, et on écarte les jambes pour mettre les pieds dans des supports métalliques, les « étriers ». Le médecin introduit dans le vagin un petit appareil en métal appelé « speculum », qui lui permet de regarder dedans pour examiner le col de l'utérus. Après l'avoir retiré, il met un gant et introduit deux doigts dans le vagin pour palper l'utérus. Ce n'est pas douloureux, seulement désagréable quand on est contractée, ce qui est normal la première fois. On peut se rhabiller dès qu'on descend de la table d'examen.

○ Savoir-vivre

Par respect pour le médecin et pour vous-même, une toilette intime particulièrement soigneuse et du linge propre sont de rigueur ce jour-là… plus encore que les autres jours !

○ Comprendre

Il est important de bien choisir son gynécologue, car c'est plus qu'un médecin : c'est quelqu'un qui pourra vous accompagner tout au long de votre vie de femme. Quelqu'un qui pourra vous écouter et vous aider dans les difficultés que vous rencontrerez.

Celui de votre mère ?

Votre mère vous proposera peut-être son gynécologue. Comme tout médecin, un gynécologue est tenu au secret professionnel, et ne doit pas parler de votre visite à votre mère. Malgré tout, vous pouvez préférer que ce ne soit pas le même, car il s'agit de choses très intimes qui ne concernent que vous. Dans ce cas, dites-le simplement à votre mère, qui pourra vous conseiller quelqu'un d'autre.

Un homme ou une femme ?

Les gynécologues hommes sont bien sûr tout aussi compétents que les femmes. Reste qu'à votre âge, on se sent souvent plus à l'aise avec une femme pour parler de ces choses-là. L'important, c'est de vous sentir en confiance.

Si le contact ne passe vraiment pas à la première visite, n'hésitez pas à voir quelqu'un d'autre. Enfin, au moins la première fois, faites-vous accompagner : mère, sœur, tante, amie, vous avez le choix. Elle restera dans la salle d'attente pendant l'examen, mais sa présence vous rassurera.

Voir aussi Contraception, Premier rapport sexuel, Règles.

Conseils

• Il est préférable de ne pas aller chez le gynécologue au moment de ses règles, car cela rend l'examen plus difficile.

• En général, le médecin vous explique ce qu'il fait et ce qu'il remarque pendant l'examen. N'hésitez pas à lui poser toutes vos questions : il est là pour vous répondre.

85 • HÉROS

Un fabuleux destin...

Définition

Le héros, c'est un personnage imaginaire ou réel qui a une vie hors du commun. On se raconte son histoire, on en rêve ; c'est un modèle à imiter.

S'informer

Il y a d'abord les héros légendaires, ceux des livres et des films. Qui pourrait les énumérer ? Vous avez vos « chouchous » : cela dépend de vos lectures, de vos films culte, de vos goûts, de votre âge (avec le temps, on change de héros). Ces héros montrent l'exemple par leur courage, leur sens de l'honneur. Ils savent se sacrifier pour les autres, ils défendent de grandes causes ; et on voudrait tous être capables de faire comme eux.

En chair et en os

Il y a aussi les « vrais » héros, ceux qui ont existé. La liste est longue : on en trouve dans tous les domaines et à toutes les époques. Héros des temps de guerre, héros de la science, médecins, explorateurs ; héros du spectacle, des exploits sportifs ou de l'action humanitaire… un cortège de grands noms vous vient sans doute à l'esprit pour chaque catégorie ! Ces héros-là ne sont pas parfaits ! Leurs faiblesses nous les rendent plus proches, plus humains… et plus aimables.

Comprendre

Tous ces héros, à la télé, dans les magazines ou les livres, on rêve de les imiter. Pourquoi pas, à condition de bien choisir car, à côté d'eux, vous risquez de vous sentir un peu médiocre ! Regardez bien votre héros : quelles sont les qualités que vous admirez le plus en lui ? Et vous, avez-vous ces qualités ? Difficile, car la vie, à première vue, n'offre pas tous les jours l'occasion d'être héroïque. Il ne se passe rien ; personne ne semble avoir besoin de vos exploits.

Je ne suis pas un héros

Les héros, eux, ont la chance de vivre des situations exceptionnelles : ils ont des occasions en or de montrer de quelle étoffe ils sont faits ! En plus, dans la vie quotidienne, les choses sont souvent plus compliquées ! On est obligée de faire des compromis, parce que tout est mélangé, le bien et le mal, les bons et les méchants, c'est plus difficile de faire son choix.

Entre rêve et réalité

Pourtant, l'héroïsme n'est pas un rêve impossible réservé à une élite d'hommes et de femmes parfaits. Cela vous concerne dès aujourd'hui, dans tout ce que vous faites pour préparer votre avenir, devenir quelqu'un de bien. Cela suppose d'avoir des objectifs clairs, des valeurs fortes auxquelles vous tenez. Cela suppose

aussi d'être fidèle, de ne pas changer d'avis après que la dernière a parlé, d'être courageuse, et d'être capable de défendre votre point de vue et vos opinions. Cela peut être très modeste, mais c'est un bon début. Les héros aussi ont commencé petit, simplement, ils ont rêvé grand et sont allés au bout de leurs rêves.

Un fabuleux destin

Et si vous ne vous sentez pas l'étoffe d'une héroïne « à effets spéciaux » : allez (re)voir Amélie Poulain, cette jolie héroïne qui commence par se faire des films énormes sur ce qu'elle pourrait apporter au monde entier. Elle se rêve parfaite… et son fabuleux destin commence le jour où elle met les pieds dans la réalité !

Voir aussi Ambition, Courage, Fan, Idéal, Valeurs.

Info +

Héros, version fille

Difficulté supplémentaire pour vous les filles, les héros sont souvent des hommes. C'est un peu fou de s'imaginer en chevalier, en chef de guérilla rampant dans la forêt tropicale, en champion de l'aviation, ou en navigateur solitaire… et malgré tout, quelle fille n'en a pas rêvé ? Pourtant, des héroïnes, il y en a. Regardez l'alpiniste Christine Janin, la scientifique Marie Curie, la navigatrice Helen McArthur… ou la très impressionnante Mère Teresa. Les grands hommes au féminin, ça existe aussi. Alors les filles, à vous de jouer : les héroïnes de demain sont sûrement parmi vous !

86 • HOMOSEXUALITÉ

Le même et l'autre

Définition

L'homosexualité est une attirance sexuelle pour les personnes du même sexe, les filles pour des filles, les garçons pour des garçons. *Homos* en grec veut dire « même ». Le contraire d'homosexuel, c'est hétérosexuel, du grec *hétéros* qui veut dire « autre ».

S'informer

On parle souvent d'homosexualité à propos de réalités bien différentes : un attrait passager pour une personne du même sexe qui n'empêche pas d'avoir également une attirance et des relations avec l'autre sexe, ou un attrait confirmé et exclusif pour les personnes du même sexe.

Pourquoi ça arrive ?

Certains affirment que l'homosexualité est inscrite dans les gènes de la personne, que c'est dans sa nature. D'autres pensent que cela vient de son histoire personnelle, de sa relation avec ses parents (sa mère, notamment), bref qu'elle a des origines psychologiques. Ce ne sont que des hypothèses. En fait, on ne sait pas pourquoi certaines personnes sont homosexuelles.

Et si ça m'arrivait ?

À votre âge, il arrive que l'on vive des relations si intenses avec ses amies, surtout avec sa meilleure amie, que l'on peut se croire homosexuelle : on pense qu'on ne pourra jamais aimer autant un garçon, jamais se comprendre aussi bien qu'entre filles. C'est fréquent, surtout dans la première partie de l'adolescence, et ça ne veut pas du tout dire qu'on est ou que l'on sera homosexuelle !

Pourquoi ?

Simplement, on peut avoir un peu peur des garçons, parce qu'ils sont trop différents et inquiétants. On a peur aussi de soi-même, parce que l'on ressent des désirs nouveaux. Alors, on se sent plus en sécurité avec celles qui nous ressemblent, et on peut être tentée un temps d'éviter la difficulté en restant entre filles. Les garçons aussi connaissent cette crainte de ne pas savoir s'y prendre avec les filles.

La confusion des sentiments

L'adolescence est le moment où l'on construit son identité : rien d'étonnant à ce que l'on soit un peu désorientée, à ce que l'on tâtonne. C'est aussi une période de la vie où les désirs sont très forts, et partent même un peu dans tous les sens ! C'est très troublant et il faut apprendre à maîtriser toutes ces émotions nouvelles. Mais pas de panique : les psychologues disent qu'il faut attendre le début de l'âge adulte (autour de 21 ans !) pour être fixé sur sa sexualité et encore, rien n'est jamais définitivement figé.

La bonne distance

Parce que votre âge est celui des désirs confus et des sentiments troubles, et qu'il en est de même pour vos amies, apprenez à garder la bonne distance. L'intimité entre amies s'arrête aux limites de la pudeur. Évitez de dormir dans le même lit ou de prendre des douches ensemble afin de ne pas vous retrouver dans une situation gênante.

Comprendre

Situation difficile

Vivre son homosexualité n'est pas simple et le chemin du bonheur est difficile. D'abord, cela signifie se sentir toujours différent, minoritaire. Toutes les personnes homosexuelles ne le vivent pas de la même façon : certaines se sentent bien dans leur peau, d'autres ont plus de mal à s'accepter, par peur du regard des autres, peur d'être mal jugées, mal comprises, d'être cataloguées, réduites à ne plus être qu'un(e) homosexuel(le).

Peur d'être seul

C'est difficile aussi, parce qu'on a envie d'être aimé et de rencontrer quelqu'un avec qui l'on pourra tout partager. Or, la majorité des gens sont hétérosexuels et ils ont déjà du mal à rencontrer l'âme sœur, alors c'est encore plus difficile pour les personnes homosexuelles. C'est vrai qu'il existe des couples homosexuels stables. Mais le plus souvent, les relations homosexuelles sont éphémères, instables et les homosexuels ont du mal à se projeter dans l'avenir.

Pas d'enfant

Quand on aime quelqu'un, on a naturellement envie d'avoir un enfant avec lui. C'est ce qui fait aussi souffrir les personnes homosexuelles : elles savent qu'elles ne pourront pas avoir d'enfants avec une personne du même sexe, et fonder une famille avec elle.

Ne pas juger les personnes

Comme toute personne, les personnes homosexuelles ont des qualités et des défauts, elles peuvent être généreuses ou égoïstes, fidèles ou volages, désintéressées ou manipulatrices. Elles ne sont ni pires, ni meilleures. On ne peut pas réduire une personne, homosexuelle ou hétérosexuelle, à sa sexualité. Ce qui est sûr, c'est que tout le monde a besoin de se sentir accueilli et d'avoir des amis.

Info +

Le Pacs, c'est quoi ?

En octobre 1999, le parlement français a voté la création du Pacte civil de solidarité (Pacs), pour répondre notamment aux situations particulières causées par le décès d'un des partenaires d'un couple homosexuel. Ce contrat se passe au tribunal de grande instance entre deux personnes qui n'ont pas de lien familial. Il donne un certain nombre de droits : l'un des contractants peut bénéficier de la Sécurité sociale de l'autre, lui léguer ses biens, etc. Les « pacsés » se doivent une aide matérielle réciproque, sont solidaires de leurs dettes et paient leurs impôts en commun. Pour se séparer, il leur suffit d'en informer le tribunal d'instance. Le Pacs n'est pas un mariage, parce que le mariage demeure un acte destiné à fonder une famille.

Info +

Les homosexuels ont longtemps été rejetés, voire persécutés. Ils étaient obligés de se cacher, même de leurs familles et de leurs amis. Depuis quelques années, ils sont mieux acceptés mais ils continuent de se battre pour obtenir un certain nombre de droits : droit de se marier, droit d'adopter des enfants… La société s'interroge sur la légitimité de ces demandes. Certains pensent que, même si les homosexuels sont des personnes aussi respectables que les autres, la société ne doit pas encourager la relation homosexuelle qui, contrairement à la relation hétérosexuelle, ne permet pas d'avoir des enfants naturellement. C'est d'ailleurs pour cela que la loi française n'autorise les homosexuels ni à se marier, ni à adopter des enfants en tant que couple. Les mouvements homosexuels considèrent que c'est une discrimination qu'il faut combattre.

Voir aussi Fille/Garçon, Garçons, Respect, Sexualité.

Savoir-vivre

Respect !

Les personnes homosexuelles ont le droit d'être respectées, comme n'importe qui. Bannissez donc de votre vocabulaire les mots « sale pédé », « tapette », « gouine », etc., qui sont vraiment des insultes indignes.

87 • HONNÊTETÉ

C'est pas malhonnête : tout le monde le fait !

S'informer

Honnêteté est un mot qui vient en droite ligne de cette vieille notion qu'on appelle l'honneur : être honnête, c'est se comporter de manière honorable, en méritant le respect.

Au grand jour

Souvent, on parle d'honnêteté au sujet de l'argent : être honnête, c'est ne pas voler, ne pas s'enrichir en détournant des fonds, respecter le bien d'autrui. En un mot, être incorruptible. Mais l'honnêteté, c'est beaucoup plus que des histoires d'argent. C'est tout une attitude face à la vie. Être honnête, c'est n'avoir rien à cacher, être « droite » : une image pour signifier qu'on refuse les coups tordus, les mensonges, tout ce qui ne se fait pas au grand jour.

Pas de maquillage moral !

On dit aussi « être honnête avec soi-même ». Cela veut dire ne pas se mentir, ne pas se cacher ses défauts et ses torts en les justifiant par des excuses bancales. Par exemple, quand on a triché en classe, c'est reconnaître que ce n'est pas très reluisant, sans se dire « eh bien quoi, tout le monde le fait »… et ne pas se réjouir de sa bonne note comme si elle était due à son travail ou à son intelligence.

Info +

Honnêteté, malhonnêteté, où est la limite ?

Être malhonnête, ce n'est pas forcément faire quelque chose de mal. Ce peut être oublier de faire quelque chose de bien ! Un exemple. La boulangère vous rend la monnaie sur 10 € alors que vous lui avez donné 5 €. Si vous « oubliez » de le lui faire remarquer, ce n'est pas franchement un mensonge ou un vol (vous n'avez pas piqué dans la caisse !), mais n'empêche : la limite entre honnêteté et malhonnêteté est déjà franchie…

Comprendre

L'honnêteté est un exercice difficile qui oblige à reconnaître ses faiblesses, à accepter de perdre, de n'être pas toujours bien vue. Elle implique aussi de faire une croix sur ce qu'on ne peut pas se procurer honnêtement. En fait, c'est accepter d'assumer les conséquences de ses actes, plutôt que de fuir ou de se raconter des histoires. Elle demande du courage et de la lucidité. On préfère se rêver mieux qu'on ne se voit, et quand on se trompe ou qu'on fait une bêtise, on est tentée de fermer les yeux dessus.

Ces mini-malhonnêtetés qui pourrissent la vie

Et c'est vrai que l'honnêteté est exigeante, parce qu'elle oblige à se donner des règles, à respecter les autres et à se respecter soi-même. C'est facile de voler sans se faire prendre, de frimer, de tricher en classe, ou de se mentir sur soi-même. Ce sont souvent des petites choses sans importance et, pourtant, elles pourrissent la vie. Parce que, lorsqu'on sent que quelqu'un est malhonnête, on n'a pas très envie de lui faire confiance. D'ailleurs, lui aussi est méfiant, parce qu'il imagine que tout le monde raisonne comme lui et essaie de le tromper !

Pas de degrés dans l'honnêteté

Quand on apprend que des responsables politiques abusent de leur pouvoir pour s'en mettre plein les poches, on est scandalisée. Mais il faut bien se dire une chose : il n'y a pas de différence fondamentale entre eux et la vendeuse qui se sert dans les réserves du magasin sans payer, ou l'employé qui rapporte du bureau papier et crayons pour ses enfants. Ni avec la fille qui embarque quelques CD ou déguste un paquet de gâteaux dans les rayons du supermarché. Ça a l'air de petites choses, sans rapport avec les grandes magouilles qui concernent des sommes avec plein de zéros. Mais c'est le même esprit, qui fausse toutes les relations et ruine la confiance.

Honnêteté, le ticket gagnant

L'honnêteté, c'est un choix de vie. Il faut y aller à fond, refuser les demi-mesures et les compromis. En cessant d'être indulgente avec soi-même, de laisser passer quoi que ce soit. Exigeant, oui… mais si vous misez sur l'honnêteté, vous allez vite vous apercevoir que vous êtes gagnante ! Parce que les gens vous feront confiance. Et aussi parce que pour vous-même, intérieurement, c'est plus satisfaisant. C'est la meilleure manière de pouvoir vous regarder en face…
et d'être fière de vous.

Voir aussi Confiance, Hypocrisie, Mensonge, Vérité.

Test

Jusqu'où va votre honnêteté ?

Répondez par oui ou non aux affirmations suivantes :

1. Vos parents vous ont donné plus d'argent de poche que d'habitude : vous leur demandez si c'est normal avant de le mettre dans votre poche.
2. Vous ramassez une montre dans la cour de récré : vous l'apportez aux objets trouvés.
3. Tout le monde triche à l'interro de maths. Tant pis, vous prenez le risque d'avoir une mauvaise note en refusant de faire la même chose.
4. C'est exceptionnel qu'il y ait un contrôleur sur votre ligne de bus, mais vous achetez quand même les billets.
5. Vous trouvez un portefeuille contenant des papiers et 7 €. Vous rapportez tout au commissariat, même l'argent.
6. Votre mère vous remercie d'avoir nettoyé la salle de bains. C'est votre sœur qui l'a fait avant de partir en cours. Vous la détrompez.
7. Le professeur d'histoire vous félicite pour l'originalité de votre exposé. Vous lui avouez que vous en avez trouvé une bonne partie sur Internet.
8. Une amie a complètement oublié qu'elle vous avait prêté 5 €. Vous le lui rappelez.

• Moins de 3 oui, vous flirtez avec la malhonnêteté.
• De 3 à 5 oui, vous faites des efforts mais vous craquez encore souvent.
• Plus de 5 oui, bravo ! À quand les 8 oui ?

J'ai la honte...

S'informer

On peut éprouver de la honte dans diverses situations. Quand on fait quelque chose de pas très reluisant : tricher, mentir à une copine, ne pas travailler suffisamment en classe, trahir la confiance de ses parents, etc. C'est une honte qui a de bonnes raisons.

J'assure pas comme eux
Mais on peut aussi avoir honte parce qu'on ne se sent pas à la hauteur : mauvaises notes, mauvaises performances en sport, impression d'être moins douée, moins intelligente que les copines. La honte peut venir aussi de ce qu'on ne se sent pas comme les autres, parce qu'on n'est jamais sortie avec un garçon, parce qu'on est encore vierge, ou qu'on se sent rejetée par un groupe de gens.

Quand les autres s'y mettent
On a honte aussi quand on se sent maltraitée. Si vous avez été humiliée par une copine qui s'est moquée de vous en public, si vous avez pris un râteau ou si vos copines ont dit du mal de vous et que vous l'avez appris, voilà la honte qui surgit.

Le rouge au front
La honte peut être une réaction immédiate et paralysante. Joues écrevisse, larmes aux yeux, bégaiement, on ne sait pas quoi répondre ; on voudrait disparaître sous terre. Ce peut être aussi quelque chose de plus profond et de permanent, qu'on traîne comme un boulet : un sentiment d'infériorité qui donne une mauvaise image de soi et qui pourrit la vie.

Comprendre

À votre âge, on a souvent honte, parce qu'on est particulièrement sensible aux regards des autres. La psychanalyste Françoise Dolto comparait les adolescents à des homards au moment de la mue : ils ont perdu leur carapace et ils n'ont pas encore eu le temps de s'en fabriquer une nouvelle ; alors, ils sont comme des écorchés vifs et la moindre parole désagréable, le moindre reproche leur font très mal.

Sous la carapace
Vous avez beaucoup changé ces derniers temps, avec ce corps qui s'est transformé, dans lequel vous ne vous sentez peut-être pas encore très bien, et auquel vous trouvez plein de défauts ; avec toutes sortes d'interrogations sur ce dont vous êtes capable, ce que vous allez faire dans la vie. Vous avez du mal à vous faire une idée juste de vous-même.

La honte, c'est dans la tête
Alors vous vous comparez, et ce n'est bien sûr pas toujours à votre avantage. Ou bien, vous mettez la barre très haut parce que vous aimeriez être parfaite. De sorte que, par contraste, vous vous trouvez nulle. Et quand on vous critique, vous avez honte, parce que tout ce que vous vous reprochez à vous-même vous revient à l'esprit. Il y a une grande part d'imagination dans la honte : vous imaginez que les autres vous jugent aussi mal que vous le faites

faire face à toutes les humiliations. Vous les enviez ? Ne soyez pas dupe : ça ne les empêche pas de souffrir. Accepter de ne pas être la meilleure en tout, apprendre à reconnaître ses torts, à mettre en valeur ce qu'on a de beau, avoir un regard bienveillant sur soi et sur les autres : voilà ce qu'on doit apprendre pour devenir une adulte sans honte inutile.

Voir aussi Complexes, Identité.

vous-même, et cela vous fait souffrir terriblement.

Mieux se connaître pour mieux s'aimer

Pour lutter contre ce sentiment, il faut apprendre à mieux se connaître, découvrir ses points forts, accepter ses faiblesses et vivre avec de manière positive, en s'efforçant de s'améliorer. C'est un long chemin : il commence maintenant, mais il dure toute la vie.

Des amies pour vous regarder

Cela vous paraît insurmontable ; vous avez besoin d'une image positive de vous, d'encouragements et de confiance ? Les amies sont là pour ça ! Elles peuvent vous rassurer, comprendre vos doutes, et surtout vous assurer qu'elles vous aiment telle que vous êtes.

Des filles sans honte, ça existe ?

Toutes vos copines connaissent ces moments de honte, mais certaines ne le laissent pas paraître. Il y en a qui réussissent à enfermer tout cela en elles et savent

Bons plans

Survivre à la honte

Quand on a honte parce qu'on a été humiliée, mieux vaut laisser passer l'orage :

• Garder la tête haute en public pour ne pas offrir à ses agresseurs le plaisir de constater leur victoire.

• S'éclipser rapidement pour vider son cœur en laissant éclater sa rage ou en pleurant un bon coup. Ça fait du bien, et ça aide mieux à s'en remettre que de rester stoïque.

• Ne pas ressasser ni imaginer des vengeances : c'est à soi-même qu'on fait le plus de mal en agissant ainsi. Inutile de rêver que vous envoyez du tac au tac la petite phrase assassine que vous n'avez pas su trouver au bon moment. Tout le monde en rêve ; mais ça ne soulage jamais, ça énerve !

• Ne pas croire qu'on est la seule à vivre cela, en parler avec des amies pour prendre du recul et retrouver l'estime de soi.

• Prendre si possible les choses avec philosophie : « Un moment de honte est vite passé », dit-on souvent. Et la honte ne tue pas.

89 • HOROSCOPE

Êtes-vous née sous une bonne étoile ?

Définition

Horoscope est un mot grec qui veut dire « regarder le moment ». Établir l'horoscope d'une personne, c'est regarder l'emplacement des planètes dans le ciel au moment de sa naissance et en tirer des prédictions pour son avenir.

S'informer

L'astrologie, qui étudie les astres pour en tirer des prédictions, est une pratique très ancienne. Elle se fonde sur une observation de la trajectoire du soleil qui définit une zone de la voûte céleste, le zodiaque.

Les signes du zodiaque

Autrefois, on croyait que c'était le soleil qui tournait autour de la terre. Au cours d'une année, le soleil était censé parcourir les douze zones du zodiaque auxquelles correspondaient les douze constellations d'étoiles alors connues. Elles correspondent aux douze signes du zodiaque. On définit le signe zodiacal d'une personne en déterminant quelle était la position du soleil dans le zodiaque au moment de sa naissance.

À chacun de ces signes, on a attribué un certain nombre de caractéristiques. Pour le Bélier, par exemple, c'est l'élan, l'énergie, la volonté, l'enthousiasme. Si vous êtes née entre le 21 mars et le 21 avril vous « êtes Bélier », vous êtes censée être une fonceuse.

Casse-tête chinois

En réalité, c'est plus compliqué : les astrologues font entrer dans leurs prédictions des conjonctions de plusieurs planètes et mesurent tout cela avec des systèmes très sophistiqués. L'idée, c'est que la place des astres dans le ciel au moment de votre naissance aurait une influence sur ce que vous êtes et sur votre avenir. Cette méthode fonde les fameux horoscopes sur lesquels on se précipite toutes…

Comprendre

Au risque de décevoir certaines, l'astrologie est fondée sur une conception du monde que les astronomes, les scientifiques qui étudient le ciel et les planètes (à ne pas confondre avec les astrologues), ne considèrent pas comme sérieuse. Reste qu'il y a des choses troublantes. On connaît plusieurs Gémeaux et ils sont tous des charmeurs pleins de vie. Sans parler des Balances, dont les indécisions nous font tellement rire. Alors, vrai, pas vrai ?

Faux, heureusement !

On peut toujours trouver des points communs à des personnes du même signe. Mais aussi beaucoup de différences. Heureusement ! Ce serait vraiment l'horreur si toute notre personnalité, notre vie étaient déterminées par les astres au point que nous ne soyons que des marionnettes qui subissent les événements.

Un peu vrai… pour rire

Évidemment, vous n'êtes pas un pantin, vous savez faire usage de votre liberté et faire des choix. Mais que ça ne vous empêche pas de vous amuser entre filles à lire vos horoscopes… ils sont très drôles, lus au second degré !

Info +

L'ascendant influence votre signe et se calcule d'après l'heure et le lieu de votre naissance. Il faut bien expliquer la complexité de votre personnalité !

Bonne blague !

S'informer

Il y a beaucoup de formes d'humour… plus ou moins drôles. Certaines ne sont pas réputées pour leur finesse : on parle d'humour « gras », aussi appelé humour de « caserne » ou de « salle de garde » en l'honneur des blagues bien lourdes dont les militaires et les étudiants en médecine ont la réputation d'être d'éminents spécialistes.

L'humour, vous l'aimez comment ?

Il y a au contraire un humour très subtil : on dit « humour pince-sans-rire » pour désigner des traits d'esprit décochés mine de rien, avec un sérieux imperturbable. C'est parfois tellement subtil… que les interlocuteurs ne comprennent pas ! Il y a aussi l'humour grinçant, amer et décapant comme un verre de vinaigre ; l'humour noir ou macabre, qui plaisante sur des sujets tragiques.

On en a ou pas

L'humour, c'est une grande qualité (quand il a un minimum de finesse).
On est tous d'accord pour le reconnaître, et pour admirer les gens qui en sont capables. Parce que tout le monde n'est pas doué pour cela. Et ce n'est pas une question d'intelligence : il y a des gens brillants qui sont tragiquement dépourvus d'humour, et des gens pas très « intellectuels » qui seraient capables de faire rire les statues des jardins publics.

Du tac au tac

Pour avoir de l'humour, il faut regarder et écouter les choses avec un certain recul. Il faut aussi être vif d'esprit, pour envoyer la bonne boutade au bon moment. Faire de l'humour sur une phrase qui a été dite 5 minutes avant, c'est le rire garanti… sauf que les gens rient de vous et pas de votre blague !

Un clown ne doit pas rire !

Il faut aussi avoir une bonne maîtrise de la langue.
Ce n'est pas un hasard si certaines plaisanteries s'appellent des « jeux de mots », c'est qu'elles supposent qu'on aime… jouer avec les mots !
Enfin et surtout, pour être vraiment drôle, il faut éviter de rire de ses propres blagues.

Info +

Humour belge

L'humour est lié à la langue et à la culture d'un pays. Quand vous voyagez, méfiance ! Vous risquez de faire des gaffes si vous ne maîtrisez pas parfaitement la langue de votre interlocuteur.

Comprendre

L'humour détend, dédramatise. Il fait passer d'excellents moments. Vous avez peut-être un oncle ou une tante très doués pour ça, qui réalisent le prodige incroyable de vous faire adorer les réunions de famille ! Ou un professeur qui a réussi à vous faire aimer la physique, votre pire ennemie, en vous prenant par le rire.

Cool Raoul !

L'humour, c'est toute une façon de vivre. On devient capable d'humour quand on a décidé qu'il valait mieux voir le bon côté des choses, ne pas se prendre trop au sérieux ; bref, vivre avec un peu de légèreté. C'est vrai que l'humour est une arme fantastique pour sortir de la mauvaise humeur, et remettre à leur place les petits inconvénients de la vie.

De la tuile au fou rire

L'humour est une manière de tirer parti au mieux de ce que vous êtes et de ce qui vous arrive. Un gros bouton qui fleurit sur votre nez juste le jour d'une fête où vous rêviez d'être la plus belle, ce n'est pas une catastrophe si vous savez prendre la situation avec humour. Plutôt que de refuser d'y aller ou de passer la soirée la main sur votre nez, faites rire vos amis dès votre arrivée, en dessinant autour de l'intrus les pétales d'une fleur !

L'humour qui mord

Attention : l'humour se manie quand même avec certaines précautions. Il faut s'interdire d'en faire aux dépens des autres. Il peut faire très mal quand il prend pour cible quelqu'un de fragile. Il y a un humour qui est une manière de se battre tout aussi brutale que les griffes ou les poings.

Tu te crois drôle ? ! ?

De même, il faut avoir assez de finesse pour deviner les situations où l'humour passera mal. Si vos parents se disputent à table et que vous risquez une pointe d'humour, ça ne les détendra peut-être pas du tout et ça risque même de les mettre hors d'eux !

Un peu de modestie

Alors, si vous ne voulez pas tomber à côté de la plaque, faites de l'humour sur les événements et pas sur les gens. Et sachez que l'humour le plus apprécié est celui qui consiste à faire rire de soi. C'est vrai que c'est un art qui commence par l'humilité : accepter ses petits défauts et s'en moquer. En fait, il les transforme en points forts : parce que les autres en rient de bon cœur avec vous, et que vos faiblesses deviennent attachantes !

P.S.: Savez-vous ce que disent les spécialistes ? Quand une personne a de l'humour sur elle-même, c'est qu'elle n'est plus adolescente. Non, c'est une blague !

Bons plans

Quand l'humour sauve la situation

- Si votre frère vous dit que vous avez de grosses fesses, répondez que ce n'est pas grave, puisque vous ne les voyez pas !
- Si votre copine trouve hideuse la nouvelle jupe dont vous étiez très fière, dites-lui que ça ne fait rien, puisque vous n'aviez pas l'intention de la lui prêter.
- Si on vous fait remarquer que votre collant est filé, rétorquez que c'est la journée du détail insolite.

À lire

Cyrano de Bergerac
d'Edmond Rostand

Doté d'un nez monstrueux, Cyrano imagine lui-même les remarques qu'on pourrait lui faire. La fameuse « tirade des nez » est un exemple d'humour féroce à l'égard de soi-même.

Sale hypocrite !

Définition

En grec, *hupocritès*, c'est l'acteur, c'est-à-dire celui qui joue un personnage. Autrement dit, l'hypocrite est celui qui ne se montre pas sous son vrai jour, qui ne dit jamais ce qu'il pense ou dit le contraire. Bref, c'est quelqu'un qui réussit l'exploit de vous passer la main dans le dos par devant et de vous cracher à la figure par derrière !

S'informer

L'hypocrisie est assez répandue. Les gens se disent bonjour et se font des ronds de jambe alors qu'ils ne s'aiment pas ; ils flattent leur patron alors qu'ils le jugent incompétent ; ils se prétendent généreux et ils ont le cœur dur. Le prof qui vous parle gentiment vous descend au conseil de classe ; votre mère est parfaitement respectueuse avec sa belle-mère mais vous savez qu'elle n'en pense pas moins ; les copains peuvent vous critiquer derrière votre dos ; les hommes politiques font de beaux discours, mais sont loin d'être aussi désintéressés qu'ils le disent.

C'est révoltant !

Vous, ça vous fait bondir. Vous rêvez d'une société où tout le monde aurait le courage de se dire les choses en face, où personne ne tromperait celui qui lui fait confiance. Vous êtes même peut-être de celles qui n'hésitent jamais à dire ce qu'elles pensent, même si ce n'est pas très flatteur pour les autres. C'est vrai qu'à votre âge on a soif de vérité. On refuse d'être une comédienne, une hypocrite, parce qu'on veut être soi-même, sans déguisement. Vous avez appris à aimer la sincérité ; c'est ce que vous voulez vivre, plutôt que le compromis et la langue de bois.

Info +

Molière, le grand auteur de théâtre, s'est copieusement moqué des hypocrites qui cachent un caractère détestable sous des manières d'ange. Il a inventé un personnage caricatural appelé Tartuffe, dans la pièce du même nom, et l'a tellement réussi qu'il est devenu un modèle : pour parler d'un hypocrite, on dit un « Tartuffe ».

Comprendre

C'est vrai que l'hypocrisie, c'est franchement détestable. Mais toutes les personnes que vous soupçonnez être hypocrites le sont-elles vraiment ? Encore faut-il savoir ce que vous entendez par là.

Hypocrites sournois

Quelqu'un qui dit volontairement du mal de vous derrière votre dos, en vous témoignant de l'amitié, c'est vraiment un hypocrite, et vous avez raison de l'envoyer promener si vous parvenez à le prendre sur le fait.

Un peu d'indulgence !

Mais tous ceux que vous taxez d'hypocrisie, parce qu'ils ne disent pas toujours ce qu'ils pensent, ne sont pas

à classer dans le même sac. Pourquoi ? Parce qu'il y a des raisons respectables de taire le mal qu'on pense des autres : peur de blesser, peur d'être mal jugée si les autres ne pensent pas la même chose, ou tout simplement envie d'avoir la paix !
Et si, dans un moment d'égarement, ils confient qu'ils ne peuvent pas voir en peinture une personne avec laquelle ils entretiennent des relations courtoises, ça ne veut pas forcément dire qu'ils sont d'abominables hypocrites !

Personne n'est parfait !

Attention, donc, avant de taxer quelqu'un d'hypocrite. C'est vrai, il y a des gens qui agitent des grands idéaux et n'en pratiquent pas le quart de la moitié. On est tentée de les traiter d'hypocrites. Mais peut-être sont-ils juste un peu trop faibles pour atteindre ces idéaux dont ils rêvent sincèrement ; et ils n'osent pas se l'avouer.
Souvent, les adultes paraissent hypocrites simplement parce qu'ils voudraient être meilleurs mais n'y parviennent pas ou parce que leur vie a été difficile et ne leur a pas permis de se réaliser pleinement.

Restons polis !

Il faut aussi ne pas confondre politesse et hypocrisie. Vos parents n'apprécient pas leurs voisins outre mesure ? S'ils esquissent un sourire au lieu de leur jeter un flot d'insultes à la figure quand ils les croisent dans l'escalier, c'est peut-être parce qu'ils ont un minimum de savoir-vivre. Pour vivre en société, il faut aussi pouvoir côtoyer des gens qu'on n'aime pas forcément, travailler avec eux, sans leur dire leurs quatre vérités tous les matins. Ça vous dérange peut-être, mais imaginez que ceux qui ne vous aiment pas – il y en a forcément, c'est inévitable ! – vous balancent toutes les horreurs qu'ils pensent sur vous, comme ça, sans prévenir. Vous resteriez sans voix !

Savoir-vivre

- Si vous ne pouvez pas voir une personne, vous n'êtes pas obligée de la fusiller par derrière !
Vous n'êtes pas obligée non plus de le lui dire !
- Il y a manière et manière de dire ce qu'on pense : on peut parler sans agressivité, en prenant des gants, pour essayer de ne pas blesser inutilement.
- Être polie avec quelqu'un qu'on désapprouve ou qu'on n'aime pas trop, c'est juste reconnaître qu'il n'a pas que des défauts. On n'est pas obligée non plus d'en faire trop et de le flatter : question de dosage !

Voir aussi Honnêteté, Mensonge, Vérité.

Conseil

Avec un véritable hypocrite, mieux vaut jouer franc jeu et lui signifier carrément qu'on n'est pas dupe. Un sourire entendu et bien appuyé, les yeux dans les yeux, suffit amplement…

IDÉAL
INCONSCIENT
INCESTE
INTELLO
IDENTIT
NTERNET

92 • IDÉAL

Idéaliste, moi, et alors ?

Définition

Idéal vient du mot idée. C'est l'idée de la vie que l'on espère mener, l'idée du garçon que l'on rêve de rencontrer.
C'est le repère qui permet de se diriger dans la vie, la ligne d'horizon qu'on cherche à atteindre, que l'on fixe du regard pour se donner du courage et avancer.

S'informer

Des idéaux, il y en a de toutes sortes. À vrai dire, il y en a pour tous les domaines de la vie. L'idéal amoureux, pour vous, c'est sans doute de rencontrer un garçon que vous aimerez passionnément, et qui vous aimera avec autant de force, pour toujours. Mais vous avez certainement plein d'autres idéaux : l'idéal d'une amitié fidèle où l'entente serait parfaite, l'idéal d'une société juste où chacun serait pleinement heureux. Pour celles d'entre vous qui ont la foi, l'idéal rejoint Dieu.

Idéal rime avec parfait

Bref, l'idéal ressemble beaucoup à la perfection. D'ailleurs, ne dit-on pas « c'est idéal » quand on parle de quelque chose qui nous semble sans défaut ? Vos idéaux sont nés de l'envie d'absolu que vous avez au fond du cœur, et que vous avez peu à peu découverte.

Professeurs d'idéal

Comment avez-vous découvert cette envie d'absolue ? C'est un peu mystérieux, comme l'absolu. Sans doute en rencontrant des personnes qui vous ont semblé parfaites… ou presque ! Qui ? Vos parents, certainement, mais aussi des amis, des profs, des gens célèbres que vous avez admiré ou tout simplement des héros fictifs qui vous ont semblé grandioses.

Comprendre

Maintenant, vous êtes pleine d'idéal, sans doute, comme toutes les filles de votre âge. Vous n'avez pas envie de vivre à moitié. Vous ne rêvez pas d'un avenir médiocre, ni pour vous, ni pour les autres ! Avouez-le, au fond de vous, vous avez l'envie formidable de l'atteindre, cet absolu, votre absolu, quel qu'il soit !

Pleine d'idéal

Avoir la tête pleine de rêves et d'idéaux, c'est essentiel. Vous êtes justement à l'âge où vous construisez votre avenir, même si c'est encore beaucoup dans votre tête. Ce serait tellement dommage de le voir médiocre, étriqué. Vous avez bien raison de le voir sur grand écran et en dolby stéréo ! Même si on n'a pas encore tous les moyens de parvenir au sommet, c'est bien de se dire qu'un jour on y arrivera.

Au ras des pâquerettes

Seulement voilà : en regardant les adultes autour de vous, vous avez peut-être l'impression que leur sommet a fondu comme neige au soleil pour devenir une motte de terre misérable. Qu'ils volent au ras des pâquerettes et qu'en plus, ils ont l'air de s'en contenter !

T'es bien mignonne !

Pire encore : vous trouvez peut-être qu'ils sont tous blasés et qu'ils vous regardent comme si vous étiez une extraterrestre quand vous vous lancez dans vos grandes discussions sur la vie, l'amour, la société.

Ils prennent un air compatissant, comme si vous étiez une pauvre naïve qui n'a rien compris à la vie, et vous disent qu'en mûrissant on renonce à ses illusions.

Horreur et damnation !

De quoi vous saper le moral ! C'est comme si la vie était jouée d'avance ! Déjà qu'on n'atteint pas son idéal comme cela, facilement et qu'on a peur de ne pas être à la hauteur ! Alors, le doute vous assaille : et si l'avenir devait vraiment être médiocre et ennuyeux ?

Ouvrez les yeux !

Ne vous découragez pas. D'abord, commencez par poser un regard plus lucide et plus tendre sur les gens qui vous entourent. Tous les adultes n'ont pas renoncé à leurs idéaux. Ce n'est pas parce qu'ils ne passent pas leur temps à faire de grands discours de principe qu'ils sont blasés. Si vous regardez bien leur vie, vous pouvez voir que justement ils ont des idéaux mais qu'en plus ils agissent en leur nom.

Ils vont voter ? C'est bien la preuve qu'ils ont un idéal pour la société, même s'ils ne bondissent pas d'indignation dès qu'ils croisent un SDF ou quand on parle de catastrophe écologique. Vos parents vous interdisent certaines choses et vous encouragent à en faire d'autres : cela montre qu'ils ont un idéal de bonheur et qu'ils aimeraient que vous puissiez l'atteindre !

Les pieds sur terre

Avoir un idéal, ce n'est pas seulement en parler, même avec éloquence. C'est avant tout agir en son nom. C'est avoir la tête dans le ciel, les deux pieds sur terre… et parfois les mains dans le cambouis ! C'est ce que font les parents qui élèvent leurs enfants, les membres d'associations humanitaires, les militants politiques, les amoureux qui continuent à se pardonner l'un à l'autre pour que leur amour grandisse et devienne vraiment parfait.

Petites choses et grandes idées

On n'est jamais certain d'atteindre un idéal, mais on peut s'y efforcer, tous les jours, avec réalisme et persévérance. Cela commence souvent dans les petites choses, celles qui paraissent sans importance, mais qui peuvent tout changer, parce qu'on a prise sur elles…

Conseil

Entraînement intensif

Vous n'avez peut-être pas encore tout le matériel qu'il faudrait pour partir à l'assaut d'un sommet. Ce n'est pas grave : continuez de le regarder, et entraînez-vous pour l'avenir. Vous rêvez de changer le monde pour qu'il soit plus juste, plus fraternel ? Commencez par agir au plus près de vous. Refusez de tricher, refusez de taper sur la tête de turc de la classe. Essayez d'apaiser les petites tensions dans votre entourage. Ça ne vous suffit pas ? Investissez-vous dans une association humanitaire !

93 • IDENTITÉ

Qui suis-je ?

S'informer

Qui êtes-vous ? Bonne question ! Vous êtes née d'une alchimie mystérieuse, celle des gènes de vos deux parents, qui fait que vous êtes grande ou petite, blonde ou brune, ronde ou menue… Vous avez peut-être les yeux d'une de vos grands-mères, le sourire de votre père ou les fossettes de votre mère.

Sacré caractère !

Sans parler de votre caractère… On vous dit peut-être que vous êtes « soupe au lait » comme la sœur aînée de votre maman ou timide comme votre grand-père paternel. Bref : aspect physique ou caractère, que cela vous plaise ou non, vous ne pouvez pas renier votre famille !

C'est bien ma fille !

D'autant plus que tout ce joli patrimoine s'est développé dans une histoire qui est la vôtre, bien sûr, mais aussi celle de votre famille. Vous avez grandi en France ou à l'étranger, à la ville ou à la campagne. Vous êtes fille unique ou entourée de frères et sœurs, née de parents aisés ou non, qui ont des opinions politiques ou religieuses ou non. En tout cas, vos parents vous ont élevée de leur mieux, avec leurs choix, leur cœur et leurs principes.

Curriculum vitae

Et puis, au cours de votre enfance, il s'est passé plein d'événements heureux ou douloureux qui vous ont façonnée : naissance de frères et sœurs, parfois séparation des parents, rencontres d'amies, maladies, déménagements. Sans parler de tous les apprentissages merveilleux que vous avez faits : ils vous ont permis de découvrir le monde qui vous entoure et ont forgé vos goûts. Tout cela, en quelque sorte, c'est votre CV, votre *curriculum vitae* (« parcours de vie » en latin) !

Modèle unique

Tout cela – votre nature, vos acquis – s'est mélangé dans un grand chaudron pour faire cette petite fille que vous étiez encore il y a peu, et qui devient une femme. Une personne unique au monde. Une personne qui a déjà un visage, un caractère, une façon de voir le monde, d'aimer, d'espérer – de vivre en somme ! – qui n'appartient qu'à elle.

Comprendre

Pas évident, direz-vous ! Vous êtes peut-être déjà tiraillée entre ce que vous voudriez être et l'image que les autres vous renvoient. Peut-être aussi désorientée parce qu'il y a plein de choses que vous aimiez petite fille et dont vous ne voulez plus entendre parler maintenant…

Tu as changé !

Eh oui, n'en déplaise à votre grand-mère ou à votre papa, vous n'êtes plus la petite fille câline qu'ils prenaient sur leurs genoux. Ils vous reconnaissent bien quand même,

au point que vous avez certainement, comme dans toutes les familles, une étiquette que vous aimeriez bien décoller ! Ce sont rarement des qualités d'ailleurs : tête en l'air, « bordélique », caractère de cochon…
ça énerve parfois au point d'avoir envie de crier qu'on a le droit d'avoir changé !

J't'adore !

Et puis, il y a vos copines, vos amies, qui vous voient comme ci ou comme ça… et quelquefois vous en êtes la première surprise. Même si cela vous fait chaud au cœur, parce qu'elles vous « adorent », vous avez l'impression qu'elles ne comprennent pas qui vous êtes vraiment. D'ailleurs le savez-vous vous-même ? Difficile à l'âge des grands chambardements !

J'ai pas de personnalité !

Alors, vous tâtonnez, vous prenez le contre-pied de ce que vous avez été, vous changez peut-être souvent de look, vous imitez celles qui vous paraissent avoir de la personnalité.
Vous avez parfois l'impression d'être tragiquement nulle, genre transparente ? C'est normal ! On ne devient pas adulte du jour au lendemain !

C'est long !

D'accord, c'est long.
D'accord, c'est inconfortable.
Mais il ne faut pas désespérer.
La personnalité, l'identité, le caractère, ce sont des choses qui se construisent toute la vie, à travers les rencontres, les relations que l'on noue avec les autres, les événements que l'on affronte, les projets que l'on réalise. Toute cette histoire déjà vécue, ces richesses engrangées durant votre enfance et même vos défauts, ce sont vos provisions pour la route.

Patience…

Ce chemin, c'est vous qui allez le tracer. Il faudra bien sûr faire avec ce que vous avez déjà dans votre panier, bon ou moins bon : votre tendance à la colère, votre goût pour la paresse, votre jalousie exacerbée ou votre timidité maladive. Mais tout cela se travaille, se modèle. Pour cela, sachez être patiente, ne pas tout vouloir tout de suite, accepter de prendre votre temps.

Help, please !

Il faut aussi accepter le regard, les conseils des autres, qui vous aideront à devenir vraiment vous-même. À vous de trier, d'éviter les mauvaises influences, celles qui vont à l'encontre de votre intérêt. Comment ? En choisissant avec soin ceux qui vous conseilleront. Les premiers à écouter sont ceux qui vous aiment vraiment, qui vous connaissent depuis longtemps, et ont envie que vous soyez heureuse : vos parents bien sûr, mais aussi vos véritables amis, et pas seulement les copains qui changent chaque année !
C'est en faisant ces choix-là que vous affirmerez votre personnalité, maintenant et plus tard.

Voir aussi Apparence, Complexes, Idéal.

Conseils

Non à l'effet caméléon !

Pour avoir de la personnalité, mieux vaut ne pas faire comme tout le monde. Sinon, on n'est ni plus ni moins qu'un caméléon, qui change de couleur au gré de ses rencontres.

- *N'essayez pas de copier le look de la fille la plus tendance du lycée. Les copieurs agacent toujours.*
- *N'essayez pas de devenir amie à tout prix avec la fille la plus populaire, à laquelle vous rêvez de ressembler. Vous n'avez peut-être rien en commun, vous aurez envie de faire tout comme elle (ça va l'énerver). Et peut-être serez-vous surprise, si vous la revoyez dans 10 ans, de voir qu'elle n'a rien d'extraordinaire !*
- *Ne sortez pas avec un garçon si vous n'en avez pas vraiment envie, ne vous escrimez pas à fumer des cigarettes en toussant comme une tuberculeuse pour vous donner un genre. Si on vous provoque, prenez un air assuré (mais si, on y arrive !) et dites que faire comme tout le monde, ce n'est pas franchement votre genre.*

94 • INCESTE

C'est toujours l'adulte le coupable

Définition

L'inceste, ce sont des relations sexuelles ou même seulement des actes impudiques (attouchements, caresses, baisers, non-respect de l'intimité) entre personnes d'une même famille, dont le mariage est interdit par la loi : entre une fille et son père (naturel ou adoptif) ou son grand-père, entre un frère et une sœur, un oncle et sa nièce, une fille et son beau-père (ou le concubin de sa mère).

S'informer

Dans toutes les sociétés connues, l'inceste est interdit. On doit aller chercher la personne avec laquelle on fondera une famille en dehors de celle dans laquelle on est né. Les anthropologues qui étudient les coutumes des sociétés humaines pensent que cette règle permet à une société de se développer, parce qu'elle l'oblige à s'ouvrir sur l'extérieur.

Couper le cordon

Pour les psychologues (qui étudient le psychisme humain), cet interdit aide l'enfant à se libérer des liens forts qu'il entretient avec sa famille, pour grandir et construire sa propre vie, en particulier sa vie amoureuse. L'inceste, c'est le contraire : l'enfermement dans la famille, l'impossibilité de grandir, la négation des différences entre générations.

Ce que dit la loi

Le code pénal dit qu'un adulte qui a des relations sexuelles avec un mineur commet un crime. Ce crime est puni de 15 ans d'emprisonnement. Quand cet adulte est un parent proche, le crime est encore plus grave et la sanction plus lourde : 20 ans d'emprisonnement. Les autres agressions sexuelles (sans pénétration) à l'égard de mineurs sont punies de 7 ans d'emprisonnement.

L'enfant : toujours innocent

Le mineur, lui, n'est pas puni : il n'est jamais coupable. Depuis la loi du 3 juillet 1989, une victime d'inceste peut porter plainte contre son agresseur jusqu'à l'âge de 28 ans.

Comprendre

L'inceste peut arriver dans n'importe quelle famille et, souvent, les familles ne s'y attendaient pas, n'imaginaient même pas que cela pouvait être possible.

Un agresseur bien connu

Souvent l'adulte incestueux est quelqu'un que la victime connaît bien, qu'elle aime, qui l'aime et qui s'intéresse à elle. Comme pour tout viol, c'est parfois brutal, mais ça peut être beaucoup plus sournois : l'adulte est gentil, il joue sur l'affection que lui porte l'enfant ou l'adolescent pour obtenir des gestes ou des relations sexuelles.

Pauvre petite victime

Mais, après, la victime se sent

salie, elle a honte. Elle pense être coupable : parce qu'elle n'a pas fait attention, parce qu'elle croit qu'elle a séduit son agresseur ou qu'elle n'a pas su lui résister.

L'enfant n'est pas coupable

Le coupable, c'est toujours l'adulte qui sait que c'est interdit et qui est assez grand pour se contrôler. Quand on est une petite fille ou une jeune fille, on est à l'âge où l'on se construit : on a besoin d'être aimée et reconnue pour grandir encore. C'est pour cela que certaines victimes ont pu être flattées au départ, elles ont pu être d'accord la première fois, et même y trouver du plaisir. Mais elles sont trop jeunes pour porter cette responsabilité, elles ne sont pas coupables, même si elles aiment toujours celui qui commet l'inceste.

Muette de peur

C'est important d'en être bien convaincue, car c'est ce qui peut donner le courage d'en parler, même si c'est difficile. Souvent, le coupable a demandé à sa victime de se taire, il lui a dit que c'était un secret entre eux, il a même pu lui faire très peur.

Peur de faire du mal

Parfois aussi, la victime se tait parce qu'elle sent que cela risque de chambouler toute sa famille. Elle peut aussi avoir peur de faire souffrir sa mère, en lui révélant la trahison de son père ou de son beau-père. Ou craindre les conséquences pour son agresseur qu'elle continue souvent à aimer malgré tout…

Peur d'être prise pour une menteuse

Elle peut aussi penser que personne ne va la croire. Pourtant, la parole des victimes finit toujours par être entendue, même si elle dérange et fait mal.

Parler, pour se protéger

Parler à quelqu'un de confiance, c'est d'abord empêcher que ça se reproduise. La victime peut bien essayer de se protéger toute seule, en refusant les avances de l'agresseur, mais elle a souvent besoin d'aide pour mettre une distance entre elle et son agresseur (quelquefois une distance physique est nécessaire et il faut quitter la maison).

Parler, pour guérir

Parler, c'est le seul moyen de commencer une nouvelle vie, de retrouver sa liberté, dans son esprit et dans son corps. Se reconstruire peut passer par une action en justice, parce qu'une victime a besoin d'être reconnue comme telle, de voir son agresseur puni, pour retrouver confiance en elle. C'est une démarche difficile, qui va certainement faire souffrir le reste de la famille, mais c'est légitime et indispensable et on peut se faire aider pour cela.

Parler, pour retrouver le sourire

Rencontrer un psychologue est alors très utile pour évacuer la honte et la culpabilité, la souffrance aussi quand ça vient de quelqu'un qu'on aimait. C'est un travail douloureux mais qui permet de repartir d'un bon pied pour une nouvelle vie, avec toutes ses chances de bonheur.

Info +

Non-assistance à personne en danger

Aujourd'hui, la loi punit ceux qui ont eu connaissance d'abus sexuels sur mineur sans les signaler à la police, à une assistante sociale ou à un juge. Pour s'adresser à un juge, on peut envoyer une lettre au tribunal de grande instance ou au tribunal pour enfants.

Conseils

Pour signaler un inceste

- On peut essayer d'en parler à un adulte de confiance dans sa famille ou dans son entourage proche (la mère d'une amie, par exemple).
- On peut le dire à l'assistante sociale ou à l'infirmière du collège ou du lycée, à un professeur, à son médecin.
- On peut appeler un accueil téléphonique spécialisé : des psychologues, des juristes, des éducateurs écoutent les jeunes, les soutiennent et les informent s'ils souhaitent une intervention de la justice. Voir les numéros utiles en fin d'ouvrage.

Voir aussi Maltraitance, Pédophilie, Viol.

95 • INCONSCIENT

Oups...

S'informer

L'inconscient, ce n'est pas la même chose que l'inconscience. Quand votre mère vous dit : « Tu es inconsciente de faire du scooter sans casque », elle vous reproche d'être irresponsable. Vous ne vous rendez pas compte du danger ; mais vous pourriez tout à fait en être consciente si vous vous en donniez la peine !

Ces choses sans nom

L'inconscient, au contraire, ce sont des productions de l'esprit (images, émotions, sentiments, désirs) qui échappent à la conscience. Vous ne savez pas qu'elles existent ; vous ne pouvez pas les nommer, ni les penser. Mais elles se manifestent sans crier gare, de différentes façons. Dans vos rêves et vos fantasmes, mais aussi dans vos paroles et vos actes.

Quand la langue fourche

Par exemple, l'inconscient vous fait dire des choses que vous ne pensez pas consciemment. Quand vous faites un lapsus (vous dites un mot pour un autre), le mot que vous employez ne vous vient pas au hasard : c'est souvent votre inconscient qui s'exprime. Si vous appelez un professeur « Maman », cela peut vouloir dire que vous attendez de lui le même soutien, la même affection ; ou, au contraire, que vous le craignez comme votre mère. Cela dépend des relations que vous avez avec elle !

Un oubli qui en dit long

Il arrive aussi que votre inconscient vous empêche de faire ce que vous aviez décidé de faire. Cela s'appelle un acte manqué et cela peut vous jouer des tours pendables ! Deux exemples.

Vous prenez rendez-vous chez le dentiste. Mais vous oubliez ce rendez-vous parce qu'au fond de vous, vous n'avez pas envie d'y aller.

Ou encore, vous finissez tant bien que mal un devoir, mais vous l'oubliez sur votre bureau avant d'aller en cours. En fait, vous n'aviez pas du tout envie de le rendre parce que vous n'en étiez pas contente.

Info +

Premier explorateur du mystère « inconscient »

Ça vient d'où, l'inconscient, ça fonctionne comment ? C'est le docteur Freud qui, le premier, a exploré ces mécanismes à la fin du XIXe siècle, en soignant des personnes qui souffraient de malaises inexpliqués. Il en a déduit que l'inconscient se construit dans notre petite enfance à partir des sentiments et des désirs que notre éducation nous oblige à taire, et qui tentent de se manifester malgré tout.

Comprendre

On a tous un inconscient qui nous joue des tours de temps à autre. C'est comme une partie très intime et très obscure de nous, qui ne s'exprime jamais directement, mais qui trouve toujours le moyen de se rappeler à notre bon souvenir !

Enlève ton masque !

L'inconscient qui vient nous dire un petit bonjour, c'est le mal de ventre qui surgit avant le contrôle de maths, les pleurs ou les fous rires qui éclatent au mauvais moment. On ne peut pas éviter ces petits désagréments, puisqu'on ne les contrôle pas. En revanche, on peut les prendre avec philosophie et rire des lapsus et autres rendez-vous oubliés !

Drôle de rêve…

Sans parler des rêves délirants qui nous laissent tout estomaquées au réveil. Ils sont parfois agréables : petite fille, vous rêviez peut-être d'avoir toutes les poupées que vous vouliez ; aujourd'hui d'embrasser le garçon… de vos rêves. On dit qu'ils sont la réalisation de nos désirs refoulés. Quand ils sont positifs, ils ne vous posent pas de problème ! Mais c'est parfois un peu troublant de rêver de la mort d'un proche ou de faire des rêves pas franchement racontables. Là encore, il faut le prendre avec sérénité : l'inconscient, on ne le contrôle pas !

Petite barque dirigeable

C'est vrai que vous ne pouvez pas contrôler votre inconscient. Mais cela ne veut pas dire que vous êtes soumise pieds et poings liés à des forces obscures et incompréhensibles. Vous n'êtes pas un petit bateau livré aux lames de fond d'une mer en furie. Il y a un gouvernail et un capitaine à bord ! Autrement dit, vous avez aussi une liberté et une volonté qui vous permettent de diriger votre vie.

L'inconscient, ce n'est pas une excuse !

Même si vous savez bien que vos choix sont en partie influencés par des choses profondes et inconscientes, cela ne doit pas vous décourager de réfléchir, de décoder ce que vous vivez et ce que vous voulez : l'inconscient n'est pas l'excuse miracle qui peut vous dispenser de prendre votre vie en main !

Voir aussi Angoisse, Déprime, Rêve.

Info +

Quand l'inconscient hurle

Il peut arriver que certaines personnes n'arrivent plus à gérer les désirs de leur inconscient. Il se développe des conflits trop aigus qui se manifestent au niveau conscient par des manies, des obsessions, des angoisses, des phobies, etc. Cela peut devenir de véritables maladies psychiques qu'il faut soigner.

96 • INTELLO

Les intellos, ça me stresse !

S'informer

Être traitée d'intello, ce n'est pas franchement un compliment. Le mot est une abréviation d'« intellectuel »… qui lui non plus n'a pas toujours été flatteur. Pourtant, au sens propre, il ne désigne pas quelque chose de dégradant, au contraire. Il a rapport à l'activité de l'intelligence, aux idées.

Les intellos, ils ont deux mains gauches !

Il y a depuis longtemps une incompréhension entre les « intellectuels » et les « manuels ». Les intellectuels méprisent souvent ceux qui ne savent pas bien parler ou développer des idées. En retour, les manuels se moquent des intellectuels, pas très dégourdis de leurs dix doigts : les discours et les belles idées, ça ne nourrit pas son homme et ce n'est pas très utile…

Pauvre fille !

Quand on traite une fille d'intello, on veut surtout dire qu'elle ne sait pas s'amuser. Qu'elle ne sait pas passer une après-midi à faire du shopping, s'intéresser à la mode, discuter de tout et de rien et qu'elle a tendance à considérer que toutes ces choses sont inutiles. Avec elle, les conversations sont toujours sérieuses. Bref, elle nous « prend la tête » avec son air de mépriser tout ce qui fait le sel de la vie : la rigolade, la fête, les garçons…

Elle est bien brave !

Mais quand dit d'une fille « c'est pas une intello », ce n'est pas très sympa non plus ! En substance, on veut dire qu'elle n'a pas inventé le fil à couper le beurre, qu'elle n'est pas très fine.

Info +

Insulte ou compliment ?

C'est en 1894, lors de l'affaire Dreyfus, qu'apparaît le mot « intellectuel ». Dreyfus est un officier français de religion juive. Accusé d'espionnage au profit de l'Allemagne, il est envoyé au bagne. De nombreux penseurs s'engagent alors dans un débat qui divise la France en deux. Les uns réclament la réhabilitation de Dreyfus, parce qu'ils considèrent qu'il est accusé à tort. Les autres, prenant la défense de l'armée, soutiennent qu'il est coupable. À la suite d'un article de Zola, qui commence par le mot « J'accuse » et défend Dreyfus, les adversaires de celui-ci lancent à la figure des écrivains dreyfusards le mot « intellectuels », comme une suprême insulte. Mais quand Dreyfus est reconnu innocent, le mot devient bien sûr très positif ! Depuis, l'intellectuel est un penseur capable de mettre ses talents au service d'une grande cause morale, politique ou humanitaire.

Comprendre

Que l'on soit intello, fière de l'être, ou que l'on refuse de l'être, il faut faire preuve d'un peu d'ouverture d'esprit.

Intellos en tous genres

D'abord, il n'y a pas qu'un seul genre d'intello. Certaines peuvent donner l'impression de mépriser les autres, de se

compte que toutes les filles, intellos ou non, rêvent de plaire, de séduire, d'être aimées. L'important, c'est de se respecter les unes les autres, de ne pas avoir de complexes, dans un sens comme dans un autre, parce que c'est la diversité qui fait la richesse de la vie !

Voir aussi Complexes, Identité, Lecture.

retirer dans leur monde à elles, inaccessible. On ressent alors ce retrait comme du mépris, et on a envie de les mépriser à leur tour, pour se protéger. D'autres sont rigolotes comme tout, mais parfois un peu exaspérantes avec leur manie de toujours tout savoir sur tout, de briller sans avoir l'air de faire des efforts… et de complexer le reste de la classe. D'autres encore planent à des lieues au-dessus du sol et font plutôt rire avec leurs oublis et leurs maladresses.

Puits de science

Mais, à y regarder de plus près, beaucoup sont intéressantes, et méritent qu'on les découvre. Elles savent beaucoup de choses, elles ont une grande culture…

Tandem de choc !

À condition de ne pas plaquer des jugements tout faits sur les gens, on peut faire d'heureuses rencontres et se construire des amitiés inattendues. Les intellos sauront certainement apprécier le dynamisme, la légèreté, la joie de vivre des filles qui ne passent pas pour des intellos… pour peu qu'elles ne les regardent pas de haut ! Les autres apprendront des tas de choses auprès des « intellos », si elles veulent bien ne pas les regarder comme des filles coincées ou comme des dictionnaires ambulants !

Épilation philosophique ?

Pourquoi ne pas faire des choses ensemble ? On peut très bien faire des essayages de fringues, des séances d'épilation sympas ou aller à la piscine en parlant littérature, musique ou politique ! Une amitié permet toujours d'ouvrir son esprit, d'apprendre plein de choses passionnantes et de se rendre

Conseil

Spécial « intello »

Votre famille, vos amis vous traitent d'intello depuis toujours, parce que vous préférez les livres à toute autre compagnie et que vous planez souvent à mille lieues au-dessus du sol. Parfois, cela vous complexe parce que vous avez l'impression qu'on vous insulte et qu'intello signifie « coincée ». Ce n'est pas vrai ! Il y a peut-être de l'admiration cachée derrière ce mot, de la tendresse amusée certainement ! Patience : plus vous grandirez, plus vous serez fière d'être traitée d'intello. En attendant, essayez de redescendre sur terre régulièrement !

97 • INTERNET

Savez-vous surfer ?

Définition

On dit le Web, la toile, le net ; en fait il s'agit de choses un peu différentes. Le Web, de son vrai nom *World Wide Web*, c'est un ensemble de données qu'on peut consulter de tous les coins du monde. Le net, c'est un réseau informatique qui permet la communication à l'échelle mondiale.

S'informer

Internet est né en 1957 aux États-Unis. À l'origine, c'était un réseau militaire appelé Arpanet, qui servait à relier entre eux les laboratoires de recherche militaire. En 1979, il devient accessible aux chercheurs civils. Mais c'est en 1982 que le nom d'Internet apparaît, et il faut attendre le début des années 1990 pour que le Web actuel soit mis en place. La France est l'un des premiers pays d'Europe à s'y relier.

Une promenade à l'infini

Le Web est une formidable banque d'informations, sous forme de textes reliés par des mots qu'on appelle des liens hypertextes : quand on clique sur un de ces mots avec la souris, on passe à un autre texte, et ainsi de suite, à l'infini. De sorte qu'on peut naviguer (surfer) d'un sujet à l'autre ou rassembler une mine d'informations sur un même sujet.

Tout est possible !

On peut faire plein de choses sur Internet. Discuter avec des gens des quatre coins du monde : ça s'appelle des *chats*, de l'anglais « bavarder » (prononcez Tchat). Participer à des débats ou « forums ». Écouter et télécharger de la musique, regarder des vidéos, faire des jeux avec des partenaires éloignés. Recevoir du courrier, des « mails », et en envoyer. Et même faire ses courses en ligne !

Des détectives travaillent pour vous

Il existe des millions de sites, réalisés par des entreprises, des centres de documentation, des associations ou des particuliers. Pour vous guider quand vous en cherchez un, il y a les moteurs de recherche qui, à partir du mot que vous tapez, vous suggèrent tous les sites correspondants.

Entrer dans le réseau

Pour se connecter, on utilise généralement un ordinateur qui dispose d'un modem. Il existe d'autres systèmes, comme le Wap qui permet de se connecter à partir de son téléphone portable (ce sont des modèles de téléphone assez chers).

Abonnements à la carte

Dans tous les cas, on doit s'abonner à un « fournisseur d'accès » (*provider*, en anglais). Divers systèmes d'abonnement sont possibles, avec des temps mensuels de connexion plus ou moins longs.

Info +

Différents modes d'abonnement

Si on utilise beaucoup Internet, on peut choisir un abonnement à haut débit, qui permet une navigation illimitée. Les forfaits les moins chers tournent autour de 45 € par mois. L'avantage, c'est que, pendant le temps de connexion, votre ligne téléphonique n'est pas occupée ! Si on navigue peu, on peut choisir un fournisseur d'accès gratuit, et payer uniquement le temps de connexion (prix d'un appel téléphonique local).

Comprendre

Le net est une formidable révolution dans le partage de l'information. Jamais les hommes n'ont eu autant de renseignements à leur disposition. C'est merveilleux, mais on a vite fait de s'y perdre. On cherche une information ; de lien en lien, on se promène... et on y reste des heures, sans s'en rendre compte !

Tout cuit dans le bec

C'est vrai qu'Internet rend de grands services, pour les exposés par exemple. Finies les recherches interminables en bibliothèque, les montagnes de livres. Tout arrive sur l'écran, si on sait bien naviguer. Mais la tentation est grande de recopier les documents tels quels !

Des torchons et des serviettes

Sur Internet, il y a du bon et du moins bon. Tout le monde peut faire son site : on peut tomber sur des pages sans intérêt ou truffées de fausses informations, sur des choses peu édifiantes ou immorales (sites pornographiques, incitations à la violence). Sur le plan de la réglementation, le Web se cherche encore : difficile de faire des barrages dans un monde sans frontières ! Heureusement, les pourvoyeurs d'accès ont mis au point des systèmes de filtre, pour éviter aux enfants de tomber sur des sites qui ne sont pas pour eux.

Gare à la noyade !

Pour les plus âgés, le principal problème est de faire le tri, et de ne pas se noyer. Il existe des recueils de bons sites thématiques qui paraissent régulièrement. Mais cela n'empêche pas de devoir faire son expérience soi-même !

Mauvais plan

Gare au virus !

Un virus est un petit logiciel capable de perturber, voire d'endommager gravement le fonctionnement d'un ordinateur. Ces logiciels sont imaginés par des bandits de l'informatique qui les propagent par le net : on les reçoit généralement par un mail. Pour les mettre hors d'état de nuire, il existe des logiciels antivirus (à mettre à jour régulièrement). Il faut aussi s'imposer des règles strictes : ne jamais ouvrir un mail dont on ignore la provenance (il faut le jeter à la corbeille), éviter de télécharger des animations rigolotes qui peuvent cacher des virus.

Bons plans

Pour être une bonne internaute

- *On définit précisément ce qu'on cherche avant de se connecter.*
- *Quand on utilise les liens hypertextes, on évite de perdre de vue ce qu'on cherche.*
- *Quand on a trouvé, on enregistre ou on imprime, et on se déconnecte pour ne pas payer trop cher. Si l'impression ne marche pas, on fait un « copier-coller » dans un traitement de texte, Word par exemple.*
- *Dans les forums et les chats, on ne donne pas ses coordonnées (on ne sait pas à qui on a affaire). Et on ne va pas rencontrer seule celui avec lequel on discute régulièrement !*
- *On ne copie pas les textes, musiques ou images : la copie est illégale.*

98 • J'ADORE

… le chocolat, la guitare, la plage et ma mère.

Définition

« Adorer » est un mot qui a un sens premier très fort : *adorare* en latin, c'est rendre un culte à un dieu. Mais il a perdu ce sens religieux et on adore pêle-mêle les cerises, la salsa et les copains.

S'informer

« J'adore » est une expression toute faite bien pratique à votre âge où on admire passionnément des gens et des choses que l'on pourrait bien haïr l'instant d'après.

Deux mots pour tout dire

On adore son prof d'histoire et on déteste son prof de maths ; on adore le rock et on déteste la techno ; on adore les sorties et on déteste rester à la maison ; on adore les films d'amour et on déteste les hypocrites… Bref, on peut tout dire avec ces deux mots, les choses graves et les petites choses de la vie. C'est une manière de dessiner les contours de son monde, celui qu'on aime, dans lequel on est bien : celui des « j'adore ».

Comprendre

Dire « j'adore », « je déteste », c'est commode : ça permet de juger vite fait les choses et les gens. De voir le monde en noir et blanc : c'est bien ou mal, top ou nul. C'est presque un tic, mais pas seulement. C'est le signe qu'on n'a pas le sens des nuances, parce qu'on a une vision idéale des choses et des gens.

C'est plus subtil que ça…

C'est excellent de se passionner, d'être enthousiaste. Rien de pire que la tiédeur ! Mais voilà : il faut quand même reconnaître que dans la vie, il y a autre chose que du parfait ou de l'affreux. Les gens sont pleins de contradictions, avec des bons et des mauvais côtés. Bref, ça va du blanc au noir… mais en passant par toutes les nuances du gris clair au gris foncé !

Adorer ou aimer ?

Avec la générosité de votre âge, on voudrait que tout soit beau, parce qu'on a envie d'aimer les gens et les choses de toutes ses forces. Mais aimer, c'est autre chose qu'adorer. Cela suppose d'approfondir vos réactions, de nuancer vos sentiments, d'affiner vos goûts et vos choix. Pourtant, en matière de jugements, mieux vaut prendre votre temps. Ça évite d'adorer puis de détester… ou même, ça permet d'aimer ce qu'on avait spontanément détesté !

Bons plans

Dommage de se contenter de deux mots pour dire toute la gamme de vos sentiments :

- On peut *raffoler* du chocolat, *être séduite* par une robe, *se passionner* pour la danse, *vénérer* son film culte, *estimer* un professeur, *aduler* son chanteur préféré, *être subjuguée* par son amoureux, *chérir* sa petite sœur, *aimer* ses parents.
- On *maudit* la pluie, on *méprise* les cafteurs, on *a horreur* du lait, on *abhorre* les cours de maths, on *exècre* le prof de gym, on *hait* le surveillant qui nous a collée, on *vomit* la petite amie de son ex-amoureux, on *abomine* les repas de famille.

99 • JALOUSIE

Ne tombez pas dans le piège

Définition

Être jalouse, c'est être exclusive. La jalousie est une manière d'aimer les gens en les voulant tout à soi.

S'informer

Lorsqu'on est jalouse, c'est avant tout parce qu'on doute de soi et des autres. Dès que ceux qu'on aime s'éloignent un peu, on s'inquiète, on a peur de les perdre ! Alors, on les étouffe, on les surveille de peur qu'ils ne nous aiment plus ! Jusqu'à un certain point, la jalousie est un sentiment normal. Mais attention à ne pas en faire une maladie. Emprisonner les autres n'est pas une solution : quand on est trop jalouse, on risque de compromettre ses amitiés et ses amours. Être jalouse avec son copain, avoir peur qu'il parte avec une autre fille et lui casser les pieds avec ça, c'est le meilleur moyen qu'il le fasse… pour avoir un peu d'air ! La jalousie exagérée est le contraire d'une preuve d'amour : elle révèle qu'on ne fait confiance ni à soi-même, ni à celui qu'on prétend aimer.

Jalouse ou envieuse ?

Un autre sentiment, cousin de la jalousie, est l'envie : on peut être envieuse de quelqu'un parce qu'il possède un objet, un vêtement qu'on désire ; envieuse d'une copine parce qu'on la trouve plus belle ou plus mince, parce qu'elle réussit mieux en classe, parce qu'on croit que tout le monde l'aime. Envieuse de sa sœur parce qu'on imagine qu'elle est l'enfant préférée des parents ; envieuse d'une amie parce qu'on pense qu'elle a des parents bien mieux que les nôtres.

L'envie, ça fait mal

Bref, il y a mille occasions d'être envieuse, surtout quand on n'est pas très sûre de soi, et qu'on n'a pas encore mesuré ses propres atouts et ses richesses personnelles. Personne ne peut s'empêcher d'être envieuse, et pourtant ça fait mal. Ça donne un petit pincement au cœur, jamais très agréable.

Quand l'envie rend méchante

Certaines filles peuvent aller jusqu'à en vouloir carrément à la personne dont elles sont envieuses, parce qu'elles trouvent injuste que cette personne possède ce qu'elles n'ont pas. Il vous est peut-être arrivé d'être exaspérée par le succès d'une fille que vous trouviez sans intérêt (Mais qu'est-ce qu'ils lui trouvent ?). Ce sentiment-là peut faire encore plus mal, parce qu'il rend méchante : en gros, on voudrait presque que l'autre soit enfin privé(e) de ce qui fait – injustement à nos yeux ! – son bonheur !

Comprendre

La jalousie, l'envie, vous les avez sans doute connues dès l'enfance, quand vous avez cru que le nouveau bébé qui arrivait dans la famille prenait votre place, quand vous avez commencé à comparer vos jouets à ceux de votre petite sœur, quand vous l'avez poussée des genoux de votre mère pour vous y mettre. À moins que ce soit à l'égard de la petite copine que tout le monde admirait à l'école, alors que vous auriez aimé être la seule dans le cœur de la maîtresse.

La jalousie, c'est de la peur

Pourquoi est-on jalouse à votre âge, et même plus tard ? Tout simplement parce qu'on a peur : peur de ne pas être aimée, de ne même pas le mériter parce qu'au fond, on ne s'aime pas soi-même. Alors, on ne croit pas que les autres puissent nous aimer et dès qu'ils regardent une autre personne, on a peur qu'ils la préfèrent et qu'ils ne nous aiment plus.

Toujours mieux, le jardin du voisin !

À votre âge, l'envie aussi revient en force : vous prenez peu à peu conscience de ce que vous êtes, vous découvrez vos qualités, mais ce sont surtout vos défauts qui vous sautent aux yeux ! Et même si vous savez qu'il n'y aura pas de baguette magique pour tout changer, vous ne pouvez pas vous empêcher de jeter un petit coup d'œil dans le jardin des voisins, pour voir ce qu'ils ont de mieux que vous ! Et évidemment, quand vous trouvez une fille jolie, ou chanceuse, voilà l'envie qui pointe son nez. Personne n'y échappe : on a tous, à certains moments, des petits picotements d'envie en regardant l'assiette du voisin, parce qu'on a peur d'avoir été moins bien servie. Il n'y a pas d'âge pour ça : c'est toute la vie qu'il faut lutter contre l'envie.

C'est inéluctable ?

Bien sûr, plus vous grandirez, plus vous prendrez confiance en vous, moins vous aurez la tentation d'envier les autres. Il vous arrivera peut-être encore d'éprouver ce petit pincement au cœur quand vous rencontrerez une personne qui vous semblera plus chanceuse que vous, mais vous serez vite capable de relativiser et de vous dire que vous aussi, somme toute, vous avez beaucoup de chance dans la vie !

Voir aussi Complexes, Identité.

Conseils

Pour éviter d'être envieuse

• Faites le point sur tout ce qui va bien pour vous, histoire d'avoir des arguments de choc s'il vous vient un accès d'envie : vos qualités, vos compétences, vos parents, vos amis, votre amoureux, il y a sûrement des tas de choses dont vous pouvez être heureuse et fière. Une sorte de capital, une brassée de chances qui doivent vous donner du punch et vous éviter de mariner dans l'envie.

• Quand vous rencontrez une fille jolie, sympa, intelligente, dites-vous : « Autant de qualités réunies en une seule personne, ça tient du miracle ! » et émerveillez-vous plutôt que d'espérer lui découvrir un jour des vices de fabrication cachés.

• Quand une amie a la chance de réussir son examen, de recevoir un cadeau, d'être choisie par le plus beau garçon de la classe, pourquoi ne pas se réjouir pour elle, et avec elle ? Vous ajouterez à sa joie, et vous en profiterez un peu vous-même. Et puis, la capacité de se réjouir pour les autres, c'est une qualité formidable… que bien des gens vous envieront !

100 • JOURNAL INTIME

Cher journal…

S'informer

Le journal intime est un cahier ou un carnet où l'on note ses pensées, ses réflexions, ses sentiments, ses rêves, ses espoirs, ses secrets aussi. Tout le monde ne tient pas un journal, on ne le fait pas non plus forcément toute sa vie : c'est simplement, à un moment donné de la vie, avoir envie de coucher sur le papier ses pensées les plus intimes… même si l'on n'a pas un don exceptionnel pour l'écriture !

Je me lance…

Si l'envie vous démange, il faut vous trouver un bel objet, pour faire de ces moments passés à écrire un joli rendez-vous : il y a toutes sortes de journaux intimes, décorés ou sobres, avec ou sans lignes, et même avec une serrure !

À chacune son rythme

Quand à la fréquence de ces rendez-vous, c'est à vous de voir ! Certaines aimeront écrire tous les jours, même une seule ligne pour dire « Rien de nouveau sous le soleil », d'autres préféreront écrire moins régulièrement, au gré de leur humeur et de tous les aléas de leur vie.

What's your name ?

Doit-on parler à son journal intime comme à une amie, et même lui donner un nom comme Anne Franck qui a baptisé son journal ? Là encore, pas de règle absolue. Vous pouvez aussi l'agrémenter de tas de choses insolites : photos, billets de concert, petits mots de copines… Un journal, c'est une sorte de bric-à-brac de souvenirs que l'on garde précieusement.

Souvenirs, souvenirs…

À quoi ça sert ? Avant tout, à raconter son histoire, les toutes petites choses qui la construisent, celles de la vie de tous les jours. Dans quelques années, vous serez sans doute heureuse de relire avec une tendresse amusée toutes les aventures de vos 15 ans.

Le gros film !

Sauf, évidemment, si vous les avez inventées… Ce sera un beau roman que vous auriez aimé vivre, certes, mais ce ne sera pas votre vie ! Cela aura probablement le mérite de vous faire rire de vos « films » d'adolescente, mais vous serez sans doute déçue de ne pas y retrouver la réalité, et vous aurez même peut-être un peu honte de vous être mentie à vous-même.

La fin d'un journal

Quand s'arrête-t-il ? Cela dépend. On peut l'arrêter de manière arbitraire, à la fin d'un cahier (mais on peut en prendre un autre). Ce sont souvent les circonstances de la vie qui en décident : la rencontre d'une très grande amie coïncide parfois avec la fin d'un journal. Devant une amie en chair et en os, le papier ne fait pas le poids !

Info +

À lire

Anne Frank était une adolescente juive de 13-14 ans, qui vivait aux Pays-Bas pendant la Seconde Guerre mondiale. Dans son journal, elle raconte toute sa vie à une amie fictive baptisée Kitty. Elle y explique comment elle se cache avec sa famille dans une sorte de grenier pour échapper aux nazis qui déportaient les Juifs dans les camps d'extermination. Elle y écrit ses questions d'adolescente, ses premiers émois amoureux, ses craintes, ses angoisses, avec beaucoup de tendresse et d'humour. Ses confidences s'achèvent brutalement : on sait qu'elle a été arrêtée et qu'elle est morte au camp de concentration de Bergen-Belsen alors qu'elle avait 15 ans. Son journal a été retrouvé dans le grenier où elle s'était cachée et a été publié en France en 1950.

Comprendre

Écrire son journal intime n'est pas une obligation, c'est plutôt un besoin : on a envie de vider son sac parce qu'on a la tête embrouillée ou le cœur plein, et on n'a pas forcément une oreille de confiance pour s'épancher. Alors, ça prend comme ça, un beau jour d'intense émotion ou de grand désespoir, et puis on s'aperçoit que ça fait du bien et on continue.

Faut que j'te dise

C'est souvent le journal qui est le premier confident, celui à qui on avoue en premier qu'on est amoureuse. C'est lui aussi qui reçoit les coups de stylo rageurs après une dispute, son papier absorbe bien des larmes. C'est lui encore qui accueille les grandes envolées sur le sens de la vie, sur l'amitié, l'amour, l'injustice.

J'écris, donc je pense

Écrire un journal, ce n'est pas se regarder le nombril, comme certaines pourraient le penser ! Au contraire, cela peut vous aider à faire le point sur vos désirs, vos rêves, vos ambitions. Écrire tout cela oblige forcément à réfléchir un peu, à prendre du recul, tout simplement parce que le stylo ne court pas aussi vite que vos émotions, vos joies ou colères du moment !

Savoir-vivre

Vous n'écrivez pas un journal pour être lue… les autres non plus ! Par conséquent ne lisez jamais celui des autres, même si vous tombez dessus par hasard, et que vous êtes sûre que personne ne le saura.

Voir aussi Confidente, Secrets.

Bon plan

Vous n'aurez pas forcément envie de garder votre journal quand vous aurez grandi. Attendez d'en être tout à fait certaine avant de le jeter : quand vous serez adulte, ces années d'adolescence vous laisseront sans doute aussi de doux souvenirs et une grande tendresse pour les filles de votre âge.

101 • JOURNAUX

Personne ne pensera à ma place !

S'informer

Les journaux sont des publications où l'on trouve des informations de toutes sortes : politiques, littéraires, scientifiques, de mode, etc. Ils peuvent être quotidiens – ce sont les journaux d'information générale –, hebdomadaires ou mensuels.

Pour tous les goûts !

Certains sont généralistes : ils parlent de toute l'actualité. D'autres sont spécialisés sur un sujet : l'automobile, le sport, les jeux vidéo, le cinéma. Enfin, certains sont destinés à un public particulier : presse enfantine, presse féminine…

Journal, donne ton avis !

Les journaux peuvent être informatifs. Ils donnent l'info, sans plus de commentaire. C'est le cas notamment des journaux distribués gratuitement dans les transports en commun des grandes villes de France. Ou, au contraire, ils donnent largement leur opinion : quand un journal prend nettement parti, on parle de presse d'opinion.

Info +

Il existe une « semaine de la presse à l'école » qui a lieu tous les ans au mois de mars : elle permet aux élèves de travailler en classe sur un ou plusieurs journaux. Si cela vous intéresse, parlez-en à votre professeur de français.

Comprendre

Sauf exception, vous ne vous précipitez pas sur les journaux d'information. C'est normal à votre âge : vous préférez sans doute les magazines pour filles, pour tout savoir sur la mode, le maquillage, faire plein de tests rigolos et aussi avoir des éléments de réponse aux problèmes que vous pouvez rencontrer.

Mensuel pour passionnée

Ou alors vous êtes passionnée de musique, de cinéma, de sport… et vous attendez chaque semaine ou chaque mois la parution du journal qui vous donnera le plein d'infos et de bons plans.

Tristes et vieux !

Évidemment, à côté de cette concurrence déloyale, pleine de couleurs et de clins d'œil complices, les quotidiens ont l'air plutôt rébarbatifs, sans images et tout en noir. Pourtant, ça vaut la peine d'y mettre un peu le nez. Parce que c'est irremplaçable : rien à voir avec le journal télévisé ou le flash d'infos

de la radio, trop rapides et sélectifs pour donner une bonne information.

Pour ne pas penser idiot !
Réflexions, analyses qui aident à comprendre l'information, qui rappellent le contexte l'historique, qui mettent en relation les événements : les journaux vous donnent le temps et les moyens de réfléchir, de prendre du recul, et surtout de vous faire votre propre opinion !

Syndrome perroquet
Vous vivez dans un monde où il se passe des tas de choses, où tout change très vite. Souvent, on vous demande votre avis. Regardez les élections : vous ne votez pas encore, pourtant vous entendez déjà parler de politique, vous en discutez entre amis. Si vous ne lisez jamais la presse, vous serez condamnée à répéter bêtement ce que disent les autres : les journalistes de la télé, vos parents, la femme de ménage du lycée, le garçon du café où vous prenez des pots avec vos copains.

Pour penser aux autres
Et puis l'actualité, c'est ce qui arrive à d'autres hommes, d'autres femmes en France et dans le monde, cela vous concerne forcément ! L'avenir du monde, c'est aussi le vôtre. Bien sûr, ce n'est pas en lisant la presse que vous allez changer le monde, mais c'est déjà bien de comprendre ce qui s'y passe.

Voir aussi Politique.

Bons plans

Journal, mode d'emploi

- *Commencez par lire celui de vos parents (essayez d'y mettre le nez une ou deux fois par semaine). Puis voyez celui que lisent les parents de vos copines, ou un adulte dont vous appréciez les idées.*
- *Écoutez les revues de presse à la radio : chaque matin elles vous disent ce qu'on trouve dans les journaux. Vous pourrez repérer quel quotidien parle du thème qui vous intéresse.*
- *Si vous êtes très intéressée, vous pouvez essayer une fois ou deux d'en lire plusieurs, pour comparer la manière dont est traitée une même information et faire votre choix en conséquence.*

Apprendre à lire un journal

- *Ne vous lancez pas du premier coup dans une lecture de A à Z. C'est le meilleur moyen de vous décourager et d'ailleurs quasiment personne n'a le temps de le faire !*
- *Commencez par feuilleter en lisant les titres. Lisez ensuite les petits paragraphes en gras sous les titres qui donnent les éléments essentiels de l'article. Vous pouvez aussi commencer par les « brèves », de très petits articles de quelques lignes qui donnent des tas d'infos.*
- *À partir de là, sélectionnez un ou deux articles qui vous intéressent particulièrement.*
- *L'important c'est de vous y mettre régulièrement pour repérer de plus en plus vite ce que vous avez envie de lire, ce qui vaut la peine. Peu à peu, ça va tellement vous intéresser que vous ne pourrez plus vous en passez !*

102 • JUSTICE

C'est vraiment trop injuste !

S'informer

La justice est un grand mot qui veut dire plusieurs choses. C'est à la fois un principe moral (celui du respect d'autrui, de ses droits et de sa dignité), mais aussi les règles concrètes que chaque société définit, et les institutions qui servent à les appliquer. La justice est un principe qui concerne tous les domaines de la vie.

Un sou, c'est un sou !

Par exemple, quand vous empruntez de l'argent à une copine, la justice consiste à lui rendre exactement ce que vous lui devez. Ou encore, quand on réserve une place dans un voyage organisé, on paye son séjour en comptant bien partir dans les conditions décrites ! C'est ce qu'on appelle la justice « commutative » qui règle les échanges de biens entre personnes.

Mais il y a plein d'autres domaines de justice : la justice sociale, par exemple, qui consiste à faire en sorte que tous les membres d'une société puissent vivre d'une manière décente et aient les mêmes chances pour réussir.

La loi, c'est la loi !

La justice, ce n'est pas seulement un principe, une belle idée suspendue dans les airs. Concrètement, il y a des lois et des personnes chargées de les appliquer et de les faire respecter. La justice est un ensemble d'institutions et de juges qui punissent ceux qui ont enfreint la loi et défendent tous ceux qui subissent une injustice. Comment ? En jugeant les faits et en appliquant une sanction (on dit une peine).

La justice fait de son mieux !

Les juges essaient d'être les plus justes possible, à l'égard de la victime… et du coupable ! Ils étudient les faits et donnent des sanctions qui leur paraissent justes. Ces sanctions sont prévues par la loi : elle précise toujours les sanctions que l'on risque si on ne la respecte pas. Elles sont proportionnelles à la faute : on ne sanctionne pas de la même façon un vol dans un supermarché et un hold-up avec violence ! Enfin, les juges étudient les circonstances de la faute : il arrive qu'on fasse une grosse bêtise sous l'influence de quelqu'un d'autre, et ils savent en tenir compte. Elle appelle cela des « circonstances atténuantes », parce qu'elles atténuent (diminuent) la gravité de la faute.

La justice n'est pas la vengeance

La justice est le contraire de la vengeance où on cherche à faire subir au coupable au moins la même chose qu'à la victime. Ça vous paraît injuste ? En fait, non ! D'abord, la vengeance ne suffit pas à réparer le tort subi par la victime et n'efface pas le mal. Ensuite, la justice doit permettre à tout le monde de vivre ensemble. Elle donne aussi l'exemple : elle ne répond pas à la violence par la violence, ni à la mort par la mort.

Comprendre

Le désir de justice est une aspiration légitime qu'on a tous au fond du cœur.

Depuis que vous êtes toute petite, vous savez protester et dire : « C'est pas juste ! » quand vous avez l'horrible impression d'avoir été lésée.

Y a pas de justice !

En ce moment, vous êtes peut-être de celles qui pensent qu'il n'y a pas de justice en ce bas monde. Vous trouvez que les coupables s'en sortent toujours mieux qu'ils ne devraient, que les victimes ne sont pas écoutées, sans compter l'injustice de la société : des gens souffrent et galèrent alors que tant d'autres ne savent plus quoi faire de leur argent. Et que dire des injustices de tous les jours : les profs qui punissent l'une et pas l'autre, les copines qui ont le droit de sortir plus tard que vous, etc. !

Dur, dur !

C'est vrai que la justice n'est pas facile à mettre en œuvre. D'abord parce qu'elle n'existe pas comme ça, dans la nature : tout le monde n'a pas la chance de naître beau, riche et intelligent ! En soi, déjà, ce n'est pas juste. Alors les hommes essaient de faire de leur mieux pour rééquilibrer un peu la balance, mais ils ne sont pas parfaits !

C'est vraiment pas juste !

Vos parents, par exemple, font de leur mieux pour être justes avec vous. Mais parfois, vous trouvez qu'ils en sont loin. Ils peuvent accepter que vous sortiez un soir et refuser à un autre moment, sans raison valable, d'après vous. Peut-être parce que vous le leur aviez demandé alors qu'ils étaient fatigués et énervés, ou tout simplement parce qu'ils envisageaient les choses différemment.

Essayons quand même

Pour l'institution judiciaire, c'est pareil. Les juges font tout pour être justes, mais ils peuvent aussi se tromper. Ce sont des hommes après tout. C'est vrai que la justice française n'est pas parfaite, qu'elle est lente, qu'elle manque de moyens, qu'elle commet des erreurs. Mais, pour le coup, ce serait vraiment injuste de dire qu'elle fait n'importe quoi ou, pire, qu'elle est « pourrie », comme certains le prétendent.

Tous responsables

Ça ne veut pas dire non plus qu'il faut vous résigner et accepter les injustices ! Vous avez bien raison de vous révolter contre elles. Ce que vous pouvez faire, c'est commencer par lutter contre celles sur lesquelles vous avez prise : aller voir un professeur quand la sanction donnée à un élève vous semble injuste, rappeler la vérité quand on accuse quelqu'un à tort, souligner les qualités d'une personne quand on ne parle que de ses défauts. Ça ne changera pas la face du monde, c'est sûr ! Mais au moins, vous aurez fait quelque chose. Et si tout le monde faisait comme vous, qui sait ?

Voir aussi Droits, Égalité, Loi, Sanction.

103 • LECTURE

Tu lis quoi en ce moment ?

S'informer

Lire et écrire, ce sont les premières choses qu'on apprend à l'école, parce qu'elles sont fondamentales. C'est grâce à elles qu'on peut faire tout le reste : se lancer dans des études bien sûr, mais tout simplement être autonome dans la vie.

Le b.a. ba

Trop de gens, même en France, n'ont pas bien appris à lire dans leur enfance (on dit qu'ils sont « illettrés ») : ça les met dans des situations impossibles. C'est pour cela qu'il est essentiel de dépister ce handicap. C'est la mission des professeurs ; et c'est aussi l'un des buts de la journée d'appel de préparation à la défense (le rendez-vous citoyen).

Lecture loisir

Mais lire, ce n'est pas seulement un outil pratique : on ne lit pas que l'annuaire, les panneaux de signalisation routière ou les papiers administratifs, voire les énoncés des problèmes de maths ! On lit aussi pour le plaisir : magazines, bandes dessinées, romans.

L'imagination au grand galop

Il y a celles que lire ennuie et qui ne tiennent pas en place avec un livre dans les mains et puis celles qui lisent depuis toujours, qui « dévorent ». Pour elles, rien à voir avec un devoir scolaire ! La lecture, c'est une passion : impossible pour les accros d'envisager un été sans lecture !

Comprendre

Lire implique de bien vouloir s'arrêter un peu, se poser, s'évader du réel. C'est se laisser prendre par la main pour vivre une histoire qui n'est pas la nôtre. C'est quitter le quotidien et tout ce qui s'y passe pour rentrer dans un autre monde. C'est le cas du livre-plaisir, celui qu'on ne peut se résoudre à poser, qui mobilise tout notre temps : on ne répond plus aux questions tellement il nous absorbe, et quand on doit, de temps en temps, le quitter (c'est l'heure du dîner !), on a vraiment du mal à redescendre sur terre.

Assommée par un pavé !

Évidemment, vous trouvez peut-être que votre professeur de français ne vous propose jamais ces livres-là. Qu'il vous impose toujours des bouquins poussiéreux, vieillots, des œuvres de musée, ennuyeuses et momifiées : quelle corvée ! Ces livres-là, vous vous en débarrassez au plus vite, ou au dernier moment en les parcourant à toute allure, en comptant sur la fée Internet, les bonnes copines ou les bons vieux « Profil d'une œuvre » !

Pas si mal !

Pourtant, si vous vous y mettez avec bonne volonté, sans préjugés, vous n'êtes pas à l'abri d'une bonne surprise ! La langue est parfois un peu difficile à apprivoiser et à apprécier au début. Mais une fois franchi le seuil des 30 premières pages, bien souvent on se laisse prendre par le récit, le style, et l'on finit par s'attacher à l'histoire, à ces personnages qui ne parlent pas forcément comme nous, mais qui tombent éperdument amoureux, souffrent, sont jaloux, espèrent, bref éprouvent sous nos yeux des sentiments qui n'ont pas d'âge.

Ça me soûle !

Il arrive, malgré toute la meilleure volonté du monde, que l'on n'accroche pas avec un livre. Si c'est un livre imposé, il va falloir le finir, vaille que vaille. Sinon, tant pis ! Posez-le. Vous avez le droit de ne pas aimer le style de l'auteur ! Peut-être pourrez-vous le reprendre dans quelques années. En matière de littérature, tous les goûts sont dans la nature, et ils évoluent dans le temps. Vous pouvez détester Balzac maintenant, avec ses descriptions à n'en plus finir, et l'adorer dans 3 ou 4 ans parce que vous trouverez alors que son style est génial et qu'il n'a pas son pareil pour décrire les sentiments humains.

Lire = plaisir !

La lecture doit d'abord être un plaisir. Vous n'êtes pas obligée de ne lire que les classiques dont on parle en cours ! Vous pouvez avoir vos propres goûts, préférer certains genres. Policiers, science-fiction, contes, romans d'aventures ou d'amour, tout se lit !

La fin, vite !

C'est en vous donnant le droit de lire ce que vous aimez, de ne pas finir un livre ou au contraire de le lire plusieurs fois que vous tomberez dans la potion magique de la lecture. Essayez ! Et bientôt, vous serez vous aussi une lectrice acharnée, qui relit cent fois certains passages, pour ressentir la même émotion, ou qui se presse pour savoir la fin de l'histoire, en ayant tout de même un petit pincement au cœur quand la dernière page est tournée.

Bons plans

Les livres, ça coûte cher ; mais il y a des moyens de satisfaire votre soif de lecture.

- Les bibliothèques : bibliothèque scolaire, municipale, peut-être aussi celle des entreprises où travaillent vos parents.
- Les copines : organisez des échanges. Excellent moyen de partager ses découvertes, ses bonheurs de lecture, et de trouver des idées. Simplement… n'oubliez pas qu'un livre prêté est fait pour être rendu !

Conseil

J'sais pas quoi lire !

C'est très difficile de donner des conseils de lecture. Par définition, à chacun ses goûts. Ce que vous pouvez faire, c'est demander à vos parents ou à votre professeur de français de vous conseiller : à priori, ils vous connaissent bien, ils devraient trouver votre bonheur. Vous pouvez demander aussi à un libraire ou un bibliothécaire. Vous leur direz les livres que vous avez aimés, vos genres préférés, et ils vous orienteront vers de nouvelles découvertes !

104 • LIBERTÉ

Liberté, liberté chérie

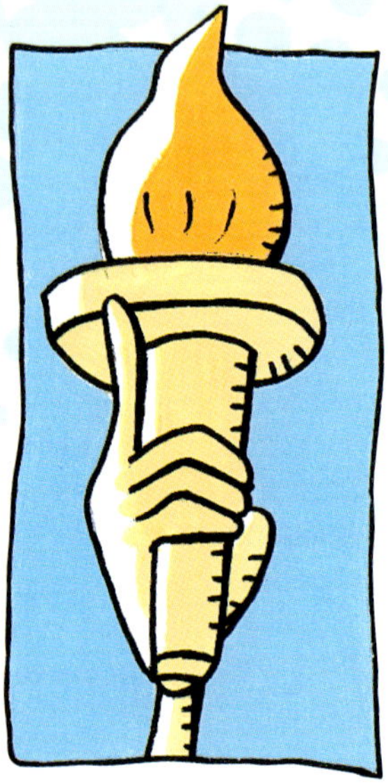

S'informer

La liberté est l'aspiration de tous les hommes, le rêve du poète, l'idéal du révolutionnaire, l'espoir du prisonnier, la revendication des opprimés… et le souci de toute adolescente ! Mais ça consiste en quoi, au juste ?

Être libre, c'est…

… faire ce que je veux, direz-vous. Vous n'avez pas (complètement) tort ! C'est vrai que la liberté consiste à pouvoir penser ce que vous voulez, sans recevoir de consignes. À régler vous-même les questions qui vous concernent, petites et grandes : vous êtes libre de déterminer la couleur de votre jean, de choisir vos amis, de vous orienter à l'école en fonction de vos compétences.

La liberté, quelle escroquerie !

Mais souvent, vous vous heurtez à des limites, et ça vous fait enrager, parce que vous pensez qu'on bride votre liberté. Vous voulez partir faire du ski parce que vous estimez que c'est votre droit de prévoir vos vacances, et vos parents refusent parce que cela coûte cher. Vous rêvez d'une grasse matinée, et vous êtes obligée de vous lever parce que la cloche du lycée ne vous attendra pas pour sonner. Vous entendez choisir vos livres, et le professeur de français vous les impose sans vous demander votre avis.

Parcours d'obstacles

À tout instant, dans toutes les circonstances, vous rencontrez des « obstacles » à votre liberté, et quelquefois vous pouvez vous demander si vous êtes vraiment libre de quoi que ce soit dans la vie. D'ailleurs, la vie, parlons-en ! Après tout, qui vous a demandé votre avis avant de vous faire naître ? Vous n'avez pas choisi de vivre, d'avoir les parents que vous avez, d'être petite ou grande, blonde ou brune.

Fausse piste !

Penser que la liberté consiste à faire ce qu'on veut de manière illimitée, c'est partir sur une mauvaise piste : forcément, dès qu'on bute sur une contrainte, on grince des dents ! Être libre, ce n'est pas faire tout et n'importe quoi. Les lois sont même là pour empêcher ça. Pour éviter que la société soit une jungle où les plus forts fassent la loi sous prétexte d'exercer leur liberté, de « faire ce qu'ils veulent ». Pour éviter aussi qu'on se fasse du mal à soi-même, en croyant se faire du bien (en prenant de la drogue, par exemple).

Comprendre

À votre âge, on a une grande soif de liberté, et l'impression frustrante d'être encore très dirigée dans la vie. Vous avez les parents et les professeurs « sur le dos » pour vous donner plein de conseils, quand ce ne sont pas des ordres ou des interdictions formelles ! Alors, vous pensez peut-être que la liberté, il n'y a que les adultes qui peuvent vraiment en profiter.

Filet de sécurité

Mais, en même temps, vous êtes bien contente d'avoir des conseils, des coups de pouce quand vous rencontrez un problème. Vous êtes rassurée de savoir qu'il y a un filet de sécurité en dessous du fil sur lequel vous marchez (et même trépignez, quand vous voulez quelque chose !). Ce n'est pas si facile de faire des choix, librement et en conscience. Dites-vous bien que les adultes, eux, sont sans filet : ils doivent décider seuls et assumer les conséquences de leurs actes.

Libres comme l'air ?

Et puis, ils ont d'autres contraintes. Ce ne sont plus les cours, les dissertations à rendre ou l'obligation de rentrer tôt quand ils sortent en soirée, mais il y a bien d'autres choses pour « limiter » leur liberté… à commencer par vous, leur fille bien-aimée, qui leur donnez tout de même un peu de travail !

Libre et responsable

Parce qu'être libre, c'est avant tout être responsable de ce qu'on décide : savoir estimer les conséquences de ses choix, et les assumer. Vous êtes libre de ne pas faire vos devoirs et de buller toute l'année. Vous acceptez alors d'avoir des mauvais résultats et de risquer le redoublement. C'est sérieux la liberté, et il faut du temps pour en prendre conscience. Être libre, c'est d'abord ne pas se laisser gouverner par ses envies et ses instincts, c'est être assez forte pour diriger sa vie dans la direction que l'on a choisie et agir au nom des valeurs que l'on s'est données.

Pas si facile, la liberté !

Il faut aussi du courage et de la volonté pour être libre : ne pas se laisser influencer, défendre ses idées et ses choix. Influencer par qui, par quoi ? Par son entourage bien sûr… mais aussi par sa propre nature, ses défauts, ses excès ! Si vous faites tout ce qui vous passe par la tête, parce que vous pensez être libre, vous risquez d'être prisonnière de vos coups de tête, des petits plaisirs du moment, d'une vie que vous n'aurez en fait pas vraiment choisie.

Quelques flèches pour le parcours

Le secret pour être vraiment libre ? C'est voir un peu plus loin que le bout de son nez ! C'est regarder l'avenir, et pas seulement l'instant présent. Alors, vous pourrez exploiter au mieux vos chances, vos qualités et faire de bons choix. Le bon choix, ce peut être avant tout d'accepter librement, volontairement, avec patience, les petites limites qu'on vous impose : elles sont aussi là pour vous aider à avancer, comme des panneaux de signalisation. Imaginez des routes sans panneaux : les voitures seraient libres de foncer en tous sens, mais comment trouveraient-elles leur chemin, et que d'accidents en perspective !

Voir aussi Choix, Droits, Loi.

105 • LOI

Qui est-ce qui fait la loi ici ?

S'informer

La loi, c'est ce qui règle la vie en société. En France, où le régime politique est démocratique, la loi est faite par les représentants politiques que nous élisons.

Comment naît une loi ?

Une loi peut être proposée soit par le gouvernement, soit par l'Assemblée nationale. Elle est ensuite discutée par les deux assemblées successivement (Assemblée nationale et Sénat), puis votée. Si elle obtient la majorité des suffrages, elle devient une loi de la République, appliquée à tous les citoyens.

À quoi ça sert ?

Une société a besoin de lois pour que tout le monde puisse vivre en harmonie et en sécurité. C'est vrai dans tous les domaines : il y a des lois pour régir le fonctionnement de la famille (le code de la famille), pour régler la circulation sur la voie publique (le code de la route), pour tout ce qui concerne le travail et l'emploi (le code du travail), pour fixer les règles du commerce, etc.

Qui applique ces lois ?

Suivant le domaine concerné, elles sont mises en application par différentes catégories de personne : les chefs d'entreprise sont chargés d'appliquer la loi sur la durée du travail, les maires d'appliquer celle qui concerne le mariage, les policiers de faire respecter le code de la route, etc.

Et si ça ne marche pas ?

L'État est garant de l'application de la loi. Pour cela, il a deux outils : la police et la justice. Quand on ne respecte pas une loi (si on vole dans une grande surface, par exemple), on peut être arrêtée par la police et traduite devant un juge qui examine le cas et peut appliquer une sanction.

Les petites lois de tous les jours

Et puis, il y a aussi des lois qui vous touchent de près. Elles n'ont pas donné lieu à de grands débats à l'Assemblée nationale et vous ne risquez pas d'aller en prison si vous les enfreignez (mais vous risquez quand même une sanction !) Ce sont les règlements intérieurs de votre lycée, de votre club de sport… et même les règles instituées par vos parents : « Dîner à 19 h 30, merci de prévenir en cas de retard ! »

Respect !

Bref les lois, petites ou grandes, servent à se respecter mutuellement et à vivre en harmonie, sans s'agresser en permanence.

Info +

C'est un peu vous qui déciderez !

Quand on a 18 ans, on a le droit de vote. On peut élire nos représentants, dans notre commune, mais aussi à l'Assemblée nationale, là où les lois sont proposées, débattues et votées. Cela suppose de bien lire les programmes des candidats pour être sûre de voter pour celui qui représente au mieux ses idées.

Comprendre

La loi, c'est fait pour donner les mêmes droits à tous les membres d'une société, les forts mais aussi les faibles qui ne peuvent pas se faire respecter par la force.

Bouge-toi de là, minus !

Cela évite que la société devienne une jungle où les plus forts écrasent les autres, s'approprient leurs biens et les maltraitent. Imaginez qu'un gros malabar entre dans un magasin, se serve, reparte sans payer et que personne ne lui dise rien, de peur de se faire écrabouiller la tête contre le mur. C'est ça, une société sans loi !

Pas besoin de la loi, moi !

Vous vous dites peut-être qu'entre personnes civilisées, qui savent se tenir, on n'a pas besoin de la loi. Seulement voilà, tout le monde n'est pas comme vous ! Il ne vous viendrait même pas à l'esprit d'agresser une personne très âgée et de lui faire mal pour lui voler 15 €, l'idée même vous fait sans doute mal au cœur. Malheureusement, cela arrive chaque année.

Loi = repère

Les lois sont faites avant tout pour obliger ceux qui ne savent pas respecter les autres à ne pas les insulter, les voler, les maltraiter, les humilier et même les tuer. Comment ? Par la peur du gendarme, c'est-à-dire de celui qui a pour mission de faire respecter la loi, par la sanction, mais surtout en donnant des repères. Derrière les textes de loi, il y a des lois morales comme le respect de l'autre, l'égalité, la justice.

Loi = morale ?

C'est la loi qui vous rappelle qu'être raciste est contraire au respect de la personne. C'est elle encore qui protège l'enfant maltraité. Tout cela semble tellement juste et moral qu'on pourrait croire que tout ce qui est autorisé par loi est bien ou bon. Ceux qui font la loi essaient de faire de leur mieux. Ils arbitrent entre les différents besoins des membres de la société. Parfois, ils ne choisissent pas le bien, mais ce qui leur semblent le moindre mal. Aussi n'êtes-vous pas obligée de faire tout ce qu'elle vous autorise : fumer n'est pas illégal, par exemple, mais ce n'est pas bon pour la santé non plus !

Info +

Les lois des autres pays

Tous les pays n'ont pas les mêmes lois. Certains maintiennent toujours la peine de mort, par exemple, alors qu'elle a été abolie en France en 1981. Certains sont plus stricts que la France sur la répression du trafic de drogue, d'autres plus souples, comme certains pays asiatiques.

Voir aussi Autorité, Politique, Responsabilité, Sanction.

Bon plan

Visite à l'Assemblée nationale

Si la façon dont les députés discutent les lois vous intéresse, et que vous êtes en région parisienne, vous pouvez demander à votre professeur d'histoire d'organiser une visite avec votre classe : les séances sont ouvertes au public. Sinon, sachez qu'une partie des débats de l'Assemblée nationale est retransmise à la télévision, le mercredi.

106 • LOISIRS

Le temps libre, c'est sacré !

S'informer

Les loisirs, c'est tout ce que vous faites en dehors de votre temps de travail. Ça comprend plein de choses : aussi bien les activités extra scolaires que vous pratiquez régulièrement (sport, danse, musique, dessin, scoutisme) que les activités de vacances (voile, ski, randonnées, baignades). Sans oublier tout le reste, pêle-mêle : les repas, le ciné, le shopping, les fêtes entre copains, la lecture, les coups de fil ou le courrier.

Ce n'est pas la cerise sur le gâteau !

Les loisirs, ce n'est pas du superflu. Ça ne sert pas uniquement à « meubler » le temps qu'on passe en dehors du lycée. C'est vrai que le système scolaire français laisse très peu de place aux loisirs, comparé au système allemand qui libère les élèves dès le déjeuner pour pratiquer toutes les activités qu'ils veulent. En France, on privilégie le travail cérébral, peut-être un peu trop ! Pourtant, les activités extrascolaires ne sont pas moins essentielles que les maths et le français.

Vous avez dit paresse ?

À condition bien sûr de ne pas confondre « loisirs » et « oisiveté ». Être oisive, c'est ne rien faire pendant son temps libre. Alors que les loisirs, ce n'est pas fait pour s'allonger sur son lit et rêvasser indéfiniment (même si on peut parfois s'accorder un moment de farniente au milieu de ses loisirs !). C'est un temps pour vivre, réaliser ses ambitions, se détendre l'esprit et le corps, apprendre l'esprit d'équipe aussi.

On se bouge !

Ça demande des efforts, il faut se bouger : trouver des activités intéressantes, se passionner, accepter de continuer ce qu'on a commencé. Si le piano que vous pratiquez depuis quelques années vous ennuie ferme ces temps-ci, réfléchissez quand même avant de planter là toutes vos partitions : les loisirs, c'est du continu, ça demande de la persévérance, et vous pourriez regretter un jour de ne pas avoir tenu bon. C'est vrai que loisir ne rime pas toujours avec plaisir ; mais on ne regrette jamais de s'être forcée un peu, après coup !

Comprendre

Pourquoi est-ce si important d'utiliser au mieux vos moments de loisirs ? D'abord parce que ça représente beaucoup de temps. Même avec des journées de cours chargées, en comptant les devoirs à la maison, il reste quand même du temps dans vos journées ou vos week-ends, et pendant vos vacances. Si vous le passiez à vous tourner les pouces, l'ennui s'installerait vite !

Pour marquer la différence

Et surtout, les loisirs, c'est ce qui forme votre personnalité. Ce qui fait votre différence. Les matières scolaires, on les travaille uniformément : tout le monde est soumis au même régime, avec le même programme de maths et les mêmes œuvres de français. Alors, les moments où vous pouvez réellement cultiver votre personnalité propre, ce sont vos loisirs.

Pour plus tard…

Alors, allez-y à fond, profitez de vos loisirs pour développer ces talents, et aussi peut-être pour multiplier ces cartes remarquables que vous avez dans votre jeu. Dites-vous que ça comptera dans l'avenir. Quand on cherche du travail et qu'on se présente à un employeur, celui-ci examine bien sûr les études qu'on a faites, mais il cherche aussi à connaître les autres domaines dans lesquels on est bonne. S'il reçoit deux candidates qui ont fait les mêmes études, il se souviendra plus facilement de celle qui, en plus, a toujours pratiqué des loisirs dynamiques révélateurs de sa personnalité.

Du bonheur

Enfin, n'oubliez pas que les loisirs sont là pour vous faire plaisir. Vous pouvez faire de la danse sans être une futur danseuse étoile, vous pouvez même décider à certains moments de ne rien faire, de rêver : le temps libre est aussi fait pour ça !

Voir aussi Ambition, Ennui, Lecture, Musique, Sorties, Sport.

Bon plan

Pas d'exclues : les loisirs pour toutes !

Les loisirs ne sont pas réservés aux filles dont les parents sont assez riches pour leur payer des cours particuliers. Chaque ville propose de multiples activités culturelles pour bourses modestes : sports, cours de théâtre, de dessin, de danse ou de musique... Renseignez-vous auprès de votre mairie ou de la maison des jeunes et de la culture (MJC).

107 • LUNETTES

Pour voir plus loin que le bout de son nez !

S'informer

Les problèmes de vue ne commencent pas tous à l'adolescence : on voit même des petits bouts de chou porter des lunettes ! Mais c'est souvent vers l'âge de 13-14 ans que l'on découvre qu'on a du mal à lire au tableau, bref qu'on ne voit pas bien.

J'suis miro, pourquoi ?

Notre œil est un véritable petit appareil photographique qui reçoit la lumière réfléchie par les objets et qui produit une image de ceux-ci sur une membrane photosensible (comme une pellicule photo) qu'on appelle la rétine. Si la membrane qui recouvre l'œil, la cornée, ou la lentille qui sert à la mise au point, le cristallin, ou encore le globe oculaire sont un peu déformés, l'image ne se forme pas bien sur la rétine et elle est floue.

Myope ou astigmate ?

On est myope quand cette image se forme en avant de la rétine. On voit bien de près et mal de loin.

Quand l'image se forme au-delà de la rétine, on est hypermétrope, c'est-à-dire qu'on voit mal de près mais souvent aussi de loin. Si c'est la cornée qui est déformée, on peut être astigmate : on voit trouble, on distingue mal les M des H et des N ou le 8 et le 0, par exemple. On peut cumuler : être myope et hypermétrope !

Je louche, moi ?

Quand on louche, on appelle cela un strabisme. Il peut être convergent quand les pupilles se rapprochent ou divergent si elles s'écartent. Les causes du strabisme ? La plus courante, c'est une différence de tension des muscles qui entourent chaque œil, de sorte que les deux yeux ne regardent pas dans la même direction. Mais ce peut être aussi une différence d'acuité visuelle entre les deux yeux (un œil est plus faible que l'autre) quand on est en même temps myope et hypermétrope.

Deux verres, SVP !

Aux myopes, aux hypermétropes et aux astigmates, on fait porter des lunettes qui corrigent facilement leur vision. Dans certains cas, il suffit de les porter quand on lit ou qu'on regarde la télévision. Le strabisme est très souvent traité par la chirurgie qui équilibre la tension des muscles autour des yeux en les raccourcissant ou les allongeant. On fait souvent également porter des lunettes à ceux qui louchent et on peut prescrire des séances d'orthoptie, une sorte de rééducation qui permet de mieux utiliser ses deux yeux.

Marre des lunettes !

Les lentilles de contact ont l'avantage d'être plus discrètes et de fournir un meilleur champ de vision que les lunettes. Il en existe deux sortes. Les rigides durent plus longtemps (2 à 3 ans) que les souples, qui peuvent se changer tous les jours, une fois par semaine, par mois, voire même par an, selon les modèles. On les enlève généralement pour dormir, mais certaines peuvent être gardées en permanence.

Réservé aux soigneuses

Porter des lentilles nécessite une hygiène rigoureuse et beaucoup de soin : on doit nettoyer ses lentilles avec des produits spéciaux avant la pose et après les avoir retirées. Elles sont généralement bien supportées après un moment d'adaptation mais peuvent provoquer des réactions allergiques qui interdisent leur usage à la longue.

Les opérations

La chirurgie est aujourd'hui de plus en plus utilisée pour traiter les myopies même légères. Bénigne, l'intervention est souvent pratiquée sous anesthésie locale. Elle suppose cependant que la vision se soit stabilisée, ce qui se produit autour de 20 ans, parfois même 25 ans.

Comprendre

Vous portez des lunettes ? Ne vous désespérez pas, on n'est plus au temps où les lunettes enlaidissaient. Il y en a de si jolies que vos copines rêvent d'être myopes pour en porter ! Alors, pour les rendre jalouses, assortissez-les à vos yeux, à la couleur que vous préférez porter ; elles vous embelliront… et vous aurez envie de les porter. Mais ne perdez pas de vue (!) qu'elles sont destinées à corriger votre vision, et donc qu'elles ne doivent pas servir uniquement à retenir vos cheveux !

T'as de beaux yeux, tu sais !

Les lunettes donnent un petit air intellectuel ou mystérieux qui peut être très séduisant. On dit même que les myopes ont un beau regard, très intense ! Et si vraiment vous n'êtes pas convaincue, consolez-vous : vous pourrez bientôt porter des lentilles et jeter vos lunettes aux orties !

Info +

Comment savoir si on a besoin de lunettes ?

Le meilleur moyen, c'est d'aller voir un ophtalmologiste. Ne vous précipitez pas chez lui tous les mois, même si vous rêvez d'en porter ! Il y a quand même des signes que vous pouvez remarquer : des maux de tête fréquents, surtout le soir après les cours, une sensation de fatigue dans les yeux, les lettres qui dansent un peu sur la feuille.

Voir aussi Complexes, Mal de tête.

Bons plans

• Il existe des verres incassables, antireflet et qui ne se raient pas. Mais chaque avantage augmente un peu le prix des lunettes.

• Certains opticiens proposent deux paires pour le prix d'une, pour ne pas avoir toujours la même tête. Il existe aussi des lunettes vendues avec plusieurs montures qui permettent de les assortir à vos tenues préférées.

• Attention, les lentilles ne sont pas bien ou pas du tout remboursées ; pensez-y avant de rêver.

LYCÉE
LOISIRS
LIBERTÉ
LOI
LUNETTES
LECTURE

Il est comment ton bahut ?

S'informer

Le lycée, c'est peut-être pour vous la suite logique du collège. En fin de troisième, vous passez en seconde puis en première et en terminale. Mais même si cela vous paraît tout simple, il y a plusieurs choses à savoir.

Nouvelles méthodes de travail

Les trois années du lycée préparent au baccalauréat bien sûr, mais aussi aux études que l'on fait par la suite. On y apprend une nouvelle façon de travailler : prise de notes et non plus dictée de cours, devoirs différents de ceux du collège (en français notamment).

Nouvelles matières

Surtout, vous allez découvrir de nouvelles matières. Dès la seconde, l'éducation civique, juridique et sociale vous permet de mieux comprendre comment fonctionne notre démocratie. Si vous choisissez l'option sciences économiques et sociales, c'est une approche du fonctionnement de la société qui est proposée par l'étude de la famille, de l'entreprise et de l'économie nationale.

L'entrée en seconde

En seconde, tout le monde suit les mêmes cours, à l'exception des deux enseignements de détermination qui sont là pour vous permettre d'affiner votre projet et de choisir votre bac, dès la première. Il est important de les choisir en fonction de vos projets et de vos goûts. Mais vous avez encore le droit de vous tromper ! Vous pourrez changer d'avis en fin d'année et faire une première sans avoir suivi l'enseignement correspondant : il existe des cours de rattrapage. C'est un peu difficile mais c'est faisable. En début de seconde, une évaluation nationale est prévue en maths, français, histoire-géo, et première langue vivante pour déterminer les acquis et les lacunes (connaissances, méthodes de travail). Elle sert à déterminer dans quelles matières vous avez besoin d'une aide individualisée qui vous sera donnée en

petit groupe deux heures par semaine.

La première

En première, vous vous orientez vers un bac spécifique et vous préparez l'épreuve de français. Si vos notes sont mauvaises, vous pouvez repasser l'épreuve en terminale : ce sont les notes de la deuxième épreuve qui compteront (même si elles sont encore plus mauvaises !). On redouble rarement une première, mais cela peut arriver : vous pouvez passer l'épreuve de français et conserver vos notes, si elles vous conviennent. Si vous la repassez l'année du redoublement, ce sont les dernières qui compteront.

Philosophe, moi ?

Enfin, en terminale, c'est la découverte de la philosophie qui impressionne toujours un peu ! Vous aurez des cours de philosophie quel que soit le bac que vous choisirez, mais vous aurez plus d'heures et le programme sera plus important si vous préparez un bac littéraire. Il ne faut pas vous faire une montagne de la philosophie. En terminale, tous les élèves sont capables de l'aborder. La philosophie est tout simplement une manière de réfléchir sur le monde et sur soi, différente de la littérature, de la sociologie ou de l'économie. Avec l'aide des grands philosophes, on aborde les grandes questions que tous les hommes se posent. Qui suis-je ? Qu'est-ce que je peux connaître ? Comment dois-je agir ? On apprend à réfléchir par soi-même, à se faire un jugement en construisant un raisonnement. Il suffit simplement d'être curieuse et d'avoir l'esprit logique. Vous trouverez un excellent exemple de ce qu'est un raisonnement philosophique en lisant le mot « vérité » dans le *Dico des filles*.

Comprendre

Vous n'êtes peut-être pas aussi impressionnée par votre entrée en seconde que par votre entrée en sixième. Mais, quand même, vous devez certainement vous dire que ça devient vraiment sérieux. D'abord, il y a le bac qui se profile à l'horizon, cela peut vous angoisser un peu, ainsi que la perspective d'avoir à choisir les études que vous ferez après. Heureusement, vous avez trois ans pour vous y préparer !

Y a pas que les cours dans la vie !

Mais le lycée ne se limite pas aux cours. Il y a aussi toute la vie de l'établissement. Il s'y passe plein de choses : vous pouvez faire du théâtre, trouver un club de lecture, un club photo, un club informatique, faire du sport, monter une association, participer à la rédaction d'un journal, etc.

Plus grande, plus forte !

Le lycée, c'est un tournant dans la vie. Vous y rencontrez de nouveaux amis, vous avez sans doute plus de propositions de fêtes. Comme vous êtes plus âgée, vos parents sont peut-être plus souples sur les autorisations de sorties. C'est le moment idéal pour passer des contrats de confiance avec eux, pour avoir plus d'autonomie.

Vive les copains !

Le lycée, c'est le temps des soirées en bande le week-end, qui laissent des souvenirs pour longtemps. C'est parfois aussi le temps des histoires d'amour sérieuses : certaines rencontrent l'homme de leur vie pendant leurs années lycée. Il faut dire que vous avez beaucoup changé : les grands changements physiques de l'adolescence sont souvent terminés, vous êtes plus jolie, plus sûre de vous. Et si la confiance n'est pas encore tout à fait au rendez-vous le jour de la rentrée en seconde, patience ! Cela viendra certainement !

Voir aussi Apprentissage, Baccalauréat, Études, Orientation, Redoublement.

Conseils

Pour se préparer à entrer au lycée

- *S'informer pour bien choisir les options obligatoires de ses enseignements de détermination : vous avez le choix entre 17 matières en seconde générale !*
- *Réfléchir aussi aux options facultatives. On peut en choisir une seule en seconde : deuxième langue, troisième langue, latin, grec, arts. Évidemment, tout dépend de ce que l'on vous propose dans votre établissement. Attention à ce que ce ne soit pas une surcharge de travail trop importante !*
- *Souvent on change d'établissement en seconde : faites connaissance avant la rentrée avec votre nouveau lycée, allez aux journées portes ouvertes si elles existent.*

Majeure et vaccinée !

Définition

Le mot majorité vient du latin *major* qui veut dire « plus grand ». En France, on est majeur à 18 ans. À cet âge, la loi vous reconnaît capable d'exercer pleinement tous vos droits (c'est la majorité civile) et d'être responsable de tous vos actes (c'est la majorité pénale).

S'informer

À 18 ans, on peut choisir soi-même son domicile et donc quitter celui de ses parents, et aussi le territoire national sans autorisation parentale. On peut se marier sans l'autorisation de ses parents.

Droit de vote

On reçoit également le droit de vote à condition d'être inscrite sur les listes électorales. Normalement, l'inscription est automatique à 18 ans, mais il est bon de vérifier dès votre anniversaire auprès de votre mairie qu'elle a bien été faite. On peut être candidate aux élections municipales à 21 ans révolus. En revanche, il faut avoir 23 ans pour être candidate aux élections législatives et présidentielles, et 35 ans pour être sénateur.

Permis de conduire

À 18 ans, on peut passer son permis de conduire, mais on peut dès 16 ans s'y préparer par l'AAC, l'apprentissage anticipé de la conduite, ou conduite accompagnée, si les parents sont d'accord. À partir de 14 ans, on peut piloter un cyclomoteur avec un brevet de sécurité routière et une 125 cm^3 à 16 ans moyennant un permis spécifique.

Riche comme Crésus

Vous devez attendre votre majorité pour gérer seule vos biens, salaire et autres, sans le contrôle de vos parents. C'est le cas également pour recevoir un bien en héritage ou par donation. Mais dès 16 ans, vous pouvez conclure seule un contrat de travail.

Majorité sexuelle

En France, la majorité sexuelle est fixée à 15 ans. Les relations sexuelles entre un majeur et un mineur de moins de 15 ans sont punies par la loi, même s'il n'y a eu ni contrainte ni violence : la loi considère qu'un enfant de moins de 15 ans n'est pas capable de disposer librement de sa personne. Sachez aussi que le mineur de plus de 15 ans n'est pas considéré comme consentant dans le cas d'une relation avec une personne majeure en situation d'autorité (un professeur, par exemple).

Grosse bêtise

À 18 ans, vous avez des droits, mais aussi des devoirs ! Vous êtes grande et désormais considérée comme responsable de vos actes, sur le plan pénal. Concrètement, si vous commettez un délit grave, vous risquez d'aller dans une prison d'adultes. Avant 18 ans, les jeunes sont mis dans des centres de détention pour mineurs et peuvent continuer leur scolarité.

À partir de 13 ans, si vous avez commis un acte contraire à la loi, vous pouvez encourir une sanction pénale, peine de prison dans un centre de détention pour mineurs (rarement appliquée et inférieure de moitié à celle prévue pour la même faute commise par un adulte), amende, travail d'intérêt général. Entre 16 et 18 ans, vous pouvez être mise en détention provisoire et encourir une peine égale à celle d'un adulte.

SOS parents

Reste que souvent, à 18 ans, vous n'avez pas les moyens de vous acquitter d'une amende, ni de réparer les dommages que vous avez provoqués. Vos parents seront sollicités pour le faire à votre place : à méditer avant de faire les 400 coups.

Info +

C'est quoi l'émancipation ?

Pour différentes raisons, on peut acquérir une sorte de majorité dès 16 ans, que l'on appelle émancipation. La demande doit être faite par les parents au juge des tutelles. La jeune fille émancipée a les mêmes droits qu'une personne majeure, sauf celui de voter et d'être élue, ni celui de se marier sans leur autorisation. Mais une jeune fille qui se marie avant 18 ans (avec l'autorisation de ses parents) est automatiquement émancipée.

Comprendre

La majorité, vous l'attendez, vous en rêvez, vous piaffez sans doute d'impatience, et il vous est peut-être déjà arrivé d'envoyer à la figure de vos parents ébahis cette petite phrase cinglante : « De toute façon, à 18 ans, je quitte la maison ! »

J'suis grande, maintenant !

18 ans est un âge qui donne des droits et des devoirs, mais c'est surtout un symbole important de l'entrée dans le monde des adultes. Même si aujourd'hui beaucoup de jeunes filles ne sont pas indépendantes financièrement à 18 ans, c'est le moment où l'on peut se dire : « Ça y est, je suis libre de décider de ma vie ! »

Pas trop, quand même...

Mais, même si vos parents vous regarderont un peu différemment et que vous vous comporterez de plus en plus comme une adulte, ils auront encore leur mot à dire, parce qu'ils vous aiment et que vous les aimez, et que vous serez bien contente d'avoir leurs conseils ! Vous aurez sans doute encore à grandir, à acquérir de l'expérience et de la confiance en vous.

Majeure et vaccinée !

Reste que vous serez responsable de vous-même et de vos actes. Bien sûr, vous ne deviendrez pas responsable en un seul jour, celui de vos 18 ans. Depuis votre enfance, vous avez appris peu à peu à être responsable, de petites puis de grandes choses. Mais cette fois-ci, ce sera sérieux et vous le sentez bien. Il faudra bien profiter de ce moment important, qui va vous faire grandir tout d'un coup : fêtez-le dignement, avec vos parents, vos amies, et comptez sur toutes ces affections pour vous aider à entrer en douceur dans la vie des grands.

Voir aussi Droits, Permis de conduire, Rendez-vous citoyen.

MAL DE DOS • 110

Tiens-toi droite !

S'informer

Dans notre société, beaucoup de gens ont mal au dos, pour différentes raisons et avec des symptômes très divers. À votre âge, vous êtes particulièrement fragile parce que vos os n'ont pas fini de se développer.

Grosse fatigue

Le mal au bas du dos, souvent appelé « mal aux reins » est le plus fréquent. Il peut être le fait d'une fatigue intense ; il accompagne souvent les règles. Pour lutter contre cette douleur, il n'y a pas grand-chose à faire, si ce n'est se reposer !

Genoux tordus

Un autre mal de dos est dû à une mauvaise voûte plantaire : les pieds s'affaissent à l'intérieur, les jambes sont en X (genoux rentrés) et cette position provoque à long terme des douleurs dans le dos. Pour éviter cela, il faut porter des semelles qui redressent la voûte plantaire : ce n'est ni douloureux ni compliqué (et personne ne s'aperçoit que l'on porte des semelles orthopédiques !)

Tête basse et dos courbé

Autre cause de douleur dorsale : les complexes ! Beaucoup de filles de votre âge, parce qu'elles ne sont pas sûres d'elles, ont tendance à rentrer la tête dans les épaules. Elles ont alors des douleurs au cou, voire des torticolis, qui sollicitent le haut du dos. Les filles qui ont une grosse poitrine et qui en sont complexées se tiennent le dos courbé, et cela finit par leur faire mal.

Les trois « ose » : cyphose...

Enfin, il existe trois sortes d'anomalies du dos qui peuvent faire mal.
La cyphose, c'est le dos rond : on le courbe trop, généralement à force de se tenir dans une mauvaise position.
La cyphose est difficile à corriger quand elle est bien installée ; il est donc très important d'apprendre à se tenir bien droite.

Lordose...

La lordose est surtout une maladie de filles, qui touche en particulier celles qui font de la danse classique.
C'est une trop grande accentuation de la courbe lombaire : pour le dire simplement, on est trop cambrée parce qu'on place le bassin trop en avant, et on ressent des douleurs intercostales et des torticolis. La solution ?

Redresser le bassin en développant abdominaux et muscles fessiers.

Scoliose

La scoliose est une déformation latérale accompagnée parfois d'une torsion des vertèbres. À votre âge, on a souvent une attitude scoliotique sans avoir une vraie scoliose, heureusement. Cette attitude scoliotique est due à une mauvaise position de l'élève à sa table de travail. Elle se traite généralement par de la gymnastique corrective.

Info +

Après les maux de tête, le mal de dos est la douleur la plus fréquente chez les jeunes de 12 à 19 ans. Un tiers des jeunes en souffre, et les filles sont plus nombreuses que les garçons : 40 % contre 26 %.
Source : Baromètre santé jeunes, 1998.

Comprendre

La colonne vertébrale, c'est ce qui nous tient debout, c'est la charpente de notre corps. Elle est composée de vertèbres maintenues par toute une série de ligaments et de muscles qui permettent de la tenir bien droite.

Quand les muscles travaillent mal

La plupart des douleurs viennent des muscles qui travaillent mal et se contractent, à cause des mauvaises positions que l'on prend. Il est donc très important de se faire un dos solide et résistant pour bien tenir debout et vieillir le mieux possible. Les filles ont particulièrement intérêt à avoir un dos souple et musclé : quand elles seront enceintes, il leur faudra porter entre 10 et 20 kg supplémentaires qui solliciteront particulièrement la région lombaire.

Ménagez-le !

Si vous avez régulièrement mal au dos, il faut faire vérifier par un médecin la position de votre colonne vertébrale, afin de pouvoir traiter une éventuelle déformation. S'il ne s'agit que de fatigue, de mauvaises attitudes ou de stress, à vous les bons sports, le sommeil réparateur sur un matelas plutôt dur, et les trucs et astuces pour bien vous tenir !

Conseils

Mieux vaut prévenir que guérir !

• La première précaution, c'est d'avoir une bonne attitude devant son bureau : droite, les jambes non croisées, avec un repose-pieds si on est petite, et une chaise confortable à la bonne hauteur. Gauchères, attention à votre posture : vous avez tendance à vous mettre en biais pour écrire !

• Pour lutter contre une cambrure excessive des reins, apprenez à basculer le bassin vers l'arrière en contractant les abdominaux en serrant les fesses. À faire régulièrement quand on est assise : on prend ainsi de bonnes habitudes.

• Attention aux sacs trop lourds, ou aux bandoulières qui déséquilibrent. Préférer les sacs à dos.

• L'important, c'est de se muscler le dos, mais en douceur et régulièrement : la natation est le meilleur des sports. À condition de préférer le dos crawlé à la brasse, qui sollicite trop les vertèbres cervicales et accentue la cambrure lombaire.

Ça cogne là-haut !

S'informer

Le mal de tête est la douleur la plus fréquente chez les jeunes, surtout chez les filles. Il est plus répandu dans les villes (surtout les grandes, plus polluées) que dans les campagnes.

Mal de tête tout bête

Les maux de tête les plus répandus sont les « céphalées de tension ». C'est un mal diffus dans tout le crâne, plus ou moins intense : c'est désagréable, mais on peut continuer une activité à peu près normale. C'est le cas quand vous avez faim (votre tête proteste et réclame à votre corps l'arrêt au stand « restauration »), quand vous êtes fatiguée, par exemple les lendemains de fête, quand vous êtes restée trop longtemps dans une atmosphère bruyante ou enfumée.

Prise de tête !

Il existe aussi des maux de tête qui ont sensiblement les mêmes symptômes, mais pas du tout les mêmes causes. Les médecins les nomment « céphalées psychogènes ». Leur origine ? Le stress, l'angoisse, les difficultés scolaires, les conflits… Généralement, ce type de maux de tête est aussi associé à des contractures musculaires de la nuque ou des épaules : normal, on est stressée, angoissée, donc on est toute nouée ! Antalgiques, massages et relaxation sont les meilleurs remèdes.

J'suis malade !

Les maux de tête peuvent aussi accompagner une maladie qui provoque de la fièvre (grippe, angine, bronchite, etc.) : dans le cas de la grippe, par exemple, c'est souvent une barre en travers du front, à la limite du supportable !

Étonnantes répercussions

Les douleurs peuvent aussi venir d'une autre partie du corps : carie dentaire, otite, sinusite, problèmes digestifs, ou encore mauvaise vision (à ne pas négliger à votre âge !). En cas de maux de tête répétés, il faut peut-être faire un examen général. Enfin, problème de filles, il y a souvent au début des règles une mauvaise période à passer, avec maux de tête à la clef.

Dans de rares cas…

Exceptionnellement, les maux de tête peuvent signaler une maladie du cerveau, comme une méningite ou une tumeur. Mais ne vous croyez pas atteinte d'une maladie mortelle à chaque fois que ça cogne dans votre crâne ! Les maux de tête, dans ces cas rarissimes, sont d'une violence extrême et s'accompagnent d'autres symptômes : vomissements, raideur de la nuque, troubles visuels, tremblements, etc. On ne s'y trompe pas !

Info +

La migraine, c'est quoi ?

La migraine (mot qui signifie « douleur d'un côté du crâne ») est un mal de tête

particulièrement douloureux, qui survient par crises. Rien à voir avec le petit mal de tête qui passe avec une aspirine et que certains nomment migraine (parce qu'ils ont la chance de ne pas connaître la vraie migraine !).
Les symptômes de la migraine sont fracassants : impression d'avoir un côté de la tête serré dans un étau, vertiges ou nausées, impossibilité de supporter le bruit et la lumière. Les analgésiques classiques (aspirine, paracétamol) suffisent rarement à calmer cette douleur ; il existe des médicaments plus efficaces, mais qui ne marchent pas sur tout le monde. La migraine, c'est encore un peu mystérieux. On ne sait pas trop d'où cela vient (il y a généralement une prédisposition familiale) et on n'a pas découvert de remède miracle, à part se coucher dans le noir et le silence, avec un gros panneau « Ne pas déranger SVP », et attendre que cela se passe !

Comprendre

La tête est un véritable carrefour : les nerfs conduisent au cerveau toutes sortes d'informations, de sensations agréables ou de douleurs. C'est là aussi que sont pris tous les ordres qui coordonnent nos mouvements. C'est en quelque sorte le centre d'un réseau très perfectionné, qui réagit en permanence à l'environnement extérieur et veille au bon fonctionnement du corps. Pas étonnant qu'il y ait surchauffe de temps à autre !

Quand votre tête s'estime surmenée

Les maux de tête sont des réactions à toutes sortes d'agressions. Pas assez ou mal dormi, pas assez ou mal mangé ? Votre tête proteste ! De même qu'elle n'aime pas les soirées trop arrosées, et se venge le lendemain en vous infligeant une sérieuse « gueule de bois ». Elle peut aussi vous faire payer cher une trop longue exposition au soleil, la chaleur, la fatigue, l'effort prolongé, physique ou intellectuel.

La migraine imaginaire

Mais comme par hasard… il y a des filles qui ont systématiquement mal à la tête avant l'interrogation écrite de maths. Ou quand leur père veut discuter avec elles de leurs résultats scolaires pas très brillants. Ou encore quand elles ne veulent pas répondre au coup de téléphone d'une copine qui les ennuie.

Là, c'est dans la tête !

Le mal de tête peut devenir une excuse qu'elles brandissent pour se dispenser de ce qu'elles n'ont pas trop envie de faire ! Ou un prétexte pour bouder et s'isoler. Certaines auront même mal à la tête parce qu'elles ont envie de se faire chouchouter. Bref, le mal de tête peut avoir bon dos !

Un esprit sain dans un corps sain !

Que faire contre les maux de tête ? Entretenir une bonne hygiène de vie, qui permet d'éviter la plupart d'entre eux. Première arme : une alimentation équilibrée, avec un bon sommeil en quantité suffisante. Il faut aussi savoir se détendre après un travail intense, apprendre à bien respirer, à se relaxer, à alterner travail intellectuel et sport. Quitte à avoir quelques comprimés d'aspirine en réserve, pour les mauvais jours !

Savoir-vivre

Bien sûr, il y a des filles qui exagèrent leurs maux. Mais ne prenez pas à la légère l'amie qui vous dit qu'elle a une solide migraine ! D'ailleurs, cela se voit : elle est blanche… comme un cachet d'aspirine, et n'a vraiment pas l'air bien. Soyez compatissante. Évitez de parler trop fort, proposez-lui de la raccompagner chez elle, ou si vous êtes à la maison, de s'allonger dans une pièce à la lumière tamisée. C'est une suggestion dont elle vous sera reconnaissante !

Voir aussi Lunettes.

Conseils

• Pour les maux de têtes ordinaires, un peu de repos et de l'aspirine sont les meilleurs remèdes. Attention : l'aspirine, qui fluidifie le sang, est à remplacer par du paracétamol ou de l'ibuprofène pendant les règles.

• Pour les vraies migraines, consultez un médecin : il vous aidera à trouver contre les crises le remède qui vous convient le mieux.

• N'avalez pas l'aspirine par plaquettes entières : aérez-vous, détendez-vous, faites du sport ! Apprenez à distinguer le mal de tête classique qui survient vers 12 h 30 : mangez plutôt un bon steak qu'un tube d'aspirine !

• Si vos maux de tête deviennent chroniques, c'est peut-être le signe de difficultés psychologiques que vous n'arrivez pas à surmonter seule. Parlez-en à votre médecin.

112 • MAL DE VENTRE

Pliée en deux !

S'informer

Le ventre, qu'on appelle aussi abdomen, est une immense cavité : il contient toutes sortes d'organes essentiels qui ont des fonctions bien différentes. La première chose à faire en cas de douleurs abdominales, c'est de repérer à quel « ventre » on a mal !

Le cœur, c'est l'estomac

Il y a les nausées, qu'on appelle à tort les maux de cœur. En réalité, on a mal à l'estomac ; et il arrive qu'on vomisse, opération par laquelle on rejette le contenu de celui-ci. L'estomac (qui se situe en haut du ventre) est aussi sujet à des inflammations : si on éprouve très souvent une sensation de brûlure intense à cet endroit, il faut vérifier qu'on n'a pas un ulcère, c'est-à-dire une plaie sur la paroi interne de l'estomac.

Intestins en colère

Quand on digère mal, on peut aussi avoir mal plus bas, aux intestins : ballonnements, diarrhées, coliques, constipation. Les intestins peuvent aussi être atteints par des maladies dues à des infections, dysfonctionnements, inflammations ou malformations. L'appendicite est une inflammation de l'appendice qui prolonge le gros intestin. Elle nécessite une intervention chirurgicale bénigne.

Le mal de ventre du mois

Les règles provoquent aussi des maux de ventre, dûs aux contractions de l'utérus lorsqu'il expulse chaque mois sa membrane interne et l'ovule non fécondé. On a également mal au ventre, tout en bas cette fois, en cas d'infection urinaire qui touche la vessie. Elle s'accompagne en général de sensations de brûlure lorsqu'on urine. Ce mal de ventre est donc facile à reconnaître.

L'angoisse attaque !

On a souvent mal au ventre quand on est stressée ou angoissée : juste avant un examen, par exemple. Le langage populaire dit « qu'on se fait de la bile », ou que tel événement, telle personne vous « donne des coliques ». Le corps réagit à ce stress en protestant par l'intermédiaire du ventre ! Ce peut être effectivement des coliques : l'intestin se tord et la douleur est violente. Ou encore des nausées, des brûlures d'estomac. Mais quand l'anxiété est permanente et diffuse, la douleur abdominale peut l'être aussi.

C'est dans la tête que ça se passe

Ces douleurs ne proviennent pas de la lésion d'un organe. Sous l'effet d'informations transmises au cerveau, des substances chimiques comme les hormones sont transportées vers les organes, dont elles modifient le fonctionnement. On dit alors que ces douleurs sont « psychosomatiques » : c'est un état d'esprit qui produit une réaction du corps. Une forte contrariété peut suffire à vous tordre de douleur. Ce qui ne veut pas dire que la douleur est feinte : elle existe réellement !

Comprendre

On connaît mal son ventre : c'est une vaste zone où l'on a du mal à situer les organes. C'est aussi une zone fragile, sans protection osseuse, qui est un peu notre centre de gravité.

Mais où, exactement ?

« J'ai mal à tous mes ventres » répondait un petit garçon à sa mère qui essayait de lui faire préciser sa douleur. C'est souvent comme cela, effectivement ; parce que le ventre est un tout, sans barrières réelles, de sorte que la douleur irradie d'une zone à l'autre. Chaque douleur, même identifiée, envahit les autres zones : quand on a ses règles, on a la sensation d'avoir mal dans tout le ventre indistinctement, jusqu'au dos, dans les reins !

Identifier pour mieux soulager

L'important, c'est d'apprendre à se connaître. D'abord en repérant mieux où se trouvent ses différents organes, puis en étant attentive à chaque type de douleur, de manière à la reconnaître la fois suivante. Ça permet de ne pas laisser traîner trop longtemps une douleur qui signale une maladie et nécessite une consultation. Mais cela permet aussi de ne pas s'affoler du mal au ventre qui survient au moment d'un bon coup de stress !

Voir aussi Angoisse, Règles.

Conseils

• Vomissements et diarrhée sont souvent le signe d'une indigestion : vous avez mangé un aliment avarié… ou vous avez été trop gourmande !

• Mais si vous avez de la fièvre en prime, pensez à la gastro-entérite : c'est une infection qui nécessite de consulter un médecin.

• Si vous ressentez une douleur brutale et violente au milieu du ventre alors que vous êtes stressée, c'est une simple colique (contraction musculaire de l'intestin).

• Si vous avez le ventre gonflé après un repas, avec une sensation de malaise diffus, ce sont des ballonnements : vous avez mangé trop vite, sans bien mâcher.

• Si les douleurs qui accompagnent vos règles sont trop violentes et se renouvellent tous les mois, parlez-en à votre médecin, il vous prescrira des calmants appropriés.

• Une douleur sourde dans le bas-ventre droit, qui augmente quand vous appuyez dessus et s'accompagne de nausées et de fièvre (même faible) ? C'est probablement le signe d'une crise d'appendicite : il faut consulter très rapidement.

113 • MALTRAITANCE

SOS, danger, SOS...

Définition

Très souvent, on évoque par le mot « maltraitance » les agressions à caractère sexuel sur les mineurs. Mais il désigne aussi tous les mauvais traitements infligés à des personnes fragiles ou sans défense, comme les enfants ou les personnes âgées.

S'informer

La maltraitance, ça peut être les coups et blessures en tous genres. Le manque de nourriture ou de soins. Le défaut d'éducation (l'éducation étant un devoir pour les parents). Ce sont aussi tous les gestes, mots, comportements humiliants qui conduisent l'enfant ou l'adolescent à se mépriser lui-même et à perdre confiance en lui. Répéter à un enfant tous les jours qu'il est laid, bête, méchant, qu'il ne vaut rien, qu'il aurait mieux valu pour tout le monde qu'il ne vienne pas au monde, ce sont des coups aussi violents et destructeurs que des coups de ceinturon. S'ils ne laissent pas de trace sur le corps, ils peuvent meurtrir à jamais le cœur.

Les maltraitances sexuelles

Il y a aussi toutes les formes d'atteintes sexuelles : exhibitionnisme, attouchements, utilisation d'images, de récits pornographiques, agressions verbales de nature à dévaloriser l'autre sexe, et bien sûr tous les actes sexuels proprement dits. Ces atteintes ne sont pas forcément imposées par la violence, elles peuvent l'être par la séduction. L'agresseur peut être un membre de la famille ou non. Les victimes ? Les garçons autant que les filles, et surtout les enfants de moins de 10 ans.

Info +

En 2001, Allô Enfance Maltraitée a reçu en moyenne 6 000 appels par jour.
En 1998, 6 800 enfants ont été déclarés victimes de maltraitance sexuelle (mais il y en a beaucoup plus en réalité).
Le dernier rapport de l'Observatoire de l'action sociale (automne 2000) dénombre 18 500 enfants victimes de maltraitance en France, et 65 000 qui sont dans une situation à risques.
Source : Enquête Le Parisien, *9 mars 2001.*

Comprendre

D'abord, il faut balayer les idées toutes faites et reconnaître certaines réalités. Non, la maltraitance n'est pas un phénomène rare. Oui, toutes les agressions sont graves, qu'elles soient commises une fois ou répétées, avec ou sans violence dans le cas des agressions sexuelles ou de la torture psychologique. Non, la plupart du temps, il n'y a pas de traces visibles de coups. Oui, cela arrive dans toutes les classes sociales, dans toutes les cultures. Oui, dans les cas d'abus sexuels, le plus souvent l'agresseur est le père, le grand-père ou l'oncle.

Un peu colériques, mes parents...

En général, pour la victime, il est très difficile de prendre conscience qu'elle est réellement maltraitée. Souvent, l'enfant ou l'adolescent se demande s'il n'est pas responsable des mauvais traitements qu'il subit. S'il est violemment battu, il peut penser que c'est seulement parce que ses parents sont très sévères ou parce qu'il est vraiment coupable. Si son père a pour lui des gestes à caractère sexuel, il peut croire que c'est juste parce qu'il est tendrement aimé et être envahi d'émotions contradictoires qui vont de la peur à la honte. Une fille agressée par son père ou son oncle se reproche souvent d'être trop sexy, trop coquette.

Emmuré dans le silence

Pour toutes ces raisons, l'enfant maltraité a peur de parler : peur de ne pas être cru, peur des représailles, peur de faire punir un adulte qu'il aime malgré tout. Le petit garçon que ses parents, sa grand-mère et sa tante battaient sauvagement dans une ferme française il y a quelques années demandait à voir sa maman après qu'on eut mis fin à son calvaire : aussi surprenant que cela puisse vous paraître, un enfant aime toujours ses parents, malgré la maltraitance.

Parler pour vivre

Pour la victime, il y a mille raisons de se taire. Mais parler est le seul moyen de se sauver, de sortir du cercle infernal et de se donner des chances de s'en sortir. Les mauvais traitements peuvent entraîner beaucoup de séquelles physiques, mais aussi psychiques.

Devoir d'agir !

Dans tous les cas de maltraitance, il faut à la fois agir pour soustraire l'enfant ou l'adolescent à l'agresseur et s'adresser à la justice pour que le crime soit sanctionné. C'est pour cela qu'il est très important, quand on soupçonne un cas de maltraitance, d'en parler très vite à un adulte qui prendra les choses au sérieux et agira pour faire cesser l'agression. N'oubliez pas : parler, c'est peut-être sauver une vie. Ne faites pas comme ceux qui ne veulent pas se mêler des affaires des autres !

Conseil

Ne confondez pas tout !

Attention à ne pas confondre les gestes normaux que tous les parents peuvent faire et ceux qui sont des vrais gestes de maltraitance. Votre papa a tout de même le droit de vous embrasser, de vous serrer dans ses bras pour vous montrer qu'il vous aime ! Si cela vous gêne parce que vous vous trouvez trop grande, vous pouvez lui dire gentiment, sans l'accuser des pires horreurs !
De même, il peut arriver que, sous le coup de l'exaspération, vos parents laissent partir une gifle ou un coup de pied aux fesses. Ces choses arrivent dans beaucoup de familles et cela n'a rien à voir avec la maltraitance !

Voir aussi Inceste, Pédophilie.

Info +

Il y a 3 numéros de téléphone à appeler en cas de maltraitance : Allô Enfance maltraitée, Fil Santé jeunes, Viol Femmes Informations (voir en fin d'ouvrage). Des psychologues, des médecins, des juristes, des assistantes sociales écoutent, soutiennent et surtout orientent les jeunes vers les aides adéquates.

114 • MAQUILLAGE

Léger, frais et doux !

S'informer

Rien de tel qu'un maquillage réussi pour embellir un visage, donner bonne mine à un teint un peu chiffonné, illuminer un regard. Mais attention ! Un maquillage raté ou trop voyant peut être catastrophique (surtout à votre âge) !

Tu reviens de vacances ?

Vous vous trouvez pâlotte ? Vous pouvez de temps en temps « tricher » avec la nature en utilisant du « soleil en boîte », qui donne bonne mine comme au retour des vacances ! Prenez du blush ou de la « Terra cotta », une poudre colorée irisée qui existe dans une gamme de couleurs allant du marron glacé (terre de sienne) au vieux rose givré. N'oubliez pas non plus le blush rose tendre, très frais et idéal à votre âge.

Comment mettre son blush ?

Mettez-le sur toute la surface du visage, pas seulement sur les joues ! N'oubliez pas les pommettes, le front, le nez, le menton et éventuellement le haut des arcades sourcilières : effet « bonne mine » garanti !

Conseils pour tous les visages

Modulez la pose en fonction de la forme de votre visage. Rond ? Insistez sur les pommettes en remontant vers les tempes. Trop long ? Posez-le sur les joues, à l'horizontale. Carré ? À la verticale, pour arrondir. Le bon plan ? Utilisez un gros pinceau pour l'appliquer : le rendu sera uniforme et fondu, donc plus naturel !

Fond de teint ?

Normalement, à votre âge, votre peau est fraîche : vous ne devriez pas avoir besoin de mettre du fond de teint, qui étouffe un peu la peau et surtout peut donner un effet masque pas très joli quand il est mal posé. Si vous avez de l'acné, il peut aussi faire des pâtés assez disgracieux (et aggraver votre cas si vous ne prenez pas des produits adaptés). Il vaut bien mieux utiliser une crème teintée, qui sera plus légère et plus naturelle.

Comment le choisir ?

Si vous voulez quand même mettre du fond de teint, par pitié : choisissez-le bien ! Posez une touche de fond de teint sur l'intérieur de votre bras. Choisissez le ton le plus proche possible de votre couleur de peau. Il vaut mieux qu'il soit trop clair que trop foncé : c'est plus naturel.

Comment le poser ?

Le fond de teint s'applique plus facilement à l'aide d'une éponge humide. Après l'avoir posé, estompez-le avec l'éponge (sans en rajouter !) vers le haut du front (jusqu'à la racine des cheveux), le début des oreilles,

le dessous, le dessus, le coin des yeux, le long des mâchoires en descendant à mi-cou : ça évite la ligne de démarcation !

Et la poudre ?

Sur une crème teintée, la poudre est très pratique pour éviter l'effet « brillant ». Prenez une poudre incolore et transparente, pour avoir une peau nette, fraîche et naturelle. Vous la posez de préférence avec une houppette de coton, sur tout le visage : n'oubliez pas les coins du nez et des yeux.

T'as de beaux yeux, tu sais !

Pour des moments plus exceptionnels, une soirée par exemple, vous pouvez aussi maquiller vos yeux : crayons, fards à paupière, mascaras, vous avez l'embarras du choix pour vous faire un joli regard ! Évitez de choisir un crayon ou un fard qui soit de la même couleur et du même ton que vos yeux : ça éteint le regard. Il vaut mieux choisir un ou deux tons au-dessus de la couleur de vos yeux, ou une tout autre couleur. N'oubliez pas que si vous portez des lunettes, il faut vous maquiller un peu plus les yeux.

Joli coup de crayon

Avant de poser le crayon, chauffez la mine en traçant plusieurs traits sur le dos de la main. Puis lancez-vous ! En tirant légèrement la paupière supérieure avec un doigt, tracez un trait au ras des cils, sans vous arrêter, du coin intérieur jusqu'à l'extérieur de l'œil (ça évite les tracés peu rectilignes). N'appuyez pas non plus comme une brute : un œil, c'est fragile !

Conseils pour tous les yeux

Pour agrandir vos yeux, appliquez le crayon sur la paupière supérieure et allongez bien le trait à l'extérieur (pas jusqu'à la tempe, tout de même !) Surtout pas de trait en dessous, ça réduit l'œil !

Info +

Où acheter son maquillage ?

Vous pouvez acheter vos produits dans les grands magasins. Ils seront de bonne qualité, vous pourrez les tester et ils seront d'un prix raisonnable. En revanche, n'achetez jamais votre maquillage sur les marchés : vous n'avez aucune certitude sur l'origine de ce que vous achetez.

Pour les yeux un peu enfoncés, faites un trait très léger, utilisez un fard à paupière clair et limitez le mascara aux cils supérieurs. Si vous trouvez que vos yeux sont un peu globuleux (en êtes-vous sûre ?), faites un trait au-dessus et au-dessous de l'œil, posez du mascara sur la rangée supérieure et inférieure des cils.

Longs cils recourbés

Pour mettre du mascara : posez délicatement la brosse, préalablement débarrassée du surplus de produit, au ras des cils et faites-la glisser le long de ceux-ci en remontant. Plusieurs fois de suite mais pas trop pour éviter la surcharge !!! Le mascara sèche en 2 ou 3 minutes : pendant ce temps, vous pouvez faire des retouches, après c'est trop tard, sinon gare aux pâtés ! Choisissez de préférence des mascaras waterproof : en cas de chaleur ou de grosse émotion, ils ne coulent pas.

Et les sourcils ?

On les oublie souvent, pourtant ils font toute l'harmonie d'un visage. Ne les épilez pas de manière intempestive : limitez-vous éventuellement au milieu des deux sourcils. Il vaut mieux les discipliner : brossez-les ! La brosse idéale ? Une brosse à dent. Si vous les trouvez trop clairs, vous pouvez les colorer avec un peu de fard à paupière posé sur la brosse. Bannissez le crayon (même à sourcils) : ça se voit trop ! Attention aussi à ne pas mettre de la poudre ou du blush sur vos sourcils quand vous vous maquillez.

Bouche à croquer

Discrets pour une journée, brillants pour une soirée, vous avez plein de choix pour les rouges à lèvres.

Bannissez en tout cas les crayons pour le contour des lèvres : très difficiles à poser, ils peuvent donner l'impression que votre bouche est tordue ! En plus, ils restent souvent alors que le rouge à lèvres est parti, c'est très laid ! À votre âge, évitez de maquiller en même temps vos yeux et votre bouche avec des couleurs sombres : effet vulgaire garanti !

Secret longue tenue

Une recette miracle pour faire tenir un rouge toute une soirée : posez le rouge, puis serrez un mouchoir en papier entre vos lèvres. Poudrez. Repassez une couche de rouge à lèvres : tenue garantie !

Vive les gloss !

Les gloss sont légers, faciles à poser : ils sont plus frais et naturels que les rouges à lèvres, et il existe un grand choix de coloris pas chers.

Savoir-vivre

Point trop n'en faut

N'abusez pas du maquillage. Il y a des circonstances (une messe d'enterrement par exemple) où il est même déplacé. Et, quelle que soit l'occasion, un visage trop maquillé n'est jamais mis en valeur. Vous risquez de passer pour un clown, ou pire pour une fille vulgaire ou aguicheuse.

○ Comprendre

C'est difficile de savoir comment se maquiller à votre âge, à quelle occasion, et de supporter le premier regard (surtout celui des parents) ! En même temps, c'est un vrai bonheur de fille de se sentir jolie.

T'as l'air d'un clown !

Quand on sort de la salle de bains et que l'on croise un regard médusé, voire moqueur (c'est souvent celui du grand frère), il y a de quoi devenir rouge brique. C'est normal : laissez-leur le temps de s'habituer et surtout, faites les choses en douceur !

Tout doux !

Pour éviter le ridicule, ne sortez pas tout de suite la panoplie complète. Allez-y progressivement. Choisissez une circonstance : une fête, un anniversaire, un mariage. Demandez à une fille plus âgée (cousine, grande sœur) de vous aider : si c'est réussi, vos parents ne pourront pas se fâcher ! Vous pouvez commencer par un peu de blush sur les joues et du gloss. C'est naturel, doux et cela passe très bien à votre âge.

Séance maquillage
Reste à apprendre à utiliser tous ces produits merveilleux qui vous font rêver, à marier les couleurs en fonction de votre visage, de vos yeux, de vos cheveux. Vous pouvez demander conseil à votre maman, à une tante ou une marraine, mais rien ne remplace les séances de maquillage dans la salle de bains avec ses copines, quand on partage produits, savoir-faire, secrets et fous rires !

Info +

Le jeu des couleurs
- Les couleurs foncées creusent, structurent mais aussi assombrissent.
- Les couleurs claires bombent, unifient et illuminent.
- Le noir, les bruns, bleus marine, verts bronze, violets foncés vont bien aux yeux sombres. Les yeux clairs sont mis en valeur par le noir, le gris anthracite, les marrons, violets vifs, bleus plus soutenus et les verts intenses. Les bruns d'une manière générale sont plus naturels et les violets plus « osés ». Le noir approfondit toujours le regard quelle que soit la couleur des yeux : indémodable, à la fois passe-partout et sophistiqué, suivant l'application (trait fin ou un trait un peu plus épais… pas trop quand même !).
- Pour les lèvres, sachez que si le mauve jaunit les dents, le rouge les blanchit.

Attention : le chocolat et le beige donnent mauvaise mine !

Conseil

SOS Boutons
Si vous avez un bouton qui fleurit au mauvais moment, vous pouvez le cacher avec un peu d'habileté, en mettant un soupçon d'anticerne dessus. Allez-y doucement : le risque, c'est de faire un pâté qui se verra encore plus ! Si vous avez beaucoup d'acné, le fond de teint n'est pas la bonne solution. Il attire le regard sur les imperfections. Il vaut mieux déplacer l'attention : des yeux bien maquillés, une bouche fraîche, une jolie coiffure (en prime, la bonne humeur) ont un effet camouflage bien plus efficace !
Voir aussi Acné, Visage.

Bons plans

Spécial hygiène

• Comme tout ce qui est en contact direct avec la peau, les ustensiles de maquillage doivent être régulièrement nettoyés : lavez pinceaux, houppettes et éponges à l'eau et au savon et attendez qu'ils soient complètement secs avant de les réutiliser.

• On ne prête ou on n'emprunte pas de produit pour les yeux ni de rouge à lèvres, même à sa meilleure copine ou à sa sœur !

• Les produits de maquillage se périment : ne les gardez pas pendant des années !

• On se démaquille avant d'aller se coucher (quelle que soit l'heure) avec un lait démaquillant adapté à sa peau : il faut que le dernier coton utilisé soit blanc ! Et on rince une dernière fois son visage à l'eau ou on met un tonique, pour être toute fraîche sur l'oreiller. Sinon, bonjour les boutons et le teint terne au réveil !

115 • MARIAGE

Le plus beau jour de la vie ?

S'informer

Le mariage est une institution qui existe dans toutes les sociétés. C'est l'engagement solennel pris par un homme et une femme qui décident de vivre ensemble et de fonder une famille. Les conditions de cet engagement et ses effets sont définis par la loi pour le mariage civil et par la religion pour le mariage religieux.

Devant M. le maire

En France, pour se marier, une fille doit avoir au moins 15 ans et un garçon 18 ans. On peut demander une dispense pour se marier plus jeune, mais jusqu'à sa majorité, on doit obtenir le consentement de ses parents. Le mariage civil est célébré à la mairie par un officier d'état civil (le maire ou l'un de ses adjoints). Il lit aux futurs époux les articles du Code civil qui régissent le mariage.

Droits et devoirs des époux

Les époux s'engagent à vivre ensemble, à être fidèles et à s'assister mutuellement. Ils doivent dans la mesure de leurs moyens contribuer aux charges du ménage. Pour ce qui est des biens des époux, s'ils ne font pas de contrat de mariage chez un notaire, ils sont soumis au régime de la communauté réduite aux acquêts, c'est-à-dire qu'ils sont uniquement copropriétaires des biens acquis après leur mariage. Chacun des époux peut garder son nom, prendre celui de son conjoint ou l'accoler au sien.

Devant Dieu

Depuis la séparation de l'Église et de l'État en France (1905), le mariage religieux n'a aucune valeur juridique. Pourtant, on ne peut pas se marier uniquement religieusement : il faut d'abord se marier à la mairie. C'est une obligation que l'État impose aux instances religieuses.

Pour toujours

En France, le mariage religieux le plus courant est le mariage catholique. Pour l'Église catholique, le mariage est un sacrement, c'est-à-dire un signe que Dieu donne aux hommes pour leur témoigner son amour. Dans le mariage, Dieu s'engage avec les mariés et l'amour des époux est signe de son amour fidèle pour tous les hommes. On dit que le mariage catholique est fondé sur quatre « piliers » : la liberté de s'engager, l'engagement pour toujours (ou indissolubilité), l'intention

le monde qu'ils s'aiment, mais aussi de se dire l'un à l'autre qu'ils ont envie de vieillir ensemble. Difficile ? C'est vrai que ça peut paraître fou de s'engager à aimer quelqu'un toute la vie, à 20 ans, à 40 ans, à 70 ans. C'est un vrai pari, une véritable aventure. Mais ça ne veut pas dire que c'est impossible !

L'aventure des temps modernes

Le mariage est l'une des plus belles aventures de la vie. Les mariés d'aujourd'hui sont les vrais aventuriers de notre temps : alors qu'il est si facilement admis aujourd'hui de vivre ensemble sans se marier, ils choisissent cette voie exigeante, parce qu'ils veulent ce qu'il y a de mieux pour leur amour. Ils ne sont ni naïfs ni bêtement idéalistes (la vie au jour le jour avec une autre personne exige un minimum de réalisme !), ils sont ambitieux : pour leur amour, pour eux-mêmes et pour celui ou celle qu'ils aiment. Ils sont intimement convaincus qu'en s'engageant et en se donnant entièrement, ils s'aimeront toute la vie. Ils se marient parce qu'ils s'aiment et qu'ils ont envie de s'aimer chaque jour davantage.

Et si ça ne marchait pas ?

Cela vous fait peut-être un peu peur, tout autant que cela vous attire. C'est normal, quand on voit tous les couples

d'être fidèle, le projet d'avoir des enfants. Le mariage catholique est indissoluble. Même si les époux divorcent, le mariage reste valable du point de vue religieux.

Info +

L'âge des premières noces

En 1996, l'âge moyen pour un premier mariage était de 29 ans et demi pour les hommes et de 27 ans et demi pour les femmes, alors qu'en 1968 il était de 25 ans pour les hommes et de 23 pour les femmes.

Comprendre

Quelle fille n'a jamais rêvé de la journée féerique de son futur mariage, de la robe blanche, des petits enfants qui courent partout, du champagne, de la fête digne des plus beaux jours ? Ce jour-là, on voudrait qu'il soit parfait, pour couronner un amour parfait.

Lever de rideau

Un beau mariage, c'est merveilleux. Vous avez bien raison d'en rêver. À condition de ne pas croire qu'après, la magie, c'est fini ! Le jour du mariage n'est pas le couronnement d'une histoire d'amour, le point final d'un beau roman, le générique qui clôt un film magnifique. Au contraire ! C'est plutôt le lever du rideau sur un amour que l'on montre au grand jour : « Mesdames et Messieurs, je vous présente l'homme de ma vie, ce garçon formidable avec qui j'ai bien l'intention de vivre jusqu'à la fin de ma vie. »

Un sacré challenge !

Eh oui ! quand deux amoureux se marient, c'est parce qu'ils ont envie de dire à tout qui se séparent. Vous n'avez pas envie de vous tromper le moment venu, vous pouvez aussi avoir peur de ne pas « tenir le coup », parce que vous ne savez pas ce que l'avenir vous réserve. Vous vous dites peut-être que vous commencerez par vivre avec votre amoureux, avant de vous lancer pour de bon.

N'ayez pas peur !

C'est pour toutes ces raisons qu'il faut attendre, être patiente, vous préparer. Comment ? En rêvant, déjà : comment vivre le grand amour si vous n'en rêvez même pas, parce que vous pensez que c'est impossible ? Et puis en regardant autour de vous les couples mariés depuis longtemps, qui s'aiment depuis 10, 20, 30 ans. Écoutez-les : ils vous diront que c'est possible. Fermez vos oreilles aux esprits chagrins qui veulent vous faire croire que l'amour passe avec le temps : ceux qui n'ont pas réussi eux-mêmes préfèrent croire qu'aimer la même personne toute la vie est impossible.

La plus belle des promesses

Se marier, c'est se faire une promesse. C'est dire : quel que soit ce que la vie nous réserve, je te promets que je ferai en sorte qu'elle nous apporte beaucoup d'amour, pour toujours. C'est tout le contraire de la facilité, de l'amour à l'essai, de la peur, du confort aussi, parce que c'est exigeant et dérangeant. Mais quelle aventure !

Info +

Les symboles du mariage

- L'alliance est le symbole de l'union : le cercle signifie que l'amour n'aura pas de fin, l'or, métal inaltérable par excellence, est aussi le signe de l'éternité.
- La robe blanche est apparue au XIXe siècle. Le blanc était alors le symbole de la pureté et de la virginité de la jeune fille. C'est pour les catholiques le rappel de la robe de baptême, le signe de l'appartenance à l'Église.
- Les grains de riz ou les pétales de fleurs lancés par les invités à la sortie de la mairie ou du lieu de culte signifient qu'on souhaite aux mariés d'avoir beaucoup d'enfants.

Voir aussi Amour, Divorce, Fidélité.

Savoir-vivre

Ne jugez pas !

Ne soyez pas trop sévère avec ceux qui vous entourent. Ne jugez pas durement les couples mariés de longue date. Vous n'êtes pas au cœur de leurs secrets de couple. Un couple pourra passer 60 ans à se chamailler tous les jours et s'aimer passionnément alors qu'un autre les traversera avec sérénité (et autant d'amour !). Certains ne supporteront pas d'être séparés plus de 48 heures, d'autres seront très indépendants. Il n'y a pas de recette magique pour un couple réussi. Chaque mariage est unique.

MENSONGE • 116

Mentir ou tout dire ?

○ S'informer

Mentir, c'est dire quelque chose de faux ou nier quelque chose de vrai. Volontairement. Quand vous dites quelque chose de faux parce que vous ne savez pas ou parce que vous vous trompez, ce n'est pas un mensonge, mais une erreur. Le mensonge est un acte responsable parce que vous le faites délibérément, en connaissant la vérité.

Un mensonge gros comme ça !

Des mensonges, il y en a de toutes les tailles. Comme tout le monde, il vous arrive peut-être d'en faire des petits, pour éviter les conflits, donner une bonne image de vous, ou encore vous débarrasser d'un gêneur. Mais vous pouvez aussi faire un gros mensonge, qui trahit sur toute la ligne la confiance qu'on a en vous. Mentir, c'est généralement l'engrenage : le mensonge vous ligote et finit par vous pourrir la vie. D'ailleurs, même les petits mensonges peuvent finir par vous entraîner plus loin que vous ne l'auriez voulu, vous habituer à tricher avec vous-même et avec les autres.

○ Comprendre

Pourquoi mentir alors que ce serait si simple de dire la vérité ? Souvent, c'est pour se tirer d'affaire quand on a fait une bêtise ou qu'on s'est mal comportée vis-à-vis de quelqu'un. On fait ça par lâcheté, parce qu'on a honte et qu'on veut éviter d'être mal jugée.

Excuses bidon

Vous pouvez mentir à une copine que vous laissez tomber le soir de son anniversaire pour aller à une autre soirée, en prétendant que vous êtes fatiguée ou que vous avez trop de travail. Même genre de mensonge si vous dites à un professeur que vous étiez malade, alors que c'est par pure paresse que vous n'avez pas fait vos devoirs.

Menteuse et pas fière de l'être

Cela n'arrange rien. D'abord, quand on ment, on risque de se faire prendre et d'être encore plus honteuse d'avoir ajouté un mensonge à sa bêtise. Surtout, on n'est pas trop à l'aise : ni avec soi-même, ni avec celui qu'on a fait punir à sa place, ni avec celle qu'on a trompée. Bref, la franchise est certainement plus difficile à première vue mais, au moins, elle gagne à tous les coups ! Les gens apprécient que vous reconnaissiez votre faute simplement et sont mieux disposés à vous pardonner. C'est vrai que la franchise demande du courage. Mais, après tout, personne n'est parfait et reconnaître sa faute, c'est accepter honnêtement ses limites.

Mentir, c'est commode !

Il y a aussi les filles qui mentent par commodité. Par exemple, quand elles veulent éviter de se battre pour obtenir une autorisation. C'est le cas de celle qui dit à ses parents qu'elle va en bus à une soirée, alors qu'elle s'apprête à grimper sur le scooter de son copain. Elle ment pour préserver son intimité : elle ne veut pas qu'ils sachent qu'elle a un amoureux. Pour leur éviter de s'inquiéter, aussi : le scooter, ça leur fait peur !

D'autres façons d'être indépendante

Ça peut être le début d'une longue habitude, celle de mentir pour tout, « parce que c'est plus pratique ». Bien sûr, la franchise, c'est difficile quand on ne veut plus que les parents sachent tout. Mais il y a peut-être d'autres façons de prendre son indépendance (sans forcément tout dire !). D'autant plus que le risque est gros de se faire prendre en flagrant délit ! Une gaffe, ou pire un accident de scooter, et le mensonge crève comme une bulle de savon. Rien de tel pour se faire traiter comme un bébé par des parents désormais méfiants !

La vie dans un mythe

Le mensonge peut servir aussi à se mettre en valeur. Une fille un peu fragile pourra inventer des romans pour faire croire qu'elle est très riche, que ses parents sont des gens admirables ou très doués, bref pas ordinaires, ou même s'inventer un petit ami. Pourquoi ? Parce qu'elle est énervée par une copine qui se vante ou qui semble avoir trop de chance. Ou encore parce qu'elle a honte de ses parents ou d'elle-même et qu'elle veut cacher la réalité en crânant.

Seule avec sa vérité cachée

Souvent, c'est qu'elle n'a pas confiance en elle : elle croit qu'il faut épater les copines pour être aimée. Mais elle entre dans un cercle vicieux. Elle se retrouve seule avec sa vérité cachée, obligée de mentir toujours plus pour éviter que les autres découvrent la supercherie. De quoi se rendre la vie impossible !

Mensonge « superglu »

Autrement dit, mentir, ce n'est pas le meilleur moyen d'avoir le cœur léger. Cela fait vivre la peur au ventre. Cela oblige à porter un masque (formidable pour avoir des relations vraies !). Cela rend méfiante (au cas où les autres seraient aussi des menteurs !). Bref, le mensonge n'a jamais libéré personne, ni arrangé les choses à long terme. Il englue le menteur dans une toile d'araignée dont il faut bien du courage et des forces pour se dépêtrer !

Savoir-vivre

Toute vérité n'est pas bonne à dire...

- Vous trouvez hideuse la nouvelle robe de votre amie ? Vous pouvez vous abstenir de donner votre opinion.
- Votre sœur a l'air fatiguée ? Vous n'êtes pas obligée de vous exclamer qu'elle a un teint cadavérique. Ce n'est pas le genre de vérité qui redonne de l'énergie !
- Vous n'appréciez pas un camarade de classe ? Vous n'êtes pas forcée de lui dire qu'il n'a rien pour plaire et qu'il sent mauvais.

Voir aussi Honnêteté, Hypocrisie.

Conseil

Sortir d'un gros mensonge

Vous avez fait un énorme mensonge, qui vous gâche la vie, et vous ne savez pas comment vous en sortir ? Une seule solution, qui demande du courage : dire la vérité, tout d'un coup, très vite. Choisir le moment propice, l'oreille la plus indulgente, et se lancer. Expliquez pourquoi vous avez menti, dites que cela vous ronge, que vous regrettez. Vous verrez, ça soulage ! Ce que vous risquez ? Perdre la confiance des uns, mais aussi gagner l'estime d'autres. En revanche, si vous persistez dans le mensonge, vous perdrez tout quand le pot aux roses sera découvert. Alors, courage !

Maman, j'suis plus un bébé !

S'informer

Les mamans d'aujourd'hui ne sont plus les mêmes que celles de la génération de vos grands-parents. Nouveaux droits, contraception, autonomie financière grâce au travail : les femmes ne se définissent plus uniquement par le fait d'être mère.

Maman par envie

Sauf exception, une femme a aujourd'hui un bébé parce qu'elle l'a choisi, ce qui change beaucoup de choses ! Elle peut aussi décider d'avoir une activité professionnelle, ou de s'arrêter de travailler, plus ou moins longtemps, pour s'occuper de ses enfants, les voir grandir, leur consacrer du temps.

Pas de modèle unique

Évidemment, cela ne veut pas dire que toutes les mères fonctionnent sur le même modèle ! Votre maman n'a pas la même façon de voir les choses que celle de votre copine. Il y a toutes sortes de façons d'être mère : mère autoritaire, mère-tendresse pour sa petite fille, mère-complice ou même mère-copine quand sa petite fille grandit, mère-poule toujours inquiète pour ses petits et toujours prête à les défendre, mère-surchargée (par son métier, les travaux ménagers et l'éducation des enfants), et parfois même mère-absente quand elle s'investit à fond dans sa profession.

Comprendre

Quand vous étiez petite, vous adoriez probablement votre maman. Pour une petite fille, une maman, c'est un peu le centre du monde, le modèle que l'on imite quand on joue à la poupée ou à la dînette. C'est celle qui console, qui soigne les genoux écorchés et les bobos en tout genre, y compris les gros chagrins. C'est celle qui peut trouver des solutions à tous les problèmes, qui rassure, qui conseille.

Plus une petite fille !

Seulement voilà : vous n'êtes plus une petite fille, et même si vous aimez beaucoup votre maman et que vous la trouvez aussi géniale qu'avant, vous la trouvez parfois un peu encombrante ! Normal : maintenant, vous avez envie de prendre votre indépendance, de vous libérer un peu de tous ses conseils, et de vous vous débrouiller toute seule. C'est très bien : elle ne sera pas toujours là pour vous protéger comme une poule protège ses poussins !

Un peu de douceur, please !

Ce besoin tout à fait naturel de couper le cordon et de prendre votre envol n'est pas un moment facile, ni pour elle ni pour vous.

Votre maman n'a pas forcément pris conscience que vous aviez grandi, même si vous avez pris des formes et des centimètres ! Il faut qu'elle s'habitue à voir en vous une grande fille et non plus un petit bout de chou qui a besoin d'elle. Ne l'envoyez pas promener à la moindre occasion sous prétexte de prendre vos distances : entretenir des relations d'adulte à adulte suppose d'être capable de maîtriser son agressivité !

J'sais plus ce que je veux !

Et puis, avouez que ce n'est pas toujours évident de vous suivre : il y a des moments où vous voulez qu'elle vous laisse vivre votre vie et d'autres où vous sollicitez ses conseils, son aide... voire encore ses câlins ! Comment voulez-vous qu'elle s'y retrouve ?

Tu m'étouffes !

Couper le cordon, ce n'est pas facile pour vous non plus : c'est tellement confortable d'avoir quelqu'un qui prend tout en charge et qui répond présent en cas de problème. Si, en plus, votre maman est du genre à tout savoir faire, à assurer tout le temps, au bureau, à la maison, avec votre père, avec votre petit frère, avec vos professeurs, il y a de quoi se sentir un peu écrasée !

Communiquez !

Pourtant, vous seriez sans doute stupéfaite de vous rendre compte que cette maman si exceptionnelle est une femme comme les autres, qui connaît aussi des moments de doute, de fatigue, et qu'elle ne se croit pas du tout parfaite ! Alors, plutôt que de ruer dans les brancards, prenez le temps de parler avec elle, essayez de lui dire que vous avez à la fois besoin d'air et de soutien, de liberté et d'affection. Prenez aussi soin d'elle : c'est comme cela que vous établirez peu à peu des relations de grandes personnes.

Communication zéro

Il est possible que vos relations soient trop tendues, que votre maman ne soit pas assez disponible, voire carrément absente. Dans ce cas, essayez de passer agréablement le peu de temps que vous avez ensemble : évitez les sujets qui fâchent et les règlements de comptes. Si vous avez envie de lui dire certaines choses et que les mots ne sortent pas parce que c'est difficile ou douloureux, écrivez-lui. Patience : quand vous serez adulte, vos relations seront bien plus faciles, vous verrez.

Conseils

Doit-on tout dire à sa mère ?

- C'est merveilleux quand on peut parler de tout avec sa mère. Mais vous n'êtes pas obligée de tout lui confier ! Vous avez le droit d'avoir des petits secrets : ça ne veut pas dire que vous n'aimez plus votre maman. Si elle le prend mal, dites-lui gentiment que vous avez envie de garder certaines choses pour vous mais rassurez-la en lui disant qu'il n'y a rien de grave !
- Vous êtes peut-être du genre à tout dire à votre mère. C'est bien, mais attention à ne pas y chercher une caution pour tous vos choix ou tous vos amours. Prenez ses conseils pour ce qu'ils sont : des conseils. Ce ne sont ni des ordres ni des bénédictions : ils ne vous dispensent pas d'assumer les conséquences de vos choix !

Voir aussi Confiance, Parents, Secrets.

Bons plans

Mieux vivre avec sa mère

• N'oubliez pas qu'elle a été une adolescente comme vous !

• Prenez soin d'elle : demandez-lui comment elle va quand vous la retrouvez le soir, donnez-lui de temps en temps un coup de main pour le dîner ou étendre le linge, et si vous sentez qu'elle est fatiguée, proposez-lui de se reposer pendant que vous assurez « le service ».

• Apprenez à lui dire gentiment que vous préférez être seule quand elle cherche à vous remonter le moral et que cela vous énerve.

Tous les garçons et les filles de mon âge…

S'informer

Être en cours avec des garçons, ça vous paraît normal ? Pourtant, il y a 50 ans à peine, l'idée de mettre leur fille dans une école mixte donnait la chair de poule aux parents.

Tous ensemble ? Horreur !

Jusqu'au début des années 60, il n'y avait de classes mixtes que dans les petits villages, qui comptaient si peu d'enfants qu'on mettait dans la même classe les filles et les garçons de tous les âges. On appelait cela la « classe unique ». Ce n'était pas facile, ni pour l'instituteur ni pour les élèves ; alors l'Éducation nationale a eu l'idée de rassembler les enfants de plusieurs villages, filles et garçons, pour faire des classes par niveau. C'est comme cela que sont nées les premières écoles volontairement mixtes, en 1962. La mixité est devenue la règle dans toutes les écoles primaires à partir de 1969. Les collèges sont mixtes depuis les années 70. Les lycées et les grandes écoles ont suivi : la première promotion mixte de l'École polytechnique date de 1972.

Une révolution !

Il a fallu vaincre bien des réticences : les adversaires de la mixité craignaient qu'en classe les élèves ne pensent plus qu'à la drague et aux relations sexuelles. Les partisans de la mixité, eux, évoquaient la chance de mieux se connaître entre filles et garçons et de développer une « saine camaraderie ».

Oui, enfin…

Sans doute, les arguments font sourire aujourd'hui, de part et d'autre. C'est vrai que de nos jours on a une vie amoureuse plus précoce qu'il y a 50 ans, mais la mixité n'est sans doute pas l'unique responsable de cette évolution. C'est vrai aussi qu'il ne faut pas se faire d'illusions : la mixité ne crée pas uniquement une « saine camaraderie » entre les filles et les garçons !

Comprendre

La mixité permet aux filles et aux garçons de mieux se connaître, à l'école comme dans les loisirs et les mouvements de jeunesse. Pour les filles qui n'ont pas de frère, cela leur fait découvrir les goûts, les réactions et les aspirations des garçons. Et vice versa.

On n'est plus des étrangers

La mixité permet aussi de nouer des relations plus saines, parce qu'elles sont quotidiennes : oublié le temps où les garçons lorgnaient avec convoitise les filles à la sortie des collèges et lycées de jeunes filles dans l'espoir de faire des conquêtes. Aujourd'hui les relations entre garçons et filles se sont banalisées : on se voit tous les jours, on discute, on travaille ensemble. Bref, on n'est plus des extraterrestres les uns pour les autres.

Pas très mûrs

Pourtant, les relations ne sont pas toujours faciles au lycée. Filles et garçons ont des préoccupations et goûts différents et ne grandissent pas au même rythme. Au même âge, vous avez souvent plus de maturité que ces messieurs ! Vous pouvez les trouver bêtes, grossiers, sans culture et obsédés par la drague. Eux, ils vous jugent allumeuses ou coincées, maniérées ou bosseuses (vous travaillez mieux, ça les agace !) Bref, en fait de mixité, il y a souvent deux clans, les filles d'un côté, les garçons de l'autre.

Radio ragots, bonjour

Pas facile non plus de gérer les histoires d'amour qui naissent forcément quand on passe le plus clair de son temps ensemble. De tomber amoureuse et de voir toute la classe commenter votre histoire, ou de sortir avec un autre garçon du lycée sous le nez de votre ex-amoureux ! Et que dire quand une copine sort avec celui qui vient de vous infliger un râteau… de quoi perturber l'apprentissage de l'équation du second degré ou des verbes irréguliers !

Un peu de repos loin d'eux

Il y a des circonstances où on aimerait mieux être entre filles. Au cours d'éducation sexuelle, par exemple, cela permettrait de poser des questions tranquillement sans craindre les ricanements et les grossièretés. C'est vrai qu'on peut avoir envie de s'échapper de la mixité de temps en temps. Il ne faut pas hésiter à se trouver des occasions : quel bonheur de se retrouver entre filles, pour faire du shopping ou papoter toute une soirée. Sur « eux », bien sûr !

Voir aussi Fille/Garçon, Garçons.

Bons plans

• Vous cherchez des activités entre filles ? Le sport est une belle occasion de se reposer des garçons ! Dans la plupart des sports collectifs (foot, handball, basket, volley), il y a des équipes féminines et des équipes masculines.

• Vous pouvez aussi faire du scoutisme, en choisissant une troupe non mixte.

• Si au contraire vous préférez des activités de loisirs avec les garçons, vous avez largement le choix : théâtre, arts plastiques, chorale, etc. recrutent garçons et filles.

C'est tendance !

Définition

Manière d'agir, de vivre, de penser, liée à une époque ou à une société, la mode est forcément passagère, transitoire, fugitive même, et n'a finalement rien de plus pressé que d'être rapidement démodée !

S'informer

Les modes vestimentaires, qui dictent leur loi tous les 6 mois, nous viennent de partout, de France bien sûr, la vraie patrie de la mode, mais aussi des États-Unis, de l'Italie, de l'Espagne, de l'Angleterre, sans compter d'autres influences plus exotiques, maintenant que l'on communique facilement d'un bout à l'autre de la planète.

Naissance d'une mode

Comment lance-t-on la mode de l'été et celle de l'hiver ? Les tendances qui font la mode d'une saison sont fabriquées bien avant la saison en question, souvent deux ans plus tôt, par des « bureaux de styles » : ils font toutes sortes d'études sociologiques et économiques, envoient des conseillers à New York, Milan ou Tokyo qui vont observer les gens dans la rue, repérer les originaux qui innovent pour déterminer ainsi les tendances qui risquent de « marcher » en matière de tissus, de couleurs, de formes de vêtements et d'accessoires.

« Automne-hiver »… en mars

Il y a aussi les grands couturiers et les stylistes qui présentent chaque saison leurs collections pour la saison suivante. C'est ce qui fait qu'au début du printemps, on vous parle de ce que vous devrez porter l'hiver prochain ! Et puis, la fabrication industrielle s'en empare et garnit les grands magasins, les boutiques et les catalogues de ventes par correspondance.

People et magazines

Tout cela, vous le découvrez grâce à la presse de mode, à la télé, au cinéma aussi, car les chanteurs, acteurs et artistes sont des « lanceurs » de mode privilégiés. Mais la mode reste toujours une alchimie mystérieuse : les bureaux de style peuvent se tromper, une tendance peut surgir alors que la presse spécialisée n'en avait jamais parlé. C'est tellement surprenant que les sociologues étudient avec intérêt les modes pour essayer de comprendre où et comment elles naissent !

La ou les mode(s) ?

Il n'y a pas LA mode mais des modes. Elles ne sont d'ailleurs pas uniquement vestimentaires mais concernent beaucoup de domaines de la vie. Il y a tout ce qui fait le « look », comme la coupe de cheveux, mais aussi le mode de vie, le logement, le goût de la nature, l'importance des loisirs : il y a des sports à la mode, des jeux à la mode, une cuisine et des boissons à la mode, des spectacles, des lieux à la mode pour sortir ou passer ses vacances. Bien plus, la mode va se nicher là où on n'irait pas la chercher comme dans le choix des prénoms des bébés !

Les cycles de la mode

Et puis, il y a des cycles dans la mode. Vous avez sûrement entendu votre mère ou même votre grand-mère dire : « Tiens, c'était à la mode de mon temps ! » Et vous qui croyiez que c'était inédit, que ça venait d'être inventé ! Parce que les modes passent et reviennent ; le retour au bon vieux temps fait régulièrement partie des modes… à la mode. On a ainsi vu revenir la mode des années 70, hippies nouvelle vague avec broderies partout sur les jeans et longues jupes en patchwork. Puis la mode des années 60, beaucoup plus sobre et stricte.
Qui sait ? Un jour votre fille portera peut-être ce que vous aimez aujourd'hui !

Info +

La mode du corps

La mode concerne aussi la forme du corps. Il y a seulement 50 ans une belle femme avait de la poitrine, des hanches, des formes généreuses. Les années 60 et 70 ont valorisé le style unisexe : plus de fesses, plus de poitrine pour les filles, tous en jeans. Aujourd'hui, on aime à nouveau les belles poitrines, mais pas les hanches arrondies. Comparez Marylin Monroe, Jane Birkin et Lætitia Casta, elles ont été ou sont des modèles de beauté pour leur génération.
Au début du siècle, la mode était à la peau blanche et les femmes se protégeaient du soleil sous de grands chapeaux. Et puis, ce fut la mode des peaux bronzées, au point que certaines ont passé leurs étés à brûler sur les plages et leurs hivers à faire des UV. Aujourd'hui, on a découvert que le soleil pouvait être dangereux pour la santé. Qui sait : dans quelques années, la peau blanche reviendra peut-être à la mode !

Comprendre

Dans le grand tourbillon des modes, on est sans cesse partagée entre le désir de suivre la mode, la peur d'être ringarde, l'aspiration à être soi-même et les limites en tous genres : celles de notre corps et celles de notre porte-monnaie !

Si, si, ça te va !

Pourtant, la mode nous ferait acheter n'importe quoi, même ce pantalon en stretch dans lequel on est toute boudinée (il vous va à ravir, serine la vendeuse, hypocrite) ou ces chaussures pointues qui martyrisent nos pieds, et que l'on ne portera jamais. Sans compter ce pantalon taille basse que l'on recherche désespérément et que l'on ne trouve pas, parce que ce n'est pas la mode cette année !

Jouer finement avec la mode

Pour éviter que le shopping devienne une séance de torture, il faut apprendre à jouer avec la mode, ne pas vous obstiner à porter ce qui, résolument, ne vous ira pas. Pourquoi porter cette grande robe fluide dans laquelle vous êtes perdue alors qu'une petite robe cintrée vous irait à merveille ? Pourquoi porter un pantalon moulant qui va vous grossir alors que vos jolies rondeurs seraient bien mieux mises en valeur dans une jupe à volants ? La mode, c'est un ensemble de courants, de tendances, dans lequel vous pouvez puiser à volonté, au gré de vos humeurs bien sûr, mais aussi en fonction de vos atouts !

Couleurs et tissus

La mode n'est pas simplement une affaire de formes : c'est aussi un ensemble de couleurs, de matières, d'imprimés. Vous pouvez très bien être à la mode en choisissant des couleurs, des matières « tendance », coupées à votre avantage. Et renoncer sagement à la forme à la mode qui va à merveille à votre copine, mais ne donne rien sur vous !

Ça coûte cher !

La mode s'est démocratisée. Si vous avez envie de succomber au plaisir de la mode, vous devriez y arriver sans trop vous ruiner ou ruiner vos parents. Le problème est plutôt ce que vous entendez par « mode ». Elle ne passe pas uniquement par les marques à la mode chez les filles de votre âge ! Ces marques-là sont effectivement souvent assez chères, mais pour tout dire pas très originales, puisque tout le monde les porte ! Résultat : alors qu'on a abandonné depuis longtemps l'idée de faire porter des uniformes aux collégiennes et lycéennes, elles s'habillent toutes de la même façon !

Comme tout le monde

Bien sûr, au moment de l'adolescence, on ne sait pas encore bien définir son propre style et on préfère se fondre dans la masse plutôt que de prendre le risque de se tromper ou de faire des choix qui pourraient être critiqués. Ce n'est pas facile de prendre le parti d'être différente, d'être soi-même en somme. Pourtant, sous l'uniforme des marques de vêtements à la mode, il y a des personnes différentes, uniques, intéressantes qui se cachent et qui mériteraient d'être mises en valeur.

Inventez votre look

Pour lutter contre l'effet uniforme, apprenez à chiner, à innover. Pour commencer sans trop en faire, allez-y par petites touches, jouez sur les accessoires. Faites-vous-même vos boucles d'oreilles, vos sacs, décorez vos tee-shirts. Et puis lâchez-vous : ressortez la petite robe de votre mère quand elle était étudiante ou les dentelles de votre grand-mère, bref, inventez votre mode.

Voir aussi Apparence, Shopping.

Bons plans

Bureau de style perso

• Prenez le temps de voir ce qui vous va, ce qui vous met en valeur. Êtes-vous petite, grande, mince, ronde ? Quelles sont les couleurs qui vous vont le mieux ? Vous avez quand même le choix, la mode propose toujours plusieurs coloris !

• Faites aussi attention à votre style de vie : êtes-vous sportive et toujours en train de courir, ou au contraire très calme, coquette et soigneuse ? Faites ensuite comme les vrais bureaux de style : humez l'air du temps. Observez les gens dans la rue. Regardez les magazines féminins pour repérer les couleurs, les matières. Les pages consacrées aux accessoires sont très utiles et très bien faites. Et ne vous contentez pas des vitrines : elles sont déjà un peu en retard !

M 120 • MORT

Y a-t-il une vie après la mort ?

S'informer

Depuis toujours et pour tout le monde, la mort est révoltante. Pourquoi certains meurent-ils si jeunes ? Pourquoi ceux que nous aimons sont-ils morts ou vont-ils mourir ? À quoi bon se donner du mal, prendre la vie à bras le corps, si c'est pour qu'elle nous quitte ? À quoi bon s'attacher aux gens et les aimer de tout son cœur, si c'est pour les perdre ? Il n'y a pas de réponse toute faite. Toute la vie, on se pose ces questions, et parfois avec violence et révolte, quand on est confrontée à la mort d'un être cher.

Moi aussi, je mourrai ?

Même si on n'y pense pas, la mort est présente dans notre vie. Elle se rappelle à notre souvenir quand on perd un proche, bien sûr, mais aussi quand on apprend le décès d'un voisin, d'un élève que l'on connaissait à peine. Dans ces cas-là, on se souvient brutalement que toute vie a une fin, même la nôtre. C'est difficile, c'est douloureux, et souvent effrayant. On se pose plein de questions. Quand va-t-on mourir ? Est-ce que l'on va beaucoup souffrir ? Est-ce que l'on va se rendre compte de ce qui arrive ? Est-ce qu'il y a quelque chose après la mort, ou rien du tout, le néant ?

Où va-t-on après ?

La réponse que les gens donnent à cette question dépend beaucoup de leur religion. Les athées disent qu'on ne va nulle part : la mort est le point final de la vie. Les bouddhistes pensent que l'âme se réincarne, c'est-à-dire qu'elle va habiter un autre corps ; elle vit ainsi plusieurs vies terrestres, jusqu'au moment où elle est pure et prête à aller au ciel. Les grandes religions monothéistes affirment que les hommes sont appelés à trouver après leur mort un bonheur éternel auprès de Dieu. Les chrétiens pensent même que la personne ressuscite tout entière, corps et âme.

Oui, mais n'empêche, à quoi ça sert ?

Bien sûr, même l'espérance de ressusciter n'efface pas les questions douloureuses qu'on peut se poser sur la mort. Elle n'empêche pas de douter, d'avoir peur : peur physique, peur de s'être trompée sur ce qu'il y a après. Même la foi en une vie après la mort ne donne pas de réponse toute faite sur la façon de mener sa vie, de la réussir.

Comprendre

À votre âge, on n'a pas forcément envie de penser à des choses douloureuses comme la mort. Vous voulez sans doute croquer la vie à pleines dents, penser à l'avenir, seulement voilà : la mort se profile à l'horizon de cet avenir radieux, c'est injuste, certes, mais c'est ainsi.

Mourir, moi ? Jamais !

Certaines personnes de votre âge font comme si la mort n'existait pas. C'est plus souvent le cas des garçons, qui prennent parfois à l'adolescence (et même après !) des risques inconsidérés dans tous les domaines : conduire trop vite, ne pas mettre de casque, pratiquer des sports dangereux sans trop de précautions.

Mourir jeune et beau

Pour beaucoup de garçons et de filles de votre âge, la mort semble bien lointaine et c'est bien sûr tout le mal que l'on vous souhaite. Il faut que vous ayez le temps de construire votre vie ! Pourtant, certains sont fascinés par ceux qui meurent jeunes, en plein envol, ceux qui ont eu la « chance » de ne pas vieillir, de ne pas s'abîmer, de rester purs, sans avoir renoncé à leurs rêves, à leurs idéaux. C'est une vision romantique qui n'est pas nouvelle : James Dean est devenu un véritable mythe après sa mort subite et violente dans un accident de voiture, à 24 ans, dans les années 50.

Le prix de la vie

C'est pourtant une vision assez lâche de la vie. Rêver de partir avant d'avoir eu le temps de vieillir, de commettre des erreurs, de faiblir, c'est en quelque sorte rechercher la facilité. C'est même traiter avec mépris la chance fabuleuse que l'on a d'être en vie. Heureusement, vous avez beaucoup d'occasions de vous rendre compte du prix de la vie. Vous faites des projets, vous vous passionnez. Sans parler du jour où vous serez amoureuse : là, c'est certain, vous aurez envie que l'amour dure longtemps, toute la vie et même après, pour l'éternité !

La vie, une chance à ne pas gâcher

C'est bien d'avoir envie de vivre sa vie pleinement, de ne pas être obnubilée ou fascinée par la mort. Passer sa vie à penser à la mort, c'est basculer dans l'absurde. C'est gâcher la chance de mener une belle vie. Cela ne veut pas dire qu'il faut agir comme si vous étiez éternelle ! Vous n'avez qu'une seule vie, alors autant la réussir. Soyez ambitieuse, soyez pleine de vie. Ne la gâchez pas en la vivant à moitié ou en prenant le risque de l'écourter. Bref, ne vivotez pas !

Voir aussi Deuil, Suicide.

121 • MST

Attention danger !

Définition

MST veut dire maladies sexuellement transmissibles. On disait autrefois maladies vénériennes, du nom de Vénus, déesse de l'amour dans l'Antiquité.

S'informer

Quand on vous parle de MST, vous pensez tout de suite au sida, qui est la maladie sexuellement transmissible la plus tristement célèbre. Pourtant, il existe beaucoup d'autres MST, dont certaines peuvent avoir des conséquences graves.

Comment ça s'attrape ?

Comme leur nom l'indique, ces maladies se transmettent le plus souvent lors d'un rapport sexuel. Les principales MST sont les candidoses, la blennorragie, la syphilis, les chlamydioses, l'herpès génital, l'hépatite B et le sida. Elles proviennent de germes (bactéries, virus, parasites, champignons) présents dans le sperme ou dans les sécrétions vaginales : les germes peuvent passer du vagin de la fille au pénis du garçon, et inversement. Attention : cela arrive même quand il n'y a pas eu de pénétration, un simple contact peut suffire.

Autres modes de contamination

Certaines MST ne se transmettent pas seulement par les relations sexuelles mais aussi par le sang (contact avec une plaie même minime, seringues infectées). C'est le cas du sida et de l'hépatite B. L'hépatite B se transmet aussi par la salive.
Ses symptômes ? Une fièvre persistante, une grande fatigue que l'on peut prendre pour une grippe, une jaunisse qui peut devenir chronique.

Comment savoir ?

Les principaux signaux d'alerte des MST peuvent être des pertes vaginales plus importantes qu'à l'ordinaire (et surtout d'une odeur désagréable), des brûlures en urinant, des douleurs persistantes au bas ventre ou des douleurs pendant un rapport sexuel, des lésions de la vulve (irritation, inflammation, plaies, verrues).
Tous ces signes doivent vous inciter à consulter immédiatement un médecin.

Maladies cachées

On peut aussi présenter des symptômes ailleurs que sur les organes génitaux : des rougeurs douloureuses dans la bouche ou la gorge, par exemple, que l'on peut prendre pour les signes d'une angine. Ce n'est pas évident de savoir si l'on est atteinte d'une MST. On peut être malade sans présenter aucun symptôme, risquer des complications pour soi-même ou transmettre la maladie sans le savoir. C'est un risque à prendre très au sérieux.

Comment s'en protéger ?

Si l'on n'a pas de relation sexuelle et que l'on fait attention aux autres risques de contamination, on est protégée de toutes les MST. Si l'on a des relations sexuelles, il faut utiliser un préservatif à chaque rapport. En cas de rapport sexuel non protégé, il est important de consulter un médecin… même si aucun des deux partenaires ne présente de symptômes ! En cas de doute, le médecin prescrira des analyses.
Bien évidemment, ceux qui vivent un grand amour,

fidèle, et qui ont la certitude qu'aucun des deux n'est atteint, parce qu'ils ont fait des tests ou qu'ils n'avaient jamais eu de rapports sexuels auparavant, peuvent se passer du préservatif. Attention néanmoins aux autres modes de contamination !

Plus de bisou ?
Pour les autres modes de contamination (salive, sang), une hygiène rigoureuse suffit : médecins, dentistes et autres spécialistes de la santé sont très sérieux et changent leur matériel à chaque patient. Pour la vie courante, c'est à vous de faire attention : pas de prêt ou d'emprunt de brosse à dents, par exemple ! Et si vous êtes terrifiée au point de ne plus vouloir embrasser votre copain, sachez qu'il existe des vaccins contre l'hépatite B et que le sida ne se transmet pas par la salive.

Ça se soigne ?
Beaucoup de ces maladies guérissent si elles sont traitées rapidement. Certaines, comme l'herpès, récidivent par crises, toute la vie durant. On peut limiter les effets du sida mais on n'a pas encore trouvé les moyens de guérir cette maladie.

Prudence, les filles !
Enfin, certaines maladies sexuellement transmissibles n'ont aucune conséquence sur le garçon, mais peuvent rendre la fille stérile, si celle-ci ne se soigne pas rapidement. Rassurez-vous : ces maladies-là ne se transmettent ni par le sang ni par la salive.

Comprendre

Les MST ne sont pas des maladies honteuses. On peut être contaminée ou contaminer quelqu'un, même si l'on pratique une hygiène rigoureuse.

Devoir d'informer
Si vous apprenez un jour que vous avez une maladie sexuellement transmissible, il faudra bien sûr vous soigner, mais aussi informer votre partenaire que vous êtes malade, pour qu'il se soigne lui aussi.

Devoir de vous protéger
Même si vous ne vous sentez pas concernée pour l'instant, il est important que vous gardiez à l'esprit que certaines maladies sexuellement transmissibles ne sont pas uniquement des maladies désagréables qui provoquent démangeaisons ou brûlures urinaires. Mal soignées, ces maladies peuvent vous priver à jamais du bonheur de devenir mère. Ne l'oubliez pas au moment de votre premier rapport sexuel, comme 80 % des filles qui n'utilisent pas de préservatif à cette occasion. Ni même après, bien entendu.

Occupez-vous de vous
Sans vouloir vous inciter à vous méfier du garçon de vos rêves, ou du futur homme de votre vie, n'oubliez pas les risques que vous encourez : ne renoncez pas trop vite au préservatif, pour lui faire plaisir, parce que c'est plus agréable et plus authentique. N'oubliez pas que les femmes sont toujours les premières victimes de ces maladies.

Info +

Non aux idées reçues
Soyez prudente, mais ne tombez pas non plus dans la psychose. On n'attrape pas le sida ou d'autres maladies sexuellement transmissibles en allant à la piscine (les produits mis dans l'eau éradiquent tous les germes), en allant aux toilettes si l'on fait attention à leur propreté (en cas de doute, ne pas s'asseoir : non, les germes ne sautent pas), en essayant des robes dans les magasins, en serrant la main des gens, en les embrassant sur la joue, en les côtoyant alors qu'ils éternuent. En revanche, pas d'emprunt de brosse à dents ou de maillot de bain aux copines !

Voir aussi Préservatif, Sida.

• LES PRINCIPALES MST

Maladies	*Signes d'alerte*	*Complications*
Les chlamydiases Causées par des bactéries, les *chlamydiae*. C'est la plus fréquente des MST. Les porteurs sains de *chlamydiae* sont très nombreux. **Pronostic** Guérison par antibiotique dans la majorité des cas, à condition que les 2 partenaires soient traités.	**Chez l'homme :** • Démangeaisons au niveau de l'urètre ; • Légères brûlures en urinant ; • Écoulement clair et très discret au bout du gland ; • Parfois aucun signe. **Chez la femme :** • Pertes blanchâtres ou jaunâtres assez abondantes ; • Infections urinaires discrètes ; • Parfois aucun signe.	**Chez l'homme :** • Urétrite, épididymite, souvent sévères ; • Conjonctivite ; • Décès dans 5 % des cas. **Chez la femme :** • Infections des trompes de Fallope, très fréquente chez les jeunes (80 % des cas concernent les moins de 20 ans !) D'autant plus dangereuses qu'elles sont le plus souvent très discrètes. Risque important de stérilité définitive ; • Conjonctivite ; • Risques importants pendant la grossesse et à la naissance.
La syphilis Appelée vulgairement la « vérole ». Causée par un microbe, le tréponème. Se transmet surtout par voie sexuelle. Après avoir régressé, les cas de syphilis augmentent depuis quelques années. La syphilis évolue en 3 stades dits primaire, secondaire et tertiaire. **Pronostic** Guérison rapide si le diagnostic est précoce.	**Syphilis primaire :** • Apparition d'un bouton dur habituellement sur les organes génitaux, mais pas obligatoirement (bouche, anus) ; • Découverte d'un petit cratère rougeâtre d'aspect brillant ; • Gonflement indolore d'un ganglion ; • Ces signes (souvent cachés chez la femme) disparaissent normalement au bout d'un mois ou deux, ce qui ne signifie pas qu'on est guéri. **Syphilis secondaire :** • Maux de tête, nausées, douleurs multiples, courbatures ; • Petites taches roses discrètes sur le thorax et les membres (roséole) ; • Ongles cassants, perte de cheveux, atteintes de la peau ; • Plaques muqueuses contagieuses.	• Une fois passées les phases primaire et secondaire, la syphilis évolue longtemps sans symptôme. Le troisième stade dit tertiaire expose à des complications graves et irréversibles (cardiovasculaires et neurologiques). **Chez la femme :** • Une femme infectée peut contaminer son enfant pendant la grossesse et l'allaitement.
Les hépatites virales Causées par plusieurs virus qui donnent différentes formes de maladies. Ne se transmettent pas exclusivement (et pour certaines pas du tout) par voie sexuelle. Vaccin efficace pour l'hépatite B. **Pronostic** Pas de traitement efficace.	• Signes proches de ceux de la grippe ; • Nausées, vomissements, grande fatigue ; • Jaunisse.	• Comme beaucoup de maladies à virus, guérissent spontanément avec possibilité de rechutes périodiques. • Complications très graves dans 10 % des cas d'hépatite B.
La gonococcie Appelée vulgairement « chaude-pisse ». Causée par une bactérie, le gonocoque. Une des MST les plus fréquentes. **Pronostic** Guérison rapide si le traitement est précoce.	**Chez l'homme :** • Brûlures en urinant ; • Écoulement de pus à l'extrémité de la verge.	**Chez l'homme :** • Atteinte de la vessie, de la prostate et des testicules.

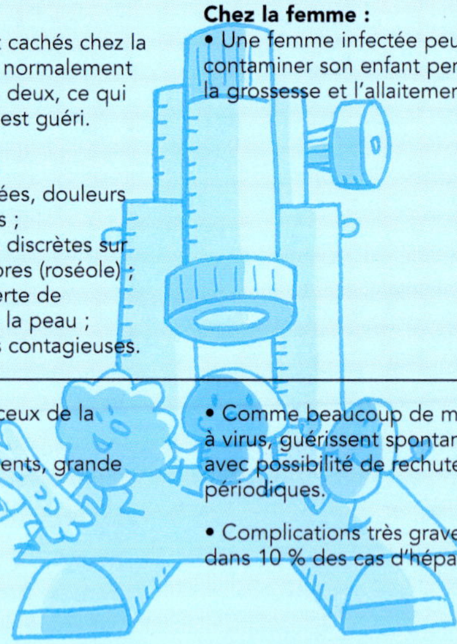

La gonococcie	**Chez la femme :** • Le plus souvent aucun signe ; • D'où l'importance pour l'homme de prévenir toutes ses partenaires ; qui risquent une stérilité définitive et sont contagieuses sans le savoir.	**Chez la femme :** • Infection des trompes de Fallope (salpingite) entraînant un risque très élevé de stérilité définitive.
La trichomonase Causée par un parasite microscopique, le *trichomonas vaginalis*. **Pronostic** Guérison rapide si les partenaires sont traités en même temps.	**Chez l'homme :** • Le plus souvent aucun signe. **Chez la femme :** • Simples démangeaisons ; • Sensations de brûlure au niveau de la vulve et du vagin ; • Pertes malodorantes (leucorrhées) ; • Douleur pendant les rapports.	**Chez l'homme :** • Inflammation de la prostate (rare). **Chez la femme :** • Risque à long terme de favoriser un cancer du col de l'utérus.
Les candidoses Appelées aussi le « muguet ». Causées par des champignons du genre *candida*. Se transmettent à l'homme uniquement par voie sexuelle. Chez la femme, transmission possible par du linge souillé, par le sable des plages, et par autocontamination (les matières fécales contiennent des *candida*). Attention donc à l'hygiène intime. **Pronostic** Guérison après un traitement long.	**Chez l'homme :** • Démangeaisons au niveau du gland ; • Le plus souvent aucun signe. **Chez la femme :** • Pertes blanchâtres (aspect de lait caillé) ; • Brûlures au niveau de la vulve ; • Douleur pendant les rapports ; • Signes discrets ou inexistants.	Les partenaires doivent être traités en même temps. Des mesures d'hygiène s'imposent pour éviter les récidives.
Les condylomes Appelées aussi « verrues vénériennes ». Causées par des virus. **Pronostic** Traitement par électrocoagulation ou par neige carbonique. La guérison définitive est rare. Les partenaires doivent être traités simultanément. Une excellente hygiène intime s'impose.	Présence de petites excroissances à surface dentelée : **Chez l'homme :** • Sur le gland, les replis du prépuce, le méat urinaire ou l'anus. **Chez la femme :** • Sur la vulve (surtout sur les petites lèvres).	**Chez la femme :** • Risque très rare d'évolution cancéreuse sur la vulve ; • Favorise les cancers du col de l'utérus.
L'herpès génital Causé par un virus, il représente 10 % des MST. Il favorise les autres MST. L'herpès est très contagieux pendant les poussées, beaucoup moins pendant les périodes de transition : un porteur sain peut être contagieux. **Pronostic** Pas de traitement réellement efficace. • 60 % des sujets atteints guérissent seuls, à moins qu'ils ne soient recontaminés. Dans ce cas, leurs chances de guérir à nouveau spontanément diminuent. • 40 % vont continuer à héberger le virus après la primo-infection. Ils connaîtront des récidives.	**Chez l'homme :** • Petites cloques remplies d'un liquide transparent (réunies en « bouquet ») sur la verge ; • Parfois, inflammation douloureuse du gland ; • Rarement, inflammation de l'urètre avec écoulement discret au bout du gland ; • Dans 20 % des cas, aucun signe. **Chez la femme :** • Douleurs au niveau de la vulve et du vagin ; • Brûlures en urinant ; • Fièvre et sensation de faiblesse ; • Au niveau de la vulve et du vagin, petites cloques remplies d'un liquide transparent ; • Dans 20 % des cas, aucun signe.	**Chez l'homme :** • Peut favoriser le cancer de la prostate. **Chez la femme :** • En cas de grossesse, les risques de contamination du bébé sont importants ; • Peut favoriser le cancer du col de l'utérus (frottis réguliers obligatoires).

MODE
MUSIQUE
MAL DE VENTRE
MAQUILLAGE
MIXITÉ
MAJORITÉ
MARIAGE
MORT
MÈRE

Le rythme dans la peau

Définition

Musique, zic, zicmu…
Rock alternatif, heavy metal, fusion, reggae, ragga muffin, ska, pop, techno, house, french touch, rap, groove, jazz, etc., et même classique, il y a toutes sortes de décibels à vous mettre dans les oreilles.

S'informer

Impossible de vous résumer l'ensemble des genres musicaux qui existent en ce bas monde : il y en a tellement qu'il faudrait en faire un dictionnaire… et l'actualiser presque tous les mois ! Même les plus « classiques » évoluent sans cesse : le rock des années 60 n'a rien à voir avec le rock des années 2000.

Pour tous les goûts

Des musiques, il y en a pour tous les goûts. Votre grand-mère préfère sans doute Bach à celle que vous écoutez, et vos parents ont peut-être du mal à vous faire comprendre que le jazz ou Brassens peuvent être audibles et ne sont pas ringards. Mais vous pouvez très bien avoir une passion immodérée pour la musique baroque alors que votre mère adore écouter du reggae !

Faut suivre

La plupart du temps, ce sont quand même les jeunes de moins de 30 ans qui écoutent les nouveaux genres de musiques, les découvrent, les lancent et leur donnent leurs lettres de noblesse. Dans le domaine de la musique, tout bouge très vite et l'on peut vite décrocher. Même les jeunes ont parfois du mal à se retrouver dans la jungle des genres musicaux. Avouez-le : est-ce que vous savez vraiment ce que sont la fusion, le trash, le roots ou encore l'indie ? Alors imaginez vos parents ou vos grands-parents !

Mais comment font-ils ?

Il existe pourtant de vrais passionnés qui sont toujours au courant de l'actualité musicale : nouvelles tendances, dates de concerts, bons plans Internet ou radios géniales qui passent de la « super zic ». Ces filles ou ces garçons-là, on les regarde un peu avec émerveillement et on se demande comment diable font-ils pour tout savoir sur tout !

Tourne le bouton

Comment font-ils ? Ils se passionnent, tout comme vous pouvez vous passionner pour un tout autre domaine. Comme tous les fondus de musique, ils sont toujours en recherche : recherche de nouvelles radios (il suffit de tourner le bouton ou d'appuyer sur les touches, après tout !), surf sur Internet (il existe des sites spécialisés pour chaque genre musical), lecture de magazines spécialisés, visites régulières des bacs des disquaires (il faut pour cela accepter de se tromper de temps en temps), et tout simplement discussions avec d'autres passionnés pour récolter informations et bons plans en tous genres.

Info +

Pour ne pas avoir l'air bête

Voici une liste des principaux genres musicaux (très simple et non exhaustive, que les spécialistes soient indulgentes !) :
- Rap… qu'on ne présente plus.
- Groove et R&B (prononcez « Aren'bi ») sont issus du bon vieux Rythm & Blues : Mary J Blige, par exemple.
- Reggae : Bob Marley et ses descendants.
- Ragga muffin (rap avec mélodie) : Tonton David, par exemple.
- Ska (sorte de reggae mêlé au rock), beaucoup écouté par vos aînées : Madness, l'exemple parfait.
- Fusion (hard rock et rap).
- Rock (association chant + guitare + basse + batterie). Le rock alternatif est produit par des labels indépendants.
- Issus du rock, hard rock, heavy metal, trash et gothique font vibrer les vitres de votre chambre : des ancêtres (AC/DC, Metallica, Alice Cooper… un homme) aux plus récents (Marylin Manson, encore un homme !).
- La musique électronique : techno, french touch (techno française), house.
- La chanson française regroupe des labels indépendants, des jeunes artistes comme La Tordue ou M. À ne pas confondre avec la variété française (Souchon, Voulzy, etc.). Attention aux mélanges dans les bacs des disquaires.
- Le ringue branché (Dalida, Mylène Farmer ou encore Albator ou Maya l'abeille) fait des ravages dans certaines boîtes branchées !
- Les musiques du monde : roots (musique traditionnelle), world musique, indie (musique indienne occidentalisée).

Comprendre

La musique, c'est souvent ce qui permet d'affirmer sa personnalité et même son identité, au point que de véritables styles de vie et de mode vestimentaire correspondent à certains genres musicaux. Regardez vos copains affublés de baggies qui écoutent du rap toute la sainte journée, ou encore vos amis rastas qui passent du reggae en boucle et portent des dreads locks.

T'es pas de ma bande

La musique, c'est aussi un signe d'appartenance à une tribu, à un groupe, à une bande. Au point qu'on a parfois du mal à afficher d'autres goûts musicaux que ceux que la bande juge « normaux ».
Vos copains peuvent même, sans s'en rendre compte, pratiquer un véritable terrorisme musical : le choix du CD à écouter ensemble peut devenir un véritable supplice (que vont-ils penser si je ne choisis pas le bon ? ? ?).

La tribu familiale

À la maison, c'est une autre histoire : vos parents ne sont

peut-être pas de la même « tribu » que vous, et il leur arrive même de protester quand les décibels qui émanent de votre chambre viennent troubler leur tranquillité… ou pire se mêlent aux leurs ! En matière de musique, tous les goûts sont dans la nature et il faut bien que vous acceptiez avec philosophie que la musique de votre groupe favori puisse être considérée comme de la musique de primates !

Info +

Boîte de nuit, concerts et décibels

Attention à vos oreilles ! Les décibels que vous aimez tant peuvent aussi vous endommager sérieusement l'oreille interne et vous faire perdre de l'audition. 6 % des 15-19 ans et 9 % des 20-24 ans ont une audition déficiente, en grande partie due au nombre trop élevé des décibels des concerts, des boîtes ou des Walk-Man. Pénible à partir de 70 dB (décibels), un bruit devient dangereux à partir de 90 dB. À 120 ou 130 dB, il y a un risque de dégâts immédiats et irréversibles. Pour information, le niveau sonore d'une boîte de nuit est souvent supérieur à 100 dB, voire 120 dB. Même chose pour les concerts : d'ailleurs, on en ressort souvent avec l'impression d'avoir du coton dans les oreilles ! Cette gêne ne doit pas dépasser 24 h : au-delà, il faut consulter en urgence ! Pour limiter les dégâts, ne vous collez pas aux baffles. N'écoutez pas le Walk-Man trop longtemps (même faible, une source de son continue aussi près de l'oreille est dangereuse). Veillez aussi à acheter un appareil étiqueté « NF » : sa puissance sonore maximale est limitée à 100 dB.

Savoir-vivre

En musique, comme dans tout autre domaine, il faut savoir respecter les autres :
- Ne soyez pas une terroriste musicale : si vous n'aimez pas le disque qu'un copain vient de mettre, vous n'êtes pas obligée de vous exclamer que c'est nul, commercial, ringard ou à vomir, bref de vous moquer de lui. Tout le monde a le droit d'avoir ses propres goûts musicaux.
- Apprenez à baisser le volume sonore dans votre chambre avant que l'on tambourine à votre porte. De même, pensez à couper la musique quand vous quittez les lieux !
- Évitez de rendre des CD à vos copains au bout de 6 mois alors que vous les leur aviez empruntés « juste le temps de les graver » (ce qui est strictement interdit par la loi !).

Voir aussi Fan, Rave.

Bons plans

Spécial Zic

• Pour trouver le titre d'une chanson qui vous plaît et qui passe souvent à la radio : allez sur le site Internet de la radio qui vient de la diffuser. Ils donnent en général leur programmation. S'il n'existe pas de site Internet (ce qui est rare), n'hésitez pas à appeler le standard : ils pourront vous renseigner.

• Vous ne trouvez pas le dernier album d'un groupe français dans votre magasin de disques ? Vérifiez qu'il n'est pas classé parmi les variétés françaises. Eh oui, ça arrive, même aux meilleurs !

• Envie de découvrir des nouveaux talents ? Pensez aux scènes musicales. Francofolies de La Rochelle, Festival de Bourges, les Vieilles Charrues en Bretagne, il y en a dans toutes les régions de France. Les plus grands artistes y ont fait leur début et s'y produisent encore souvent.

• Envie d'aller à un concert, mais vos parents refusent parce qu'ils trouvent cela trop risqué ? Demandez à un grand frère, un cousin plus âgé, une tante sympa de vous accompagner.

123 • NARCISSISME

Nombril, mon beau nombril.

S'informer

Le terme vient d'une légende de la mythologie grecque. Il était une fois Narcisse, un jeune homme d'une grande beauté, qui se pencha sur une fontaine. Geste fatal ! Il tomba fou amoureux de son reflet… au point de tomber à l'eau et de se noyer. L'histoire dit qu'une fleur poussa sur le bord de la fontaine funeste : on lui donna le nom du malheureux disparu.

Pas doué, le pauvre garçon !

Cette légende ne vous paraît sans doute pas tragique. Peut-être même vous semble-t-elle franchement comique ! Vous vous dites sans doute : comment pourrais-je être assez ridicule (et assez maladroite !) pour qu'il m'arrive l'histoire de ce pauvre Narcisse ?

Mon beau nombril

C'est vrai que cette histoire a l'air simpliste mais, en réalité, elle a une valeur symbolique. Elle sert de modèle pour qualifier tous ceux qui aiment se regarder le nombril sans se lasser, qui sont tellement centrés sur eux-mêmes qu'ils en oublient le monde extérieur. En référence à cette légende, on dit d'eux qu'ils sont narcissiques.

Comprendre

C'est important de vous aimer vous-même. C'est ce qui vous donne envie de prendre soin de vous, de vous mettre en valeur, de progresser. Vous avez le droit de vous arrêter de temps en temps devant un miroir et de vous dire : « Mais finalement, je suis plutôt bien ! » Et cela ne concerne pas uniquement votre physique. Sachez vous réjouir de vos propres qualités : cette attitude n'est pas narcissique, elle est saine. Elle sert à vous donner confiance en vous et dans la vie.

Seule au monde, avec moi et je

Attention, seulement à ne pas tomber dans l'excès… et dans la fontaine.

Le narcissisme consiste à être complètement centrée sur soi-même, au point de ne connaître que deux personnes au monde : moi et… je ! Ces deux personnes, on peut les admirer passionnément : c'est le cas de la fille qui se prend pour la plus belle… sans s'apercevoir qu'elle a les chevilles ridiculement gonflées. On peut trouver au contraire que moi et je ne sont pas à la hauteur.

Et on se désespère : moi, je devrais être mieux ; moi, je suis nulle ! C'est du narcissisme. Parce qu'on est complètement obsédée par ses défauts. Du coup, on monte le moindre problème en épingle, on se complaît dans ses coups de blues, on entretient sa mauvaise humeur. Se regarder tout le temps le nombril comme s'il était le centre du monde, ce n'est vraiment pas sain !

Parlez-moi de moi !

Être obnubilée par soi-même est très ennuyeux. Adieu les différences, adieu les gens qui nous étonnent, adieu les choses déstabilisantes qui mettent du piment dans la vie ! On ne peut apprécier que les copains qui nous ressemblent, ou qui nous admirent (ceux-là, comme on les aime… Il faut dire qu'ils ont tellement raison). Bref, le monde est mortellement ennuyeux quand on est narcissique : c'est peut-être ce que nous enseigne la noyade de ce pauvre Narcisse !

Sauveteurs de choc

Alors, vive les autres ! Ce sont eux qui vous sauvent de la noyade en permanence.

Les jours où vous avez tendance à vous admirer plus que de raison, regardez autour de vous : il y a vraiment des gens formidables dans votre entourage, de quoi rester modeste ! Leur compagnie est tellement enrichissante que vous n'avez plus du tout envie de rester centrée sur vous-même.

Reflet bienveillant

Et dans vos accès de désespoir, quand vous vous jugez vraiment affreuse et dramatiquement dépourvue d'intérêt, laissez tomber votre miroir déformant et regardez-vous… à travers les yeux des autres. Vous serez surprise par le reflet que vous y verrez, tellement différent de celui que vous imaginiez !

Le bonheur, c'est les autres

Ceux qui vous aiment (mais aussi ceux qui ne vous aiment pas) sont autant de miroirs que la vie vous tend. Ils vous aident à mieux vous comprendre, à vous renseigner sur vos qualités, vos faiblesses. Ce qu'ils disent de vous peut vous surprendre, mais aussi parfois vous aider à rectifier le tir. Les autres attendent la même chose de votre part : c'est votre regard, à la fois juste et attentif, compréhensif et exigeant, qui peut les aider à mieux se connaître et à mieux s'aimer. Une bonne raison de poser ce regard ailleurs que sur votre nombril !

Voir aussi Égoïsme.

Test

Êtes-vous narcissique ?

1. Vous avez souvent rendez-vous avec votre miroir.
2. On vous critique : c'est parce qu'on ne vous comprend pas ou qu'on ne vous connaît pas bien.
3. Vous êtes capable de vous admirer follement et de vous détester 5 minutes après.
4. Vous vous trouvez régulièrement bien meilleure que les autres.
5. Vous vous jugez souvent bien plus mauvaise que tout le monde.
6. On fait un compliment à votre amie : il y a erreur, c'est à vous qu'il devait s'adresser !
7. On vous fait souvent remarquer que vos amies vous ressemblent.
8. Vous avez besoin d'être le centre d'intérêt d'un groupe pour vous sentir bien.
9. Les soirées les plus réussies sont celles où l'on vous fait le plus de compliments.
10. Pour commencer une phrase, vous utilisez souvent l'expression « moi, je ».

Moins de 5 oui : vous êtes raisonnablement narcissique.
Entre 5 et 7 oui : vous vous intéressez beaucoup à votre petite personne.
8 oui ou plus : évitez les fontaines, la noyade vous menace !

124 • ORIENTATION

Qu'est-ce que je vais faire plus tard ?

S'informer

L'orientation est un parcours en plusieurs étapes.
La première, en fin de quatrième, n'est pas la plus importante. Elle concerne des options obligatoires et des options facultatives.
On peut choisir l'option obligatoire «langue vivante 2 », auquel cas on peut faire du latin, du grec ou bien une langue régionale en option facultative ; ou alors l'option obligatoire « technologie » : on peut alors garder la langue vivante 2 en option facultative pour avoir un choix plus large en fin de troisième.

L'heure des grands choix
C'est en troisième et en seconde qu'ont lieu les deux orientations essentielles.
En fin de troisième, si on en a assez du système scolaire classique et que l'on veut apprendre un métier pour entrer rapidement dans la vie active, on choisit la voie professionnelle : on peut faire un CAP ou un BEP. (Pour en savoir plus, voir le mot Apprentissage).

Continuer sur sa lancée ?
Si, en fin de troisième, un élève a de bons résultats et l'envie de faire des études supérieures, il peut entrer dans une seconde générale et technologique. Cette seconde permet de s'orienter indifféremment vers un bac général ou un bac technologique. Bref, elle donne encore un an pour réfléchir ! Attention, deux exceptions cependant : pour faire un bac technologique hôtellerie ou TMD (techniques de la musique et de la danse), il faut se diriger vers une seconde spécifique.

Seconde : un an pour réfléchir
Quand on a opté pour une seconde générale et technologique, il faut choisir deux matières dites « enseignements de détermination », pour se spécialiser un peu. Mais on peut encore bifurquer en première, en suivant des cours de rattrapage si on n'a pas choisi en seconde la matière qui correspond au bac que l'on veut faire.

Les vœux pour la première
Nouvelle grande orientation en fin de seconde : le lycéen choisit son bac pour de bon. Ce choix est préparé pendant l'année, guidé par les professeurs et par le conseiller d'orientation qui organise des séances d'information. La procédure commence en février, où l'élève doit exprimer des vœux provisoires. En mars, sur le bulletin trimestriel, le conseil de classe donne un premier avis sur ces vœux. En mai, il faut remplir une fiche de vœux définitifs ; c'est le conseil de classe de juin

qui donnera l'avis final.
Si l'élève n'est pas d'accord avec cette décision, il a trois jours pour faire appel et une commission tranchera.
Il peut aussi choisir de redoubler pour retenter sa chance l'année suivante.

Un nouveau lycée ?
Dernière étape du parcours : le moment où on reçoit son affectation, c'est-à-dire le nom du lycée où on est inscrit l'année suivante ! Eh oui, parce que tous les lycées ne proposent pas l'ensemble des options et des baccalauréats ! (Pour en savoir plus, voir le mot Lycée).

Comprendre

Il est important de bien choisir votre orientation. Pourtant, en troisième ou en seconde, il est souvent trop tôt pour savoir ce que vous voudriez faire dans la vie. Vous n'avez pas beaucoup d'idées ? Rien de plus normal ! Évidemment, c'est mieux de pouvoir faire un choix positif, si vous savez déjà le métier que vous voulez faire, ou parce que vous êtes sûre de vouloir et de pouvoir faire des études longues. Mais sinon, vous pouvez aussi choisir par élimination, parce que vous savez ce que vous ne voulez surtout pas faire !

Qu'est-ce que j'aime, dans la vie ?
Il y a plusieurs critères de choix. D'abord, les matières que vous aimez : le français, les langues, l'histoire, l'art, les maths, les sciences, etc. Ensuite, vous pouvez réfléchir aux grandes familles de métiers, pour vous orienter vers le domaine que vous préférez : santé, commerce, enseignement, communication, recherche scientifique ; art ou artisanat, métiers manuels, électronique ou informatique ; métiers en lien avec la nature, comme l'agriculture ou l'environnement, etc.

Travail : ce dont je rêve
Il faut penser aussi à la manière dont vous avez envie de travailler plus tard : seule ou en équipe, dans un bureau ou dehors, en France ou à l'étranger. Est-ce que vous éprouverez le besoin d'avoir beaucoup de contacts extérieurs, ou plutôt de travailler toujours avec les mêmes collaborateurs ? Aurez-vous envie de diriger ou de travailler en équipe, ou préférerez-vous être indépendante ? Toutes ces questions peuvent vous aider à l'heure des choix !

Renseignez-vous !
Surtout, il faut vous informer. Vous découvrirez des métiers dont vous ne soupçonnez même pas l'existence. Sans compter qu'il s'en crée sans cesse de nouveaux : celui que vous exercerez dans 10 ans n'existe peut-être pas encore ! En attendant, le mieux, si vous ne savez pas quoi choisir, c'est de continuer le plus longtemps possible dans la voie générale. Elle vous donnera une bonne formation de base et vous laissera le temps de réfléchir.

Info +

Les métiers à la mode
- Les métiers de l'humanitaire : professions médicales ou paramédicales, nutritionnistes, logisticiens.
- Les métiers de la communication : journalisme, organisation d'événements, audiovisuel, publicité, communication d'entreprise.
- Les métiers de la mode : stylisme, bureaux de style, agence de mannequins.
- Les métiers de la nature : défense et protection de l'environnement, agriculture biologique, développement durable.
- Les métiers de la gestion du territoire : gestion des collectivités territoriales, gestion du patrimoine historique et culturel.
- Les métiers de l'informatique et des nouvelles communications : ergonomie, infographie, PAO, programmation.
- Les métiers autour de la recherche scientifique : biologie mais aussi océanographie, astronomie (conquête de l'espace).

Conseils

- Faites d'abord confiance à vos parents pour vous donner de bons conseils, ils vous

connaissent bien !
S'ils vous conseillent de continuer en seconde alors que vous avez envie d'envoyer tout promener, écoutez-les. Vous les remercierez sans doute dans quelques années !
- Parlez-en aux professeurs que vous appréciez, ou dont vous aimez la matière : ils auront de bons conseils à vous donner.
- Parlez aux adultes qui vous entourent : interrogez-les sur leurs métiers, ce qu'ils font exactement, ce qu'ils aiment dans leur profession… et ce qu'ils aiment moins !
- Pour en savoir plus sur les métiers, adressez-vous au CDI de votre collège, à un CIO (centre d'information et d'orientation) ou à l'ONISEP qui édite toutes sortes de brochures sur les orientations et les métiers.
- Dans un CIO, vous pouvez aussi passer des tests pour déterminer vos compétences particulières.

Voir aussi Apprentissage, Baccalauréat, Échec scolaire, Études, Lycée, Redoublement.

• QUE FAIRE APRÈS LE BAC ?

Série de Bac	*Études après le bac*	*Métiers*
Bac L	Fac de philosophie, lettres, langues, histoire, géographie, psychologie, droit, sociologie.Classes préparatoires aux grandes écoles littéraires (Écoles normales supérieures, école des Chartes), Instituts d'études politiques. BTS, DUT.	Enseignement, documentation, communication, journalisme, édition, langues, droit, arts, commerce et gestion pour les fortes en maths.
Bac ES	Fac d'histoire, géographie, sociologie, économie, gestion, droit, administration. Classes préparatoires aux écoles de commerce, Instituts d'études politiques.	Gestion, commerce, communication, comptabilité, enseignement, social.
Bac S	Fac de maths, physique, chimie, sciences de la vie, médecine, économie. Classes préparatoires aux écoles d'ingénieurs ou de commerce, DUT.	Production industrielle, recherche, santé, commerce, gestion des entreprises, enseignement.
Bac STT	BTS ou DUT, écoles spécialisées dans la vente, la distribution, le secrétariat.	Fonctions administratives, comptables ou commerciales des entreprises, des banques, des assurances.
Bac STI	BTS, DUT ou classes préparatoires à des écoles d'ingénieurs.	Fonctions de conception, fabrication, maintenance, technico-commercial dans l'industrie.
Bac STL	BTS ou DUT, études paramédicales.	Laboratoires, industries chimiques, pharmaceutiques, agroalimentaires, environnement, santé.
Bac SMS	BTS en économie sociale, secrétariat, DUT. Pour les meilleures, études paramédicales.	Carrières sociales, paramédicales, enseignement.
Bac STPA	BTS agricoles, écoles d'ingénieurs pour les meilleures.	Industries de transformation et de commercialisation des produits agroalimentaires.
Bac STA	BTS agricoles, écoles d'ingénieurs pour les meilleures.	Production agricole, agro-équipement, commercialisation, aménagement, environnement.
Bac TMD	Conservatoire ou université.	Danseuse, musicienne (débouchés limités), enseignement, animation culturelle.
Bac Hôtellerie	BTS hôtellerie-restauration ou tourisme ou directement dans la vie active : cuisinière, serveuse, employée de réception.	Mercatique et gestion hôtelière, arts de la table, service, tourisme, loisirs.

Source : ONISEP

P

PAIX • 125

La guerre, quelle horreur !

S'informer

Vivre en paix est l'aspiration de tous les hommes. Pourtant, l'histoire humaine est un patchwork de guerres et de paix. Il y a de multiples raisons de faire la guerre et les hommes n'ont pas cessé d'en inventer de nouvelles. Ils peuvent se battre pour un territoire, pour prendre le pouvoir dans un groupe ou dans un pays, pour s'approprier les richesses d'un autre groupe, pour imposer leurs manières de vivre ou de penser, pour se venger d'une offense, d'une injustice ou d'une autre guerre.

De six jours à cent ans

Il y a les guerres qui s'éternisent (la guerre de Cent Ans), et les guerres éclair où l'un des adversaires écrase l'autre très rapidement (la guerre des Six Jours). Dans tous les cas, les belligérants finissent généralement par déposer les armes et signer un texte censé mettre les deux parties d'accord : on appelle un « armistice » ou « traité de paix » cet acte qui met fin à la guerre. Mais il n'est pas toujours efficace. Il suffit que l'un des deux ennemis s'estime brimé pour que la paix vole en éclats à la première occasion.

Citoyens contre citoyens

Il y a aussi des guerres qui éclatent à l'intérieur d'un pays : ce sont les guerres civiles. Pour les arrêter, la communauté internationale parle d'un nouveau droit, le « droit d'ingérence » : celui de se mêler des affaires intérieures d'un pays quand celui-ci massacre ou laisse massacrer une partie de sa population.

On n'arrête pas le progrès, hélas

Les hommes ne sont jamais à court d'imagination quand il s'agit de détruire leurs contemporains, quitte à s'autodétruire au passage. Des arbalètes à la bombe nucléaire, les hommes n'ont cessé de perfectionner leurs armes. Aujourd'hui, les actes de terrorisme à grande échelle, les armes chimiques et bactériologiques pourraient bien donner lieu à un autre type de guerre.

Info +

Il existe des institutions internationales chargées de régler les conflits entre pays pour préserver la paix. C'est après la Seconde Guerre mondiale qu'est née l'actuelle Organisation des Nations Unies (ONU) : cette organisation qui regroupe 189 États du monde a la vaste mission de maintenir la paix dans le monde et de développer des relations amicales entre les peuples. Depuis sa création, elle a dû gérer de nombreuses crises. Elle opère à l'aide des « casques bleus », soldats neutres chargés de s'interposer entre les belligérants et d'assurer la protection des civils.

Comprendre

La paix est préférable à la guerre, on est tous d'accord. Surtout les femmes, qui sont généralement moins sensibles que les hommes au côté « héroïque » de la guerre, et plus soucieuses des morts qu'elle provoque.

Peace and love

L'horreur de la guerre, de son cortège de souffrances, peut conduire à refuser systématiquement tout recours à la force. Cette attitude est appelée pacifisme. Elle se fonde sur des convictions religieuses ou morales. Toutes les religions valorisent la paix, même si certains croyants trop zélés sont capables de prendre les armes au nom de Dieu. Le pacifisme reste souvent impuissant à prévenir ou arrêter les guerres. Dans un climat de tensions et de haine, tout le monde se monte la tête et les pacifistes passent pour des imbéciles ou des lâches (voire des traîtres).

Légitime défense

Peut-on éviter toutes les guerres ? Provoquer un conflit est condamnable, mais il n'y a pas de raison qu'un peuple se laisse faire quand il est injustement attaqué. Il est alors dans une situation de « légitime défense ». Un pays peut ainsi être amené à faire la guerre pour lutter contre la violence et la tyrannie, et pour rétablir la paix. Cela ne dispense pas de tout tenter pour résoudre les tensions pacifiquement avant qu'elles ne dégénèrent.

Contre nous de la tyrannie...

Si les tentatives de négociations diplomatiques échouent parce que l'agresseur ne veut rien entendre, la guerre est légitime à condition que la riposte soit proportionnée à l'attaque et qu'elle ne fasse pas plus de dégâts que le mal qui a déjà été fait. Mais souvent les mots de « guerre juste » et de « légitime défense » sont des prétextes pour déguiser l'avidité d'un pays qui louche sur les richesses de son voisin.

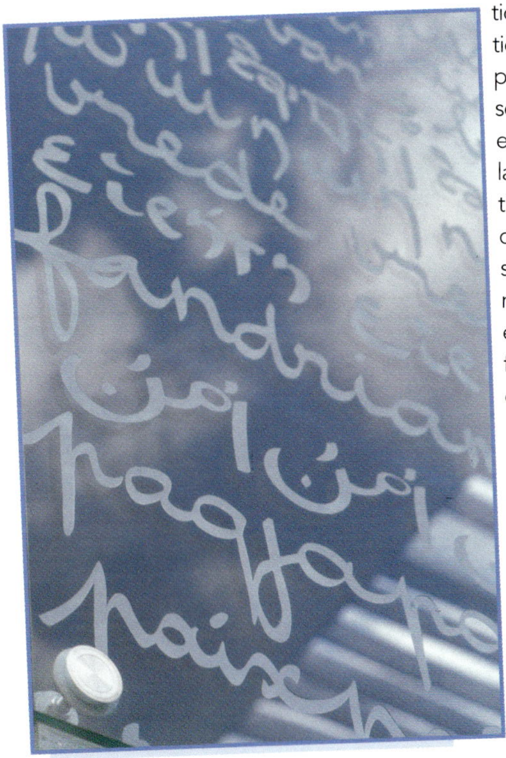

Cette idée est donc toujours à prendre avec beaucoup de précaution.

Plus jamais ça !

À la fin de toute guerre, il faut bien faire taire les armes et se mettre autour d'une table pour négocier et rétablir la paix. Alors, pourquoi commencer par faire tant de morts ? Sans doute parce que les hommes ne savent pas faire autrement. « Plus jamais ça », disent-ils à chaque fois. Et ils ne se donnent pas suffisamment les moyens de prévenir les conflits. La paix se construit tous les jours.

Les ingrédients ? Plus de justice, plus de solidarité et un grand respect des autres.

Voir aussi Journaux, Politique, Violence.

Conseil

Il y a sans doute des conflits qui vous bouleversent et vous révoltent, comme le conflit israélo-palestinien. Vous vous demandez peut-être pourquoi personne n'arrive à trouver des solutions de paix durables. Pour comprendre, il ne suffit pas de lire la presse, il faut vous plonger dans l'histoire des pays concernés. Posez des questions à votre professeur d'histoire, lisez des livres sur le sujet.

Je ne lui pardonnerai jamais !

S'informer

Il y a mille façons de demander pardon à quelqu'un. Le pardon peut être le simple mot d'excuse dit avec un sourire gêné quand vous avez bousculé quelqu'un ou que vous arrivez en retard en cours : c'est le signe que vous faites attention aux autres, que vous êtes ennuyée de les avoir dérangés. Ne pas le dire serait une offense bien plus grave que l'incident qui vous a fait venir spontanément le mot aux lèvres !

Des mots pour réparer

Le vrai « pardon », celui que vous ne dites pas facilement, est bien moins fréquent. Vous demandez pardon quand vous avez blessé une personne, même involontairement : ces mots, parfois si difficiles à dire, ont la magie de rendre le sourire, de renouer les amitiés… quand le pardon est accordé !

Deux pour un pardon

Demander pardon, c'est demander une nouvelle chance. C'est aussi prendre le risque que cette chance soit refusée. Il faut être deux pour un pardon. Celui qui a offensé l'autre demande pardon. Celui qui a été offensé accepte de pardonner. Ce n'est pas facile, ni dans un sens ni dans l'autre !

Comprendre

Demander pardon n'est pas une démarche facile. Quand on a fait du mal à quelqu'un, on se sent un peu misérable et honteuse, on est coupable mais on n'a pas forcément envie de le reconnaître.
Il faut déjà prendre sur soi pour s'avouer que l'on a eu tort, avant de le dire à la personne offensée.

Pardon ! Pardon ! Pardon !

Ce n'est pas facile de se sentir toute petite, de reconnaître ses torts et d'attendre que le pardon soit accepté. D'autant plus que l'on ne sait pas toujours comment l'autre va réagir : pardon immédiat qui soulage, dans un grand éclat de rire ? Pardon lâché du bout des lèvres, encore plein de rancœur, au point qu'on se demande s'il est vraiment accordé ? Ou refus violent, quand la personne se retranche dans sa peine, comme dans une tour d'ivoire ?

Je te pardonne

On apprend à pardonner toute la vie. Vous avez commencé toute petite, en pardonnant à votre frère qui avait cassé votre poupée chérie. Vous avez même pardonné aux copines d'avoir perdu votre livre préféré ou d'avoir dit du mal de vous. Vous avez peut-être eu à pardonner des choses plus graves, si votre meilleure amie est sortie avec votre petit ami ou si votre mère a lu en cachette votre journal intime.

Je ne te parle plus

Quand on a été blessée, on peut être pleine de rancune, on peut avoir envie de se venger et de rendre à l'autre tout le mal qu'il nous a fait. On peut aussi se dire qu'on avait raison, qu'on est dans son bon droit et qu'on ne voit pas pourquoi on accepterait comme cela d'oublier l'affront.

N'en parlons plus
Accorder son pardon, c'est renoncer à se venger. Renoncer à être la plus forte, à avoir raison, à écraser l'autre en le laissant patauger dans sa culpabilité. Accepter de le tirer vers le haut, de se faire aussi toute petite, pour que la relation redevienne comme avant. Tirer un trait sur ce qui a été dit ou fait, accepter de repartir sur de nouvelles bases, parce que l'on pense que l'autre en vaut la peine. Pardonner, c'est redonner sa confiance, redire son amitié, son affection. C'est sortir grandie de l'offense !

Je n'y arrive pas
Bien sûr, quand il s'agit d'une chose très grave, on ne sait pas si on sera un jour capable de pardonner. La souffrance est trop grande, la confiance a été trahie : on ne sait pas si on a envie de la redonner, de prendre le risque de souffrir à nouveau. Il faudra sans doute beaucoup de temps, quelquefois toute une vie, quand la blessure est profonde.

Les plus beaux mots du monde
Les mots d'excuse ou de réconciliation sont encore plus grands que des mots d'amour. Demander pardon ou pardonner, c'est une des plus belles façons de dire que vous aimez la personne qui est en face de vous, parce que vous lui dites qu'elle est plus importante à vos yeux que le conflit qui vous sépare. C'est une très grande preuve d'estime que de vouloir donner la chance à cette relation de survivre à la peine, à la honte, à l'orgueil, à la colère ou à la rancune.

Le pardon n'est pas l'oubli
Quand on a réussi à pardonner ou à être pardonné, on a gagné la force de vivre avec sa blessure et d'aimer à nouveau. Pardonner, c'est une façon de ne pas se laisser enfermer dans le passé. Pourtant, le pardon, ce n'est pas l'oubli. Il y a des blessures qu'on n'oublie jamais, qui sont irréparables. Le pardon est alors un choix héroïque que l'on fait en prenant beaucoup sur soi-même.

Une certaine idée de l'homme
Savez-vous qu'une femme, Maïti Girtanner, a un jour pardonné à celui qui l'avait torturée et handicapée à vie ? Étudiante, elle avait été résistante pendant la Seconde Guerre mondiale avant de tomber entre les griffes d'un tortionnaire nazi. Des années après la guerre, il est venu la trouver pour lui demander de lui pardonner, parce qu'il allait mourir. Alors qu'elle souffrait encore le martyre, elle a accepté. Pourquoi ? Parce qu'elle refusait de croire que les actes, même les plus monstrueux, condamnent un homme à jamais. Elle pensait cela parce qu'elle était croyante. Mais sans être croyant, on peut pardonner des actes très graves, simplement parce qu'on a une trop grande idée de l'homme pour le condamner définitivement.

Conseils

Pardon : mode d'emploi

- Le pardon est un don : il ne se monnaie pas, il ne sert pas à écraser l'autre. Quand vous avez pardonné, l'autre ne vous doit plus rien. Si vous le lui rappelez tout le temps, vous ne lui avez pas vraiment pardonné.

- Si vous n'êtes pas encore prête à accorder votre pardon, dites que vous êtes encore blessée, que cela vous prendra du temps, plutôt que d'accorder un demi-pardon de principe. Vous ferez le premier pas quand vous serez plus sereine.

- Apprenez à distinguer les demandes de pardon. Elles ne comportent pas toujours le mot « pardon » ou encore l'expression « je suis désolée ». Une marque d'attention, des phrases gentilles, un sourire affectueux sont souvent des demandes de pardon, maladroites certes, mais sincères. Un sourire suffit à montrer que vous les acceptez.

- Pour vous faire pardonner, vous pouvez essayer de réparer le mal que vous avez fait. Si ce n'est pas possible, engagez-vous à ne pas recommencer.

Voir aussi Amitié, Bouder, Engueulade.

Mes parents, y m'comprennent pas !

S'informer

La loi détermine les droits et les devoirs des parents à l'égard de leurs enfants. Les parents détiennent l'autorité parentale « pour protéger l'enfant dans sa sécurité, sa santé et sa moralité. Ils ont à son égard droit et devoir de garde, de surveillance et d'éducation » (Article 371-1 du Code civil). Ils ont cette obligation jusqu'à sa majorité ou son émancipation. Jusqu'à vos 18 ans, vous devez leur obéir et ils doivent agir pour votre bien.

L'autorité parentale, c'est quoi ?

L'autorité parentale est le droit qu'ont vos parents de décider en votre nom dans le but de vous protéger et de vous éduquer. Elle s'exprime très concrètement quand il s'agit d'obtenir un certain nombre d'autorisations vous concernant avant votre majorité : sortie du territoire, opération chirurgicale, ouverture d'un compte en banque, etc.

Parents, mais pas mariés

Quand les parents vivent ensemble sans être mariés, chacun des deux doit reconnaître l'enfant à la mairie, avant sa naissance ou au maximum un an après, pour avoir l'autorité parentale.

Parents, mais séparés

En cas de divorce ou de séparation, les deux parents gardent l'autorité parentale, sauf clause particulière dans

le jugement de divorce. Mais, si l'un des parents part à l'étranger, par exemple, il peut aussi renoncer à exercer l'autorité parentale pour des raisons pratiques. Cela ne veut pas dire qu'il renonce à voir son enfant et à l'aimer !

Les devoirs des enfants

Eh oui, il n'y a pas que vos parents qui ont des devoirs ! Vous en avez aussi ! Le Code civil précise dans l'article 371-1 que « l'enfant, à tout âge, doit honneur et respect à ses père et mère ». Méfiez-vous avant de claquer trop fort la porte du salon ! Plus encore : le droit de la famille précise que vous devrez les aider s'ils ont un jour des difficultés financières, notamment à la fin de leur vie. Concrètement, vous devrez subvenir à leurs besoins s'ils ne le peuvent pas eux-mêmes.

Comprendre

À votre âge, c'est assez courant de regarder ses parents avec plus de sévérité que par le passé. Vous les aimez certainement tout autant que lorsque vous étiez une petite fille, seulement vous le montrez moins !

Mes parents, des héros ?

Vous avez grandi et vous êtes maintenant capable de vous rendre compte que vos parents chéris ne sont plus les héros sans faille de votre enfance.

Des adultes, beurk !

Il vous arrive peut-être de les considérer surtout comme des « adultes », ces êtres un peu étranges qui ne comprennent jamais rien, tout en prétendant tout comprendre, interdisent les choses les plus sympas, font des cadeaux « débiles », des discours « débiles » et ont des idées… « débiles ».

Peuvent mieux faire

Et même si vous êtes plus indulgente, vous trouvez quand même que vos parents pourraient être meilleurs, comme ceux de vos amis, qui sont nettement plus ouverts d'esprit !
C'est assez habituel de réagir comme cela à votre âge. Ce n'est pas facile de découvrir que ses parents ne sont pas parfaits, qu'ils ont des défauts, comme tout le monde.

Lâchez-moi !

Comme vous avez grandi, vous avez envie de plus d'autonomie. Pour penser vraiment par vous-même, vous éprouvez le besoin de prendre vos distances : plus question de tout leur raconter, de leur dire tout ce que vous ressentez, tous vos projets, tous vos espoirs. Garder vos secrets pour vous, c'est une manière de commencer à prendre votre indépendance, il n'y a pas de mal à cela.

T'as rien compris !

Mais alors acceptez de comprendre que cette distance, certes nécessaire, peut créer bien des incompréhensions.
Vous avez l'impression qu'ils ne comprennent jamais rien ? Vous trouvez qu'ils ne voient jamais ce qui se passe, ce qui change en vous et qu'ils continuent à vous voir comme une gamine ?
C'est sans doute vrai, mais comment pourrait-il en être autrement si vous passez votre vie claquemurée dans votre chambre ou obstinément muette à l'heure des repas ?

Besoin d'eux

En même temps, avouez-le : vous n'êtes pas encore tout à fait prête à vous débrouiller toute seule.
Vous avez encore besoin d'eux, de leur soutien, de leurs conseils, de leur affection. Mais vous ne voulez pas trop le leur dire de peur qu'ils en profitent pour essayer de vous garder encore un peu tout à eux !

Alors, comment faire ?

D'abord, gardez à l'esprit que vos parents vous aiment et qu'ils sont contents que vous grandissiez, même s'ils n'ont pas l'air de le voir ou de le prendre en compte en ce moment. Accordez-leur le droit de se tromper, tout comme ils vous accordent le droit de bouder ou de claquer les portes de temps à autre.

Parents, mode d'emploi

Ils entrent encore dans votre chambre sans frapper ? Ne les incendiez pas mais dites-leur gentiment que ça vous déplaît. Ils vous charrient sur le garçon qui vous téléphone tous les jours, alors que vous ne voulez pas leur en parler : ils croient simplement que cela vous flatte. Dites-leur sans les agresser que vous n'avez rien à leur dire sur le sujet. En deux mots : parlez, ne criez pas !

Pitié pour eux !

Soyez un peu indulgente avec vos parents. Ils agissent souvent du mieux qu'ils le peuvent. Regardez les efforts qu'ils font malgré vos airs renfrognés et vos silences ! Et tant pis s'ils font parfois l'inverse de ce que vous attendez, s'ils viennent vous chercher quand vous pleurez dans votre chambre, alors que vous vouliez être tranquille, ou si, au contraire, ils vous laissent mariner dans votre coin, alors que vous aimeriez justement qu'ils viennent vous voir.
Vous êtes parfois si difficile à comprendre !

Le juste milieu

Ils vont sans doute avoir du mal à trouver le juste milieu. S'ils vous laissent tout à fait tranquille et ne disent plus rien, vous allez vous sentir abandonnée. S'ils s'occupent trop de vous, vous serez exaspérée. Ne croyez pas cependant qu'ils ne comprennent vraiment rien. Ils ont été des adolescents eux aussi, et même si les temps ont changé depuis, il reste des ressemblances. Mais une chose est sûre : ils ne pourront jamais se mettre à votre place, ils ne pourront jamais vous comprendre complètement. C'est fini la relation fusionnelle « parents-bébé » ! Ils souffrent sans doute de vous sentir vous éloigner, ils ont besoin de savoir que vous continuerez à les aimer même quand vous serez grande. Mais rassurez-vous, ils vont grandir, eux aussi !

Voir aussi Autorité, Beau-père/Belle-mère, Confiance, Liberté, Mère, Père.

Conseils

• Quand vous rentrez le soir, ne filez pas directement dans votre chambre : prenez le temps de parler avec vos parents, de leur raconter votre journée (vous n'êtes pas obligée de tout dire !), de les écouter aussi.

• Si vous n'avez plus trop envie que votre père vous fasse des bisous dans le cou ou des chatouilles, vous n'êtes pas obligée de le repousser méchamment. Expliquez-lui que vous n'aimez plus ça. Il sera peut-être un peu surpris et même peiné au départ, mais il comprendra certainement.

• Si vous n'êtes pas d'accord avec certaines idées de vos parents, discutez-en avec eux, présentez les vôtres, sans tout de suite penser qu'ils sont nuls ou trop vieux pour comprendre.

• Si vous trouvez que vos parents ne vous laissent aucune autonomie, discutez-en ouvertement avec eux. Demandez-leur pourquoi. Faites des propositions raisonnables pour apprendre à vous faire mutuellement confiance.

• Essayez de garder du temps pour faire des choses avec vos parents (une balade le dimanche, du shopping avec votre mère, un cinéma avec votre père) : c'est souvent une occasion pour parler tranquillement. Vous avez besoin d'eux, de leur soutien, de leur affection ? Eux aussi, ne l'oubliez pas !

128 • PARESSE

Poil dans la main…

S'informer

Il y a les hyperactives. Et puis celles qui ne se bougent pas beaucoup, qui préfèrent traîner, lézarder, celles que le travail et l'effort font fuir : en un mot, les paresseuses ! La paresse peut être un trait de caractère qu'on a toujours eu ; mais le moment de l'adolescence est souvent celui où elle s'épanouit.

Fatiguée ou paresseuse ?

Il ne faut bien sûr pas confondre la paresse avec la fatigue physique qui vous immobilise parce que vous vous sentez sans force et sans ressort. Cette fatigue est d'ailleurs très fréquente à votre âge. Si vous êtes réellement épuisée, consultez un médecin : il vérifiera que vous n'êtes pas anémiée, que vous dormez suffisamment et qu'il n'y a pas une origine physique à cette fatigue.

Madame Prétexte

La paresse, c'est cette voix intérieure qui vous dispense de chercher dans le dictionnaire un mot que vous ne comprenez pas, de réviser votre cours d'histoire, de persévérer dans les activités qui demandent des efforts (sports, musique…). Bref, de vous donner du mal, dans tous les domaines. Son surnom ? Madame Prétexte : elle est très douée quand il s'agit de vous trouver des tas d'excuses béton pour éviter l'effort !

Comprendre

Si vous vous sentez concernée par la question, il est temps de vous demander pourquoi vous vous laissez aller. Ce serait dommage de stagner dans la paresse : elle vous empêche de profiter pleinement de la vie, et surtout de ces années décisives pour votre avenir.

Elle a juré votre perte !

La paresse est un vrai handicap, et comme tout handicap, il faut le combattre. C'est elle qui va compromettre vos études en vous empêchant de vous mettre au travail et de bien suivre le programme. Vous avez peut-être des raisons (valables) d'être parfois un peu démotivée. Vous ne savez pas encore ce que vous voulez faire plus tard ; vous vous demandez à quoi servent certaines connaissances que les professeurs tiennent absolument à vous voir assimiler.

Non, ne cédez pas !

D'accord. Mais ce n'est pas une excuse ! Le seul moyen d'arriver à faire ce que vous voulez plus tard, c'est d'avoir la tête bien pleine. Le seul moyen d'avoir la tête bien pleine… c'est de la remplir, même de choses dont vous ne voyez pas l'utilité immédiate. Et le seul moyen de la remplir, c'est de secouer votre flemme.

Volonté contre paresse

Pour vous aider dans votre lutte antiparesse, vous avez un trésor à disposition : votre volonté. La volonté est la seule chose capable de couper court aux arguments de votre paresse. C'est un moteur formidable. Si le sujet de votre devoir de français vous ennuie, que vous n'y trouvez aucun intérêt et que vous louchez du côté de la télé en retardant le moment de vous y mettre, appelez votre volonté à la rescousse !

Allez, zou !

Elle vous soufflera que c'est votre avenir que vous jouez en traînant ainsi, que ce sujet est peut-être beaucoup plus intéressant que vous ne le pensiez… et que vous serez sûrement plus satisfaite d'avoir réussi à vous y mettre que d'avoir abandonné la partie.
La volonté est un atout formidable, qui vous permet de ne pas passer à côté de la vie. Plus on s'en sert, plus ça marche ! Vous verrez, elle finira même par vous donner envie de travailler.

Un peu de flemme : excellent pour la santé !

Cela dit, de temps en temps, il faut savoir s'accorder un répit, un petit accès de « bonne paresse ». Surtout pour celles qui sont hyperactives et incapables de s'arrêter. Un moment à ne rien faire, une bonne sieste, c'est un moyen de recharger ses batteries pour repartir vers d'autres aventures. Question de dosage : juste un tout petit peu de paresse et on repart !

Bons plans

Volonté ou paresse, à vous de choisir qui va gagner.

- *Fixez-vous des objectifs, pour bien montrer que c'est votre volonté qui commande. N'hésitez pas à aller jusqu'à l'héroïsme pur : finir votre dissertation même si votre feuilleton télé a commencé.*
- *Entre deux efforts, accordez-vous une pause. Rien de tel qu'un petit plaisir après l'effort pour regonfler la volonté à bloc !*
- *Souvenez-vous d'une phrase utile : ce qui est fait n'est plus à faire. Résoudre les problèmes pour les avoir derrière soi, c'est encore le meilleur plan. Ça devrait être l'attitude de tout paresseux qui se respecte !*

129 • PASSION

À la folie...

S'informer

On confond souvent la passion avec l'amour. Il est vrai que la passion est un sentiment intense qui vous pousse vers quelqu'un : à première vue, si ce n'est pas de l'amour, ça y ressemble fort !

Tornade sur le cœur

Pourtant, la passion n'est pas l'amour. Ce n'est pas une forme d'amour plus belle que les autres, plus forte, plus intense, comme beaucoup le pensent. Alors que l'amour enrichit, construit et rend heureux, la passion dévore, détruit et fait souffrir.

Tornade ou raz-de-marée ?

La passion est toujours excessive. C'est comme un vent de folie qui neutralise complètement la raison et la volonté. Un mélange d'émotions puissantes, de rêve, de sensualité, de jalousie, tout cela sans mesure et sans limites. En gros, quand vous vivez une passion, vous ressemblez à un fétu de paille pris dans une tornade ! Vous ne décidez plus de rien, vous êtes réduite à attendre que la tornade passe pour reprendre vos esprits. Bref, vous subissez. C'est d'ailleurs le sens du mot latin *passio*, qui a donné aussi l'adjectif « passif ». La passion est un sentiment dévorant qui vous prend tout entière et vous prive de liberté.

La fureur de vivre

Les livres et le cinéma utilisent souvent le langage de la passion pour parler de l'amour, ce qui n'aide pas à dissiper la confusion entre les deux termes. Les amoureux y apparaissent comme des gens complètement fous ; leur raison démissionne à l'instant où ils rencontrent l'âme sœur, et ils se laissent ensuite emporter dans une histoire qu'ils ne maîtrisent pas. Le lecteur (ou le spectateur) sort de là époustouflé par l'intensité des sentiments. Persuadé que ce tumulte fou fait le sel de la vie et la grandeur de l'amour !

Info +

Des expressions qui en disent long

« Je suis folle de lui », « Je l'ai dans la peau », « Je suis mordue », « Il me fait tourner la tête », dit-on quand on vit une passion : comme si on était prise au piège. Et que dire de l'expression « les ravages de la passion » ? Quant aux adjectifs, vous avez le choix : une passion est dévastatrice, destructrice, fatale ou dévorante !

Comprendre

La passion peut être la meilleure et la pire des choses, comme le feu peut réchauffer ou brûler grièvement. « Rien de grand ne se fait sans passion », dit-on avec justesse. Il est vrai que la passion est un formidable potentiel d'énergie : elle développe la créativité et incite à se dépasser, à faire des choses dont on ne se croyait pas capable.

Qu'est-ce que je ne ferais pas pour lui !

Qui n'a pas voulu réaliser des exploits en tout genre pour

subjuguer l'élu de son cœur ? La passion donne des ailes, qui ne poussent pas sur le dos des gens trop raisonnables. Elle dynamise une relation amoureuse et permet de la vivre pleinement. Quand on aime à la folie, on a horreur des demi-mesures, on veut tout donner et aussi tout recevoir de l'autre.

Le meilleur de l'amour ?

La passion, c'est le propre de votre âge. Vous êtes débordante de force, de générosité et vous voudriez vivre pleinement votre idéal d'amour. Vous pensez sans doute que la passion est la forme la plus parfaite de l'amour, la plus pure, la plus intense. « Il n'y a plus de passion », dites-vous tristement en regardant certains couples qui vous paraissent ne plus mettre assez de cœur à s'aimer.

Passion raisonnable

Vous avez raison de regretter l'absence de passion si vous qualifiez par là le fait d'être éperdument amoureuse, d'avoir le cœur qui bat, de penser sans cesse à l'être aimé, ce qui arrive à la naissance de toute relation amoureuse et qui est tout à fait normal et nécessaire pour qu'un véritable amour se construise. Mais la véritable passion, qui dévore tout sur son passage, ne finit jamais en amour heureux.

Posséder l'autre en exclusivité

Un amoureux qui se laisse emporter par la passion devient aveugle, sourd, imperméable à tout ce qui n'est pas son amour. Il veut posséder l'autre complètement… comme si l'autre n'existait que pour lui. Résultat garanti : il se fait mal, il lui fait mal, et il finit par détruire la relation à force de la vouloir trop totale et trop parfaite.

La passion aveugle, l'amour éclaire

Le véritable amour, c'est le contraire de la passion : c'est la tendresse, le respect de l'autre, la capacité à l'accepter différent, à le laisser libre. Cela demande de la patience, du temps, beaucoup d'humilité, et souvent de renoncer un peu à ses désirs pour écouter ceux de l'autre. Tout cela vous semble peut-être un peu terne à côté des couleurs flamboyantes de la passion. Mais c'est pourtant toute la folie de l'amour d'être grand dans les toutes petites choses.

Voir aussi Amour, Amoureuse.

Bon plan

Vous voulez de la passion, de la vraie ?

Cherchez-la dans la fiction. Les héros vont jusqu'au bout de leur passion… et le paient souvent de leur vie. Âmes sensibles, prévoyez des mouchoirs ! Quelques idées pour pleurer la mort d'amoureux légendaires, ou leur naufrage dans la folie :

- *Romans :* Belle du Seigneur *(A. Cohen)*, Les Hauts de Hurlevent *(E. Brontë)*, Anna Karénine *(L. Tolstoï)*, Tess d'Uberville *(T. Hardy)*, Lettre d'une inconnue *(S. Zweig)*.
- *Théâtre :* Une chatte sur un toit brûlant *(T. Williams)*, Roméo et Juliette *(W. Shakespeare)*, Andromaque *ou* Phèdre *(J. Racine)*.
- *Opéra :* Carmen *(G. Bizet)*, La Traviata *(G. Verdi)*
- *Cinéma :* Autant en emporte le vent, Camille Claudel, Adèle H.

130 • PATIENCE

Ma patience a des limites !

S'informer

Patience vient d'un mot latin, *pati*, qui a aussi donné passion et signifie supporter, subir, et même souffrir. La patience, c'est la capacité de supporter des choses désagréables : une maladie (les médecins appellent leurs malades des « patients »), les défauts des autres, le bruit que fait le voisin, l'incompréhension des parents…

Une qualité, deux états d'esprit

Il y a les filles qui sont capables d'attendre la fin de leurs tracas de gaieté de cœur, avec le sourire, d'autres qui sont seulement résignées. Dans les deux cas, elles ont droit à la médaille de la patience, du moment qu'elles attendent sans se plaindre.

La patience ? Une réussite !

La patience est aussi la capacité de persévérer dans une action sans se décourager, jusqu'à ce qu'on obtienne le résultat recherché. On arrive à bout de bien des choses grâce à elle.

Comprendre

Vous considérez peut-être la patience comme une qualité strictement réservée aux grands-mères. Plus généralement, à tous les adultes qui ont obtenu ce qu'ils désiraient, vécu plein de choses, qui ont (selon vous) des droits et des libertés à ne plus savoir qu'en faire.

La patience, très peu pour moi !

Vous avez peut-être l'impression d'être dans l'antichambre de la vraie vie. Quand la porte s'ouvrira-t-elle enfin sur tous vos projets d'avenir ? Hâte d'avoir passé le bac pour ne plus entendre parler du lycée, hâte de rencontrer le prince charmant, hâte de décrocher le permis de conduire, hâte d'être majeure, hâte d'avoir un métier formidable, hâte de gagner de l'argent…
Il y a de quoi bouillir et ronger votre frein. Alors, vous trépignez et vous rêvez du miracle qui vous ferait traverser les années d'un coup de baguette magique.

À bout de patience

En attendant, il y a toutes les petites choses qui mettent votre patience à l'épreuve au quotidien. Le cours de maths qui n'en finit pas, les vacances qui semblent si lointaines, ce bouton sur le nez qui s'obstine à ne pas disparaître, etc. Rien que des problèmes qui ont toutes les chances d'être solubles… dans la patience !

Tout, tout de suite !

Et si vous étiez justement à l'âge d'apprendre la patience ? Être adulte, c'est d'abord savoir qu'on ne peut pas avoir tout, tout de suite. Eh oui, il faut attendre son tour. Vous ne serez pas tout de suite performante dans votre métier, vous devrez faire vos preuves. Vous ne trouverez pas l'homme de votre vie en claquant des doigts. D'ailleurs, une fois trouvé… vous devrez vous armer de patience pour apprendre à

vivre avec lui ! Après, quand vous aurez envie d'avoir un enfant, vous ne deviendrez pas mère comme cela en un jour, parce qu'un bébé, on le désire puis on l'attend pendant neuf longs mois.
Et ainsi de suite.

Attendre, c'est déjà être heureuse

Et si l'attente faisait partie du bonheur, si elle donnait du goût à la vie ? Vous savez bien que vous êtes plus heureuse d'obtenir ce que vous avez longtemps désiré et attendu que si vous l'aviez eu tout de suite, sans effort et sans désir. Regardez ce qui se passe quand vous rêvez d'un beau voyage : ce moment d'attente et d'espoir est déjà un moment de bonheur parce que vous anticipez, vous espérez, vous imaginez.

Travaillez, prenez de la peine…

Être patiente, c'est aussi accepter de se donner du mal pour obtenir un résultat. La sportive, le petit rat de l'opéra, la pianiste ou la violoniste le savent : elles ne peuvent réussir que par la persévérance. Elles apprennent même à aimer ce temps d'apprentissage où il faut recommencer sans se décourager les mêmes exercices, les mêmes efforts, les mêmes souffrances aussi. Bien sûr, c'est difficile de contenir l'impatience, le cœur qui bat, les mains qui tremblent, les jambes qui courent et l'esprit qui galope. Mais la patience est peut-être aussi la capacité de savourer… même l'impatience !

Impatiente aujourd'hui, nostalgique demain

Si vous n'êtes pas convaincue, s'il vous arrive de trépigner en comptant les jours, de claquer la porte parce qu'on n'a pas répondu assez vite à votre question, de vous ronger les ongles en attendant l'avenir, pensez que dans quelques années vous rirez de votre impatience. Vous pourriez aussi regretter un jour de n'avoir pas assez savouré ce temps « pénible » qui vous agace aujourd'hui ! Alors, en attendant… patience !

Voir aussi Zen.

131 • PÉDOPHILIE

Briser le silence !

Définition

La pédophilie est l'attirance sexuelle d'un adulte pour les enfants, filles ou garçons. Un pédophile est un adulte qui recherche les relations sexuelles avec les enfants ou les adolescents : il peut s'agir de rapports sexuels, d'attouchements ou encore de perversion de l'enfant au moyen d'images ou de films pornographiques.

S'informer

La pédophilie est une déviance sexuelle sévèrement punie par loi française. Un adulte n'a pas le droit d'avoir des relations sexuelles avec un mineur de moins de 15 ans, même s'il ne les a pas obtenues par la force. C'est aussi le cas si le mineur a entre 15 et 18 ans et que l'adulte a autorité sur lui.

Des actes graves

Un pédophile peut agir par la contrainte mais aussi user de persuasion ou de séduction. Dans tous les cas, ce sont des actes graves : ils sont unanimement dénoncés par la société qui cherche à mettre les pédophiles hors d'état de nuire. Ces crimes meurtrissent pour longtemps les jeunes victimes. Certains pédophiles peuvent aller jusqu'à tuer leur victime.

Prise de conscience

Depuis quelques années, on entend beaucoup parler de la pédophilie. C'est une bonne chose parce que, maintenant, les institutions qui sont en lien avec les mineurs, comme l'Éducation nationale, le ministère de la Jeunesse et l'Église font un grand travail de prévention et de lutte contre la pédophilie.

Silence terrible

De plus en plus de victimes de la pédophilie osent porter plainte. Malheureusement, ce n'est sans doute que la partie visible de l'iceberg : comme pour le viol ou l'inceste, beaucoup de jeunes victimes n'osent pas encore parler.

Comprendre

Les pédophiles sont des personnes malades, déséquilibrées, qui ont une sexualité pervertie puisqu'elle ne s'oriente pas vers un adulte, ce qui est normal, mais vers un enfant qui n'est pas en mesure de vivre une sexualité adulte. Ils abusent de la fragilité des enfants, de leur incapacité de se défendre et de comprendre ce qui leur arrive.

Abus de pouvoir

Un enfant ou un adolescent n'est pas toujours capable de refuser les propositions ambiguës d'un adulte : il peut ne pas se rendre compte tout de suite de ce qui se passe. Il peut même au départ se sentir valorisé, séduit, d'être le centre d'intérêt d'un adulte qu'il estime : enseignant, animateur, aumônier, voisin ou membre de sa famille.

L'adulte est coupable

Souvent, l'enfant se croit coupable de n'avoir pas pu résister. Pourtant, c'est toujours l'adulte qui est responsable. L'enfant est toujours innocent. Il a surtout besoin de se faire aider, de parler avec des professionnels, des psychologues pour se reconstruire, retrouver sa dignité et sa confiance dans la vie.

Pourquoi ça arrive ?

Pourquoi les pédophiles font-ils cela ? Certains d'entre eux en ont été victimes : ils reproduisent ce qu'ils ont vécu. Ce n'est pas le cas de tous. La plupart disent avoir agi parce qu'ils étaient poussés par des pulsions incontrôlables. Ce qui est sûr, c'est qu'ils ont tous de graves problèmes et qu'ils doivent absolument être soignés sous peine de recommencer.

Est-ce qu'ils comprennent ?

Certains pédophiles demandent à être soignés en prison, et même à leur sortie, parce qu'ils ne veulent pas prendre le risque que cela se reproduise. Mais beaucoup d'autres nient les faits.

Internet criminel

Certains pédophiles ne voient même pas où est le problème. Ils ne vont pas forcément violer puis étrangler un enfant après l'avoir kidnappé à la sortie de l'école, mais commettent d'autres délits. Regarder des cassettes ou des photographies clandestines mettant en scène des relations sexuelles entre adultes et enfants est un crime, à double titre : crime parce que des victimes ont été violées, crime parce qu'elles ont été filmées ce qui ajoute à l'horreur. En plus, ce genre de choses entretient les fantasmes des pédophiles et peut les conduire à l'idée que leur sexualité est normale.

Enfants des autres pays

Certains pays ont des lois moins strictes que la loi française sur la pédophilie, ou moins de moyens pour les appliquer. Ce sont souvent des pays pauvres, où les enfants sont prostitués pour nourrir leur famille. Les pédophiles qui vont dans ces pays (on appelle cela le tourisme sexuel) sont criminels, même s'ils sont rarement punis. Il y a encore beaucoup à faire dans la lutte contre la pédophilie.

Info +

Il existe bien des réseaux de pédophiles à l'échelle internationale, mais 80 % des cas de pédophilie sont révélés dans le cadre de la famille ou des proches de l'enfant.

Voir aussi Inceste, Maltraitance, Viol.

Conseils

Que faire si on est convaincue de la culpabilité d'un adulte ?

- *Vous pouvez faire part de vos soupçons à un adulte. Il saura comment s'y prendre pour vérifier vos soupçons, les lever ou les confirmer. Vous pouvez aussi vous adresser à l'association Allô Enfance Maltraitée (voir les numéros utiles en fin d'ouvrage).*
- *Un mineur victime de pédophilie peut porter plainte jusqu'à l'âge de 28 ans, y compris pour des faits remontant à sa petite enfance.*
- *Attention ! Accuser quelqu'un de pédophilie est très grave. L'accusé sera mis en examen, peut-être emprisonné ; il devra être jugé et il sera peut-être gravement condamné. Sa famille, ses amis seront touchés, sa réputation sera détruite, il pourra perdre son emploi, l'amour de sa famille et l'amitié de ses proches. Autrement dit, il est très grave d'accuser ou de dénoncer quelqu'un à tort.*

132 • PÈRE

Mon père, ce héros...

S'informer

Pendant longtemps, les rôles et les tâches des parents étaient bien séparés. La mère s'occupait des enfants et du bien-être de toute la famille, le père mettait tout son honneur à pourvoir aux besoins de sa femme et de ses enfants, à protéger sa famille de toutes ses forces et de son autorité.

Le Pater familias

Il n'y a pas encore très longtemps, l'autorité du père sur toute la famille était pour ainsi dire toute-puissante : ni sa femme ni ses enfants n'allaient à l'encontre de ses décisions. C'était lui qui fixait les règles. Gare à celui qui désobéissait ! En revanche, il faisait entièrement confiance à sa femme pour s'occuper des bébés et des petits enfants. Même s'il avait de la tendresse pour eux, il aurait été inimaginable qu'il les berce, les lange ou les nourrisse comme beaucoup de pères le font aujourd'hui.

Papa nouveau modèle

Maintenant les choses ont changé. Beaucoup de femmes travaillent et leurs compagnons trouvent tout à fait normal de les aider à la maison. Mieux : ils ont découvert le plaisir de pouponner, de s'occuper eux aussi de leurs enfants, même tout petits. On les appelle d'ailleurs les « nouveaux pères » ou les « papa-poule » et la loi a instauré un partage plus équitable des responsabilités du père et de la mère.

Papa divorcé

Pourtant, même si les papas d'aujourd'hui ne ressemblent plus aux pères d'autrefois, c'est souvent la mère qui a la garde des enfants quand un couple divorce. C'est d'ailleurs une grande souffrance pour le père et les enfants. Depuis 2001, la loi encourage la « garde partagée » des enfants qui vivent ainsi alternativement chez leur mère et chez leur père.

Comprendre

Père autoritaire, papa poule, père absorbé par son travail, ou même père à mi-temps dans le cas des familles séparées, il y a toutes sortes de pères. Ce qui est sûr, c'est qu'on a besoin de son père, qu'on l'aime… même si les relations au moment de l'adolescence sont parfois tendues !

T'es plus dans le coup !

Même si vous aimez sans doute beaucoup votre père, qui a certainement été longtemps le héros de votre enfance, il vous arrive peut-être de trouver qu'il ne vous comprend pas, qu'il en fait trop… ou pas assez. Bref, vous n'êtes plus la petite fille qui rêvait d'épouser son papa !

Ma fille à moi…

Pour votre papa, ce n'est pas facile non plus. Il y a peu de temps encore, vous étiez une petite fille câline qui se jetait dans ses bras ou s'agrippait à son cou. Et vous voilà tantôt câline, tantôt distante, voire agressive quand il n'est pas « cool ».

Pas touche à ma fille !

Il n'a peut-être pas envie de vous voir grandir, de perdre sa petite princesse. Il a sans

doute un peu peur, comme tous les papas, du mal que l'on pourrait vous faire. Ce « on » un peu mystérieux, ce sont les garçons, notamment ceux qui s'intéressent déjà à vous ou ceux qui le feront forcément un jour. Comme votre papa a eu leur âge, il sait bien quelles idées ils ont derrière la tête !

J'arrive plus à suivre

Il est en même temps certainement fier de vous voir grandir, devenir une femme, prendre de l'assurance et une certaine forme d'autonomie. Alors, entre fierté et inquiétude, il a sans doute des réactions qui vous étonnent ou vous énervent. Les crises d'autorité (« pas question que tu sortes ce week-end ! ») succèdent peut-être aux grands moments de complicité ou de tendresse.

Papa pour toujours

Votre papa sera toujours votre papa, même quand vous serez partie de la maison ! C'est normal qu'il s'inquiète pour vous, qu'il soit exigeant, s'il vous aime. Soyez donc un peu indulgente et patiente. Laissez-lui le temps de retrouver ses marques. Ce n'est pas facile pour vous de changer ? Pour lui non plus, rassurez-vous ! Alors ne l'envoyez pas promener trop sévèrement quand vous trouvez ses plaisanteries déplacées, ses gestes de tendresse maladroits ou ses interdictions un peu trop fréquentes à votre goût. Au moins, cela prouve qu'il s'intéresse à vous !

Moi, je n'ai pas de papa

Il arrive hélas que certaines se retrouvent privées partiellement ou complètement de père. Décès, divorce ou relation tellement conflictuelle que le père en est presque absent. C'est certainement très difficile de grandir et de se construire sans ce soutien précieux qui aide à voir clair, qui sait être exigeant, parfois même autoritaire, par amour, pour le bien de ses enfants. L'amour d'un père, ce n'est pas la même chose que celui d'une mère et on a besoin des deux. Si c'est votre cas, vous avez peut-être dans votre entourage un oncle, un parrain, un ami adulte qui, sans remplacer votre papa, pourra vous apporter le soutien dont vous avez besoin pour finir de grandir.

Bons plans

Pour bien vous entendre avec votre papa

- Si votre papa est plutôt du genre très occupé, à rentrer tard le soir parce qu'il travaille beaucoup, essayez de trouver quelques heures le week-end pour passer du temps avec lui. Dites-lui que vous avez envie de faire des choses avec lui. Il sera certainement très fier que sa grande fille veuille encore passer du temps avec lui.
- Parlez-lui de ce que vous faites. Demandez-lui de vous expliquer ce qu'il fait. S'il lit un journal, posez-lui des questions sur l'actualité, demandez-lui de vous l'expliquer.
- Si vous trouvez qu'il est trop sévère ou qu'il vous interdit trop de choses, parlez-en avec lui. Demandez-lui sereinement de vous expliquer pourquoi il le fait. C'est en posant ces questions, comme une adulte, que vous ferez peu à peu comprendre à votre papa que vous avez grandi, qu'il peut vous faire confiance et vous traiter comme la grande fille que vous êtes !
- Si la communication est bloquée, n'oubliez pas que sa femme peut être parfois un excellent médiateur !

Voir aussi Beau-père/Belle-mère, Famille, Mère, Parents.

133 • PERMIS DE CONDUIRE

Le papier rose dont tout le monde rêve

S'informer

Auto, moto, transports en commun, poids lourds : il y a plusieurs sortes de permis de conduire. Le permis auto s'appelle le permis B. Il se passe en deux étapes. L'examen théorique vérifie que le futur candidat au permis connaît le code de la route (c'est pour cela qu'on l'appelle « code »). Ensuite, l'examen pratique vérifie que le candidat sait conduire partout (agglomération, route, autoroute) et faire des manœuvres (créneau, demi-tour, rangement en épi, etc.).

Faites votre choix !

Il y a deux parcours possibles pour obtenir le permis B : le parcours classique et la conduite accompagnée. Le parcours classique est possible à partir de 18 ans. Il faut obligatoirement s'inscrire dans une auto-école. Celle-ci propose un forfait comprenant la préparation à l'examen du code, et un minimum de 20 heures de leçons de conduite pour se présenter à l'examen pratique.

5 tentatives, 2 ans de délai

Vous passez d'abord le code. Vous avez droit à 5 tentatives pour décrocher l'examen de conduite, dans les deux années qui suivent votre réussite au code ; faute de quoi celui-ci est périmé et il faut le repasser.
Pour la conduite, vous avez droit à une évaluation avant de commencer les leçons : elle permet au moniteur de décider le nombre d'heures de conduite nécessaires.
La plupart des candidats ont besoin de plus de 20 heures : ils sont moins de 10 % à l'obtenir avec ce minimum obligatoire.

Conduite accompagnée

L'« apprentissage anticipé de la conduite » est possible dès l'âge de 16 ans. Au début, c'est le même parcours que pour l'apprentissage classique : cours de code, examen théorique, 20 heures de conduite. Ensuite, il faut rouler 3 000 km avant l'âge de 18 ans, accompagnée par un parent, ou tout autre adulte âgé d'au moins 28 ans qui suit la formation d'accompagnateur. L'accompagnateur doit posséder le permis depuis plus de 3 ans (sans avoir eu de condamnation), et accepter de participer à deux rendez-vous pédagogiques.
Il doit prendre une assurance complémentaire pour sa voiture. C'est une excellente méthode : il faut du temps pour être un bon conducteur. Au bout de cet apprentissage, à 18 ans, on passe l'examen pratique. Environ 80 % des jeunes qui ont suivi ce parcours obtiennent leur permis du premier coup.

Papier rose

Fini le temps où l'examinateur se tournait vers vous avec le sourire en vous disant : « C'est bon mademoiselle » et où vous repartiez avec un beau papier rose. Vous recevrez votre résultat par la poste, 2 ou 3 jours après avoir passé l'examen.
Les examinateurs en avaient assez de se faire agresser par des chauffards éconduits !

Des points en moins
Depuis 1992, le permis fonctionne avec un système de points. Au départ, il compte 12 points. Si un conducteur commet une infraction (un excès de vitesse, par exemple), on peut lui retirer de 1 à 6 points, selon la gravité de l'infraction. Plus de points ? Le permis n'est plus valide : il faut attendre 6 mois, et souvent repasser le code ou la totalité du permis. Pour retrouver des points perdus, deux possibilités : ne pas commettre d'infraction pendant 3 ans, ou effectuer des stages (payants) de sensibilisation. Un stage de deux jours (environ 230 €) peut permettre de récupérer 4 points.

Info +

Les jeunes et la conduite
- Les jeunes Français restent près de 70 % à avouer enfreindre (parfois ou souvent) les limitations de vitesse.
- 97 % sont d'accord pour se « sacrifier » et ne pas boire d'alcool lors des soirées pour raccompagner les autres.
- Pourtant, chaque année, près de 8 000 personnes, dont 1 700 jeunes de 18 à 24 ans, meurent d'un accident de voiture.
- On dénombre 170 000 blessés sur la route chaque année, dont certains restent handicapés à vie.

Comprendre

Le permis de conduire, c'est la liberté. Une bonne raison de le passer dès votre majorité. Si vous habitez à la campagne et que vous dépendez de vos parents pour vos moindres déplacements, vous devez déjà en être convaincue ! Si vous habitez dans une grande ville, peut-être moins !

On se bouge !
Pourtant, même si vous avez tous les transports en commun à votre disposition, ne tardez pas trop à obtenir ce petit papier rose.
Le permis pourra vous être demandé par un futur employeur. Et puis, c'est pénible de dépendre toujours des autres et d'avouer, passé un certain âge, qu'on n'a pas son permis ! Plus vous attendrez, plus vous aurez du mal à vous y mettre.

Alors, pensez à la conduite accompagnée : c'est déjà un excellent départ !
Voir aussi Alcool, Cannabis, Deux-roues, Drogue.

Conseils

Trucs et astuces pour décrocher le permis

- *Choisissez bien votre auto-école. Beaucoup font faillite. Mieux vaut prendre une auto-école qui a fait ses preuves que de choisir un tout nouvel établissement, même si ses prix sont attractifs ! Vérifiez que ce centre est agréé par la préfecture, sinon vous ne pourrez pas passer l'examen.*
- *Tout le monde est capable d'avoir son permis. Ne vous laissez pas impressionner par votre moniteur : si vous trouvez qu'il crie trop (ça arrive, hélas !), vous avez le droit de lui dire que cela vous paralyse… et même d'exiger de changer de moniteur.*
- *Passez le code avant de prendre le volant. Une fois débarrassée du code, vous pourrez vous consacrer à la conduite à haute dose.*
- *Évitez de trop espacer les leçons de conduite. D'une semaine sur l'autre, on oublie ce qu'on a appris si l'on n'a pas pris le volant.*
- *Réclamez d'être inscrite à l'examen pratique dès que vous êtes prête : une auto-école ne peut présenter qu'un nombre limité d'élèves à l'examen, et on risque de vous faire attendre.*

134 • PIERCING

Quand le look agresse...

S'informer

Comme le tatouage, le piercing est une très ancienne pratique. Dans bien des sociétés, il représentait une marque sociale, un signe d'appartenance à une tribu ou à une catégorie particulière : prêtres, nobles, etc. On pouvait aussi le recevoir lors d'un rite initiatique de passage de l'enfance à l'âge adulte.

Un look provocateur

Ces pratiques ont été remises au goût du jour par les hippies dans les années 60. Le piercing exprimait leur rêve de retour à une vie primitive supposée plus belle et plus vraie, et il était comme un signe de reconnaissance entre eux. Les punks ont repris l'idée dans les années 80. Se transpercer le corps avec des épingles, c'était une manière de dire leur refus violent de la société en adoptant un look criard, provocateur et agressif.

Un piercing, où ça ?

On peut se percer beaucoup de parties du corps. Sur le visage : lobe d'oreille, arcade sourcilière, lèvres, langue, narine, et même cloison centrale du nez. Ailleurs : nombril, seins et aussi organes génitaux. Sur certaines parties du corps comme les bras et le dos, les risques de rejet sont plus importants. Les piercings proches des yeux et sur les dents sont dangereux. Dans tous les cas, c'est une pratique qui n'est pas sans risques.

C'est dangereux ?

La première précaution, si vraiment on souhaite un piercing, c'est de choisir un professionnel qui respecte une hygiène rigoureuse : il y a des risques de transmission de maladies graves, voire mortelles (hépatite C, sida). Les professionnels sérieux se sont regroupés et ont édicté une charte de déontologie.

Ça fait mal ?

Oui, et ça fait partie du jeu. Ça fait souffrir quand on perce et après quand ça cicatrise.

La cicatrisation, c'est long !

Il faut respecter soi-même un certain nombre de règles. Le temps de cicatrisation varie suivant les piercings : 6 à 8 semaines pour le lobe d'oreille, l'arcade sourcilière, la lèvre ; 8 semaines pour la langue, 6 à 9 mois pour le nombril. Pendant cette période, il faut désinfecter régulièrement la plaie, ne pas s'exposer au soleil, éviter les bains de mer et le sable. Et garder le bijou posé jusqu'à cicatrisation complète.

Gare aux allergies !

On peut ensuite changer de bijoux. Mais il vaut mieux éviter de les faire circuler entre différents endroits percés : ne pas mettre sur le nez celui qu'on avait dans le nombril, et bien sûr ne rien échanger avec personne, si on ne veut pas multiplier les risques d'infection ! Enfin, il est préférable d'utiliser des bijoux en métal précieux ou anallergique, pour éviter les réactions allergiques.

Info +

Les risques d'infection

Il y a quatre risques de réactions de la peau après un piercing :

- Le granulome est un bourgeon charnu qui se forme autour du trou.
- La surinfection (ou rejet).
- Le fibrome, une tumeur bénigne qui se forme sous la plaie. Attention, cela arrive beaucoup plus souvent qu'on ne le croit.
- Les irritations de la peau, qui démangent désagréablement.

En cas de réaction, il n'y a qu'une seule solution : renoncer au piercing. Les cas d'infection (fibrome, etc.) nécessitent des interventions chirurgicales. Il faut parfois « nettoyer un peu large » autour de la plaie : cicatrice voyante garantie !
Avant même d'envisager un piercing, il faut savoir que ces risques existent. Un bon nombre de tous nouveaux « piercés » défilent dans les cabinets de dermatologues ou aux urgences pour cause de complications diverses !

Comprendre

Dans notre société, en dehors du trou dans le lobe de l'oreille, le piercing n'a rien d'une coutume ancestrale que l'on respecte. C'est purement et simplement une effraction volontaire du corps, une sorte d'agression qui mérite qu'on y réfléchisse à deux fois. D'abord, certains piercings sont vraiment encombrants et gênants, même quand on a l'habitude de les porter.
Le piercing sur la langue, par exemple, cogne ou vibre contre les dents à chaque consonne prononcée…
Quant au bijou sur une narine, c'est un excellent moyen de s'entraîner à loucher élégamment. Sans compter que, vu de loin, un petit diamant sur le nez ressemble furieusement à un énorme point noir !

T'es mon frère de piercing !

Aujourd'hui les adeptes du piercing, garçons et filles, voient cette pratique comme une technique esthétique originale. Mais, comme les hippies et les punks d'hier, ils aiment aussi le sentiment d'appartenance qui l'accompagne : en gros, il y a ceux qui pratiquent le piercing et les autres. Ils ont l'impression de faire partie d'une même famille, où l'on se comprend, où l'on se passe des « trucs » pour se faire percer.

Le corps : manipulation ou mutilation ?

Et puis au fond, comme pour le tatouage, il y a toujours une sorte de désir malsain de manipuler et même de mutiler son corps, pour voir, pour provoquer, pour prouver ou se prouver qu'on est libre de l'utiliser à sa guise.
Le tout est de savoir si on a vraiment besoin d'un piercing pour se sentir bien dans sa peau. Une chose est certaine : votre peau, elle, n'en a vraiment pas besoin pour se sentir bien !

Bon plan

Curieuse ?

Envie de voir à quoi vous ressembleriez avec un piercing ? N'allez pas jusqu'à vous trouer la peau ; votre nombril s'en passe très bien, votre nez aussi, votre langue encore mieux ! Pensez aux faux piercings aimantés ou aux autocollants. Ça vous permettra de réfléchir tout en faisant une bonne blague à votre grand-mère ou à votre maman.

Voir aussi Tatouage.

P 135 • PILULE

Lundi, mardi, mercredi...

Définition

Ce qu'on appelle couramment « la pilule » est un contraceptif oral qui se présente sous forme de comprimés. Il existe en réalité une trentaine de marques de pilules, qui fonctionnent toutes sur le même principe.

S'informer

Pendant le cycle menstruel, le corps de la femme se prépare à l'éventualité d'une grossesse. Sous l'effet complexe d'hormones, l'ovaire libère un ovule, la muqueuse utérine se développe pour accueillir l'ovule fécondé. La pilule est un moyen contraceptif qui modifie le taux d'hormone pour que le corps de la femme ne soit jamais prêt pour une grossesse.

Pas d'ovule, pas de bébé

Les comprimés contiennent des hormones de synthèse qui viennent modifier l'action naturelle des hormones fabriquées par le corps de la femme. Le cycle d'une femme sous pilule n'est pas un cycle « naturel » : il n'y a pas d'ovulation et la muqueuse utérine ne se développe presque pas. Une grossesse n'est donc pas possible.

Pilules combinées et « micropilules »

Dans la plupart des pilules, il y a deux types d'hormones : l'œstrogène et la progestérone. On dit que ce sont des pilules combinées.
Les « micropilules » ne contiennent qu'une sorte d'hormone, les progestatifs. Mais le principe est toujours le même, quel que soit le type de pilule prescrit.

Tous les jours

Si on prend sa pilule régulièrement, sans oublier un seul jour, elle est efficace à presque 100 %.
On commence la première plaquette le premier jour des règles, qui est le premier jour du cycle. Généralement, on doit la prendre tous les jours pendant 21 jours puis on arrête pendant 7 jours et on recommence. Certaines pilules doivent être prises sans interruption, mais elles sont plus rarement prescrites.
Pendant les jours d'arrêt, on a des saignements qui ressemblent aux règles, souvent moins abondants que les règles. C'est normal puisqu'il n'y a pas d'ovule et peu de muqueuse utérine à évacuer.

Pas d'oubli

Il faut prendre la pilule tous les jours à la même heure (le matin en se levant ou le soir en se couchant) : si la femme oublie un comprimé, elle ne prend pas la dose d'hormones nécessaire pour bloquer l'ovulation, son cycle peut donc recommencer normalement. La pilule n'a rien de magique !

Que faire en cas d'oubli ?

Si on a oublié et qu'on s'en aperçoit au bout de quelques heures, on peut encore réparer l'erreur en la prenant aussitôt. Au-delà de 12 heures, on n'est plus protégée, il faut mettre un préservatif à chaque rapport sexuel, tout en continuant de prendre la pilule tous les jours jusqu'à la fin de la plaquette. Attention, le délai est beaucoup plus court pour les micropilules souvent prescrites aux jeunes filles, parce qu'elles contiennent moins d'hormones : après 3 heures de retard, c'est trop tard !

Info +

Pour se faire prescrire la pilule

1. Il faut aller consulter un gynécologue (la consultation coûte environ 33,50 €

remboursés en partie par la Sécurité sociale).
2. Le gynécologue prescrit des examens de sang.
3. On doit aller revoir le gynécologue avec les résultats des examens. Le gynécologue prescrira une pilule s'il ne remarque pas de contre-indications. Il peut aussi prescrire la pilule dès le premier rendez-vous et dire d'attendre les résultats des examens pour la prendre. Il explique comment la prendre. C'est aussi indiqué dans la boîte de comprimés.
4. La pilule est prescrite pour trois mois, voire six mois : on doit retourner voir son gynécologue pour qu'il renouvelle la prescription.
5. En cas de problème, d'oubli, il est toujours possible de lui téléphoner pour savoir ce qu'il faut faire.

Conseil

Si on ne veut pas en parler avec ses parents, on peut s'adresser à un centre de planification familiale, au dispensaire municipal ou à certains hôpitaux : la consultation est anonyme et gratuite.

Comprendre

Depuis l'invention de la pilule dans les années 60, la recherche a fait beaucoup de progrès et il existe maintenant des pilules minidosées qui sont bien moins fortes que celles que vos aînées avalaient.

Légère, oui mais

La pilule, même minidosée, reste un médicament.
Ce n'est pas un comprimé que l'on avale à la légère.
D'ailleurs, si vous voulez la prendre, vous devez voir un médecin, faire des analyses de sang.
Elle n'est pas dangereuse, à condition de la prendre convenablement, c'est-à-dire en faisant tous les examens pour s'assurer régulièrement que le corps réagit bien à ce traitement. Il faut aussi éviter de fumer quand on prend la pilule car l'association pilule-tabac multiplie considérablement les risques de maladies cardio-vasculaires.

Ça rend stérile ?

La pilule ne rend pas stérile et une femme qui l'a prise pendant des années pourra certainement attendre un bébé tout à fait normalement. Mais il faut savoir que la pilule modifie le cycle naturel de la femme. Une fille qui commence à prendre la pilule à 15 ans et l'arrête à 30 ans pour avoir un bébé aura passé quinze années de sa vie sans connaître le rythme naturel de son corps. Ses cycles mettront sans doute un peu de temps à reprendre un rythme naturel régulier, ce qui ne facilite pas la venue d'une grossesse. C'est pour cela que les femmes qui arrêtent

Vrai / Faux

La pilule est efficace dès le premier jour
Vrai. Elle est efficace immédiatement, si on commence bien la plaquette dès le premier jour des règles et qu'on la prend correctement (tous les jours à heure fixe) pendant 21 jours. Il n'y a donc pas besoin d'attendre la fin de la première plaquette pour être protégée.

La pilule fait grossir
Faux. Les pilules actuelles, moins fortement dosées que les premières, ne font pas grossir.

La pilule est cancérigène
Faux. Il n'y a pas plus de cancers chez les femmes qui la prennent que chez les autres.

La pilule protège du sida
Faux. Aucun moyen contraceptif autre que le préservatif ne peut vous protéger du sida ou des MST.

La pilule sert à réguler les cycles irréguliers
Vrai. Un médecin peut la prescrire comme traitement à une jeune fille qui n'a pas de cycles réguliers ou a des règles très douloureuses.

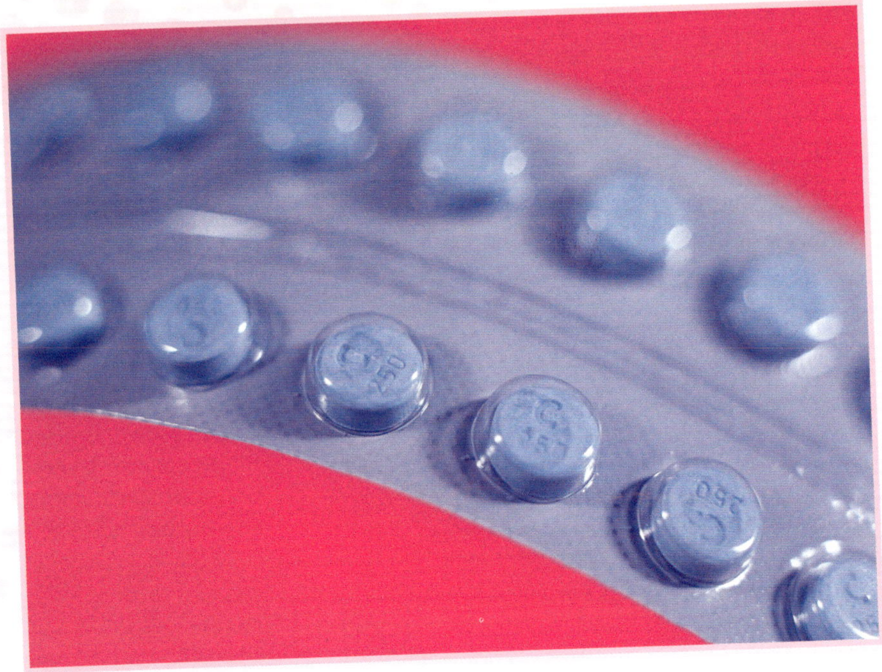

© Getty Image

la pilule mettent parfois un certain temps pour être enceintes. Mais il peut aussi arriver que certaines soient enceintes le mois suivant l'arrêt de la pilule !

Responsable et sérieuse

D'où la nécessité de bien réfléchir avant de la prendre et de ne pas le faire n'importe comment, un comprimé un jour sur deux, ou alors une plaquette un mois sur deux, au petit bonheur la chance, parce que l'on n'en a pas vraiment besoin, mais qu'on prévoit, « au cas où ». C'est le meilleur moyen de se retrouver enceinte, le jour du « cas où » !

Une décision importante

Prendre la pilule est une décision qui se mûrit. Si vous décidez un jour de prendre la pilule, c'est que vous envisagez de mener une vie sexuelle d'adulte, d'en prendre la responsabilité et de l'assumer pleinement. Prendre la pilule suppose d'être capable de se prendre vraiment en charge : en cas d'oubli, il faudra assumer les conséquences d'une grossesse éventuelle.

Une chance

Avant la pilule, les couples ne disposaient pas d'un moyen fiable pour éviter qu'un rapport sexuel aboutisse à la naissance d'un enfant. La pilule a permis aux femmes d'être délivrées de l'angoisse parfois insupportable de la grossesse non désirée. C'est une chance, surtout pour une jeune fille qui ne sait pas encore ce que sera son avenir, et ce qu'elle veut faire de sa vie. Une bonne raison de considérer cela avec sérieux : ce n'est pas parce que l'on a le droit de prendre la pilule maintenant (même sans l'autorisation de ses parents) qu'il faut le faire systématiquement, sans trop y réfléchir, dès que l'on a ses règles !

Un choix raisonné

Prendre la pilule ne vous fera pas devenir une femme, elle ne vous fera pas basculer dans le monde adulte, comme par miracle. C'est seulement le fait de choisir après avoir mûrement réfléchi, en fonction de vos projets, de votre vie affective, de votre façon de voir la vie, qui fera de vous une fille responsable. Ce choix de fille, personne ne peut le faire à votre place, ni votre mère ni le garçon que vous aimez.

Voir aussi Avortement, Contraception, Fécondité, Grossesse précoce.

PAIX
PARDON
PARENTS
PARESSE
PASSION
PATIENCE
PÉDOPHILIE

PÈRE
PERMIS DE CONDUIRE
PIERCING
PILULE

136 • PITIÉ

Je ne veux pas de ta pitié !

S'informer

La pitié n'a pas bonne presse. Ce n'est pas forcément un sentiment qu'on aime inspirer : quand on fait pitié, on n'en est pas fière. C'est parce qu'on associe souvent le mépris à la pitié : ceux qui font pitié sont considérés comme des gens sans valeur, incapables de se sortir seuls de leurs difficultés, voire coupables de les avoir provoquées.

Touchée par les soucis des autres

Pourtant, la pitié se dit aussi par d'autres mots. La « compassion », qui en latin veut dire « souffrir avec ». Ou encore la « sympathie », qui vient du grec et signifie la même chose. Autrement dit, la pitié est la sensibilité au malheur d'autrui. On est touchée, bouleversée, attendrie devant ceux qui souffrent, on se sent proche d'eux.

Personne ne mérite le malheur

C'est donc une attitude qui n'a rien à voir avec le mépris. Avoir pitié, c'est être bienveillante, ne pas condamner l'autre. C'est regarder au-delà, découvrir ses qualités, et surtout croire qu'on a tous une valeur : personne ne mérite le mépris, la solitude, ni le malheur.

Comprendre

La pitié, c'est le premier pas vers celui qui souffre. Vous avez envie de faire quelque chose pour l'aider, pour le soulager, pour lui montrer qu'il compte pour vous, qu'il a du prix. C'est le contraire de l'égoïsme. Pour éprouver de la pitié, il faut être capable de sortir de soi-même et de ses petits (ou grands) problèmes pour regarder autour de soi. Ce n'est pas forcément facile. Quelquefois, vous avez peut-être l'impression d'avoir tellement de soucis que vous oubliez qu'il existe de plus grands malheurs autour de vous.

Comme une insulte

Surtout, vous-même n'avez pas envie de la pitié des autres. Vous préférez vous débrouiller toute seule, pleurer dans votre coin ou serrer les dents, mais ne pas subir le regard condescendant des autres quand vous êtes en difficulté. Il faut de l'humilité pour accepter l'aide d'autrui. C'est pour cela qu'accorder votre pitié ne vous paraît peut-être pas évident… pas très gentil, en tout cas.

Sur des œufs
Alors, pas de pitié pour les gens malheureux ? Si, bien sûr. Mais, effectivement, pour témoigner de la compassion à quelqu'un qui est fragile, perdu, écrasé, qui a fait une faute, ou qui a honte, il faut être à peu près aussi délicat que si l'on marchait sur un parterre d'œufs.
Respect !
Vous avez sûrement entendu parler de gens comme Mère Teresa en Inde, l'abbé Pierre qui a fondé en France le mouvement Emmaüs, ou encore Geneviève de Gaulle, l'ancienne présidente d'ATD-Quart monde. Leur point commun ? Ce sont des personnes qui ont employé toutes leurs forces et toute leur intelligence à aider ceux qui étaient sans secours et sans moyens de s'en sortir seuls. Parce qu'elles avaient pitié, mais pas n'importe comment : elles considéraient tous les gens malheureux avec respect. Du coup, pour les aider, elles se sont efforcées de leur donner les moyens de s'aider eux-mêmes, afin qu'ils retrouvent leur dignité et leur confiance en eux.
À votre bon cœur
Quand vous avez pitié d'un SDF, vous pouvez lui donner une pièce ; mais vous lui donnez quelque chose de plus si vous le saluez, si vous lui parlez de manière respectueuse, sans avoir l'air de le mépriser.
La fille qui a raté son devoir de maths, qui se sent nulle et qui pleure vous fait pitié ? L'important, c'est de la réconforter mais aussi de lui rendre confiance en elle, de l'aider peut-être à faire des maths… en lui demandant de vous apprendre à faire ce qu'elle sait bien faire, du français, de la musique ou n'importe quoi d'autre !
À la rencontre de l'autre
La pitié seule est dangereuse : elle peut être une manière de vous croire supérieure ou à l'abri des problèmes. Mais si la pitié s'accompagne de respect, elle vous conduit à une rencontre, un partage, un vrai souci de l'autre. Elle n'a plus rien de méprisant et vous pourrez y découvrir des surprises et des bonheurs. Si vous décidez de déjeuner avec la fille un peu seule de votre classe (vous savez, celle dont aucune bande ne veut), vous pouvez le faire par compassion… et découvrir quelqu'un de charmant, d'intéressant. En tout cas, vous la considérerez avec un autre regard !
Une goutte d'eau dans l'océan ?
On est tous impuissants face à la misère, à la souffrance. On ne peut faire que de petites choses. Ce qui compte, ce qui change, c'est le geste, le sourire, la rencontre qui ne transforme pas forcément le malheur en bonheur, mais qui est le signe que vous êtes présente, que vous ne vous en fichez pas. Que vous partagez la douleur de l'autre, même modestement.
C'est peu, et pourtant c'est beaucoup… parce que les petits ruisseaux de pitié font les grandes rivières de solidarité.

Voir aussi Égoïsme, Fraternité, Gentillesse, Solidarité.

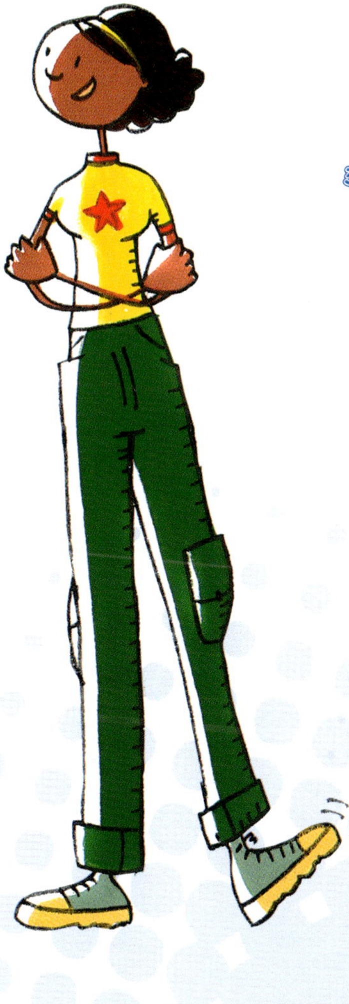

137 • PLAISIR

Il n'y a pas de recette !

S'informer

Le plaisir est une émotion, un sentiment ressenti à la suite de la satisfaction d'un besoin ou de la réalisation d'un désir. À la différence du bonheur qui concerne une vision plus globale de la vie, le plaisir est un sentiment de plénitude, de bien-être, qui ne dure pas mais qui donne du goût à l'instant présent.

Petits et grands plaisirs

Il existe toutes sortes de plaisirs, petits et grands, qui donnent des couleurs et des saveurs à la vie. Déguster un bon repas, faire une belle balade, écouter une musique que l'on aime, passer du temps avec des amis, sont de vrais plaisirs qui contribuent au bonheur de ceux qui les vivent. Mais quand on parle du plaisir, on pense souvent au plaisir sexuel, que beaucoup considèrent comme le plus grand de tous.

Comprendre

Quand une fille commence à s'intéresser aux relations avec les garçons, elle s'interroge souvent sur le plaisir sexuel. Qu'est-ce que c'est ? Que doit-on ressentir ? Est-ce normal de ne rien ressentir ? On dit que l'orgasme est le sommet du plaisir sexuel : comment le reconnaître et, surtout, comment y parvenir ?

Objectif septième ciel

Ces questions sont d'autant plus angoissantes que notre société fait du plaisir une sorte d'obligation sans laquelle une vie ne peut être réussie. Dans les magazines féminins (et masculins), on trouve régulièrement des dossiers pleins de recettes pour parvenir au plaisir (en l'occurrence l'orgasme), comme si c'était une affaire d'ingrédients et de méthode. Sans parler des vedettes en tous genres qui prétendent vivre une relation torride et des garçons qui ne parlent que de ça (ou presque) ! De quoi se poser beaucoup de questions, se demander si l'on est capable d'atteindre le « Plaisir ».

Le « Plaisir », ça n'existe pas !

D'abord, rassurez-vous, ce plaisir avec un grand P dont tout le monde parle d'un air entendu… n'existe pas ! Il n'y a pas une façon unique d'éprouver du plaisir, qui serait la même pour tout le monde. De plus, le plaisir se découvre, et s'apprend : ce n'est pas un don inné. Toutes les filles (et tous les garçons) sont physiquement capables d'éprouver du plaisir.

D'accord, mais c'est comment ?

Très bien, direz-vous, mais comment savoir ce qu'est l'orgasme ? L'orgasme, c'est le sommet du plaisir sexuel. Pour les garçons, il est souvent directement lié à l'éjaculation. Mais il n'y a pas de modèle unique de l'orgasme masculin : ce peut-être un plaisir plus ou moins intense, et certaines éjaculations ne s'accompagnent même pas de plaisir ! Pour les filles, c'est aussi un moment très intense. Il est différent pour chacune : le moment venu, vous saurez le reconnaître.

Du plaisir avant le sommet

Mais l'important, c'est de bien comprendre que l'orgasme n'est que le sommet du plaisir. Cela veut dire qu'avant d'atteindre ce sommet, il y a déjà du plaisir. Plaisir physique bien sûr, celui du corps, mais aussi plaisir du cœur quand on fait l'amour… avec amour. Ces plaisirs-là sont tout aussi importants que l'orgasme, qui est très intense, certes, mais aussi très éphémère. Ils ne sont pas des lots de consolation inventés pour réconforter les perdants de la tombola de l'orgasme, loin de là !

Impossible d'arriver en haut

C'est vrai que l'orgasme n'est pas toujours au rendez-vous dans un rapport sexuel. Pourquoi ? Parce que les partenaires ont « raté » leur performance, qu'ils s'y sont mal pris, qu'ils ne sont pas doués ? Pas du tout ! Le plaisir n'est pas une affaire de technique. Il n'y a pas de parcours fléché, de gestes définis, pour l'atteindre. C'est une alchimie un peu mystérieuse entre les deux personnes qui fait qu'elles connaîtront le plaisir. Dans ce mystère entrent tout autant le corps, que la tête et le cœur.

Au début de l'ascension

Quand on commence sa vie sexuelle, il est important de prendre son temps : on ne connaît pas forcément les caresses qui vont émouvoir. On est souvent gauche, intimidée et impressionnée par la découverte du corps du garçon, si différent. Il faut être patiente, savoir parler sans honte de ce qui plaît ou de ce qui déplaît, caresses ou baisers. Mais le plus important, c'est d'abord de se faire confiance et de faire confiance à l'autre, de façon à pouvoir prendre tranquillement le temps de se découvrir et de se connaître mutuellement.

Plaisir partagé

Le plaisir se vit à deux : chacun se soucie du plaisir de l'autre, a envie de trouver les plus belles caresses, pour donner le plus de plaisir. Le piège, c'est de chercher uniquement l'orgasme comme si c'était seulement une affaire mécanique. Et, justement, ne penser qu'au sommet, c'est le meilleur moyen de rater tous les plaisirs de l'ascension !

Faire confiance

Plus les amoureux se font confiance, plus la rencontre est réussie parce qu'on a d'autant plus de plaisir qu'on accepte de lâcher prise, de s'abandonner et même de perdre le contrôle de ce que l'on éprouve. Pour cela, il faut drôlement faire confiance à son partenaire !

Du temps, du temps, du temps !

C'est pour cela qu'il ne faut pas vous presser d'avoir des relations sexuelles. Ce serait tellement dommage d'être déçue et de croire que vous ne connaîtrez jamais le plaisir parce que vous vous êtes un peu précipitée. Il y a un temps pour tout dans la vie. Le temps des regards échangés, le temps des premiers baisers, le temps des premières caresses… Si vous franchissez ces étapes à la vitesse de la lumière pour avoir très vite des rapports sexuels, sans prendre le temps de vous connaître, de vous aimer, de découvrir l'autre et de l'aimer, vous risquez fort d'être un peu perdue.

… et toujours du temps !

Ce qui est vrai au début de la vie sexuelle le reste tout du long. Un célèbre professeur de médecine, spécialiste des questions sexuelles, répète souvent qu'il n'y a pas de mauvais amants, mais seulement des amants pressés. Alors, patience !

Info +

Le plaisir, ça s'apprend puis ça marche à chaque fois ?

Faire l'amour s'apprend, mais pas comme une technique très pointue, une mécanique bien rodée, que l'on apprendrait comme le vélo ou la conduite. Ça s'invente à deux, et c'est toujours unique. Et même quand un couple vit une relation durable et s'entend bien, le plaisir n'est pas au rendez-vous à chaque fois. Ce n'est ni grave ni angoissant ! Le plaisir obligatoire et systématique, c'est bon pour les magazines et pour les films. Dans la réalité, faire l'amour avec amour, c'est plus que du plaisir, c'est du bonheur, même sans orgasme !

Voir aussi Caresse, Premier rapport sexuel, Sexe.

Je suis trop grosse !

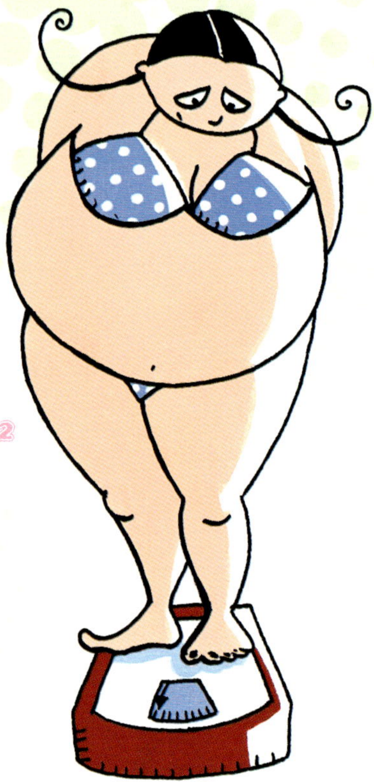

Nouvelles formes
À votre âge, une fille grandit et grossit, c'est parfaitement normal. En moyenne, vous devez prendre 20 cm et 20 kg pendant toute votre adolescence. C'est ce qui vous donnera des allures de vraie femme, et toutes les formes qui vont avec. La poitrine se développe, la taille s'affine, les hanches s'arrondissent… tout comme les fesses. Envolée la petite fille filiforme. Mais rassurez-vous : les garçons a-do-rent ça !

Oui, mais pas trop tout de même !
Vous trouvez peut-être que vous avez des formes un peu trop généreuses. Attention aux kilos imaginaires : vous pouvez être tout à fait normale même si vous vous trouvez « énorme ». Si vous avez réellement quelques kilos en trop ou en moins, ne vous inquiétez pas trop : cela arrive souvent à votre âge. Les chamboulements hormonaux qui se produisent à la puberté sont les premiers coupables. Avec les années, cela s'arrange.

Trop ronde, trop menue
Mais vous avez peut-être réellement des problèmes de poids qui vous désolent. Qu'est-ce qui vous fait grossir ? Ou pourquoi est-ce que vous ne grossissez pas ? Il peut y avoir des facteurs héréditaires ; il y a des familles de gros et des familles de maigres.

Petite souris qui grignote
Mais le plus souvent, le principal coupable, c'est le mode d'alimentation. Réfléchissez à la manière dont vous mangez. Excès de sucreries, grignotage en tout genre, petit déjeuner que vous n'avez jamais le temps de prendre : autant de raisons de prendre du poids. Votre mode de vie y est aussi pour quelque chose. Évitez le piège « trop de télé et pas assez de sport » !

Inégales devant la nourriture
L'alimentation compte, c'est certain. Mais ne tombez pas dans le piège des privations excessives du genre « une olive et un verre d'eau » à chaque repas. Toutes les filles ne peuvent pas avoir la ligne mannequin, parce qu'elles

S'informer
Le poids idéal n'est pas forcément celui dont on rêve. Quand on se trouve trop grosse (ou trop maigre !), il faut essayer de regarder les choses objectivement pour ne pas confondre les formes avec l'obésité, ni la minceur avec la maigreur.

ne sont pas égales devant la nourriture et n'ont pas la même morphologie. Certaines ont des os tout fins, d'autres de gros squelettes. Il y a les gourmandes et les autres ; celles qui ne peuvent pas se passer de beurre et celles qui n'en raffolent pas, celles qui prennent un kilo en croquant deux chips et celles qui engloutissent un couscous sans prendre un gramme. Inutile donc de rêver d'être comme votre copine : vous n'êtes pas bâtie de la même façon !

Info +

Calculer votre indice de masse corporelle

Pour évaluer les problèmes de poids, les médecins se basent sur l'indice de masse corporelle (IMC). Vous pouvez facilement le calculer. Il suffit de diviser votre poids (en kilos) par le carré de votre taille (en mètres). Exemple : un poids de 55 kg, une taille de 1,60 m. On divise 55 par (1,60 x 1,60), ce qui donne un IMC d'environ 21,5. Or un IMC normal est compris entre 20 et 25. On commence à parler d'obésité quand l'IMC dépasse 30. Cela dit, si vous avez un IMC de 18 ou 19, n'allez pas croire que vous êtes rachitique. Beaucoup de filles sont dans ce cas : elles sont très minces, mais pas maigres !

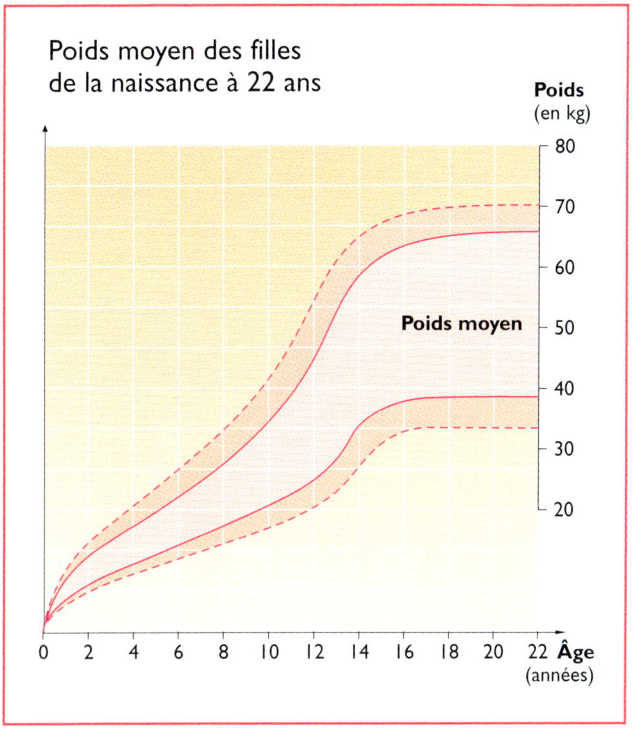

Comprendre

Vous avez peut-être été une petite fille fluette. Et depuis quelque temps, vous vous voyez changer. Vous prenez des formes et l'aiguille de la balance s'emballe : c'est vrai qu'il y a de quoi vous étonner, et peut-être vous inquiéter.

Mes fesses sont monstrueuses

Rien de plus normal, pourtant : vous êtes tout simplement en train de devenir une femme. Il va falloir vous habituer à ce corps nouveau, l'apprivoiser, admettre que certaines rondeurs ne sont pas des paquets de graisse mais des formes féminines tout à fait charmantes.

J'ai faim !

En plus, vous grandissez, parfois même à vive allure. Cette croissance accélérée peut vous donner un bon coup de fourchette, qui pourtant ne fait pas toujours grossir, si vous évitez le régime *fast food*. Ce qui fait le plus grossir, ce sont les petites déprimes, les coups de blues que l'on noie à grand renfort de chocolat et de sucreries en tout genre !

Pas de régime sans queue ni tête !

L'important, c'est de ne pas trop vous inquiéter au sujet de votre poids et de cette fichue balance qui prend toujours un malin plaisir à vous rappeler à l'ordre quand vous avez le moral dans les chaussettes. Efforcez-vous de manger équilibré plutôt que de faire n'importe quel régime qui risque de vous mettre à plat… et de vous faire grossir à long terme !

Les formes, c'est beau

Alors ne tombez pas dans le piège qui consiste à vous occuper tout le temps de votre ligne : cela vous gâcherait la vie et risquerait même de transformer vos petits problèmes de poids en gros problèmes de santé. Le principal est de vous sentir bien, même si vous n'avez pas (du tout) la même silhouette que les *top models* de vos magazines préférés (d'abord, elles sont trop maigres !).

Savoir-vivre

Ne soyez pas vexante !

Si vous n'avez pas de problème flagrant de poids, ne faites pas partie des filles qui se plaignent pour rien. Évitez de faire la coquette et de dire que vous avez 3 kilos à perdre (ou à prendre !) devant une copine qui a de réels problèmes de poids et qui devra vivre avec toute sa vie. C'est insultant et très agaçant.

Voir aussi Anorexie, Chocolat, Complexes, Régime, Repas.

Bons plans

Spécial « 3 kg en trop »

- *Prenez un bon petit déjeuner.*
- *Forcez sur les légumes, la viande, les yaourts et les fruits.*
- *Bougez, nagez, courez, montez les escaliers à pied et ressortez votre vélo.*
- *Ne regardez pas les mannequins à la télé… et consolez-vous en vous disant que beaucoup de garçons apprécient les rondeurs !*

Spécial « 3 kg en moins »

- *Prenez aussi un bon petit déjeuner.*
- *Mangez équilibré, ne négligez pas les sucres lents (féculents).*
- *Bougez, nagez, courez : le sport vous musclera.*
- *Et ne vous désolez pas : toutes vos copines vous envient !*

Comment s'en débarrasser ?

S'informer

Le développement de la pilosité fait partie des petits « cadeaux » de la puberté, comme l'acné ou les petites rondeurs superflues. Seulement, contrairement aux boutons qui finiront bien par décrocher un jour, vous allez devoir apprendre à vivre avec vos poils… ou plus exactement à vous en débarrasser !

Quand les intrus s'incrustent

Tout commence par quelques poils épars sur le pubis autour de 12 ans, qui se développent autour du sexe et un peu sur les cuisses. Ils apparaissent sous les bras un peu plus tard. La pilosité définitive est atteinte autour de 13 ans.
Mais tout cela est indicatif et varie beaucoup d'une fille à l'autre : chacune a une couleur, une quantité, une répartition différente de poils.
Les blondes sont évidemment privilégiées !

La « faute » aux parents !

Une pilosité très développée est souvent héréditaire.
Mais quand on a vraiment beaucoup de poils sur les bras et les jambes, ce peut être le signe d'un mauvais fonctionnement hormonal. C'est assez rare et dans ce cas, un traitement hormonal peut être prescrit par un médecin ou un gynécologue.

La question de toutes les filles

Qu'on ait trois poils ou davantage, de toute façon, la question de toutes les filles, c'est : « Comment m'en débarrasser ? »
Tout dépend du temps et de la patience que vous avez, de votre budget, de la quantité et de la couleur des coupables, et de la sensibilité de votre peau.

Solution éclair

Le premier réflexe des filles, c'est souvent le rasoir. C'est rapide, facile, économique (surtout si on prend celui de son père ou de son frère : à éviter, pour l'hygiène et la sérénité familiale !).
Le résultat est joli mais il faut recommencer très vite, la peau souffre et les poils en profitent pour repousser de plus en plus vite et de plus en plus fournis. Dans l'idéal, le rasoir doit être réservé au dépannage de dernière minute, qui vous évite de rater la sortie à la piscine avec les copains !

Crèmes et épilateurs

Les crèmes et mousses en tout genre laissent la peau plus douce, mais il faut recommencer presque aussi souvent qu'avec un rasoir et cela coûte plus cher.
Les épilateurs électriques qui arrachent les poils plutôt que de les couper évitent une repousse drue.
Mais l'épilation est plus douloureuse et il faut attendre

que les poils aient un peu repoussé pour renouveler l'opération. Avec cette technique, certaines filles ont, à la longue, des poils qui repoussent sous la peau, ce qui donne des plaques rouges assez inesthétiques. Rien n'est parfait !

L'épilation à la cire

La cire est sans doute la meilleure méthode quand on n'est pas trop douillette. Vous serez tranquille pour un mois environ et la repousse sera discrète. Mieux vaut vous épiler à un rythme régulier sans laisser trop repousser les poils. Ça fait moins mal, et vous ne serez pas prise au dépourvu en cas de sortie imprévue à la piscine !

La cire tiède, une arme efficace

Vous pouvez vous initier en allant chez une esthéticienne pour observer sa façon de faire et acquérir le coup de main. Pour la maison, il existe maintenant des cires orientales à base de sucre à faire chauffer au micro-ondes : faciles à utiliser, elles sont très efficaces. Une douche chaude suffit pour faire partir les dernières traces de cire.

Cire froide : pour les retouches

La cire froide est moins efficace que la cire tiède mais très pratique quand on est en vacances, pour faire des petites retouches. Son inconvénient ? Elle laisse des traces souvent difficiles à enlever, même avec l'huile vendue dans le paquet de bandelettes.

Info +

Comment s'épiler à la cire ?

- Prévoyez une bonne heure devant vous, pour faire cela tranquillement.
- Dans l'idéal, faites cela à deux. C'est plus facile pour les zones qu'on ne voit pas bien, derrière les jambes par exemple.
- Assurez-vous que votre peau est bien propre et sèche. Pour faire fondre la cire, suivez bien le mode d'emploi et divisez le temps par deux si votre pot est à moitié vide. Vérifiez impérativement la température de la cire sur une petite surface de peau avant de vous lancer. Pour la cire froide, réchauffez bien la bandelette entre vos mains avant de la séparer tout doucement en deux.
- Posez la cire dans le sens de la pousse du poil. N'en mettez pas trop. Une fine couche d'un ou deux millimètres suffit. Posez la bandelette de tissu dessus. Lissez bien dans le sens de la pousse du poil. Respirez un grand coup. Et tirez d'un coup sec dans le sens inverse de la pousse du poil. Pas d'hésitation : ça fait moins mal et c'est plus efficace !
- Vous pouvez réutiliser immédiatement la bandelette pour parfaire le résultat de la zone « débroussaillée ». Vous pouvez aussi faire les finitions à la pince à épiler.
- Faites partir les dernières traces de cire à l'eau chaude, puis mettez une bonne crème hydratante. Les petits boutons rouges qui peuvent apparaître après une épilation (même chez l'esthéticienne) partent en général au bout de deux jours.

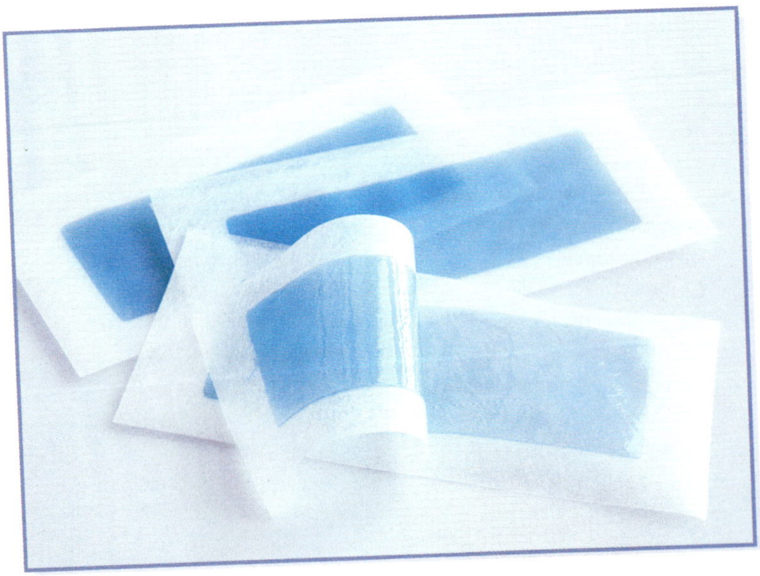

Comprendre

À votre âge, on découvre les poils, ou on les a découverts depuis peu. Ce « fléau » nouveau vous affole peut-être. Il est vrai que les poils ne simplifient pas la vie des filles : c'était tellement plus commode quand vous n'en aviez pas !

Mais oui, vous êtes normale !

On a souvent l'impression d'avoir trop de poils, trop foncés, trop épais, au point que l'on se trouve un air de gorille ! Si vous êtes brune, vous regardez probablement avec envie les bras de votre copine blonde. Vous vous demandez si vous en avez plus ou moins que les autres. Question absurde : chacune a sa pilosité.

Vous avez le choix de l'arme…

La seule question à vous poser est de savoir quel genre d'épilation vous convient le mieux. Commencez par un état des lieux et réfléchissez à ce que vous pouvez supporter. S'épiler à la cire les aisselles ou ce qu'on appelle pudiquement le « maillot » demande un vrai courage. La crème, ou le rasoir en cas d'urgence, feront aussi bien l'affaire.

Jambes : l'idéal, c'est la cire

Sur les jambes, quand on commence seulement à avoir quelques poils, ce n'est peut-être pas la peine de sortir l'artillerie lourde. Crèmes ou décoloration peuvent suffire. Après, l'idéal reste quand même la cire. Quant aux bras, par pitié, ne commencez pas ! Vous entreriez dans un véritable esclavage, alors qu'un peu de soleil les blondit si vite. Inutile de faire des excès de zèle. Les poils « aux pattes » demandent assez de travail comme ça !

Savoir-vivre

En France, on n'aime pas les poils !

L'épilation est une affaire culturelle. Dans certains pays d'Amérique latine ou d'Asie, on ne s'épile pas, dans d'autres très peu : beaucoup d'Allemandes gardent sans complexes leurs poils sous les bras. En France, l'usage veut qu'on s'épile. Les gens seraient choqués de vous voir avec des poils sous les aisselles : c'est supposé être très laid. En fait, cela peut donner l'impression qu'une femme ne prend pas soin d'elle ou pire, qu'elle est sale.

Voir aussi Complexes, Puberté.

Conseils

Spécial visage

• Si vous faites partie de celles qui ont un petit duvet sur la lèvre supérieure, en général une décoloration suffit. S'il est un peu trop abondant, vous pouvez aussi utiliser des crèmes, voire de la cire tiède, mais avec précaution. Jamais de rasoir sous peine de finir femme à barbe dans les foires !

• Si vous avez des poils sur d'autres parties du visage et que vous êtes très complexée et malheureuse, sachez qu'il existe une technique d'épilation définitive. Il faut s'adresser à un dermatologue spécialiste du cuir chevelu, qui pratique l'épilation électrique : en quelques séances, remboursées par la Sécurité sociale, vous retrouverez une peau toute douce.

140 • POITRINE

Trop ou pas assez…

Définition

Un sein est constitué d'une glande mammaire enrobée de tissu adipeux (graisse) et d'une membrane de soutien qui lui donne sa forme.
La pointe du sein s'appelle l'aréole. La glande mammaire est d'ordinaire très réduite, elle se développe pendant les grossesses pour sécréter du lait à chaque naissance.

S'informer

Un petit renflement au niveau du sein, sous l'aréole, qui gonfle à peine le tee-shirt et voilà : on a le droit aux remarques taquines de son entourage, pas toujours faciles à supporter ! « Ça y est, tu as les seins qui poussent ! » dit-on en croyant flatter l'intéressée qui se passerait bien de ce genre de réflexion.

J'ai qu'un seul sein !
Ce petit signe discret d'entrée dans la puberté apparaît vers 11-12 ans. Souvent, il a l'humour de ne se manifester que d'un seul côté, pendant quelques mois. Pas de panique : l'autre sein rattrape son retard, et la poitrine est symétrique ! Les seins mettent en effet plusieurs années à atteindre leur taille définitive. Chez la plupart des filles, cela arrive autour de 15 ans.

À chacune sa poitrine
La poitrine, c'est comme le reste du corps, comme les yeux, le nez ou les cheveux. À chacune la sienne, généreuse ou menue, ronde comme une pomme ou pointue comme une poire, on n'y peut rien ! Tant pis si vos seins n'ont pas la forme dont vous rêviez !

Et le bistouri ?
Cela dit, il y a des cas où la poitrine est un véritable handicap, quand elle est vraiment trop lourde, par exemple. Cela peut même causer des douleurs dans le dos, empêcher de faire du sport. Dans ce cas-là, on peut envisager une intervention chirurgicale : elle est même remboursée par la Sécurité sociale. Mais s'il s'agit juste d'un problème esthétique, vous ne serez pas remboursée. Que votre poitrine ne corresponde pas exactement à celle dont vous rêviez n'est pas une raison suffisante pour demander une opération coûteuse qui, comme toute opération, n'est jamais sans risques pour la santé.

Au secours, j'ai des poils
Mais en dehors de leur forme, il y a mille et une raisons de vous poser plein de questions sur vos seins. Si vous constatez que quelques poils apparaissent autour de vos aréoles, par exemple, rassurez-vous ! C'est une chose qui arrive à beaucoup de filles. Il suffit de s'épiler.

Un cancer ? Ce n'est pas de votre âge !
Si vous sentez une boule sous l'un ou l'autre des seins, il faut aller consulter un médecin. Ne vous inquiétez pas, il s'agit d'un kyste sans gravité. De toute façon, le médecin vous le dira : on n'a jamais vu de cancer du sein chez une adolescente.

Conseils

Prenez-en soin !

- Rien de tel qu'une pratique régulière de la natation pour avoir une belle poitrine. Ce sport muscle les pectoraux qui soutiennent les seins (ceux-ci ne comportent aucun muscle).
- Si vous êtes adepte de sports un peu violents pour la poitrine (tennis, équitation, etc.), portez un soutien-gorge spécial, surtout si vous avez beaucoup de poitrine.
- La peau des seins est fragile et extrêmement sensible aux coups de soleil. Attention aux expositions sur la plage !

Comprendre

Quand on est petite, on rêve d'avoir une belle poitrine. Pourtant, quand elle arrive, il est difficile de s'y habituer : on se sent toute gauche, on a même parfois un peu honte. On craint aussi le regard des garçons, les remarques pas très fines dont les frères sont capables, sans oublier leur bonne blague qui consiste à faire claquer l'élastique du soutien-gorge sur le dos. Derrière ces plaisanteries de potaches se cache une véritable gêne devant ce symbole de la féminité. Eh oui ! Vous êtes en train de devenir une vraie femme, et vous pouvez en être fière.

Un peu de pudeur !

Mais ce privilège vous confère aussi des obligations.
Les garçons sont particulièrement sensibles à une belle poitrine. Il suffit de regarder la publicité pour comprendre combien les seins sont un objet de séduction auprès des hommes. Vous voilà donc dotée d'un pouvoir de séduction nouveau, et vous ne pouvez plus vous comporter avec l'insouciance d'une petite fille. Désormais, votre règle d'or doit être « pudeur et discrétion » ! Porter des décolletés provocants attirera certainement autour de vous une nuée de garçons, mais peut-être aussi des gestes, des attitudes qui vous mettront dans l'embarras.

Mauvais plans

- Ne pas porter de soutien-gorge. Les seins s'affaissent.
- Porter des soutiens-gorge trop petits parce qu'on est gênée par une poitrine qu'on trouve trop grosse. Ils abîment les seins… et c'est laid : il y a souvent des bourrelets qui dépassent !

Voir aussi Apparence, Complexes.

Bons plans

Choisir ses soutiens-gorge

• Allez dans un magasin spécialisé, au moins une fois : vous aurez affaire à une professionnelle qui vous aidera à ne pas choisir une taille trop petite ou trop grande. Critère principal : le confort. Un soutien-gorge ne doit pas vous faire mal, et vous devez pouvoir oublier que vous en portez un (même si, la première fois, ça fait une drôle d'impression !).

• Évitez les soutiens-gorge trop bon marché. Ils ne tiennent pas grand-chose et s'abîment rapidement.

• Apprenez à trouver la forme qui mettra en valeur vos seins, selon leur forme. Les armatures sont plutôt réservées aux poitrines de belle taille. Si vous avez des seins plutôt petits, préférez un modèle rembourré.

• Les soutiens-gorge se lavent régulièrement (au moins 2 fois par semaine, davantage si vous transpirez). La machine à laver les abîme : prenez votre courage et un peu de lessive à deux mains, ou enfermez-les dans des sacs spéciaux « linge fragile » avant de les mettre dans la machine.

P

141 • POLITIQUE

La politique, c'est votre affaire !

Définition

Politique vient d'un mot grec, *polis*, qui veut dire la ville, la cité : la politique, c'est à la fois l'organisation de la vie d'une collectivité comme une ville ou un État et la manière de faire fonctionner cette organisation, le pouvoir et l'exercice du pouvoir.

S'informer

On appelle régime politique une façon particulière de répartir les pouvoirs dans une société. Autrement dit, qui décide quoi, au nom de qui. Comment se prennent les décisions qui concernent tous les membres d'une communauté : combien paie-t-on d'impôts, quelles routes construit-on, est-ce qu'on fait la guerre, comment s'assure-t-on que tous les membres de la communauté peuvent vivre décemment et en sécurité, quelles lois vote-t-on, comment fait-on régner la justice, etc. Il existe différents régimes politiques, suivant que le pouvoir est détenu par un seul, par quelques-uns ou par tous.

Nous, le peuple

La démocratie a été inventée il y a 2 500 ans à Athènes, en Grèce ; le mot signifie littéralement « le pouvoir au peuple » (à l'époque, le peuple était en fait constitué exclusivement

des citoyens mâles !). Aujourd'hui, la principale caractéristique de la démocratie est la consultation électorale. Le peuple exerce son pouvoir en élisant des représentants qui vont voter les lois, organiser le pays, gouverner, dialoguer avec les pays voisins en son nom. Parfois, le peuple exprime directement son opinion par un référendum. On répond oui ou non à une question précise et importante. Le suffrage est devenu universel ; il concerne tous les citoyens adultes, riches ou pauvres, hommes ou femmes.

La séparation des pouvoirs

Une autre caractéristique des démocraties modernes est la séparation des pouvoirs ; celui de gouverner, le pouvoir exécutif ; celui de faire les lois, le pouvoir législatif ; celui de rendre la justice, le pouvoir judiciaire. Le délicat équilibre entre les différents pouvoirs est particulier au régime politique de chaque pays ; les « règles du jeu » sont inscrites dans un texte, la constitution.

Démocraties

Le régime politique de la France est la démocratie au sein d'une république. Nos voisins les plus proches vivent aussi en démocratie, certains dans des républiques : Italie, Allemagne, Portugal ; d'autres dans des monarchies, Espagne, Belgique, Pays-Bas, Royaume-Uni.

En France

Concrètement, en France, on élit au suffrage universel direct le président de la République, les députés nationaux (membres de l'Assemblée nationale), les députés européens, les conseillers régionaux et généraux (au niveau du département), et les conseillers municipaux. Les sénateurs, qui ont la charge de voter les lois conjointement avec les députés de l'Assemblée nationale, sont élus au suffrage indirect par les différents élus locaux, maires, maires adjoints, etc. En revanche, les juges sont nommés, et non élus, contrairement à ce qui se passe aux États-Unis, par exemple.

Et les partis ?

Les partis politiques sont nés en même temps que les régimes démocratiques : un parti, ce sont des citoyens qui ont les mêmes idées et qui s'organisent ensemble pour les défendre, convaincre l'opinion publique et se faire élire pour les appliquer. Pour cela, ils présentent des candidats aux élections. Dans une démocratie, il existe différents partis politiques qui peuvent tous défendre leurs opinions.

Le financement des partis

En France, pour éviter autant que possible la corruption, les partis politiques reçoivent des subventions de l'État, proportionnelles au nombre de voix qu'ils ont obtenues aux élections. De même les frais des campagnes électorales sont pris en charges par l'État pour les candidats ou les listes qui ont obtenu un pourcentage minimum de voix (5% des suffrages exprimés pour les élections présidentielles).

Info +

D'où viennent les termes Droite et Gauche ?

Ce classement vient de l'Assemblée constituante de 1789, lorsque, à sa première séance, les défenseurs de la monarchie s'installèrent à la droite du président de séance, et les autres, républicains ou partisans de l'abolition de la royauté, à gauche. Depuis, le contenu des deux appellations a beaucoup évolué, mais à l'Assemblée nationale, les députés de droite continuent à s'installer à droite du président de l'assemblée et ceux de gauche à sa gauche.

Comprendre

Quand on grandit, on commence à s'intéresser à ce qui se passe autour de soi et très vite on rencontre des questions liées à la politique. On se demande qui s'occupe des classes trop chargées, d'un enfant handicapé qui ne peut pas trouver d'école, de la vieille voisine qui a une trop petite

retraite pour vivre, d'un parent au chômage.
On voudrait aussi lutter contre le racisme, l'injustice, la violence. Et quand on regarde la télévision, on est révoltée de voir les guerres, les pays qui n'ont pas de médicaments ou de nourriture en quantité suffisante, etc.
On se sent bien impuissante et peut-être même découragée. Si les adultes ou les spécialistes de ces problèmes ne réussissent pas à changer les choses, qu'est-ce qu'une jeune fille, même pleine d'enthousiasme et de générosité, peut faire ?

Qu'est-ce que je peux faire ?

Préparez-vous à voter, c'est-à-dire à donner votre avis, à désigner des représentants qui défendront vos idées, vos espoirs. Si vous ne votez pas, ce sont les autres qui choisiront pour vous !
Et puis, commencez à réfléchir, à discuter, avec vos copains, avec vos parents, avec les professeurs qui vous enseignent l'histoire, les sciences économiques et sociales, la géographie et bientôt la philosophie.
Le monde de demain sera le vôtre, vous pouvez contribuer à le rendre meilleur, plus beau, plus juste, plus habitable.

Sale, la politique ?

La politique vous paraît souvent n'être qu'une histoire minable d'argent, de pouvoir, d'ambition et de corruption ?
Vous avez bien raison de ressentir du dégoût à l'égard de ces hommes (ou femmes, même si elles sont peu nombreuses dans le monde politique) qui ont abusé de la confiance qu'on leur avait faite en les élisant et qui en ont profité.
Mais ce n'est pas parce que quelques personnages peu recommandables donnent cette image désastreuse de l'action politique, que vous allez vous désintéresser de ce qui se passe autour de vous et dans le monde !
La politique de votre génération ressemblera à celles et à ceux qui la feront. Il ne tient qu'à vous qu'elle soit plus propre que celle de la génération d'avant.

Voir aussi Écologie, Idéal, Journaux, Justice, Paix.

Info +

Les femmes et la politique

En 1995, il n'y avait que 6% de femmes élues à l'Assemblée nationale ; c'était le chiffre le plus bas des 15 pays de l'Union européenne. En 2000 une nouvelle loi a été votée pour tenter de permettre aux femmes de prendre plus de place dans la vie politique. La loi sur la parité oblige les partis politiques à proposer davantage de candidates pour les élections. S'ils n'atteignent pas 40% de candidates, ils doivent payer des pénalités. C'est ce qu'on appelle une discrimination positive, une loi qui essaie de donner un coup de pouce aux femmes dans un secteur où les hommes exercent une domination écrasante. Et ça marche : en 2002, le pourcentage des femmes élues à l'Assemblée nationale est passé à 12%.

Dites NON !

Définition

La pornographie est la représentation grossière et vulgaire de la sexualité et d'actes sexuels, destinée à être rendue publique. Ce sont aussi bien des films, des vidéos, des magazines, des BD que des publicités ou des affiches.

S'informer

Les garçons se sont toujours intéressés à la pornographie. Qui n'a pas eu un frère ou un cousin qui cachait des magazines pornos sous son matelas pour les regarder en cachette ? Beaucoup de garçons sont passés par là et ne sont pas pour autant devenus des obsédés sexuels ou des violeurs en puissance.

Du sexe partout

Malheureusement, la pornographie ne se limite plus aux magazines cachés par des adolescents honteux, ni aux films vendus dans des sex-shops glauques où seuls les initiés osaient entrer. La pornographie s'est tellement répandue qu'elle est présente presque partout : dans les vidéoclubs du coin de la rue, à la télévision, sur les murs, dans tous les kiosques à journaux et même dans certaines rubriques de vos magazines féminins préférés.

De plus en plus sordide

Ces représentations donnent dans la surenchère pour satisfaire les fantasmes de ceux qui sont blasés par le « déjà-vu » de la production pornographique, et sont de plus en plus violentes. Résultat ? L'homme et la femme sont traités avec mépris, parfois même avec haine, comme des objets ou comme des bêtes.

Info +

Des chiffres inquiétants

Des garçons – et des filles – de plus en plus jeunes regardent des films pornos : un (e) adolescent(e) de 11 ans sur deux aurait déjà vu ce genre de films. C'est tellement inquiétant que les pouvoirs publics envisagent très sérieusement de prendre des mesures pour protéger les enfants et les adolescents de ces images malsaines.

Comprendre

Les filles sont beaucoup moins tentées que les garçons par la pornographie. Vous faites d'ailleurs probablement partie de celles que cela dégoûte, au point de considérer que c'est une affaire d'obsédés sexuels avec lesquels vous ne voulez surtout jamais avoir à faire.

Ce n'est pas l'avis de tout le monde

Pourtant, sans vouloir vous effrayer, de plus en plus de

garçons de votre âge tombent dans ce piège. Alors qu'ils sont sans expérience et même sans connaissance en matière de sexualité, ils regardent des vidéos, pour s'exciter bien sûr, mais aussi pour faire leur éducation sexuelle.

Drôle de cours d'éducation sexuelle

Tous les adolescents ont envie de savoir des tas de choses sur la sexualité : comment se passe un rapport sexuel, ce qu'est le plaisir. C'est vrai que ce n'est pas toujours facile d'en parler, de demander des informations et des explications. C'est vrai aussi que les images sexuelles sont tellement présentes qu'on se pose ces questions de plus en plus tôt ; on peut même penser que ce qui traîne sur les murs, dans les kiosques ou à la télé est parfaitement normal. Alors certains garçons, et même certaines filles, croient que les films pornos sont un bon moyen d'information sur la sexualité.

Attention à votre image, les filles !

Mais qu'est-ce que les garçons apprennent de ces films ? Que les filles sont toutes faciles, soumises ou perverses.
Eh oui ! L'image que ces films donnent de vous, les filles, n'est pas très glorieuse.
Dans les films pornos, les filles apparaissent dominées par les garçons, elles font ce qu'ils veulent, elles sont partantes pour tous les jeux sexuels – même les plus violents et les plus dégradants – et, quand elles disent non, c'est encore un jeu, en fait elles pensent oui ! La preuve, quand les hommes les soumettent de force à leurs désirs, elles manifestent bruyamment un très grand plaisir.

Pauvres garçons

L'image des garçons n'est pas plus flatteuse, même s'ils sont en position de domination. Elle fait croire aux filles que les hommes sont brutaux, égoïstes, obsédés voire bestiaux. Quant au regard que les garçons portent sur eux-mêmes, il est terrible et fait naître bien des angoisses : ils ne seront jamais aussi performants que dans les films, leur sexe ne sera pas assez grand, ni assez gros, leur érection n'arrivera pas au bon moment ou ne durera pas assez longtemps, ils ne vont pas réussir à faire ce qu'ils ont vu, etc.

Plus de tabous

Les films pornos montrent avec beaucoup de précision une succession d'actes mécaniques, de positions et de pratiques sexuelles, sous prétexte que rien n'est « tabou », comme disent les magazines. Certains vont même jusqu'à affirmer que c'est nécessaire et salutaire. Selon eux, la pornographie fait tomber tous les tabous. On peut tout faire, tout regarder et tout montrer : on est enfin « libérés ».

Le porno, une vraie prison

Pourtant, les films pornos véhiculent eux-mêmes un tas de clichés assez désolants sur le sexe : les filles sont toutes des perverses, les garçons sont tous des étalons prêts à sauter sur tout ce qui bouge. En fait, les films pornos sont de véritables machines de prêt-à-penser en matière de sexualité, qui incitent à se conformer à des modèles, sous peine d'être la dernière des coincées.

Le porno, un vrai danger

Mais surtout, le porno donne une image fausse et violente de la sexualité, une image où l'homme et surtout la femme sont considérés comme des objets, des tas de viande tout juste bons à donner du plaisir. Alors que certains garçons et certaines filles n'ont encore jamais fait l'amour, ils ont dans la tête tout un cortège d'images sexuelles à la fois sales et violentes. Le danger du porno ? Faire croire que pour bien faire l'amour, il faut obligatoirement reproduire ce genre de chose. De quoi craindre le premier rapport sexuel, bien sûr, mais surtout le transformer en véritable catastrophe, quand on veut imposer à l'autre ce qu'on a vu !

Pas tabou mais intime

Le sexe n'est ni sale ni honteux. Après tout, c'est bien comme cela que nous nous aimons et que nous venons au monde ! Mais si le sexe n'est pas sale, il doit rester caché, un peu comme un trésor. La sexualité, c'est d'abord une affaire intime : personne n'a à savoir ce qui se passe entre deux personnes qui s'aiment et se le montrent, et rien ne doit leur dicter leurs gestes ou leur conduite, si ce n'est un grand respect et un immense amour.

Une rencontre, pas une technique

Mais surtout, faire l'amour n'a rien à voir avec un exercice technique, un parcours fléché avec des étapes bien précises à franchir pour atteindre le sommet du plaisir. C'est toujours une rencontre, une histoire unique. Tout s'y mêle : désir, plaisir mais aussi tendresse, douceur et bonheur quand la rencontre est réussie. Et justement, le meilleur moyen de rater cette rencontre, c'est de prendre pour modèle les films pornos !

Alors, dites non !

Jugement moral, direz-vous ! Eh bien oui, il n'y a pas de honte à cela, au contraire. C'est moral et c'est très sain de dire que le porno est sale, nul et dangereux, que ces films risquent de faire beaucoup de mal à celui qui les regarde, et de clamer haut et fort qu'on n'en veut pas. C'est difficile de le dire aujourd'hui : les stars du X sont invitées dans les émissions de télévision comme si elles étaient des actrices comme les autres ; les magazines féminins, y compris ceux destinés aux adolescentes, vont jusqu'à proposer des « bons plans sexe », même la pub n'y échappe pas ! Refuser de se laisser envahir et piéger, c'est un choix, une forme de résistance à l'air ambiant pour rester vous-même et vous donner toutes les chances de vivre plus tard une vie sexuelle heureuse. Alors les filles, respectez-vous et faites-vous respecter !

Voir aussi Chasteté, Filles/garçons, Garçons, Premier rapport sexuel, Sexe, Sexualité.

Conseils

Comment résister ?

• D'abord, refusez de regarder ce genre de films qui vont vous polluer la tête et vous donner une image très triste de la sexualité.

• Refusez de faire tout geste, toute « pratique » sexuelle que vous réprouvez, même si votre copain vous jure ses grands dieux que c'est normal et que vous ne devriez pas être aussi coincée.

• Refusez de parler ou d'entendre parler grossièrement de la sexualité : les mots ont un sens, ce n'est pas la même chose de dire « faire l'amour » ou « baiser ».

• Ne mettez pas le nez dans la rubrique « sexe » de votre magazine favori, si ce n'est pour vous moquer de l'image toute faite, débile et réductrice qu'il donne de la sexualité. Et surtout, soyez convaincue que vous êtes normale. Si vous n'avez jamais fait l'amour ou si vous ignorez la plupart des techniques dont il parle, vous n'êtes pas coincée : vous avez parfaitement le droit de prendre votre temps et de faire vos découvertes par vous-même.

143 • PORTABLE

La boîte qui parle

S'informer

Aujourd'hui, la plupart des jeunes (et moins jeunes) ont un téléphone portable. C'est pratique : on peut prévenir que l'on arrive en retard, informer ceux qui viennent vous chercher de l'endroit précis où l'on est, etc. Ils sont de plus en plus légers et performants, et jolis comme tout ! De quoi céder à la tentation. Mais attention ! Le portable reste un appareil qui coûte cher.

Formules au choix

Vous avez différentes formules à votre disposition : cartes, forfaits ou mini-forfaits. Avec une carte, la minute est plus chère, mais il est plus facile de contrôler votre consommation. Avec un forfait, vous compterez moins vos minutes, mais attention : dès que vous dépassez l'horaire autorisé, la minute devient très chère. Les mini-forfaits, eux, offrent des minutes bon marché sans obliger à une consommation minimum de 2 heures par mois.

Pas possible, encore un supplément !

À vous de voir ce qui vous convient le mieux pour gérer votre consommation au plus juste. Vous pourriez commencer par un système à carte pour évaluer au mieux votre consommation, puis passer à un forfait pas trop long. Envisagez de le rallonger s'il se révèle insuffisant, plutôt que de payer des suppléments salés tous les mois.

Ouvrez l'œil, et le bon !

Quelle que soit la formule à laquelle vous vous abonnez, lisez votre contrat mot à mot. Posez-vous en particulier les questions suivantes : que se passe-t-il en cas de perte ou de vol ? Est-ce qu'on me donnera automatiquement un autre appareil ou faut-il souscrire une assurance spécifique ? Est-ce que j'aurai droit à un changement d'appareil au bout d'un ou deux ans de forfait ?

Info +

Le portable est-il dangereux ?

Le portable est accusé par certains médias de provoquer des maux comme des migraines, des pertes de mémoire, des tumeurs au cerveau, voire même la maladie d'Alzheimer ! Aucune étude scientifique n'a pu prouver de tels effets. Cela dit, il s'agit d'une technologie récente et il faudra du temps pour vraiment mesurer les effets des ondes du portable. En attendant, on ne sait jamais : évitez de l'avoir toujours collé à l'oreille. En plus, elle risque de devenir toute rouge !

Comprendre

Avoir un portable, c'est prendre une responsabilité. D'abord, il s'agit d'un outil cher qu'il faut ménager, et surtout ne pas perdre. Ensuite, vous êtes tenue de vous conduire de manière à ne pas déranger les autres et à ne pas jeter votre argent par les fenêtres.

Allô, tu me vois ? J'arrive !

Vous avez certainement des tas de choses à dire… qui peuvent attendre que vous rencontriez la personne concernée. Pas besoin d'appeler toutes vos copines sur le chemin qui vous ramène du lycée. Vous pouvez peut-être attendre d'être chez vous pour utiliser le fixe ! Pas besoin non plus d'appeler une personne pour lui dire que vous arrivez, quand vous êtes à deux pas de l'endroit du rendez-vous. En revanche, si vous sentez que vous allez être très en retard, il est délicat de prévenir : vive le portable !

Est-ce que je te dérange ?

C'est vrai que vous pouvez joindre quelqu'un n'importe quand et n'importe où sur son portable. C'est bien pratique… pour vous ! Mais ça peut le déranger.

S'il décroche, ayez la délicatesse de lui demander si vous ne l'importunez pas. Si c'est le cas, proposez-lui de le rappeler plus tard, à une heure convenue (ne demandez pas à votre interlocuteur de vous rappeler : c'est vous qui avez pris l'initiative !). Si vous tombez sur son répondeur, évitez de lui laisser un message assassin, du genre : « C'est pas vrai, t'es jamais joignable ! » Tout le monde a le droit d'éteindre son portable de temps en temps !

« Vous êtes bien sur le portable de Zoé… »

Vous avez le droit de couper votre portable, c'est vrai. Mais évitez de le faire toute la journée : sinon, ce n'est pas vraiment la peine d'en avoir un. Sans compter que vos interlocuteurs risquent de se lasser de n'entendre que votre message d'accueil, surtout si vous avez voulu faire de l'humour et qu'il dure 3 minutes 30 (si, c'est long !)

Rallumez-le après le film !

En revanche, éteignez-le impérativement au cinéma, au théâtre, au restaurant, à l'église, en classe. Mais aussi quand vous écoutez une amie qui a besoin de se confier, quand vous dînez en famille ou avec des amis ; bref dans toutes les occasions où il est important de vous consacrer entièrement aux personnes qui sont avec vous. C'est plus qu'une question de politesse : c'est une question de cœur !

Mon p'tit cœur, je suis dans le train !

Enfin, limitez les appels dans un lieu public aux communications nécessaires et indispensables. Baissez la voix au maximum ! Dans les transports en commun, le portable est toléré (sauf en avion) mais il est de bon goût d'avoir des conversations brèves et discrètes : votre voisin n'a pas forcément envie d'entendre tous les détails du dernier rebondissement de votre histoire avec Albert.

Info +

En cas de vol ou de perte

Portez plainte et informez immédiatement le service clientèle de votre opérateur téléphonique, qui suspendra votre ligne.

Mauvais plan

Quand on oublie de verrouiller son clavier

Ballotté dans un sac ou pressé dans une poche, le portable appelle tout seul comme un grand le dernier numéro composé. C'est le meilleur moyen de vider son forfait, d'exaspérer la personne appelée si vous tombez sur son répondeur ou que cela recommence toutes les 30 secondes… à moins que cela ne l'amuse de pouvoir espionner toute votre conversation et votre vie pendant de longues, longues minutes… que vous payez.

144 • PREMIER BAISER

Quand il me prend dans ses bras...

S'informer

Entre amoureux, il y a plusieurs sortes de baisers. Le petit baiser sur la bouche, juste pour se toucher les lèvres, en signe de tendresse. C'est un baiser tout doux, tout léger, comme la caresse d'une plume. C'est souvent celui que l'on échange avant de se lancer pour le premier « vrai baiser ». Ce que les filles considèrent comme leur premier baiser, c'est le *French kiss*, comme disent les Américains. À croire que nous sommes les seuls à savoir faire cela : joindre les lèvres, entrouvrir la bouche pour permettre aux langues d'entrer en contact et de se caresser.

Comment ça se passe ?

Il n'y a pas de méthode agréée : chacun le fait à sa manière, un baiser dure plus ou moins longtemps suivant le plaisir et le désir des amoureux. Si cela ne vous est encore jamais arrivé, vous êtes sans doute bien curieuse de savoir comment on s'y prend ! Désolée les filles, mais ça ne s'apprend pas : un baiser s'invente à deux, et chacun trouve sa manière d'embrasser.

Comprendre

Le premier baiser est un moment important, parfois un peu impressionnant, souvent émouvant. C'est beaucoup plus fort que de se prendre par la main ou par le cou !

Bouleversant... si vous êtes amoureuse

Si vous en avez envie, si vous êtes amoureuse, ce peut être un moment bouleversant. Mais si on vous vole ce baiser, si on vous le prend de force ou par surprise, ou si vous vous laissez faire uniquement pour ne pas avoir l'air idiote, il y a toutes les chances pour que ce baiser vous paraisse dégoûtant : sans désir, sans tendresse, sans respect, cette intrusion dans votre intimité se réduit à une affaire de muqueuses, de goût et de contacts pas forcément très appétissants.

Tout ça pour ça !

Et même si vous en avez envie, vous pouvez être déconcertée par ce premier baiser dont les filles rêvent beaucoup et qui n'est pas toujours à l'image de ce qu'elles ont imaginé ! Il va vous falloir apprendre des sensations nouvelles, découvrir des façons de partager des sentiments, des désirs. Ne vous inquiétez pas trop si ce baiser n'était pas à la hauteur de vos espérances. Vous n'êtes peut-être pas encore tout à fait prête pour cela, pas assez amoureuse ou tout simplement pas attirée pour l'instant par ce genre de marque d'affection ! Surtout, ne vous forcez pas : vous avez tout le temps de découvrir la douceur d'un vrai baiser.

Un moment magique
Ce baiser était merveilleux, tant mieux ! Vous venez certainement de découvrir l'une des plus jolies manières de dire vos sentiments autrement qu'avec des mots, de partager du plaisir et de l'émotion. Un baiser, c'est une façon unique de dire : « Je t'aime. »

Trop précieux pour être bradé
C'est vrai qu'un premier baiser peut être un moment vraiment magique au début d'une relation amoureuse. C'est le moment où l'on s'abandonne, où l'on avoue par ce geste tout l'amour qu'on a pour l'autre. Raison de plus pour ne pas embrasser à tout bout de champ : un baiser est trop précieux pour être bradé.

Collectionneuse de baisers
Eh oui, un baiser est comme un trésor. Ce serait tellement dommage d'en faire l'objet d'un pari, d'une collection, ou même de le voir comme un rite d'entrée dans le groupe de « celles-qui-sont-déjà-sorties-avec-un-garçon ». C'est le meilleur moyen d'être déçue !

Voir aussi Amoureuse, Désir, Sortir avec.

Conseils

Ne gâchez pas vos baisers

• Un baiser est important, mais il ne vous engage pas non plus pour la vie ! Et surtout, il ne doit pas vous obliger à aller plus loin… Ne l'oubliez pas dans l'exaltation du moment, ce serait dommage de le regretter ensuite !

• Mais un baiser n'est pas rien non plus : ce sont vos sentiments, votre corps, vos émotions qui sont en jeu. Alors, ne vous laissez pas voler un baiser, parce que vous ne l'avez pas vu venir, parce que vous n'osez pas refuser, de peur de passer pour un bébé. N'embrassez que lorsque vous le désirez. C'est tellement plus exaltant !

• N'écoutez pas les filles qui racontent leurs baisers sans pudeur et avec force détails. Ne tenez pas compte de leurs conseils farfelus (manger une pomme avant, bien se mouiller les lèvres, etc.). Elles ne vous apprendront rien, puisqu'il n'y a pas de méthode toute faite pour embrasser ! Pire : elles vous donneront plein d'appréhensions et d'idées reçues, alors que c'est justement la spontanéité qui fait la magie et l'émotion d'un baiser.

145 • PREMIER RAPPORT SEXUEL

Franchir le pas ?

S'informer

Le premier rapport sexuel est une relation sexuelle avec pénétration. C'est ce qui produit la défloration, c'est-à-dire la rupture de l'hymen de la fille par l'introduction du pénis du garçon dans son vagin. La pénétration peut être un peu douloureuse mais généralement, si on éprouve un grand désir, cette douleur n'est pas très importante. Il peut se produire un saignement, mais ce n'est pas toujours le cas : l'absence de sang ne signifie pas forcément qu'on n'était plus vierge, mais que l'hymen était suffisamment souple ou déjà distendu, par la pratique sportive notamment.

Pas vraiment prête

En revanche, la pénétration peut être difficile sans qu'il y ait de raison physiologique, simplement parce que l'un ou l'autre est trop tendu, crispé ou maladroit. Il suffit souvent d'un peu de patience et même, pourquoi pas, d'humour, pour se détendre. Il se peut aussi que cela signifie qu'on n'est pas encore vraiment prêt ou prête à franchir ce pas.

Et pour les garçons ?

Il peut aussi arriver que le garçon soit lui-même très ému, qu'il ne réussisse pas à avoir d'érection au bon moment ou qu'il maîtrise mal son éjaculation. Ce sont des choses normales au début de la vie sexuelle. Quand on découvre les nouvelles fonctions de son corps et des sensations inconnues, on est forcément un peu anxieux et maladroit, de sorte que les premiers rapports sexuels ne sont pas toujours très faciles ni très agréables. Cela ne veut pas dire que le plaisir en sera absent, même s'il est vrai que les filles ont rarement un orgasme dès la première fois.

Info +

Quelques chiffres

L'âge de la première relation sexuelle s'est rapidement abaissé dans les années 60. Depuis vingt ans, il reste pratiquement stable autour de 17 ans (17 ans et trois mois pour les garçons, 17 ans et six mois pour les filles). Près de deux tiers des filles déclarent qu'elles franchissent le pas par amour tandis que la moitié des garçons mettent en avant l'attirance physique ou le désir. Cette différence se retrouve dans le fait que les garçons ont en majorité une liaison courte avec leur première partenaire tandis que les filles restent en moyenne plus de cinq mois avec leur premier amant.
Source : Insee 1999.

Comprendre

Le premier rapport sexuel est un moment important dans la vie, c'est un grand pas dans la vie d'adulte et on y pense longtemps avant. Il n'y a pas de bon âge pour le faire, cela dépend de chacune. Le bon âge, c'est celui où l'on est prête. C'est surtout le moment où on a rencontré le garçon avec qui on souhaite aller jusque-là.

Encore vierge, la honte !

Dans l'envie de le faire, il y a bien sûr celle de savoir comment c'est, de devenir grande. Cette curiosité est légitime, mais elle ne signifie pas qu'il faut se précipiter sur le premier garçon qui sera d'accord. Il y a aussi la question d'être « comme les autres ». Mauvaise question puisque l'important, c'est d'être soi-même, et de devenir quelqu'un de bien. On peut aussi avoir envie de se débarrasser de cette première fois un peu angoissante ou avoir honte d'être encore vierge alors que ses copines ne le sont plus (ou prétendent ne plus l'être !).

Recherche grand amour désespérément

Même si tout cela est un peu mélangé dans la tête, il faut surtout que cela corresponde vraiment à son propre désir, à sa propre maturité. Ce désir n'est pas quelque chose d'abstrait, on le ressent parce qu'un garçon nous plaît, qu'on se sent bien avec lui et qu'on a envie « d'aller plus loin ». Mais attention, même si on est très amoureuse, cela ne suffit pas. Il faut essayer de savoir pourquoi on veut le faire maintenant, sans attendre, avec ce garçon-là.

Je t'attends

Et même quand on sort avec un garçon depuis longtemps, qu'on est vraiment amoureuse, on peut aussi choisir d'attendre pour permettre à l'amour de s'enraciner dans les cœurs, dans les gestes de tendresse, dans le respect de l'un et de l'autre. S'attendre l'un l'autre, c'est aussi une façon pour les amoureux de se montrer leur amour.

La première fois

Quand le moment sera venu, essayez de mettre toutes les chances de votre côté pour que cela se passe le mieux possible. C'est une chose dont vous vous souviendrez toute votre vie, autant que ce soit un joli souvenir. N'ayez pas honte de dire à votre partenaire que c'est la première fois. De toute façon, vous ne pourrez pas lui cacher très longtemps et, si c'est aussi son cas (mais en général, les garçons n'osent pas le dire !), vous vous sentirez mieux tous les deux d'avoir à apprendre ensemble. S'il a un peu d'expérience, il saura qu'il a la responsabilité de vous aider dans cette découverte.

Savoir dire non

Pour le reste, écoutez ce que vous ressentez, sans jamais accepter de faire des choses qui ne vous plaisent pas. Dans ce domaine, il n'y a pas de modèle, mais si vous vous sentez incapable d'aller plus loin, parce que vous avez trop peur, parce que le comportement ou les gestes du garçon vous déplaisent ou vous choquent, mieux vaut en rester là plutôt que de vous forcer à continuer. Mieux vaut le souvenir un peu ridicule ou un peu lamentable d'un essai non transformé qu'un souvenir glauque qui restera douloureux dans votre mémoire parce que vous n'aurez pas osé dire non.

Un acte qui engage toute la personne

Même si, avec vos copines, vous prenez des airs de « femme libérée » et traitez cette expérience comme une formalité, vous savez bien que ce premier rapport, comme d'ailleurs ceux qui suivront, n'est pas une affaire banale. Les sensations, les émotions qu'on éprouve dans la relation sexuelle sont bouleversantes. Cet acte n'est pas une simple expérience physique, c'est un acte qui engage chacune des personnes dans ce qu'elle a de plus profond. La vie sexuelle n'est pas à part de la vie ; comme elle, elle se vit avec la totalité de ce qu'on est, sa sensibilité, son intelligence, ses émotions et ses sens.

Après la première fois

Il vous reste toute la vie pour apprendre à apprivoiser vos émotions et les réactions de votre corps. Cet apprentissage va prendre du temps parce que votre corps n'est pas une mécanique qui répond automatiquement à la demande. Et puis, n'oubliez pas, même après la première fois, vous pouvez toujours dire non, vous n'êtes pas devenue subitement un nouveau « produit » sur le marché du sexe, vous êtes toujours une personne libre de ses décisions et de ses désirs.

Info +

Quand la première fois se passe mal

Il arrive que le premier rapport sexuel se passe mal, pour diverses raisons. Parfois, il s'agit d'un problème physiologique : la pénétration n'est pas possible parce que l'hymen ne se déchire pas. Il suffit alors d'une bénigne intervention médicale, mais c'est extrêmement rare. Si vous utilisez déjà des tampons, soyez tranquille : cela ne vous arrivera pas. Les filles qui ont ce genre de problème ne peuvent pas en mettre.

Il arrive aussi, même si c'est très rare, que sous le coup de l'émotion, la fille ait une très forte contraction du vagin, au point que le pénis du garçon se trouve prisonnier. C'est certainement très angoissant, et c'est pourquoi il vaut mieux savoir que cela peut arriver.

La meilleure solution, c'est d'attendre que la détente vienne par la patience, l'humour, l'endormissement. Surtout pas de violence, cela ne ferait qu'aggraver la situation. En désespoir de cause, appelez le SAMU, une simple injection d'un décontractant musculaire dénouera la situation.

Voir aussi Caresse, Contraception, Désir, MST, Plaisir, Préservatif, Sexe, Sexualité, Sida, Virginité.

Bon plan

Triste constat : De nos jours, la protection lors du premier rapport sexuel laisse encore à désirer (moins de la moitié des jeunes filles prennent la pilule et 77 % des jeunes mettent un préservatif). Alors n'oubliez pas ! Les deux sont indispensables : la contraception pour ne pas risquer une grossesse non désirée et le préservatif pour se protéger des MST et du sida.

Source : Sondage ABC-L'Express-Science et Vie Junior, *janvier 2001.*

Réflexe sécurité

S'informer

Un préservatif est un étui de latex naturel (caoutchouc) que l'on place sur le pénis en érection avant un rapport sexuel pour empêcher le sperme de pénétrer dans le vagin. C'est à la fois une méthode de contraception et un moyen de se protéger des maladies sexuellement transmissibles. On l'appelle aussi « capote anglaise », parce que les Anglais l'utilisent depuis très longtemps et beaucoup plus couramment que les Français.

Ouvrir le sachet

Le préservatif est emballé dans un petit sachet individuel parfaitement hermétique. Il faut l'ouvrir avec précaution pour ne pas risquer d'endommager le préservatif : ne pas utiliser de ciseaux, d'objets coupants et surtout pas ses dents ! Attention aussi aux ongles et aux bagues qui peuvent déchirer ou érafler le latex.

Comment le mettre ?

Avant de mettre le préservatif, on le déroule un tout petit peu, pour s'assurer qu'il se déroule dans le bon sens et garder un petit espace pour recueillir le sperme (dans le cas des préservatifs avec réservoir, c'est assez simple : l'espace est bien délimité). On pince le haut du préservatif afin d'en chasser l'air, avant de le poser sur le sommet du pénis en érection et de le dérouler complètement jusqu'à la base.

Pour être un moyen contraceptif fiable et un bon moyen de protection des MST, il doit être installé avant toute pénétration, et même tout contact entre les parties génitales des deux partenaires.

Quand et comment le retirer ?

Le garçon doit se retirer aussitôt après l'éjaculation, avant la fin de l'érection,

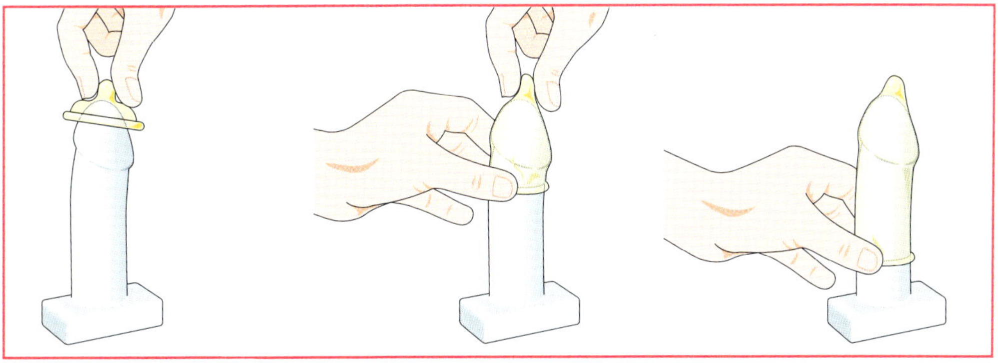

en maintenant le préservatif bien en place. Il faut le jeter immédiatement.

Info +

Parmi les jeunes qui ont des relations sexuelles, 77 % déclarent utiliser le préservatif ; 25% ne l'abandonnent que si la relation devient stable ; 65% affirment qu'ils l'utiliseront à chaque fois lorsqu'ils auront des relations sexuelles.
Source : Sondage ABC-L'Express-Science et Vie Junior, *janvier 2001 auprès des 13-18 ans.*

Comprendre

L'utilisation du préservatif est indispensable lors d'une première relation sexuelle avec un partenaire qui a déjà eu des rapports sexuels, et ceci même si on le connaît, même si on a confiance en lui, même s'il affirme qu'il n'y a pas de risque avec lui. Pourquoi ? Parce que le danger est trop grand de contracter une maladie mortelle, comme le sida, ou d'autres maladies sexuellement transmissibles qui peuvent rendre une fille stérile.

Bonjour la confiance !

C'est vrai : le fait que les amoureux doivent se protéger l'un de l'autre est dérangant et peut nous amener à nous poser des questions sur la façon dont nous vivons notre sexualité !

Je déteste ça !

Mais le préservatif est une question de survie, même si ce n'est pas votre tasse de thé. Si votre partenaire ne veut pas en mettre, vous devez refuser d'aller plus loin. Ne prenez pas de risque, par pitié ! Le mieux, c'est d'en parler à l'avance.

Je suis sûre de lui !

Si vous vivez une belle histoire d'amour, et que vous êtes fidèles tous les deux, si vous êtes certaine qu'aucun des deux n'a été en contact avec une MST, soit parce que vous étiez vierges tous les deux soit parce que vous avez fait des tests, vous ne risquez rien à faire l'amour sans préservatif. C'est vrai que c'est beaucoup plus agréable !

Le test à faire

Pour arrêter le préservatif, il faut faire un test de dépistage du sida dans n'importe quel laboratoire d'analyse de sang. Il existe aussi des centres spécialisés : le test est anonyme et gratuit. Le test n'est fiable que si aucun des deux n'a commis d'infidélités pendant trois mois, ce qui bien sûr n'est pas facile à avouer. De toute façon, l'arrêt du port du préservatif suppose qu'ensuite les deux partenaires soient fidèles… Autrement dit, il faut être sûre de pouvoir faire confiance à son partenaire. Enfin, il faut prévoir une autre méthode de contraception.

Protégée de tout ?
C'est vrai que le préservatif est un outil contraceptif fiable et un excellent moyen de vous protéger des MST, si vous l'utilisez correctement et systématiquement. Mais cela ne veut pas dire qu'il vous protégera de tout ! Le préservatif ne pourra rien contre les petits bleus au cœur, les chagrins d'amour et les grandes déceptions sentimentales. Ce n'est pas parce que vous protégerez votre corps que votre cœur sera mis à l'abri ! C'est important de parler du préservatif aujourd'hui, parce qu'il serait dommage que vous compromettiez votre bonheur futur en jouant avec votre santé.
Mais c'est aussi important de se rappeler que la sexualité, l'amour ne se résument pas à un bout de latex : il y a des bleus à l'âme qui font autant de ravages que les plus terribles maladies ! Le préservatif ne suffit pas pour vivre une sexualité épanouie. L'absence de danger n'est pas la seule condition pour avoir une vie amoureuse heureuse.

Conseils

- Les préservatifs s'achètent en pharmacie, dans les supermarchés ou dans les distributeurs automatiques. Les préservatifs avec réservoir et lubrifiés sont les plus simples à utiliser.
- Ils doivent comporter l'inscription « norme NF » qui garantit qu'ils ont subi les tests exigés par la réglementation.
- Certains sont déjà lubrifiés mais on peut utiliser un lubrifiant spécifique (gel à base d'eau) pour un plus grand confort. Les produits gras (vaseline, crèmes hydratantes, etc.) sont à proscrire car ils rendent les préservatifs poreux.
- En cas de déchirure, la fille et le garçon doivent tous les deux consulter un médecin le plus rapidement possible.
- Les préservatifs ont une date limite d'utilisation, vérifiez-la.

Voir aussi Contraception, MST, Premier rapport sexuel, Sida.

Vrai/Faux

Certaines personnes ne peuvent pas utiliser de préservatif.
Vrai. Dans le cas rarissime de l'allergie au latex qui provoque des démangeaisons ou donne de l'eczéma, on ne peut pas utiliser de préservatif.

Il existe plusieurs tailles de préservatif.
Vrai. Il existe deux tailles : les préservatifs standard (que l'on donne systématiquement à ceux qui ne précisent pas la taille) et les « king size » (pour les prétentieux et les phénomènes de la nature).

Mettre deux préservatifs, c'est plus sûr.
Faux. C'est tout le contraire ! Le frottement des deux préservatifs favorise leur rupture.

61
Bowling

PRIÈRE • 147

Mon Dieu...

S'informer

La prière est le propre de l'homme, et beaucoup de gens prient sans trop savoir à quel Dieu ils s'adressent, ni même s'il y a un Dieu. Il y a de nombreuses façons de prier ; la plus commune est la prière spontanée, qui jaillit des lèvres et fait dire : « Mon Dieu… ». C'est presque une façon inconsciente de prier. On peut aussi lire des textes, réciter des prières, méditer en laissant son esprit s'ouvrir. On peut entrer dans un dialogue intérieur, on peut prier avec son corps, en se mettant à genoux, en se prosternant, en élevant les mains. On peut prier seule ou avec d'autres, on peut prier dans la détresse ou dans la joie.

Les « professionnels » de la prière

Dans toutes les religions, il existe des « professionnels » de la prière, des hommes et des femmes qui ont décidé de passer toute leur vie à prier. Ils ont choisi la solitude et le silence, le plus souvent dans le cadre d'une vie communautaire. On les appelle moines ou moniales ; ils peuvent être chrétiens, musulmans ou bouddhistes. La plupart d'entre eux étonnent par leur rayonnement intérieur.

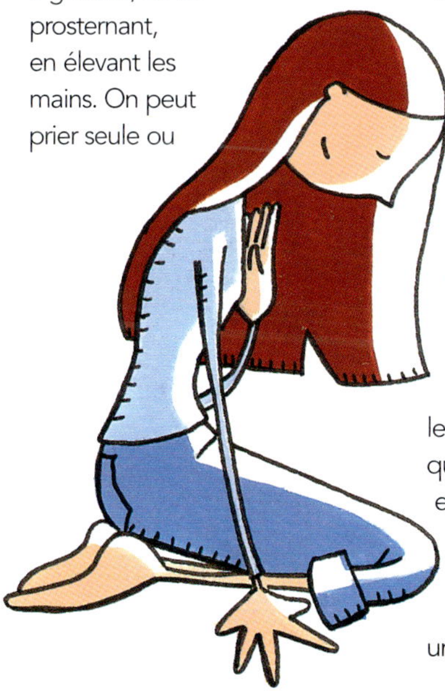

Comprendre

Dans toutes les formes de prière, il y a une recherche de la paix intérieure, de l'accord avec soi-même, de la vérité. Pour les chrétiens, la prière a quelque chose de particulier, parce qu'ils croient que Dieu est quelqu'un, qu'il aime les hommes comme un Père qui aime ses enfants et veut entrer en relation avec eux. La prière n'est plus une simple demande ou un exercice mental, mais un dialogue, un cœur à cœur.

Une autre manière de voir

Attention, la prière n'est pas magique. Elle ne donne pas une bonne note à celles qui n'ont pas révisé, elle ne permet pas de sortir avec le plus beau garçon de la classe, ni de gagner au loto ! En revanche, elle peut changer la façon d'envisager les gens et les choses. Si la prière accomplit des miracles, c'est au fond des cœurs.

Bon plan

Partout en France, les abbayes et les monastères accueillent des hôtes en quête de paix et d'une expérience spirituelle, pour un jour, un week-end ou davantage. On n'est pas obligée d'être croyante pour faire ce qu'on appelle une « retraite » dans un monastère ; il suffit de respecter les règles de la vie commune, et en particulier le silence. Des accueils spécifiques pour les jeunes sont souvent prévus en période de vacances scolaires.

Voir aussi Dieu, Foi, Religion.

MER
JEU
VEN

PUBERTÉ • 148

Le corps en chantier

Définition

La puberté est un ensemble de manifestations physiques qui surviennent à la fin de l'enfance et transforment le corps de l'enfant en un corps d'adulte capable de procréer. On confond souvent adolescence et puberté.
En fait, l'adolescence dure plus longtemps que la puberté : l'adolescence est la période où l'on passe de l'enfance à l'âge adulte, physiquement bien sûr (la puberté), mais aussi sur le plan affectif et intellectuel.

S'informer

La puberté arrive sans crier gare, à pas de velours. Elle ne fait pas de bruit et elle est d'une efficacité redoutable ! En l'espace de quelques années, elle transforme le corps du tout au tout.
Les manifestations les plus spectaculaires de la puberté sont l'apparition des seins, le développement des poils sur le pubis et sous les bras, et la venue des premières règles. Mais il y a aussi des modifications plus discrètes, comme celle des organes génitaux qui augmentent de volume.

Au secours, tout arrive à la fois !
Plus généralement, c'est tout le corps qui se transforme. Vous grandissez, vous grossissez, vos fesses et vos hanches s'arrondissent. Cela s'accompagne de phénomènes moins importants mais bien désagréables : l'acné, le développement de la pilosité sur tout le corps, la transpiration des aisselles mais aussi parfois des mains et des pieds, qui modifie l'odeur du corps.

Qui sont les coupables ?
Tous ces changements se produisent sous l'effet de substances chimiques, les hormones, sécrétées par certaines glandes (ovaires pour les filles, testicules pour les garçons, hypophyse pour les deux). Ces hormones sont véhiculées par le sang jusque dans les organes qui doivent se modifier.

De plus en plus femme
L'hormone de croissance est la première à se mettre au travail pour accélérer le développement des os. Puis vient le tour des hormones spécifiques à chaque sexe.
Chez les filles, ce sont les œstrogènes et la progestérone qui entrent en jeu : elles mettent en place le cycle menstruel, le développement des seins, des organes génitaux et celui des poils. Ce sont aussi les œstrogènes qui gèrent la répartition des graisses dans la partie inférieure du corps, sur les fesses et les hanches, et donnent au corps ses formes féminines.

Info +

L'âge moyen de la puberté est aujourd'hui de 13 ans, mais les signes avant-coureurs apparaissent souvent vers 11 ans (développement des seins). La période de puberté peut durer 5 ans.

Comprendre

Tous ces changements corporels ont de quoi mettre la tête et le cœur à l'envers ! Même si vous êtes sans doute fière de constater que vous n'êtes plus une petite fille, ce n'est pas très facile de voir votre corps se transformer sans maîtriser ce qui se passe. Sans compter qu'il faut apprivoiser ces formes nouvelles ! Vous aimeriez bien savoir précisément quelle allure vous aurez quand toutes les modifications seront achevées. Malheureusement, il faut vous armer de patience : c'est long, et vous ne pouvez pas accélérer le mouvement !

À court d'énergie

En attendant, il y a des jours où vous vous sentez mal dans cette peau qui n'est plus exactement celle dont vous aviez l'habitude. Pas étonnant que ce malaise rejaillisse sur votre moral. Vous vous énervez pour un rien, vous passez du rire aux larmes, vous vous sentez déprimée, fatiguée, sans ressort.

Oui, vous êtes normale !

Vous vous inquiétez de savoir si tout se passe comme il faut, si c'est pareil pour les autres ? Oui, bien sûr ! Il est normal de vous sentir inquiète, fatiguée, irritable. Normal de regretter votre corps de petite fille et votre ancienne insouciance. Normal de ne pas aimer ces seins qui poussent et que certaines d'entre vous voudraient cacher, ces poils disgracieux et ces vilains boutons. Normal de vous trouver trop petite, trop grande, trop grosse, trop maigre… trop différente de ce dont vous rêviez ! Lorsqu'on vous dit d'être patiente, il vous prend l'envie de tout envoyer balader ? Normal. Tous ces changements vont trop vite, et en même temps ils sont si longs qu'on n'en voit pas le bout. Mais tous les tunnels ont une fin !

Voir aussi Acné, Âge ingrat, Complexes, Fatigue, Poils, Poitrine, Transpiration.

Bons plans

• Ne ressassez pas seule vos malheurs. Parlez-en avec votre mère, une grande sœur déjà passée par là, des amies qui sont dans la même galère. Ça fait du bien de constater que toutes les filles vivent ces moments difficiles… et passagers.

• Une question qui vous torture l'esprit ? Pensez à la poser à votre médecin. Au sujet des transformations physiques, il est bien placé pour vous répondre.

• Allez au cinéma, lisez pour découvrir des filles qui vivent les mêmes angoisses que vous : Charlotte Gainsbourg dans le film L'Effrontée, *ou Stéphanie, l'auteur du roman* Les Cornichons au chocolat.

• Essayez d'apprivoiser ce nouveau corps, de l'adopter et même de l'aimer en faisant ensemble des choses intéressantes. Faites du sport, du théâtre, du chant… Dansez, bougez, vous verrez, quand vous aurez de bons souvenirs ensembles, vous commencerez à devenir amis.

PUDEUR • 149

C'est personnel !

Définition

La pudeur est un sentiment de réserve. Un refus d'exposer son corps, et aussi ses sentiments intimes, au regard d'autrui.

S'informer

La pudeur est un sentiment naturel, et pourtant très variable d'une culture à l'autre, en fonction de la manière dont sont considérés le corps humain, la sexualité et aussi la condition des femmes. Dans certaines cultures, le corps de la femme ne doit pas être exposé aux regards des hommes : on l'habille de vêtements amples qui masquent les formes féminines. Ailleurs, la nudité n'est pas impudique dans certaines circonstances, comme en témoigne la pratique collective du sauna ou du bain.

Question de culture ?

La pudeur n'est pas uniquement une affaire de culture. Au sein d'un même pays, d'une même culture, mais aussi au sein d'une même famille, des personnes peuvent exprimer et vivre la pudeur de manières bien différentes. Votre grande sœur ne sera peut-être pas du tout gênée de se déshabiller devant vous dans la salle de bains pour entrer dans la douche, alors que cela ne vous plairait pas du tout. La pudeur est un sentiment très intime, très personnel : logique, c'est ce qui protège votre intimité, votre jardin secret.

Mes petits secrets

C'est pour cela que la pudeur n'est pas uniquement une affaire physique. Elle concerne aussi bien le cœur que le corps. La pudeur, c'est le désir légitime de garder pour vous ce qui vous paraît être le plus profond et le plus secret de vous-même. Vouloir à tout prix vous faire dire le nom du garçon dont vous êtes amoureuse, par exemple, c'est peut-être plus impudique que de rester planté devant la baignoire pendant que vous prenez votre bain !

Comprendre

Il est parfaitement légitime de ne pas accepter les regards des autres sur votre corps : le désir d'intimité vous est venu naturellement avec la découverte de votre féminité, de votre sexualité. Il est normal aussi de garder une réserve spontanée sur le jardin de vos pensées secrètes, de ne pas vouloir parler de vos sentiments, de vos rêves, de vos désirs avec tout le monde. Ce n'est pas que vous en ayez honte : simplement, il y a des choses qui n'appartiennent qu'à vous, et que les autres ont le devoir de respecter.

Je ne suis plus une gamine !

Bien sûr, ce n'est pas toujours facile de le faire comprendre à ceux qui vous entourent et qui ont connu une petite fille qui galopait sans complexe en tenue d'Ève à la sortie du bain, ou qui adorait raconter tous ses petits secrets à sa maman. Maintenant que vous avez grandi, il va falloir qu'ils acceptent que vous ayez envie de garder des choses pour vous, et que vous ne vouliez plus que l'on vous voie nue, par exemple.

Respect

La pudeur est légitime.
Vous avez le droit de refuser qu'une personne entre dans la salle de bains quand vous l'occupez. Le droit de manifester votre mécontentement si vos parents parlent de vos règles ou de votre puberté en public, même gentiment, même sur le mode de la plaisanterie. Le droit de refuser que des adultes aient envers vous des gestes intimes ou déplacés, voire seulement les gestes tendres qu'on se permet à l'égard d'un enfant.
Il suffit simplement de le dire, gentiment, mais fermement, plusieurs fois si nécessaire.
Dans une famille équilibrée, on doit comprendre rapidement ce genre de chose.

La pudeur, c'est réciproque

Sachez faire respecter votre intimité mais, en retour, prenez garde à ne pas piétiner celle des autres ! Si vous montrer nue ne vous pose aucun problème, n'oubliez pas que vous voir dans votre plus simple appareil peut gêner les autres, surtout depuis que vous êtes une grande. Soyez délicate : pensez à votre père, à vos frères, et même aux autres filles de la maison !

La pudeur, une question de cœur

De même pour les questions indiscrètes, pas de remarques sur des sujets qui ne vous concernent pas... La pudeur est une manière de vivre qui tient compte de la sensibilité de chacun et de son désir d'intimité ! Or chacun a sa propre pudeur, à des degrés divers, sur des sujets divers : du coup, deviner les zones de pudeur des autres pour mieux les respecter demande une bonne dose de respect et de délicatesse.

Amoureux, soyons discrets...

Enfin, en amour, la pudeur, ça existe aussi. C'est éviter de raconter à tout le monde le moindre battement de son cœur. Quand on sort avec un garçon, c'est le souci de ne pas violer son intimité, de respecter son jardin secret, de ne pas vouloir savoir à tout bout de champ ce qu'il pense, par exemple ! C'est aussi être pudique à deux. Les sentiments n'ont pas besoin de s'exposer en public pour être forts. Réservez les baisers passionnés pour les rencontres dans l'intimité : ils peuvent gêner les autres, ou tout simplement leur faire un peu mal au cœur de vous voir si amoureux !

Voir aussi Chasteté, Inceste, Journal intime, Respect, Secrets.

Conseil

Quand l'indiscrétion va trop loin

Il peut arriver que l'on vous taquine sur vos nouvelles formes, que l'on entre par accident dans la salle de bains alors que vous faites votre toilette ou encore que l'on vous charrie sur le jeune homme qui appelle tous les soirs à la maison. Si cela vous gêne, il faut le dire. Mais attendez avant de hurler à l'attentat à la pudeur ou à la violation de l'intimité ! En revanche, si on entre systématiquement dans la salle de bains quand vous y êtes, que l'on a des gestes qui vous dérangent alors que vous avez à maintes reprises demandé que l'on ne le fasse plus, il y a peut-être un problème. Dans ce cas, il faut en parler à un adulte en qui vous avez confiance qui saura vous aider à démêler tout cela ou vous protégera, si nécessaire.

RACISME • 150

« Si je diffère de toi, loin de te léser, je t'augmente. »
Saint-Exupéry

Définition

Le racisme est à l'origine une doctrine soi-disant scientifique. Celle-ci prétend qu'il existe des races humaines, repérables grâce à des différences biologiques (couleur de peau, taille, etc.), et que certaines sont inférieures aux autres. Elle sert à justifier des comportements racistes : domination d'une race, exclusion voire agression des races « inférieures ».

S'informer

De tout temps, les hommes ont méprisé et maltraité d'autres hommes. Aux XVIIe et XVIIIe siècles, par exemple, les populations noires d'Afrique étaient traitées comme du bétail et expédiées en Amérique pour travailler comme esclaves dans les plantations.

Une science de carnaval

Mais c'est au XIXe siècle que certains ont voulu faire de la « race » un concept scientifique. Ils se sont inspirés de l'*Essai sur l'inégalité des races* de l'écrivain français Arthur de Gobineau (1853), qui soutenait à tort que les mélanges de « races » conduisent à la décadence des sociétés. De là à conclure qu'il existait des races supérieures et des races inférieures, il n'y avait qu'un pas, qu'on a franchi allégrement.

Jusqu'au génocide

C'est sur cette théorie soi-disant scientifique que se sont appuyés les nazis pour fonder leur projet diabolique : anéantir les Juifs (et d'autres, comme les Tsiganes), sous prétexte que ces « races » risquaient de corrompre la « race pure » dite « aryenne » dont eux, les nazis, se proclamaient les plus beaux spécimens. Le racisme contre les Juifs s'appelle l'antisémitisme ; il ne date pas du XXe siècle, mais ce sont les nazis qui ont organisé de manière systématique leur extermination. Ce massacre, appelé la Shoah, a fait environ 6 millions de morts.

Ça n'a pas tellement servi de vaccin...

Mais le racisme n'est pas mort avec la condamnation des nazis en 1945. Jusque dans les années 1960, les États-Unis ont opéré chez eux une ségrégation raciale, en prétendant qu'il y avait une différence de nature entre Noirs et Blancs. L'Afrique du Sud inventa dans les années 1950 un système de discrimination absolue des Noirs, l'« apartheid », qui a duré jusqu'en 1990. D'ailleurs, le racisme n'est pas uniquement le fait des Blancs. En 1994 au Rwanda, les Noirs Hutus massacrèrent les Noirs Tutsis, au seul motif qu'ils étaient tutsis.

Bonne nouvelle : les « races » n'existent pas

Tout ça pour quoi ? Pour une notion qui n'a pas de sens ! De nos jours, les scientifiques sont tous d'accord là-dessus : les « races » n'existent pas. La preuve : les groupes sanguins sont les mêmes chez les hommes du monde entier. Mieux vaut recevoir du sang d'un Africain du même groupe que vous, plutôt que le sang de votre sœur, si elle est d'un groupe différent ! Et on effectue sans problème des greffes d'organes entre un Noir et un Blanc.

On a tous les mêmes ancêtres !

Surtout, la génétique a montré qu'il n'y a pas de gènes spécifiques aux Jaunes, aux Noirs ou aux Blancs. Les scientifiques en concluent la chose suivante : les 6 milliards d'hommes que compte aujourd'hui la planète sont issus d'une même population préhistorique qui vivait il y a quelques centaines de milliards d'années. Bref, il n'y a qu'une seule race humaine !

Quand la loi doit s'en mêler

Ce n'est pas parce qu'il n'y a pas de « races » que le racisme n'existe pas, malheureusement. Au point que la loi est obligée de traiter le problème. En France, la Constitution assure « l'égalité devant la loi de tous les citoyens sans distinction d'origine, de race ou de religion ». Deux lois, celles du 1er juillet 1972 et du 13 juillet 1990, punissent les propos et les comportements racistes.

Comprendre

On a beau soutenir que tous les hommes se valent et que le racisme est une chose affreuse, on a vite fait de se laisser aller à des sentiments peu fraternels.

M'énervent, ces...

Vous êtes dans le train, occupée à lire tranquillement, deux femmes noires en costume traditionnel entrent dans votre wagon, accompagnées de leurs enfants, et tout ce joyeux monde rit et parle très fort dans une langue incompréhensible. Vous êtes agacée, vous remuez peut-être en votre for intérieur des pensées un peu – juste un peu ! – « racistes »... même si vous n'êtes habituellement pas du tout comme cela !

Non ? Eh bien, chapeau : vous échappez à un sentiment que la plupart des autres passagers éprouvent sans doute malgré eux.

Pourquoi est-ce qu'on est raciste ?

Parce que la différence dérange, énerve, et qu'elle ait peur. On ne comprend pas bien ceux qui ne sont pas comme nous, et on ressent cette différence comme une menace. Elle laisse

D.R.

penser que les autres sont moins bien que nous, qu'ils pourraient nous obliger à devenir comme eux, ce qui serait dégradant. On rejette les immigrés parce qu'ils ne vivent pas comme les Français de vieille souche, parce qu'ils n'ont pas la même religion ou les mêmes coutumes, et qu'on a peur que leurs habitudes étrangères prennent le pas sur les nôtres.

Ridicules, ces coutumes !

Accepter des gens différents, s'entendre avec eux, demande d'énormes efforts. Vous pouvez ne pas vous croire raciste et trouver ridicule que votre copine Rachel respecte le shabbat, ou que les parents de Fatima refusent qu'elle porte des minijupes. Ne pas rejeter ceux qui sont différents demande de chercher à les connaître, à les comprendre. Et suppose de croire que la différence n'est pas un danger mais une richesse, parce qu'on a des tas de choses à partager.

Info +

Le racisme à l'envers

Attention : ne tombez pas dans l'excès inverse, qui consiste à refuser de voir les défauts de quelqu'un parce qu'il est d'une couleur différente et que vous craignez d'être raciste si vous le jugez mal. Vous avez le droit de trouver que Kamel est un pauvre débile, s'il est vraiment lourd. Après tout, vous pensez bien cela de Jérémie, sans vous gêner. Si vous traitez Kamel comme une personne à part qu'on n'a pas le droit de critiquer en raison de ses origines, vous faites du racisme à l'envers, vous le classez dans une catégorie spécifique, alors qu'il a le droit d'être aussi bête qu'un autre !

Bons plans

Le racisme se soigne en faisant le ménage dans sa tête !

- *Ne dites pas : « Les mecs du lycée d'en face sont tous des nuls. » Il y en a sûrement qui méritent votre intérêt ! Ou encore : « Les filles de la cité des fleurs sont toutes des p... ! » C'est comme cela que commence le racisme : on proclame que tous ceux qui viennent d'un même endroit ont les mêmes défauts. Alors que chacun est unique et qu'il y a des gens super (et des imbéciles !) partout.*
- *Méfiez-vous de ceux qui disent : « Je ne suis pas raciste, mais... », c'est souvent une manière de justifier des idées racistes !*
- *Ne mettez pas le racisme à toutes les sauces. Aujourd'hui, on parle de racisme anti-jeunes, anti-femmes ou anti-homosexuels : il s'agit en fait de discriminations (à combattre aussi !). Plus proche du racisme, la xénophobie est l'hostilité à l'égard des étrangers.*
- *Lisez :* Le Racisme, *Autrement junior.* Le Racisme expliqué à ma fille, *de T. Ben Jelloun, Le Seuil.*
- *Si vous ou une de vos copines êtes victime d'insultes ou de discriminations racistes, ou si vous souhaitez vous engager dans la lutte contre le racisme, adressez-vous à une association (voir en fin d'ouvrage).*

151 • RACKET

Ne vous laissez pas intimider !

Définition

Le racket est un mot américain qui désigne l'extorsion de biens ou d'argent par la violence ou l'intimidation.

S'informer

« Si tu ne me donnes pas ça, je te… » : le racket est fondé sur la violence que l'agresseur fait peser sur sa victime. Il arrive aussi qu'il utilise le chantage : s'il vous a vu commettre une bêtise, il menacera de vous dénoncer pour vous obliger à satisfaire ses désirs. Pire, il peut vous entraîner à en faire une, pour mieux vous tenir ensuite à sa merci.

Vous donnez un doigt, ils prennent un bras

Le racket a lieu dans les écoles, souvent dès le primaire, mais surtout au collège et au lycée. Les racketteurs s'y prennent toujours de manière progressive. Ils vous demandent d'abord de leur donner un peu d'argent, un objet à la mode, un vêtement. Vous cédez en croyant que cela va leur suffire, vous pensez vous en tirer à bon compte. Hélas, c'est une lourde erreur, et vous voilà prise dans un engrenage : ils vous réclament de plus en plus d'argent, des objets de plus en plus coûteux, et vous n'osez rien dire, parce qu'un refus risque de vous attirer les ennuis qu'ils vous promettent.

Réflexe police !

Pourtant, il faut savoir que le racket est un acte puni par la loi. Toute victime peut porter plainte au commissariat de police pour faire cesser les agissements de ses agresseurs. Quand on est mineure et que l'on se fait racketter, ce sont les parents qui doivent porter plainte. Les agresseurs peuvent être condamnés à de lourdes amendes et même à des peines de prison.

Comprendre

Le racket ne peut marcher que si les racketteurs pensent s'attaquer à plus faible qu'eux. Ils croient que leurs menaces (et éventuellement leur violence physique) vont suffisamment terroriser leurs victimes pour obtenir leur docilité, et surtout leur silence. Les racketteurs sont des lâches, qui trembleraient si quelqu'un de plus fort qu'eux leur soufflait dessus ! Pour renverser le rapport de force, il faut donc qu'ils aient peur à leur tour. Il n'y a pas trente-six solutions pour cela. Il n'y en a qu'une : parler. Seulement voilà, très peu de victimes osent le faire…

J'ai peur…

Souvent la victime a peur d'ouvrir la bouche, parce qu'elle craint les représailles ; alors elle se tait, elle vit dans la peur, prise dans une situation angoissante puisqu'elle doit sans cesse satisfaire ses agresseurs. Elle peut être forcée à voler, à dérober de

l'argent à ses parents ; et le plus terrible, c'est qu'elle ne sait jamais comment toute cette histoire va finir.

J'ai honte

Enfin, elle a honte : elle pense que si on la rackette, c'est parce qu'elle est faible et qu'elle n'a pas le courage de se défendre. C'est faux : le racket peut arriver à n'importe qui, même à des garçons, même à des personnes très fortes en apparence. Il est très difficile de se défendre quand on est agressé, même verbalement.

Je vais tout dire

Pour sortir de la spirale infernale du racket, c'est vrai qu'il faut avoir un peu de courage. Mais attention : il ne s'agit pas de prendre le risque de vous faire agresser violemment en refusant subitement de donner ce que l'on vous demande. Le seul courage qu'il faut avoir, c'est de parler, de dénoncer vos agresseurs, malgré la peur, malgré la honte.

Que va-t-il se passer ?

Si vous en parlez à vos parents, au directeur de votre établissement, ils vont tout faire pour vous protéger et ils y arriveront. Vous n'irez peut-être pas en cours pendant 2 ou 3 jours, le temps de trouver la meilleure solution pour mettre vos agresseurs hors d'état de nuire. Et bientôt, tout rentrera dans l'ordre. Vous n'aurez aucune honte ou aucune peur à avoir en retournant en cours : vous n'avez rien à vous reprocher. Si c'est vraiment trop difficile, vous pouvez en parler à vos parents et envisager de changer d'établissement. Mais, en général, tout se passe bien pour les anciennes victimes.

Toujours plus

Surtout ne croyez pas que cela va s'arranger tout seul et que vos agresseurs vont renoncer une fois qu'ils auront eu ce qu'ils veulent. Ils ne seront jamais satisfaits. Ce que les racketteurs aiment, ce n'est pas tellement obtenir les objets ou l'argent qu'ils demandent. C'est aussi et surtout user de leur pouvoir pour terrifier leurs victimes, pour sentir qu'ils font peur et qu'ils sont les plus forts. Si on ne les arrête pas, ils peuvent aller vraiment très loin.

Voir aussi Violence.

Conseils

Pour lutter contre le racket :

- *Faites les trajets à plusieurs entre l'école et votre domicile.*
- *Si vous êtes seule, évitez les rues désertes. N'hésitez pas à entrer dans un magasin si vous vous sentez suivie, en expliquant ce qui se passe au commerçant.*
- *Ne transportez pas dans votre sac des choses tentantes : jeux vidéos, bijoux, baladeur, discman, ou grosses sommes d'argent.*
- *En cas d'agression, téléphonez à Jeunes Violence Écoute ou SOS Violence (voir les numéros en fin d'ouvrage). Des psychologues et des juristes vous écoutent ; ils vous donneront des conseils et vous aideront dans vos démarches.*
- *Si vous êtes témoin d'un acte de racket, parlez-en à vos parents ou à tout autre adulte responsable.*

152 • RAGOTS

Radio moquette

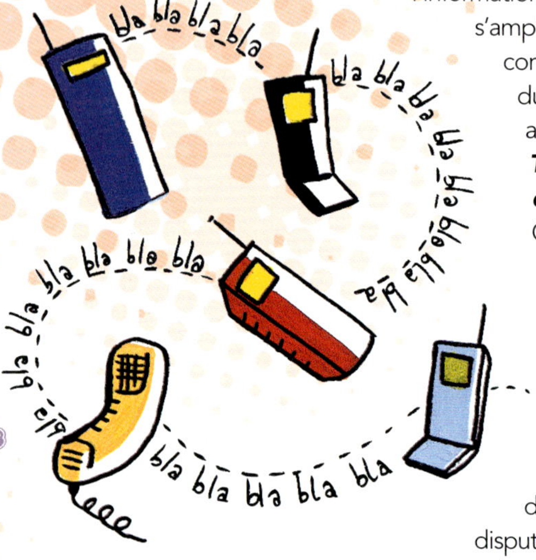

S'informer

Les ragots sont des informations, vraies ou fausses, qu'on colporte sur une personne derrière son dos et qui ont trait à sa vie privée : son comportement, ses relations amoureuses, sa manière de vivre, sa richesse.

Et bla-bla-bla et bla-bla-bla…

On récolte une rumeur venue d'on ne sait où. Pas le temps ni l'envie de vérifier son origine : elle est trop croustillante ! Alors, les yeux brillants, l'air réjoui, on s'empresse de la transmettre de bouche à oreille. En circulant, l'information se déforme ou s'amplifie (ou les deux !), comme dans le jeu du téléphone arabe.

Tu sais pas quoi ?

On raconte qu'on a vu le copain de Karine embrasser Sophie à la dernière soirée, que les parents d'Agathe se disputent et vont divorcer, que le père de Léa a été licencié. On l'a appris par une copine qui elle-même tient ça d'une amie qui pense l'avoir entendu de la bouche du frère d'un témoin. Alors, on le répète, sans avoir toujours conscience du mal qu'on peut faire. À vrai dire, en général, on ne voit pas plus loin que le bout de son nez (ou plutôt de sa langue) : l'occasion est trop belle de se prendre pour un journal à sensation !

Comprendre

Se raconter en secret des histoires sur les autres est un jeu palpitant qui permet de passer le temps entre copines. On se met en valeur, on est fière de savoir sur quelqu'un des choses que tous ignorent, de montrer qu'on est dans le secret de sa vie, de ses histoires de famille ou de cœur.

Propriété privée, défense d'entrer

Seulement voilà : à cause des ragots, tout le monde va très vite être au courant de choses intimes qui font partie de la vie privée de la personne concernée. Or il n'appartient qu'à elle de les divulguer ; c'est à elle seule de choisir d'en parler ou non.

Scoop en exclusivité !

C'est vrai qu'on peut avoir du mal à résister au plaisir d'annoncer une nouvelle que personne ne connaît, quelque chose d'inattendu, d'étonnant… On se sent tout à coup très intéressante, on est le centre d'intérêt de toutes les copines. En plus, une complicité se crée toujours entre les ragoteuses d'élite !

Bonjour les dégâts !

Le problème avec les ragots, c'est qu'ils sont en général malveillants. On raconte rarement qu'on a appris qu'une fille de la classe a fait quelque chose de super ! On va plutôt rapporter une histoire qui ne la met pas en valeur, ou qui peut la blesser. Quand l'information est vraie, mais qu'elle n'est pas très flatteuse pour l'intéressée (Sophie s'est pris le râteau du siècle, mais franchement elle ne l'avait pas volé), on appelle cela de la médisance. Mais quand c'est totalement faux (inventer qu'Alice est sortie avec le copain de Charlotte, sa meilleure amie, tu te rends compte ? !), c'est de la calomnie. C'est très grave : cela porte atteinte à la dignité ou à l'honneur d'une personne.

Ragots à gogo

Critiquer, se moquer de quelqu'un, raconter n'importe quoi sur son compte permet de se sentir acceptée dans le groupe ou la bande, d'être la vedette-pipelette pour quelques instants. Cela donne aussi l'illusion qu'on se met soi-même à l'abri des rumeurs. C'est compter sans l'effet boomerang des ragots : une ragoteuse est souvent prise pour cible à son tour, car les mauvaises langues sont sans pitié les unes pour les autres…

Ragots : un truc de filles ?

Il serait quand même tout à fait injuste de vous dire que vous êtes les seules à faire marcher Radio Ragots. C'est en fait un défaut très humain et assez répandu ! Tous les groupes sociaux ont tendance à utiliser ce genre de procédé, pour faire leur unité, se sentir plus forts ou exprimer leur jalousie. C'est tellement facile d'être tous contre un ! Dès qu'on peut dire quelque chose sur un homme politique ou une star, ou une simple collègue de bureau, c'est à qui parlera le premier !

Essayez d'être nulle !

Cela ne veut pas dire qu'il faut y aller à fond, puisque tout le monde le fait.
Il y a beaucoup de domaines où vous avez raison de vouloir exceller. Mais, en matière de transmission de ragots, mieux vaut être irrémédiablement nulle ! Les ravages qu'on peut causer sont énormes. Et même quand un ragot n'est pas si grave que cela, c'est un signe de curiosité mal placée, un manque de respect.

Savoir-vivre

Extincteur de ragots

Soyez plutôt celle qui étouffe les rumeurs.
Si vous ne pouvez pas les faire taire, vous pouvez du moins ne pas les propager ! Un ragot, c'est exactement comme du feu : il meurt si on ne l'alimente pas.

Voir aussi Critiques.

Conseils

Victime de ragots ?
Les réflexes de survie :

- *Se rappeler que les ragots naissent souvent de la jalousie. Un ragoteur ne perdra jamais son temps à colporter des rumeurs sur les gens inintéressants ! En un sens, ces ragots vous honorent. Restez digne, gardez la tête haute !*
- *Opposer un démenti formel, si c'est intenable et que cela peut vous causer vraiment tort. Vous pouvez faire passer les informations véridiques par le bouche à oreille, à la manière des ragots (bref, les tuer sur leur propre terrain), via vos bonnes copines.*

153 • RÂTEAU

Coup tordu et bleus à l'âme...

S'informer

Ce n'est pas vraiment un chagrin d'amour, parce que vous n'aviez pas encore vécu grand-chose avec lui, peut-être même rien du tout. Vous aviez juste imaginé qu'il finirait par succomber aux regards appuyés que vous lui lanciez en le croisant dans les couloirs du lycée. Et puis, tout à coup, patatras ! il dit non, il se met à sortir avec une autre ; bref, ça craque sans que vous ayez vu le coup venir.

En pleine figure !

Vous marchiez tranquille dans l'herbe douce, et pan ! un refus vous arrive en pleine figure, comme le manche du râteau quand on met par mégarde le pied sur les dents. De quoi vous sonner un bon coup ! D'abord vous voyez trente-six chandelles, vous ne comprenez rien. Ensuite, vous avez mal à votre amour-propre. Le pire, c'est que vous ne savez même pas à qui vous en prendre !

Mieux vaut un coup bien net

Le coup du râteau est toujours cruel. Il vous prend au dépourvu, et aurait plutôt tendance à faire rire... les autres. Mais consolez-vous. Il vaut mieux que le garçon que vous avez repéré vous ait dit tout de suite qu'il n'y avait rien à espérer (ou qu'il vous l'ait fait comprendre avec plus ou moins de délicatesse, en embrassant une autre, par exemple). Il aurait pu vous faire lanterner, alors que cela devait arriver tôt ou tard, de toute façon. Mieux vaut recevoir un coup net, brutal, un râteau, quoi ! plutôt que de traîner une histoire mal engagée qui se serait terminée en queue de poisson... et vous aurait minée beaucoup plus longtemps.

Comprendre

Reste à panser vos blessures. Pleurez, criez, tapez du pied, traitez-le de tous les noms si ces malédictions vous soulagent. Ensuite, reprenez vos esprits et réfléchissez : un râteau, ça sonne, mais ça peut aussi faire du bien, ouvrir les yeux et permettre de regarder les choses en face.

Il ne sait pas ce qu'il perd !

Il ne vous a pas remarquée, il n'a pas su apprécier la perle que vous êtes, il n'a pas vu combien vous étiez géniale ? Tant pis pour lui, il ne vous méritait pas ! Ce petit minable (mais oui, n'hésitez pas à appeler les gens par leur nom !) n'est pas une grande perte : il y en a tant d'autres qui auraient aimé être à sa place. Il est temps de penser à ceux qui se morfondent en attendant un geste de vous, et d'oublier cette sale histoire.

Pourquoi moi ?

Mais quand même, vous aimeriez bien comprendre : que s'est-il passé, à qui la

faute, pourquoi vous a-t-on fait cela à vous et pas à une autre ? Dites-vous qu'un râteau est une chose qui arrive à tout le monde, à tout âge. C'est vrai qu'on est plus exposée à ce genre de déception au moment de l'adolescence. On tire souvent des plans sur la comète à propos d'un garçon (après tout, il n'y a pas de mal à rêver !) sans être toujours claire sur ses sentiments et ses intentions. C'est peut-être ce qui est arrivé à ce garçon qui vous avait laissé croire que quelque chose était possible entre vous (vous en êtes sûre, il vous regardait !). Il vous arrivera peut-être à votre tour de ne plus vouloir de celui que vous croyiez désirer très fort la veille.

Râteau : l'herbe qu'on ramasse

Le râteau est donc une expérience difficile à vivre. Vous étiez pleine d'émotions, d'espoir, de rêves de bonheur, et vous voilà brutalement rejetée, ramenée à votre vie banale et quotidienne, sans perspectives et sans projets. Le désir non satisfait, l'espoir qui s'envole, la remise en cause de soi-même sont de vraies douleurs. Mais l'expérience de la vie se fait ainsi : apprendre à perdre, c'est mesurer ses forces et ses limites, affronter la réalité, mais aussi grandir et devenir plus forte. Pour repartir plus riche… et plus lucide.

Conseils

Pour vous en remettre :

- Ne gardez pas tout cela sur le cœur, parlez-en avec vos amies : il n'y a pas de honte à cela, et vous n'êtes pas la seule à vous être pris un râteau dans votre vie. Quand les garçons quittent le navire, il reste toujours les copines sur le pont, prêtes à vous écouter et à vous consoler !
- Pleurez un bon coup, mais ne ressassez pas votre déception trop longtemps : vous avez mieux à faire. Il ne mérite vraiment pas que vous remplissiez une baignoire de larmes pour lui. Et ne lui donnez pas la joie de voir vos yeux bouffis par sa faute !
- Au contraire, chouchoutez-vous pour vous rappeler ce que vous valez. Offrez-vous une nouvelle robe, une nouvelle coiffure ; faites-vous belle et aimez-vous !

Voir aussi Amour, Amoureuse, Chagrin d'amour.

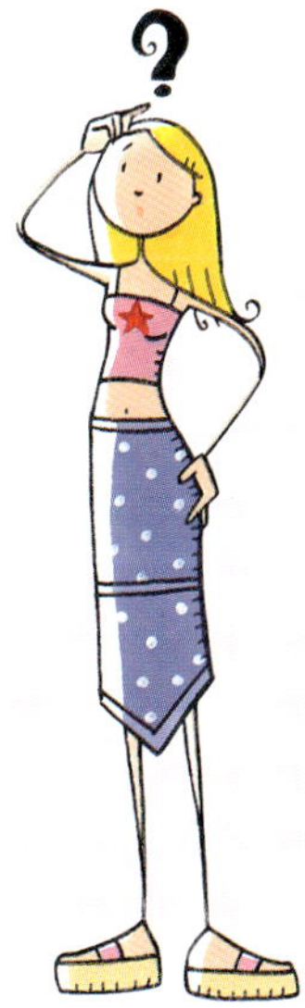

RACISME

RACKET

RAGOTS

RÂTEAU

RAVE

RÊVE

RÈGLES

RESPECT

154 • RAVE

Secrets, techno et ecstasy…

Définition

Rave est un mot anglais qui signifie délire. C'est un rassemblement autour de la musique, le plus souvent techno. Il peut durer toute une nuit ou plusieurs jours.

S'informer

Le terme de *rave* recouvre toute une gamme de réalités, de la soirée techno en boîte aux grandes fêtes organisées en plein air.

Les free-parties

Les *free-parties*, les « vraies *raves* » à en croire les *ravers*, sont organisées en dehors de toute légalité. Elles se déroulent dans des lieux insolites (entrepôts, garages, forêts, champs), dans le plus grand secret, afin de semer la police. Elles sont annoncées de manière ultra confidentielle, par des tracts (les *flyers*) passés sous le manteau, ou par des SMS qu'on reçoit sur son portable, qui donnent un premier lieu de rendez-vous. De là, des navettes ou des itinéraires fléchés conduisent à la fête. Ce type de rave peut rassembler des milliers de jeunes. En France, 10 à 40 *free-parties* ont lieu chaque week-end.

Comprendre

La *rave* est surtout une affaire de garçons (les deux tiers des participants) ; mais les filles peuvent aussi y être invitées. Vous pouvez être tentée par son côté secret et défendu, la musique et la danse, l'ambiance, l'oubli du monde extérieur.

Drogues à hautes doses

Les *raves* ont mauvaise réputation pour de bonnes raisons. Les *ravers* eux-mêmes avouent que la plupart des participants ne se contentent pas de danser pour se défouler, et consomment de la drogue (cannabis, cocktails dopants, ecstasy, LSD…) avec des conséquences graves pouvant aller jusqu'au décès.

Oreilles massacrées

Le bruit est insoutenable pour les oreilles, jusqu'à 120 décibels. Il peut causer des dommages très graves, voire irréversibles, à l'oreille interne. Sans parler de la violence, et des abus sexuels. Les *raves* sont des lieux à risques.

Un vrai champ de bataille

Pour les propriétaires des lieux « squattés », les *raves* sont une catastrophe sans nom. Après avoir labouré les lieux pendant trois jours et trois nuits, les *ravers* y laissent souvent toutes leurs ordures. De quoi déclencher une exaspération aveugle contre les jeunes, même chez les adultes les plus bienveillants !

Les raves au Parlement

Quelques *ravers* essaient bien de fixer des règles de conduite : ramasser les ordures, respecter les lieux, refuser la vente et la consommation de drogues. Cette bonne volonté est loin d'être générale. C'est pourquoi les raves ont fait l'objet d'un débat à l'Assemblée nationale. La loi du 31 octobre 2001 oblige désormais à demander des autorisations pour organiser des *raves*.

Voir aussi Cannabis, Drogues.

Pas de quoi avoir honte !

S'informer

C'est le conseil de classe du 3e trimestre qui décide d'un redoublement, mais en général, ce n'est pas une surprise pour l'élève, qui a eu de mauvais résultats et a déjà été prévenu lors des trimestres précédents. Cette décision est transmise aux parents qui peuvent faire appel, c'est-à-dire faire savoir qu'ils ne sont pas d'accord. Le cas est alors réexaminé dans des délais très brefs. La seconde décision est irrévocable et applicable partout : on ne peut pas aller tenter sa chance dans un autre établissement.

Conseillé ou obligé

La procédure varie tout de même selon les classes. En 6e et en 4e, le conseil décide seul du redoublement. En fin de 5e, il vous laisse libre de redoubler ou de passer en 4e : c'est à vous et à vos parents de choisir.

Redoubler pour mieux s'orienter

En 3e et en 2de, tout se complique avec les questions d'orientation. En 3e, si vous avez de mauvais résultats, on vous laisse le choix entre le redoublement et l'orientation vers un enseignement professionnel. En fin de 2de, si l'on ne vous oriente pas vers le bac que vous souhaitez, vous pouvez choisir le redoublement. En 1re, vous pouvez redoubler pour changer d'orientation. En terminale, c'est le bac qui fait barrage : si vous échouez, vous redoublez, à moins de chercher une voie qui n'exige pas d'avoir le précieux examen.

Les pourquoi d'un redoublement

Pourquoi redouble-t-on ? Parce qu'on n'a pas assez travaillé. Parce qu'on est trop faible dans une ou plusieurs matières essentielles (souvent les maths), même si on est brillante dans d'autres. Parce qu'on a eu un coup de fatigue voire de déprime dans l'année, et qu'on a perdu pied. Parce qu'on manque de méthode pour travailler et qu'on n'a pas su se faire aider à temps.

Un choix mûrement réfléchi

En fait, chaque élève est un cas particulier : c'est pour cela qu'il faut un conseil de classe réunissant tous les professeurs, le conseiller d'éducation et le proviseur, pour prendre la décision. Y assistent également les délégués de classe et des représentants des parents d'élèves. C'est dire que la décision n'est pas prise à la légère. Ce qui ne veut pas dire que le conseil ne se trompe jamais : on a vu des élèves proposés au redoublement faire appel et réussir ensuite de brillantes études. C'est souvent vrai pour les garçons qui prennent leur temps pour se décider à travailler !

Comprendre

Même si on s'y attend, on peut ressentir la nouvelle d'un redoublement comme un coup de tonnerre, une sorte de catastrophe personnelle. Celles qui l'ont vécu le savent. D'abord, vous pouvez avoir un peu honte, à l'égard de vous-même, de votre famille, de vos amies. Surtout, cela vous met dans une situation pas très drôle. Vos copines sont passées dans la classe supérieure, vous vous retrouvez avec des plus jeunes : c'est une rentrée difficile à vivre.

Un bilan sincère à établir

Pourtant ce n'est pas si grave. La première chose est de ne pas prendre cette décision comme une injustice, une sale vengeance d'un prof qui ne vous aimerait pas. Et de faire un bilan honnête de l'année, pour prendre conscience de vos erreurs et de vos insuffisances afin d'y remédier. N'hésitez pas à en parler avec un professeur en qui vous avez confiance ou au conseiller d'éducation : ils vous aideront à voir clair. Les professeurs ne sont pas là pour vous enfoncer mais pour vous soutenir, même s'ils sont un peu débordés et ne peuvent pas s'occuper de chaque élève autant qu'ils le souhaiteraient.

Prendre le taureau par les cornes

Ensuite il faut retrousser vos manches pour vous attaquer aux problèmes. Peut-être un cours de soutien dans une matière, ou plus généralement une aide pour vous organiser et apprendre à… apprendre ? Parlez-en à vos parents. Bien sûr, ce redoublement ne les enchante pas ; mais s'ils sentent que vous voulez vous en sortir, ils seront prêts à vous aider.

Gagner le respect

Reste à vous faire respecter dans votre nouvelle classe. Au début, vous pouvez vous sentir un peu à l'écart. Mais les élèves et les professeurs ont vite fait de distinguer la redoublante qui se met au fond de la salle pour se faire les ongles pendant le cours de celle qui veut tirer parti de cette année supplémentaire.

Intérêt redoublé

Un risque à éviter : vous reposer sur vos lauriers sous prétexte que vous avez déjà entendu ces cours. Bien sûr, tout n'est pas nouveau ; mais si on vous a fait redoubler, c'est parce que vous n'aviez pas tout compris. Dans les matières où vous êtes bonne, c'est vrai qu'il peut être ennuyeux de recommencer l'année. Un conseil : profitez de votre redoublement pour les approfondir, de façon à devenir une vraie spécialiste. Cela vous servira plus tard !

Une année pour vous investir

Le redoublement vous donne aussi une occasion de participer davantage à la vie de la classe, de donner un coup de main aux plus jeunes qui n'ont pas votre expérience, ou, pourquoi pas, d'être déléguée. Vous pouvez aussi vous proposer pour faire des exposés, participer à des activités dans l'établissement : bref, vivre à fond ce que vous avez effleuré du bout des doigts l'an passé.

Un an de retard, et alors ?

Avec une telle attitude, il se pourrait bien que cette année de redoublement devienne une chance, et plus tard un bon souvenir. Tout dépend de vous, de votre envie de vous battre et de gagner. L'important est de retrouver votre confiance en vous, en réussissant des choses que vous aimez et en faisant le mieux possible celles que vous aimez moins. Et surtout, gardez à l'esprit qu'un an de retard, ce n'est pas grand-chose. Dans 2 ans, ce ne sera plus rien, et dans 10 ans, vous l'aurez oublié !

Voir aussi Échec scolaire, Lycée, Orientation.

RÉGIME • 156

La forme, pas les formes !

S'informer

À votre âge, plus de la moitié d'entre vous se trouvent trop grosses. À 14 ans, vous êtes plus du tiers à avoir commencé un régime. Et, à chaque printemps, les magazines féminins vous matraquent de recettes allégées, d'exercices physiques et autres produits miracles pour être belles en maillot et faire craquer le moniteur de voile !

Les risques d'un régime

Quand on fait un régime, on se prive d'une certaine quantité d'aliments dans l'espoir de maigrir. Mais on oublie souvent que tous les aliments sont utiles, surtout en période de croissance et qu'on risque de créer des carences importantes qui pourraient entraver le bon fonctionnement de l'organisme. Fatigue physique mais aussi intellectuelle, arrêt des règles, fragilisation des os, en sont les principaux symptômes ! Résultat, on peut certes maigrir, mais on risque de s'enlaidir, de perdre sa forme et sa bonne humeur. De plus, ces privations sont toujours difficiles à vivre, alors on craque et on risque de regrossir, voire de devenir plus grosse qu'avant le régime !

De l'essence dans le moteur !

Notre corps a besoin d'énergie pour se maintenir en vie et pour se développer. Même au repos, il en consomme parce que le cœur bat, le sang circule, les poumons respirent… Il trouve cette énergie dans les aliments. L'unité d'énergie s'appelle la calorie. Une femme a besoin d'environ 2 000 calories par jour pour vivre. Une adolescente qui grandit et se développe a des besoins encore plus importants. Quand le corps dépense toute l'énergie qu'il consomme, il se maintient en vie. Quand il en dépense plus, il maigrit, quand il en dépense moins, il fait des réserves et grossit. On dépense des calories dans toutes les activités de la vie, mais davantage en faisant du sport qu'en restant assise devant la télé !

Comprendre

L'obsession du régime commence souvent au moment de l'adolescence et dure quelquefois toute la vie. Le mieux serait de ne pas commencer… surtout si vous n'en avez pas besoin ! Avoir des fesses et des hanches, ne plus être plate comme une petite fille, ne signifie pas que l'on est grosse, encore moins que l'on est « énorme » !

Penser, se dépenser

À votre âge, on change à la fois de corps et de mode de vie : les risques de grossir sont plus importants. On bouge moins qu'une petite fille et on n'aime pas forcément le sport, donc on ne dépense plus autant de calories que lorsqu'on grimpait aux arbres ou qu'on sautait à la corde dans la cour de récré.

« J'ai tout mangé le chocolat »

Quand on est mal dans sa peau, angoissée, ou qu'on a un chagrin d'amour, on grignote. Chips, chocolat, bonbons, tout y passe ! Sans distinction, sans mesure. Plus de place pour le dîner !

La mal-bouffe

À la sortie des cours, on aime bien prendre un pot avec les copains ; malheureusement le soda ou la bière, ça fait tout de suite quelques centaines de calories en plus. Et si on ajoute un restaurant avec les copains, menu hamburger-frites ou pizzas-pâtes, avec en plus un soda, l'addition calorique est salée !

Comment retrouver un équilibre ?

La première chose à faire quand on se sent un peu grosse, c'est donc d'essayer de mettre un peu d'ordre dans son alimentation. Notez ce que vous mangez pendant quelques jours, référez-vous à la grille de la valeur calorique des aliments et faites le total. Avec quelques sodas en moins et un effort pour ne pas grignoter en dehors des repas, vous sortirez déjà du rouge. Il ne vous reste qu'à manger équilibré sans trop de souci, en privilégiant les légumes, les fruits, les laitages allégés et les féculents sans trop de graisses (limiter huile, beurre et fromages).

Bougez, éliminez !

Ajoutez à cela un peu d'exercice physique : préférez les escaliers aux escalators, le petit trajet que vous faisiez en bus, pourquoi ne pas le faire à pied ? et vous aurez un corps de rêve !

Info +

Régimes spéciaux

Les régimes ne servent pas tous à maigrir. Ils peuvent aussi permettre de rectifier des mauvais fonctionnements du corps comme le diabète ou encore des manques en vitamines, en fer, en magnésium.

Régimes végétarien et végétalien

Il existe également des modes d'alimentation différents comme les régimes végétarien et végétalien. Le régime végétarien ne comprend pas de viande et compense en augmentant la consommation de poisson, d'œufs et de produits laitiers. C'est un régime sain, qu'on peut choisir pour des raisons philosophiques ou écologiques mais qui rend la vie un peu compliquée quand on mange à la cantine, au restaurant ou chez des amis.

TABLEAU DES VALEURS CALORIQUES DE QUELQUES ALIMENTS EN KILOCALORIES

Aliments	*Kilo-calories*
Eau	0
Café, thé ou tisane sans sucre	1
100 g de légumes verts	20
1 morceau de sucre	20
100 ml de lait demi-écrémé	35
Yaourt nature	50
1 verre de vin	70
1 fruit	75
1 noix de beurre	75
2 carrés de chocolat	75
100 g de pommes de terre, pâtes, riz, légumes secs cuits	90
40 g de pain (1/6 de baguette)	100
1 verre de soda	100
1 portion de camembert	110
100 g de fromage blanc à 45 % de matière grasse	110
100 g de viande ou de poisson	160
1 croissant	180
50 g de bonbons	190
1 pain au chocolat	275
100 g de chips	580

Et votre mère devra faire preuve d'inventivité pour concocter des petits plats qui satisferont toute la famille !
Quant au régime végétalien, en plus de la viande, il supprime le poisson, les œufs et tous les produits animaux. C'est un régime très déséquilibré, déconseillé à votre âge.

Conseils

Si vous avez vraiment des kilos en trop, parlez-en à votre médecin, lui seul peut vous aider sans risque pour votre santé. Il faut alors se conformer strictement à ses prescriptions et s'armer de persévérance.
N'hésitez pas à demander de l'aide :
- À vos parents pour qu'ils mettent hors de portée les aliments interdits qui pourraient vous tenter.
- Aux copains et amis pour ne pas craquer à la cantine et au café.
- Soyez compatissante avec vous-même, offrez-vous des petits plaisirs pour compenser ceux que vous ne pouvez pas trouver dans la nourriture : petits cadeaux pour être plus belle, sorties au cinéma plutôt qu'au restaurant… Et n'hésitez pas à vous dorloter : bain moussant, crème pour le corps, maquillage !

Voir aussi Anorexie, Poids, Repas.

157 • RÈGLES

Bienvenue dans la cour des grandes !

Définition

C'est l'écoulement de sang qui se produit par le sexe de la femme lorsqu'il n'y a pas eu fécondation : on l'appelle « règles » parce qu'il survient de façon régulière, chaque mois. Les premières règles surviennent au cours de la puberté et les dernières au cours de la ménopause.

S'informer

Les règles sont le résultat d'un processus qu'on appelle le cycle menstruel (parce qu'il dure un mois environ) et qui se met en route chez la jeune fille qui entre dans la puberté. Ce cycle dure en moyenne 28 jours et se reproduit tous les mois si l'on n'est pas enceinte. Ce sont les règles qui marquent le début de chaque cycle menstruel.

Entre les règles, que se passe-t-il ?

Pendant la première partie du cycle (les 14 premiers jours environ), la muqueuse qui tapisse l'intérieur de l'utérus s'épaissit pour se préparer à accueillir un ovule fécondé. Pendant ce temps, un ovule mûrit dans l'ovaire. Il en est expulsé autour du 14e jour du cycle (c'est l'ovulation). Puis l'ovule descend vers l'utérus : c'est à ce moment-là qu'il peut rencontrer un spermatozoïde et être fécondé. Dans ce cas, il rejoint l'utérus pour s'y nicher, devient embryon et commence à se développer. Si l'ovule n'a été pas fécondé, la muqueuse utérine, devenue inutile, se détache, ce qui produit un saignement. Le sang, l'ovule et les débris de la muqueuse sont alors expulsés par le vagin. Ce sont les règles.

Ça arrive quand, les premières règles ?

Sous l'effet de la sécrétion d'hormones, le corps de la jeune fille, qui abrite depuis sa naissance tous les outils nécessaires à la conception d'un enfant, se « réveille ». Les premières règles surviennent quand la puberté est déjà commencée : la formation des seins et l'apparition des poils sur le pubis en sont souvent les premiers signes. Mais elles ne signifient pas la fin de la puberté car le corps va continuer à se transformer. Les règles apparaissent ordinairement entre 11 et 16 ans, exceptionnellement plus tôt ou plus tard, suivant le développement physiologique de chaque fille, quand son corps est prêt.

Elles sont arrivées... et puis plus rien !
Au début, le cycle peut être très irrégulier (entre 25 et 35 jours). On peut même attendre plusieurs mois après la première fois pour les voir réapparaître ! C'est petit à petit que le corps va apprendre ce rythme nouveau. À chaque fille de découvrir le sien... Souvent les premières règles ont lieu sans ovulation mais il faut quand même considérer que, dès ce moment-là, une grossesse est possible et se protéger en cas de rapport sexuel.

Ça fait mal, docteur ?
On peut avoir des règles plus ou moins abondantes, qui durent plus ou moins longtemps (entre 2 et 8 jours). Celles-ci peuvent s'accompagner de douleurs mais ce n'est pas toujours le cas. On peut avoir des maux de ventre, de tête, les seins douloureux, se sentir fatiguée, pas « bien dans son assiette ». Si ces douleurs sont trop difficiles à supporter, il ne faut pas hésiter à en parler à son médecin qui prescrira des calmants. Surtout, il ne faut pas prendre de l'aspirine pendant ses règles : cela fluidifie le sang, donc cela risque d'augmenter les saignements.

Des jours comme les autres
Les règles ne sont pas du tout une maladie. Il n'y a aucune raison de changer votre façon de vivre. La plupart des femmes travaillent pendant leurs règles, les championnes gagnent même des médailles !

C'est sale ! ! !
Mais non ! Les règles ne sont pas sales. Vous vous sentez peut-être mal à l'aise et éprouvez le besoin de vous laver plus souvent. Pourtant, il suffit de vous laver comme vous le faites habituellement, matin et soir. Pas besoin de toilette intime plus approfondie, mais n'oubliez pas de changer régulièrement votre serviette ou votre tampon (attention, on est parfois tellement à l'aise avec un tampon, qu'on risque de l'oublier.)

Info +

Les autres noms des règles
Autrefois on disait les menstrues. Ce n'est pas très beau ! Pour en parler à demi-mot, toutes les filles inventent leur petit vocabulaire : les ragnagnas, les tagadas, les ours, les guss, les emmerdes, les doches, les Anglais débarquent, le beaujolais nouveau est arrivé, les BDF (bidules de filles) ou un discret « je les ai » ou « je suis indisposée »...

Comprendre

La découverte des premières règles est un moment plein d'émotion dans la vie d'une fille : on se sent un peu bouleversée, triste de quitter la petite fille qu'on a été, fière d'entrer dans la vraie vie, celle des grands, de commencer sa vie de femme.

Et dire que j'avais hâte que ça arrive !
On doit aussi s'habituer à tous les petits inconvénients qui accompagnent les règles, on se sent moins libre dans son corps, moins libre que les garçons par exemple, qui n'ont pas ces problèmes. Et si on a attendu ce moment avec impatience, on est souvent désorientée, ou même un peu déçue, et on se demande pourquoi les filles qui en parlaient, avant que cela ne nous arrive, avaient l'air si fières !
Pourtant, on sent bien aussi que c'est un moment important : on devient grande, il y a la promesse des enfants que l'on aura peut-être plus tard. C'est aussi le signe que son corps marche bien, qu'on est en pleine forme, qu'il se prépare. Pas étonnant qu'avec toutes ces émotions contradictoires, on ait un peu de mal à vivre, qu'on se sente un peu perdue, irritable, un peu déprimée parfois aussi.

Je ne veux pas que tu le dises à Papa !
Dans certains pays, on fait une fête à cette occasion pour introduire la jeune fille dans le groupe des femmes : on lui met des habits

nouveaux, on lui donne même parfois un nouveau nom. Chez nous, on est beaucoup plus discrète, souvent on n'en parle pas, et surtout pas à ses frères ou à son père. Mais rien n'empêche de fêter cela en secret avec sa mère ou sa meilleure amie !

Conseils

- Pour être tranquille, vous pouvez avoir toujours dans votre sac une petite pochette contenant serviettes, tampons, mouchoirs en papier et même slip de rechange.
- Cochez dans un calendrier le jour de vos règles. Cela vous évitera d'être prise au dépourvu et vous permettra de mieux reconnaître le rythme de votre corps.
- Si vous allez voir un gynécologue, pensez à noter la date de vos dernières règles avant d'aller au rendez-vous : c'est une question qu'il pose souvent, ainsi que la durée moyenne de votre cycle (28, 30 ou 32 jours ?), même si ce dernier est encore un peu irrégulier.

Savoir-vivre

Discrétion et pudeur s'imposent : on ne doit pas laisser de traces de son passage dans la salle de bains ou les toilettes, ni laisser traîner serviettes ou tampons !

Voir aussi Contraception, Fécondité, Gynécologue, Puberté.

Bons plans

Serviettes ou tampons ?

• Aujourd'hui, les serviettes sont très discrètes (mais non, elles ne se voient pas sous votre jean !), confortables et très absorbantes. Vous pouvez changer de gamme entre le début et la fin de vos règles. Essayez plusieurs modèles pour trouver celles qui vous conviennent.

• Les tampons sont très pratiques : on peut se mettre en maillot de bain, nager, comme si de rien n'était. On peut en utiliser même quand on est vierge, à condition de choisir des tampons « minis ». L'hymen, la membrane qui obstrue le vagin, est en effet percé d'un petit orifice qui laisse écouler le sang et peut permettre l'introduction d'un petit tampon.

Comment mettre un tampon ?

Choisir de préférence un jour de règles abondantes et un tampon avec applicateur plastique. Ce sera plus facile. Debout, un pied sur la cuvette des toilettes, penchez-vous un peu en avant pour que le tampon entre bien dans l'axe de votre vagin. Détendez-vous. Tenez le tampon au niveau de l'anneau et introduisez-le doucement par le bout arrondi. Le cordonnet de retrait doit pendre hors du tube. Poussez le tube extérieur jusqu'à ce que vos doigts touchent votre corps. Tout en tenant les anneaux, poussez le tube intérieur à l'intérieur du tube extérieur. le tampon va se mettre bien en place. Si vous le sentez, c'est qu'il n'est pas placé suffisamment en profondeur. Retirez-le et utilisez un autre tampon. Si cela ne vous convient pas, vous ferez un nouvel essai un peu plus tard ! Un truc : se mettre accroupie au-dessus d'une glace pour bien voir ce que l'on fait.

RELIGION • 158

Donner sens au monde

Définition

On ne sait pas exactement d'où vient le mot religion. Les premiers auteurs chrétiens ont pensé qu'il avait la même origine que le verbe lier ou relier : la religion serait un système qui relie le monde des hommes à celui des dieux. Ce faisant, il relie aussi les hommes entre eux et avec le monde qui les entoure.

S'informer

La religion est un ensemble de croyances et de pratiques qui organisent la relation des hommes avec le divin (un ou des dieux), et la vie des hommes avec l'ensemble de l'univers. Elle est toujours une manière de donner sens au monde, de proposer des règles de vie et de définir des rites.

Histoire et religions

Il existe toutes sortes de religions suivant les pays, les histoires et les cultures. Longtemps, les religions ont été liées à la civilisation dans laquelle on les pratiquait. Certaines religions ont d'ailleurs disparu quand la civilisation qui les portait a disparu ; c'est le cas de la religion des Romains, des Égyptiens ou des Gaulois.

Destinées à toute la terre

Aujourd'hui, les grandes religions monothéistes (qui croient en un seul Dieu) – le judaïsme, le christianisme et l'islam – sont répandues dans le monde entier parce qu'elles souhaitent s'adresser à tous les hommes, quel que soient leur pays et leur culture. De plus, le déplacement des populations d'un pays à l'autre fait que dans tous les pays, plusieurs religions cohabitent.

Chez nous

En France, il y a principalement des chrétiens, des musulmans, des juifs et quelques bouddhistes. Il y a aussi des gens qui n'ont pas de religion, ou qui ont abandonné celle qu'on leur avait enseignée. On les appelle des athées, ce qui veut dire qu'ils ne reconnaissent pas de dieu.

Info +

Qu'est-ce que la laïcité ?

Longtemps dans l'histoire, la religion a été une affaire publique : on avait la religion de son pays, de son roi, ou du chef de l'État quel qu'il soit. C'est encore vrai dans certains pays islamistes. Mais plus dans nos sociétés, où a été instauré le droit de choisir sa religion (ou de ne pas en avoir). En France, depuis plus de deux siècles, on a le droit de pratiquer librement sa religion. Depuis

1905 et la loi de séparation de l'Église et de l'État, la République ne reconnaît et ne finance plus aucune religion ; on dit que l'État français est laïc. Autrement dit, la religion est une affaire privée.

Comprendre

Autrefois, tout le monde avait une religion, le plus souvent celle de son enfance, de ses parents. On y croyait plus ou moins, mais la religion n'était pas vraiment remise en cause.

Graines d'extrémistes !

Aujourd'hui, c'est un peu le contraire. Beaucoup de gens croient en Dieu mais se méfient de la religion ; ils ont souvent l'impression qu'elle est contraire à la liberté, qu'elle impose des choses ou en interdit. Il est courant d'entendre dire que les religions ont causé des guerres et des massacres, et l'on soupçonne facilement les croyants de devenir des intégristes et des fanatiques à la première occasion.

Ils n'ont pas tout compris !

Même s'il est vrai qu'il y a eu des guerres au nom de Dieu, c'est généralement une fausse interprétation de la religion qui a conduit à la violence, car la plupart des religions prêchent au contraire l'amour des autres, le respect et la paix.
De nos jours, on appelle encore souvent « guerres de religion » des conflits qui ont des motifs économiques et politiques bien plus que religieux. En fait, dans ces guerres, c'est l'homme qui utilise Dieu comme prétexte pour se battre.

Je peux court-circuiter la religion ?

C'est vrai qu'on peut être en quête de Dieu en refusant les contraintes ou les défauts de la religion (qui sont finalement les défauts des hommes), mais ce n'est pas vraiment possible.
Ce serait vouloir le roman sans le livre, ou la musique sans la partition. D'accord, la religion n'est que le support de la foi et de la connaissance de Dieu, mais ce support est indispensable.

Une décision personnelle

Les parents qui ont une religion l'enseignent à leurs enfants. Quand les enfants grandissent et commencent à comprendre la foi, les valeurs, les pratiques de la religion, ils peuvent

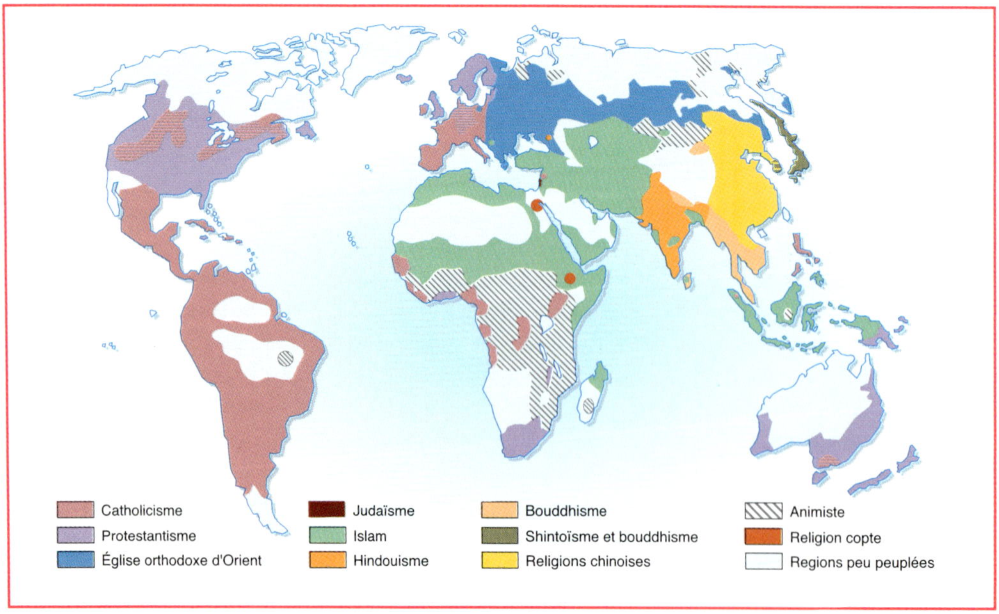

décider eux-mêmes de les reprendre à leur compte. Bien sûr, on peut aussi complètement changer de religion, ou devenir croyante alors qu'on était issue d'une famille sans religion.

La religion n'est pas un patchwork !

Aujourd'hui, on est parfois tentée de choisir sa religion comme si on allait faire ses courses au supermarché : on prend une croyance ici, une pratique là, on laisse sur les rayons telle chose qui dérange. Se faire une religion à la carte a des inconvénients : on ne peut partager ses croyances avec personne… à moins de fonder une nouvelle religion ! De plus, on peut avoir mis ensemble des choses qui ne peuvent pas être crues en même temps.

C'est du sérieux

La religion est une chose plutôt sérieuse, qui donne du sens et de la valeur à la vie, maintenant et même après la vie terrestre. Ce n'est peut-être pas le lieu pour inaugurer un « bidouillage d'amateur » ! Peut-être vaut-il mieux faire confiance à une religion qui existe depuis longtemps : c'est quand même une garantie. En particulier, cela peut éviter de tomber entre les mains peu recommandables d'une secte. Ça n'empêche pas de s'intéresser aux croyants des autres religions ; on peut partager des tas de choses avec ceux qui ont une religion différente.

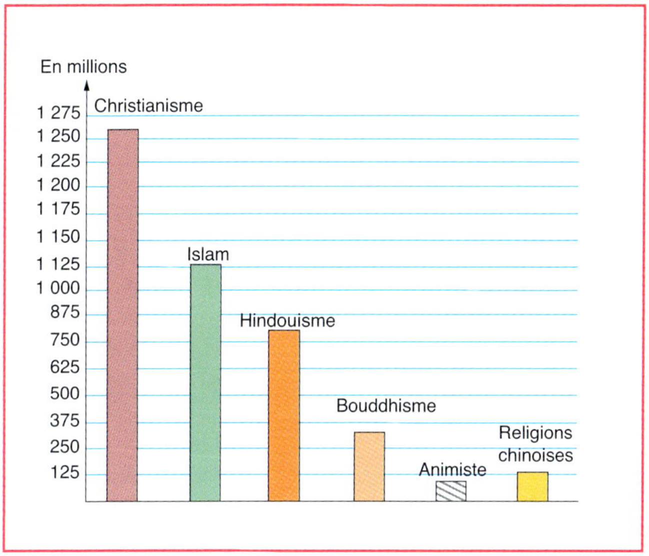

Ma religion est la bonne !

Vous avez bien raison d'en être convaincue : si vous pensiez que votre religion n'est pas la meilleure ou qu'elle ne dit pas la vérité, il faudrait sérieusement songer à en changer ! Mais n'oubliez pas que les croyants des autres religions ont le droit de penser exactement la même chose de la leur. Avoir une religion ne vous autorise absolument pas à l'imposer aux autres. C'est cela, respecter la liberté de conscience.

Voir aussi Dieu, Foi, Prière, Sectes, Tolérance.

159 • RENDEZ-VOUS CITOYEN

Aux armes, citoyennes !

S'informer

Le rendez-vous citoyen, appelé aussi Journée d'appel de préparation à la défense (JAPD), a été instauré pour les garçons et les filles par la loi du 28 octobre 1997. Cette loi a supprimé l'appel des garçons sous les drapeaux (c'est-à-dire le service militaire classique) à partir de 2003. Il est remplacé par un « parcours de citoyenneté » obligatoire, qui concerne tous les garçons nés après le 31 décembre 1978… et toutes les filles nées après le 31 décembre 1982.

Trois étapes pour un parcours

Ce parcours s'effectue en trois étapes. D'abord, une formation sur la défense nationale et européenne, intégrée dans les programmes scolaires du second degré. Ensuite, le recensement de tous les garçons et les filles à l'âge de 16 ans. Enfin, la journée d'appel de préparation à la défense, pour tous, entre 16 et 18 ans.

Le recensement

Dans le mois qui suit votre 16e anniversaire, vous devez vous présenter à la mairie de votre domicile. Il faut fournir le livret de famille de vos parents, votre carte d'identité et une preuve de résidence (quittance de loyer, électricité, téléphone, plus attestation des parents). Une attestation de recensement vous est alors remise. Conservez-la précieusement : elle sera nécessaire pour vous inscrire au permis de conduire, au bac et aux concours de la fonction publique.

La Journée d'appel de préparation à la défense

La JAPD est destinée à faire connaître aux jeunes les mécanismes et les enjeux de la défense nationale, ainsi que les métiers de l'armée. Vous êtes convoquée entre votre 16e et votre 18e anniversaire. On vous propose trois dates (souvent un mercredi ou un samedi) : vous avez 30 jours pour choisir.

JAPD, le déroulement

Cette journée se passe en général près de chez vous (votre transport et votre déjeuner sont pris en charge). Elle commence à 8 h 30 et se termine à 17 h. Elle débute par des tests qui évaluent votre maîtrise de la langue française. Aux jeunes qui ont des difficultés de lecture, on propose une formation personnalisée. Ensuite, des intervenants vous présentent les objectifs de défense de la France, les accords internationaux, la situation politique européenne ainsi que les différents métiers dans l'armée. Vous avez droit également à quelques notions d'histoire sur la Première et la Seconde Guerres mondiales. On vous

remet à la fin de la journée votre certificat de préparation, que vous devez conserver jusqu'à l'âge de 25 ans.

Info +

Si vous voulez en faire plus ou en savoir davantage, c'est possible ! Pour participer davantage à la défense militaire, vous pouvez vous inscrire à la préparation militaire, ou faire acte de volontariat.

La préparation militaire

Elle dure 1 à 4 semaines, et vous fait découvrir la vie militaire. Vous pourrez ensuite, dans la mesure des places disponibles et en fonction de vos aptitudes, servir comme volontaire dans les armées.

Le volontariat

Vous pouvez aussi devenir volontaire, c'est-à-dire vous engager pour 1 an (renouvelable 5 fois) soit dans les armées (terre, mer, air ou gendarmerie, services de santé, etc.), soit dans un service civil (soutien aux populations en difficulté, animation socioculturelle), ou même encore dans la coopération ou l'humanitaire. Ce volontariat civil peut durer de 6 mois à 2 ans.

Le service volontaire européen

Il existe également un service volontaire européen destiné à renforcer la citoyenneté active des jeunes Européens. Rien à voir avec un service militaire ou civil. Il s'agit de participer à une action d'intérêt général à l'étranger.
Ce service peut durer de 3 semaines à 12 mois ; il concerne des actions de tout type (culture, restauration de monuments, animation pour les enfants, les personnes âgées, les handicapés, aide humanitaire, lutte contre le racisme, etc.)

Comprendre

Le but de ce parcours de citoyenneté est de préparer tous les jeunes, filles et garçons, à devenir des citoyens, en leur faisant prendre conscience qu'ils sont tous concernés par la défense de leur pays. Défendre son pays, ce n'est pas seulement prendre les armes et combattre en son nom ; c'est le servir quotidiennement, l'aimer, le connaître, le faire connaître. D'où l'idée de ce « rendez-vous citoyen » qui concerne tous les jeunes et, grande nouveauté, même les filles. Reste à savoir ce qu'elles en penseront ; 7 750 filles ont été les premières citoyennes à faire leur JAPD en avril 2000.

Voir aussi Loi, Majorité, Politique.

160 • REPAS

À table ! ! !

S'informer

Un repas n'est pas seulement fait pour se nourrir, c'est aussi un moment de partage et de rencontre. D'ailleurs, quand on veut voir des amis, on les invite à dîner et, entre copains (ou copines), on se retrouve volontiers pour manger ensemble. « On s'appelle, on se fait une bouffe », dit-on familièrement !

Repas et traditions

Dans la plupart des sociétés, le repas est un moment convivial entouré de traditions. Les arts de la table en sont une preuve : nappes, vaisselle, ustensiles, décorations témoignent par leur raffinement de l'importance accordée au temps du repas. Et même pour les repas de tous les jours, une nappe, un couvert bien mis, des plats bien présentés qu'on partage ensemble, montrent qu'on a besoin d'autre chose que d'ingérer les aliments nécessaires à notre survie.

Ceux qui partagent le même pain

Le repas est un temps où on se retrouve à l'abri, en sécurité, pour reprendre des forces avec ceux dont on partage la vie. Copains ou compagnons sont deux mots qui veulent dire « ceux qui partagent le pain ». Le repas a toujours été aussi un lieu et un moyen d'accueil. La tradition, qui veut qu'on garde une place ou une part pour le pauvre, fait aussi du repas un moment d'attention à l'autre, à celui qui est en peine ou plus démuni que soi.

Manger seul

De tout temps, on a considéré que manger seul n'était pas la meilleure manière de se nourrir. Quand un petit enfant est assez autonome pour être accueilli à la table familiale, il en est heureux parce qu'il n'a pas seulement faim mais envie de participer à tout ce qui s'y passe. Et c'est une punition que de le priver du repas familial et de le faire manger seul à la cuisine. À l'autre bout de la vie, les personnes âgées qui se retrouvent seules n'ont souvent plus le goût de se préparer des repas ; certaines vont même jusqu'à cesser de se nourrir et tombent malades.

Comprendre

Lieu de convivialité, certes, mais aussi souvent occasion de scènes et de cris, le repas est à l'image de ce qu'on vit dans la famille : on est heureux de s'y retrouver mais on sait se chamailler et régler ses comptes avec l'un ou l'autre. Il faut dire que c'est souvent le principal, voire le seul moment de la journée où la famille est réunie au complet. On a donc beaucoup de choses à se dire et on veut se faire entendre. Les cris, les pleurs et les grincements de dents font partie du folklore quotidien, accompagnés de coups de pied sous la table et autres pinçons invisibles ! Pour peu qu'il y ait des soupes au lait dans la famille, il n'est pas rare que l'un des convives

sorte de table avant la fin du repas pendant que les autres baissent le nez dans leur assiette ! Sans compter les chamailleries pour savoir qui va mettre le couvert ou débarrasser…

C'est la fête !

Mais on peut aussi partager des bonnes nouvelles, découvrir ce que vivent les frères, les sœurs, les parents. On fête les anniversaires, les succès aux examens, les bonnes notes et les permis de conduire.
Et si parfois, à votre âge, on traîne les pieds en rêvant du jour où l'on pourra se faire son petit pique-nique toute seule dans sa chambre d'étudiante, on gardera toujours un souvenir nostalgique de ces repas où battait le cœur de la famille !

Bons plans

Pour éviter de transformer les repas en terrains de pugilat voire en champs de bataille où se règlent tous les différends familiaux, voici les sujets qu'il vaut mieux réserver à d'autres occasions :
- Les résultats scolaires, surtout quand ils ne sont pas à la mesure des espérances des parents.
- Les demandes d'autorisation un peu périlleuses : sortir le soir, partir en vacances sans les parents, dormir chez une copine (ou pire, chez un copain) ou, bien sûr, votre désir d'avoir un scooter.
- Les causes habituelles de conflit dans la famille. Chacun a un sujet favori de récriminations : salle de bains pas nettoyée, monopole de la ligne téléphonique, débarrassage de la table, vêtements empruntés sans l'autorisation du propriétaire.
- Et bien sûr, les débats politiques qui stimulent les ardeurs belliqueuses !

Savoir-vivre

Sans forcément apprendre par cœur le manuel du même nom, les repas familiaux peuvent être l'occasion d'apprendre quelques règles élémentaires bienvenues quand on sort de chez soi (sous peine de passer pour une femme des cavernes) :
- Ne pas s'asseoir avant la maîtresse de maison, sauf si elle vous le demande.
- Présenter le plat à la maîtresse de maison même si on vous le présente en premier.
- Se servir modérément la première fois.
- Ne pas commencer à manger avant la maîtresse de maison. Ne pas se resservir avant qu'elle ne vous le propose.
- Proposer du pain et de l'eau à ses voisins avant de se servir.
- Ne pas manger la bouche ouverte et ne pas faire de bruit en mangeant. Ne pas parler la bouche pleine.
- S'essuyer la bouche avant de boire.
- Ne pas manger trop vite… ni trop lentement.
- Garder les mains sur la table (pas les coudes !)
- En France, il est préférable de pousser avec son pain ; en Angleterre, avec son couteau. Ne pas saucer son assiette avec son pain. On ne lèche ni son couteau, ni sa fourchette, ni son assiette !
- Finir son assiette, sauf au restaurant où il est de bon ton de laisser un peu de nourriture (même si vous avez faim et qu'elle est délicieuse).
- Ne pas couper le nez du fromage.
- Savoir vous adapter en fonction de l'attitude de ceux qui vous entourent. La politesse vient aussi du cœur !

Voir aussi Engueulade, Famille.

161 • RESPECT

Tu me respectes, je te respecte !

Définition

Respect vient d'un mot latin qui veut dire regarder : le respect est une affaire de regard, sur les autres et sur soi-même. Et le début du mot, le « re », insiste sur le fait qu'on regarde l'autre « à deux fois », autrement dit en lui accordant une attention profonde : on le tient pour important et digne d'intérêt.

S'informer

Tout le monde a besoin de se sentir respecté, et le réclame, particulièrement les jeunes qui craignent souvent de ne pas être bien traités ni suffisamment pris en considération. « Respect ! » dit-on pour marquer son admiration ou pour signaler qu'on ne veut pas être mal traité.

Respect pour ceux qu'on aime

Le respect est une attitude que vous devez à toutes les personnes que vous côtoyez, vos amies, votre amoureux, tous ceux que vous aimez et que vous souhaitez voir heureux. Vous respectez leurs désirs, leur manière de vivre et de voir la vie, leur intimité aussi. Autrement dit, vous voyez en eux des personnes dignes d'intérêt, même si vous n'êtes pas toujours d'accord avec eux, si vous leur trouvez des défauts, si par moments ils vous semblent insupportables !

Respect pour les vieux !

Le respect est aussi une manière de se comporter à l'égard des gens plus âgés ; les parents, les professeurs et autres adultes qui savent plus de choses que vous, qui ont de l'expérience et des choses à vous apprendre, qui veillent sur vous et ont mission de vous guider pour qu'à votre tour vous deveniez adulte. Et même quand on est adulte, on doit du respect à ses supérieurs hiérarchiques, à ceux qui sont chargés de faire respecter les lois et à ses aînés.

Respect pour les plus faibles

On respecte aussi les plus faibles, ceux qui sont handicapés, qui n'ont pas toujours les moyens de se faire respecter eux-mêmes.

Respect... pour tout le monde !

Mais le respect est encore plus exigeant que tout cela, parce qu'on le doit à toute personne, quels que soient ses qualités et ses défauts. Cela ne veut pas dire qu'il faut respecter tous ses actes, mais qu'au-delà de ce qu'elle peut faire de bien ou de mal, elle a une dignité à laquelle on doit des égards. C'est pour cela que l'auteur d'un délit ou d'un crime, même grave, a le droit d'être défendu par un avocat et jugé selon les règles de la justice. Parce que le respect est une attitude qui exige de regarder au-delà des apparences et des actes, un comportement et même plus, un idéal de vie qui s'apprend dès l'enfance.

○ Comprendre

Le respect n'est pas seulement une formalité ou une question de politesse. On peut respecter une personne en paroles (ce n'est déjà pas si mal : tout le monde n'en est pas capable !) et la mépriser au fond de soi. Respecter quelqu'un, ce n'est pas seulement se conduire poliment envers lui, c'est croire qu'il a de la valeur, des qualités ; il mérite qu'on l'écoute et qu'on se soucie de lui.

Tu m'étonnes, je te respecte

Mais c'est aussi accepter que l'autre ne soit pas toujours comme vous souhaiteriez qu'il soit. Le respect suppose de ne pas vous l'approprier comme un objet, une chose qui pourrait vous être utile. Il faut lui laisser son identité, sa personnalité, sa manière de voir. Chaque personne est unique et, malgré tout l'intérêt que vous lui portez, vous ne pourrez jamais la connaître complètement.

Cet inconnu à ne pas piétiner

Même celui que vous aimez reste toujours un peu mystérieux, malgré l'intimité que vous partagez avec lui. Le respecter, c'est accepter cette part d'inconnu qui reste en lui et que vous ne pourrez jamais éclaircir ni posséder. C'est lui reconnaître un droit au secret, à l'intimité, à la solitude.

Silence, on respecte !

C'est aussi pour cela que le respect suppose parfois de savoir se taire, se faire toute petite devant l'autre quand il est bouleversé, quand il souffre, quand il a besoin d'être seul. Devant la souffrance, le respect consiste parfois à accepter d'être impuissante, de ne pas pouvoir consoler ni réparer, de ne pas tout savoir de l'autre, de lui laisser son secret s'il préfère le garder.

○ Savoir-vivre

Le respect des autres commence par celui des choses :

- De la pelouse, qui doit profiter à tout le monde.
- De l'ascenseur, où on ne fait pas de graffitis.
- De l'environnement, en ne jetant pas ses papiers par terre.
- Du collège ou du lycée, en n'écrivant pas sur les tables.
- D'un livre prêté, en le rendant propre et sans inscription.
- De la chambre de sa sœur, où on ne pénètre pas sans autorisation.
- Du courrier, qu'on n'ouvre pas quand il n'est pas à son nom.
- Du code de la route pour éviter de mourir ou de tuer des gens.

Conseils

Pour se faire respecter :

- *Refuser la vulgarité dans sa manière de parler et dans son apparence.*
- *Se montrer respectable, en s'interdisant d'étaler sa vie intime devant tout le monde.*
- *Respecter les autres, respecter leurs affaires.*
- *Refuser la compagnie de ceux qui ont des attitudes ou des gestes irrespectueux.*
- *Se montrer exigeante, mais toujours avec délicatesse.*
- *Ne pas avoir peur de dire ses désaccords et d'énoncer ses valeurs.*

Quand on n'est pas respectée :

- *Ne pas l'accepter en silence.*
- *Mettre les choses au point tout en restant polie.*
- *Réclamer justice quand on a été blessée, auprès d'un adulte si cela est nécessaire (parents, professeur).*

162 • RESPONSABILITÉ

J'assume !

S'informer

Être responsable, c'est pouvoir se reconnaître auteur de ses actes : c'est bien moi qui ai fait cela, j'en suis responsable.

J'assume, j'suis libre !

La responsabilité est indissociable de la liberté : vous n'êtes responsable que de ce que vous avez fait librement ; si on vous a obligé à le faire, vous ne pouvez pas en être déclarée responsable. Le malade mental, qui ne comprend pas le sens de ce qu'il fait et qui ne l'a pas voulu consciemment, n'est pas jugé responsable. C'est pour cela que les criminels qui sont déclarés fous ne sont pas condamnés mais internés pour être soignés en hôpital psychiatrique.

C'est ma faute, je répare

Il y a différentes sortes de responsabilité. La responsabilité devant la société vous oblige à respecter les lois sous peine d'être punie, par exemple réparer les dégâts que vous avez causés avec votre voiture lors d'un accident où vous êtes en tort. La responsabilité morale, plus personnelle, vous oblige à vous conduire dignement, à ne pas porter préjudice à autrui, à ne pas tricher, à ne pas mentir, etc.

Grosse bêtise

Bien sûr, quand on est jeune, il est difficile d'assumer toutes les conséquences de ses actes. C'est pour cela que vos parents sont responsables de vous à double titre : ils ont à votre égard un devoir de garde, de surveillance et d'éducation, mais ils doivent aussi répondre de vos actes jusqu'à votre majorité. Si vous renversez une personne avec votre scooter, ce sont vos parents qui devront rendre des comptes à la justice, payer des dommages et intérêts à la personne blessée.

Info +

Sur le plan pénal, vous êtes considérée comme totalement responsable de vos actes à votre majorité, c'est-à-dire à 18 ans. Mais, en réalité, ça commence plus tôt. À partir de 13 ans, si vous avez commis un acte contraire à la loi, vous pouvez encourir une sanction pénale, une peine de prison (rarement appliquée et inférieure de moitié à celle d'un adulte), une amende, un travail d'intérêt général. Entre 16 et 18 ans, vous pouvez être mise en détention provisoire et encourir une peine égale à celle d'un adulte. Mais jusqu'à 18 ans, les jeunes sont mis dans des prisons séparées de celles des adultes et peuvent continuer leur scolarité.

Comprendre

Depuis toute petite, vous apprenez à être responsable. Vous avez appris à faire attention à vos jouets, à vos affaires, puis à gérer votre argent de poche, à vous occuper de votre chat ou de votre hamster, à faire des petites courses toute seule.

J'suis grande, maintenant

À votre âge, vos parents vous confient de plus en plus de responsabilités. Vous pouvez faire du baby-sitting, acheter seule vos vêtements, gérer toute seule votre emploi du temps et vos devoirs. Si vous avez des petits frères et sœurs, il n'est pas rare que votre mère vous demande de l'aider : emmener votre petite sœur à l'école, la faire dîner ou l'aider à faire ses devoirs, ce sont de sacrées responsabilités !

Laissez-moi souffler, please !

Vous trouvez peut-être que tout cela est bien lourd : c'est sûr, c'est génial de voir que vos parents vous font confiance, il y a de quoi en être fière, mais il y a sans doute des moments où vous voudriez ne pas vous « prendre la tête » et qu'on fasse les choses à votre place, comme avant !

Allez, confiance !

Pourtant, c'est le signe que vous devenez une personne libre et autonome à qui on peut faire confiance et qui va bientôt pouvoir se débrouiller toute seule. Désormais, vous êtes responsable de votre avenir et de votre vie : c'est peut-être un peu effrayant, mais c'est formidable ! Et il y a encore des moments où vous ne vous rendez pas compte des dangers ou des conséquences de ce que vous faites, et où vous avez envie de vous amuser sans arrière-pensée.

C'est pas fun !

Sortir plutôt que de faire ses devoirs, être tentée de monter sur la mobylette de sa copine sans casque, oublier le rendez-vous chez le dentiste, ça arrive souvent à votre âge. C'est normal ! Il faut simplement apprendre à être responsable, tout en restant une fille de votre âge, et ne pas hésiter à dire à vos parents que vous trouvez qu'ils sont trop exigeants si ce qu'ils vous demandent est trop lourd à porter.

Responsable de sa rose

Il faut aussi apprendre à assumer les choix que vous faites ou décider d'attendre, si vous trouvez que c'est trop difficile. Par exemple, s'engager dans une histoire d'amour est une grande responsabilité. Si on se conduit mal, on fera souffrir l'autre. En aimant quelqu'un, en étant aimée en retour, on rend l'autre un peu vulnérable, parce que son bonheur dépend de nous ; il nous fait confiance, on en devient responsable, comme le Petit Prince de Saint-Exupéry qui découvre qu'il est responsable de la rose qu'il aime.

Responsable… plus tard !

Vous avez le droit d'hésiter, de ne pas vouloir vous engager trop vite. Être responsable en amour, c'est d'abord prendre conscience de la force des liens que cela crée. Ça ne veut pas dire qu'il faut tout calculer, tout mesurer : vous avez le droit de tomber amoureuse, tout de même ! Seulement, gardez cette idée dans un coin de votre tête, pour ne pas vous embarquer dans une histoire qui vous engage alors que vous n'êtes pas encore prête pour cela.

Voir aussi Confiance, Devoir, Liberté, Majorité, Parents, Sanction.

Conseils

Pour apprendre à être responsable, le mieux c'est de prendre des responsabilités… à sa mesure :

- *Ranger sa chambre et prendre soin de ses affaires.*
- *Prendre en charge la nourriture et les soins d'un animal domestique.*
- *L'amitié, la vraie, rend responsable d'une amie : on la soutient quand elle ne va pas bien et on n'hésite pas à le lui dire quand elle se conduit mal.*
- *Être déléguée de classe.*
- *S'engager dans une association, dans le scoutisme, dans un club sportif, etc.*

163 • RÊVE

Message codé

personnages, qui sont souvent très loin de vous ressembler !

Quel mélange abracadabrant !

Vous pouvez vivre des émotions intenses, être bouleversée, et terrifiée lorsque le rêve vire au cauchemar. Vous pouvez rêver de personnes que vous n'avez pas vues depuis des lustres, en mélangeant allégrement les lieux et les histoires, en inventant des situations impossibles.

S'informer

Les rêves sont des productions psychiques qui surviennent pendant le sommeil. Vous ne se souvenez pas de tous ceux que votre cerveau élabore en une nuit ; pourtant, ceux que vous pouvez raconter en vous réveillant montrent qu'il se passe dans votre tête des histoires étonnantes, des aventures merveilleuses ou terrifiantes. Vous y jouez toutes sortes de

Ces songes où l'on pensait lire l'avenir

Autrefois, on croyait que les rêves étaient prémonitoires : ils annonçaient de manière déguisée ce qui allait se passer dans la réalité. Quand on rêvait de la mort de quelqu'un, on se réveillait certaine qu'un deuil allait frapper pour de bon autour de soi. Quand on rêvait d'un enfant, on commençait presque à préparer le berceau de celui qu'on allait attendre !
On imaginait qu'à travers les rêves, une puissance divine parlait pour avertir les hommes des dangers qui les guettaient, ou leur prédire l'avenir.

Sans queue ni tête !

À d'autres époques, on a considéré les rêves comme de pures absurdités, avec l'idée que, dans le sommeil, c'est notre raison qui s'endort en laissant notre esprit libre de batifoler, d'inventer des monstres ou des situations illogiques et folles.
De nos jours, on se penche très sérieusement sur ces films intérieurs déroutants. Mais on n'a pas pour autant élucidé tous les mécanismes du rêve, et personne n'est capable de vous dire ce dont vous rêverez la nuit prochaine !

Info +

On rêve en général pendant la période du sommeil qu'on appelle le « sommeil paradoxal », c'est-à-dire environ 10 à 15 minutes toutes les 100 minutes. En tout, on rêve plus de 100 minutes par nuit.
Les rêves sont très importants :

ils évacuent la fatigue psychique. Même si l'on ne s'en souvient pas, tout le monde rêve, exceptées les personnes qui prennent des somnifères, qui font dormir d'un sommeil lourd, sans rêves.

Comprendre

Grâce à Freud, un médecin autrichien qui a inventé la psychanalyse au début du XXe siècle, on sait aujourd'hui que les rêves sont des scénarios que notre inconscient bâtit pour exprimer de vraies émotions qui nous ont bouleversés, blessés ou effrayés.

L'empreinte de vos émotions

Vos rêves disent d'une manière déguisée les tensions, les joies, les inquiétudes que vous avez éprouvées plus ou moins récemment. Ils mettent en scène, dans un langage codé, vos désirs, vos espoirs et, plus profondément, l'image que vous avez de vous-même.

Drôles d'échafaudages !

Ces histoires imaginaires utilisent des choses banales, que vous avez bel et bien vécues dans la journée, et aussi des sensations que vous ressentez en dormant : si vous avez froid, vous avez des chances de vous imaginer sur une banquise ! Si vous avez fait aujourd'hui quelque chose dont vous n'êtes pas fière, vous rêverez peut-être d'une autre situation où vous vous êtes sentie coupable… à moins que vous n'inventiez de toutes pièces un scénario où l'on vous accuse d'un crime !

Pas de honte à avoir !

Vos rêves peuvent parfois vous troubler, vous bouleverser, vous faire honte, vous laisser triste ou mal à l'aise au réveil. Il arrive qu'un rêve vous poursuive dans la journée, même si vous ne savez pas bien le raconter, à cause d'une impression étouffante qui demeure en vous.
Ou bien vous faites régulièrement le même rêve, angoissant ou bouleversant, si bien qu'il finit par vous tarauder. C'est peut-être le signe d'un malaise qui occupe le 10e sous-sol de votre esprit.

Un ascenseur indispensable

Quand vous vivez des choses intenses ou éprouvantes, les rêves fonctionnent comme une soupape de sécurité, pour dire les sentiments et les émotions que vous ne savez pas ou n'osez pas exprimer à l'état de veille. C'est pour cela que vous n'avez pas à en avoir honte : on fait tous des rêves bizarres, incohérents ou affreux, dont on n'est pas responsables, et qu'on ne voudrait surtout pas voir se réaliser. Considérez plutôt vos rêves comme quelque chose de très utile : un ascenseur (pas toujours très confortable !) capable de faire remonter vos angoisses du 10e sous-sol au rez-de-chaussée, pour qu'elles trouvent la sortie et vous laissent tranquille.

Voir aussi Inconscient, Sommeil.

Info +

La psychanalyse s'appuie sur le décryptage des rêves pour aider une personne qui en ressent le besoin à comprendre ce qui se dit dans ses rêves, et pourquoi elle y revit des choses douloureuses. Travailler avec un psychanalyste sur ces messages permet souvent de mieux comprendre l'origine de ses souffrances, pour prendre du recul et dominer ses difficultés.

SALLE 2
ODEON
PLEIN
/2002 14:00
8,00 EUR
52.48 F
Monstres
SALLE 2
ODEON
2002 14:00
8,00 EUR
52.48 F
Monstres

J'en ai marre, mais marre !

S'informer

« Tu vas dormir, maintenant. » « Non ! » : voilà l'un des premiers dialogues passionnés du petit enfant avec ses parents. La révolte est un sentiment très précoce !

Quand la révolte gronde

Mais c'est souvent à votre âge, du moins chez certaines, que la révolte devient plus virulente, plus générale, plus implacable : révolte contre l'autorité, contre toutes les autorités, qui ne comprennent rien, et qui empêchent de juger ou d'agir par soi-même. Pour qui se prennent-ils, ces adultes qui sont eux-mêmes capables du pire, quand ils prétendent imposer aux jeunes des manières de vivre ou qu'ils réclament leur obéissance ?

Parents scandaleux

D'abord, il y a la révolte contre les parents qui ne comprennent pas ce que l'on vit, au point qu'on doute qu'ils fassent le moindre effort pour cela. On leur reproche d'être trop présents ou trop indifférents, d'adorer les interdictions absurdes. De parler de grands principes sans jamais les appliquer. Ou tout simplement de se satisfaire de la médiocrité de leur vie ou du monde qui les entoure.

Incendie général

Plus largement, on s'insurge contre la terre entière qui ne ressemble pas aux rêves qu'on s'en faisait. Mensonge, injustice, égoïsme, violence, compromissions… il n'y a qu'à allumer la télévision ou lire le journal pour frémir de rage des pieds à la tête devant toute cette pourriture. Mais où sont-elles, les valeurs dont les adultes parlent avec des trémolos dans la voix, la générosité, la justice, la recherche de la vérité, la non-violence, etc. ? Ramassis d'hypocrites ! de lâches ! de traîtres ! d'incohérents !

Un chaudron bouillonnant

La révolte, c'est tout cela. C'est l'indignation violente, la colère, le refus d'obéir à des gens en qui on n'a plus confiance. C'est le cœur transformé en chaudron où bouillonnent toutes sortes de sentiments et d'émotions explosives. L'envie de tout casser… ou de se murer dans sa chambre en claquant la porte de toutes ses forces, pour se défouler.

Ils ont dit

« Ce monde je l'ai fait
pour toi, dit le père.
Je sais tu me l'as déjà dit,
dit l'enfant,
J'en demandais pas tant.
Il est foutu et je n'ai plus
qu'à le refaire
Un peu plus souriant pour tes
petits-enfants. »
Maxime le Forestier

Comprendre

Le monde est très imparfait, c'est vrai. Il y a beaucoup de motifs d'être révoltée, à la fois par les scandales dont les hommes sont responsables (la guerre, le mensonge, la traîtrise, etc.), et par ceux auxquels personne ne peut rien (la maladie, la mort). C'est à votre âge qu'on découvre vraiment tous ces scandales, vous les prenez de plein fouet, et vous avez parfois envie de foudroyer tout le monde sur place tellement ils vous mettent en colère.

Juste colère

Il y a certainement de très bonnes raisons de vous révolter contre l'injustice, le mensonge, l'égoïsme ou la cruauté du monde qui vous entoure. Ce sont de saines révoltes, si elles vous conduisent à tout faire pour changer les choses.

Ne soyez pas injuste !

Mais la révolte, même juste, même altruiste, ne vous donne pas tous les droits. Vous ne pouvez pas faire porter la responsabilité de tous les maux de la terre aux adultes. Eux aussi souffrent d'être parfois impuissants, incapables de changer les choses. Et s'ils ne sont pas infaillibles, ils ne sont pas non plus corrompus jusqu'à la moelle !

Démolir ou reconstruire ?

Le piège de la révolte, c'est quand elle est complètement stérile. Dire non, non, non à tout, crier que le monde est laid et injuste, refuser systématiquement d'obéir, n'a jamais fait avancer les choses. Un flot de paroles incendiaires, un tourbillon de pensées dévastatrices, sont toujours moins efficaces qu'un petit geste positif. Il y a des tas d'adultes qui ne se résignent pas devant les problèmes et qui essaient de faire quelque chose.
Ils savent que ce n'est pas une solution de s'enfermer dans son bunker avec sa révolte et de tirer au bazooka sur tout ce qui bouge. Démolir est une chose, construire en est une autre !

Action !

Bref, la révolte est une excellente chose si elle vous incite à passer à l'action. À réagir. À découvrir comment vous pouvez jouer votre petite musique dans le grand concert du monde, pour le rendre plus beau que vous ne l'avez trouvé. Cela implique de savoir aussi dire oui, d'apprendre à négocier, à composer, à accepter vos limites et vos faiblesses. Bref, de bien vouloir sortir d'une révolte destructrice pour passer à la sainte colère qui peut déplacer des montagnes !

Voir aussi Colère, Fugue, Hypocrisie, Idéal, Parents, Politique.

Conseil

Les parents à la lanterne !

Besoin d'autonomie, sens critique qui s'éveille, questions tous azimuts sur votre identité… Vous êtes à un âge où les rapports avec les parents sont tendus. Rien de plus normal que d'avoir parfois envie de faire la révolution, de tirer sur eux à boulets rouges dès qu'ils osent une remarque. C'est un mauvais moment à passer, pour vous comme pour eux. Cela ne veut pas dire que les ponts sont définitivement coupés entre vous, ou qu'il faut rayer vos parents de votre cœur. Vous avez l'impression que vos relations ne sont que cris et explosions ? Pourtant, c'est en exprimant votre colère que vous débloquerez la situation, même si ce n'est pas pour demain. Il vaut mieux parler, protester, exploser que vous murer dans un silence stérile ou claquer la porte… pour de bon.

SANCTION • 165

Privée de sortie !

Définition

Une sanction n'est pas nécessairement une punition. Au sens le plus général, elle est la conséquence d'un comportement. On dit que les résultats aux examens « sanctionnent » le travail de l'année : on réussit si on a bien travaillé et l'on échoue dans le cas contraire. Mais il est vrai qu'on emploie plus souvent le mot sanction dans un sens négatif. Une sanction punit le manquement à un règlement ou à un ordre.

S'informer

Des règles, il y en existe dans tous les domaines. Loi nationale, conventions internationales, mais aussi règlement du lycée, discipline familiale, code de la route, règles d'un jeu…
Or toutes les règles, si elles sont bien faites, prévoient des sanctions pour punir ceux et celles qui s'avisent de les enfreindre. Parce que si on ne punit pas les manquements à la loi, on tue la loi : elle n'a plus ni sens ni raison d'être, on peut s'en moquer ou la contourner de tous les côtés.

Comprendre

Être punie n'est jamais agréable : quand on reçoit une sanction, on commence souvent par s'estimer victime d'une injustice absurde.
Au mieux, si on est lucide au point de reconnaître qu'on a réellement eu tort, on grommelle tout de même que la punition est écrasante par rapport à la faute. C'est l'amour-propre qui se rebelle !

Respectée, donc sanctionnée !

Pourtant, lorsqu'on punit quelqu'un, ce n'est pas parce qu'on le méprise. Bien au contraire, c'est parce qu'on pense qu'il mérite des égards. La sanction est une marque de respect.
Vous trouvez cette affirmation idiote ? Pourtant, donner une sanction, c'est reconnaître que le fautif est responsable de ses actes, et que, comme toute personne responsable, il a droit à la justice.
C'est lui montrer qu'on n'est pas indifférent à son comportement, que ses actes ont de l'importance. C'est aussi l'inviter à s'améliorer, pour le bien des autres et pour son bien à lui.

Il s'en fiche ou quoi ?

Que penseriez-vous d'un professeur qui laisserait tout faire à ses élèves sans jamais les punir ? Vous vous diriez (avec raison) qu'il ne s'intéresse pas à eux, qu'il se moque de ce qui peut leur arriver ou de ce qu'ils vont devenir. Et si vos parents fermaient les yeux sur tout ce que vous faites, vous finiriez par avoir l'impression… qu'ils ferment les yeux sur vous. Qu'ils ne vous voient pas, que vous êtes transparente et sans importance pour eux ! Alors, lorsqu'ils vous infligent une sanction bien sentie, prenez-le au moins comme la preuve que vous leur tenez à cœur !

Lourde ou légère ?

Bien sûr, le problème de la sanction, c'est qu'elle doit être juste. Il n'est pas facile pour celui qui punit de proportionner la sanction à la gravité de la faute. Deux copines qui font une bêtise ensemble ne reçoivent pas forcément la même punition de la part de leurs parents respectifs. De même, les sanctions pénales (celles que la loi inflige aux délinquants) ne sont pas les mêmes d'un pays à l'autre.

Réfléchir avant de punir !

La justice n'est jamais parfaite puisqu'elle dépend toujours d'un jugement humain. Et surtout chaque acte est unique, commis dans des circonstances bien précises, ce qui explique qu'on doit réfléchir avant de décider d'une sanction. Faut-il punir de la même façon la personne qui vole parce qu'elle n'a rien à manger et celle qui pique un CD dans un supermarché, même si la valeur de l'objet volé est la même ?

Selon les circonstances

Bien sûr que non. C'est d'ailleurs pourquoi la loi, qui est intelligente, ne dicte pas une sanction uniforme à appliquer bêtement dans tous les cas. Elle prévoit toujours une sanction maximale et une sanction minimale, et c'est au juge de trouver un juste milieu.

Mieux vaut prévenir...

L'ombre même de la sanction peut servir à éviter la faute. Quand on sait qu'on sera exclue du lycée si on est surprise en train de tricher lors des contrôles, cette perspective peut suffire pour dissuader de faire une telle bêtise. C'est ce qu'on appelle la « peur du gendarme ». La menace de la sanction est faite pour aider celles qui n'auraient pas toujours le courage d'être honnêtes naturellement à respecter les règles malgré tout.

... et mieux vaut guérir !

Quelquefois, la peur de la sanction ne suffit pas à prévenir le mal... Dans ce cas, la sanction tombe et elle sert à guérir la faute. Eh oui ! Le mot n'est pas trop fort. La sanction aide celui ou celle qui la reçoit à prendre conscience qu'il aurait pu mieux faire. Elle lui permet aussi de se faire pardonner, et de se pardonner à lui-même au passage. Bref, elle lui permet un nouveau départ, elle lui offre une nouvelle chance de prouver qu'il est quelqu'un de bien.

Conseils

Quand la sanction vous semble injuste :

- Prenez le temps de réfléchir, d'imaginer comment vous réagiriez si une autre était coupable.
- Si vous persistez à croire que la sanction est injuste, le mieux est d'aller trouver celui qui vous a punie pour en parler.
- Si c'est trop difficile, vous pouvez demander de l'aide et faire intervenir une sœur ou un frère auprès des parents, une amie ou la déléguée de classe auprès d'un professeur.
- Vous pouvez aussi proposer une autre sanction : moins lourde si vous la trouvez injuste, plus intelligente si vous pensez pouvoir mieux réparer le mal que vous avez fait.
- Et n'oubliez pas qu'il peut y avoir des remises de peine en cas de conduite irréprochable. Même si vous êtes privée de sorties pour un mois, vous pourriez bien assister à la soirée de Léa dans 15 jours, moyennant quelques efforts !

Voir aussi Autorité, Loi, Responsabilité.

SECRETS • 166

Chut !

S'informer

Il y a toutes sortes de secrets, des faux et des vrais, des drôles et des graves, des tendres et des lourds. Il y a ceux que tout le monde connaît : Amélie sort avec Sébastien, le prof de maths drague la prof de philo. Ces secrets galopent dans les couloirs, entre les cours : on se les transmet en riant, chacun rajoute son petit commentaire ; c'est ainsi que l'histoire s'enjolive et passionne les curieux et les bavards.

Secrets connus de tous

Il y a le secret qu'on raconte tout bas au téléphone à une copine qui raccroche aussitôt pour en appeler une autre et ainsi de suite ; le secret fait le tour de la bande ou de la classe. Mais c'est drôle de continuer à croire que c'est un secret ! On l'appelle un secret de polichinelle, en souvenir de la marionnette qui fait des confidences aux enfants dans le dos du gendarme alors que celui-ci entend tout.

Top secrets

Mais il y a aussi des secrets plus graves, plus importants parce qu'ils concernent ce qui a le plus de valeur dans votre vie ou parce qu'ils parlent de ceux que vous aimez le plus. Quand vous êtes amoureuse, vous avez souvent envie au début que cela reste un secret.

Jardin privé

Vous pouvez avoir besoin de partager votre émotion avec votre meilleure amie, parce que vous avez le cœur trop plein et qu'il fait bon le laisser s'épancher un peu. Mais la confidence doit s'arrêter là : vous n'avez pas envie que votre vie intime soit exposée aux commentaires de tout le monde. C'est ce qu'on appelle votre jardin secret, là où vous cachez vos sentiments, vos émotions, vos angoisses et vos soucis, vos espoirs et vos déceptions, comme dans un journal intime.

Ces secrets dont on se passerait

Et puis, on préférerait que certains secrets n'existent pas : par exemple, des secrets de famille, dont vous ne savez pas trop ce qu'ils contiennent mais qui sont lourds de souffrances et de rancœurs. Vous savez qu'il y a un secret autour de l'oncle Antoine, tout le monde baisse la voix quand vous prononcez son nom, on ne le voit plus, mais personne n'en parle ouvertement. La famille a parfois des secrets douloureux qu'on devine, quand les parents se sont séparés, ou à propos d'un cousin ou d'une tante qui a disparu. Il faut beaucoup de délicatesse si l'on veut demander des explications, et parfois il vaut mieux le faire plutôt que ne rien demander et imaginer n'importe quoi.

Secrètes blessures

Il y a aussi des choses qu'on voudrait oublier, garder secrètes quand on est rackettée, maltraitée, abusée sexuellement ; les victimes

voudraient effacer ce qui s'est passé parce qu'elles ont peur, parce qu'elles ont honte, alors elles enfouissent au plus profond d'elles-mêmes ces secrets qui hantent leur esprit des années après.

Comprendre

Chacune a droit à son intimité, à son jardin secret. Même quand on s'aime très fort, entre amies, entre amoureux, c'est normal de garder encore des secrets, parce qu'on ne peut jamais tout dire de soi : chacun garde toujours une part de mystère.

Motus et bouche cousue !
Quand une amie vous confie un secret, rien de plus important que de savoir le garder. Parce que c'est une marque de confiance qu'elle vous donne : ce n'est pas seulement une histoire qu'elle vous raconte, c'est une partie d'elle-même qu'elle vous livre.

Parler, c'est écorcher
Divulguer ce secret ? Pure trahison : ce serait mettre à nu les sentiments de votre amie et la laisser fragile, exposée aux regards des autres, sans la protection du secret. Le secret est une paire de lunettes noires sur des yeux qui pleurent, un pansement sur une plaie à vif, un coin d'ombre pour se reposer sans risque et sans contrainte.

Un trésor précieux
Confier un secret crée des liens très forts avec votre confident. C'est lui dire qu'il est le seul à pouvoir recevoir votre confidence ; c'est comme un trésor très précieux que vous lui remettez et dont il devient responsable à son tour, comme vous. C'est d'ailleurs quelquefois trop lourd, un secret ; il peut faire souffrir celui qui le reçoit et qui ne sait pas quoi en faire. Il peut se sentir prisonnier de ce secret qu'il voudrait à son tour partager, même s'il sait qu'il n'a pas le droit de trahir votre confiance.

Secret trop lourd
Il y a certaines circonstances où on doit savoir divulguer un secret, pour le bien de la personne qui vous l'a confié. C'est très difficile, c'est même souvent un cas de conscience douloureux. D'un côté, on sait que l'on trahit la confiance de l'autre et que l'on risque de se brouiller avec lui. Mais de l'autre, on a l'intime conviction d'agir pour son bien, et même de lui sauver la vie dans certains cas. Drogue, grossesse précoce, menace de fugue, idée suicidaire… il y a des cas où il faut parler d'un secret. L'essentiel, c'est d'écouter sa conscience et de penser au bien de l'autre, même si cela doit passer par une brouille définitive.

Muette comme une…
Mais dans tous les autres cas, c'est-à-dire la plupart du temps heureusement, un secret reçu doit avoir le pouvoir magique de vous transformer en carpe ou en tombe, au choix !
Le meilleur moyen de garder un secret ? Ne pas dire qu'on en a un !

Voir aussi Confidente, Conscience.

Savoir-vivre

- *Un secret ne se divulgue sous aucun prétexte, sauf cas gravissime ou si celui qui vous l'a confié vous y autorise.*
- *Un secret ne s'arrache pas en faisant pression sur celui qui le détient.*
- *Quand on n'est pas dans le secret, on ne cherche pas à tout prix à y être, on respecte le secret des autres.*
- *Quand on a un secret, on choisit bien celui à qui on va le confier, et on évite de le confier à trop de monde… sauf si l'on veut l'ébruiter.*

Grand gourou et danger de mort

Définition

L'origine du mot « secte » est controversée. Pour certains, il vient du latin *secare* qui veut dire « séparer » ; pour d'autres, de *sequi* qui signifie « suivre ». Une secte est un groupe de gens liés par une même doctrine, avec un chef tout-puissant qui prétend détenir toute la vérité, et décide ce que les adeptes doivent penser et faire, au mépris de leur liberté ou de leur santé.

S'informer

Ce qui différencie une secte d'une religion ou d'un groupe philosophique, c'est l'utilisation de méthodes de pression pour endoctriner les gens, et le caractère totalitaire de son fonctionnement. La secte obtient la soumission de ses membres par la déstabilisation psychologique, la manipulation mentale, souvent au moyen de privations physiques (manque de sommeil ou de nourriture, notamment). Les adeptes ne sont plus capables de penser ou d'agir librement ; leur sens critique est comme anesthésié.

Le gourou, guide suprême

Les adeptes sont incapables de remettre en cause les croyances et les règles de leur secte, encore moins de contester les paroles ou les méthodes de leur chef, souvent appelé « gourou ». Ce nom, qui veut dire « maître spirituel », vient de l'hindouisme parce que beaucoup de sectes sont d'inspiration orientale.
Le « maître » définit une conception du monde et un projet pour les hommes, et les adeptes doivent s'y soumettre. Certains gourous ne se contentent pas d'être des illuminés ou des escrocs : ce sont des criminels qui maltraitent leurs adeptes (brimades psychologiques, coups, viols, actes pédophiles) ou les tuent (suicide collectif, mort par défaut de soins médicaux).

Retranchés du monde

Une autre caractéristique de la secte : son isolement. Les adeptes sont coupés du monde, séparés de leurs proches, afin de vivre complètement selon l'idéal de la secte et surtout pour ne pas prendre conscience du piège dans lequel ils sont tombés. Très souvent, on leur demande une contribution financière et un travail non rémunéré. On peut même aller jusqu'à exiger d'eux l'abandon de tous leurs biens ou un endettement colossal au profit de la secte.

Vaste mélange de croyances

On peut regrouper les sectes en plusieurs catégories. Il y a celles qui s'inspirent directement d'une religion (christianisme, hindouisme, bouddhisme), en déformant sa doctrine. Et puis les sectes « gnostiques », celles qui prétendent détenir une révélation leur permettant d'initier leurs adeptes à des vérités ignorées du commun des mortels. Le plus souvent, ces sectes associent des éléments issus de différentes croyances religieuses et philosophiques, voire pseudo-scientifiques, dans un mélange qu'on appelle syncrétisme : un peu de Jésus, une dose d'extra-terrestres, un soupçon de philosophie hindoue, par exemple.

Le culte de la nature

Il y a aussi des mouvements qui, sans être à proprement parler des sectes, proposent une philosophie, un mode de vie anti-progressiste impliquant un retour à la nature : ils peuvent être dangereux dans la mesure où de véritables sectes y puisent leur inspiration pour manipuler les gens en les privant de beaucoup d'aliments jugés impurs et pourtant essentiels à la santé ou de soins médicaux.

Info +

Il existe en France 200 à 300 mouvements sectaires. Certains sont extrêmement puissants et dangereux. Environ 500 000 personnes sont touchées par les sectes, si on tient compte non seulement des adeptes, mais aussi de leur entourage, qui subit les conséquences de leur embrigadement. Il faut aussi savoir que certains groupes ou communautés rattachés aux grandes religions peuvent aussi se laisser entraîner dans des dérives sectaires. *Source : Rapport parlementaire du 20 décembre 1995.*

Comprendre

Telle ou telle secte fait parfois la une des journaux, à l'occasion d'une tragédie comme un suicide collectif ou un attentat perpétré dans un lieu public. On découvre alors l'ampleur des dégâts que peut causer l'embrigadement dans une secte. Même quand elle n'atteint pas cette triste célébrité, elle peut mettre en danger la santé et la vie de ses membres, les priver de leur liberté, les ruiner, détruire leur équilibre psychique.

Tous des rigolos !

Les croyances de certaines sectes vous font peut-être bien rire, et vous vous demandez comment des gens peuvent tomber dans un piège aussi grossier. Pourtant, de nombreuses personnes sont prises chaque année dans les mailles de ce redoutable filet, et toutes ne sont pas imbéciles, naïves, ou connues pour être psychologiquement instables, loin de là.

Alors, pourquoi se laisse-t-on prendre ?

Les propositions d'une secte peuvent paraître tentantes parce qu'elles font appel à la fois à notre soif de comprendre le monde et à notre désir de mieux vivre. Une secte développe une théorie sur le monde et sur l'homme, et la présente comme l'unique vérité. Elle fait aussi la critique de notre mode de vie individualiste et matérialiste et propose un idéal de vie plus solidaire, plus communautaire, plus proche de la nature.

Qui sont les victimes ?

Les sectes ont un succès particulier auprès des personnes en recherche de leur identité, d'un sens à leur vie, et de liens solidaires forts. C'est pour cela que les jeunes sont des proies faciles. Mais on voit aussi des familles, des hommes d'affaires, des enseignants, des scientifiques se laisser prendre. Pris dans l'engrenage de la manipulation physique et mentale, ils perdent tous leurs repères.

Comment se protéger ?

Pour éviter la séduction des sectes, il faut être très vigilante, car elles abordent les gens sous différents masques. Elles tiennent des associations sportives, culturelles, écologiques ; elles proposent des méthodes de développement personnel, des médecines douces, des formations en tous genres. Elles infiltrent aussi des organismes de séjours linguistiques, d'autant plus facilement qu'à l'étranger, notamment aux États-Unis et dans les pays de l'Europe du Nord, la législation leur est souvent plus favorable qu'en France.

Conseils

Le réflexe prudence

- Être systématiquement méfiante quand on reçoit des tracts à coloration religieuse d'origine douteuse, dans la rue, par la poste ou par le biais d'associations auxquelles on appartient. Ne se rendre sous aucun prétexte aux conférences qu'ils proposent, décliner tout contact. Même si les gens qui distribuent ces tracts ont l'air charmant !
- Le porte-à-porte est une technique très utilisée par les sectes. Une personne ou deux sonnent chez vous pour parler de croyance ? Refusez-leur l'entrée. Soyez ferme : ces démarcheurs sont des pots de colle ! Surtout n'essayez pas de les convaincre de leur erreur, vous perdriez votre temps. Ils sont formés pour répondre à tous vos arguments et auront vite fait de vous pousser dans vos derniers retranchements.
- Il est impossible de citer des noms de sectes dans un ouvrage : elles changent souvent de nom ou font des procès quand on parle d'elles dans des termes qui ne leur conviennent pas. Mais il est important de vous informer pour vous protéger : allez voir les numéros utiles en fin d'ouvrage ou lisez le numéro 5.512 d'Actuel CDIJ, la brochure du Centre d'information et de documentation jeunesse (octobre 2000).

Voir aussi Dieu, Foi, Religion.

S 168 • SÉJOUR LINGUISTIQUE

À nous les petits Anglais !

S'informer

Pour certaines langues comme l'allemand ou l'italien, pas de questions à vous poser : il n'y a qu'un seul pays possible pour un séjour linguistique. Pour d'autres, le choix est vaste.

Une langue, des accents
L'anglais ? Vous pouvez opter pour la Grande-Bretagne, l'Irlande ou les États-Unis, mais aussi l'Australie, la Nouvelle-Zélande (attention à l'inversion des saisons !), et même Malte. Pour l'espagnol, l'Espagne, ou certains pays d'Amérique latine. Mais attention aux accents, pas toujours classiques, et au prix du voyage !

Immersion totale
Plusieurs formules sont possibles. L'immersion totale dans une famille oblige à une pratique quotidienne de la langue, et permet de découvrir vraiment la culture du pays. Attention cependant : cette immersion peut se changer en noyade si votre niveau est trop faible.

Famille d'accueil : la loterie
Surtout, vous pouvez tomber dans une famille qui s'occupera bien de vous, vous concoctera des activités sympas, vous fera découvrir des spécialités culinaires (saucisses et « beans » pour un breakfast typique à 7 h du matin, gigot à la menthe et jelly aux couleurs fluorescentes pour le lunch : de quoi vous faire perdre quelques kilos, et vous laisser des souvenirs impérissables de l'Angleterre !) Mais vous pouvez aussi tomber sur des gens plus intéressés par l'argent que par votre bien-être, capables de vous laisser devant la télévision sans vous proposer la moindre activité !

L'immersion partielle
Le séjour dans une famille avec des cours de langue en plus est une excellente formule : il permet à la fois une découverte du pays et un travail de la langue. Mais attention aux bavardages en français avec les autres élèves !

Échange de bons procédés
L'échange est aussi une bonne solution pour apprendre une langue : vous faites un séjour dans une famille, puis vous recevez votre correspondante. Vous y gagnez financièrement. Peu d'organismes proposent cette formule, mais vous pouvez trouver vous-même votre correspondante, par relations, grâce à un premier séjour dans une famille ou au jumelage de votre ville ou de votre village avec une ville étrangère.

Avec la classe
À moins que vous ne partiez avec votre classe : les professeurs de langue organisent des séjours (d'une semaine en général) pour leurs élèves. Vous ne serez pas dépaysée… mais vous risquez de parler beaucoup français.

Grand départ pour un an
Pour « décoller » dans une langue, rien de tel qu'un séjour d'une année scolaire. Vous êtes accueillie dans une famille et vous allez à l'école. Il faut déjà bien maîtriser la langue et savoir s'adapter vite !

Organisme : choisir malin !
Les organismes sont nombreux et proposent une gamme de prix très large. Ils se sont regroupés

pour créer une charte de déontologie, et ont défini des labels de qualité. Vérifiez sur les brochures que l'un de ces deux labels y figure : le « contrat approuvé » ou la norme NF « organisateurs de séjours linguistiques ». Pour avoir des noms, vous pouvez vous adresser au CIO ou au BDI de votre établissement.

Info +

Les prix moyens pour un séjour de 3 semaines avec cours, en famille, voyage compris

- Grande-Bretagne : 1 100 à 1 400 €
- États Unis : 1 700 à 2 000 €
- Allemagne : 1 200 à 1 500 €
- Espagne : 1 100 à 1 400 €

Source : CIDJ.

Comprendre

Outre que le séjour linguistique est une manière très honorable d'éviter les vacances avec les parents sans leur faire de peine, vous y gagnez à tous points de vue. Rien de tel pour vous donner un coup de fouet en langue, à condition de partir au bon moment : les professeurs de langues recommandent d'attendre la fin de la 4e, voire de la 3e.

Plongez dans le bain !
Vous allez découvrir qu'une langue est vivante, que des gens la parlent et pensent avec, qu'ils ont d'autres manières de vivre, de voir le monde ; bref vous allez entrer dans une autre culture, comprendre qu'une langue est bien autre chose qu'une liste de verbes irréguliers !

Comment on dit... ?
Quand vous êtes obligée de parler pour vous faire comprendre, vous devez bricoler vous-même avec les mots et vous approprier peu à peu la langue. De contresens en lapsus, vous progressez rapidement ! Petit à petit, vous oubliez de traduire dans votre tête ce que vous disent les gens et vous vous mettez à penser dans leur langue. Vous découvrez aussi des expressions jamais vues dans les livres et vous vous apercevez qu'une langue vit, évolue, se plie à la personnalité et aux habitudes de ceux qui l'utilisent.

Amoureuse ?
Qui sait, vous allez peut-être tomber amoureuse. Du pays, de ses habitants (ou au moins de quelques-uns !), de sa musique, de ses paysages, de ses recettes de cuisine. Et, si la passion s'en mêle, vous êtes sûre de progresser rapidement !

Conseil

Si vous savez que vous allez redoubler, pourquoi ne pas partir trois ou quatre mois à la fin de l'année scolaire, histoire de ne pas perdre votre temps et de vous donner un bon objectif : ne pas avoir de soucis en langue vivante l'an prochain et pouvoir mettre le paquet sur d'autres matières.

Bons plans

Les bonnes questions à poser

- Transport : est-il compris dans le forfait ?
- Familles d'accueil : qui les recrute ? Sont-elles formées ? Sont-elles proches ou éloignées du lieu où se déroulent les cours ? Parlent-elles français ? Comment serez-vous installée ? Y a-t-il un jeune de votre âge dans la famille ?
- Cours de langue : combien d'heures ? Combien d'élèves par classe ? Qui sont les professeurs ?
- Assurances : avez-vous souscrit une assurance rapatriement ?

Voir aussi Redoublement, Vacances.

169 • SEXE

Tout ce que vous n'avez jamais osé demander sur...

Définition

On peut parler du sexe d'un point de vue anatomique ou chromosomique (voir la rubrique Fille/garçon), mais on peut aussi prendre le terme « sexe » dans un sens un peu familier : autrement dit les pratiques en matière de vie sexuelle, tout ce qu'on fait ou ce qu'on peut faire dans ce domaine.

S'informer

La relation sexuelle est un ensemble de gestes et de caresses que chaque couple découvre ou invente en fonction de ses goûts, de son histoire et de la culture dans laquelle il vit. Suivant les civilisations, les habitudes sont différentes, ce qui est accepté dans certaines peut choquer dans d'autres. Chaque couple doit apprendre à découvrir les gestes et les caresses qui permettront aux deux partenaires d'atteindre ensemble le grand bonheur.

L'art amoureux

Vous découvrirez petit à petit que le corps humain est un merveilleux instrument qui peut vibrer de mille manières. Les civilisations orientales ou asiatiques ont su illustrer cette incroyable variété, comme le montre le fameux Kama-Sutra, ce livre indien du VIe siècle qui traite de l'art d'aimer et qui est célèbre pour ses dessins des « positions amoureuses ». Mais, en réalité, l'art amoureux est beaucoup plus simple que cela. Il s'agit non pas de rechercher à prendre du plaisir dans toutes les positions imaginables mais de partager ensemble un grand moment d'intimité et de bonheur.

L'acte sexuel

L'acte sexuel commence par des préludes amoureux qui permettent aux deux partenaires de parvenir au comble de l'excitation. Puis a lieu la pénétration du pénis de l'homme dans le vagin de la femme. L'homme éprouve du plaisir par le mouvement de va et vient qu'il exerce et qui aboutit naturellement, après un temps plus ou moins long, à l'éjaculation qui termine l'acte sexuel. La femme éprouve un plaisir plus ou moins intense, essentiellement par l'excitation du clitoris sur lequel le corps et le sexe de son partenaire exercent une pression, des frottements, pendant tout le rapport sexuel.

Les différentes pratiques sexuelles

Il existe de nombreuses pratiques sexuelles. La fellation (excitation du sexe de l'homme avec la bouche) et le cunnilingus (excitation du clitoris de la femme avec la bouche) sont des caresses sexuelles très intimes qui peuvent prendre place dans les préludes amoureux. Elles peuvent aussi être « poussées jusqu'au bout », c'est-à-dire jusqu'à l'orgasme du partenaire. Ces pratiques peuvent choquer certains, alors que d'autres

y trouvent un plaisir intense. La sodomie, ou pénétration du pénis dans l'anus, est une pratique peu courante et souvent considérée comme immorale. Son nom vient de la ville de Sodome, au sud de la mer Morte qui, selon la Bible, fut détruite par le Dieu d'Israël pour punir la conduite immorale de ses habitants. La pratique régulière de la sodomie peut avoir pour conséquence une incontinence anale très handicapante. La masturbation est une pratique qui consiste à se procurer soi-même du plaisir en se caressant le sexe.

Comprendre

Les caresses sont une première manière de faire connaissance avec le corps de l'autre, de découvrir sa sensibilité et ses secrets, d'entrer en communion dans un même désir. Chaque couple trouve petit à petit son mode de communication et ses rites à condition que cet apprentissage se fasse dans une grande liberté réciproque. On a toujours le droit (et même le devoir) de refuser des caresses qu'on « ne sent pas » ou qui mettent mal à l'aise. Ce n'est pas toujours facile d'en parler et pourtant la parole vraie et sincère, sans fausse honte, est indispensable pour se comprendre et comprendre l'autre.

La découverte du plaisir

C'est souvent par la masturbation qu'on a appris comment fonctionnait son propre corps et ce qui lui donnait du plaisir. Beaucoup d'adolescents ont honte de se masturber, alors que la plupart, filles et surtout garçons, passent par cette expérience. Autrefois, les adultes cherchaient à en dissuader les jeunes en leur faisant croire que cela rend sourd ! Même si aujourd'hui plus personne n'utilise ce pauvre argument, il y a quelque chose à tirer de cette histoire : c'est vrai qu'une pratique assidue de la masturbation rend d'une certaine façon « sourd »… aux autres. Cela reste une expérience pauvre, où il n'y a pas toute la dimension d'échange que l'on peut trouver quand on est deux.

Une histoire de don

Car ce qui compte dans une relation sexuelle, c'est bien le mot relation. Le plus important, dans les caresses qu'on peut inventer et échanger, c'est ce qu'elles racontent à l'autre. C'est pour lui dire l'attrait, le désir qu'on éprouve pour lui, le souci qu'on a de son plaisir et l'envie de partager avec lui un moment intense de communion qu'on ose et qu'on devient créative. Ce ne sont ni des gestes appris, ni des techniques stéréotypées qui peuvent dire ce que l'on ressent de personnel et d'unique à son égard, mais bien la générosité et la tendresse qui se dégageront de toute notre attitude. Le plaisir se vit et s'invente à deux. Parce que la vie sexuelle, c'est avant tout une histoire de don.

Voir aussi Caresse, Chasteté, Plaisir, Pornographie, Premier rapport sexuel, Sexualité.

Conseils

• On a toujours le droit de dire non, à tout moment, quand une caresse paraît déplacée ou inacceptable.

• On peut éprouver un intense plaisir sans connaître le bonheur. On peut aussi ne pas éprouver beaucoup de plaisir et être immensément heureux. Pourquoi ? Parce que la sexualité se vit autant avec la tête, le cœur et la parole qu'avec le corps.

170 • SEXISME

Femmes de tous les pays…

Définition

Le sexisme est une attitude discriminatoire à l'égard d'un sexe, ordinairement à l'égard des femmes. Ce n'est pas la misogynie, définie comme la haine ou le mépris des femmes : quand on parle de sexisme, on désigne les règles sociales qui les défavorisent.

S'informer

Dans la plupart des sociétés, les femmes ont longtemps été soumises aux hommes. Écartée de l'instruction, mariée très jeune sans son consentement, une fille passait de l'autorité de son père à celle de son mari.
Elle devait remplir son rôle « naturel » de mère au foyer, en laissant aux hommes le soin des affaires publiques.

Frères et sœurs

C'est dans les sociétés occidentales chrétiennes que la condition des femmes a commencé à s'améliorer, parce que la religion a affirmé qu'elles étaient les égales des hommes. Mais ces messieurs dirigeaient quand même la société : il ne fallait pas aller trop loin dans la confiance !

Vote for women !

En définissant les droits de l'homme, la Révolution française de 1789 a un peu oublié ceux de la femme. En 1804, le Code Napoléon fait du père le chef de famille et, quand le suffrage « universel » est instauré en 1848, les femmes en sont exclues.
La révolution industrielle du XIXe siècle leur donne une place dans les usines ? Merci du cadeau : ce travail s'effectue dans des conditions souvent épouvantables. C'est alors que se développent des mouvements de femmes qui réclament l'égalité.
En Grande-Bretagne, les « suffragettes » (ainsi nommées par dérision) commencent à revendiquer le droit de vote, qu'elles obtiennent à grand-peine en 1928.

Debout les femmes !

La Première Guerre mondiale, en envoyant les hommes au front, permet aux femmes de montrer qu'elles savent faire marcher les affaires en leur absence, dans tous les domaines. Mais c'est surtout après la Seconde Guerre mondiale que le féminisme prend son essor. En 1949, Simone de Beauvoir publie *Le Deuxième Sexe*, un gros pavé qui analyse les causes de la domination des femmes par les hommes dans l'histoire. À la fin des années 60, le mouvement féministe se structure et obtient des droits essentiels : droit à la contraception, droit de travailler et d'ouvrir un compte en banque sans l'autorisation du mari, égalité dans l'autorité parentale, égalité des salaires à qualification égale.

Le combat n'est pas fini

Dans bien des pays du tiers-monde, la condition des femmes reste difficile du fait de la pauvreté et des mentalités. Dans certains pays comme l'Inde ou la Chine, il y a encore des cas d'infanticide : on tue une petite fille à la naissance parce qu'on préfère avoir un garçon pour le faire travailler et lui transmettre ses biens, et aussi parce qu'on doit offrir une dot pour marier sa fille. Sans aller si loin, beaucoup de filles ne vont pas à l'école, et ce sont elles qu'on place comme bonnes dans les familles riches ou qu'on vend pour en faire des prostituées.

Info +

Quelques dates en France

1903 : 1ère femme Prix Nobel, Marie Curie
1924 : création du bac pour les filles
1944 : droit de vote des femmes
1947 : 1ère femme ministre : Germaine Poinso-Chapuis
1965 : indépendance de la femme mariée, égalité des époux pour gérer les biens du ménage
1967 : droit à la contraception
1972 : « le » major de la 1re promotion mixte de l'École Polytechnique est une fille !
1975 : autorité parentale partagée à égalité
1980 : 1ère femme à l'Académie française, Marguerite Yourcenar
1983 : loi sur l'égalité professionnelle
1991 : 1ère femme Premier ministre, Édith Cresson
2000 : loi sur la parité favorisant les candidatures féminines aux élections.

Comprendre

Vous avez l'impression que tout cela est de l'histoire ancienne ? C'est vrai qu'en France, le sexisme est effacé de la loi. Mais… aujourd'hui encore, il y a moins de femmes aux postes à responsabilités, alors qu'elles sont en moyenne plus diplômées. Leurs salaires restent globalement inférieurs de 22 % à ceux des hommes, et elles sont plus touchées par le chômage.

Eh, les filles, c'est pas juste !

Au Parlement, il n'y a que 12 % de femmes. En 2000, la loi sur la parité a été votée pour renverser la tendance : elle oblige les partis à proposer plus de candidates aux élections. C'est une « discrimination positive » : à leur tour, les hommes pourraient crier au sexisme ! Certaines femmes ont d'ailleurs critiqué ce sexisme à l'envers.

Au four et au boulot ?

Reste qu'aucune loi ne peut changer du jour au lendemain des habitudes anciennes. Même si les hommes participent davantage aux tâches ménagères et à l'éducation des enfants, il est toujours difficile pour une femme de mener de front sa vie de famille et sa carrière. Ce qui a disparu, heureusement, c'est le climat de guerre des sexes qui a marqué les années 70. S'il a permis aux femmes de se faire entendre, il a menacé de diviser la société en deux camps. C'était quand même oublier qu'entre les hommes et les femmes, le sentiment le plus naturel est l'amour !

Vous avez dit pareils ?

Aujourd'hui, on essaie plutôt de construire une société où l'on se comprendrait mieux, où l'on aurait les mêmes droits et les mêmes devoirs. Mais il faut rester vigilante parce que les acquis sont fragiles : une fille doit toujours se donner du mal pour prouver sa valeur. Reste que la lutte contre le sexisme ne doit à aucun prix nous faire tomber dans l'uniformité. Stricte égalité devant la loi, oui ; absolue égalité de dignité, oui ; mais il y a quand même des différences à ne pas gommer. Un homme est un homme, une femme est une femme : c'est comme cela qu'on s'aime !

Voir aussi Fille/Garçon, Mixité.

Conseils

• Si on veut l'égalité avec les garçons, il faut en accepter les inconvénients : ne pas rechigner devant le rendez-vous citoyen !
• L'égalité n'empêche pas la courtoisie. Vous avez le droit d'apprécier qu'un garçon vous aide à porter une valise.

171 • SEXUALITÉ

Ni ange ni bête

Définition

Au sens étymologique, le mot sexualité désigne le fait d'appartenir à un sexe, exactement comme la nationalité est le fait d'appartenir à une nation. Tous les êtres humains ont une sexualité, tous sont sexués : ils sont irréversiblement homme ou femme, sauf très rares exceptions. Attention, donc, la sexualité, ce n'est pas seulement l'activité sexuelle, le sexe.

S'informer

Votre sexualité, votre identité sexuelle de fille, n'a pas commencé à votre puberté, mais dès votre naissance et même dès votre conception. Elle est inscrite dans chaque cellule de votre corps, au point que l'analyse d'un seul de vos cheveux abandonné sur la brosse permet de dire qu'il a appartenu à une fille. Vous êtes fille jusqu'au bout des ongles, en somme !

Une fille de pied en cap

Depuis votre conception, vous êtes génétiquement une fille. En grandissant, votre corps a développé la morphologie (la forme physique) d'une fille et vous êtes devenue psychiquement, intellectuellement, culturellement une fille. Vous avez sans doute été attirée très tôt par les garçons et d'abord peut-être par ce garçon grand, beau et fort qu'était votre papa ! Vous avez peu à peu découvert que vous étiez une fille et que vous alliez devenir une femme et pourquoi pas, une maman.

Moi Tarzan, toi Jane

Ce caractère sexuel, cette sexualité, marque toutes les relations humaines. Les humains ne sont jamais de purs esprits, ils sont toujours des hommes ou des femmes, avec un corps et un esprit marqués par le sexe auquel ils appartiennent. Vous ne pouvez pas vous empêcher d'être une fille, de réagir comme une fille, de vous comporter comme une fille… notamment en présence des garçons ! Vous savez bien qu'un garçon et une fille qui sont amis, un homme et une femme qui se côtoient, qui travaillent ensemble, ne peuvent pas faire comme s'ils n'étaient pas lui un homme, elle une femme. C'est toute la difficulté mais aussi toute la richesse, que vous découvrez quand vous êtes copine avec un garçon.

Comprendre

Même si toutes les relations des hommes et des femmes sont marquées par la sexualité, cela ne veut pas dire que nous ne pensons qu'aux rapports sexuels que nous pourrions avoir avec la personne qui est en face de nous, même si nous répondons à un instinct de reproduction, comme tous les êtres vivants. Nous ne sommes pas des bêtes. Et c'est tout à fait vrai : la sexualité humaine n'est pas la reproduction animale. Nous n'avons pas, comme les animaux, une sorte d'obligation génétique ou hormonale qui nous pousserait à nous reproduire à un moment précis de l'année (chez les animaux, on appelle « rut » cette période d'accouplement). Nous ne nous précipitons pas toutes une belle nuit de printemps à la recherche du meilleur mâle reproducteur (vous imaginez la scène, charmant !).

Un enfant de toi

Bien sûr, quand nous avons des enfants, nous répondons au besoin de reproduction de l'espèce humaine. Mais surtout à un désir un peu mystérieux où se mêlent tout à la fois l'instinct de survie, l'amour de celui ou de celle à qui nous voulons donner un enfant, l'envie de partager ce que nous aimons et ce en quoi nous croyons avec la chair de notre chair. Les êtres humains n'ont pas des petits, des portées de chiots ou des grappes d'œufs comme les tortues. Ils ont des enfants par lesquels ils se projettent dans l'avenir, à qui ils ne veulent pas seulement transmettre des chromosomes mais aussi et surtout une culture, une mémoire, des traditions.

Un formidable appétit de vivre

La sexualité humaine est bien plus qu'un instinct de reproduction. C'est un formidable élan qui pousse à développer la vie et à la reproduire dans tous les domaines. Hommes et femmes peuvent canaliser cette force, l'utiliser, par exemple dans le domaine de la création artistique. C'est cette force vitale, cet appétit de vivre que les spécialistes appellent libido, qui permet aussi de se tourner vers les autres, de se projeter dans l'avenir.

Le sexe mène-t-il le monde ?

Finalement, quand on dit que le sexe est partout ou qu'il mène le monde, on a tort : pour être juste et précis, c'est la sexualité qui est le grand moteur de l'aventure humaine. Cette sexualité ne nous fait ni ange ni bête. Nous ne sommes pas des animaux, nous n'obéissons pas à nos pulsions, mais nous ne sommes pas non plus des anges, des purs esprits sans sexe : nous sommes des êtres sexués, des garçons ou des filles, avec un corps et un esprit. D'ailleurs, les spécialistes disent souvent avec une pointe d'humour que le principal organe sexuel de l'être humain, c'est le cerveau !

Voir aussi Fille/Garçon, Garçons, Identité, Sexe.

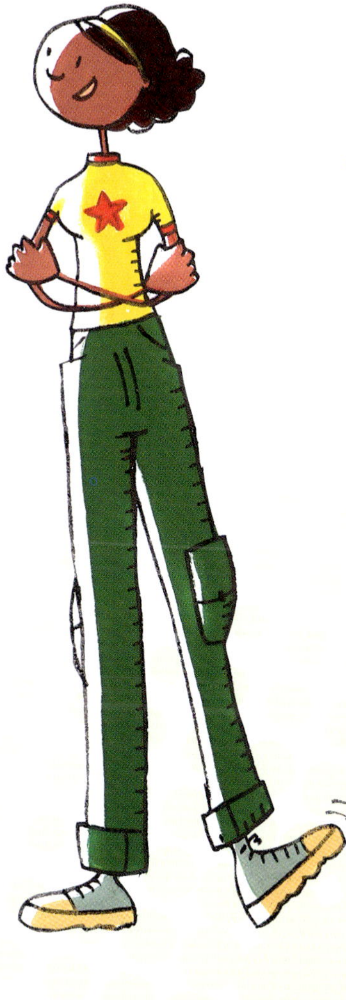

172 • SHOPPING

Vivement les soldes !

S'informer

Faire du shopping, ce n'est pas seulement aller s'acheter des vêtements. C'est aussi et surtout « faire les magasins » : regarder les vitrines, découvrir ce qui est à la mode, essayer des tas de choses, rêver de pouvoir tout s'acheter, défiler devant les copines et piquer des fous rires ensemble. C'est une activité proprement féminine (même s'il y a des garçons pour aimer ça), une manière de se délasser : un temps pour se faire plaisir.

Entre copines, exclusivement !

C'est aussi l'occasion de se raconter des secrets de filles, de faire des projets pour la prochaine soirée, de chercher son look. Avec les copines, vous vous amuserez sans doute plus qu'avec votre mère, parce que vous pouvez traîner et avoir plusieurs avis. Elles vous aident à discerner ce que vous aimez, ce qui vous va (attention néanmoins à la bonne copine qui vous fait acheter du XXL en prétendant que c'est juste la bonne taille !).

Besoin ou envie ?

Quand vous faites du shopping, de deux choses l'une. Soit vous avez une idée précise de ce que vous voulez (essayez quand même d'être flexible : après tout, entre le pantalon noir dont vous avez rêvé et celui-ci, gris anthracite, qui vous va comme un gant, il n'y a qu'un demi-ton d'écart !). Soit l'occasion fait le larron et vous repartez avec une petite robe d'été ou un pull, un soutien-gorge ou des chaussures…
Des fantaisies dont vous n'aviez pas vraiment besoin mais qui font plaisir : le shopping marche aussi aux coups de cœur !

Info +

À quoi les filles dépensent-elles leur argent ?

Sur ce sujet, les différences entre filles et garçons s'estompent. Si les filles se soucient plus jeunes de leur tenue vestimentaire (dès le CM2, on ne leur fait plus porter n'importe quoi) les garçons les rattrapent vite et y attachent ensuite autant d'importance que les filles.
Entre 15 et 25 ans les plus grosses dépenses, filles et garçons confondus, concernent l'apparence (habillement et hygiène-beauté) devant les loisirs, puis les frais de téléphone.
Source : Francoscopie 2001, *Gérard Mermet, Larousse.*

Comprendre

Faire du shopping est un jeu qui se pratique à plusieurs, pour se donner des idées et du courage. Vous entrez dans les boutiques rien que pour voir, même dans celles qui vous intimident ; vous essayez des vêtements que vous n'avez pas l'intention d'acheter, vous testez les rouges à lèvres sur la main, vous respirez les parfums (attention, pas trop à la fois, vous ne sentiriez plus rien). Bref, vous jouez à Pretty Woman en vous donnant, le temps de quelques heures, le droit de rêver.

Quelques règles quand même !
Cela ne doit pas vous empêcher de respecter quelques règles de savoir-vivre. Évitez de faire déballer une dizaine de paires de chaussures ou de robes quand vous savez que vous n'en prendrez aucune. Après votre départ, les vendeuses ne doivent pas avoir l'impression qu'une tornade a balayé leur magasin !

Acheter, ça s'apprend
On peut aussi faire du shopping pour apprendre à acheter. Accompagner une amie qui sait déjà choisir constitue un bon apprentissage. Il vous permet de faire connaissance avec les marques, les matières et les tailles pour mieux savoir choisir. Et quand vous voulez commencer à acheter vos vêtements seule, il est rassurant d'y aller avec une ou deux copines de confiance : elles sauront vous dissuader d'acheter quelque chose qui ne vous va pas, même si vous en avez très envie, ou un vêtement qui ferait double emploi avec ceux que vous avez déjà, ou encore un habit trop cher qui ferait exploser le budget que vous vous êtes alloué !

Le shopping ne doit jamais virer au drame !
Règle n° 1 pour que le shopping reste un plaisir et ne devienne pas un cauchemar : n'achetez jamais un vêtement dans lequel vous ne vous sentez pas à l'aise, même s'il est à la mode, que toutes vos copines en ont, que votre mère vous dit qu'il vous va à ravir et que la vendeuse la soutient énergiquement : il finira au fond d'un placard. C'est particulièrement vrai pour les chaussures. Elles vous font mal ? Renoncez tout de suite, même si vous les adorez : sinon, c'est les pieds pleins d'ampoules que vous finirez quand même par abandonner la partie.

Conseils

Quand vous commencez à acheter vos vêtements seule
- Fixez-vous un prix maximal à ne pas dépasser. Si vous êtes du genre très dépensière, faites-vous accompagner par une amie, dites-lui votre budget et obligez-la à vous dire non quand vous commencez à le dépasser.
- Faites le tour de votre garde-robe pour évaluer objectivement ce dont vous

avez impérativement besoin : chaussures, manteaux, jupes, pantalons, hauts. Quand vous craquez sur un vêtement, interrogez-vous. À quelle occasion le porter ? Avec quels autres de vos vêtements va-t-il aller? Comment se lave-t-il ? Est-il de bonne qualité ou va-t-il ressembler à un chiffon au bout de 3 lessives ? Risque-t-il de déteindre, de rétrécir, d'être galère à repasser ?

- Apprenez à repérer les boutiques où vous aurez le plus de chance de trouver votre bonheur, en fonction de vos goûts et de votre morphologie : vous éviterez de perdre du temps à piétiner dans des magasins où vous n'achèterez jamais rien. Mais restez quand même suffisamment curieuse pour éviter la routine !
- Profitez des soldes : allez repérer ce qui vous plaît quelques jours avant et attendez que les articles soient démarqués. Attention cependant à votre taille. Si vous faites un 38-40 et 37 ou 38 de pointure, vous risquez fort de ne plus trouver grand-chose si vous attendez trop !
- Jour des soldes : évitez de devenir un prédateur en chasse, une lionne prête à mordre pour défendre le petit top qu'elle vient d'arracher des mains d'une autre. Faire une bonne affaire, d'accord ; perdre tout savoir-vivre, bof.
- N'achetez jamais un vêtement sans l'avoir essayé ! ! !

Voir aussi Apparence, Mode.

Bons plans

Cabines d'essayage, mode d'emploi

• Tenue de shopping : évitez le look « oignon » avec six couches superposées, interminables à enlever pour essayer un petit débardeur. Préférez le tee-shirt au chemisier, les chaussettes aux collants. Si vous cherchez une jupe, évitez d'y aller en jean et baskets… et le poil « aux pattes ». Vous n'oserez jamais sortir de la cabine ! Sinon, après deux déshabillages et rhabillages intégraux, vous repartirez furieuse et échevelée, sans rien avoir acheté.

• Ne vous laissez pas démoraliser par les cabines éclairées au néon : ils répandent une lumière blafarde et donnent à toutes les filles (même les tops, si, si !) un charmant teint de cadavre, avec la peau marbrée, un vrai délice.

• Vérifiez que vous avez bien tiré le rideau de la cabine, ou gare aux regards appuyés et pleins de sous-entendus à votre sortie.

• Prenez toujours 2 tailles du même modèle : ça vous évite de ressortir pour chercher la version plus petite ou plus grande de la robe qui vous fait craquer.

• Si la queue pour les essayages s'allonge sur des kilomètres, vous pouvez créer une cabine entre deux rangées de vêtements, avec l'aide de vos amies. Mais attention à la fragilité de cet abri provisoire, qui pourrait créer une attraction plaisante pour les badauds coincés dans la queue !

Se protéger, c'est possible !

Définition

Sida (*Aids* en anglais) veut dire « Syndrome d'immunodéficience acquise ». Un syndrome est un ensemble de symptômes ; immunodéficience signifie que le système immunitaire est déficient et ne peut plus protéger le corps des attaques microbiennes.

S'informer

Le sida est une maladie provoquée par un virus appelé VIH (HIV en anglais), ce qui veut dire Virus de l'immunodéficience humaine. Ce virus détruit progressivement le système immunitaire, de sorte que la personne atteinte ne peut plus se défendre contre les attaques des microbes.

Une attaque progressive

Lorsqu'une personne est contaminée par le VIH, elle ne tombe pas tout de suite malade. Le virus se propage dans son organisme, qui commence par résister en produisant des anticorps. Ce sont eux que l'on détecte quand on fait une analyse de sang : on dit que la personne est séropositive.

Quand le corps se trouve sans défense

On peut être séropositif pendant de longues années sans avoir de symptômes. Mais le virus continue son travail de sape des défenses immunitaires jusqu'à ce que la personne ne puisse plus se défendre du tout. À ce moment-là, la moindre infection bénigne (une grippe, par exemple) peut être mortelle.

Par le sang et les rapports sexuels

Le VIH se trouve dans le sang, le sperme ou les sécrétions vaginales des personnes contaminées. La transmission sexuelle est de loin la plus fréquente : il suffit d'un seul rapport pour être contaminée. La transmission sanguine passe surtout par les seringues contaminées utilisées par les toxicomanes ; la vente libre et la distribution gratuite de seringues ont considérablement diminué ce risque. La transfusion sanguine a contaminé beaucoup de malades en France avant 1985, jusqu'à ce qu'on applique des mesures sanitaires draconiennes au traitement des produits sanguins avant de les transfuser. La transmission du virus se fait aussi par la

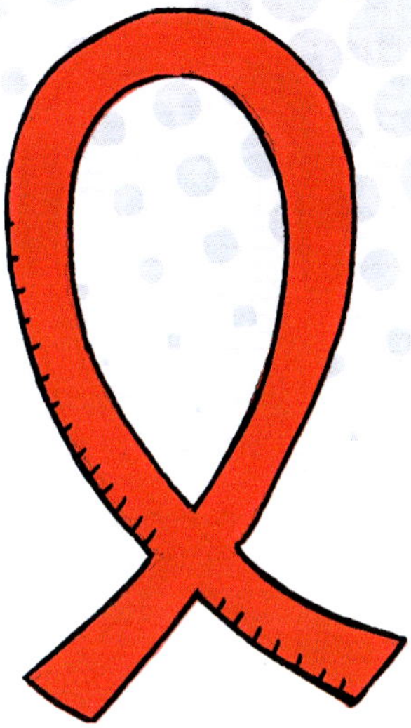

femme enceinte à son bébé dans environ un quart des cas.

Le sida n'est pas la peste

Ce sont les seuls modes de transmission de la maladie. Il n'y a donc aucun risque de contagion par d'autres types de contacts physiques avec un séropositif (baiser, poignée de main) ou par un objet qu'il aurait touché (verre, toilettes, téléphone, eau de la piscine, etc.)

Doute ? Une vérification s'impose

Quand on a eu une relation sexuelle non protégée, ou quand on s'est blessée avec un objet souillé du sang d'une autre personne, il faut sans perdre de temps (si possible dans les 48 heures) consulter un médecin, se présenter aux urgences d'un hôpital ou dans un centre de dépistage. Suivant la gravité du risque, on peut se faire prescrire un traitement de 4 semaines pour tenter d'empêcher l'infection par le VIH. Il s'agit d'un traitement lourd qui ne réussit pas toujours. Il faut attendre 3 mois pour faire un test et être sûre de ne pas avoir été contaminée : le corps met 3 mois pour développer des anticorps détectables dans le sang.

Traitements : ralentir sans guérir

Les traitements contre le sida permettent de soulager les malades et de leur assurer de meilleures conditions de vie. Mais ils ne font que ralentir le processus de destruction du système immunitaire : aujourd'hui on peut ne plus mourir du sida, mais on n'en guérit pas. La tri-thérapie est certes un traitement très efficace pour retarder les effets du virus, mais il ne guérit pas définitivement du sida : c'est toute la vie que les personnes séropositives doivent se soigner. Ce traitement est très contraignant et a souvent des effets secondaires pénibles, dont on ne connaît d'ailleurs pas les effets à long terme. Par ailleurs, il est très cher, et seuls les pays riches peuvent actuellement soigner leurs malades correctement.

En France, les personnes séropositives sont prises en charge à 100 % par la Sécurité sociale.

Info +

En 20 ans, 16 millions de personnes sont mortes du sida dans le monde, et il en meurt encore 3 millions chaque année.
On trouve 90 % des malades dans les pays du Sud et 90 % des traitements dans ceux du Nord. En Afrique, 25 millions de personnes sont atteintes. En Afrique du Sud, pays particulièrement touché, il y a eu 400 000 morts en 2001, et 60 000 enfants sont nés séropositifs. En France, 120 000 personnes sont atteintes par le VIH, et le nombre de personnes atteintes continue à augmenter de 5 à 6 % par an.
Source : ONUSIDA.

Comprendre

Les personnes séropositives peuvent mener une vie normale tant que leur santé le leur permet. Elles ne sont pas contagieuses et on peut les côtoyer sans risque.

Pas de mise en quarantaine

Il faut beaucoup entourer les malades du sida : il est tellement difficile de vivre avec cette maladie ! Ils ont besoin de se sentir accueillis et de pouvoir partager la vie quotidienne de ceux qu'ils aiment. Comme le sida est une maladie sexuellement transmissible, il y a tout un cortège de fantasmes liés à la sexualité, notamment l'idée absurde que cette maladie punit ceux qui se sont mal comportés. Il n'y a pas de malades frappés justement ou injustement par le sida : hétérosexuels, homosexuels, transfusés, enfants, adultes sont tous des victimes, des personnes à aimer pour ce qu'elles sont et qu'il faut apprendre à voir autrement que comme des malades.

Précaution obligatoire

Depuis quelques années en France, les spécialistes de la maladie déplorent une recrudescence de cas de contamination par le VIH. Malgré les campagnes d'information, trop de personnes le contractent, souvent par manque de prudence. Certains imaginent que le sida, dont on a tant parlé ces 20 dernières années, est de l'histoire ancienne, qu'on le soigne. C'est faux : le Sida n'est plus une maladie mortelle à 100 % mais elle reste une maladie incurable très grave. La seule façon de se protéger, c'est de s'abstenir de rapports sexuels ou de vivre une relation amoureuse fidèle et stable. Si ce n'est pas le cas, il faut utiliser un préservatif.

Voir aussi MST, Préservatif.

Un temps pour se taire et un temps pour parler

S'informer

Le silence n'existe presque plus. On vit dans le bruit toute la journée, dans les rues, les trains, au lycée, au café ; même en cours, le silence se fait rare. Le bruit des uns s'ajoute à celui des autres et chacun y va du sien : on écoute de la musique en faisant ses devoirs, pour s'endormir, pour se réveiller, on se promène avec son Walk-Man sur les oreilles et quand on fait la fête, on ne lésine pas sur les décibels. Si vous passiez votre journée en revue, vous seriez certainement surprise de ne trouver que quelques minutes de vrai silence.

Comprendre

Pourquoi fait-on sans cesse du bruit, comme si on ne pouvait pas supporter le silence ? Le bruit est comme une présence, un cocon dans lequel on s'abrite pour se protéger du monde extérieur ou ne pas se retrouver seule face à soi-même. Les personnes seules allument souvent la radio ou la télé en se levant et l'éteignent en se couchant pour ne pas sentir et ne pas avoir à penser à leur solitude.

Dans la profondeur du silence

Pourtant, on a tous besoin de silence. Le silence permet d'écouter. Faites donc un moment de silence, un vrai. Que se passe-t-il en vous ? D'abord rien, une vague angoisse, une impression de vide, vous entendez battre votre cœur ; puis d'autres sons deviennent perceptibles, les petits bruits de la maison, le vent dans les arbres, les oiseaux. Peu à peu vous apprenez à habiter ce silence, vous vous sentez plus calme, mieux en vous-même.

Peur du silence

C'est vrai que le silence peut effrayer : les craintes et les doutes qu'on enfouit d'habitude remontent tout doucement à la surface et nous envahissent.

Les questions graves resurgissent. Qui suis-je ? Quel est le sens de ma vie ? Comment faire pour être heureuse ? Est-ce que ma vie sert à quelque chose ou à quelqu'un ?

Richesse du silence

Le silence sert à se regarder, à mieux se connaître et se comprendre, à prendre du recul et à s'apaiser.

Le silence, c'est le vrai repos de l'esprit et du corps.

On se détend, on n'est plus stressée et on peut aborder les choses plus tranquillement.

À l'écoute des autres

Le silence sert aussi à écouter les autres en oubliant un peu sa petite musique à soi. Dans le bruit, personne ne s'écoute ni ne s'entend : chacun parle et essaie de faire plus de bruit que l'autre. Mais quand une personne n'est pas écoutée, pas entendue, c'est comme si elle n'existait pas. Il faut savoir faire silence pour prendre conscience de la présence de ceux qui nous entourent, de leur intérêt et de leur valeur. Le bruit qui nous empêche de faire attention aux autres n'est pas seulement le bruit de la télévision, de la musique : ce peut être tout simplement le flot de paroles que nous déversons sur eux, pour parler de nous, sans prêter l'oreille à ce qu'ils pourraient nous dire.

Alors, chut ! moins de bruit : ouvrir ses oreilles et son cœur, c'est une des clefs du bonheur.

Voir aussi
Bonheur,
Confidente,
Zen.

175 • SOLIDARITÉ

Je suis solidaire... mais de quoi ?

S'informer

Au sens propre, la solidarité est ce qui fait que deux pièces d'un objet, deux parties d'un mécanisme fonctionnent ensemble. Les anneaux d'une chaîne sont solidaires : si on en supprime un, l'autre ne tient plus.

Besoin des autres

Ce qui vaut pour les anneaux d'une chaîne vaut aussi pour les hommes ! Ils dépendent les uns des autres. D'abord, très concrètement, pour vivre : vous avez besoin du boulanger pour avoir du pain, lui a besoin du maçon pour construire sa maison, lequel a besoin du médecin lorsqu'il est malade. Chacun par son métier est utile aux autres. Mais la solidarité des hommes entre eux est aussi morale : ils ont besoin de communiquer, de tisser des liens, d'être reconnus et aimés. Autrement dit, ils sont faits pour vivre en société plutôt que sur une île déserte !

Pour le meilleur, pour le pire

Mais la solidarité est aussi un choix personnel, quand des hommes décident d'assumer ensemble une responsabilité. Par exemple, se marier et avoir des enfants crée des liens : la famille est le premier lieu où se vit la solidarité. Un homme et une femme qui se marient deviennent solidaires, ils se doivent assistance, « pour le meilleur et pour le pire », dit le Code civil ! Vos parents sont solidaires de vos actes tant que vous ne pouvez pas les assumer : si vous êtes mineure et que vous causez des dommages à quelqu'un, ce sont vos parents qui devront payer.

Tous à la rescousse

Dans votre bande de copains, vous êtes solidaires les uns des autres : vous vous entraidez, vous prenez la défense de celui qui est attaqué, vous partagez les joies et les peines de chacun. Il y a aussi une forme de solidarité vis-à-vis de gens qu'on ne connaît pas, les victimes de guerres ou de catastrophes naturelles qui sévissent à l'autre bout de la terre. Aujourd'hui, grâce à l'information, on se sent proche même de gens géographiquement très lointains et on essaie de les aider. On dit que notre planète est un « village » ; or, dans un village, la solidarité n'est pas un mot vide de sens !

Un autre mot pour le dire

La solidarité est un engagement volontaire au nom de certaines valeurs : la justice, le souci des autres, la conscience qu'on a tous les mêmes droits, les mêmes difficultés, qu'il faut s'entraider. Autrefois, on utilisait le mot charité, qui vient du christianisme et a été détourné de son sens premier : il veut dire amour, mais il est devenu synonyme d'assistance, voire de pitié ou de mépris, comme si ceux qui étaient aidés étaient des êtres inférieurs. Par le mot solidarité, très prisé actuellement, on veut au contraire désigner une entraide où chacun reçoit et où chacun donne, où chacun a sa place, est reconnu, a de la valeur.

Comprendre

Vous avez besoin des autres. De vos parents, bien sûr, de votre famille, de vos amis, de plein de gens qui vous aiment et vous permettent de vous épanouir. Découvrir la solidarité, c'est prendre conscience que les autres aussi ont besoin de vous, comme vous avez besoin d'eux, parce qu'ensemble on est plus fort.

Réservée aux catastrophes ?

Générosité et solidarité sont sûrement des mots qui vous tiennent à cœur. Mais vous ne voyez peut-être pas comment appliquer la solidarité à votre échelle. C'est qu'on la prend trop souvent pour un grand show plein d'effets spéciaux. À trop regarder la télévision, on pourrait croire que la solidarité est réservée aux événements spectaculaires. Pourtant, non. Vous n'êtes pas obligée d'attendre qu'une tornade ravage la maison des voisins pour être enfin « solidaire » en prêtant votre chambre aux sans-logis !

Discrète mais efficace

Être solidaire, ce n'est pas forcément se lancer dans des entreprises héroïques. Cela peut être ne pas laisser tomber la copine qui déprime et qui n'est pas franchement drôle en ce moment ; inviter dans votre bande la nouvelle qui se sent seule ; être déléguée de classe pour défendre les élèves. Quelquefois, c'est encore plus difficile. Par exemple, lorsque la voix de la solidarité vous souffle de prendre la défense du bouc émissaire de la classe ; parce que cela signifie se désolidariser du groupe pour être solidaire de la victime, ce qui n'est pas un choix confortable.

Inconditionnelle ?

Eh oui, la solidarité demande du courage, et de la réflexion aussi. Vous n'avez pas à être solidaire de n'importe quoi. Si la classe défend un élève devant un professeur alors que vous estimez qu'il est en tort, vous n'êtes pas obligée d'être solidaire. Si votre bande joue à piquer les verres ou les cendriers lors d'une virée dans un café, vous êtes en droit de vous désolidariser. La solidarité n'est pas l'obligation de faire comme tout le monde ! Il s'agit de se battre, oui… mais pour la bonne cause.

Voir aussi Fraternité.

Info +

La solidarité n'est pas forcément une histoire d'argent, mais elle peut passer par une entraide financière. Dans notre société, il existe des systèmes de solidarité. La Sécurité sociale en est un : tout le monde verse des cotisations en fonction de ses revenus, et ceux qui sont malades reçoivent cet argent pour payer une grande partie de leurs dépenses. Il y a aussi une solidarité financière entre ceux qui ont un travail et ceux qui n'en ont pas : les chômeurs reçoivent une allocation financée par les cotisations de ceux qui travaillent. Les retraites sont une forme de solidarité entre les générations : ceux qui travaillent versent de l'argent pour que les personnes âgées puissent s'arrêter de travailler.

176 • SOLITUDE

J'me sens si seule !

la petite sœur dort tranquillement. On imagine des tas de fêtes sympas où on n'a pas été invitée, on pense au garçon qui nous plaît et qui va certainement sortir avec une autre. Bref, on est persuadée que tous les autres s'amusent, on se sent seule, terriblement seule, et on a du mal à se dire que cela va s'arranger un jour.

Seule au milieu de tous

Et que dire de cette solitude que l'on éprouve au milieu de tous, au sein de sa famille, ou même de ses copains ? Elle nous saisit à la gorge au milieu d'une fête de famille, d'une soirée ou dans un café alors que l'on était avec des amis… On est entourée de monde et pourtant on se sent affreusement seule. Les mots passent sur nous sans nous atteindre, on ne se sent concernée par rien. On n'a pas les mêmes préoccupations que tous ces gens, on a des soucis, on crève de n'être pas aimée… Mais eux ne se rendent pas compte de cette souffrance, tout à leur insouciance (du moins le croit-on). Alors, on jette un voile pudique sur cette grande douleur pour la cacher, tant bien que mal, aux gens que l'on aime pour qu'ils continuent de croire que tout va bien.

S'informer

À votre âge, il n'est pas rare de se sentir très seule. On est complexée, souvent timide, on ne se sent vraiment bien avec personne, on a le sentiment de n'être jamais comprise ni acceptée. Pour peu que sa meilleure amie – la seule avec laquelle on se sentait vraiment bien – déménage, la solitude peut devenir écrasante. On se dit qu'on n'a pas d'amis, qu'on est nulle et sans intérêt, alors que les autres ont plein de copains, sortent tout le temps, tandis que nous, personne ne pense à nous inviter. On pourrait bien disparaître, personne ne s'en rendrait compte !

Saturday night blues

Rien de pire que la soirée du samedi soir quand les parents sont sortis et que

Comprendre

La solitude peut devenir un gouffre dont on n'arrive plus à sortir : on a l'impression qu'on ne compte plus pour quiconque, que tout le monde nous laisse dans notre coin.

J'sais pas comment faire

Aller vers les autres devient un véritable calvaire. On ne sait plus comment les aborder, quoi leur dire. On se trouve gauche, ridicule, alors qu'enfant le contact avec les gens était si facile ! Ils nous trouvaient mignonne, drôle ; maintenant on a l'impression de les ennuyer. Pourtant, c'est dommage : la solitude est souvent un cercle vicieux. Quand on est seule, on intimide, et personne n'ose trop nous aborder, alors qu'il suffirait peut-être de faire le premier pas pour que tout s'arrange.

Facile à dire !
Pour l'instant, si vous vous sentez seule, vous ne voyez pas sans doute comment vous en sortir. Vous faire des amis, la belle affaire ! Si c'était facile, ça se saurait ! Les parents ? Ils ne se rendent pas compte de ce que vous vivez (ça, c'est ce que vous croyez, mais ils sont rarement aveugles et font probablement tout ce qu'ils peuvent pour vous entourer). Alors, que faire ?

Ça ne durera pas !
C'est vrai que c'est un moment de la vie très difficile à passer, c'est vrai que c'est douloureux. Mais ne vous inquiétez pas : vous ne resterez pas seule toute votre vie ! L'année prochaine, dans votre nouvelle classe, il y aura certainement une ou deux personnes que vous trouverez sympathiques. Vous allez peu à peu prendre confiance en vous, faire de nouvelles rencontres. La solitude frappe beaucoup d'adolescentes, qui ne sont ni plus laides, ni plus bêtes, ni moins intéressantes que les autres, et sans que cela présage en rien de leur vie future.

Un mauvais moment à passer
Bientôt, dans la vie active et bien remplie qui sera la vôtre, vous oublierez presque les moments de solitude de votre adolescence qui vous rendent si malheureuse aujourd'hui. Vous vous en souviendrez avec émotion, et espérons que cela vous donnera envie d'entourer de beaucoup de douceur ceux qui vivront ce moment difficile de la vie.

Conseil

Je suis la seule
Peut-être vous sentez-vous seule parce que vous avez réellement des goûts différents des filles de votre âge. Vous aimez la poésie, pas la télé ; la musique classique, pas la techno ; l'astrophysique, pas le shopping. Cherchez des gens qui vous ressemblent, ils n'ont peut-être pas votre âge, et alors ?

Conseils

Pour adoucir sa solitude
Il n'y a pas de remède miracle contre la solitude, seulement quelques pistes pour essayer d'en sortir…
- Inscrivez-vous dans un cours de sport, de danse, de musique et parlez avec les gens qui sont avec vous : ils ne se doutent pas que vous vous trouvez nulle !
- Organisez des soirées chez vous. Qui inviter ? Toute la classe. Mais si, vous aurez du monde ! Quand il s'agit de s'amuser, tout le monde est partant.
- Proposez à des filles de votre classe de faire vos devoirs ensemble.
- Abordez cette autre fille un peu solitaire que vous croisez souvent : à deux on est plus fortes et déjà moins seules.

Ils ont dit

Le mal de vivre

Ça ne prévient pas, ça arrive
Ça vient de loin
Ça s'est promené de rive en rive
La gueule en coin
Et puis un matin, au réveil
C'est presque rien
Mais c'est là, ça vous ensommeille
Au creux des reins

Le mal de vivre
Le mal de vivre
Qu'il faut bien vivre
Vaille que vivre

On peut le mettre en bandoulière
Ou comme un bijou à la main
Comme une fleur en boutonnière
Ou juste à la pointe du sein
C'est pas forcément la misère
C'est pas Valmy, c'est pas Verdun
Mais c'est des larmes aux paupières
Au jour qui meurt, au jour qui vient

Et sans prévenir, ça arrive
Ça vient de loin
Ça s'est promené de rive en rive
Le rire en coin
Et puis un matin, au réveil
C'est presque rien
Mais c'est là, ça vous émerveille
Au creux des reins

La joie de vivre
La joie de vivre
Oh, viens la vivre
Ta joie de vivre

Barbara

S 177 • SOMMEIL

Les bonnes nuits font les beaux jours

S'informer

À votre âge, on ne dort plus autant qu'un enfant, mais on a besoin de plus de sommeil qu'un adulte. Il faut encore au moins 9 heures de sommeil à un adolescent. Pourtant, certaines d'entre vous se demandent à quoi peut bien servir le sommeil, cette horripilante perte de temps ; d'autres se complaisent dans des grasses matinées sans fin, quitte à ne vivre qu'une demi-journée bien entamée ! Sans compter celles qui aimeraient dormir et souffrent d'insomnies.

Remise à neuf

Le sommeil est une nécessité vitale. Il élimine la fatigue physique et reconstitue l'énergie. C'est aussi pendant ce temps de repos que se fabrique l'hormone de croissance (voilà pourquoi l'on raconte que dormir fait grandir). Du point de vue intellectuel, la nuit porte conseil, comme chacun sait ! Elle favorise la mémorisation des connaissances, vous libère des tensions de la journée et vous permet ainsi de retrouver équilibre et sérénité. Les gens qui ne dorment pas assez manquent de concentration et sont souvent irritables.

Silence radio !

Que se passe-t-il pendant le sommeil ? Le fonctionnement de votre organisme ralentit : vous respirez plus lentement, votre température baisse, votre corps s'immobilise, vous devenez insensible aux informations extérieures, images, sons et odeurs. Quand on vous demande si vous dormez, vous ne pouvez pas répondre « oui » !

Marchand de sable et sommeil de loir

Cet isolement est progressif, car il y a plusieurs phases de sommeil. Il existe deux sortes de sommeil, qui se reproduisent plusieurs fois au cours d'une nuit : le sommeil « lent », qui comprend 4 stades, de l'endormissement au sommeil profond, pendant lequel vous êtes calme avec une respiration régulière ; et le sommeil « paradoxal » où votre corps est dans un état de détente complète alors que votre rythme cardiaque et respiratoire s'accélère, et que vous faites d'imperceptibles mouvements.

Quand l'usine à rêves s'éveille

C'est dans cette phase paradoxale que vous faites le plus de rêves et surtout les rêves les plus étonnants. Un cycle du sommeil comprend une phase lente et une phase paradoxale. Il dure environ 90 à 100 minutes, et une nuit comporte 4 à 5 cycles.

Marmottes et insomniaques
Tout le monde n'a pas les mêmes besoins de sommeil. Ils varient selon l'âge, les habitudes, la personnalité de chacune. Il y a celles qui dorment peu et s'en portent bien, et les grosses dormeuses. Celles qui sont du matin et celles qui sont du soir. Celles qui ont du mal à s'endormir et celles qui se réveillent souvent ou beaucoup trop tôt le matin.
1 mouton, 2 moutons…
Ces troubles sont fréquents au moment l'adolescence, surtout chez les filles. Ils peuvent être dus à l'anxiété typique à cet âge de grand bouleversement. Vie amoureuse, peur de l'avenir, questions tous azimuts… de quoi perturber le sommeil et vous offrir des insomnies sans gravité.
3 768 moutons… ras-le-bol !
En revanche, des insomnies plus graves et répétées peuvent être le signe de difficultés psychologiques qui nécessitent de consulter un médecin. Dans tous les cas, c'est lui qui peut juger de l'opportunité de prendre des somnifères et pas la copine complaisante qui veut bien vous « prêter » les siens !

Comprendre

En matière de sommeil, vous êtes à l'âge du décalage horaire. Le soir, l'envie de dormir ne vous démange pas. Et le matin, sortir de votre lit est la prolongation de votre pire cauchemar !
L'âge du noctambulisme
Les devoirs scolaires vous conduisent à travailler souvent tard le soir et vous volent une partie de votre sommeil. Essayez de vous organiser au mieux pour ne pas trop veiller au-dessus de vos manuels (si, si, c'est possible !). Mais il n'y a pas que le travail pour écorner vos nuits. La grande « coupable » est plutôt votre formidable envie de vivre, votre impression que la nuit est destinée à la fête ! Si bien que le week-end, vous sortez à l'heure où les chauve-souris s'éveillent, pour vous coucher au chant du coq.
Pas envie d'éteindre !
Même quand vous restez tranquillement chez vous après avoir bouclé vos devoirs à une heure raisonnable, vous avez tendance à retarder l'heure du couvre-feu, parce qu'il y a toujours mieux à faire que d'aller se coucher. Résultat : vous manquez de sommeil, et vous compensez cela par de bonnes grasses matinées le week-end. Au grand désespoir des parents qui comptaient tellement sur vous pour le déjeuner du dimanche !
Comme un zombi
Il est essentiel de prendre le temps de récupérer : n'hésitez pas à le dire à vos parents. Mais n'en abusez pas… Profitez des jours où vous pouvez vous coucher tôt pour obtenir votre compte de sommeil. Vivre la nuit et dormir le jour est partiellement envisageable pendant les vacances, mais pas en période scolaire : vous risquez de souffrir d'un manque chronique de sommeil qui vous fatiguera, vous rendra irritable et nuira aussi bien à votre travail qu'à votre joie de vivre.

Voir aussi Dimanche blues, Fatigue, Rêves, Sorties.

Bons plans

Le sommeil est une affaire de rythme et de rites. Il faut trouver les vôtres.
- *Ne laissez pas passer l'heure où vous vous sentez capable de vous endormir. Ses signes ? Vous bâillez, vous vous frottez les yeux, vous ressentez une douce torpeur vous envahir. Direction l'oreiller ! Sinon, vous êtes repartie pour un cycle de veille.*
- *Pour favoriser la venue du sommeil, chacune a ses méthodes, mais un bain, un bon livre, un peu de musique valent mieux qu'une cigarette… ou un somnifère ! Vous pouvez aussi essayer le verre de lait, la tisane ou le carré de chocolat.*
- *Ne mangez pas trop au dîner, ne vous couchez pas tout de suite après le repas, ne faites pas d'exercice violent juste avant de vous coucher.*

178 • SORTIES

Permission de minuit

Définition

Les sorties, c'est un terme général pour désigner toutes les activités que vous faites en dehors de la famille, avec des copains, le soir ou le week-end : cinéma, restaurant, concert, soirée…

S'informer

Petite virée au café ou grande soirée organisée chez une copine, les sorties en tout genre donnent de la saveur à votre vie quotidienne. Comme son nom l'indique, une sortie est ce qui vous fait sortir : de la famille, de la maison, de l'habitude, du travail.

Pour tous les goûts

Il y en a pour tous les genres et toutes les humeurs.
La sortie détente, genre soirée plateau-repas devant la télévision d'une copine.
La sortie sportive à la piscine, voire ultrasportive en VTT toute la journée, celle que l'on achève plutôt contente… de rentrer se coucher !

Sortir en même temps que le film

Il y a aussi l'incontournable soirée au cinéma. Quand un bon film sort le mercredi, si on veut être à la page, il faut sortir en même temps que lui ou presque, histoire d'être une des premières à le voir. Sans oublier la sortie culturelle au musée ou au théâtre, « prise de tête » diront certaines, « enrichissante » diront d'autres. Parce que oui, vraiment, il en faut pour tout le monde.

Comprendre

À votre âge, les sorties sont le moyen de vous construire une vie personnelle en dehors de la maison. C'est le moment de rencontrer des gens nouveaux, des amis d'amis amenés là par leurs amis qui sont les vôtres (vous suivez ?), et qui élargissent le cercle de vos copains.

C'était top !

C'est le moment aussi de faire des expériences nouvelles. Une copine vous invite à passer la journée dans un parc d'attractions, une idée saugrenue que vous n'auriez jamais eue seule ; vous y allez en traînant les pieds et pleine d'à priori… et vous en revenez transformée en inconditionnelle des montagnes russes !

Fuites dans le portefeuille

Le grand problème des sorties, c'est que la plupart d'entre elles n'ont pas la bonne idée d'être gratuites. Bien sûr, on peut s'en tirer relativement bien. Vous n'êtes pas obligée d'aller écouter les concerts de toutes les stars célèbres dont la tournée passe par votre ville, ces concerts dont le billet d'entrée vous prive de sortie pendant 3 mois ! Mais que ce soit le cinéma ou un pot au café, tout a un prix.

1 haut ou 2 cinémas ?

Si bien que le budget sorties entre en rude concurrence avec d'autres dépenses, disques, vêtements, chocolat etc. C'est un problème bassement matériel, mais qui suffit à freiner parfois votre envie de sortir… eh oui, parce que sans argent, on ne sort pas ou on ne s'en sort pas !

Non ma chérie, pas ce soir !

Autre frein à vos sorties, l'autorisation parentale. Sans parler des parents très stricts qui ont du mal à comprendre que leur fille a grandi, surtout si c'est l'aînée, la plupart des parents exercent une surveillance vigilante sur la fréquence des sorties. Si vous sortez 3 soirs de suite, il y a de fortes chances pour qu'ils vous prient (fermement !) de rester à la maison le quatrième soir, soucieux de vous voir quand même dormir un peu, même si vous êtes en vacances !

Marchandage serré

Ils font aussi attention à l'heure de votre retour. Vous avez sans doute l'expérience des négociations plus ou moins orageuses pour obtenir la permission de minuit et demi au lieu de celle de minuit ? Ne croyez pas qu'ils sont incompréhensifs, rabat-joie et anti-fête : ils sont juste un peu inquiets. Alcool, accidents, agression, drogues… ils ont peut-être des scénarios catastrophe dans la tête, on entend tellement d'histoires de ce genre !

Sang d'encre

Alors, même s'ils vous font parfaitement confiance, même s'ils sont heureux de savoir que vous vous amusez, ils peuvent avoir peur de l'environnement dans lequel vous êtes et qu'ils ne connaissent pas, peur de vous savoir sur le chemin du retour en pleine nuit… Bref, il y a de quoi les empêcher de dormir sur leurs deux oreilles en attendant votre retour, surtout si vous dépassez l'heure convenue. Vous aimez sortir, ils aiment vous entendre rentrer !

Conseils

Soyez diplomate !

- Prévenez vos parents à l'avance d'un projet de sortie : ils pourraient avoir prévu de vous demander de garder la petite sœur ce soir-là.
- Ne prévoyez pas de sortie le jour d'une grande fête de famille.
- Faites des choix : pour ne pas vous retrouver privée de la soirée phare de votre semaine, évitez de sortir dans les jours qui précèdent.
- Donnez à vos parents les indications pour vous joindre en cas de besoin absolu.
- Respectez scrupuleusement vos horaires de rentrée et appelez si vous avez du retard.
- Ne mentez pas en faisant croire que vous êtes chez une amie si vous n'y êtes pas.
- Pour les horaires, ayez des objectifs raisonnables. Gagner une demi-heure tous les 6 mois signifie que, même s'ils veulent vous voir rentrer à 22 h à 14 ans, ils vous accorderont 1 h du matin quand vous en aurez 17. Ce qui n'est pas si mal !

Voir aussi Alcool, Café, Drogue, Fête, Rave, Responsabilité.

179 • SORTIR AVEC

Tu veux sortir avec moi ?

Définition

C'est une jolie expression qui veut dire que vous avez noué une relation privilégiée avec un garçon, celui qui vous accompagne dans vos sorties. C'est une notion qui reste volontairement floue mais pour beaucoup de monde, cela veut dire en tout cas que vous êtes un peu amoureux, que vous vous embrassez sur la bouche.

S'informer

Vous l'avez remarqué, il vous a regardée. Vous l'avez trouvé mignon, il vous a souri. Vous vous êtes souvent retrouvés en classe ou dans une bande de copains et vous avez eu envie de vous voir davantage. Il vous émeut, il fait battre votre cœur, vous avez envie de partager avec lui de la tendresse, des émotions, de vivre quelque chose ensemble, rien que tous les deux. Et puis, un jour, il vous demande : « Tu veux sortir avec moi ? », et vous acceptez avec bonheur.

Plus qu'un ami

Sortir ensemble, c'est vivre une relation privilégiée, sans forcément parler du grand amour et de relations sexuelles. Bien sûr, il y a des émotions, des regards, des caresses et des baisers, un désir de se toucher, mais on ne veut pas forcément « aller plus loin », ni tout de suite ni peut-être plus tard.

Occupé !

Cela peut devenir une histoire d'amour, comme cela peut s'arrêter ; on ne sait pas encore, et parfois on n'a pas envie de savoir tout de suite. Mais les amoureux sont déjà considérés comme un « couple » par leurs amis. Quand on sort avec un garçon, il n'est plus libre, et les autres filles sont priées de ne pas trop lui tourner autour !

Aucun âge limite !

Il n'y a pas d'âge pour sortir avec un garçon. Beaucoup de filles commencent au collège, mais il n'y a pas de quoi s'inquiéter si on « tarde » à avoir un copain. Même si on entre au lycée sans être jamais sortie avec un garçon, cela n'a rien d'anormal. Dans ce domaine, il n'y a pas de normes !

Comprendre

L'important est d'attendre, pour sortir avec un garçon, d'en trouver un qui vous plaise vraiment. Cela peut sembler être une évidence ; pourtant, trop de filles se lancent dans une amourette parce que toutes leurs copines l'ont fait et qu'elles ne veulent pas avoir l'air bête. Sortir avec un garçon demande que vous vous entendiez bien avec lui, que vous ayez des choses à partager, des goûts et des envies en commun. C'est la condition pour être bien en sa présence, pour avoir envie de partager de la tendresse et des moments de bonheur ensemble.

Pot de colle !

Même si ce n'est pas forcément pour la vie, ni même pour un an, c'est déjà un engagement qui mérite d'être sincère. Sinon, vous allez vite être mal à l'aise, souhaiter être partout ailleurs que dans ses bras, inventer n'importe quel prétexte pour rater vos rendez-vous, etc. Bref, vous prendre la tête, et finir par mépriser ce pot de colle transi d'amour qui vous suit partout et vous téléphone toutes les 2 heures ! Être exaspérée n'est pas vraiment le but de l'histoire.

Sans trop roucouler

Si vous l'aimez et que vous avez envie que l'histoire dure, évitez de passer votre temps à vous embrasser et à échanger des regards amoureux. Ça lasse ! Mieux vaut chercher à vivre des tas de choses variées ensemble. Le choix est tellement vaste. Sports, loisirs, activités artistiques, et, pourquoi pas, une entraide pour faire vos devoirs : cela vous fera peut-être aimer les maths au passage !

Les autres : ils existent encore

Rester active permet en même temps de continuer à voir les autres, les amis. Sinon, l'habitude est vite prise de s'isoler constamment en tête-à-tête au risque de rétrécir tristement l'horizon… et de finir par s'ennuyer ensemble. À votre âge, il y a tellement de découvertes à faire, qu'il vous faudra forcément du temps avant de savoir si vous voulez vous engager dans une vraie histoire d'amour. Chaque chose vient en son temps. En attendant, il est important de garder les yeux grands ouverts sur le monde. C'est d'ailleurs vrai à toutes les étapes d'un amour !

Savoir-vivre

Quand on sort avec un garçon

- On ne fait pas une crise de nerfs lorsqu'il se réserve des soirées ou même des week-ends entre copains. Et on essaie de se ménager aussi des temps libres, pour respirer et garder son indépendance !
- On évite les démonstrations excessives en public, au lycée ou dans la rue comme dans les parcs publics ou au cinéma.
- On ne raconte pas sa vie amoureuse à tort et à travers.
- On ne considère pas celles qui n'ont pas de copain comme des cas sociaux tragiques, on respecte leur situation, qu'il s'agisse d'un choix ou non.

Voir aussi Amour, Amoureuse, Chagrin d'amour, Garçons, Premier baiser, Râteau.

Conseils

Avoir un copain est une chance qui peut vous permettre de découvrir le monde inconnu et inquiétant des garçons.
• De découvrir qu'un garçon peut être timide, fragile, ému, doux et tendre, même sous une écorce de gros dur.
• De vous apercevoir aussi qu'il ne fonctionne pas comme une fille : il ne s'embarrasse pas de discours et va droit au fait, il ne manie pas bien les mots doux, il ne capte pas les sous-entendus, il est plus simple et plus direct qu'une fille.
• D'éviter d'être malheureuse, en gardant à l'esprit qu'un garçon peut sortir avec une fille, être sincère et ne pas avoir envie d'être toujours avec elle !

180 • SPIRITISME

Esprit, es-tu là ?

Dis-moi, esprit, Benjamin va-t-il enfin se décider à sortir avec moi ? Est-ce que j'aurai mon bac du premier coup sans rattrapage ? Si tu dis oui, ça m'évitera de me donner du mal !

S'informer

Le mot spiritisme vient du latin *spiritus* qui veut dire esprit. Le spiritisme est une doctrine qui prétend que les vivants peuvent entrer en contact avec l'esprit des morts. Ce contact se ferait grâce à des personnes considérées comme très sensibles à la présence des esprits, les « médiums », ainsi nommées parce qu'elles servent d'intermédiaires entre le monde des esprits et celui des humains.

Les visiteurs

Le spiritisme se fonde sur l'idée qu'à la mort, l'homme ne disparaît pas totalement. Son esprit immortel se sépare de son corps qui, seul, est détruit. Le spiritisme croit aussi généralement à la réincarnation des esprits sur terre et dans d'autres mondes habités.

Ça bouge, ça bouge !

Les esprits peuvent s'exprimer de diverses façons : déplacement d'objets, lévitation, tables qui tournent. On les interroge pour savoir ce qu'ils sont devenus après leur mort, pour essayer de comprendre ce qui se passe dans le monde invisible où ils habitent. On en profite aussi pour essayer de leur extorquer des informations sur certains sujets qui nous tiennent à cœur.

Info +

Le spiritisme est vieux comme le monde. Ses adeptes se réclament aussi bien de la philosophie grecque que des pratiques des druides ou encore des croyances animistes, en tout cas, toujours de doctrines qui proclament que l'homme est à la fois corps et esprit. Au XIXe siècle, le spiritisme a joui d'un immense succès. Il a été lancé aux États-Unis par les sœurs Fox qui prétendaient entendre des esprits frapper à la porte de leur maison. Des écrivains français comme Victor Hugo ou Théophile Gautier se laissèrent séduire par cette croyance à la mode et pratiquèrent des expériences de spiritisme. Un médecin français, Hippolyte Rivail, qui se faisait appeler Allan Kardec, nom qu'il aurait porté dans une autre vie au temps des druides (!), rédigea un traité qui énonçait les fondements de la doctrine : existence d'un Dieu, immortalité de l'âme, réincarnation, pluralité des mondes habités, fraternité universelle. Après la Première Guerre mondiale, le spiritisme s'est essoufflé et dispersé en divers mouvements ésotériques.

Comprendre

Même si vous n'osez pas l'avouer, vous êtes nombreuses à avoir déjà pratiqué le spiritisme avec des copines. Pour rire, pour voir, pour faire comme tout le monde, mais peut-être aussi avec un brin d'inquiétude.

L'attrait de l'inexplicable

Notre époque aime bien tout ce qui est un peu mystérieux, les phénomènes qu'on n'arrive pas à expliquer, les légendes et les mythes, les vampires, les créatures extraordinaires. Il n'y a qu'à voir le succès de livres comme *Harry Potter*, de séries comme *Buffy* et *X-Files*, ou de films comme *Le Sixième Sens*. Comme si dans notre société matérialiste qui cherche à expliquer toute chose par la science, on avait envie de sortir de ce système, de se ménager une petite bulle de merveilleux ou d'irréel.

Histoire de voir

Et surtout, à un âge où on s'interroge sur ce qu'on va faire dans la vie, on se pose tous les mêmes questions : que deviennent les hommes après la mort ? Est-ce que l'avenir est écrit quelque part ? Comment est-ce que je peux savoir ce qui m'attend dans la vie ? Alors on peut se laisser entraîner à consulter les esprits, sans forcément trop y croire mais avec l'idée que ça ne peut pas faire de mal.

Frissons dans le dos

Mais quelquefois c'est plus angoissant que rassurant, parce qu'on a le sentiment de jouer avec des choses interdites ou de prendre des risques (et si ça marchait vraiment ?) et on peut se retrouver très mal à l'aise. Surtout si on s'adonne régulièrement à ce genre de pratiques et que cela devient une obsession.

Pipeau majeur

Pourtant, il n'y a pas à avoir peur de se faire posséder par l'esprit qui fait tourner le guéridon du salon de votre copine : c'est certainement elle qui, pour rire, donne des coups dans la table. Et même si vous êtes persuadée d'avoir vu bouger un verre ou s'éteindre une bougie dites-vous bien que cela ne prouve qu'une seule chose : la table a bougé et la bougie s'est éteinte ! Pour quelle raison (le vent, la force de votre psychisme, les blagues des copains...) ? Mystère ! En tout cas, ce qui est sûr, personne ne peut affirmer que l'on peut communiquer avec les morts, même si l'on croit très fort qu'il y a quelque chose dans l'au-delà.

Vos g..., esprits, c'est moi le chef !

Alors, laissez donc les morts avec les morts. Vous êtes vivante, oui ou non ? Restez donc avec les vivants, les êtres libres, ceux qui décident eux-mêmes de leur destin. Ce n'est pas à l'âge où vous avez des tas de possibilités devant vous que vous allez vous laisser influencer par des sornettes et dicter votre avenir par des morts que vous ne connaissez peut-être même pas !

Voir aussi Horoscope, Mort.

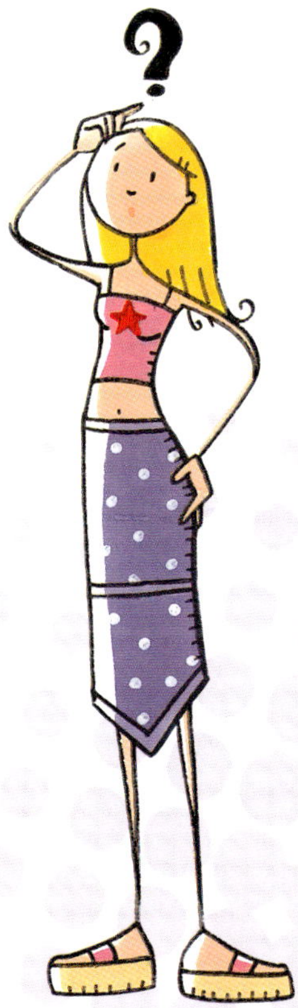

181 • SPORT

Chacun cherche son sport...

S'informer

« Sport » est un mot anglais issu de l'ancien français *desport*, qui veut dire amusement. Autrement dit, le sport, individuel ou collectif, est d'abord un plaisir ! Mais c'est un plaisir qui joint l'utile à l'agréable, puisqu'il développe le corps. C'est pourquoi il a été transformé en plaisir « obligatoire » par les parents et par le système scolaire, soucieux du bien-être physique des jeunes !

Sans ressort pour le sport

Seulement, à votre âge, ce plaisir est parfois une corvée. Vous vous sentez souvent fatiguée à cause de toutes les transformations physiques de la puberté. Vous êtes aussi un peu fragile, parce que votre corps est encore en pleine croissance. Les maux de dos vous guettent, et il faut faire attention au type de sport que vous pratiquez.

Précautions rituelles

De toute façon, toute pratique sportive demande de respecter certaines règles pour éviter de se faire mal et pour pouvoir en profiter : faire des exercices d'échauffement avant de commencer, bien boire avant, pendant et après l'effort, prendre le temps de récupérer et bien se nourrir pour compenser la dépense d'énergie.

Le sport n'aime pas...

Faut-il rappeler que le tabac, l'alcool ou encore le cannabis ne font pas bon ménage avec le sport ? Toutes ces substances freinent les performances… et ne donnent pas vraiment envie de se bouger et de se dépenser !

Info +

Près de la moitié des 12-19 ans font régulièrement du sport. Les filles sont nombreuses à s'y intéresser dans l'idée de maigrir, alors que les garçons en font plus souvent… pour gagner !

Comprendre

Pourquoi faire du sport ? Pour entretenir son corps, être « bien dans sa peau »… mais surtout par plaisir, eh oui ! Après une séance de sport, on se sent tout de suite mieux, détendue, calme, et souvent même plus optimiste. Parce que le sport n'apporte pas que des bienfaits physiques.

L'exigence de la qualité

C'est aussi une manière d'être et de vivre. C'est l'apprentissage de l'effort, de la discipline personnelle et de la persévérance. Tous les sportifs vous le diront : personne n'est spontanément doué. Par exemple, aucune danseuse étoile n'est jamais née avec des chaussons aux pieds : on n'a jamais vu un bébé faire ses premiers pas sur ses pointes ! Avant d'être vraiment gracieuse, combien d'années lui faut-il pour travailler la souplesse de son corps ? Cela vaut pour tous les sports : la volonté de devenir performante suppose de l'entraînement, de la volonté, de la patience. Autrement dit, le sport n'éduque pas seulement le corps.

C'est un jeu !

Dans le sport, il y a aussi les compétitions, avec soi-même pour améliorer son niveau et avec les autres. Mais c'est toujours dans un esprit de jeu et de plaisir : on dit de quelqu'un qu'il a un esprit sportif quand il est beau joueur et qu'il respecte les autres. Parce que le sport suppose de se soumettre à certaines règles, de respecter son partenaire et d'accepter l'action collective. D'ailleurs, c'est souvent dans une activité sportive qu'on se fait des amis et qu'on passe de bons moments. Les matchs, les randonnées, les balades en rollers sont des moments intenses de vie, d'amitié et de plaisir.

Le sport, quelle horreur !

Bien sûr, il y a celles qui ne sont absolument pas sportives. Pour lesquelles se bouger est un véritable supplice. Le cours d'éducation physique est le pire cauchemar de celles qui ne savent pas monter à la corde lisse et qui détestent les séances d'habillage et de déshabillage dans des vestiaires à l'odeur douteuse !

Encore cassé

Ou, tout simplement, le sport les ennuie ; alors elles prétendent que c'est dangereux. La preuve : les sportifs ont toujours un problème, ils passent leur temps à se casser et à se faire réparer. C'est bien connu, ils vont de foulure en entorse, de plâtre en béquilles !

Un peu… rien qu'un peu !

Si vous êtes de celles qui détestent le sport… essayez quand même, juste un peu, pour voir comme ça peut faire du bien ! Toute seule ou avec une copine, un petit jogging régulier dans les bois et, qui sait ? Vous en redemanderez peut-être. Et ça ne vous mènera pas forcément aux urgences de l'hôpital le plus proche ! L'important est de trouver votre sport, celui où vous vous sentirez à l'aise dans vos baskets. Inutile effectivement de vous acharner sur le tennis si vous êtes incapable de toucher une balle !

Ne malmenez pas votre corps !

Les accros du sport, en revanche, ne doivent pas oublier d'être prudentes et de ménager leur dos et leurs articulations : il n'y a pas de pièces de rechange. Il est vrai que certains sports sont mauvais à haute dose : une pratique assidue du step (forme d'aérobic où l'on sautille pendant des heures) provoque des fissures du tibia ou du péroné. Quand on fait beaucoup de sport, on peut être tentée de prendre des produits qui permettent d'améliorer ses performances. Danger ! Le dopage est une drogue qui nuit à la santé… et fausse le jeu.

Un investissement pour la vie

Ne vous dites pas que vous ferez du sport plus tard. Si vous n'en prenez pas l'habitude maintenant, vous n'en trouverez jamais le temps à l'âge adulte. Mais surtout, cela vaut vraiment le coup de bien muscler votre corps, vos jambes, vos fesses, votre dos, vos épaules en même temps que vous grandissez et prenez des formes plus adultes. Votre corps s'en souviendra toute votre vie et, même si vous arrêtez pendant des années, il vous sera toujours plus facile de reprendre.

Info +

Une taille de rêve

Non, le sport ne fait pas maigrir, contrairement à ce que pensent beaucoup de filles pour qui c'est son principal intérêt. Le muscle est plus lourd que la graisse. Donc, quand on fait du sport, on prend du muscle : sur la balance, on grossit… néanmoins, on paraît plus mince, parce que les muscles remplacent peu à peu la graisse. Le corps est plus sculpté, plus travaillé. Mais pour cela, il faut au moins 3 heures de sport par semaine !

Bon plan

Les abonnements dans les clubs multi-activités tournent autour de 600 € par an. Mais les municipalités proposent souvent aussi des cours de sport à des prix défiant toute concurrence avec les clubs privés. Renseignez-vous à la mairie de votre ville !

Voir aussi Complexes, Mal de dos.

Conseils

Spécial grandes sportives

Passionnée pour un sport ? Déjà performante ? Vous avez la possibilité de suivre un cursus scolaire aménagé pour permettre des entraînements fréquents. Certains collèges et lycées proposent des sections spécialisées de la 6e à la terminale :

- *Section sport-études : ces classes sont organisées au niveau régional. Pour y entrer, il faut vous adresser au rectorat de votre région, ou à la direction départementale de la Jeunesse et des Sports. Demandez conseil à votre fédération sportive.*
- *Section sportive de haut niveau : cette section n'existe qu'à partir de la 2de. L'inscription doit se faire au plus tard en janvier pour l'année suivante. Elle se limite aux sports suivants : athlétisme, basket, canoë-kayak, escrime, lutte, natation, pentathlon moderne, rugby, ski, surf, tennis, tennis de table, trampoline, volley.*

Pour connaître les établissements proposant ces sections sportives et recevoir toute la documentation, vous pouvez vous adresser au Secrétariat de la Jeunesse et des Sports, au Ministère de l'Éducation nationale ou Centre d'information et de documentation jeunesse (voir adresses en fin d'ouvrage).

SUICIDE • 182

S.O.S. Amour !

Définition
Comme dans homicide ou infanticide, le suffixe *ide* veut dire meurtre : le suicide est le fait de se donner la mort à soi-même.

S'informer
Il y a plusieurs manières de mettre sa vie en jeu. Il faut distinguer les tentatives de suicide qui sont souvent des appels au secours (mais qui peuvent malheureusement aboutir à la mort, même si ce n'était pas vraiment l'intention première), les conduites suicidaires et les comportements à risques (drogues, alcool, sports dangereux, excès de vitesse, etc.) qui peuvent aussi être des appels au secours ou des manières de ne pas vouloir décider soi-même si l'on vivra ou non.

Souffrance sans voix

Dans tous les cas, c'est la manifestation d'une grande souffrance intérieure qui peut avoir des tas de raisons mêlées : fragilité et solitude, échec sentimental, scolaire ou professionnel, conflit avec sa famille, chômage et détresse sociale. À un moment donné, on ne se sent plus capable de faire face, sans pour autant savoir appeler à l'aide de manière assez claire.

Info +
Chaque année en France, 12 000 personnes se suicident. Chez les 15-24 ans, c'est la deuxième cause de mortalité après les accidents de la route.
On compte environ 160 000 tentatives de suicide par an ; 3,7 % des jeunes de 15-19 ans ont déjà fait une tentative dans leur vie (2,1 % des garçons et 5,4 % des filles).
La moitié de ceux qui ont fait une tentative recommencent dans l'année qui suit.

Comprendre
On ne peut jamais vraiment comprendre un suicide ; c'est précisément ce qui est terrible pour ceux qui restent, et qui se sentent forcément coupables de n'avoir pas pu l'empêcher.
Il peut bien sûr y avoir un motif précis, un événement qui déclenche le drame : chagrin d'amour, difficultés familiales, perte d'un proche, sentiment d'échec qui fait que la vie paraît soudain invivable.
On ne se sent plus le goût ni la force de continuer.
L'espérance et les désirs sont morts, laissant derrière eux le sentiment que plus rien n'a de sens.

Feu de détresse

Souvent, une personne qui se suicide ne recherche pas tant la mort que la fin de ses souffrances ou le moyen d'interpeller ses proches, de leur demander de l'aide ou même paradoxalement d'exister, parce qu'elle se sent trop seule, pas assez reconnue, transparente. Ce peut être aussi parce qu'elle ne s'aime pas, qu'elle ne se reconnaît aucune valeur, pas même le droit de vivre.

Démission de la vie

Mais au fond, le suicide reste toujours un mystère, et celui qui s'en va emporte son secret avec lui. On voit des gens rencontrer les pires difficultés, vivre les pires souffrances, et tenir le choc ; et d'autres décider de s'arrêter en route, sans qu'on puisse savoir pourquoi.

Tragédie et culpabilité

Quand cela arrive à une personne de son lycée, de sa classe, c'est un coup de tonnerre qui met tout le monde KO. On n'y croit pas parce qu'on n'avait jamais imaginé une chose pareille ; on connaissait le garçon ou la fille et on a du mal à se dire qu'on ne le reverra plus. On se met à sa place et on essaie de savoir pourquoi il a fait ce geste. Il peut arriver que certains soient étrangement fascinés par ce « courage » d'avoir osé affronter la mort, cela les met mal à l'aise. Ses copains comme ses profs (sans parler de sa famille) s'interrogent parce qu'ils n'ont rien vu venir, se demandent ce qu'ils ont fait ou pas fait, ce qu'ils auraient dû faire. Rien à faire pourtant que pleurer (et il ne faut pas hésiter à se laisser aller à son chagrin, ou même à sa colère), à en parler et à se faire aider si cela est trop difficile.

Il n'y a jamais d'impasse

L'adolescence est une période de grande fragilité où l'on se sent souvent seule et incapable de se faire comprendre. On peut être tentée d'en finir avec ce malaise. Mais il ne faut pas s'enfoncer dans le désespoir. Il y a toujours une solution meilleure que la mort. En cas de difficulté, il faut appeler au secours. Parce que rien n'est insurmontable : ni un chagrin d'amour, ni un deuil, ni des difficultés familiales ou scolaires. Souvent, paradoxalement, un suicide procède d'une formidable envie de vivre, mais de vivre une autre vie, meilleure, plus belle, où l'on aurait sa place, où l'on serait aimée, reconnue. C'est pour cela qu'il faut se faire aider à temps et prendre les moyens de trouver cette vie-là, autrement qu'en se donnant la mort.

Info +

Les différents « psy » à consulter en cas de problème

- Le psychiatre est un médecin spécialiste, formé pour traiter ses patients par l'écoute et par la prescription de médicaments. Ses consultations sont prises en charge par la Sécurité sociale.
En plus de ses études de médecine, il peut avoir suivi des études de psychologie et/ou une formation à la psychanalyse.
- Le psychologue n'est pas médecin. Il a fait des études de psychologie (DEA ou DESS). Il pratique des tests pour aider à définir la personnalité ou les capacités de son patient, et peut aussi traiter les souffrances psychologiques.
- Le psychanalyste est un médecin ou un psychologue qui a suivi une formation à la psychanalyse, comprenant une psychanalyse personnelle et une formation à l'analyse des patients. Toutefois, la psychanalyse est un traitement « réservé » aux adultes : il est extrêmement rare qu'une adolescente suive une psychanalyse.
- Le psychothérapeute propose un traitement, une aide psychologique. Il peut être psychologue, psychiatre ou psychanalyste, avoir ou non une formation suffisante. Il n'y a pas de titre reconnu de psychothérapeute : il faut donc être prudente et se renseigner avant de consulter une personne qui affiche ce seul titre.

Voir aussi Deuil, Mort.

Conseils

Elle ne joue pas la comédie !

Si une copine vous dit clairement qu'elle pense au suicide. Si elle émet des insinuations un peu spectaculaires du genre : « Je sais que je suis un poids pour tout le monde, bientôt vous serez débarrassés de moi. » Si elle s'intéresse aux somnifères, aux armes. Si elle vous donne subitement des objets qui lui sont chers… et ainsi de suite, ne croyez pas qu'elle bluffe pour faire l'intéressante. Peut-être a-t-elle vraiment des idées de mort qui lui trottent dans la tête. Peut-être est-ce juste une sonnette d'alarme : sans vouloir se tuer, elle vous dit ainsi qu'elle a mal. N'importe : quand on entend une sonnette d'alarme, on doit réagir au quart de tour. Parlez-en le plus rapidement possible à un adulte que vous connaissez bien et qui a sa confiance.

Je ne suis pas susceptible ! ! !

Définition

Si on traduit littéralement le mot latin d'où vient susceptible, on obtient « celui qui prend les choses par-dessous ». Ce qui peut vouloir dire deux choses : d'abord celui qui prend mal les choses, voire qui prend tout de travers ; mais aussi celui qui ne sait pas prendre de la hauteur et qui prend tout au premier degré. En gros, être susceptible, c'est se vexer facilement pour pas grand-chose, voire pour rien.

S'informer

Quand on est susceptible, on ne supporte pas bien la critique. C'est une question de nature : il y a des gens plus susceptibles que d'autres, comme s'ils étaient plus fragiles ou ne savaient pas se protéger.

Sympa !

C'est aussi une question d'âge. Beaucoup de jeunes ont une susceptibilité à fleur de peau. Vous-même, vous supportez peut-être assez mal que les gens se moquent de vous, vous critiquent ou vous fassent des remarques. Si votre grand-mère vous dit qu'il y avait des fautes d'orthographe dans votre dernière lettre, vous êtes vexée au point de ruminer dans votre coin et de vous dire que vous ne lui écrirez plus jamais. Si votre père répond simplement : « Tout à l'heure ! » quand vous le dérangez dans la lecture de son journal, vous pensez qu'il se fiche de ce que vous avez à lui dire. Si vous raisonnez ainsi, vous voyez des agressions partout et vous êtes terriblement offensée par ce que vous imaginez être des marques de mépris. C'est cela, la susceptibilité.

Comprendre

Être susceptible à votre âge, c'est normal. Vous avez quitté le monde protégé de l'enfance. Vous découvrez un monde qui n'est pas toujours tendre, loin de là. Les gens sont bourrés d'exigences, certains sont dotés de redoutables langues de vipères, les critiques fusent, les attaques verbales vont bon train… Pas étonnant que vous vous sentiez vulnérable à votre tour, étant donné l'incroyable capacité des gens à casser du sucre sur le dos des autres, sans épargner personne, même leurs « meilleurs amis » !

Ces doutes qui déstabilisent

En plus, il y a les doutes que vous pouvez éprouver en cette période de grandes transformations. Vous n'êtes pas toujours sûre d'être aimée ni d'être aimable, vous avez peur de vous tromper, vous ne vous comprenez pas toujours très bien vous-même, vous vous sentez sans protection… et vous devez pourtant inventer la suite de votre histoire.

Je voudrais être tellement mieux !

En même temps, vous avez une haute idée de ce que vous devez être, vous voudriez faire de grandes choses et aimeriez que votre valeur soit reconnue. Alors, quand vous avez l'impression de ne pas être prise au sérieux ou respectée, vous pensez forcément que ces objectifs sont loin d'être atteints ! Du coup, blessée, vous répliquez violemment à des agressions qui n'en étaient pas, vous n'arrivez pas à vous faire comprendre, vous prenez la mouche pour un rien et vous récoltez les moqueries (souvent gentilles d'ailleurs) des adultes qui soupirent : « Ne sois pas si susceptible ! »

L'arme infaillible

Si vous êtes de celles qui réagissent ainsi, essayez de remédier au problème avec l'arme infaillible par excellence, l'humour. C'est un trésor : quand on réussit à rire de soi ou de ce qui nous arrive, on est sauvée. On se met hors de portée des moqueries des autres, puisqu'on se moque de soi-même. Mais il est vrai que cela demande une capacité à prendre du recul qui n'est pas forcément spontanée. Patience : elle devient de plus en plus naturelle avec le temps !

Voir aussi Âge ingrat, Bouder, Critiques, Humour, Ragots.

Bons plans

• Ne réagissez pas au quart de tour : quand quelqu'un vous parle, ce n'est pas forcément pour vous agresser… c'est peut-être même quelqu'un de bien intentionné qui essaie de vous dire quelque chose gentiment. Ce serait dommage de vous fâcher et de l'envoyer promener !

• N'attachez pas trop d'importance à ce que les gens disent de vous, c'est souvent tellement contradictoire et superficiel ! Pour répondre aux moqueries, le mieux est encore… de s'en moquer.

• Ne tombez pas non plus dans la paranoïa. Quand les gens rient, ce n'est pas forcément de vous. Si deux copines sont en train de se parler à l'oreille, ce n'est pas parce qu'elles disent des horreurs sur votre compte. Si votre amie a oublié de vous dire que la bande se retrouve au café après le cours, ce n'est pas fait exprès pour que vous ne veniez pas. Quand on vous dit que vous êtes susceptible, ce n'est pas un reproche, ce n'est pas non plus pour vous blesser… c'est de la compassion devant un trait de caractère qui fait plus souffrir la personne en question que son entourage.

TABAC • 184

Teint gris, dents jaunes et cancer du poumon...

Définition

Importé d'Amérique par Christophe Colomb, le tabac est une plante de la famille des solanacées (comme la pomme de terre, la tomate et le pétunia), cultivée pour ses feuilles. En France, on a commencé par le « priser » (on le reniflait), le chiquer (on le mâchait) ou le fumer dans une pipe. Les cigarettes ne sont apparues qu'au XIXe siècle.

S'informer

La cigarette contient plusieurs substances. Arsenic, ammoniac, acétone et aussi nicotine, goudron et monoxyde de carbone, qui sont encore plus dangereuses. Le monoxyde de carbone est un gaz particulièrement toxique qui prend la place de l'oxygène dans l'organisme. Il est donc très mauvais pour le cœur et les poumons et génère des maladies cardio-vasculaires. Le goudron, lui, est responsable des cancers : il crée des tumeurs sur le trajet de la fumée (bouche, œsophage, poumons) mais aussi à distance (vessie et, pour les femmes, col de l'utérus).

Nicotine : adieu l'indépendance !

Il s'agit de la substance la plus nocive : non contente d'accélérer le rythme cardiaque, de rétrécir les petits vaisseaux sanguins et donc de provoquer des maladies cardio-vasculaires ou de l'hypertension, elle crée une dépendance et une accoutumance. Il devient de plus en plus difficile de s'en priver, on passe de 3 cigarettes par jour à 10 puis à 20, sans même s'en rendre compte !

Quand le corps réclame sa dose

La dépendance liée au tabac est à la fois physique et psychologique. Un fumeur privé de sa dose de nicotine devient irritable, nerveux, se sent mal, a des difficultés de concentration ; il est en « manque ». De plus, psychologiquement, il a besoin du plaisir, de la détente que lui procure sa cigarette.

Filles : danger spécial

Pour les filles, le tabac est particulièrement toxique. Il peut rendre les règles plus douloureuses et irrégulières, diminuer la fertilité. Il provoque des cancers de l'utérus. L'association tabac-pilule contraceptive est vivement déconseillée, car elle favorise la formation de caillots de

70 000 décès par an sont dus aux maladies provoquées par le tabac, la plus meurtrière étant le cancer du poumon. En moyenne, on commence à fumer vers 13 ans (les filles plus tôt que les garçons). À 19 ans, la moitié des jeunes fument. Les jeunes Français fument plus que la moyenne des jeunes Européens. Sources : Les années Collège, enquête santé HBSC 1998. Le baromètre santé jeunes 1997-1998. Enquête ESPAD 1999.

sang et multiplie les risques d'accidents cardio-vasculaires. Quand on est enceinte, fumer fait courir des risques graves au bébé qui peut naître trop tôt, être plus fragile, et souffrir d'insuffisances respiratoires. Enfin, sachez que le tabac s'attaque aussi à votre beauté ! Quand on fume, la peau et les cheveux deviennent ternes, les rides apparaissent plus vite, les dents jaunissent, et on dégage une odeur de tabac froid peu attirante. Quant à l'haleine d'une fumeuse, n'en parlons pas !

Info +

Dans le monde, le tabac tue une personne toutes les 10 secondes. En France,

Comprendre

On fume souvent sa première cigarette dans une soirée ou à la sortie des cours. On essaie pour voir, par curiosité… et on ne trouve pas ça forcément bon ! Puis vient la deuxième, pour faire comme les autres, appartenir au groupe. C'est sympa, la cigarette entre copains, à la pause entre deux cours, au café, en soirée ! Même si, petite, on n'aimait pas la fumée ni l'odeur du tabac, on n'ose pas trop se distinguer aujourd'hui. On se sent « grande », adulte, libre. Fumer donne une contenance, du courage pour aborder les autres. Alors, de cigarette en cigarette, on s'habitue. Pire, on ne peut bientôt plus s'en passer, même si on sait très bien que le tabac met la santé en danger.

Ne commencez pas !

C'est pourtant un piège qui a vite fait de se refermer sur l'apprenti fumeur. Les statistiques le disent : la moitié environ de ceux qui essaient la cigarette deviennent des fumeurs réguliers en un an. Ceux qui osent ne pas fumer sont donc gagnants. Alors, ne vous laissez pas entraîner par les copains : vous n'avez pas besoin de la cigarette pour devenir adulte, ni pour vous faire respecter. Au contraire, une fille qui ne fume pas étonne. Les autres vont s'interroger. Peut-être même que vous leur ferez envie… et que vous leur donnerez l'idée de s'arrêter.

Trop tard ?

Vous avez commencé ? Eh bien non, il n'est pas trop tard pour vous arrêter ! La première chose pour y parvenir est de le décider. Ensuite, tout dépend de votre niveau de dépendance. Contre la dépendance physique, il existe des médicaments : parlez-en à votre médecin. Mais le plus difficile est de vaincre la dépendance psychologique.

À vos marques, prête, stop !
Pour cela, il faut se préparer. Choisissez une date propice (pas en pleine révision du bac !). Trouvez une copine qui veut aussi s'arrêter : à deux, on se stimule.
Et pensez à tous les plaisirs que vous allez retrouver. Mieux sentir le goût des aliments et les bonnes odeurs. Retrouver du souffle. Faire des économies !

Je ne veux pas grossir
Quand on fume, on est souvent un peu en dessous de son poids d'équilibre. Vous avez donc toutes les chances de prendre 2 ou 3 kg en arrêtant, mais pas plus si vous faites attention... et un peu plus de sport. Si vous avez vraiment peur de trop grossir, parlez-en à votre médecin. De toute façon, mieux vaut vivre avec 2 kg de plus que de mourir du cancer, non ?

Savoir-vivre

En France, depuis 1991, la loi Evin interdit entre autres de fumer dans les lieux publics, établissements scolaires, transports, gares, hôpitaux, etc. Elle demande aux restaurants de prévoir des emplacements non-fumeurs. Pourquoi ? Parce qu'un fumeur fait fumer ceux qui l'entourent même sans leur offrir de cigarettes ; on appelle cela du tabagisme passif. Le fumeur passif absorbe la fumée et « profite » d'une partie des substances toxiques. Vivre près d'un fumeur revient à fumer soi-même plusieurs cigarettes par jour. La moindre des courtoisies, si vous êtes fumeuse, c'est de demander une autorisation à vos voisins avant de leur infliger votre fumée, même si vous êtes chez vous. De préférence avant d'avoir la cigarette aux lèvres et le briquet à la main : sinon, cela s'appelle les mettre devant le fait accompli !

Mauvais plans

- « Demain, j'arrête. » Il vaut mieux fixer une vraie date ! À force d'atermoyer, votre décision va s'étioler. Pourquoi ne pas décider d'arrêter... aujourd'hui ?
- « Je contrôle parfaitement ma consommation. » Aujourd'hui peut-être, mais demain ? La cigarette est une drogue : vous aurez vite fait de devenir dépendante.
- « J'ai arrêté, mais je m'autorise une cigarette. » Autant dire que vous acceptez la rechute. Une ancienne fumeuse n'en a jamais vraiment fini avec la cigarette, un peu comme un ancien alcoolique avec l'alcool. Souvenez-vous du mal que vous avez eu à arrêter. Ce serait si bête de gâcher tant d'efforts !

Voir aussi Alcool, Drogue.

Vrai/faux

Fumer des blondes ou des *lights* est moins dangereux :
Faux. On en fume plus pour avoir autant de nicotine et on absorbe la même dose de goudron. De plus, les lights peuvent entraîner des affections particulières à la périphérie du poumon, car on inhale plus profondément la fumée.

Fumer moins de 3 cigarettes par jour ne crée pas de dépendance.
Faux. La dépendance ne dépend pas du nombre de cigarettes fumées.

Il y a des personnes qui ne pourront jamais arrêter de fumer.
Faux. Même si beaucoup d'anciens fumeurs craquent et reprennent la cigarette, même s'il faut souvent s'y reprendre à plusieurs fois avant d'arrêter définitivement, chaque rechute augmente les chances de réussite de la tentative suivante !

Arrêter de fumer redonne du goût.
Vrai. Aux aliments... et à la vie. Pour le prix de 3 paquets, vous vous offrez le cinéma (et le pop corn !). Pour 5 paquets, un CD. Pour une cartouche, un petit haut sympa. Faites le compte de ce que vous pourriez vous offrir au bout d'un an !

185 • TAILLE

Tu mesures combien ?

S'informer

La croissance commence dès la conception et, jusqu'à la naissance, elle est très rapide. Elle se poursuit régulièrement durant l'enfance et ralentit juste avant la puberté. Après ce répit, tout s'emballe à un rythme effréné !

Presque à vue d'œil !

Pendant la puberté, une fille peut grandir de 7 cm par an, avec un pic de croissance qui précède de peu l'arrivée des règles. Elle peut ensuite grandir encore un peu, mais pas dans les mêmes proportions. En moins de 5 ans, elle peut gagner plus de 20 cm. Les garçons s'y prennent un peu plus tard que les filles, mais leur croissance dure généralement plus longtemps, et les mène plus loin. Enfin, plus haut !

Celle qui vous pousse vers le haut

Comme pour beaucoup de transformations physiques, la responsable de votre croissance est une hormone, appelée tout simplement l'hormone de croissance. Elle est produite par une glande située à la base du cerveau, l'hypophyse. Le foie aussi stimule la croissance, ainsi que d'autres hormones produites par la glande thyroïde : l'œstradiol pour les filles et la testostérone pour les garçons.

Question de famille

Certaines personnes grandissent plus que d'autres. La croissance dépend en effet de la quantité d'hormone de croissance que notre corps peut produire, et celle-ci est programmée dans nos gènes. C'est ainsi que la taille est généralement héréditaire : il y a des familles de grands et des familles de petits.

Mange ta soupe !

Comme l'hormone de croissance est produite en grande quantité la nuit, on raconte qu'on grandit en dormant. Mais il ne suffit pas de dormir pour grandir, ni même de bien manger sa soupe !

Nos arrière-petits-parents

Cependant, il est vrai que l'alimentation est

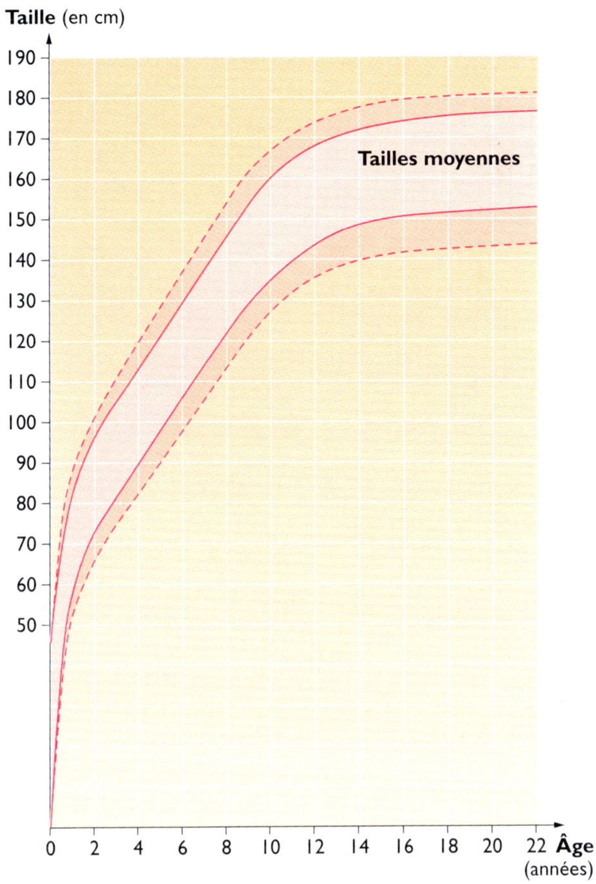

essentielle. Notre ancêtre préhistorique, Lucy, dont on a retrouvé des os, ne mesurait que 1,20 m à 20 ans. Eh oui, c'est l'aïeule des mannequins actuels qui mesurent plus de 1,75 m ! Grâce à l'amélioration des conditions de vie et surtout de l'alimentation, plus riche en viande, fruits, légumes et produits laitiers, les hommes n'ont cessé de grandir au cours de l'histoire de l'humanité. Le phénomène s'est accéléré pour les jeunes Occidentaux bien nourris depuis les 50 dernières années. Aujourd'hui, les jeunes générations dépassent leurs parents. Vous les filles, vous êtes de plus en plus grandes !

Info +

- Le plus grand homme de tous les temps, l'Américain Robert Pershing Waldon, mesurait 2,72 m.
- Le plus grand homme actuellement vivant est un Tunisien, Radhouane Charbib : il mesure 2,35 m et pèse 166 kg.
- Le plus grand Français est un joueur de basket, Jean-Marie Hamel, qui mesure 2,20 m.
- La plus grande Française, Rose-Marie Sheffler, mesure 2,02 m et joue également au basket.

Source : Le Livre Guiness des records 2000.

Comprendre

À votre âge, on s'attend à grandir vite, et parfois la croissance tarde. Ou au contraire on s'affole, parce qu'en classe on a l'impression d'être une géante en visite au pays des nains ! Mais le rythme de croissance est très variable. Pas d'inquiétude : vous pouvez compter parmi les minus de votre classe et rattraper tout le monde l'année prochaine. De même, méfiez-vous avant de traiter un garçon de nabot : il pourrait bien vous regarder bientôt de très haut, et d'un œil moqueur !

Taille de mannequin

Y a-t-il une taille idéale ? Non : toutes ont des défauts, mais surtout des avantages ! Grande, on a tendance à se voûter pour se mettre à la portée des autres, on ne sait pas toujours quoi faire de ses bras et de ses jambes, on n'aime pas forcément ses grands pieds… et on fait un peu peur aux garçons qui n'ont pas encore eu le temps de grandir. Pourtant, si vous êtes grande, les copines vous envient parce que vous faites plus « femme », parce que vous êtes plus à l'abri des problèmes de poids, et que tous les vêtements vous vont bien.

Tout ce qui est petit est joli !

Si vous restez petite, vous avez le sentiment de faire « bébé » ; en prenant de la poitrine et des hanches, vous vous sentez du genre « pot-à-tabac » ; vous avez des torticolis à force de parler aux grands ; il faut faire des ourlets chaque fois que vous achetez une jupe… et vous ne serez jamais mannequin, à moins que la mode s'inverse ! Mais les garçons vous trouvent beaucoup plus de charme que les filles qui les dépassent d'une tête. Et vous pouvez être fière de vos jolis petits pieds et de vos petites mains.

La bonne taille, c'est quoi ?

Il n'y a donc rien à regretter au sujet de votre taille, aucun complexe à avoir. L'essentiel est de savoir la mettre en valeur. Pour le reste, comme disait Coluche, la bonne taille, c'est quand on a les pieds qui touchent par terre !

Conseil

Je ne grandis pas !

Si vraiment vous êtes inquiète, vous pouvez faire une radio du poignet et du coude, qui permet de déterminer ce qu'on appelle « l'âge osseux », le stade de la croissance, et même de pronostiquer la taille définitive. Le médecin pourra ainsi déceler d'éventuelles anomalies. Lorsqu'elles sont décelées tôt, elles peuvent être bien traitées.

Voir aussi Poids, Puberté.

Bons plans

S'habiller en fonction de sa taille

• Petite, vous devez donner l'impression d'une longue silhouette, en évitant tout ce qui la « coupe » : pas de pantalons courts ou de jupes trop longues, pas de foulards sur la tête. Mais à vous les minijupes et tous les vêtements cintrés. Quant aux talons, prenez-les raisonnables : trop grands, vous auriez l'air d'être perchée sur des échasses.

• Les grandes ont la chance de pouvoir presque tout porter. Évitez cependant les grands vêtements vagues et aussi les jupes trop courtes qui découvriront des jambes sans fin et peut-être un peu maigres.

186 • TALONS

Hauts talons, pitié pour les garçons !

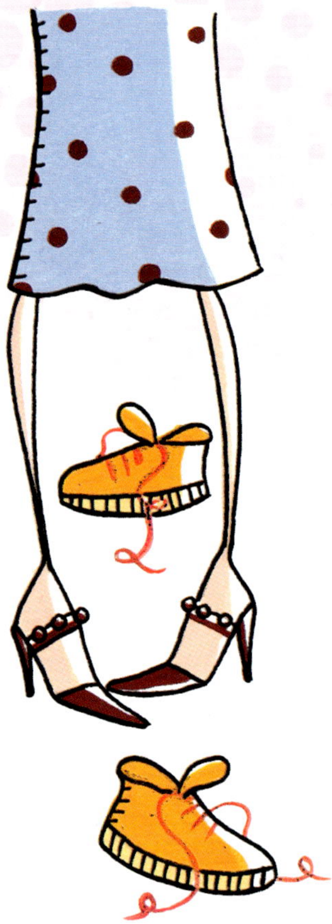

S'informer

Suivant les époques, ils sont hauts, bas, compensés, débordants, aiguilles ou bobine : les talons, c'est une question de mode. L'engouement des femmes pour eux ne date pas d'hier : dans l'Antiquité, en Mésopotamie et en Crète, elles portaient déjà des sandales à talons.

Quand les talons font fureur à la cour

En Europe, c'est au XVIe siècle qu'apparurent les chaussures à talons hauts avec une semelle cambrée. Plus tard, Louis XIV en encouragea la mode, même chez les hommes ; il en portait lui-même, pour compenser sa petite taille. Pour les dames de la noblesse, la mode était aux talons très hauts et très fins ; les femmes du peuple se contentaient très souvent de sabots de bois, parce qu'elles travaillaient et marchaient davantage ! C'est la Révolution française qui remit les talons plats à l'honneur, même chez les femmes riches.

Look sportif ou élégant

Pour compléter le panorama historique des talons, on peut ajouter qu'au début du XXe siècle, les femmes portaient des bottines à hauts talons. Les talons aiguilles sont apparus dans les années 1950. Puis on s'est mis à porter dans la vie de tous les jours des chaussures destinées d'abord uniquement à la pratique d'un sport, tennis ou basket. Du coup, les talons sont moins présents dans le paysage, sauf lorsqu'on veut être un peu élégante. Vos grandes sœurs ont sans doute connu les semelles compensées… qui rappellent à vos grands-mères les semelles de bois qu'on fabriquait pendant la guerre, faute de cuir !

Comprendre

Pourquoi porte-t-on des talons hauts ? Pour avoir une jolie démarche, une allure plus cambrée, pour mettre en valeur sa silhouette, le galbe de son mollet ou la finesse de ses pieds. Et quelquefois pour paraître plus grande. Même si, à votre âge, les talons posent un réel problème de ce point de vue-là. Vous êtes souvent plus grande que les garçons, dont la croissance est plus tardive : alors, juchée sur des talons hauts, vous pouvez avoir l'impression de parler à des nains !

Quand je serai grande…

Les talons hauts, c'est le rêve de toutes les petites filles.

Qui d'entre vous ne se souvient pas d'avoir essayé en cachette les talons hauts de sa mère, en se maquillant pour poser fièrement devant la glace ? Pour une petite fille, les talons sont le signe de la féminité et de l'élégance ; ils symbolisent le rêve de grandir et de devenir une vraie femme.

Ouh ! Ça fait drôle !

Et puis, en grandissant, beaucoup découvrent que, tout compte fait, les chaussures plates ont du bon ! Il est vrai que porter des talons est une élégance qui s'apprend, qui va avec une autre manière de se tenir, de bouger, de s'habiller, et surtout de marcher. Il ne faut pas courir, et tant pis pour le bus qui s'éloigne inexorablement. Ni poser le pied de la même façon qu'avec des chaussures plates, sinon les chevilles ont vite fait de hurler leur douleur !

Les talons par la fenêtre

De même, lorsqu'on sort en ville, mieux vaut éviter les rues pavées ou au goudron incertain, sous peine d'y laisser ses talons. Bref, quelques précautions s'imposent. Elles vous donnent au début une démarche assez peu spontanée, l'impression de marcher sur des œufs, et la sensation d'avoir une chose étrange collée sous vos chaussures. Il y a de quoi décourager les impatientes et les faire descendre à tout jamais de ce piédestal gênant pour retourner à leurs chères baskets !

Du simple au fantasque

Celles qui parviennent à s'y faire découvrent le plaisir de pouvoir porter toutes les chaussures, des plus classiques aux plus excentriques, d'assortir la hauteur et la forme des talons à leur tenue… et à leur humeur. Gare cependant au budget, car les chaussures peuvent devenir une vraie passion. Sachez que les talons, aiguilles ou non, ont la capacité maléfique de percer le cuir de votre portefeuille et d'y provoquer une fuite grave. Eh oui !

Talons et baskets, variez les plaisirs !

La pratique à haute dose des talons n'est pas sans risques. On peut se tordre les chevilles, se déformer la voûte plantaire et les orteils de façon définitive (quand on en porte tous les jours de très hauts) ou tout simplement se faire mal au dos parce qu'on prend l'habitude d'être trop cambrée. Reste que c'est un vrai plaisir d'avoir une jolie paire de talons hauts pour s'habiller, pour aller en soirée. Même si les baskets avec une jolie robe peuvent aussi être très mode !

Bons plans

• Pour vos premiers pas en talons, entraînez-vous un peu chez vous avant de sortir.

• Pour une soirée ou une fête, pensez à emporter une paire de chaussures plates pour vous changer au cas où vous auriez mal aux pieds.

• Si vous mesurez 1,70 m ou plus, pensez aux petits talons pour ne pas effrayer les garçons !

• Au-delà de 6 cm, il faut être mannequin de haute couture pour ne pas risquer le mauvais genre.

187 • TATOUAGE

Pourquoi taguer son corps ?

S'informer

La pratique du tatouage ne date pas d'aujourd'hui : les premiers tatouages connus remontent à plus de 2000 ans avant Jésus-Christ, chez les Égyptiens. Mais c'est plus tard, chez les Polynésiens, qu'on voit apparaître les motifs les plus sophistiqués. Le verbe « tatouer » vient d'ailleurs d'un mot tahitien, *tatoo*, qui signifie « blesser ». À l'origine, le tatouage s'effectuait avec une aiguille trempée dans une substance colorée qu'on instillait sous la peau. Il y avait aussi des tatouages par brûlures et par scarification (incisions superficielles).

Un talisman dans la chair

Le tatouage traditionnel revêtait diverses significations. Il pouvait avoir un sens religieux ou magique : il était censé écarter les forces du mal ou les mauvais esprits. Il protégeait contre les maladies ou la mort, ou même contre les attaques des animaux qu'il représentait (crocodiles, serpents, etc.) Il avait aussi parfois une signification sociale : il identifiait l'individu à une tribu, ou marquait une grande étape de sa vie (puberté, mariage, maternité, deuil, etc.)

Simple déco

En général, il était davantage pratiqué sur les hommes que sur les femmes, et à l'origine, il était réservé aux nobles et aux plus hautes castes. Plus tard, il est devenu un simple élément décoratif ou le signe d'une appartenance à une corporation. Certains marins et militaires arboraient fièrement de magnifiques tatouages résolument tape-à-l'œil et d'un goût assez douteux !

Vieux baroudeurs et jeunes filles délicates

C'est ainsi qu'il a acquis une mauvaise réputation, celle des aventuriers ou des loubards qui exhibaient des poitrines et des biceps bariolés. Il est revenu à la mode ces dernières années, sous la forme beaucoup plus discrète de petits motifs que les filles portent sur l'épaule, la cheville ou sur des parties moins visibles du corps.

Comprendre

Le tatouage est bien autre chose que le maquillage parce qu'il est indélébile. Il y a bien aujourd'hui des techniques qui l'atténuent ou le décolorent, mais elles laissent des cicatrices.

Arabesques douloureuses

En plus, c'est une pratique qui fait souffrir, alors pourquoi se faire tatouer ? C'est à la mode, peut-être ; mais on n'est pas obligée de suivre toutes les modes, on peut même choisir de s'en distinguer ! Est-ce qu'il s'agit de marquer son corps pour se souvenir d'un événement, d'une personne, pour consacrer un attachement ineffaçable ? Est-ce parce qu'on rêve d'un signe corporel immuable, pour conjurer la transformation que le corps va subir tout au long de la vie ?

J'ai du cran, moi, Monsieur !

Est-ce pour se faire remarquer et s'affirmer par le caractère provocateur du tatouage ? Pour crâner en montrant qu'on a du courage face à la douleur ? Est-ce simplement pour se faire belle de manière originale, parce qu'un tatouage souligne une jolie épaule, une cheville fine, la grâce d'un poignet ?

Le corps, une ardoise ?

Il vaut mieux réfléchir sérieusement à ses motivations, au sens que peut avoir le fait de « taguer » son corps. Est-ce une façon de l'exhiber, de le cacher, de l'idolâtrer, de le mépriser ? N'est-ce pas une manière de le traiter comme un simple objet au service de ses caprices… au risque d'inciter les autres à le considérer de la même façon ?

Euh… Une erreur de jeunesse, mon amour !

Reste à tenir compte du fait qu'on peut regretter le motif lorsqu'il ne sera plus à la mode ou qu'on aura changé. Une bonne raison d'éviter les tatouages, surtout s'ils sont grands ou inscrits sur les parties visibles du corps.

Voir aussi Piercing.

Bons plans

Sachez que pour un vrai tatouage, il faut compter 3 semaines minimum de cicatrisation, pendant lesquelles on doit porter un pansement et éviter l'exposition au soleil et à l'eau de mer. Alors, si c'est juste pour vous faire belle en vue des prochaines vacances, pensez aux faux tatouages, décalcomanies et autres… qui s'effacent quand on s'en lasse !

188 • TÉLÉPHONE

Zoé ! ! ! Téléphoooone !

S'informer

Depuis 1876, date de son invention, le téléphone a beaucoup changé. Plus besoin d'actionner une manivelle ni de passer par une opératrice, plus de risque de vous prendre les pieds dans le fil en arpentant la pièce pendant votre conversation : même quand il s'agit d'une ligne fixe, le téléphone peut se passer de fil et permet de joindre instantanément un interlocuteur, même à l'autre bout de la planète.

Un pour tous
Mais, dans une famille, il reste un outil unique (sauf si vos parents, lassés ou lucides, ont fait installer une seconde ligne pour les enfants) qui doit permettre à tout le monde de recevoir et de donner des appels et aussi, dans les familles qui y ont accès, de se connecter à Internet.

Aussi vite que l'éclair
Le téléphone est d'abord un moyen d'échanger des informations. Il est doté aujourd'hui de nombreux services destinés à perfectionner cet usage fonctionnel : double appel, rappel automatique, recherche de l'identité de celui dont on a manqué l'appel, etc. Bref, un téléphone utile et efficace est un téléphone qu'on raccroche aussi rapidement qu'on l'a décroché.

J'ai passé 3 h au téléphone avec...
Mais on a pris l'habitude (et les femmes sont généralement désignées comme les premières coupables) de l'utiliser tout autrement : comme moyen de passer un moment avec celui ou celle qui est loin, de se distraire, ou de partager ses états d'âmes et ses secrets. Pour cet usage-là, il faut dire que les filles sont imbattables.

Êtes-vous une vraie fille ?
Si vous n'avez jamais appelé vos copines dès le retour de l'école alors que vous veniez de les quitter, si vous n'avez jamais passé une soirée assise par terre dans votre chambre au téléphone avec votre meilleure amie, si vous ne vous enfermez jamais dans la salle de bains avec le combiné, si vous téléphonez uniquement lorsque vous avez vraiment quelque chose à dire, interrogez-vous sérieusement : êtes-vous une vraie fille ? Oui, bien sûr, c'est une blague ; mais vous êtes quand même un modèle de fille rarissime !

Comprendre

Le téléphone est un objet magique ; à votre âge, vous en goûtez toutes les ressources. Il permet de s'évader de la maison tout en faisant semblant d'y être, de confier des secrets aux copines sans craindre leur regard, de parler pour ne rien dire, de passer un bon moment quand on s'ennuie, de se faire aider pour l'exercice de maths infaisable, et surtout de pouvoir joindre à tout moment les copines, quand on veut sortir ou

organiser quelque chose, quand on ne peut pas s'endormir et que le film à la télé est trop nul, quand on est triste et que les parents ne comprennent rien, quand on a envie de rêver une autre vie… bref dans tous les moments importants ou difficiles.

Pomme de discorde

Le problème, c'est que le téléphone peut devenir un sujet qui fâche, si vous vous l'appropriez en exclusivité. Votre frère réclame fermement de pouvoir se connecter à Internet, votre mère tempête qu'elle aimerait savoir ce que vous pouvez bien raconter à vos amies pendant tout ce temps (qui sait, elle a peut-être aussi une copine à appeler), votre père brandit avec colère la note de téléphone, votre grande sœur voudrait bien téléphoner aussi… ou disposer de la salle de bains qui vous sert de cabine téléphonique. Bref, vous reconnaîtrez sans peine qu'il y a là matière à conflit !

OK, compris, je raccroche !

Autrement dit, il faut essayer de tenir compte un peu des autres dans votre utilisation du téléphone, si vous voulez éviter d'être sans cesse en bagarre avec toute la famille. Limiter par exemple la durée de vos confidences téléphoniques. Éviter les heures des repas et celles de la toilette (si vous êtes de celles qui monopolisent la salle de bains pour être au calme).

Facture salée…

Il est bon de savoir mettre fin à une communication lorsqu'on vous réclame la ligne, et de reconnaître que vous n'êtes sans doute pas la seule à avoir un besoin urgent de téléphoner. Sans oublier qu'une communication téléphonique a un coût, et qu'une consommation immodérée pourrait conduire vos parents à prélever un impôt sur votre argent de poche !

Savoir-vivre

- Il y a des heures décentes pour téléphoner : pas avant 9 h et pas après 22 h.
- Éviter aussi les heures approximatives des repas.
- Quand on appelle, on se présente en demandant pardon de déranger. Si on ne tombe pas directement sur l'interlocuteur désiré, on demande poliment à lui parler.
- Quand la personne est absente, on demande poliment si on peut laisser un message.
- À quelqu'un qui propose spontanément de prendre un message, on ne répond pas : « C'est personnel. » On peut simplement demander à être rappelée.
- Quand on reçoit un appel qui n'est pas pour soi (pour sa sœur par exemple) et que la personne ne se présente pas, on a la délicatesse de ne pas le lui demander et d'aller chercher sa sœur : c'est elle que cela regarde ! Si elle n'est pas là, on propose de prendre un message.
- Quand la communication est coupée, c'est la personne qui a appelé qui doit rappeler.
- Chez ses grands-parents, ou dans la famille d'une amie, on demande l'autorisation avant d'utiliser le téléphone et on s'efforce d'être brève.

Voir aussi Portable.

189 • TÉLÉVISION

T'as vu hier à la télé… ?

S'informer

La télé, ce n'est pas très ancien. Les découvertes qui allaient permettre de réaliser des images télévisées datent de 1873 mais la première diffusion d'images a eu lieu en 1926. Des émissions publiques ont aussitôt été lancées : en 1927 par la BBC en Angleterre, en 1930 par CBS et NBC aux États-Unis. Les émissions régulières n'ont commencé qu'à la veille de la Seconde Guerre mondiale. Il a fallu attendre 1970 pour avoir droit aux images en couleurs.

Gratuites, payantes

Il n'y a longtemps eu que 3 chaînes en France parmi celles qu'on appelle aujourd'hui les chaînes hertziennes (TF1, France 2 et France 3, Canal+, Arte et M6). Au cours des années 80, c'est le boom des chaînes numériques, par câble et satellite. Ce sont des chaînes dites payantes : on doit s'abonner pour les recevoir. Cet abonnement s'ajoute à la redevance générale que tout détenteur d'un poste de télévision doit payer chaque année.

Toujours plus

Aujourd'hui, la télévision est partout, dans presque toutes les familles mais aussi dans tous les pays, même les plus pauvres ; on trouve des postes dans les bidonvilles du monde entier. Elle est aussi de plus en plus regardée : l'institut Médiamétrie, qui mesure l'audience des émissions, indique que notre consommation s'accroît chaque année. En 2002, un Français passe en moyenne 3 h 17 par jour devant son petit écran !

Comprendre

La télé est la meilleure et la pire des choses. C'est une formidable ouverture sur le monde, sur la vie, sur des quantités de connaissances, mais aussi le pire des esclavages. Tout dépend de la manière dont on l'utilise.

Merveilleux outil

Bien sûr, personne ne peut dire que la télévision n'est qu'un écran stupide. C'est un véritable outil d'information et de réflexion. Il existe une multitude d'émissions étonnantes et passionnantes (ce sont d'ailleurs rarement celles que les magazines de télé mettent en avant).

Un cobra hypnotiseur !

Mais personne non plus ne peut prétendre ignorer le piège de la télévision, d'autant plus que tout le monde y est tombé un jour ou l'autre dans sa vie de téléspectateur. Pour vous mettre en état d'hypnose, la télévision est aussi redoutable qu'un cobra. En fait, c'est un cobra domestique logé sous votre toit. Alors, méfiance !

La bouche ouverte, les yeux en soucoupe

Faites-vous partie de ces filles qui, à peine rentrées

de cours, appuient sur un bouton pour ouvrir le bec de leur cobra familier ? Dès lors, le mal est fait : elles sont incapables de lui couper le sifflet, et se vautrent sur le canapé. De chaîne en chaîne, elles se font balader à travers des émissions plus nulles les unes que les autres (un reste de lucidité les oblige d'ailleurs à reconnaître cette nullité. Mais trop tard, la télé-cobra les a vissées au canapé).

Et alors ?

Où est le problème, direz-vous ? Après tout, je suis libre de mon temps. Si je veux me laisser hypnotiser, ça ne regarde que moi ! C'est vrai, en un sens. Mais la télévision donne une image déformée du monde. Elle est si proche, si facile d'accès qu'on finit par croire que la vraie vie, c'est elle.

Trompeusement proches

La télé est devenue une culture commune : on regarde les mêmes émissions, on en parle entre copines, on vit dedans comme si c'était la vie réelle. On s'identifie aux personnages de séries au point de vouloir leur ressembler. Les séries permettent même d'identifier une génération : il y a la génération *Friends*, *Beverly Hills* ou *Ally Mac Beal*.

Entre l'hypnose et le soporifique…

Alors, entre se laisser hypnotiser par son serpent à sornettes, ou mourir d'ennui devant des documentaires scientifiques et autres émissions soi-disant « instructives », on n'a pas le choix ? Si, bien sûr ! Entre l'émission consternante de débilité et l'émission vraiment rasante, il y a toute la gamme des émissions sympas.

Montrez qui est le chef !

Mais surtout, l'essentiel est de maîtriser très rigoureusement votre consommation, en vous fixant des créneaux horaires stricts, et pas trop étendus. Il y a trop de choses passionnantes à faire dans la vie pour passer votre temps devant l'écran. D'autant plus qu'après des heures de télévision, on a souvent les nerfs en pelote. L'idéal, si c'est possible, est de recourir au magnétoscope. Cet engin est une aide précieuse pour dresser le cobra. Si vous enregistrez votre série ou votre émission préférée, vous pouvez la regarder quand vous voulez, et même vous l'offrir comme récompense quand vous avez terminé vos devoirs.

Info +

La télé ne vous veut pas que du bien. Elle n'est d'abord là ni pour vous informer, ni pour vous distraire. Elle est en premier lieu une formidable entreprise financière destinée à faire consommer les gens, par la pub bien sûr, mais aussi à travers les modèles qu'elle impose.

Test

Êtes-vous une accro de la télé ?

1. Vous goûtez tous les soirs devant la télé en rentrant de classe.
2. Vous avez besoin de vous installer tous les jours devant une série.
3. Chez vous, on dîne devant la télé.
4. Vous avez un poste de télé dans votre chambre.
5. Le début de votre série vous fait interrompre séance tenante une conversation téléphonique.
6. Vous parlez télé avec vos copines au moins 2 fois par jour.
7. Vous préférez une émission que vous trouvez nulle à un roman.
8. Vous êtes prête à renoncer à une soirée pour une émission.
9. Les gens qui n'ont pas la télé chez eux sont des fous ou des illuminés.
10. Plutôt mourir que de rester une semaine sans regarder la télé.

Moins de 5 oui : vous êtes un animal rare capable de s'en passer !
De 5 à 8 oui : attention, la dépendance vous guette !
Plus de 8 oui : vous êtes accro, mais ça se soigne !

190 • TIMIDITÉ

J'ose pas...

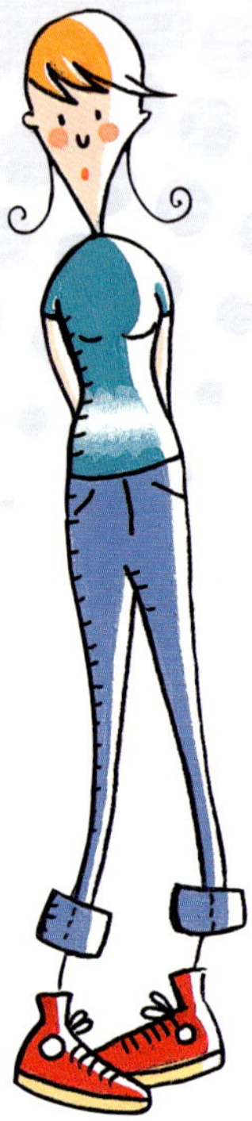

S'informer

La timidité est une difficulté à parler en public et plus largement un manque d'aisance dans la vie en société. Une fille timide se sent gauche, elle a peur que les regards convergent vers elle, peur de se mettre en avant. Du coup, elle manque d'audace : elle n'ose pas répondre à la question du prof, danser en soirée, téléphoner à quelqu'un qu'elle ne connaît pas bien, ni adresser la parole la première à un garçon.

Tu as perdu ta langue ?

Il y en a que la timidité paralyse dès l'enfance. Les petites filles timides se cachent dans les jupes de leurs mères, s'enfuient dans leur chambre dès qu'un visiteur pointe son nez et sont frappées de mutisme lorsqu'on leur demande de réciter un poème en public. Mais beaucoup sont gagnées par la timidité plutôt au moment de l'adolescence, parce qu'elles perdent soudain leur confiance en elles et ont une peur exacerbée du jugement des autres.

Tremblante et rougissante

La timidité a toutes sortes de manifestations physiques. On se met à trembler, à bégayer, à transpirer, on a les mains moites, la gorge sèche, on ne trouve plus qu'un filet de voix. Souvent, on rougit ou on devient livide.

Pourtant, je savais par cœur !

Une personne timide est particulièrement handicapée lors des examens, surtout à l'oral. Même si elle connaît bien le sujet, elle a du mal à rassembler ses idées et à s'exprimer clairement, elle hésite, panique, « perd ses moyens » et ne sait pas mettre en valeur ses connaissances.

Info +

Pourquoi les timides changent-ils de couleur ?

Sous le coup de l'émotion, la pression sanguine augmente et produit une dilatation des vaisseaux sanguins du visage. Le sang afflue sous la peau et colore les joues. Mais on peut aussi devenir toute pâle, parce que les vaisseaux sanguins se contractent et apportent moins de sang au visage. C'est selon le tempérament de chacune. Blanche ou rouge, cette réaction est bien encombrante quand on souhaite cacher sa timidité !

Comprendre

Tout le monde est timide, ou plutôt intimidé, dans des situations où il se joue quelque chose d'important. Lorsque l'on passe un examen, que l'on se présente à un entretien d'embauche, que l'on rencontre la mère de son copain pour la première fois, c'est normal d'être très émue.

Quand elle vous tétanise

Mais si vous êtes excessivement timide, au point de ne pas pouvoir prendre la parole dans votre groupe de copains, de vous sentir foudroyée sur place quand le professeur vous envoie au tableau, ou même d'être incapable de vous faire des amies, il faut peut-être vous faire aider.

La timidité, dehors !
Il ne faut pas laisser s'installer à demeure une timidité qui vous empêche de profiter de la vie. D'autant plus que la timidité peut se dominer. La preuve : lorsque vous êtes passionnée par un sujet ou un projet, vous vous emballez, vous oubliez votre timidité, et vous osez faire ou dire des choses dont vous ne vous seriez jamais crue capable.

Peur de mal faire
Parmi les artistes ou les hommes politiques, il y a de grands timides qui ont su maîtriser ce handicap, qui ont appris à parler en public, à supporter le regard des autres, à se tromper aussi. La timidité est souvent le signe qu'on veut trop bien faire ou qu'on a peur de l'échec. Il suffit parfois de remettre les choses à leur juste place pour se sentir moins intimidée : le professeur qui vous interroge ne vous veut pas de mal et, si vous ne savez pas répondre, ce n'est pas une catastrophe.

Des oreilles bienveillantes vous écoutent !
Personne ne vous demande d'être parfaite. Vous, est-ce que vous jugez systématiquement mal les gens qui parlent devant vous ? Non, même quand ils ne s'expriment pas comme des livres. Quand vous parlez, vous bénéficiez de la même bienveillance. Vous aussi, vous avez droit à l'erreur !

Bons plans

Pour cacher votre timidité quand vous faites un exposé :
- Installez-vous confortablement sur la chaise, sans rester tout au bord comme si vous étiez assise sur des charbons ardents. Vous avez le droit de vous appuyer sur le dossier !
- Ne gardez pas vos notes en main, posez-les sur le bureau : sinon, la feuille risque de trembler.
- Évitez aussi de tenir un stylo, que vous allez agiter nerveusement. Faites plutôt quelques mouvements de bras (comme les Italiens, réputés pour leur aisance verbale… mais n'en faites pas trop quand même !)
- Ne vous balancez pas sur la chaise et veillez à ce que vos jambes restent immobiles : leur mouvement se communiquerait à tout le corps.
- Raclez-vous la gorge pour ne pas avoir une voix étranglée.
- Dans la mesure du possible, ayez une bouteille d'eau à portée de main, pour éviter d'avoir la gorge sèche… et vous donner la contenance d'un conférencier professionnel.
- Parlez lentement, histoire de ne pas bafouiller et d'avoir l'air sûre de ce que vous dites.
- Regardez l'assistance dans les yeux, sans fixer quelqu'un, mais en balayant lentement la classe d'un regard circulaire. Exactement comme font les profs : regardez-les vous regarder !
- Tant pis pour la transpiration qui mouille peut-être votre chemise. Vous avez le droit d'avoir chaud.
- Tant pis aussi pour la rougeur. Une fille qui rougit, c'est plutôt charmant.

Voir aussi Complexes.

Conseil

Pour vous entraîner à lutter contre la timidité :

- *En famille, répondez au téléphone, ouvrez aux visiteurs, adressez la parole à l'oncle bourru dont vous avez un peu peur.*
- *En classe, levez le doigt au moins une fois par jour, adressez la parole à la fille qui vous intimide, allez parler à la fin du cours avec le professeur dont le cours vous passionne.*
- *Prenez des cours de diction, faites du théâtre, du yoga, de la relaxation.*
- *Pensez au baby-sitting. S'occuper d'enfants apprend à parler avec autorité et assurance !*

191 • TOLÉRANCE

Respect, oui ! Indifférence, non !

S'informer

Pour beaucoup de monde, tolérer signifie respecter les opinions, les manières de vivre des autres. Mais l'origine du mot, le latin *tolerare*, veut dire supporter, c'est-à-dire admettre sans enthousiasme, voire à contrecœur.

Le professeur sympa tolère votre retard ; au restaurant, vous tolérez la fumée de la cigarette de votre voisin. Vos parents tolèrent votre mauvaise humeur. Il y a donc une ambiguïté dans cette idée de tolérance : est-ce un progrès, une vertu, ou au contraire un signe de résignation, voire de lâcheté ?

Tolérance = tout accepter ?

Historiquement, la tolérance (au bon sens du terme) a d'abord concerné les croyances religieuses. Pendant longtemps en effet, la religion est restée une affaire d'État : il fallait pratiquer celle du chef de l'État dans lequel on habitait, les autres religions étant proscrites. On a appelé « tolérance » l'assouplissement, puis la disparition de cette contrainte. En France par exemple, Louis XVI a signé en 1787 l'Édit de Tolérance, qui reconnaissait la religion protestante en plus de la religion catholique. Deux ans plus tard, en 1789, la liberté religieuse était proclamée par l'Assemblée constituante.

Tolérance = respect ?

Mais il ne faut pas oublier le mauvais sens du terme ! À côté du bel idéal de tolérance religieuse, il y a… les « maisons de tolérance », une expression qui désignait pudiquement les maisons de prostitution. La prostitution est bien un exemple de fléau dont on « tolère » l'existence tout en la déplorant ! Preuve que ce mot est ambigu, et qu'il faut éviter de l'employer à toutes les sauces. Il n'est pas forcément synonyme de respect, comme on le croit généralement.

Comprendre

Respecter ce que pensent les autres demande un effort : on a toujours tendance à croire que ses idées sont les bonnes et que tout le monde devrait penser pareil. La tolérance consiste à considérer que l'autre a le droit de ne pas penser comme vous et que vous n'avez pas le droit de lui imposer vos convictions par la violence. Attention, cela ne vous oblige pas à les abandonner : cela doit simplement vous conduire à essayer de comprendre l'opinion de l'autre, à en discuter avec lui, et aussi à accepter qu'il mette en question votre propre opinion. Voilà une manière positive de vivre la tolérance.

Tolérance, comment fuir le débat

Mais la tolérance mal comprise peut conduire à une sorte d'indifférence à l'égard des autres. On considère que toutes les opinions se valent. Même si l'on pense intimement que l'autre a tort, on ne se sent ni le droit ni l'envie de le détromper. Il ne faut pas juger, dit-on ! Mais ce refus de juger peut servir de prétexte à la lâcheté. La tolérance, c'est plus tranquille : à chacun ses idées, on ne va pas se battre pour elles.

Pt'être ben que oui, pt'être ben que non

Seulement, dans ce cas, la tolérance tue le dialogue. Imaginez quelle conversation vous pourriez avoir sur un sujet qui vous tient à cœur si dès la première phrase, on vous disait : « On ne pense pas comme toi, mais tu sais, nos opinions se valent et de toute façon on ne peut pas savoir qui a raison. » Et on vous planterait là… Bien sûr, les repas de famille seraient plus calmes, mais vous auriez des raisons de penser que vos parents vous méprisent et ne s'intéressent pas à vos idées.

Cause toujours, tu m'intéresses

À ce compte-là, il n'y a plus de rencontre ni de partage, et pas non plus de vrai respect de l'autre, puisqu'on ne s'intéresse pas à lui. Il peut bien penser ceci ou plutôt cela ou encore autre chose, c'est exactement pareil. Voilà qui n'est pas très flatteur pour lui, puisque les idées sont partie prenante de la personnalité des gens ! En plus, on ne se respecte pas non plus soi-même, puisqu'on ne considère pas que ses propres convictions valent la peine d'être défendues. À quoi bon avoir des opinions, une religion plutôt qu'une autre, si tout se vaut ?

Et l'intolérable, alors ?

Pourtant êtes-vous prête à tolérer n'importe quoi ? N'y a-t-il pas des choses qui vous paraissent intolérables : que des gens soient obligés de dormir dans la rue ; que les petits se fassent racketter à la sortie des cours ? La tolérance n'a de sens qu'entre gens qui reconnaissent un minimum de valeurs communes et en premier lieu le respect des autres.

Pas de tolérance pour la haine

Lorsque ces valeurs sont en danger, on est amenée à se battre pour les défendre, même si on doit pour cela aller jusqu'à l'usage de la force. En effet, on est alors en situation de « légitime défense » ; cela revient à dire, en d'autres termes, qu'on a le droit de ne pas se laisser maltraiter. La tolérance n'est possible et praticable que si elle est réciproque : face aux fanatiques qui sont prêts à imposer leurs idées par la violence, il n'y a pas de tolérance possible. Parce qu'elle serait inefficace et contradictoire avec le but qu'elle poursuit qui est de permettre à des gens différents de vivre ensemble pacifiquement.

Exprimez-vous !

Tolérer des choses qui sont opposées à ses propres valeurs, c'est le niveau zéro de la tolérance : on désapprouve mais on supporte, par impuissance, démission ou lâcheté. Et cela ne fait avancer ni le respect des autres ni la liberté d'opinion. Tout le monde a besoin d'avoir des vrais débats, que ce soit dans votre groupe d'amis ou à l'échelle de la société. Sinon, l'hypocrisie s'installe, on n'ose plus rien dire ni rien faire. Alors n'hésitez pas à dire ce que vous pensez et à défendre vos convictions, avec respect, mais avec passion !

Voir aussi Droits, Liberté, Racisme, Respect, Valeurs.

192 • TRANSPIRATION

À vue de nez, il est... tard !

Douktupudonktan ?
Quand on est enfant, la transpiration est inodore. Mais, au moment de l'adolescence, elle devient plus abondante et surtout prend une odeur qui n'est pas très agréable, particulièrement sous les bras où les poils retiennent la sueur qui macère et favorise le développement des bactéries. Quant aux pieds, qui sont constamment enfermés dans les chaussures, ils dégagent eux aussi une odeur âcre.
Certaines filles transpirent plus que d'autres, parce qu'elles sont plus nerveuses, plus sensibles au stress ou simplement parce que c'est leur nature : cela n'a rien à voir avec un manque d'hygiène !

S'informer

La transpiration est un phénomène naturel qui permet d'éliminer les toxines et de rafraîchir le corps : les glandes sudoripares, qui se trouvent sous la peau, sécrètent de la sueur qui perle sur la peau et s'évapore en la rafraîchissant. C'est ainsi que s'échappe de notre corps une partie de l'eau que nous consommons. On transpire quand il fait chaud, quand on fait un effort physique, mais aussi quand on est ému. On transpire des mains, des pieds, du visage et surtout des aisselles car les glandes sudoripares sont nombreuses à cet endroit.

Comprendre

Même si la transpiration est un phénomène naturel, elle n'en paraît pas moins désagréable et inconfortable. Les mains moites et les auréoles sous les bras ne font généralement pas très bon effet. Certaines odeurs de transpiration sont très difficiles à supporter pour les autres... et même pour la personne qui transpire. Vous avez donc raison de chercher à ne pas incommoder les autres ou à vous faire remarquer dans les lieux confinés comme le train, l'ascenseur... ou les salles de cours. C'est une question de savoir-vivre et de respect des autres.

Et que ça brille !
En général, une bonne hygiène permet de remédier à ces petits problèmes. Une douche quotidienne (deux fois par jour en saison chaude, si vous en éprouvez le besoin) élimine en grande partie les odeurs. Changer de linge tous les jours est également indispensable (et surtout n'oubliez pas les chaussettes !). Enfin, un bon déodorant est souvent nécessaire à votre âge.

Vapo, stick ou bille ?
Pour se sentir tout à fait fraîche, vive les déodorants ! Mais comment choisir ? Spray ou stick, c'est une question de goût. Le spray se prête et s'emprunte, pas

le stick ni la bille qui entrent en contact avec le corps ! L'important est de choisir un produit discret, qui ne soit pas trop parfumé afin qu'il n'entre pas en concurrence avec votre parfum. Si votre peau est sensible, prenez-le sans alcool, surtout si vous vous épilez. Mais il sera sans doute moins efficace.

Filez du bon coton !

Si vous avez tendance à beaucoup transpirer, il vaut mieux choisir des vêtements en matières naturelles (coton, laine, soie, lin) que des textiles synthétiques (acrylique, viscose, polyester, nylon...) qui favorisent la transpiration et gardent les odeurs. En principe, ces petits conseils devraient suffire à vous mettre à l'aise et à vous sentir fraîche.

Cas particuliers

Si vous faites partie des malheureuses qui, après avoir appliqué tous ces conseils, transpirent beaucoup, au point d'en être elles-mêmes incommodées, pas de panique ! C'est le meilleur moyen de transpirer encore plus. Ensuite, pas de honte : vous n'y êtes pour rien, inutile de culpabiliser. Il faut d'abord cerner le problème.

Auréoles et doigts qui gouttent

Si vous transpirez beaucoup, sans trop d'odeurs, il n'y a pas grand-chose à faire si ce n'est prévoir un T-shirt de rechange dans votre sac. Si vos mains sont toujours moites, et que cela vous gêne, parlez-en à votre médecin, il vous prescrira des traitements spécifiques pour mieux réguler votre transpiration.

Je pue, l'horreur !

Si cela ne se voit pas, mais que cela se sent, il faut simplement prendre le problème à bras le corps (ce qui n'est pas facile quand on se pince le nez !). Inutile de vérifier toutes les cinq minutes, par un geste que vous croyez discret, mais que tout le monde aura remarqué, que vous ne sentez pas mauvais sous les aisselles ! Glissez plutôt dans vos poches des lingettes déodorantes : de quoi vous sauver la mise entre deux cours ! Si vous êtes toujours gênée, parlez-en à votre médecin ou à votre pharmacien (demandez-lui le déo qui sauve la vie).

Bons plans

Je pue des pieds !

Si vous avez un problème de transpiration des pieds, utilisez un déodorant spécial pour les pieds... et un produit pour les chaussures. Préférez les chaussettes en coton ou, mieux encore, en fil d'Écosse, aux tissus synthétiques dans lesquels les pieds macèrent.

Le déo qui vous sauve la vie

Il existe un déodorant absolument miraculeux, qui neutralise les odeurs de transpiration les plus âcres. C'est le « traitement anti-transpirant, efficacité 7 jours », vendu librement en pharmacie sous forme de tube (fréquent) ou de bille (extrêmement rare). Utilisée tous les jours (c'est ça, l'astuce), cette crème blanche à l'odeur très agréable vous fera oublier tous vos soucis ! Un tube coûte environ 8 € et dure plus d'un mois. Parlez-en à votre pharmacien, qui vous indiquera la marque !

193 • VACANCES

Sous les pavés la plage !

S'informer

Les vacances sont une période de temps libre ; c'est d'ailleurs ce que veut dire le mot vacance au sens propre : du temps qui n'est pas occupé, tout comme une fonction inoccupée est dite « vacante ». Quand on est en vacances, on est libre de faire ce qu'on veut sans contrainte ni obligation. On peut enfin réaliser toutes les choses dont on a eu envie pendant l'année sans avoir eu le temps de les concrétiser : sport, voyages, lecture, musique. On a aussi du temps pour se reposer, retrouver des forces, de l'énergie physique et mentale. Et, beaucoup moins drôle et attrayant, les vacances peuvent être le moyen d'essayer de rattraper le temps perdu quand on n'a pas travaillé suffisamment en classe : cahiers de vacances, cours de rattrapage, stages intensifs, à vous de voir !

Info +

Petit boulot d'été ?

Pas avant 16 ans, les filles ! À partir de cet âge, vous pouvez signer un contrat de travail pour une durée déterminée (souvent 1 mois). Si cela vous tente, il faut vous y prendre dès le printemps. Demandez aux personnes de votre entourage si leurs entreprises cherchent des jeunes pour l'été. Allez voir votre mairie. En désespoir de cause, faites votre CV… et le tour des boutiques.

Comprendre

Les vacances, vous en rêvez toute l'année. Retrouver les mêmes amis chaque année, les cousins, les cousines. Profiter de la vie. Ah, la liberté, le soleil, les copains, les soirées sur la plage, la vie sans souci, sans règle, sans contrainte ! Ne plus être obligée de se lever aux aurores mais débarquer les yeux encore tous bouffis de sommeil pour le déjeuner (pas le petit, celui de midi ! Quoique le gigot et les haricots dès le réveil, ça a parfois du mal à passer), se traîner de 14 h jusqu'au soir et retrouver une énergie débordante pour sortir à la nuit tombée. De vraies vacances, quoi !

Et les parents dans tout ça ?

Dans ce beau planning, il n'y a pas toujours de la place pour les parents ! Vous avez un peu honte, vous ne savez pas trop comment le leur dire, en revanche vous savez très

bien faire une tête de six pieds de long et vous traîner lamentablement dans la maison qu'ils ont louée pour 3 semaines l'été. Participer à la vie de la famille, entre les baignades et les sorties, vous n'avez pas trop le temps, si bien que le refrain de l'été devient : « Tu n'es pas à l'hôtel, ici ! »

Quel gâchis !

Ne plus avoir les mêmes envies et le même rythme de vie que les parents, vouloir vivre sa vie et surtout pas celle qu'on vous impose, c'est bien normal. Mais pourquoi leur faire de la peine et gâcher leurs propres vacances ? Ils seront déçus, et vous finirez par ne pas être fière du tout de l'enfer que vous leur ferez vivre. Pourtant, vos parents ne sont pas bornés !

Il y a moyen de s'expliquer avec eux et de trouver des compromis : un temps de vacances en famille et un temps autrement, en groupe dans un organisme, en séjour linguistique, chez une copine, avec des amis. Mais n'espérez pas couper complètement aux vacances chez votre grand-mère ou en famille. D'ailleurs, ce serait bien dommage.

Les vacances en famille

Eh oui ! Les vacances sont aussi un temps pour se retrouver en famille, pour parler, se redécouvrir, sans les tensions de la vie quotidienne quand tout le monde est pressé et stressé. Pour cela, mieux vaut faire des projets ensemble, avec parents, frères et sœurs, grands-parents, cousins, etc. : une randonnée à pieds, en vélo, la découverte d'une ville, d'un coin perdu, un festival… Des choses qu'on aime et qu'on a envie de partager. Le meilleur moyen de redécouvrir ses parents et de commencer à construire des relations d'adulte avec eux.

Les vacances sans les parents

Quant à vos vacances en dehors de la famille, il vaut mieux bien les organiser… et préparer vos parents à l'avance. C'est un peu difficile pour eux de sentir que vous avez envie de passer les vacances sans eux. Ils vont regretter leur petite fille. De plus, ils ne sont pas prêts à vous laisser partir sans savoir avec qui, comment et dans quelles conditions. Ils ont le souci de votre sécurité et c'est légitime ; d'ailleurs vous seriez déçue et désemparée s'ils ne s'inquiétaient pas de vos projets.

Soyez réaliste !

Si vous leur dites que vous voulez partir faire du camping sauvage seule avec trois copains, ne soyez pas étonnée qu'ils ne soient pas d'accord. Mieux vaut y aller progressivement et leur présenter des projets sérieux, bien organisés, si vous voulez qu'ils acceptent. Soit en passant par des organismes pour les jeunes, soit en proposant un échange : 15 jours dans la famille d'une amie, 15 jours avec elle chez vos parents. Préparez vos projets suffisamment à l'avance pour que vos parents puissent juger de votre sérieux et également se préparer psychologiquement à votre départ.

Mauvais plans

Ce qui gâche les vacances

- Avoir tellement peur que les parents refusent que l'on recule sans cesse le moment de leur demander leur permission. Mieux vaut prendre son courage à deux mains et se lancer dans les négociations des mois avant, quitte à revoir ses exigences à la baisse, plutôt que de se retrouver le bec dans l'eau trois jours avant le départ de la famille de votre copine !
- Les imprudences en tous genres qui conduisent à l'hôpital, comme l'abus d'alcool alors qu'on conduit un scooter, par exemple. Faut-il parler des rendez-vous amoureux qui peuvent vous briser le cœur ou vous refiler de sales maladies si vous n'y prenez pas garde ?
- Les méga coups de soleil qui brûlent votre corps au point de ne plus supporter les draps de votre lit… et de risquer, à long terme, des cancers de la peau. Prenez impérativement une bonne crème solaire, avec un indice suffisamment élevé les premiers jours d'exposition. Vous n'en bronzerez que mieux : après un coup de soleil on pèle, de toute façon ! Une crème solaire se garde 1 an maximum. Entre deux séjours, le même été, conservez-la au frigo.

Voir aussi Argent de poche, Baby-sitting, Famille, Frères et sœurs, Parents, Séjour linguistique.

Bons plans

Pour des vacances pas chères

Tout le monde n'a pas la chance d'avoir une maison de famille où inviter ses copains, ou des parents sympas ou suffisamment à l'aise financièrement pour envoyer leurs enfants en vacances par le biais d'organismes divers et variés. Dans ce cas, il faut jouer futé !

- *Penser à la carte jeunes SNCF 12-25 qui permet de voyager pendant un an dans toute la France avec 25 à 50 % de réduction suivant les trains et les périodes. Reste ensuite à trouver… le point de chute !*
- *Trouver une famille qui vous emmène en vacances contre du baby-sitting sur la plage (contacter des organismes spécialisés).*
- *Faire des petits boulots l'année pour se payer un stage de sport l'été.*
- *Ne pas hésiter à se renseigner auprès de sa mairie pour savoir ce qui peut être proposé.*

VALEURS • 194

Quelles sont tes valeurs ?

Définition

Valeur vient du verbe valoir. On emploie le mot valeur dans différents domaines : en mathématique ou en physique (la valeur de x), en économie (la valeur financière d'un produit). Mais on parle aussi de la valeur sentimentale d'un objet, ce qui veut dire que cet objet a du prix, de l'importance indépendamment de la somme qu'on pourrait en tirer en le vendant. Surtout on parle de valeur en matière de morale : les valeurs sont les principes de conduite que se donne un individu ou une société.

S'informer

Employé à partir du XIXe siècle pour désigner la justice, la liberté, la vérité, le mot valeur concerne la manière de se comporter à l'égard des autres et de soi-même. Les valeurs permettent de distinguer le bien du mal et de savoir ainsi ce qu'on doit faire. On sait bien que c'est mieux d'être honnête que malhonnête, de dire la vérité que de mentir, de respecter les autres plutôt que de les traiter comme de simples serviteurs de son bien-être et de son bonheur.

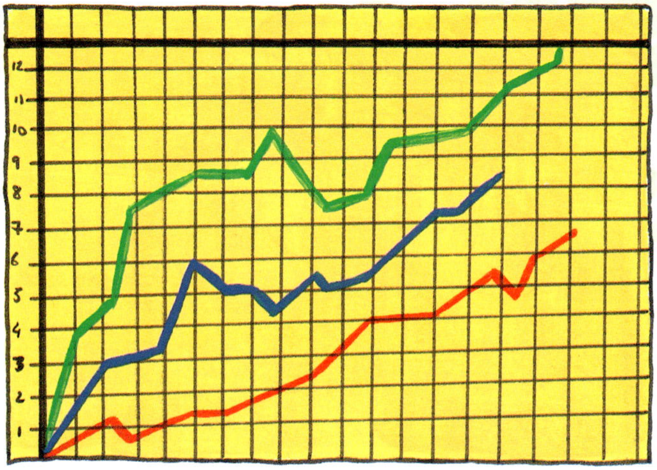

Valeurs en stock

D'où viennent ces valeurs ? Comment les a-t-on apprises ? Des parents qui transmettent à leurs enfants dès leur plus jeune âge une manière de se conduire et des principes de vie ; de la société qui a édicté des règles pour permettre à ses membres de vivre ensemble paisiblement ; des grandes religions et certainement aussi de votre conscience, cette petite voix mystérieuse qui vous pousse vers ce qui est bon, beau et bien.

Valeurs en hausse

On parle aussi de « système de valeurs » ou de « hiérarchie des valeurs », ce qui veut dire que toutes les valeurs ne se valent pas ! Il y a des choses plus importantes que d'autres, et chaque société a sa manière propre d'organiser ses valeurs. Ainsi considérait-on autrefois que la vieillesse était source de sagesse, et on y attachait de la valeur. Aujourd'hui, notre société valorise davantage la jeunesse, synonyme d'enthousiasme, de générosité, de créativité, que la maturité à laquelle on associe l'habitude, la rigidité, la modération.

Valeurs sans visa

Mais les valeurs de la société ne sont pas forcément des valeurs morales. L'enthousiasme n'est pas plus moral que la modération, et inversement. Les vraies valeurs, ce sont celles que les hommes reconnaissent comme universelles et auxquelles ils essaient de rallier tout le monde : la valeur supérieure de toute vie humaine, la liberté, l'égalité, la fraternité, sont des valeurs reconnues quasi universellement, même si on est loin de les mettre en pratique toujours et partout.

Comprendre

Les valeurs sont très importantes, car elles sont les critères qui vont vous permettre de faire des choix et de déterminer votre vie. Il faudra bien que vous vous posiez la question : qu'est-ce qui a de la valeur pour moi ? Pour quoi suis-je prête à me battre, à risquer mon petit confort, mes intérêts ? Qu'est-ce qui compte le plus pour moi ?

Vous avez dit abstraite ?

Ça peut se traduire dans des choses très concrètes : quand ma bande persécute une fille qui ne lui plaît pas, est-ce que je décide de suivre le troupeau ou est-ce que je refuse de faire comme tout le monde parce que je trouve ça injuste et que je pense que cette fille a le droit d'être respectée et acceptée ? Autrement dit, les valeurs ne sont pas seulement des idées pour les philosophes, ce sont des principes qui peuvent nous faire faire des choses risquées et inconfortables et qui méritent qu'on les préfère à notre tranquillité.

J'voudrais fâcher personne

Mais, direz-vous, on a tous les mêmes valeurs ! Croyez-vous ? La fille qui refuse de parler à sa voisine parce qu'elle la trouve mal habillée, qui triche en classe, qui pique son amoureux à une copine ou qui ment au prof pour se protéger, a-t-elle les mêmes valeurs que vous ? Bien sûr, quand on veut avoir la paix, qu'on ne veut pas d'histoires, on peut faire comme si tout le monde avait les mêmes valeurs ou, pire, comme si toutes les valeurs étaient équivalentes. « Chacun ses valeurs », dit-on pour ne fâcher personne.

Non, ce n'est pas égal

Mais c'est faux. Il y a des valeurs qui ont plus de valeur que d'autres et qui méritent qu'on se donne du mal et qu'on se batte. Où en serions-nous aujourd'hui si tous les Français en 1940 avaient considéré que, certes, ils n'avaient pas les mêmes valeurs que les nazis, mais qu'après tout toutes les valeurs étaient respectables !

Il y a erreur sur les valeurs

Sans aller si loin, on peut croire qu'on a les mêmes valeurs qu'une amie et découvrir à ses dépens qu'on s'est trompée. Si votre amie attache plus d'importance que vous à l'argent, si elle cherche surtout à être admirée et à épater les autres, peut-être serez-vous capable de vous en accommoder un moment ; mais peut-être aussi ne pourrez-vous pas longtemps continuer à être très amie avec elle.

Pour la vie

C'est pour cela qu'il est d'autant plus important d'avoir les mêmes valeurs que le garçon qu'on aimera et avec lequel on décidera de vivre. Parce que, finalement, les valeurs guident aussi bien les gestes de la vie quotidienne que les grands choix de la vie. Et quand on a des enfants à élever ensemble, c'est important d'avoir envie de leur transmettre une vision de la vie et des autres fondée sur les mêmes valeurs. Il est bon d'y penser à l'avance, et de savoir à quoi on attache de la valeur dans la vie.

Voir aussi Courage, Égalité, Fraternité, Gentillesse, Honnêteté, Liberté, Tolérance, Volonté.

VÉRITÉ • 195

Comment savoir si c'est vrai ?

S'informer

On parle de vérité en plusieurs sens et dans plusieurs domaines. En mathématiques, la vérité d'un énoncé est sa conformité au système mathématique dans lequel on se trouve. Par exemple, dans le système euclidien, il est vrai que par deux points on ne peut faire passer qu'une seule droite ; dans d'autres systèmes, c'est faux.

La preuve par l'expérience

En sciences expérimentales, la vérité d'un énoncé est sa conformité avec l'expérience : ce qui est vrai, c'est ce qui permet de rendre compte de la réalité avec justesse. C'est l'expérience qui valide le discours que l'on tient sur les choses. Mais, là encore, il y a une condition : il faut que cette vérité soit conforme au système dans lequel on se situe. Ainsi, jusqu'au XVIe siècle, on pensait que le Soleil tournait autour de la Terre. C'était d'ailleurs conforme à ce que l'on observe : on voit le Soleil décrire un demi-cercle au-dessus de la Terre entre le moment où il se lève et celui où il se couche. C'est le Polonais Copernic qui, le premier, remit en question cette conception, que les hommes avaient jusqu'ici tenue pour vraie, en affirmant que c'est la Terre qui tourne autour du Soleil, ce qui explique les saisons, et tourne sur elle-même, ce qui permet de comprendre l'alternance du jour et de la nuit. Aujourd'hui, plus personne ne conteste la découverte de Copernic. Depuis, les astronomes ont découvert que notre système solaire n'est qu'un élément d'un univers infini qui comporte beaucoup d'autres soleils. Il reste sans doute encore beaucoup d'autres vérités à élaborer pour rendre compte de tout ce qu'ils observent avec leurs instruments de plus en plus perfectionnés.

Théories, le chantier permanent

Autrement dit, la vérité correspond ici à un moment de la réflexion scientifique qui invente un système pour expliquer les phénomènes qu'on observe ; puis une nouvelle théorie est élaborée, qui rend mieux compte de la réalité et devient alors la vérité du moment.

Si je ne m'abuse…

Ces deux exemples montrent que la vérité est complexe. Qu'est-ce que je peux connaître, et comment m'assurer que ma connaissance est vraie ? C'est la question que s'est posée la philosophie tout au long de son histoire. Est-ce que je peux connaître les choses telles qu'elles sont ? Est-ce vrai, ce que je dis sur elles ? Ou, est-ce que ce qui compte, c'est seulement que mon discours soit logique ?

Quand l'esprit bute sur ses limites

Suivant les réponses que l'on donne à ces questions, on ne conçoit pas la vérité de la même façon. On peut aussi considérer que l'homme est un être très limité qui ne connaît pas grand-chose de l'univers en dehors de lui-même ; et que la première attitude vraie est de prendre conscience des limites de ses moyens de connaître.

Et moi, je suis vraie ou fausse ?

Mais la vérité concerne aussi la manière d'agir dans la vie et avec les autres. Y a-t-il une conduite vraie et donc meilleure ? Comment être vraie dans mes rapports avec les autres, comment être moi-même, ne pas les tromper ? Toutes ces questions concernent le sens de la vie, les choix que chacun et chacune doit faire.

La vérité, j'y crois pas !

Face à ces choix, on peut être tentée de dire « à chacun sa vérité ». Cette attitude s'appelle le relativisme : c'est une manière de considérer qu'il n'y a pas de vérité valable pour tout le monde, ou encore qu'on ne peut pas y avoir accès. Autrement dit, qu'il n'y a pas de vérité.

La vérité pour boussole

Une autre manière de répondre est de considérer que la vérité tout entière n'est pas accessible, mais qu'on peut en atteindre une petite partie provisoire. Et cette partie peut nous aider à nous orienter dans la vie. Par exemple, chercher la vérité, c'est refuser les idées toutes faites, ne pas se contenter des opinions communes et réfléchir aux principes qui peuvent nous guider.

Comprendre

Dans la vie courante, la vérité est le contraire du mensonge, de la tromperie. Ce n'est pas si simple que cela en a l'air : vous pouvez croire sincèrement être dans le vrai et vous tromper. Autrement dit, il ne suffit pas d'être sincère pour dire la vérité. La sincérité prouve votre bonne foi, elle ne garantit pas la vérité.

Mais au fait, qui suis-je ?

À votre âge, on aspire très fort à la vérité ; on voudrait se comprendre soi-même et comprendre le monde, savoir d'où on vient, qui on est, où on va, pourquoi on vit et on meurt. Ce sont des questions légitimes que tout être humain se pose ; et les hommes au cours de l'histoire ont donné des tas de réponses différentes, suivant l'état de leurs connaissances.

Pour vous aider à chercher

À chacune de chercher la réponse à ces questions. Pour cela, vous pouvez vous faire aider par les autres. Par ceux qui ont pensé avant vous : c'est pour cela que l'on étudie la philosophie en terminale. Par ceux qui pensent aujourd'hui autour de vous, les adultes, les copains, les professeurs, les penseurs, les artistes, etc. Il est bon pour cela de s'intéresser aux autres, au monde extérieur, de lire les journaux, de discuter de ces questions.

Je sais… que je ne sais rien

Mais on est obligée de rester modeste : on n'aura jamais les réponses définitives à toutes les questions. C'est déjà ce que disait Socrate, le philosophe dont Platon nous raconte les idées : « Ce que je sais, c'est que je ne sais pas. » Il voulait dire que le premier effort à faire est d'essayer de penser par soi-même, de ne pas se contenter des opinions des autres ou des idées à la mode ; mais qu'on ne peut pas tout savoir.

Une aventure passionnante

Ce constat n'a pas l'air très encourageant, et pourtant il est précieux parce qu'il vous pousse à être vous-même, à forger vos idées, à chercher la vérité, à bien réfléchir à ce que vous faites, à ne pas vous laisser piéger par des idées fausses sans les avoir vérifiées et approfondies. Chercher la vérité est une attitude qui vous rend libre et maîtresse de votre vie, de vos projets et de vos choix. Et qui vous fait grandir. Pas seulement maintenant, mais aussi plus tard ; parce que chercher la vérité est le vrai projet de toute une vie.

Conseil

Si cela vous intéresse de savoir comment les hommes ont cherché la vérité au cours de l'histoire, vous pouvez lire *Le Monde de Sophie* de Joostein Gaarder : c'est un roman qui vous conduira dans l'histoire des idées en suivant les découvertes de la jeune Sophie, dont le prénom veut dire « sagesse » en grec.

Voir aussi Hypocrisie, Idéal, Mensonge, Valeurs.

VERLAN • 196

C'est ouf !

Définition

Le mot « verlan » s'est d'abord écrit verlen, parce qu'il vient de « l'envers »… mis à l'envers ! Cette manière de parler, qui est devenue un véritable langage, était déjà utilisée par les voyous et les mauvais garçons avant la Seconde Guerre mondiale. Elle consiste à retourner les syllabes des mots. Pour dire parents on dit *renpas* (devenu *remps*), bête se dit *tebé*, *ace* signifie ça, etc.

S'informer

Aujourd'hui, le verlan est le langage « jeune » par excellence, même si beaucoup d'adultes en ont apprivoisé quelques termes (à moins qu'ils n'aient gardé des souvenirs de leur jeunesse, quand ils étaient « chébrans »). Mais bien sûr, leur vocabulaire est très limité, et ils s'emmêlent les pédales assez rapidement. Leurs tentatives pitoyables n'ont rien à voir avec la maîtrise dont font preuve les vrais initiés !

Les mots en loopings

Certains mots de verlan sont passés dans le langage courant (quoique familier) : on dit *teuf* pour la fête, *rep* pour père et *reum* pour mère, *ouf* pour fou. Il y a aussi des mots qui, en se faisant renverser, ont perdu au passage leur signification d'origine : on dit *kess* pour parler de quelque chose de petit, de nul… et ça vient de la mise à l'envers du mot « sec ». D'autres termes ont subi un double retournement. Lorsqu'on dit *feumeu* pour dire une fille, ça vient de l'inversion du mot « femme » devenu *meuf* et qui, de nouveau inversé, devient *feumeu* !

Comprendre

La langue est faite pour se comprendre, pour communiquer des idées, pour exprimer des sentiments. Elle sert de lien entre les gens : quand on parle le même langage, on se comprend plus facilement. Si vous avez voyagé à l'étranger, vous savez bien que le fait de ne pas parler la langue du pays est un handicap susceptible de vous isoler.

Parler pour vivre ensemble

Une langue correspond aussi à une certaine manière de penser. En apprenant une langue étrangère, vous avez pu remarquer qu'on n'a pas les mêmes façons de raisonner quand on n'a pas la même langue. En sont témoins toutes les expressions intraduisibles d'une langue à l'autre.

Langue fraternelle contre langue maternelle

Le verlan est une langue qui permet de ne pas être compris des adultes. Elle soude ensemble ceux qui la parlent et exclut ceux qui ne la comprennent pas. C'est un signe de reconnaissance et d'appartenance, au même titre que la mode ou la musique. Il fait bon sentir qu'on fait partie d'un monde, d'une bande, surtout à votre âge, quand on prend quelques distances avec sa famille !

Unis dans le verlan

Faire partie du peu d'initiés capables de parler le verlan est un moyen de se sentir moins seule, d'être en phase avec des gens qui se comprennent parce qu'ils parlent la même langue et aussi parce qu'ils vivent les mêmes choses. C'est pour cela que le verlan marche si bien. Il fabrique un petit monde protégé où on se comprend entre amis sans être compris des autres, où on se reconnaît et où on est reconnu.

Les remps, y pigent dalqueu !

Mais ça va sans doute plus loin : mettre les mots à l'envers, c'est un peu mettre le monde à l'envers, ne pas le prendre tel qu'il est. Fabriquer des mots en inversant ceux de tout le monde, c'est se moquer du monde réel et se faire à peu de frais un nouveau monde, rien qu'à soi et surtout comme on l'aime. Avec de l'humour et de la dérision. Le verlan est une sorte de jeu, un moyen de faire enrager ses parents, à table par exemple quand on se parle en verlan entre frères et sœurs et que les parents ne peuvent pas suivre la conversation.

Langue vivante… 2 !

Reste qu'il faut veiller à garder contact avec la langue de tout le monde, à ne pas oublier le français. C'est indispensable pour ses devoirs de classe, pour la vie courante, mais aussi pour se présenter à un entretien quand on cherche un job, ou pour enseigner le français-à-l'endroit à sa correspondante anglaise !

Z'y va, Bonne-Mam' !

Parler à l'endroit est aussi une marque d'affection pour les grands-parents qui risquent d'être assez vite largués dans les dialogues avec leurs petits-enfants (même s'ils ne sont pas sourds). Mettez-vous à leur place : si vous leur parlez de votre dernière *teuf* en *teboi*, il y a de quoi leur faire ouvrir des yeux ronds ! Et s'ils se mettaient, eux, à vous répondre dans l'argot ou le patois de leur jeunesse ? Ça serait à s'tap ou alors vachtibadour, non ?

Voir aussi Bande.

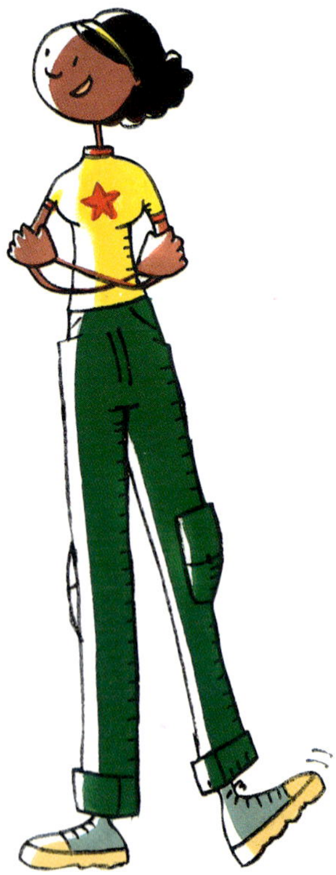

VALEURS
VISAGE
VIOLENCE
VÉRITÉ
VOLONTÉ
VOL
VACANCES
VERLAN
VIRGINITÉ
VIOL

197 • VIOL

C'est toujours un crime !

S'informer

Dans le code pénal (article 222-3), la loi définit le viol comme « tout acte de pénétration sexuelle, de quelque nature qu'il soit, commis sur la personne d'autrui par violence, contrainte, menace ou surprise ».

Un crime devant la loi

Le viol est un exemple particulièrement révoltant de la violence de l'homme, lorsque celui-ci fait usage de sa force et de sa brutalité pour contraindre plus faible que lui à se plier à ses désirs. Pourtant, la loi française qui fait du viol un crime à part entière est récente : elle date du 22 juillet 1992. Auparavant, on ne retenait contre le coupable que les coups et blessures, et ce qu'on appelait pudiquement l'« attentat à la pudeur ».

Des victimes au féminin ?

Le viol ne concerne pas uniquement les femmes : les enfants et les hommes peuvent aussi en être victimes. Mais dans tous les cas, il s'agit d'un usage scandaleux de la force à l'égard d'un plus faible que soi.

Comprendre

Le viol est un acte révoltant, parce que c'est le manque de respect le plus total que l'on peut manifester à l'égard d'une personne. En fait, c'est une négation de la dignité humaine, chez la victime mais aussi chez le coupable puisque celui-ci se conduit comme une bête.

Quand la honte atteint la victime

C'est d'ailleurs une situation tellement répugnante que les victimes se sentent souvent éclaboussées par le côté dégradant de l'acte et sont envahies de honte alors qu'elles ne sont en rien coupables de quoi que ce soit. Elles se sentent salies, niées dans leur existence et leur dignité au point que souvent elles n'osent pas en parler, même à leurs proches. On estime que 20 à 25 % seulement des viols sont dénoncés et font l'objet d'une plainte.

Coupable d'être victime

Parfois, la victime elle-même a du mal à comprendre ce qui est arrivé, surtout si elle connaissait le violeur et qu'elle lui faisait confiance. Même si elle a subi une forte contrainte, elle se reproche de pas s'être suffisamment défendue ou battue et elle se sent coupable de ce qui est arrivé.

Une longue tradition de malveillance

Il faut dire aussi que l'opinion commune a longtemps laissé entendre que les femmes violées n'étaient pas forcément des victimes tout à fait innocentes. Il leur fallait prouver qu'il y avait vraiment eu viol ; elles étaient souvent accueillies avec incrédulité voire ironie dans les commissariats. On soupçonnait même les victimes d'avoir un peu cherché leur malheur par une tenue vestimentaire ou une attitude provocante.

Prises au sérieux

Aujourd'hui les choses ont changé, d'abord parce que la loi a défini le viol comme un vrai crime, et aussi parce qu'on a fait des efforts pour mieux recevoir les victimes qui portent plainte : accueil par des femmes dans les commissariats, soutien psychologique, etc. Peut-être aussi se rend-on mieux compte que le viol touche même de très jeunes filles, des enfants et des hommes. Et que, dans la plupart des cas, il est commis par une personne proche de la victime, et même à l'intérieur de la famille.

Pour retrouver le bonheur

Quand une personne a vécu cette horreur, il vaut mieux qu'elle se fasse aider pour se remettre de ce traumatisme psychologique ; sinon, elle risque de traîner toute sa vie un souvenir insupportable qui l'empêchera de vivre des relations normales avec les autres et une sexualité heureuse.

Pour s'en sortir et protéger les autres

Il est important aussi de porter plainte. Cela permet de se faire reconnaître comme victime et aussi d'aider la justice à arrêter l'agresseur, pour le punir et surtout pour l'empêcher de commettre d'autres viols. C'est une manière de se sentir utile dans son malheur, ce qui peut aider à le dépasser. Mais il s'agit d'un acte difficile. Aussi la loi accorde-t-elle aux victimes un délai important pour prendre une décision : on a 10 ans pour porter plainte et, si l'on est mineure au moment du viol, on compte 10 ans à partir de la majorité.

Conseils

Pour éviter les situations à risques :

- Se faire raccompagner quand on rentre tard le soir.
- Éviter les rues désertes.
- Ne pas se laisser entraîner par une bande de garçons dans un lieu retiré.
- En soirée, éviter les tête-à-tête et rester en bande.
- Éviter l'alcool et ne jamais prendre de drogues : cela fait perdre la conscience du danger. Dans les boîtes de nuit ou les soirées, ne jamais boire un verre que vous ne vous êtes pas servi vous-même.
- Quand un adulte, même connu, se fait pressant, l'éviter et en parler à un adulte de confiance.
- Ne jamais faire de stop, même à plusieurs !
- Mais ne voyez pas non plus des violeurs partout !

Conseils

Si cela arrive :

- En parler, à ses parents, à un adulte de confiance ou à une copine.
- Se faire aider en appelant un service téléphonique (voir numéros en fin d'ouvrage).
- Porter plainte le plus tôt possible, en apportant des indices de preuve : vêtements déchirés ou souillés qui peuvent permettre d'identifier le violeur. La procédure s'accompagne d'un examen médical qui permet de recueillir des éléments de preuve.
- Se faire examiner par un médecin ; demander des tests de grossesse et de dépistage du sida et des autres MST.

Voir aussi Maltraitance, Pédophilie.

Info +

Ce que dit la loi

Le viol est un crime qui peut valoir à l'agresseur jusqu'à 15 ans de réclusion criminelle. Si la victime a moins de 15 ans et/ou que des liens familiaux ou des rapports d'autorité unissent le violeur et la victime, ce sont des circonstances aggravantes susceptibles d'alourdir la peine. La tentative de viol est punie de la même façon s'il y a un début d'exécution interrompu par des événements extérieurs.

198 • VIOLENCE

Se défendre sans agresser

S'informer

Il y a toutes sortes de violences : violence physique ou verbale, violence spontanée ou préméditée, racket, ragots, violences sexuelles, maltraitances ; mais aussi violence de la guerre, de la torture, de l'injustice. Et puis il y a des violences naturelles : violence du volcan ou de l'inondation qui détruit hommes et maisons.

Les canons... de la mode

On peut aussi appeler violence tout ce que la société nous assène à travers les médias et la publicité, tout ce qu'on nomme le prêt-à-penser. Les diktats de la mode, qui veut que les filles soient grandes, maigres et bronzées, sont une violence à l'égard de toutes celles qui ne sont pas conformes à ce modèle. Même chose pour les idéaux de vie : on voudrait vous imposer comme un carcan un modèle unique de réussite (être belle, gagner beaucoup d'argent, tout en réussissant sa vie de couple et sa vie de famille !)

Tout le monde est méchant ?

Autrement dit la violence est partout, dans la nature et dans la société, et surtout au cœur de chaque être humain. Vous êtes sans doute impressionnée par les récits que vous offrent quotidiennement les médias, en particulier concernant la violence des jeunes. Il faut quand même les prendre avec précaution ; les médias adorent raconter des histoires horribles, sans toujours prendre la peine d'analyser honnêtement ce qui s'est passé, ni de préciser si c'est un événement courant ou exceptionnel.

Pour les droits du plus faible

Pourtant, la violence n'est pas une fatalité. Au cours de l'histoire, les sociétés se sont efforcées de la canaliser et de la maîtriser pour rendre la vie collective possible. D'accord, elles ont elles-mêmes exercé beaucoup de violences, mais aujourd'hui on reconnaît qu'une société civilisée doit refuser la violence et faire en sorte d'en protéger ses membres. Les lois sont faites pour cela.

Non, tu n'étrangles pas Marie !

La lutte anti-violence commence en famille,

par l'éducation. Vos parents vous ont appris à maîtriser votre violence naturelle, à respecter vos camarades, à ne pas leur taper dessus pour leur prendre leurs jouets. À régler un conflit autrement qu'en mordant vos frères et sœurs. Ils vous ont appris à vous expliquer, à traduire votre violence en langage civilisé.

Info +

La non-violence

La non-violence est une attitude qui prend pour modèle de grandes figures religieuses comme Jésus-Christ ou Bouddha. Elle consiste à s'interdire de répondre à une agression par une agression. Elle a inspiré des hommes célèbres du XXe siècle : Gandhi en a fait un instrument dans sa lutte contre la domination anglaise sur l'Inde, Martin Luther King y a eu recours pour combattre le racisme aux États-Unis. Plus qu'une arme politique, la non-violence était à leurs yeux une manière de vivre, de respecter les autres et de gérer les conflits par la négociation.

Comprendre

De la violence, on en a tous en nous. Elle vient de tout ce qui contrarie nos désirs, notre volonté d'être reconnus et aimés. Elle peut naître parce qu'on se sent méprisé ou injustement traité. Les garçons sont plus spontanément violents que les filles, mais elles savent aussi faire mal, en paroles et parfois même en actes.

Un engrenage féroce

Seulement, on sait bien que la violence entraîne la violence, comme un engrenage dans lequel on est happé dès qu'on y met le doigt. Souvent, les gens violents sont des gens qui ont été maltraités eux-mêmes ; on peut très bien être tour à tour victime et coupable de violence. C'est important de prendre conscience de ce cercle vicieux et de vouloir en sortir.

Les poings hors-la-loi

Mais c'est une entreprise difficile. C'est pourquoi la loi donne un cadre qui doit aider à refuser la violence. Elle interdit et sanctionne le recours à la force dans le règlement des conflits entre les personnes, elle protège les faibles contre l'agression des forts. Elle le fait plus ou moins bien parce qu'elle est une loi humaine, mais c'est à cela qu'elle est destinée.

Parler avant de griffer

La loi ne suffit pas : chacun doit apprendre à maîtriser sa violence. Cela veut dire ne pas réagir au quart de tour, prendre du temps et de la distance, se mettre à la place de l'autre. Il y a un moyen efficace, à la fois pour se défendre et se faire respecter, à pratiquer en deux étapes. Étape n° 1, réfléchir : pourquoi se sent-on agressée, pourquoi a-t-on envie de frapper, de quoi veut-on se venger ? Étape n° 2, parler. Quand on a expliqué ses griefs et écouté ceux de l'autre, difficile de retourner à la violence, de le regarder dans les yeux et de le frapper !

Info +

Tête de turc et violence en bande

Parfois, tout le monde se met à se moquer d'une fille ou d'un garçon, à l'exclure. C'est la « tête de turc » de la classe ou de la bande. Les vexations peuvent aller jusqu'aux brimades (on lui refuse une place à table, à la cantine ou au café) voire jusqu'aux agressions physiques : les garçons lui cassent la figure à la sortie du lycée ou l'agressent sexuellement. En général, les attaques restent verbales, mais elles n'en sont pas moins douloureuses.
Les torts de la victime ? En général, elle a la malchance de s'être fait remarquer comme un peu moins jolie que les autres ou au contraire trop belle, trop forte en classe. Bref, différente. Et le groupe, pour se sentir uni, a besoin de définir des règles et d'exclure ceux qui ne s'y conforment pas. À plusieurs, on se monte la tête et on se sent

autorisés à être violents parce qu'on se sent plus forts. Refuser de se prêter à ce jeu malsain, c'est combattre la violence au quotidien.

Conseil

La violence retournée contre soi-même

Si on a une forte dose de violence intérieure, ce n'est pas en l'enfouissant au fond de soi qu'on y résiste. On risque de tomber dans des conduites violentes à l'égard de soi-même et en particulier de son corps : anorexie, piercing, voire automutilation et suicide. Au moment de l'adolescence, certaines personnes peuvent éprouver des désirs de violence, contre le monde qu'elles trouvent décevant, contre les adultes qui ne comprennent rien, contre elles-mêmes parce qu'elles ne se trouvent pas à la hauteur. Lorsqu'on se sent submergée par ce genre de violence intérieure, mieux vaut se faire orienter vers une aide psychologique. On peut aussi apprendre à la canaliser en pratiquant un sport (pas forcément de combat, même si ça peut aider) ou en faisant du théâtre : mettre en scène sa colère, sa peur ou tout autre sentiment qu'on n'oserait jamais exprimer dans la « vraie vie », rien de tel pour désarmer la violence.

Voir aussi Maltraitance, Viol.

Conseil

Quand on est victime de violence

On n'a pas forcément les moyens de se défendre toute seule, mais ce n'est pas une raison pour ne rien faire. Encore une fois, il faut en parler à un adulte de confiance, ou appeler SOS Violence ou Allô Enfance Maltraitée (voir numéros en fin d'ouvrage).

VIRGINITÉ • 199

La perdre ou la garder ?

Définition

Être vierge, c'est ne jamais avoir eu de rapport sexuel.

S'informer

Physiologiquement, on dit qu'une jeune fille est vierge lorsque son hymen est intact. L'hymen est une petite membrane qui obstrue partiellement l'entrée du vagin. Lors du premier rapport sexuel, il est déchiré par la pénétration du sexe du garçon, ce qui peut produire un saignement.

Une affaire de membrane ?

Les jeunes filles qui font beaucoup de sport ont souvent un hymen très souple ou même déjà déchiré sans avoir eu de rapport sexuel. Dans ce cas, leur premier rapport sexuel se fera sans saignement, mais c'est pourtant bien à ce moment-là qu'elles cesseront d'être vierges, ou, comme on dit, qu'elles perdront leur virginité. On ne peut donc pas réduire la virginité à une affaire de membrane.

Comprendre

La plupart des sociétés ont attaché une grande importance à la virginité des filles. Les coutumes et les rites variaient suivant les pays et les cultures, mais ils manifestaient généralement l'obligation pour les filles de rester vierges jusqu'au mariage.

Le poids social dans l'histoire

En effet, la virginité était associée symboliquement à la pureté, et donc considérée comme un bien précieux qu'on offrait à l'époux. C'était même souvent l'honneur de la famille de la jeune fille qui était en jeu, et c'est pourquoi on a imaginé différentes coutumes pour attester de la virginité de la jeune épousée : exposition des draps tachés de sang le lendemain, etc.

Enfants : appellation d'origine contrôlée !

En fait, la raison principale de ces pratiques était de pouvoir garantir aux hommes la filiation de leurs enfants. Si les filles ne restaient pas vierges, elles pouvaient tomber enceintes de « n'importe qui ». C'est pour la même raison que l'adultère était perçu comme plus grave quand il était commis par les femmes que par les hommes.

Un choix personnel

De nos jours, dans notre société dite « libérée », où les femmes ont acquis une plus grande autonomie, on n'attache plus la même importance à la virginité puisque grâce à la contra-

c'est à elles seules de décider quand et avec qui elles feront ce passage.

Fidélité par avance

D'autres attachent une grande valeur à la virginité et souhaitent la garder pour un garçon qu'elles aimeront vraiment, avec lequel elles s'engageront durablement. Rester vierge, d'une certaine façon, c'est être fidèle par avance à celui qui sera l'homme de sa vie. C'est un très beau choix, digne de respect (et pas toujours facile à respecter !) qui donne à la relation sexuelle son sens plein d'acte d'amour. C'est un vrai choix personnel, dont on ne doit pas avoir honte et qu'on doit assumer complètement, sans tricher.

P-S : Si on croit que la virginité est importante, c'est aussi vrai pour les garçons que pour les filles !

ception, on dispose d'autres moyens de maîtriser la fécondité des femmes. La robe blanche de la mariée, qui symbolisait cette pureté virginale, n'est plus qu'un habit de fête que, vierge ou non, on peut choisir de porter pour son mariage.

Passage important

Cela ne veut pas dire que la virginité a forcément perdu tout son sens, mais c'est devenu une affaire privée. La plupart des filles continuent à accorder de l'importance au fait d'être vierge ; la perte de sa virginité est toujours un événement marquant dans la vie d'une femme. Certaines y voient simplement le signe de leur entrée dans la vie adulte et considèrent que

Info+

Rester vierge, c'est bien ne pas avoir de rapports sexuels du tout. Il ne s'agit pas seulement de pénétration vaginale. Accepter de pratiquer la fellation ou la sodomie, c'est perdre sa virginité, même si on garde un hymen intact !

Voir aussi Chasteté, Premier rapport sexuel, Sexe, Sexualité.

Vrai/faux

Plus on est vieille, plus l'hymen est résistant.
Faux. L'hymen n'a rien à voir avec la corne aux pieds !

La rupture de l'hymen est très douloureuse.
Faux. Cela dépend des filles. Certaines ne ressentent aucune douleur, d'autres ont plus ou moins mal. C'est en tous les cas une douleur supportable.

Mettre un tampon fait perdre sa virginité.
Faux. L'hymen est une petite membrane qui a un petit orifice par lequel s'écoule le sang des règles. Un tampon « mini » ne le rompt pas. Et quand bien même il serait rompu par un tampon, vous seriez toujours vierge ! Si vraiment cela vous inquiète, lisez attentivement le mode d'emploi écrit sur les boîtes de tampons pour plus d'informations.

VISAGE • 200

Le miroir de l'âme

S'informer

Le visage est un formidable moyen de communication : vous y recevez toutes sortes de sensations et vous y exprimez toutes vos émotions. Tous vos sens y sont présents.

Le rendez-vous des 5 sens

Par la peau vous sentez la fraîcheur, la chaleur, le vent, les caresses. Par le nez vous captez les odeurs, les parfums, l'humidité ou la sécheresse. Avec le regard vous vous appropriez le monde, vous engrangez la lumière et les couleurs, vous photographiez les objets et les personnes. Avec la bouche vous goûtez, vous découvrez le sucré et l'amer, l'acide et le salé, vous donnez des baisers. Par les oreilles, si proches du visage qu'elles en font partie et contribuent aussi à lui donner son caractère, vous écoutez les sons multiples qui animent le monde.

Comme un livre ouvert

Le bonheur, la colère, la tristesse, l'ennui se lisent sur votre visage comme sur un livre ouvert. Vos traits vivent, bougent, changent. Vous pouvez avoir un joli visage paisible et le contracter tout à coup sous l'effet de la colère, au point de le rendre méconnaissable. Une grimace le déforme, un sourire l'illumine.

Une affaire de proportions...

Un visage est aussi une affaire de proportions. On dit qu'un visage parfait est composé de trois parties égales : la première va de l'implantation de cheveux à la ligne des paupières, la deuxième des paupières à la base du nez et la troisième du nez à la pointe du menton.

... mais pas toujours !

Mais souvent la beauté d'un visage n'a rien à voir avec ces critères classiques. Surtout à votre âge : vous êtes dans une période où le visage de votre enfance s'est défait, et il faut parfois attendre quelques années pour que le nouveau se construise. Le nez s'agrandit, les traits évoluent, on perd le charme délicat de la petite fille sans encore avoir un visage définitif avec toute sa vigueur et sa personnalité. Patience : il est en train de se dessiner !

Comprendre

Chaque visage est unique, même si on peut définir des

types : visages ronds, carrés, ovales, triangulaires. Parce qu'un visage est un mystérieux mélange de caractéristiques physiques et d'expressions qui viennent de ce que l'on vit. C'est pour cela qu'on peut trouver belle une fille qui n'a pas des traits réguliers et quelconque celle qui a un parfait ovale.

J'ai un profil pourri !

Quant à son propre visage, on en est souvent mauvais juge parce qu'on se regarde dans la glace à un instant donné, qu'on se voit immobile avec une image inversée qui rend plus sensible la dissymétrie. En effet, aucun visage n'est parfaitement symétrique et c'est même cette imperfection qui lui donne sa vie et sa personnalité.

Photos ratées, preuve de mocheté ?

Alors, si vous ne vous aimez pas sur les photos, dites-vous bien une chose : ce n'est pas parce que vous êtes effectivement laide, mais parce que vous n'êtes pas photogénique… ou tout simplement pas objective. Ou encore trop timide : mal à l'aise devant un appareil, vous ne laissez pas saisir l'expression spontanée qui exprime votre personnalité et vous rend belle.

Ces petites touches qui l'embellissent

On peut travailler son visage pour le rendre plus agréable, en soignant sa peau, en trouvant la coiffure et la couleur de cheveux qui s'adaptent à sa forme et le mettent en valeur. On peut apprendre à le maquiller pour en dissimuler les petites imperfections, attirer le regard sur de beaux yeux, sur un joli sourire.

Un visage qui parle

Mais ce qui fait qu'un visage retient l'attention, qu'on s'en souvient, qu'on en tombe amoureux, c'est surtout son expression, sa capacité à exprimer l'émotion, la tendresse, la compassion ou la douceur. Pensez aux grandes actrices qui se sont fait connaître moins par la perfection de leurs traits que parce qu'elles savent exprimer par leur visage les nuances les plus subtiles des sentiments et des émotions.

Modelé par la vie

Votre visage, vous l'avez reçu de la nature, il porte la marque de votre famille : vous ressemblez à votre mère, à votre sœur ou à votre grand-mère. Il va vous accompagner toute la vie. Adulte, il continuera à exprimer ce que deviendrez, apaisée ou anxieuse, ouverte ou repliée sur vous-même, confiante ou angoissée. Avec l'âge et malgré tous les soins de beauté, il va se marquer de rides, il portera le souvenir de tous les sourires et de toutes les larmes de votre vie. Il y a des visages de grands-mères qui sont d'une grande beauté. On dit qu'à 20 ans on a le visage que la nature nous a donné, et qu'à 40 ans (et après) on a celui qu'on mérite.

Conseils

Il y a des défauts manifestes qui peuvent aujourd'hui se réparer. Mieux vaut passer par là que d'en souffrir toute sa vie. C'est le cas des oreilles décollées, d'une tache sur le visage, du strabisme, des dents mal rangées, etc. Les oreilles décollées et le strabisme se corrigent tôt (avant 10 ans). Les dents un peu plus tard. Les imperfections de la peau peuvent être traitées à tout âge. Un nez que l'on ne supporte pas bien peut aussi être modifié grâce à la chirurgie esthétique. Mais il faut dans tous les cas consulter des professionnels sérieux et bien réfléchir à ses motivations… ainsi qu'au coût de ces interventions, souvent peu remboursées ! Pour les petits défauts, il y a plein de trucs qui permettent de tricher et de mettre en valeur son visage. Sans oublier qu'un beau visage, c'est d'abord la lumière d'un sourire et la chaleur d'un regard.

Bon plan

Vous croyez qu'un beau visage est symétrique ?

Faites le test : pliez en deux, juste au milieu du visage (dans le sens de la hauteur), la photo d'un mannequin que vous trouvez superbe. Posez cette moitié de visage contre un miroir pour que le visage reconstruise un visage entier doté d'une symétrie parfaite : le résultat est effrayant ! C'est bien la preuve que l'asymétrie fait la beauté d'un visage, même chez les personnes les plus belles.

Voir aussi Acné, Appareil dentaire, Apparence, Cheveux, Complexes, Lunettes, Maquillage.

VOL • 201

La main dans le sac

Définition

Le vol est le fait de s'emparer du bien d'autrui, subrepticement ou par la force.

S'informer

On distingue différents types de vols. Le vol « simple », c'est le vol à la tire. On détourne votre attention pour vous dérober votre portefeuille ou autres effets personnels. Le vol « aggravé », c'est, par exemple, le vol à l'arraché. On vous arrache votre sac ou votre portable en passant près de vous. Ou les vols commis par effraction, comme les cambriolages. Et puis il y a les vols « qualifiés », qui sont plus graves parce qu'ils peuvent causer bien plus de dommages. Il s'agit des vol commis par le recours à la violence, comme les braquages.

Le mascara empoché

Avec les nouvelles technologies se sont multipliés les types de vols : de nos jours, un voleur un peu doué dans le domaine de l'informatique peut pirater des numéros de carte bleue pour les utiliser lui-même. Mais il existe des vols beaucoup moins sophistiqués et beaucoup plus courants, qui n'exigent pas d'être une pro des technologies : se servir de biscuits ou de boissons dans un supermarché, y dérober ses collants, son rouge à lèvres ou des CD. On peut même parler de vol au lycée, quand on se sert dans la trousse de sa voisine ou qu'on s'attribue le sac de sport d'une autre.

Info +

Ce que dit la loi

Le vol est un délit puni par la loi. La sanction varie en fonction de sa gravité et des moyens employés. Pour un vol simple, on encourt jusqu'à 3 ans d'emprisonnement et 45 000 € d'amende. Pour un vol commis avec violence, on peut encourir jusqu'à 5 ans de prison et 76 000 € d'amende. Mais il peut y avoir des circonstances atténuantes ou aggravantes. Pour les vols avec violence, les peines encourues dépendent du préjudice causé à la victime. Elles peuvent aller jusqu'à la réclusion criminelle à perpétuité, si la victime a subi des actes de barbarie ou est décédée. Le vol est alors considéré comme un crime.

Comprendre

« Qui vole un œuf vole un bœuf », dit le proverbe. En effet, le vol d'un petit objet ou d'une petite somme révèle déjà une attitude qui peut conduire à des vols plus graves. Voler, c'est ne pas respecter le bien de l'autre, et par là même ne pas respecter l'autre.

J'fais de tort à personne !

Bien sûr, quand on vole dans un supermarché, cet « autre » est indéterminé : ce n'est pas une personne, il n'a pas de visage. Même chose lorsqu'on vole du matériel scolaire ou que l'on voyage

sans billet dans les transports en commun : on n'a pas l'impression de faire du tort à quelqu'un.

Le bien public, c'est chacun de nous

Et pourtant si… c'est à soi-même que l'on fait du tort. Pour ne pas subir de préjudice du fait des nombreux vols, les supermarchés en tiennent compte dans leurs prix de vente, qu'ils augmentent en proportion : chacun paie ainsi pour ceux qui volent. Quand on vole au lycée, à la cantine, quand on ne paie pas son titre de transport, on vole la société qui finance ces services, que ce soit l'éducation ou les transports publics : c'est comme si l'on se volait soi-même.

Voler, un droit pour soi

Mais surtout, le vol est un acte qui contredit la logique des relations entre les hommes : comment vivrait-on si tout le monde se l'autorisait ? On ne pourrait pas se faire confiance les uns aux autres. Personne ne pourrait être certain que ce qu'il possède est en sécurité. Autrement dit quand on vole, on s'accorde comme un privilège spécial et exclusif le droit de le faire, en sachant très bien qu'on ne peut pas faire de ce comportement une règle de vie valable pour tout le monde.

Ces prétextes qui n'en sont pas

Bien sûr, on se donne des tas de bonnes raisons : on n'a pas assez d'argent de poche, on est moins bien lotie que les autres, les supermarchés sont trop riches et vendent trop cher, etc. Mais ces beaux prétextes ne suffisent pas à justifier un vol quelconque. D'ailleurs, ce ne sont pas forcément les gens qui ont le plus besoin d'argent qui volent ; il y a aussi des voleurs parmi les gens très riches !

Quand le vol devient une maladie

L'envie de voler peut être très forte lorsqu'on a très envie de quelque chose. Mais si elle devient permanente, si l'on se met à voler n'importe quoi même sans avoir envie ou besoin des objets qu'on dérobe, c'est une sorte de maladie qu'on appelle kleptomanie et qui exprime généralement une souffrance psychique plus profonde.

Voir aussi Racket.

Conseils

Quand on a été victime d'un vol :

- *Au collège, au lycée, le plus simple est d'en informer le conseiller d'éducation qui s'efforcera de trouver le coupable et de vous faire restituer l'objet. C'est lui qui décidera s'il faut porter plainte.*
- *Quand c'est un vol dans la rue, lors d'un spectacle, dans les transports en commun, on peut porter plainte au commissariat de police, surtout s'il s'agit d'un objet de valeur ou d'une somme importante. Pour cela, il faut se faire accompagner de ses parents lorsqu'on n'est pas majeure.*

VOLONTÉ • 202

Quand on veut, on peut !

S'informer

La volonté, c'est deux choses : la capacité de choisir, et la fermeté avec laquelle on fait ce qu'il faut pour réaliser ce qu'on a choisi. C'est le contraire de la faiblesse et de l'indifférence. Avoir de la volonté, c'est savoir ce qu'on veut et se donner les moyens de l'obtenir.

La rage d'y arriver

Il faut de la volonté si l'on veut réussir dans les domaines du sport, de la musique ou de la danse : il s'agit de s'imposer à soi-même des entraînements et des exercices, et de les poursuivre jusqu'à ce qu'on soit la meilleure. Même chose quand on n'aime pas les maths et qu'on veut exercer un métier nécessitant de les apprivoiser malgré tout.

Comme un arc bandé

La volonté suppose de vous donner des objectifs, et de persévérer même quand les moyens de les atteindre vous demandent des efforts. Il faut de la volonté pour vous attaquer à vos devoirs, alors que votre série télé vous attend ou que votre meilleure amie a des secrets à vous raconter au téléphone.

Pour se remettre debout

Il vous faut aussi une bonne dose de volonté les jours où vous déprimez, où rien ne va, pour vous forcer à aller en cours… et à garder le sourire. Les gens qui vivent un chagrin d'amour, qui perdent un ami ou un proche, ou qui subissent un gros échec, doivent faire feu de toute leur volonté pour prendre conscience que la vie continue.

Pas le droit de craquer ?

La volonté est l'art de ne pas se laisser influencer, de faire ce que l'on croit bon et non pas ce que tout le monde fait. Avoir de la volonté, c'est se donner ses propres règles de vie, et ne pas y renoncer même quand c'est difficile et qu'on en a assez. Cela ne veut pas dire qu'on n'a pas le droit de vivre des passages à vide, de pleurer, d'avoir envie de tout laisser tomber. Mais on trouve la force de refaire surface, parce qu'on ne s'avoue pas vaincue, parce qu'on croit qu'on peut encore y arriver, parce qu'on pense que ça

en vaut la peine. La volonté se décide et se redécide tous les jours.

Comprendre

La difficulté, à votre âge, c'est que vous ne savez pas forcément ce que vous voulez, à long terme en tout cas. Le métier que vous avez envie d'exercer, la personne que vous allez choisir d'aimer toute la vie, et même le style de vie que vous désirez mener, tout cela est encore plus ou moins flou. Vous savez juste que vous voulez la réussite, le bonheur, ce qui est trop vague pour mobiliser votre volonté sur des projets précis. Alors, vous pouvez avoir l'impression qu'elle tourne à vide.

Ce que je veux vraiment

Pourtant, rien de plus important que de profiter de cette période pour apprendre à exercer votre volonté. Cela veut dire d'abord vous donner du mal pour savoir ce que vous voulez vraiment dans la vie, ce que vous n'êtes pas prête à sacrifier quoi qu'il arrive. Ce n'est pas forcément facile : il faut réfléchir, s'informer aussi, discuter. Cela vaut pour votre orientation scolaire comme pour votre manière de participer à la vie du monde.

Un exemple, le vote

Bientôt vous serez majeure, vous pourrez voter ; comment le ferez-vous si vous ne savez pas ce que vous voulez, si vous n'avez pas réfléchi à ce qui compte pour vous dans la manière dont la société fonctionne ? Cela ne se décide pas en un jour et suppose d'y avoir réfléchi auparavant, pour chercher à comprendre comment fonctionne la société et les choix qui s'offrent à vous.

Qui est-ce que je veux aimer ?

Même chose en amour. Si vous êtes attirée par un garçon, puis par un autre, sans trop savoir pourquoi vous changez ainsi et ce que vous préférez dans l'un ou l'autre, il est bon de réfléchir. D'essayer de comprendre ce qui compte pour vous, ce qui vous touche chez un garçon. De vous donner le temps de savoir ce que vous voulez. C'est une manière de préparer son cœur et sa tête pour savoir aimer.

Le mot « bof », dehors !

En attendant d'appliquer votre volonté à de grandes choses pour décrocher la lune (ou presque), il y a tous les « petits » choix de la vie quotidienne pour vous servir d'entraînement. Or, dans les petites choses comme dans les grandes, le meilleur moyen de prouver que vous avez de la trempe est de refuser systématiquement de vous réfugier dans le « bof » ou le « ça m'est égal ». En plus, ce n'est pas vrai. Cela ne vous est pas égal. Jamais. Il y a toujours une décision meilleure que l'autre, et votre volonté ne doit jamais démissionner. Ne laissez pas les circonstances ni les gens choisir à votre place !

Bien, Votre Majesté…

Mais attention : être volontaire, ce n'est pas être tyrannique et vouloir tout diriger, tout contrôler, écraser les autres ou les manipuler. Ce n'est pas exiger qu'on fasse… vos quatre volontés, attendre que tout le monde soit à votre service ou d'accord avec vous. Quand on est volontaire, il est normal d'affronter les désirs contraires des autres, sans vouloir leur imposer les siens comme des ordres. On ne peut pas être toujours tous d'accord. Surtout entre gens volontaires !

Info +

Il peut arriver que certaines personnes n'aient plus de volonté, plus d'envie de se bouger pour faire des choses. On a parfois envie de les secouer, mais il faut savoir que le manque de volonté ne signifie pas que l'on n'est pas quelqu'un de bien, mais souvent que l'on va mal, que l'on déprime.

Voir aussi Ambition, Choix, Courage, Paresse, Valeurs.

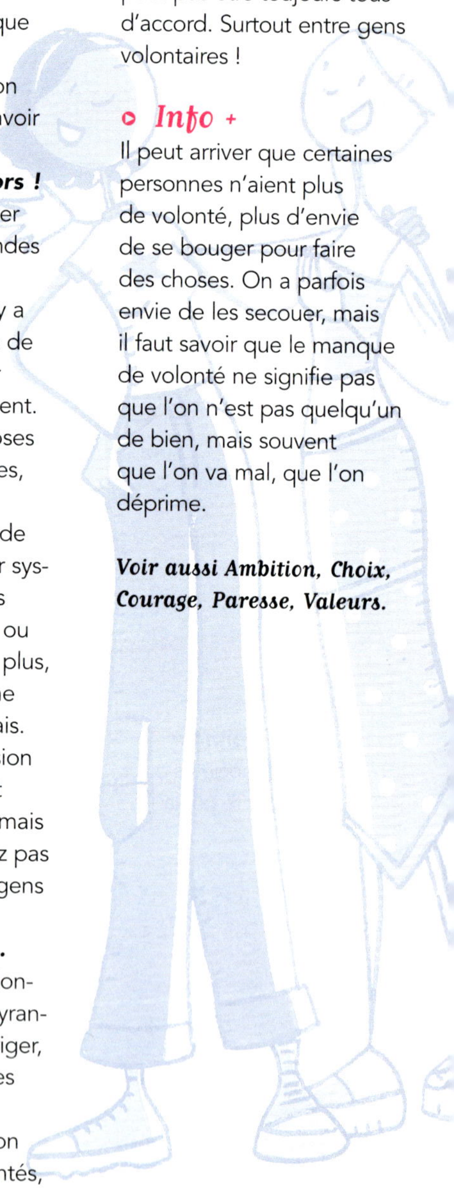

Pas de quoi s'énerver !

S'informer

Le zen est une philosophie proche du bouddhisme, qui est née en Chine au VIe siècle et s'est développée au Japon au XIIIe siècle. Elle se fonde sur la contemplation et la méditation, destinées à éliminer en soi tout désir ; parce que le désir est considéré comme une source de souffrance.

Des îlots de tranquillité

Le zen est étudié dans des communautés monastiques orientales, où les élèves pratiquent la peinture, la calligraphie, le jardinage… et la cérémonie du thé. Le thé est en effet considéré comme la boisson qui donne la sérénité de l'âme, et sa dégustation obéit à tout un rituel.

La nature à l'honneur

L'intérêt de nos sociétés pour le zen a été suscité par la publication du livre d'un savant japonais, le docteur Suzuki, *Introduction au bouddhisme zen* (1934). Mais c'est surtout après la Seconde Guerre mondiale que le bouddhisme en général et le mouvement zen en particulier sont devenus à la mode en Occident. On goûte toutes les œuvres artistiques inspirées de la philosophie zen, qui témoignent d'une grande attention à la nature.

Sans jamais grincer des dents

Dans le langage courant, être zen signifie être *cool*, ne pas s'en faire, ne pas s'énerver pour rien, garder calme et moral en toutes circonstances. Cela veut dire refuser de se faire du souci à l'avance pour ce qui va arriver, ne pas se faire de films catastrophistes. C'est une manière de vivre en prenant le temps de réfléchir, sans se laisser bouleverser par les choses sans importance. C'est le remède anti-stress par excellence.

Comprendre

À votre âge, vous n'avez pas forcément tendance à être zen, avec tous vos motifs de stress. Petits cadeaux physiques de la puberté, grandes questions sur l'avenir, disputes avec les parents, travail scolaire exigeant… sans parler des questions d'amour et d'amitié. Ce garçon qui n'a pas l'air de s'intéresser à vous, cette soi-disant bonne copine qui a trahi vos secrets… Avec tout cela, comment rester zen ?

Facile, quand tout va bien !

L'attitude zen serait-elle réservée aux gens pour qui la vie est un long fleuve tranquille et sans remous ? Non, il ne faut pas croire que les gens qui sont zen sont forcément des gens qui n'ont pas de soucis. Ils sont comme tout le monde ! Seulement, ils savent prendre du recul et s'efforcent de ne pas se laisser envahir par les inquiétudes de toutes sortes.

Catastrophes et queues de cerises

Pour cela, la première chose est de savoir trier les soucis, en définissant ce qui est important et ce qui l'est moins. D'accord, la tache sur la robe que vous vouliez porter à la prochaine soirée, ce n'est pas drôle, mais ce n'est pas non plus un drame. Une brouille avec votre meilleure amie est sûrement plus grave. Faire le ménage dans votre tête vous permet de jeter pas mal de broutilles, de ne pas vous laisser encombrer par des choses qui ne valent pas un coup de stress.

Avec sang-froid

Ensuite, il faut aussi essayer, face à une difficulté, de bien la cerner : qu'est-ce que je peux y faire, qu'est-ce que j'ai à craindre, comment faire face ? Quand on a fait le tour d'un problème, qu'on a mis des mots sur ses peurs et ses angoisses, ça va déjà mieux. Après on peut réagir… en restant zen. Attitude qui vous donne des chances de résoudre votre problème plus facilement !

Un cadeau pour les autres

Il est important de ne pas se laisser gagner par le stress. D'abord pour la santé : on dort mieux et on profite mieux de la vie (d'ailleurs, on vit plus longtemps !). Mais c'est également un cadeau à faire à ceux qui vous entourent : ils n'ont pas à supporter vos angoisses, vos sautes d'humeur… ni à se faire du souci pour vous en vous voyant crispée et morose.

Un gros effort pour une vie plus facile

En fait, quand on fait l'effort de rester zen en toutes circonstances (enfin, presque), on rend les autres zen à leur tour (enfin, ça peut aussi les énerver), et la vie s'en trouve nettement facilitée. Même s'il y a des jours où l'on sent des picotements de colère à la racine des cheveux, et une envie très forte de se ronger les ongles jusqu'au sang. Pour garder son calme, l'effort est rude. Eh non, rester zen n'est pas de tout repos !

Voir aussi Bonne humeur, Patience, Violence, Volonté.

Bons plans

Pour rester zen

- *Apprendre à ne pas réagir tout de suite quand il arrive quelque chose de stressant.*
- *Ne pas s'angoisser à l'avance en fantasmant sur un examen, un entretien, une rencontre intimidante : laisser venir les choses.*
- *Faire le tri dans sa tête entre les grands et les petits soucis.*
- *Apprendre à rire de soi et de ses folles angoisses.*
- *Apprendre à respirer et faire du sport.*
- *Se calmer avant de dormir en prenant un bon bain en écoutant de la musique.*

Quand les autres ne sont pas zen

- *Refuser de se laisser gagner par leur stress.*
- *Les faire parler de leurs angoisses : avec des mots on chasse l'angoisse.*
- *S'ils font beaucoup de bruit et parlent fort, s'efforcer de continuer à parler doucement.*
- *Aller voir ailleurs pour se calmer quand la famille n'est pas zen : dans sa chambre, avec une bande de copains avec lesquels on est zen, avec une amie qui ne stresse pas.*
- *Et se faire un thé… puisque c'est la boisson zen par excellence !*

1
ABC 2
DEF 3
GHI 4
JKL 5
MN 6
PRS 7
TUV 8
WXY 9
0 OQ
RENSEIGNEMENTS 12
RÉCLAMATIONS 13
TÉLÉGRAPHE 14
POLICE-SECOURS 17
POMPIERS 18
INTER ET RÉGIONAL
(VOIR ANNUAIRE)
XYZ

Numéros utile

Alcool

Les Alcooliques Anonymes
Tél.: 01 43 25 75 00.
Permanence téléphonique 24 h/24.

Drogues-Alcool-Tabac Info Service
Tél. : 0 800 23 13 13.
Appel anonyme et gratuit d'un poste fixe dans toute la France.

Fil Santé Jeunes
Tél.: 0 800 235 236
7 j/7, de 8 h à minuit ; appel anonyme et gratuit d'un poste fixe dans toute la France.

Bénévolat

Centre national du volontariat
127, rue Falguière
75 015 Paris.
Tél.: 01 40 61 01 61.
Site internet : http://www.globenet.org/CNV.
Adresse mail :
c.n.v@globenet.org

Fondation du Bénévolat
34, avenue Bugeaud
75 116 Paris.
Tél. : 01 53 70 66 36.

Mais aussi plus près de chez vous, vous pouvez vous renseigner auprès de :
- votre mairie,
- votre paroisse (l'église la plus proche de votre domicile) ou une organisation religieuse dont vous vous sentez proche.

Contraception

Fil Santé Jeunes
Tél. : 0 800 235 236
7 j/7, de 8 h à minuit ; appel anonyme et gratuit d'un poste fixe dans toute la France.

Drogues

Drogues-Alcool-Tabac Info Service
Tél.: 0 800 23 13 13
Appel anonyme et gratuit d'un poste fixe dans toute la France.

Droits

Pour se renseigner sur les conseils municipaux d'enfants et de jeunes, contacter :

l'Association nationale des conseils d'enfants et de jeunes (Anacej)
105, rue Lafayette
75 010 Paris.
Tél. : 01 56 35 05 35.
Site internet :
http://www.anacej.asso.fr

Atteinte aux droits d'un enfant ou d'un adolescent (viol, inceste, abus sexuels) :

Allô Enfance Maltraitée
Tél. : 119 ou 0800 05 41 41.
Appel anonyme et gratuit dans toute la France, 24 h/24.

Fugue

Fil Santé Jeunes
Tél.: 0 800 235 236.
7 j/7, de 8 h à minuit ; appel anonyme et gratuit d'un poste fixe dans toute la France.

Inceste

Allô Enfance Maltraitée
Tél. : 119 ou 0800 05 41 41.
Appel anonyme et gratuit dans toute la France, 24 h/24.

Viol Femmes Informations
Tél. : 0 800 05 95 95.

Du lundi au vendredi de 9 h à 19 h, appel anonyme et gratuit. Ne s'adresse pas uniquement aux femmes mais aussi aux enfants et aux jeunes victimes d'agressions sexuelles, dans leur famille ou en dehors.

Maltraitance

Allô Enfance Maltraitée
Tél.: 119 ou 0800 05 41 41.
Appel anonyme et gratuit dans toute la France, 24 h/24.

Viol Femmes Informations
Tél.: 0 800 05 95 95.
Du lundi au vendredi de 9 h à 19 h, appel anonyme et gratuit dans toute la France. Ne s'adresse pas uniquement aux femmes mais aussi aux enfants et aux jeunes victimes d'agressions sexuelles, dans leur famille ou en dehors.

Fil Santé Jeunes
Tél. : 0 800 235 236.
7 j/7, de 8 h à minuit ; appel anonyme et gratuit d'un poste fixe dans toute la France.

Racisme

SOS-Racisme
28, rue des Petites-Écuries
75010 Paris.
Tél. : 01 53 24 67 67.

Mrap (Mouvement contre le racisme et pour l'amitié entre les peuples)
80, rue Tolbiac
75 013 Paris.
Tél. : 01 45 83 46 58.

Licra (Ligue internationale contre le racisme et l'antisémitisme)
42, rue du Louvre
75 001 Paris.
Tél. : 01 45 08 08 08.

Racket

Jeunes Violence Écoute
Tél.: 0800 20 22 23.
7 j /7, de 8 h à 23 h ; appel anonyme et gratuit dans toute la France.

SOS Violence
Tél.: 0810 55 55 00.
Du lundi au vendredi de 9 h à 18 h. Appel anonyme et gratuit dans toute la France.

Sectes

Pour savoir si on a affaire à une secte, il existe un site internet avec moteur de recherche :
www.info-sectes.org.
Pour s'informer ou se faire aider quand un membre de son entourage est entré dans une secte, on peut s'adresser à l'Unadfi, Union nationale des associations de défense des familles et de l'individu, consacrée au problème des sectes. Basée à Paris, elle a des antennes dans toute la France.
Tél.: 01 47 97 96 08.
Site : www.unadfi.org

Sport

Pour se renseigner au sujet des sections sport-études, contacter :

Secrétariat de la Jeunesse et des Sports
78, rue Olivier-de-Serres,
75 015 Paris.

Ministère de l'Éducation nationale
110, rue de Grenelle
75 357 Paris cedex 07.

Centre d'information et de documentation jeunesse
(CDIJ), 101, quai Branly
75 015 Paris.

Tabac

Drogues-Alcool-Tabac Info Service
Tél.: 0 800 23 13 13.
Appel anonyme et gratuit d'un poste fixe dans toute la France.

Tabac Info Service
Tél. : 0825 309 310.
Appel anonyme et gratuit dans toute la France.

Viol

Viol Femmes Informations
Tél.: 0800 05 95 95.
Du lundi au vendredi de 9 h à 19 h, appel anonyme et gratuit dans toute la France.

Violence

Allô Enfance Maltraitée
Tél. : 119 ou 0800 05 41 41.
Appel anonyme et gratuit dans toute la France, 24 h/24.

SOS Violence
Tél. : 0810 55 55 00. Du lundi au vendredi de 9 h à 18 h.
Appel anonyme et gratuit dans toute la France.

Mes numéros

• index

mots de filles

P

Q

R

W

X

Y

Z

Notes

Notes

Notes

Notes

Photogravure :
IGS-Charente Photogravure
Achevé d'imprimer en septembre 2002
sur les presses de l'imprimerie Mame à Tours (France)
N° d'édition : 02052
N° d'impression : 02 06 2187
Dépôt légal : novembre 2002

VALEURS
RACISME
ÉG
ZEN
SOLITUDE
ALCOOL
DIMANCHE SOIR
DROG
RÉGIME
MAQUILLAGE
RÉVOLTE
MOD
PUDEU
PARENTS
MIXITÉ
RÂT
PUBERTÉ